U0362572

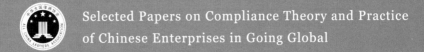

Selected Papers on Compliance Theory and Practice
of Chinese Enterprises in Going Global

中国企业"走出去"
合规理论与实践论文选

中华全国律师协会　编

北京大学出版社
PEKING UNIVERSITY PRESS

编者的话

一般意义上说，合规是指符合一定规范、标准和制度的行为或做法。从学理上看，合规贯穿于商业实践、政府规制乃至刑事制裁之中，既是一套制度体系，又是一系列治理行为，也是一种价值文化。法律意义上的合规，通常是指企业及其员工的经营管理行为符合法律法规和监管制度的规定，符合企业经营行业准则和行业惯例的要求，符合企业章程、社会责任以及国际条约的规定等。

随着越来越多的中国企业"走出去"，企业面临的合规风险日益突出。全面加强合规管理，完善内控制度体系，加快提升依法经营能力水平已经成为企业的当务之急。与此同时，越来越多的律师在服务和保障企业依法依规经营管理过程中，逐步开拓合规新业务，促进法律服务新发展。与传统的法律顾问业务相比，企业合规管理的内涵和外延已经发生了实质性的扩张，合规法律服务俨然成为律师业务的新增长点。

为顺应企业合规管理这一新业务类型快速增长的趋势，经过半年多的筹备，2019 年 1 月 19 日，中华全国律师协会（以下简称"全国律协"）成立了企业合规法律服务专项工作组。此举目的在于回应中国企业"走出去"对合规法律服务的迫切需求，整合企业合规法律服务资源，积极开展企业合规管理的实务研究，指导律师为企业合规管理提供法律服务，帮助律师提高合规法律服务水平，助力律师行业新业务拓展与高质量发展。

2019 年 2 月 25 日，习近平总书记主持召开中央全面依法治国委员会第二次会议并发表重要讲话。会议强调，要强化企业合规意识，保障和服务高水平对外开放。为贯彻落实习近平总书记重要讲话精神和中央全面依法治国委员会第二次会议部署，全国律协印发通知，在全国开展企业合规法律服务理论征文，筹备召开中国企业"走出去"合规理论与实践研讨会。同时，全国律协所属杂志和媒体持续刊发有关合规管理的文章，积极推进合规理论研究和合规实践。

2019 年 6 月 22 日，中国企业"走出去"合规理论与实践研讨会在北京召开，来自全国各地的律师、政府监管机构代表和企业界代表共 120 余人参加了会议。与会人员就我国企业合规政策解读、企业如何构建合规管理体系、企业海外运营合规管理的理论与实践、"一带一路"背景下企业构建有效合规管理等多项主题进行了充分交流和深入探讨。会议期间，全国律协又组织有关专业委员会积极撰写研究论文，同时对公开征集到的论文进行了评选，有关作者对入选的文章作了进一步修改完善。本次结集出版的 59 篇论文，是从公开征集和专业委员会提交的 180 多篇论文中择优评选出来的，作者涵盖了全国各地律师、企业合规工作者和法学理论研究者。

本论文集是全国律师行业出版的第一本中国企业"走出去"合规法律服务论文集，是广大律师、企业合规工作者和法学理论研究者集体智慧的结晶。其主要特点在于：一是面向合规实践，指导合规实务。收入本书的论文的作者大多具有丰富的合规工作经验，论文内容多是其基于合规实践的思考，旨在对合规实务进行指导。二是总结实践成果，建构概念框架。我国企业合规工作尚处于起步阶段，本书中有多篇论文对当前有关合规的法律政策文件进行了详细介绍和有益探讨，对我国企业的合规理论和实践进行了初步总结，方便读者建立合规体系的基础概念和制度框架。三是力求分类科学，确保理论严谨。编辑出版合规论文集是一种尝试，全国律协律师行业规则委员会、企业合规法律服务专项工作组和全体论文作者共同组成编辑委员会对论文进行多次修改，对一些观点反复推敲，力求做到分类科学、内容严谨，确保观点的阐述、范例的开示和理论的论证等均符合客观中立的研究原则，确保对律师开展企业合规法律服务具有指导性。

论文的公开征集、研讨会的筹备和本书的编辑出版得到了各方面的大力支持。全国律协副会长蒋敏参加研讨会并致辞，北京市炜衡律师事务所作为协办单位为研讨会提供了有力保障。全国律协企业合规法律服务专项工作组任建芝、郑晓东、肖树伟、孙爱民、孙高峰、王晓旭、赵光耀、王效国、蔡宝川、马玲、周薇、蒲红鸣、王小涛、王跃胜、李屏等律师做了大量组织筹备工作，全国律协律师行业规则委员会吴晨、苏文蔚和北京市律协智库重大疑难复杂案件课题组王文杰律师参与了细致的评选工作。国务院国资委政策法规局卢建勋处长、中国中铁股份有限公司副总裁/总法律顾问于腾群等监管机构和企业的合规专家给予了大力支持，北京大学出版社蒋浩副总编，责任编辑杨玉洁、靳振国做了大量编辑工作，全国律协副秘书长李海伟和全国律协秘书处业务部李柔具体推进了本书的编辑出版工作。在此，对大家的辛勤工作表示衷心感谢。

　　企业合规管理方兴未艾，律师合规业务刚刚起步。编辑出版一本合规论文集，既是探索与尝试，也是创新与开拓。本书收入的论文还存在一些缺憾和不足，有的观点还不够周延，有的分析还不够到位。诚挚欢迎各位律师和广大读者提出批评意见和改进建议，更希望各位律师和广大读者通过本书了解合规、走近合规、关注合规，共同推进企业合规管理和律师合规业务发展。

韩秀桃

中华全国律师协会秘书长

2020 年 1 月 13 日

目　录

一、合规总览编

二、国别合规编

三、国企合规编

四、行业合规编

五、人力资源合规编

六、刑事合规编

七、"一带一路"合规编

一、合规总览编

如何识别企业合规风险

中建科技有限公司　樊光中

【摘要】　本文着眼当前企业合规从业人员从事企业合规管理的普遍痛点——缺乏合规风险识别工具与技术和构建有效合规管理体系的难点——如何识别企业合规风险,以对发生在1999—2014年的一百多个企业违规、腐败案例的重新检索和统计为基础,总结提炼出企业生产经营中普遍存在的合规风险源——审批权、市场客服与销售权、人事权、采购权、放行权、计量权、财务资金权和拥有关键信息权"企业八项权力模型",作为合规风险源识别和合规风险识别工具与技术,并以岗位职责为例,示范如何利用"企业八项权力模型"识别岗位职责中存在的合规风险源,进而对照相应的合规义务辨析、定义岗位上的合规风险,介绍了使用基于岗位关键权力合规风险源识别法的全过程。

【关键词】　权力　合规风险源　企业八项权力模型　基于岗位关键权力合规风险源识别法

"一带一路"背景下,企业构建有效合规管理体系是中国企业"走出去"行稳致远的基本保障。"一带一路"倡议提出5周年之际,2019年4月26日,在北京举行的第二届"一带一路"国际合作高峰论坛上,习近平总书记在开幕式主旨演讲中讲到:"我们要努力实现高标准、惠民生、可持续目标,引入各方普遍支持的规则标准,推动企业在项目建设、运营、采购、招投标等环节按照普遍接受的国际规则标准进行,同时要尊重各国法律法规。"显然,"一带一路"要建合规之路,要建廉洁之路,这是中国企业能够借力"一带一路""走出去"的基本要求。2018年11月2日,国务院国资委印发了《中央企业合规管理指引(试行)》,推动中央企业全面加强合规管理。2018 年 12 月 26 日,国家发改委、外交部、商务部、中国人民银行、国务院国资委、国家外汇管理局、全国工商联①共同制定了《企业境外经营合规管理指引》,指出"合规是企业'走出去'行稳致远的前提,合规管理能力是企业国际竞争力的重要方面"。在当前国际合规制裁的影响下,在合规指引制度的推动下,中国的各类所有制企业已经越来越关注企业合规风险和合规管理,并且开始积极探索如何建立有效的企业合规管理体系,以形成企业合规风险控制机制。协会、高校和研究机构、咨询公司也在积极推进企业合规管理。国际标准《合规管理体系 指南》(ISO 19600:2014)和中国标准《合规管理体系 指南》(GB/T 35770—2017)明确,建立合规管理体系包括以下八个方面:一是识别建立和维护(持续更新)企业合规义务;二是准确识别分析评估合规风险;三是建立企业合规管理职责体系;四是设定企业合规管理目标和制定合规风险控制措施并融入企业管理体系;五是加强合规管理能力建设、合规宣传培训和合规文化塑造;六是推进合规控制措施在业务流程落实,控制合规风险,实现合规管理目标;七是开展合规效果持续监测和合规管理体系审计(审核)以及管理层评审;八是持续改进企业合规管理体系。其中,识别合规义务和合规风险是建立企业合规管理体系的基础,准确识别合规风险是决定企业合规管理体系有效性的基本前提。

《合规管理体系 指南》(ISO 19600:2014)和《合规管理体系 指南》(GB/T 35770—2017)明确定义:"合规风险是对合规目标影响的不确定性,合规风险是不符合组织合规义务的可能性和后果。"两个指南分别在 ISO 31000 和 GB/T 24353—2009 中提供了关于风险评估的详细指导。ISO 31000 第5.4.2条和 GB/T 24353—2009 第 5.3.2 条中风险识别被定义为通过识别风险源、影响范围、事件及其原因和潜在的后果等,生成一个全面的风险列表的过程。其中风险源是指单独地或以结合的形式具有产生风险的内在可能性的因素,一个风险源可以是有形的或者无形的。遗憾的是,这两个标准均没有提供具体的风险识别工具和技术。2006 年 6 月 6 日,国务院国资委印发的

---

① 本书对国家机关、人民团体及社会组织的称谓除行文需要和特别指出外一般均使用其规范简称。

《中央企业全面风险管理指引》(国资发改革〔2006〕108 号)第 21 条规定：
"进行风险辨识、分析、评价,应将定性与定量方法相结合。定性方法可采用
问卷调查、集体讨论、专家咨询、情景分析、政策分析、行业标杆比较、管理层
访谈、由专人主持的工作访谈和调查研究等。定量方法可采用统计推论(如
集中趋势法)、计算机模拟(如蒙特卡罗分析法)、失效模式与影响分析、事件
树分析等。"《银行业金融机构全面风险管理指引》第 3 条规定："银行业金融
机构应当建立全面风险管理体系,采取定性和定量相结合的方法,识别、计
量、评估、监测、报告、控制或缓释所承担的各类风险。"两个指引中也未明确
指出风险识别的具体工具和方法技术。风险管理实践中,案例分析、问卷调
查、集体讨论、专家咨询、情景分析、政策分析、行业标杆比较、管理层访谈、由
专人主持的工作访谈和调查研究等是目前常用的风险识别方法,合规风险识
别也使用这些方法。但传统的合规风险识别方法在实践中具有比较大的随
机性和随意性,既不具有专业性,又不具有系统性,称不上完全意义上的合规
风险识别工具与技术。因此,缺乏合规风险识别工具与技术就成为合规从业
人员的普遍痛点,如何识别企业合规风险也就成为合规从业人员开展合规管
理工作、建立有效合规管理体系的难点。

　　如何准确识别企业合规风险？在实践中,需要把握三个方面：一是找到
引致合规风险的合规风险源,二是识别合规风险源的分布情况,三是匹配合
规风险源对应的"规"并定义具体合规风险点。

一、找到引致合规风险的合规风险源

　　权力是支配利益分配的能力,是支配资源调配的能力。权力均具有权力
寻租特征,权力寻租是握有权力者以权力为筹码谋求获取自身利益的一种非
生产性活动,如权物交易、权钱交易、权权交易、权色交易等,握有权力者均可
成为潜在的权力寻租人。凡权力,均存在特定的权力对象,权力对象包括利
益分配相关方和资源调配相关方,这些相关方均可成为潜在的权力承租
人,缺乏权力对象即不存在权力承租人的权力,不能够称之为权力。2015
年,笔者经过对发生在 1999—2014 年的一百多个企业违规、腐败案例的重新
检索和统计后发现,企业组织内部的内控失灵问题、舞弊问题甚至违纪、违

规、腐败、贪污、贿赂犯罪等问题,96%出现在有以下"八项权力"分布的业务领域和岗位。[①] 利用这"八项权力"中的一项或者两项甚至更多权力在生产经营活动中违规、犯罪,表明这一百多个案件的发生对权力有严重的路径依赖。从对这些案例案情的统计分析看,权力成为引致合规风险的主要合规风险源,权力+不良动机+业务机会⇒不合规行为发生,这成为不合规行为发生的铁三角定律。没有权力,就缺少了发生不合规行为的第一项必要条件。经过对案例的统计、分析和归纳提炼,企业组织的"八项权力"具体如下:

第一项权力——审批权。是决定做与不做的权力,是指决策、决定、批准等具有核准性质的权力,多为企业各类业务、各层级负责人决定某项事务做还是不做的决定权。

行权内容:销售、人事、采购、放行、计量、财务资金等业务领域的决策审批。

第二项权力——市场客服与销售权。是推销资产、产品、服务并卖给客户的权力。

行权内容:向客户介绍资产、产品、服务功能、销售政策、交易方式、价格、优惠条件,签订销售合同,开展售后服务、维修、保养、置换等客服、销售性质的活动,为市场客服与销售岗位人员的主要活动。

第三项权力——人事权。是管理企业人员的权力。

行权内容:雇用、招聘、任免、考核、人员奖励与处罚、职称评定、岗位选拔、评选先进和劳模等针对企业员工个人的管理活动,为人力资源岗位人员的主要活动。

第四项权力——采购权。是购买企业所需的权力。

行权内容:实物和虚拟资产投资活动,确定合格的供应商、外包商、租赁商名册,确定采购数量、采购方式、采购策划、制定采购文件,确定投标人,确定价格和中标人,签订合同、合同变更等与选择第三方合作伙伴、确定所采购的资产、产品、服务定价有关的活动,为采购、资产、投资相关岗位人员的主要活动。

第五项权力——放行权。是利用个某尺度标准进行判断、对比、衡量的权力。

行权内容:质量检测、安全管理、仓储验收管理、品控管理、物料设备验收

---

① 参见樊光中、刘红霞、王志乐:《合规风险识别评估与案例》,中国经济出版社 2017 年版,第 29 页。

使用管理、技术审核、专业评审、专业认证、监督、单位/部门考核评价环境管理、进出门管理等工作过程中的服务认可,物料、产品进出、放行、许可、专业审核性质的活动,为质检岗、技术岗、现场岗、库管岗、品管岗、门卫等岗位人员的主要活动。

第六项权力——计量权。是确定数量多少的权力。

行权内容:计量劳动工作量及产品、服务、物资、设备数量,如货物计数、采购结算、开具计量单、物料领用、消耗计量、工作量计量、分包量计量、容积测量、计时计件、记账等计数计量称重活动,为供应链、物流线上的岗位和会计岗位人员的主要活动。

第七项权力——财务资金权。是企业资金流管理的权力。

行权内容:资金、费用预算、计划、收款、付款等开支管理和费用报销管理、津贴福利开支管理等经手钱财进出性质的活动,为财务、出纳、收支计划、财务预算等岗位人员的主要活动。

第八项权力——拥有关键信息权。是履行岗位职责过程中接触、掌握、创造需控制受众范围的信息和机会的权力。

行权内容:参与公司高层内部决策会议、重要商务活动、重要管理活动,知晓公司内部商业秘密、商业策略、战略、重要人事安排、重要工作部署及采购或分包投标中其他投标人、标底、预算等信息。

以上八个方面的权力是企业在生产经营过程中广泛行使的各项权力,在这些权力行使的过程中,极容易导致腐败风险发生,极容易产生违反法律法规、违反企业制度、违反企业所尊崇的商业与社会道德价值准则的行为。我们可以将这种以上八项权力为参照分析企业合规风险源的框架称为"企业八项权力模型"。

二、识别合规风险源的分布情况

笔者从不合规行为案例中发现,不合规行为的发生存在规律,即不合规行为发生铁三角定律:权力+不良动机+业务机会⇒不合规行为。没有权力,不合规行为发生缺少了第一项必要条件,合规风险就难以发生。反过来,权力存在的地方,就是合规风险高发的地方,因为权力是引致合规风险的关键合规风险源。如果找到了这"八项权力"的分布区域,就可以准确识别合规风险源,进而识别合规风险源的分布情况。

如何识别合规风险源的分布情况?目前有两种方法:一种是围绕岗位职责内容,识别岗位人员掌握的权力和行权内容清单;另一种是围绕业务流程中每个步骤的工作任务,识别相关责任人员掌握的权力和行权内容清单。

本文着重介绍第一种识别合规风险源分布的方法,即基于岗位关键权力合规风险源识别法。

(一)运用"企业八项权力模型"识别岗位上的权力

在公司,不同的岗位有不同的职责,职责有多也有少,每项职责发生的业务频次也各有不同。在岗位职责中,有的职责不止对应一项权力,并且这样的权力是该岗位人员行为出现舞弊、腐败和商业贿赂等不廉洁高风险的主要诱发因素。举例如下:

> 某公司基建部经理岗位职责
>
> 1. 负责基建工程询价。
>
> 2. 负责基建工程队选择报批。
>
> 3. 负责基建预算报批。
>
> 4. 负责基建合同草签。
>
> 5. 负责基建施工管理。
>
> 6. 负责组织基建工程验收。
>
> 7. 负责组织基建工程结算报批。
>
> 8. 负责基建合同、基建档案管理。
>
> 9. 遵守公司的规章制度。
>
> 10. 完成上级交办的其他工作。

这个基建经理在工作中可能发生的不合规高风险有哪些,实质就是他岗位上有些什么权力。因此,我们要识别基建经理到底可以行使哪些权力,才能够知道他所在的岗位面临的合规风险。

怎么识别岗位职责中的各种权力?我们需要知道行权的具体内容包括哪些方面。这里,我们主要利用"企业八项权力模型"来进行识别。

对照"企业八项权力模型",识别该基建经理的岗位职责内容中的权力和行权内容清单如下：

一是采购权。行权内容清单：

1. 负责基建工程询价。

2. 负责基建工程队选择报批。

3. 负责基建合同草签。

二是计量权。行权内容清单：

1. 负责基建预算报批。

2. 负责组织基建工程结算报批。

三是放行权。行权内容清单：

1. 负责基建施工管理。

2. 负责组织基建工程验收。

四是拥有关键信息权。行权内容清单：

1. 由于他负责工程询价，因此他掌握基建工程内部价格控制目标。

2. 由于他负责基建工程队选择报批，因此他知道基建工程的其他投标人信息。

3. 由于他负责基建预算报批，因此他知道基建工程的内部预算量控制目标。

4. 由于他负责组织基建工程结算报批，因此他知道基建工程的最终内部预算量控制目标。

我们将其放入"岗位关键权力识别表"（见表1）：

表1　岗位关键权力识别表

单位名称：某某公司

岗位名称：基建部经理　　　　姓名：张某某　　　　编号：QL2019006

权力名称	是否有以下权力	行权内容清单（合规风险源）
审批权		
市场客服与销售权		
人事权		
采购权	√	1.负责基建工程询价 2.负责基建工程队选择报批 3.负责基建合同草签

（续表）

权力名称	是否有以下权力	行权内容清单（合规风险源）
放行权	√	1.负责基建施工管理 2.负责组织基建工程验收
计量权	√	1.负责基建预算报批 2.负责组织基建工程结算报批
财务资金权		
拥有关键信息权	√	1.由于他负责工程询价，因此他掌握基建工程内部价格控制目标 2.由于他负责基建工程队选择报批，因此他知道基建工程的其他投标人信息 3.由于他负责基建预算报批，因此他知道基建工程的内部预算量控制目标 4.由于他负责组织基建工程结算报批，因此他知道基建工程的最终内部预算量控制目标

通过表1，我们不难看出该岗位职责中的运用"企业八项权力模型"列出的权力、行权内容清单，即合规风险源。以上这四项权力11项具体行权内容清单，足以让一个不自觉的人走向违规甚至腐败的深渊。

（二）形成企业内部权力分布地图

按照以上的基于岗位关键权力合规风险源识别法，企业其他岗位人员也运用"企业八项权力模型"列出各自岗位职责内容中的具体行权内容清单，报送企业合规管理部门。

企业合规管理部将各岗位报送的岗位关键权力识别情况进行汇总，形成企业各岗位关键权力识别表（如表2）。

表2　企业各岗位关键权力识别表

单位名称：某某公司

姓名	岗位	审批权	市场客服与销售权	人事权	采购权	放行权	计量权	财务资金权	拥有关键信息权	关键权力识别表编号
张三	公司党委书记	25							25	QL 2019001
李四	公司董事长	30							30	QL 2019002

（续表）

姓名	岗位	审批权	市场客服与销售权	人事权	采购权	放行权	计量权	财务资金权	拥有关键信息权	关键权力识别表编号
王五	公司总经理	22							22	QL 2019003
赵六	采购部经理	3			3				5	QL 2019004
孙七	人力部经理	3		4					6	QL 2019005
张某某	基建部经理				3	2	2		4	QL 2019006
陈东	出纳							1		QL 2019007
……										

　　以上的企业各岗位关键权力识别表如同企业内部各岗位的关键权力分布地图。按照权力—合规风险源—合规风险的逻辑对应关系,这张岗位关键权力分布地图就是企业合规风险源分布地图,也是企业合规风险点的分布地图。

三、匹配合规风险源对应的"规"并定义具体合规风险

　　运用不合规行为发生铁三角定律,我们围绕岗位职责内容,按照基于岗位关键权力合规风险源识别法,识别出企业内部各岗位人员掌握的权力和行权内容清单,现在要进行准确识别企业合规风险的第三项工作:匹配合规风险源对应的"规"并定义具体合规风险。主要是两项具体工作:一是匹配合规风险源对应的"规",二是定义具体合规风险。

　　(一) 匹配合规风险源对应的"规"

　　匹配合规风险源对应的"规",即根据表1岗位人员掌握的权力和行权内容清单,找到企业总部和经营所在国家或地区、监管机构、行业协会等制定的针对规范该权力行使的法律法规,社会的公序良俗、商业道德规范和企业的合规承诺,将一项一项的行权内容匹配对应的"规",确定与行权内容匹配的合规义务。

　　企业内部应当建立和持续维护合规义务数据库。企业合规义务数据库包括三个子数据库:一是本企业生产经营适用的国家、部委、行业协会发布的

法律法规、条例、行业自律规定等,这是对企业行为的硬约束,是具有强制性的合规要求;二是企业总部和经营所在国家或地区、社会需要遵循的公序良俗、道德规范、文化习惯等,这是对企业行为的软约束,但仍然是具有强制性的合规要求;三是企业自愿向客户、监管方、合作伙伴、企业员工等主动作出的产品、服务的技术、质量、绿色环保等方面的合规承诺。这三个方面的合规要求和合规承诺构成了企业的全部合规义务。

匹配合规风险源对应的"规"的过程,就是确定某一项权力的正确行使受到哪些合规义务的约束与规范的过程。匹配情况如表3。

表3   岗位关键权力匹配合规义务表

单位名称:某某公司
岗位名称:基建部经理   姓名:张某某

权力名称	是否有以下权力	行权内容清单(合规风险源)	权力匹配的合规义务
审批权			
市场客服与销售权			
人事权			
采购权	√	1.负责基建工程询价 2.负责基建工程队选择报批 3.负责基建合同草签	1.国家和国家发改委、住建部及所在省市颁布的采购方面的法律法规清单 2.反商业贿赂规定、廉洁从业规定等 3.公司向用户承诺的采购零质量缺陷、绿色环保采购承诺 (具体应该列出更加详细的合"规"的清单)
放行权	√	1.负责基建施工管理 2.负责组织基建工程验收	1.国家和国家发改委、住建部及所在省市颁布的工程验收方面的法律法规清单 2.反商业贿赂规定、廉洁从业规定等 3.公司向用户承诺的100%质量验收合格率 (具体应该列出更加详细的合"规"的清单)

（续表）

权力名称	是否有以下权力	行权内容清单（合规风险源）	权力匹配的合规义务
计量权	√	1.负责基建预算报批 2.负责组织基建工程结算报批	1.国家和国家发改委、住建部及所在省市颁布的工程计量方面的法律法规清单 2.反商业贿赂规定、廉洁从业规定等 3.公司内部承诺的工程计量误差控制在预算正负5% （具体应该列出更加详细的合"规"的清单）
财务资金权			
拥有关键信息权	√	1.由于他负责工程询价，因此他掌握基建工程内部价格控制目标 2.由于他负责基建工程队选择报批，因此他知道基建工程的其他投标人信息 3.由于他负责基建预算报批，因此他知道基建工程的内部预算量控制目标 4.由于他负责组织基建工程结算报批，因此他知道基建工程的最终内部预算量控制目标	1.《保密法》①《保密法实施条例》等相关保密法律法规 2.反商业贿赂规定、廉洁从业规定等 3.公司内部的保密工作管理办法 （具体应该列出更加详细的合"规"的清单）

通过表3，我们在岗位、岗位职责、八项权力、合规义务之间建立了一个一一对应的逻辑关系。

（二）定义具体合规风险

找到了合规风险源，也找到了对应合规风险源要合的"规"的具体内容，我们就可以找出企业在某项业务执行过程中可能会发生的合规风险，即我们可以定义具体的合规风险内容，如表4所示。准确定义具体合规风

---

① 本书对法律法规的称谓除行文需要和特别指出外，一般均使用其规范简称。

险,能够帮助企业管理者制定科学的合规风险控制措施。

表4 岗位关键权力具体合规风险定义表

单位名称:某某公司

岗位名称:基建部经理　　　　　　　　姓名:张某某

权力名称	是否有以下权力	行权内容清单（合规风险源）	权力匹配的合规义务	定义具体合规风险
审批权				
市场客服与销售权				
人事权				
采购权	√	1.负责基建工程询价 2.负责基建工程队选择报批 3.负责基建合同草签	1.国家和国家发改委、住建部及所在省市颁布的采购方面的法律法规清单 2.反商业贿赂规定、廉洁从业规定等 3.公司向用户承诺的采购零质量缺陷、绿色环保采购承诺	1.隐瞒基建工程真实询价情况,掺水或缩水工程实际报价,为回扣和打压创造条件 2.选择基建工程队存在裙带、利益关联、利益冲突关系,为后面围标、串标、陪标创造条件 3.基建合同缺失关键条款,或者关键条款模糊,或与招标文件合同条款不一致等
放行权	√	1.负责基建施工管理 2.负责组织基建工程验收	1.国家和国家发改委、住建部及所在省市颁布的工程验收方面的法律法规清单 2.反商业贿赂规定、廉洁从业规定等 3.公司向用户承诺的100%质量验合格率	1.基建施工管理过程中吃拿卡要 2.基建工程验收中修改技术参数、修改报告、收买技术质量验收人员等

（续表）

权力名称	是否有以下权力	行权内容清单（合规风险源）	权力匹配的合规义务	定义具体合规风险
计量权	√	1.负责基建预算报批 2.负责组织基建工程结算报批	1.国家和国家发改委、住建部及所在省市颁布的工程计量方面的法律法规清单 2.反商业贿赂规定、廉洁从业规定等 3.公司内部承诺的工程计量误差控制在预算正负5%	1.完成的基建预算可能存在虚增预算、重复计项计量、偏离合同要求和合同范围计量等 2.基建工程结算可能存在虚增预算、重复计项计量、偏离合同要求和合同范围计量等
财务资金权				
拥有关键信息权	√	1.由于他负责工程询价，因此他掌握基建工程内部价格控制目标 2.由于他负责基建工程队选择报批，因此他知道基建工程的其他投标人信息 3.由于他负责基建预算报批，因此他知道基建工程的内部预算量控制目标 4.由于他负责组织基建工程结算报批，因此他知道基建工程的最终内部预算量控制目标	1.《保密法》《保密法实施条例》等相关保密法律法规 2.反商业贿赂规定、廉洁从业规定等 3.公司内部的保密工作管理办法	1.提前透露基建工程内部价格 2.提前透露基建工程队和其他投标人信息 3.提前透露基建工程的内部预算量 4.提前透露基建工程的最终内部预算量

　　表4最右边栏"定义具体合规风险"即是该基建部经理岗位对应的"具体合规风险"清单。在企业生产经营活动中，企业各岗位上分布的关键权力会由岗位上的责任人频繁行使，意味着合规风险源会时时激活对应的具体合

规风险。

到这里为止,基于岗位,我们就完成了识别岗位关键权力、识别合规风险源、识别合规风险的全部过程。

企业各岗位履职过程中可能发生的具体合规风险被定义出来后,企业管理者即可对照具体的合规风险内容编制岗位合规风险清单,以确定可能发生合规风险的具体业务环节,同时根据自身条件和外部环境,围绕企业发展战略,确定风险偏好、风险承受度、风险管理有效性标准,选择适合企业的风险承担、风险规避、风险转移、风险转换、风险对冲、风险补偿、风险控制等风险管理工具的总体策略,并确定风险管理所需人力和财力资源的配置原则,有针对性地确定应对合规风险的策略,并针对每个合规风险点制定具体的化险措施。

合规审计的理论与实务

北京大成(上海)律师事务所　陈立彤

【摘要】　近十年来,中国企业对外直接投资额一直保持着高增长的态势。仅 2019 年 1 月和 2 月,中国企业对"一带一路"沿线 48 个国家的新增投资额就高达 23 亿美元。在国际化进程中,中国企业境外经营也暴露了很多合规问题。2018 年 12 月 26 日,国家发改委联合外交部、商务部等发布《企业境外经营合规管理指引》,为"走出去"的企业解决合规问题提供了指引。而合规审计是识别、评价企业合规风险,并提出控制措施的过程,对解决合规问题、构建合规管理体系具有重要意义。在实务中,合规审计人员如果熟知如何开展合规审计工作,可以避免在合规审计中走弯路,并"多快好省"地达到合规风险管控的目的。

【关键词】　合规审计　合规风险识别　评价　控制

一、什么是合规审计

合规审计(Compliance Audit)是审查公司活动是否符合法律法规和公司制度的行为,是公司主动开展合规风险识别和隐患排查、发布合规预警、对违规行为整改最重要的手段之一。对此有关合规管理体系的国际和国家标准都有所提及。

反垄断审计、反贿赂审计是两种比较常见的合规审计。在审计实务中,合规审计的范围完全有可能超出这两种审计。

2019 年 4 月 30 日,美国司法部发布了《公司合规程序评价》(Evaluation of Corporate Compliance Programs)更新版本。该评价文件旨在为检察官在面对以下情况时是否及如何提起检控及处理决定提供参考:一个公司的合规体系在其违法犯罪行为发生时是否有效、在多大程度上有效,一个公司的合规体系在检察官提起检控决定或者解决方案时是否有效、在多大程度上有效,从而帮助检察官决定合适的①解决方案或监控方式、②罚金(如有)、③公司刑事解决方案中含有的合规义务[比如监管计划(monitorship)或者报告义务]。其中明确把合规内审作为一个重要标准来衡量一个公司的合规体系是否合格。

合规审计的内容和范围各不相同,因此不同的合规审计项目对合规审计人员及/或团队成员的要求也可能是多方面的。但万变不离其宗的是,一个合规审计既要有合规管理方面的专家,同时又要有相应的专业领域的专家。比如,开展反垄断审计就必须有反垄断法专家介入,开展反贿赂审计不仅要有精通中国反贿赂法的专家,有时可能还需要精通其他国家法律(比如熟悉美国《反海外腐败法》)的专家介入,否则风险的识别、评价与控制就会有偏差。

同时,开展合规审计就像老中医诊病,既要能望闻问切找出病症(识别风险、评价风险),又要能够准确、熟练地开出药方(找出风险的管控措施),这些技能和相应的专业知识缺一不可。比如,笔者曾经帮助某私募基金对其投后公司开展合规审计——审计该投后公司为什么盈利没有达标。其中既要有财务专家(有时和会计师合作)进行财务方面的审计,也要有律师,其审计项目和内容偏重法律合规义务以及非财务控制手段。在此次合规审计中,笔者发现该公司盈利没有达标的一个重要原因是存在法律合规风险、应收账款风险和合同风险等比较大的风险。在此就以应收账款风险和合同风险举例:

首先,在审计过程中,笔者通过审阅由该公司国际贸易部提供的"国际贸易出口业务流程及过程控制表",发现其中没有境外应收账款的催讨机制,或其他类似的相关规定。经过对部门负责人的访谈,笔者得知该公司海外应收账款风险主要发生在印度,但印方经常不按合同约定履行质保金义务——约定竣工之日起1—3年内偿还质保金,实际4—6年才支付的情况常有。相比国内应收账款的催收机制而言,境外应收账款的催收力度明显偏弱。

其次,笔者通过访谈发现,该公司国际贸易部在与某印度公司进行谈判时,试图通过应收账款总额打折来鼓励债务人加速还款,但整个过程没有通过专业律师来处理,手法非常不专业。比如在应收账款总额打折协议中遗漏了下面这句话,结果吃了大亏:如果债务人不在一定的时间内按折后款支付,那么双方仍然按折前款计算应收账款。其结果,印度公司不但没有按折后款支付,该投后公司还白白地送给对方一大笔折扣款项。

二、合规审计的原则

(一)持续文档化原则

我们所说的文档化,是指合规审计人员应当把审计工作中所形成的,或者所获取的信息通过书面的方式保存下来。书面的方式包括纸质版和电子版两种。

合规审计的审核意见、审计过程、审计认定的事实摘要、审计结论、合规整改建议、措施以及相关的证据,应当不间断地记录在工作底稿中。

除了合规工作底稿之外,审计工作开始时制订的合规工作计划和工作结束后撰写的审计报告也应当文档化。

(二)加强沟通原则

加强沟通原则是指合规审计工作人员应当加强与合规审计工作相关的各个方面人员的沟通,包括合规审计人员之间以及与其他职能部门(比如合规负责人、业务部门)工作人员的沟通,从而保证信息交流的顺畅、准确,为合规审计工作的顺利完成打好基础。

(三)风险管控原则

合规是以风险为前提,因此风险管控既是合规管理工作的基础,同时也是合规审计工作的出发点和最终目标。

风险管控的原则应当贯穿于合规审计工作的每一个环节,这样才能保证合规审计工作不会偏离风险管控的基本目标,也才能避免合规审计工作流于形式。

合规审计工作人员在合规审计工作中不可避免地会触及一些敏感信息(比如公司或管理人员的违规行为)。合规审计工作人员在处理这些信息的时候同样要有风险管控的意识,在保守公司秘密的同时,及时通过自己的汇报线向相关负责人汇报,让有职权处理相关问题的管理人员做好下一步风险管理,甚至危机管理工作。

三、合规审计的本质

合规审计的最终目的是为了进行风险管控。因此,合规审计工作的本质是一个通过合规风险的识别、合规风险的评价,最终达到合规风险管控的过程。

实务中,我们往往通过下面这个框架表来做风险的识别与评价工作:

表 1　合规风险识别与评价框架表

风险识别区				风险实证	实质性合规义务	控制性合规义务	具体合规义务人		风险评价区			
风险代码	风险名称	风险源代码	风险源	案例及其他风险实证来源	合规义务来源	合规义务来源	第一合规义务人	第二合规义务人	风险源引发风险的频率	风险造成损害的严重程度	风险发生的可能性	风险值或风险敞口

(一)合规风险的识别

合规风险识别是查找、识别、列举和描述公司运转过程中可能面临的合规风险及其风险源的过程。

1.合规风险

关于合规风险,不同的规定、标准有不同的定义。国家标准《合规管理体系　指南》(GB/T 35770—2017)第2.12条把合规风险定义为"不确定性对于合规目标的影响"。而本文所说的合规风险,是指不合规的作为或不作为对于合规目标所造成的不确定性。

2.风险源

风险源(实践中也被称为"风险点")指一个公司内部可能引发合规风险的各个因素,包括但不限于可以直接导致风险发生的部门、岗位或人员。识别一个公司有哪些风险源可以引发合规风险及/或风险源引发风险的频率是合规审计工作的一个重要的内容。

3.风险代码及风险源代码

风险代码及风险源代码可以帮助检索合规风险与风险源。特别是当一个公司所面临的合规风险与风险源的清单较长时,可以用代码进行检索。当一个公司有很多分支单位,包括分公司或子公司,特别是有海外分支单位时,集团公司和分公司以及子公司采取相同的代码来指代同样的风险和风险源,可以在对话和交流时减少歧义,提高效率。

4.用风险实证的方法识别风险

风险实证是识别风险和风险源、确证风险以及风险源存在的过程。它通过案例辨析等方法对合规风险和风险源进行直观和客观的说明和验证。

风险实证的来源是过去已经发生了的事实,比如公司内外部的案例、尽职调查的结果、经过核实的来自公司内外部的举报、公司内部的审计发现、公司自我检查发现的问题等。

5.通过对合规义务的归纳来印证或审计合规风险

之所以存在合规风险,是因为法律、法规或者公司内部的规范性文件等包含了一些令行禁止的规定。换言之,合规风险一定与令行禁止紧密关联。因此,对于识别出来的合规风险,一定可以通过这些令行禁止的规定产生的合规义务予以印证。反之,我们也可以通过审计合规义务是否得到履行而识别公司是否存在风险——合规义务就如同一枚硬币:合规义务被履行了,那就是硬币的正面,"合规";合规义务没有被履行,那就是硬币的反面,"违规"。

一个公司面临的合规义务有很多,我们在开展合规审计时不能眉毛胡子一把抓,而是要有侧重,要把对公司有重大影响,且发生风险可能性较大的合规义务即重大合规义务归纳出来。重大合规义务与公司所面临的重大风险高度相关,一旦违反这些义务就会引发重大合规风险或者让风险管控失去控制。

首先,一个公司会面临很多的合规义务,如果要把所有的合规义务都识别出来,是不现实的,也是没有必要的。其次,识别合规义务如果不按轻重缓急予以区分,则会在总体上降低合规义务人对合规风险,尤其是重大合规风险的敏感度。因此,公司在确定合规义务时应将重大的合规义务优先识别出来。

公司的合规义务分为实质性合规义务和控制性合规义务。在合规审计过程中,我们对实质性合规义务要作实质性测试,对控制性合规义务要作控制性测试(见本文第四部分中的测试方法)。

(1)实质性合规义务

实质性合规义务是指以禁止性规定为基础而产生的合规义务。比如《反不正当竞争法》第 8 条的禁止性规定就是实质性合规义务:"经营者不得通过组织虚假交易等方式,帮助其他经营者进行虚假或者引人误解的商业宣传。"

实质性合规义务主要来源于法律法规,但又不同于法律法规。相较于后者而言,实质性合规义务更加接近行动指令和要求。相对具有普适性的法律法规而言,实质性合规义务与企业的实际情况紧密关联,从而各具特点。

(2)控制性合规义务

控制性合规义务是指公司为了防止风险的发生,从而建立一套风险防控流程而产生的义务。控制性合规义务是在一定的环境下,公司为了提高经营效率、充分有效地获得和使用各种资源并达到既定管理目标而实施的各种计划、程序和方法,例如各类内部控制措施所规定的内容和要求。

控制性合规义务与《合规管理体系 指南》(GB/T 35770—2017)第 7.2 条中所说的"控制和程序"紧密相关:一个组织"宜采取有效的控制措施确保满足合规义务,能够预防或发现不合规事件并纠正。充分而严格地设计各类、各层次的控制措施,以促进组织的活动和运行环境实现合规义务。在合理的情况下,这些控制措施宜植入常规的组织过程"。

在实务中,"控制和程序"都必须落实到相应的(合规)义务人——相对于这些(合规)义务人而言,这些"控制和程序"就是他们的合规义务:第一,控制措施在合规实践中是相关义务人所必须实实在在履行的义务,该义务得以履行是一个组织实现合规目的的必要条件。第二,将控制措施称之为义务是为了更好地把控制措施与义务人直接关联起来,从而做到"守土有责"。在实务中,的确有很多公司因为没有把控制措施落实到具体义务人,从而导致公司在合规工作中出现了问题,有的甚至直接导致公司几乎遭受灭顶之灾。第三,控制性合规义务与实质性合规义务一样,也必须予以识别、评价,并落实到合规实务工作中。在合规实务中,要识别的控制性措施或者控制性合规义务不仅仅来自公司内部,还可能来自公司外部的最佳合规实践。

控制性合规义务往往不具有普遍性,各个公司在做好风险管控的前提下,可以根据自身的大小和特点选择使用,以达到有效控制风险的目的。当然实务当中也存在普适性的控制性合规义务,比如为了防止火灾的发生,消防法规中的一些规定和要求(像在规定区域灭火器摆放的位置和数量等)。

控制性合规义务的来源包括但不限于公司为了管理合规风险已经制定的以及应当制定但却没有制定的控制及程序所产生的义务。

控制性合规义务不求全面或者重大,而在于是否能有效地管控风险。

(二)合规风险的评价

合规风险评价是指对已经识别出的风险从风险发生的可能性、风险源引发风险的频率和风险发生后果的严重程度等维度进行评估,以确认合规风险的风险敞口或者风险值。风险值指风险发生的后果的严重性,以及其后果发生的可能性的综合量值。风险敞口包括固有合规风险敞口和剩余合规风险敞口。固有合规风险敞口即固有合规风险的量值;剩余合规风险敞口即剩余合规风险的量值。

风险评价既是对风险值或风险敞口定量的过程,也是就风险管理分配资源的依据。风险值或风险敞口越大,给合规主体所带来的风险越大。合规风险评价需要识别所有会给公司造成较大损失和损害的风险,并从风险源引发风险的频率、风险造成损害的严重程度以及风险发生的可能性等维度对风险敞口的大小进行定量分析。在实务中,用来评价风险敞口或者风险值的维度也不是一成不变,对有些风险的评价也许未必要考虑"风险源引发风险的频率"这个维度,但基本上都要考虑"风险造成损害的严重程度"以及"风险发生的可能性"这两个维度。

(三)合规风险的控制

合规风险控制是一种内部控制,是在一定情况下,公司为了提高合规风险管理效率,充分有效地获得和使用各种资源,达到既定管理目标,而在公司内部实施的各种职责划分、行动计划、操作程序和实施方法。

本文所述的风险控制,更多的是指风险控制手段的模块化建设:公司在解决复杂问题时自上而下逐层把系统划分成若干模块的过程。每个模块各有多种属性，但都能反映公司有关合规风险管理的特性。

合规风险根据对象的不同，可以从组织内部、商业合作伙伴、其他特定风险领域三个方面来进行控制。

1.组织内部

组织内部的合规风险控制体现在组织内部为组织成员制定的合规要求及商业行为规范，根据适用范围及约束力，可以将其分为三个等级，分别是纲领类制度、规范类制度及指引类制度，具体内容请参考下表：

表2　组织内部的合规风险控制

分类	内容描述
纲领类制度	原则性制度，例如公司员工的行为准则，要求每一个公司员工必须遵守与履行，是其他合规制度和政策的基础
规范类制度	针对特定的合规风险领域所制定的对应行为准则，如反贿赂制度、反腐败制度等
指引类制度	纲领类制度和规范类制度的补充，为公司员工评估具体合规问题提供参考

2.商业合作伙伴

在整个公司合规风险控制体系中，针对商业合作伙伴的合规管理是非常重要的一环，其目的是减少或避免因合作伙伴存在违法违规行为而导致公司承担直接或间接的损失及法律责任。

在商业合作伙伴合规控制方面，公司应当关注的内容包括：选择商业合作伙伴的标准以及具体的要求；合作协议中的必备合规条款；对合作伙伴合规情况进行持续监控；对合作伙伴的违规行为进行评估。

3.其他特定风险领域

公司应根据自身所处的行业领域及所处的国家或地区来识别其所面临的特定风险，并针对风险制订相应的控制方案。特定的行业、国家或地区的合规标准是千差万别的，公司应根据所处的环境，结合自身特点及发展的需要来制定相应的合规风险控制制度。例如一家在欧洲有分部的中国互联网企业，应当同时针对欧盟《通用数据保护条例》（General Data Protection Regulation，简称"GDPR"）及中国个人信息保护政策来制定企业的个人信息保护制度,从而控制可能造成的个人信息泄露及其带来的合规风险。

公司还应采取有效的控制措施(即设立控制性合规义务)确保履行实质性合规义务,以此预防或及时发现不合规问题并纠正。公司应当充分、严格地设计各类、各层次的控制措施,并在合理的情况下将这些控制措施整合到公司的常规业务流程中。

在此,以笔者团队为某大宗商品贸易公司所作的合规审计为例。大宗商品贸易领域主要的风险来自于融资性贸易。融资性贸易,是指参与贸易的各方主体在商品及服务的价值交换过程中,依托货权、应收账款等财产权益,综合运用各种贸易手段和金融工具,实现短期融资或信用增持目的,增加贸易主体的现金流量。因此,融资性贸易本质上应基于真实的贸易关系,并通过在贸易各个环节中金融工具的运用,为促成贸易而进行融资,是"贸易+融资"的组合,并非简单的贸易行为或是单纯的融资服务。同时,融资性贸易是贸易融资中的一种高风险类型,一旦卷入其中将产生极大的风险。这种风险包括违反政府监管政策的风险,以及企业自身遭受财产损失的风险等。因此,应在了解政府监管政策的基础上,针对融资性贸易的特征采取防范措施。对此,我们向合规审计目标公司(以下简称"目标公司")提供的风险管控建议是:

第一,应对贸易相对方进行评价。特别是要防止介入上下游关联企业的交易,防止与陷入资金周转困境的企业进行交易。企业陷入资金周转困境的原因有多种,应注意识别。在大宗商品市场价格大幅下跌的环境下,应关注相关企业受市场波动的影响程度。在企业卷入诉讼等情形下,要查询企业是否因申请人向法院申请财产保全等措施而导致资金断链等。

第二,在对企业合理授信的基础上,建议要求企业提供第三方保证或以抵押、质押等方式提供担保。要注意查询担保财产或权利是否已经设立担保,财产上有无其他负担,贸易合同是否作为质押标的出质等。

第三,在为其他主体提供担保的时候,要明确担保的后果与可能承担的责任,尽量避免承担连带保证责任,尽量使自身处于保证合同中较后承担担保责任的顺位。法院不会因为买卖合同无效而排除担保责任,因此有必要意识到自身作为保证主体的风险。

第四,订立合同过程中关注货权流转情况与付款情况,如有可能,尽量以先款后货的方式卖出货物,以先货后款的方式买入货物。尤其应当关注货物所有权流转情况,合同中一般会订立货物交付条款与所有权、风险转移条款,货物交付不代表所有权转移。合同中约定的动产所有权转移方式一般优先于法律规定的转移方式,如果是作为卖方,应尽量避免在收到货款前转移所有权。对此,可以订立所有权保留条款,即在合同中明示,目标公司作为卖方在取得货款前保留货物的所有权。

第五,关注货物流转的真实性。在部分贸易中,目标公司作为中间商不直接控制货物,也不参与货物的运输,这种情况下可能发生上下游串通进行走单不走货的虚假贸易。因此,应关注货物流转的原始凭证以确定货物真实流转,必要时前往现场核查。此外,如果涉及公司需要控制货权,但又不参与货物运输或进行直接指示的情况,应采取适当的措施取得控制权或指示权。

第六,对运输单证、提单、仓储单证等相关单证的控制。仓单是法定的物权凭证,提单是法律规定的提货权凭证,运输单证也能起到证明运输合同的作用。根据以往案例,有部分企业因为草率地交付单证,导致无法控货,也无法通过法院维权。因此,应特别注意单证的控制,如果涉及保函放货、无单放货、无单提货等情形,应注意要求相关主体出具货权转移证明,以避免可能产生的纠纷或诉讼。

第七,争取有利的管辖和法律适用条款。管辖和法律适用条款是合同中的重要条款,在合同拟定时,目标公司应尽量争取在本地法院管辖。在有国外主体参与的时候尽量约定适用中国法律。这样一来避免因为诉讼、解决争议而耗费大量的成本费用,也避免因为不熟悉外国法律而导致无法制定有效的诉讼/仲裁策略而产生风险。

四、如何开展合规审计

合规审计工作的开展以合规风险识别、评价、控制为核心,可分为两大部分:事前基础准备和具体操作流程。具体如下:

(一)事前基础准备

合规审计离不开合规基础工作,包括制定合规政策和制度、了解和确定合规审计领域和范围并在重要的合规领域制定合规义务清单。

一个公司如果能够长期致力于这些合规基础工作,就能够为合规审计工作打下一个坚实的基础,否则合规审计就会成为无源之水、无本之木。

1.合规政策和制度的制定

合规政策和制度的制定是合规审计工作不可缺少的一部分。一方面,这些政策和制度为合规审计工作规定了相应的流程以及其他相关指引;另一方面,合规政策和制度本身也可能是合规审计工作的参照或者是重大合规义务之一。

此外,合规审计工作的内容之一就是审计一个企业针对风险及风险源是否制定有风险管控措施,以及该措施是否得到执行。

2.合规审计领域和范围的了解和确定

要做好合规审计工作,首先要识别合规风险和风险源,并把风险和风险源按照其发生的频率、造成损失的大小及发生的可能性等维度进行排序,进而予以管控。

3.重大合规义务清单的制定和完善

要做好审计工作,往往要参照一定的标准,合规审计工作也不例外。合规审计工作的标准往往有两个,分别是以外部的法律规定和公司内部的规章制度为基础而形成的合规义务。

但是,并不是所有的合规义务都会成为合规审计的重点。公司应当把法律规定和规章制度中所涉及的重大合规义务与非重大合规义务予以区分,并制定出适用于合规管理和合规审计的重大合规义务清单,从而为合规审计制定好参照标准。

(二)具体操作流程

合规审计流程是合规审计得出审计结论的路径,依照进度的不同可以具体分成以下几大板块,各个板块所涉及的具体工作如下:

1.制订计划

合规审计分为年度合规审计和紧急合规审计。前者偏重常规的合规审计项目,而后者偏重紧急的合规审计项目。针对两种审计所制订的计划也各不相同,相关内容及区别请见下表:

表3 年度合规审计和紧急合规审计计划比较表

比较项目	年度合规审计计划	紧急合规审计计划
制订的目的	为公司的合规风险管理提供依据	公司在合规管理过程中碰到了紧急情况而需要采取临时性措施
制订的根据	优先考虑风险敞口较高的领域和对象,同时兼顾风险敞口虽然不高但长时间没有作合规审计的领域和对象	往往基于公司碰到的紧急状况,包括但不限于:公司被举报;公司出现了重大的负面媒体报道;有迹象表明政府机关即将对公司开始调查,或者调查已经开始;其他紧急突发事件
制订的时间	每年的第四季度确定第二年的合规审计计划,并同时对第三年或更长时间的审计计划进行调整	视紧急程度,计划的制订越快越好
制订的主体	合规管理部门牵头,与执行部门(比如内审部门)共同完成	合规管理部门、处理危机事件级别相应的行政管理人员
审计对象	往往是常设的、类型相同的合规审计	对不同的个别事项进行审计
审计依据	公司制定的重大合规义务清单	国家强制性法律、法规
计划的文本形式	通常的计划模板	备忘录、电子邮件
保密的程度	机密或秘密	绝密

2.组成团队

由于合规审计分为年度合规审计和紧急合规审计,其审计团队的组成往往也存在很大的区别,请见下表:

表4 年度合规审计和紧急合规审计团队比较表

比较项目	年度合规审计	紧急合规审计
团队成员来源渠道	合规管理部门、内审部门、其他专家	合规管理部门及其他相关部门、外部律师
对外部律师的需求	往往由公司内审完成,有时不需要外部律师的介入,或者外部律师的介入不多	往往需要外部律师介入以保证审计的独立性、客观性,并使审计结果可以经受住政府部门的质疑或挑战

3.确定测试方法

合规审计的测试方法包括两种:实质性测试与控制性测试。

(1)实质性测试

实质性测试是对具体业务所作的复盘,包括对各类高危交易、重大细节所作的实质性分析测试。合规审计人员应当对评估的重大违规风险进行实质性测试。例如,某公司所在的行业领域里面发生了一件重大的商业贿赂案件,虽然该案件发生在竞争者的身上,但公司在作合规审计的时候,应当对本公司所发生同类交易行为进行实质性测试,以防止自己公司内部发生同样的风险。

实质性测试的方法主要包括:复盘、函证、计算、分析性复核等。在实质性测试中,审计者应当根据从重从新的原则,对金额大、影响力大的交易或事件尽快进行测试。

(2)控制性测试

控制性测试是针对内部控制,是为了确定内部控制的设计是否合理,内控执行是否有效而实施的核查程序。

在合规流程执行管理上,内控部门负责制定及优化公司的内部控制流程、方法及执行标准,同时制订无效控制的补救计划及跟踪计划,确保无效控制得以控制并转为有效。从这个角度来讲,内部控制是合规管理非常重要的一个环节,内部控制是否有效直接决定了合规管理是否有效。

控制性测试是在了解内部控制的基础上,来确定其设计和执行的有效性。在实施风险评估程序以获取内部控制是否得到执行的核查证据时,合规审计人员应当确定某项内部控制是否存在、被审计单位是否正在执行。

触发控制性测试的情形往往有以下两种:

第一,尽管存在重大违规事件,但预期内部控制的运行是有效的,那么应当实施控制性测试。例如,一个业务部门平时和政府部门及官员打交道的机会不多,但是该业务部门近期发生了大规模扩张,并增加了与政府部门打交道的业务要求,在这种情况下,合规审计人员可能会认为,仅仅凭抽查一定数量的报销凭证并不足以验证该部门及其人员就反贿赂合规风险控制的完整性或准确性,合规审计人员有必要实施控制性测试了解该部门内部控制运行的有效性。

第二,如果仅实施实质性测试,无法将重大违规风险降至可接受的水平,在这种情况下,合规审计人员应当实施相关的控制性测试。例如,某销售部门发生了向客户的有关业务经理行贿的事件。虽然发生了该事件,但是公司管理层认为公司有关业务部门对外行贿风险的内部控制是有效的,所发生的行贿事件只是个别事件。在这种情况下,合规审计人员应当对反贿赂风险实施控制性测试,并就内控制度在相关期间或时点运行的有效性获取充分、适当的核查证据。

在测试内控运行的有效性时,合规审计人员应当从以下方面获取关于内控是否有效运行的核查证据:

①内控制度在所核查期间的不同时点是如何运行的;

②内控制度是否得到一贯的执行;

③内控制度由谁执行;

④内控制度以何种方式运行。

在确定了测试的种类之后,合规审计人员可选用以下核查方式来实施控制性测试:

①审计交易和事项的凭证;

②询问并实地观察;

③重新执行相关内部控制程序。

合规审计人员应当根据控制性测试的目的,确定控制性测试的时间。如果测试特定时点的内控制度,则只能得到该时点的核查证据;如果测试某一期间的内控制度,则可能获取该期间内的核查证据。

(3)实质性测试与控制性测试的区别和联系

有关实质性测试与控制性测试的区别见下表:

表5　实质性测试与控制性测试的区别

比较项	实质性测试	控制性测试
测试对象	针对高危交易或重大细节	针对内部控制制度
评价依据	法律法规	企业内部控制制度的有关规定

（续表）

比较项	实质性测试	控制性测试
测试方法	包括复盘、函证、计算、分析性复核等方法	包括审计、询问、实地观察、重新执行有关程序等
测试时间	按从重从新原则进行测试	核查人员自我控制测试时间
必要程度	实质性测试是核查实施阶段必不可少的工作	控制性测试不是每个核查项目都必须执行的程序

有关实质性测试与控制性测试的联系见下表：

表 6　实质性测试与控制性测试的联系

联系点	描述
结果相互补充	如果控制性测试的结果令合规审计人员满意，则实质性测试的工作量可以减少
执行时间上有时候存在交叉	实质性测试中的有些工作，可以在控制性测试之前进行
是一个核查业务的不同阶段	测试的共同目标是收集充分、适当的核查证据，以便合规审计人员发表核查意见

4.进行证据收集与评价

（1）证据能力

合规审计的证据应当具有充分性、适当性、相关性、证明力和可靠性。

证据的充分性，是对核查证据数量的衡量。证据的数量与所要审计的风险相关。一般来说，风险越高，对证据的数量要求也就越多。同时证据的数量还会受证据质量的影响。证据的质量越高，对于证据的数量要求就会越少。

证据的适当性是对证据质量的衡量，即合规审计证据在支持审计意见和最终结论方面所具有的关联性和可靠性。

证据的相关性或关联性，指的是证据内容与合规审计项目事实之间存在的联系。关联性是实质性和证明性的结合。关联性不涉及证据的真假和证明价值，其侧重的是证据与证明对象之间的形式性关系，即证据对于证明对象是否具有实质性及证明性。

证据的证明力是指证据对某一问题证明上的强弱程度，即该证据在多大程度上能有证明作用。一般证明力较弱的证据不能单独作为认定某一问题的依据,而需要其他证据在证明力上予以补强。

合规审计证据的可靠性受其来源和性质的影响,并取决于获取证据的具体环境。判断证据可靠性的一般原则包括:

①外部独立资料优于被审计部门的内部资料;

②有效内控情况下生成的资料优于内控薄弱时生成的证据;

③直接获取的资料优于间接获取或推论得出的资料;

④文件记录形式优于口头形式;

⑤原件优于复印、影印件。

(2)证据的收集

收集证据是合规审计一个至关重要的步骤。没有足够、适当的证据,合规审计则无从谈起。

收集证据和评价证据不能够截然分开,它们是一个系统的、循环往复的过程。该过程请见下图:

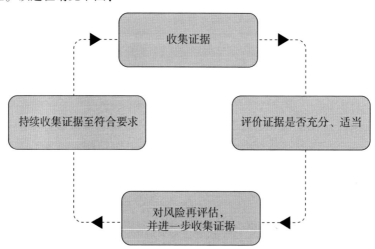

图1 收集证据和评价证据的关系

合规审计证据的收集方式如下:

①文件查阅

文件查阅是获得合规审计证据的首要办法。在进场开始合规审计之前,往往需要向被审计部门提供一个需要查阅的文件清单。

②现场访问

合规审计也需要现场访问,例如实物盘点,在作环境健康安全合规审计时,对违规堆放的危险品进行盘点。

一般来说,实物盘点应当与业务部门的人员一起进行,以保证该审计结果能够被业务部门的人员接受。如果被核查部门对实物盘点/现场审计不配合,则应当记录在案,并且向被审计单位的高层进行汇报,同时合规审计人员也可以考虑直接进行实物盘点。

在作实物盘点和现场访问的时候,审计人员应当拍照或者是采取其他的一些方法获得相应的证据,所拍的照片上应当清楚地标明照片所拍的具体地点和日期。

③观察

观察是指对正在实施的过程或者程序进行目击。在实施合规审计的时候进行观察,包括对实时交易过程的目击——实时交易过程包括信息的处理以及在 IT 系统中的交易过程。

④问卷调查

问卷调查是指向接受合规审计的相关人员发放调查问卷,以获得更多的信息并获取合规审计证据。

⑤调研

调研包括与被审计单位以外的人员进行互动,以获得更多的信息。这些外部人员包括被合规审计项目所影响的有关人员或者受益人。

调研时应当对被调研的对象进行仔细的选择并且设计制作适当的调研问卷,并对调研的回复进行仔细的分析。

在调研过程中收集到的证据可以与通过其他技术手段所获得的证据进行印证。

⑥函证

通过函证方式直接从被询证者获取审计证据。函证获取的证据比从被审计单位内部生成的审计证据更可靠。通过函证等方式从独立来源获取的可以相互印证的信息,可以提高合规审计证据的证明力。

⑦复盘/重新执行

复盘/重新执行是指按照被审计单位自我审计时所采用的程序再一次进行审计。复盘可以通过人工的方式,也可以通过电脑等方式提供帮助。审计如果涉及高科技,那么高科技专家也可以被聘请参与重新审计。

⑧分析程序

分析程序包括对数据进行比较或者对数据之间的波动以及不符合逻辑的关系进行调查。数据分析工具、统计学技术以及数学模型,都可以用来对现实和预期的结果进行比对。

⑨监管技术运用

监管技术包括传统的监管技术以及大数据挖掘技术。传统的监管技术,例如通过官方监管机构的系统或线下平台展开尽职调查工作。除了政府部门的监管技术之外,有一些商用平台可以提供大数据挖掘技术——通过对常用数据的挖掘与关联分析,往往能够获得常规手段所不能获得的数据、分析结果。

(3)证据的评价

通过上述审计程序所获得的证据应当与相关的标准(包括但不限于合规义务)进行比照。通过比照,审计人员得以判断是否存在重大的、实质性的违规。

违规是一个职业化的判断,但这个判断离不开对交易、相关问题及以下因素的分析:

①所涉及的不合规或违规程度以及重要性,其包括金钱价值及其他定量指标;

②不合规或违规的性质;

③不合规或违规的原因;

④不合规或违规的效果和结果;

⑤所涉及项目的影响力和敏感度;

⑥外界对报告的潜在需求和期望。

如果审计人员发现证据之间彼此有矛盾,那么审计人员应当对证据的可信度进行衡量。必要时,审计人员可以收集更多的证据来解决证据之间的冲突问题。

合规审计人员应当把来自不同渠道的合规审计证据进行组合及比较,以确定合规审计证据是否具备充分性和适当性,从而确定合规审计的证据数量以及质量是否符合要求。

5.出具审计报告

(1)审计报告的形式

如果公司行为不符合《合规管理体系　指南》(GB/T 35770—2017)的相应条款,应将该审计发现作为不符合项提出。

如果尚无充分、客观的证据对公司行为提出不符合项,审计人员将进行追踪调查以判定符合或不符合。审计人员将给出认为尚无充分、客观证据开具不符合项的理由,并对跟踪的审计线索作出详细描述,附上引用的《合规管理体系　指南》(GB/T 35770—2017)条款依据。

(2)审计报告的行文要求

一般性的合规审计报告同样具有一定的行文要求,基本的行文目录参考以下文书模板一(中文)以及文书模板二(英文)。

文书模板一(中文):

```
合规审计报告目录
一、本次合规审计背景介绍
1.合规审计的目的
2.合规审计领域
3.合规审计的范围
4.合规审计的方法
二、合规审计情况
1.现有×××业务模式总结
1.1.××代理进口库存管理
1.2.××内贸库存管理
2.对业务模式的风险识别与评价
2.1.操作风险
2.1.1.货权转移声明效力
2.1.2.内部管理不当
2.2.欺诈风险
2.2.1.虚假仓单提货
2.2.2.货代、仓库选任管理不当
附件1　合规风险识别与评价框架图
附件2　合规审计要点
附件3　第三方仓库、货代调查情况
```

（续表）

附件4　审查文件清单 附件5　访谈人员清单及访谈记录

文书模板二（英文）：

Table of Contents for Compliance Audit Report I. Introduction II. Facts and Findings 1.Background Information 2.Business Models 3.Marketing 4.Expenses 5.Company Policies 6.Tendering and Competitors III. Risk Tests 　1.Internal Control Test 　2.Substantive Test 　IV. Conclusions We did not find ××× conducted any bribery activities. 　The bribery risk as the result of substantive test is very low. However, the bribery risk as the result of internal control test is not low. There is no doubt that for ×××'s size and annual revenue, their deviation from its compliance policy and code of conduct is to some degree understandable. However, size of business and annual revenue is not an exonerating factor under Chinese law. 　V. Suggestions

（3）密级的标注及处理

合规审计是对单位是否履行了合规义务进行的审查。当一项合规义务没有得到履行或者没有得到充分履行，就可能给公司带来合规风险，并要承担相应的法律责任。如果要承担的法律责任是重大法律责任（比如刑事责任），后果就非常严重，公司要谨慎地应对。而做好保密工作是谨慎应对的前提，有助于避免对案件的处理出现失控，产生意想不到的恶果。

公司可参照《党政机关公文格式》进行密级的标注。

（4）利益冲突的处理

具体处理情况如下：

表7 利益冲突的类型、内涵及处理方式

类型	内涵	处理
实质性利益冲突	指合规审计负责人或其他有权力处置该次合规审计及其报告的有关人员是本次合规审计的①被审计一方;或②参与实施了有关违规行为	具有实质性利益冲突的一方不可以参与相应的合规审计。如果在合规审计的过程中才发现实质性利益冲突,那么合规审计报告的汇报及处理流程应当避开该具有实质性利益冲突的一方直接向其上级汇报
程序性利益冲突	指合规审计负责人或其他有权力处置该次合规审计及其报告的有关人员曾经处理过合规审计中所发现的违规行为,从而有可能(并不必然地)影响本次合规审计的独立性和公正性	具有程序性利益冲突的一方并不必然地被排除在相应的合规审计及/或汇报程序之外,但具有程序性利益冲突的一方在合规审计中应当意识到并避免先入为主等程序性利益冲突有可能给合规审计所带来的负面影响

6.做好审计后的合规整改

接受合规审计的企业要根据合规审计的结果组织采取纠正措施,从而达成其对建立有效合规方案的承诺。合规专项审计人员应当在合规审计报告中针对违规现象提出有关合规整改的方法。这些方法包括但不限于:①合规整改的具体负责人;②整改的时间表;③对违规事项的纠正;④对违规人员的处理;⑤制定、改写或调整内控制度。

合规整改最重要的部分是加强对风险控制的模块化管理,从而在整体上降低企业的风险敞口或者风险值。以笔者对某高科技企业的合规审计及控制手段评价为例说明如下:

首先,经过审计,我们认定该高科技企业的商业秘密被侵权风险以及贸易管制合规风险是该企业所面临的重大风险。这两个风险同时具备三个风险特征,即法律风险、欺诈风险和操作风险。例如,若该企业的客户包括军工企业,则其商业秘密可能涉及国家秘密。企业没有做好商业秘密保护措施而泄露了国家秘密,则会引发法律风险;企业内部员工盗取企业自主研发的技术会给企业带来欺诈风险;IT部门的工作人员在内控、监控等日常保护企业商业秘密的工作中失职或失误则为操作风险。

其次,经调查,虽然该企业在商业秘密的保护工作上做出了大量的努力,但目前仍有部分漏洞。企业给员工配备了工作电脑,工作电脑不得外带,并另行配备了专用的出差电脑;工作电脑不能登录外网,禁止使用微信等社交软件,禁止读取自己的 USB 接口;研发人员不得携带手机、电脑、照相机及其他存储设备进入工作间;IT 部门负责内控文件的秘密等级,所有文件外发均需上级解密等等。但是,通过电子邮件发送的解密电子版文件,存在被供应商转发的风险;IT 部门虽可监控阅读、发送文件的员工、厂家、外包方等,但是存在不清楚该人员是否有权限进行相关操作的情况;高管、研发人员的任职、离职可能造成商业秘密的泄露。该企业甚至出现过某高管在任职期间同时在另一家从事相同产品的研发、生产的企业任职的情况,幸好发现及时,否则可能给企业造成重大损失。

就此,我们根据企业的相关情况提出如下解决方案:首先,应严格把控企业员工,尤其是核心人员的入职和离职程序。企业应当对每一位入职的员工进行详细的背景调查,核查该员工的人事档案,以及该员工是否与上家企业签订了竞业禁止协议、是否可能为了窃取本企业的商业机密而恶意加入公司。对离职的员工应做好离职结算、工作交接,并签订保密协议和竞业禁止协议,完善离职流程和手续。其次,IT 部门应实时监控员工的工作电脑,记录审查日志并定期对审查日志进行结果分析。如发现存在异常,可对员工电脑进行每分钟截屏,查看该员工是否存在违规操作电脑的情形,并通过查看电子邮件、文件操作记录等方式对该台电脑进行调查。再次,通过软件给外发文件加"壳"。IT 的后台服务器可以通过"壳"监控文件,对文件的打开次数和有效时间进行限制,并可从服务端删除外发文件,以此确保外发文件不被滥用。最后,明确每一份文件的负责人。在给文件加保密水印、设置禁止编辑、禁止打印的基础上,在每份文件上标明文件负责人。在 IT 部门不确定打开文件的人员是否有相关权限时,可以向文件负责人确认,防止保密文件外泄。

另外,我们建议企业加强合规培训和合规文化建设,包括介绍合规管理工具、价值观与行为准则的基本合规知识培训,面向重大风险模块的重大风险培训和面向特定的专业人群开展的专业性合规培训。企业还应重视其内部曾经发生过的合规风险的教育意义,一方面要对涉案人员进行彻查,追究其相应的组织纪律责任、民事责任甚至刑事责任,以儆效尤;另一方面要将相关合规风险及其处理情况总结为典型案例,为员工树立正确的合规价值观以及道德准则和信仰提供反面教材。

7. 整理与保存工作底稿

合规工作底稿作为合规审计报告的支持性文件是合规审计结果的一部分。

与合规审计报告相比,合规工作底稿侧重对合规审计的程序和过程的记载,并附录证据或记载证据检索结果或线索。合规工作底稿与合规工作报告一样应当妥善保存。

五、总结

合规审计工作是合规审计人员将审计过程持续地予以文件化,同时引导合规审计对象不断地与其加强交流,最后保证合规审计高质量完成的一个过程。根据前述,高质量的合规审计工作,必须要抓住以下几个关键点:

首先,要制订好合规审计计划,包括每个年度的合规审计计划以及临时性的紧急合规审计计划。

其次,合规审计必须通过两个基础性测试来进行:实质性测试和控制性测试。

最后,合规审计的两个重要步骤,即证据的收集和评价应当持续进行,循环往复,直到证据达到充分性、适当性、相关性、证明力和可靠性的要求,为审计者得出合规审计结论打下坚实的基础。

总而言之,合规审计要帮助企业解决问题,而不是纸上谈兵。就像任正非所说的那样,合规官要打上背包、拿上铁锹和业务人员在同一个战壕里跌打滚爬,唯有这样,才能把合规审计工作做好。

参考文献

[1]陈立彤:《商业贿赂风险管理》,中国经济出版社2014年版。

[2]窦洪波、李贺、李园园主编:《审计基础》,上海财经大学出版社2016年版。

构建海外运营合规管理体系的实践研究与思考

国浩(石家庄)律师事务所　徐文莉　路　晓

【摘要】　构建海外运营合规管理体系是我国企业在国际合规形势下"走出去"的必然趋势,同时也是我国政府的明确要求。构建海外运营合规管理体系应注意三个方面:"内外兼顾",即重视内部合规管理的同时关注外部合规的要求及变化;"软硬结合",即完善合规管理制度的同时培育合规文化;"上下贯通",即明确决策、管理、执行各层级责任的同时发挥决策层的表率作用。

【关键词】　海外运营　合规要求　合规管理体系

在过去的几年中,随着国家"走出去"战略及"一带一路"倡议的实施,我国海外投资规模在历经高峰之后增长趋势逐渐趋于平稳,我国企业在"走出去"的过程中也摸索积累了不少经验。遗憾的是,因为在投资初期缺少企业合规管理的意识和经验,近年来频频出现因合规问题招致重大损失的案件。这些案件也使我国企业深切体会到,海外投资的成败并非止步于海外企业能否设立或收购,而是取决于海外公司的业务整合情况及能否合规运营。在复杂的国际环境下,不独我国企业,拥有多年合规经验的国外企业也难免遭受合规问题带来的惨痛教训。本文将结合我国及其他国家的合规经验与教训,介绍我国企业建设海外运营管理体系的重要意义及方式方法。

一、构建海外运营合规管理体系的意义

(一)构建海外运营合规管理体系是国际合规形势下的必然趋势

1.世界各国及国际组织在不断制定和更新合规法规及要求

2005年,联合国批准了《联合国反腐败公约》,将贿赂外国公职人员及国际公共组织官员等行为认定为犯罪行为。

2010年,世界银行发布了《世界银行集团诚信合规指南摘要》,并与其他

几家多边开发银行签署了《共同实施制裁决议的协议》,如果公司违规并触发联动制裁机制,将受到这几家多边开发银行的共同制裁。

2018 年 5 月 25 日,欧盟出台《通用数据保护条例》(General Data Protection Regulation, 简称"GDPR"),对在欧盟境内的任何个人、公司或组织对个人数据的处理行为、在欧盟境内销售商品服务或监控欧盟个人的行为及代理其他公司进行数据处理的行为设置了严格的监管要求及高额处罚措施。

美国在 20 世纪 70 年代已经制定的《反海外腐败法》(Foreign Corrupt Practices Act, 简称"FCPA")基础上,逐渐将 FCPA 从管控美国企业反腐败行为的角色演绎为长臂管辖美国以外其他国家公司的工具,更甚者,美国司法部于 2018 年 11 月 1 日发布了所谓"中国问题倡议书",称其"反映了美国司法部应对中国国家安全威胁的战略重点,并强化了总统提出的整体国家安全战略"。该倡议书列出的第一个目标即是"查明与美国企业存在竞争关系的中国企业涉嫌 FCPA 违法的案件"。

除上述影响范围较广的海外合规要求外,其他很多国家也都有各自的合规监管法规和要求,我国"走出去"企业将面临国际合规监管的压力。

2.不了解海外合规案件处理程序,我国"走出去"企业将面临风险扩大化

"走出去"企业在受到海外合规调查后,如采取错误的处置态度和方式,将导致损失的进一步扩大。如美国,其合规调查程序大致如下:执法机关经过前期的调查取证,如正式决定对某个案件展开调查,通常会向调查对象发出传票(subpoena),要求调查对象对某一问题作出说明并提供证据;执法机关收到调查对象反馈后,如认可公司的内部调查,可以在内部调查的基础上作出起诉与否的决定。即使最后认定有违法事实,执法机关也会因为调查对象的态度配合,使其获得"从轻或减轻处罚",这就是所谓"信用合作"(co-operation credit)。所以面临美国司法部调查时,公司做好内部调查是非常重要的。[①] 但在中兴通讯受到美国出口限制制裁一案中,美方于 2012 年 3 月立案调查,中兴通讯没能把握机会采取必要的出口管制合规管理措施,反而想办法规避美国出口管制规定,致使公司合规风险进一步升级,最终导致公司

---

① 参见赵何璇:《美国司法部教你如何做公司内部合规调查》,载微信公众号"国际合规法律问题实务与观察"(https://mp.weixin.qq.com/s/42DuIzcYZVxYis58iOJ0MA),访问日期:2019 年 5 月 4 日。

在出口管制方面的合规管理完全失控。因此,中国企业在面临海外监管机构的合规调查时,应咨询专业律师,以正确作出应对。

在配合合规调查案件的基础上,要评估和预防"副本指控"带来的隐患。"副本指控"这一概念最初由 Andrew S. Boutros 和 T. Markus Funk 于 2012 年在芝加哥大学法律论坛发表的一篇文章中提出,它描述了多个主权国家根据一个国家对在成功执法行动中认定的企业的同一违法事实进行连续、重复起诉的趋势。举例而言,如果一家公司与美国政府就国际贿赂相关指控达成谈判和解协议——无论是通过不起诉协议(non-prosecution agreement)、延期起诉协议(deferred prosecution agreement)还是认罪(plead guilty),该公司将面临一种风险,即其他国家将可能根据美国政府的调查结果及和解协议中认定的事实对该公司提出指控。①

3.合规管理制度的建立及运行状况成为判断企业是否合规的重要审查标准

构建合规管理体系本身已成为很多国家及国际性组织的监管要求,如美、英等发达国家的反海外腐败法、反贿赂法等明确规定公司应建立完善的合规管理体系和合规管理制度,并将是否建立了有效的合规机制作为是否对公司处罚时考虑的重要因素。我国于 2019 年 4 月修正后的《反不正当竞争法》第 7 条第 3 款中也明确规定,良好的合规管理体系可为正确区分员工责任和企业责任提供有力证据。在此意义上,构建合规管理体系不仅是公司抵御合规直接风险的重要武器,同时还是应对合规监管部门调查的证据。

(二)构建海外运营合规管理体系成为我国政府的明确要求

2015 年年底,国务院国资委印发《关于全面推进法治央企建设的意见》,强调央企要"加快提升合规管理能力"。2017 年 5 月,中央全面深化改革领导小组在《关于规范企业海外经营行为的若干意见》中指出,要"加强企业海外经营行为合规制度建设"。2017 年 12 月,原国家质检总局、国家标准化管理委员会正式批准、发布《合规管理体系　指南》(GB/T 35770—2017)。2018 年 11 月,国务院国资委下发了《中央企业合规管理指引(试行)》,明确

---

① 参见潘永建、洪馨:《通力法评 | 合规的四个基本问题》,载微信公众号"通力律师"(https://mp.weixin.qq.com/s/EwfuDw064crKdEWe8fH8FA),访问日期:2019 年 5 月 4 日。

提出"中央企业应当加快建立健全合规管理体系"。2018年12月,国家发改委、外交部、商务部、中国人民银行、国务院国资委、国家外汇管理局、全国工商联联合印发《企业境外经营合规管理指引》,强调"合规是企业'走出去'行稳致远的前提,合规管理能力是企业国际竞争力的重要方面"。

《企业境外经营合规管理指引》中还特别强调,企业开展境外日常经营,应全面掌握关于劳工权利保护、环境保护、数据和隐私保护、知识产权保护、反腐败、反贿赂、反垄断、反洗钱、反恐怖融资、贸易管制、财务税收等方面的具体要求。国家发改委相关负责人在《企业境外经营合规管理指引》答记者问中,总结境外合规管理经营是需要统筹兼顾的工作,应注重"内外兼顾""软硬结合"及"上下贯通"原则,下文将结合案例就上述原则进行分析。

二、如何构建海外运营合规管理体系

(一)"内外兼顾"——重视内部合规管理的同时关注外部合规的要求及变化

1.重视企业内部合规管理

《企业境外经营合规管理指引》中已对如何构建企业内部合规管理体系提供了较为全面的操作指引,如设置合规部门并保持合规部门的独立性、制定合规管理制度、完善合规运行机制、防范应对合规风险、持续改进合规管理体系等。但在实践操作中需要特别关注的是,应避免海外运营合规管理体系的构建流于形式。

如澳大利亚必和必拓公司(BHP Billiton Ltd.)因娱乐招待费支出问题受到美国证券交易委员会的调查,并最终于2015年向美国证券交易委员会缴纳2 500万美元罚款。2008年北京奥运会期间,该公司作为官方主要赞助商邀请了60位政府官员和国企高级管理人员观看奥运会比赛,并为每人安排了价值12 000~16 000美元的观赛大礼包等。虽然其为避免邀请行为可能产生的腐败风险,已按照其内部合规管理制度,由每一个邀请函的申请人填写完成一份申请表,但美国证券交易委员会却认为其内部合规措施在此事件上形同虚设,理由包括:申请表中只有相关业务部门自己的审核,而没有独立的法律部门或合规部门的审核;申请表记录的信息很多都不准确,甚至出现情形完全不同但填写内容完全一致的情况；未能就如何填写礼品招待的申请表格进行培训；未建立有效机制以更新该公司与受邀人之间的关系等。

该案例给予我们如下启示：一是企业在制定内部合规管理制度时应注意企业适用的监管要求，并在必要时针对监管重点领域的监管要求制定专门制度；二是企业在制定合规管理制度时，必须设立独立的合规部门用以审核业务部门的合规事项，不能由业务部门既当运动员又当裁判员；三是在对合规事项申报时，要全面和完整地披露有关事项，不能省略和敷衍。

2.关注企业外部合规要求及其变化

如前所述，合规监管要求是企业制定合规管理制度、建立合规管理体系的动力和前提。企业海外运营合规之"规"的范围，不仅包括本国法律、法规和规章，企业章程及内部规章制度，还包括海外相关国家的法律、法规、各类监管规定，区域性组织及国际组织公约、国际条约、规则和行业准则。就初始投资而言，了解投资目的国或相关国合规要求的最有效方式是进行合规尽职调查；对于后期运营而言，相关人员需要时刻关注外部监管要求及监管重点的变化情况并及时作出应变。合规管理体系必须具备敏感捕捉风险信号并在风险评估校准方面具有高效且精准处理的能力，才能称之为"有效"。①

笔者接受我国某国有政策性银行委托，就其向某国有企业在欧洲项目公司的建设工程项目融资事宜，于 2019 年 3 月赴东道国对该项目公司进行合规尽职调查。当时该国有企业所在的企业集团已在海外投资、整合方面积累了较多的成功和先进经验。笔者在调查过程中发现，该项目公司也具有一定的法律风险防范意识，委托当地一家律师事务所作为法律顾问；考虑到海外办理各项建设工程手续的复杂性及语言障碍，同时委托一家专业咨询机构负责各项建设工程手续的办理及沟通。经初步访谈项目公司的管理层，笔者了解到项目公司已就各项设计、施工主要手续的办理进行了工作部署，并且其预计于 2019 年 5 月即可达到开工条件。但笔者在针对东道国建设工程的合规要求展开尽职调查的同时发现，除在设计、施工报批文件中已包含的环保条件之外，东道国还要求建设企业提交单独的环境影响评估报告，并经建

---

① 参见卢捷：《华为"孟晚舟"事件全解析，"一带一路"走出去的中国企业有效合规初探（节选）》，载微信公众号"合规官"（https://mp.weixin.qq.com/s/a_--eqpOE8GNYYm5WxWeUg），访问日期：2019 年 5 月 4 日。

设主管机关批准后方能开始建设。笔者在告知项目公司后,项目公司立即进行紧急部署工作,但开工时间不得不由原计划的 5 月推迟到 11 月。后经笔者了解,项目公司对该环境影响评估合规要求的重大疏忽源对与第三方咨询机构服务范围的误解。该项目因笔者及时发现东道国政府的合规要求而未出现违规开工的行为。

就该项目而言,避免工期推迟或违规施工的有效方法,即在项目伊始就开展对项目外部合规要求的法律尽职调查,并在了解项目合规要求的基础上安排各项建设手续的办理工作,如果在一开始就将环境影响评估报告的制作报批事宜与其他建设手续同时部署,则不会出现工期后延的被动情况或未批先建的违规行为。

(二)"软硬结合"——完善合规管理制度同时培养合规文化

1.制定和完善合规管理制度

制定合规管理制度是建立企业合规管理体系最直接的措施。合规部门的设立及治理结构的确定需要在合规管理制度中体现;合规事项的范围、申请、审批需要在合规管理制度中确立;合规文化的建设也需要在合规管理制度中进行彰显。由此可见,合规管理制度不应是生硬冰冷的,也不应是枯燥乏味的,而应是在充分发现企业业务模式及高风险环节的基础上设置专门和针对性的预防风险的机制,且应随着内部合规需要及外部合规要求保持动态、持续的更新。

制定贴合企业实际状况和需求的合规管理制度,最重要的两个前提条件分别是了解合规要求以及了解企业业务。了解合规要求主要依赖合规管理人员,同时可以借助专业律师的力量;而了解企业业务则是需要企业中熟悉财务、产品和市场营销的业务人员帮助合规管理人员深入理解业务框架与核心。例如,如果企业经常使用第三方中介机构来安排会务等活动,那就有必要对这些机构以及他们为企业所做的业务活动进行梳理,判断企业是否存在通过中介机构对企业及经办人员进行贿赂的情况;再比如,一个进出口公司如果经常性地需要和海关接触,那就有必要进一步和具体负责与海关接触的一线业务人员进行沟通,了解他们与海关具体接触的情形、有无行业惯例等,另外,由于这种接触的敏感性,还要了解公司是否有特别的监督机制。[①]

另外,制定合规管理制度时不妨借鉴国内外企业的经验,对经常出现合规问题的领域予以特别关注,如第三方管理、娱乐招待费管理、产品服务进出口限制、个人信息保护、网络数据安全、反垄断等。

2.培育合规文化

除外在的制度建设,培养员工的合规意识是从内在驱动确保合规管理制度不会流于形式的重要保障。很多发达国家的执法机关和政策制定者要求企业植入合规文化,如美国证券交易委员会和美国司法部的很多执法文件中都已将"加强合规文化建设"这一要求作为合规补救措施中的标准要求。《企业境外经营合规管理指引》也已将合规文化培育及文化推广作为构建企业合规管理体系的重要内容。

培养合规文化重在培养每一位员工的合规意识,中国目前除银行业、保险业等个别行业外,企业及其人员对"合规"的认知较浅。企业及其人员在无处理重大合规事件经验感受的情况下,如不加强合规意识的培养和合规文化的培育,很容易导致合规管理制度及其执行和考核流于形式,无法抵御重大合规风险的侵袭。

对比华为公司和中兴通讯的合规事件,中兴通讯直接出口给伊朗;华为公司则通过变通的方式,即通过 Skycom 公司向禁运国出口以避开美国管制。而结果是,中兴通讯面临行政处罚风险;而华为公司以变通方式规避监管触犯了欺诈金融机构的刑事罪名,并且公司负责人受到追责。暂且不论美国长臂管辖的合理性,这两起事件足以提醒中国企业在处理海外合规问题时,应树立合规意识。在树立合规意识、培养合规文化方面,中国企业的决策层及管理层应起到引领作用,树立"做对的事情"(do right things)的企业文化,而不仅仅是"以对的方式做事情"(do things right)。这是因为,后者往往默许甚至鼓励企业员工变通规则(bend the rule)以达到商务目的,最终的结

---

① Derrick 赵:《并购/投资类交易中的 FCPA 风险:发现与防范》,载微信公众号"国际合规法律问题实务与观察"(https://mp.weixin.qq.com/s/RwSEby0G0P6oSPXRerc_ZA),访问日期:2019 年 5 月 4 日。

果是,企业员工将逐步由变通规则演变为违反规则(break the rule)。[①]

(三)"上下贯通"——明确决策、管理、执行各层级责任的同时注重与合规体系的融合

1.决策层——确保合规部门参与决策

我国很多企业中,法律部门负责人和法律部门在公司决策的过程中往往"人微言轻",未被纳入公司的真正决策层,需要通过业务部门负责人间接向决策层汇报相关情况,如此,极易导致公司的合规风险被遗漏。例如,在中兴通讯因违反美国出口管制法律而受到美国政府制裁之前,中兴通讯的合规管理部门没有向董事会直线报告的渠道,而业务部门拥有的决策权力可以轻易突破合规管控,使得中兴通讯的合规管理部门没有发挥应有的职能。中兴事件暴露了中兴通讯合规管理体系的重大缺陷,事后,中兴通讯重组了法律及合规管理部,将合规职能从法律部门分离,建立了独立的合规管理部门,并聘请合规专业人士,保证合规管理部门的独立性。[②]

而合规部门负责人参与决策的另一种错误极端方式则是,在设立合规部门及负责人后,管理层将合规责任一揽子推至合规部门,导致合规部门不仅未真正参与决策,反而成为"背锅"的角色。如前所述,合规管理体系的建设需要合规部门与业务部门共同建设,甚至有些情况下业务部门的有效介绍、沟通和判断比合规部门所起的作用更大,因此企业的决策层应在重视合规部门的同时,给予实质性的支持,以发挥其表率作用。

2.管理层——设置独立的合规部门

《企业境外经营合规管理指引》明确要求各央企设立合规委员会,承担合规管理的组织领导和统筹协调作用。同时,由法律事务机构或其他相关机构为合规管理牵头部门,组织、协调和监督合规管理工作,并可以由总法律顾问担任合规管理负责人。合规管理牵头部门独立履行职责,不受其他部门和人员的干涉。

合规部门不同于公司法务及公司内控部门。这三个部门虽有职能重合

---

① 参见潘永建、洪馨:《通力法评 | 合规的四个基本问题》,载微信公众号"通力律师"(ht-tps://mp.weixin.qq.com/s/EwfuDw064crKdEWe8fH8FA),访问日期:2019 年 5 月 4 日。

② 参见王志乐、郭凌晨:《中兴事件,比罚单更沉重的反思》,载微信公众号"经济深观察"(https://mp.weixin.qq.com/s/f59dnpq32P3f0iLo9Phkkg),访问日期:2019 年 5 月 4 日。

的部分,但却在本质上不同。一方面,合规本质上属于公司治理的一部分,合规管理中关于企业规章制度、道德规范的遵守以及合规文化的培养,企业法务职能未能全部覆盖;另一方面,内控管理的目的是促进企业的提高经营管理效率,合规管理的目的是有效防范违规风险,内控管理和合规管理目的的差异决定了两者管理事项虽然存在交叉,但侧重点有所不同。

为保证合规部门的有效运作,在设置合规部门时还需要保持合规部门的独立性。一方面,合规部门履行职责不应受其他部门和人员的干涉;另一方面,合规部门不应承担与合规管理相冲突的其他职责。虽然《企业境外经营合规管理指引》中尚未详尽规定,但为保证合规部门履职尽责,避免合规部门滥用权力,还应设置对合规部门的监管和考核部门。

3.执行层——配合合规审核流程

企业合规是全方位的工作,监管部门对企业是否合规、是否建立有效合规管理体系的判断,也是基于对包括所有业务部门员工在内是否遵守合规管理制度的考查。在执行层方面,需要重视合规审核的意义、树立合规审核意识、认真对待合规审核工作、接受合规管理考核。

三、结语

笔者在接受客户咨询和委托的时候经常发现,客户建立合规管理体系的动力或是政策压力,或是管理需求,或是境外监管部门的要求。而实际上企业建立海外合规运营体系是企业所处复杂国际环境的必然要求,也是企业抵御外在合规风险的内在需求。在具体构建企业合规管理体系的过程中,除应关注笔者所介绍的"内外兼顾""软硬结合""上下贯通"三个一般性原则外,还应注意考虑投资东道国及相关国家的法律环境、企业所处行业、企业规模等自身特点。

中国企业跨境技术合作中的出口管制合规探析

中伦律师事务所　邹明春　王　婧　裴筱疃

【摘要】　中国企业在跨境技术合作中,往往面临着以美国《出口管制条例》为核心的美国军民两用物品出口管制制度项下的法律风险。与美国出口管制制度相关的法律风险广泛存在于跨境技术合作的技术引进、技术使用等各个阶段。违反美国出口管制制度将可能使企业面临高额罚款、被剥夺出口特权等法律责任,直接或间接导致企业在全球范围内的商业活动受到限制。因此,排查跨境技术合作中涉及的受管制因素、确保交易行为的合规性,对于中国企业而言具有十分重要的意义。本文将结合跨境技术合作各个阶段的交易特点,从美国出口管制制度的角度探析中国企业面临的潜在法律风险,并进一步探讨中国企业在技术引进阶段、技术使用阶段中应当如何对相关交易行为进行适当的合规分析。

【关键词】　美国出口管制制度　跨境技术合作

随着"一带一路"倡议的实施,中国企业"走出去"的步伐越来越大。中国企业与世界各国的贸易也不再仅限于传统类型的货物贸易或者服务贸易,而是进一步拓展到技术层面的交流与合作。跨境技术合作在为中国企业带来前所未有机遇的同时,也使中国企业面临更多的风险与挑战,其中就包括以美国《出口管制条例》(Export Administration Regulations,简称"EAR")为核心的美国军民两用物品出口管制制度所带来的法律风险。本文拟探析中国企业在跨境技术合作的技术引进阶段、技术使用阶段分别面临的与美国出口管制制度相关的法律风险及其应对之法。

一、技术引进阶段的出口管制合规

在跨境技术合作的技术引进阶段,中国企业作为技术进口方引进外国技术时,并不直接承担 EAR 项下的许可证申请义务,而仅需要根据 EAR 的相关规定向技术出口方提供申报所需的相关信息和资料。然而中国企业作为技术进口方,在这一阶段仍需要考虑以下出口管制合规问题。

(一)如何判断引进的技术是否属于 EAR 的管制对象

中国企业在整个跨境技术合作中面临的出口管制法律风险及相关合规义务均以跨境技术合作涉及 EAR 管制物品为前提,因此中国企业在技术引进阶段应当首先判断其引进的外国技术是否属于 EAR 的管制对象。

EAR 将其管制对象统称为"物品"(item),根据 EAR §772.1 对物品一词的定义,EAR 语境下的物品应包括商品、软件和技术。① 另根据 EAR §734.3 (a)(1)和(2)的规定可知,任何位于美国境内的物品以及任何来源于美国的物品均属于 EAR 的管制对象。这意味着中国企业自美国引进的任何技术原则上均属于受 EAR 管制的技术。

但即使跨境技术合作中所涉及的技术系来源于除美国之外的其他第三方国家(以下称"第三方国家技术"),中国企业也应当依据 EAR §734.4 所规定的"最低限额规则"(de minimis)确认该自第三方国家引进的技术是否属于§734.3(a)(3)所述的"包含有美国管制技术的第三方国家技术"。当第三方国家技术中包含的受美国管制的技术超过一定比例②时,该第三方国家技术亦成为 EAR 的管制对象。

同时应当注意的是,并非所有具有前述特征的技术均属于 EAR 管制的技术。根据 EAR §734.3(b)的规定,任何"公开信息"以及任何一国"专利或公开的专利申请书"中已披露的信息(以下统称"公开技术")均不受 EAR 管制。中国企业在开展与专利等公开技术相关的技术合作时,面临的出口管制法律风险相对较小。然而这并不意味着与公开技术相关的技术合作完全不存在出口管制方面的法律风险。尽管公开技术本身属于不受 EAR 管制的公开信息,但与公开技术的使用、操作等相关的技术诀窍、技术数据等,则可能为"非公开"的信息。在实践中,如果技术合作涉及与公开技术相关的非公开信息,中国企业仍应当考虑该非公开信息是否构成 EAR 管制的技术,以及

---

① 参见 EAR §772.1"Item. 'Item' means 'commodities, software, and technology'"。本文所称"物品",均应当具有前述§772.1 所述"item"一词的含义。

② 根据 EAR §734.2"最低限额规则指引"(Guidelines for De Minimis Rules)的规定,该"比例"应当为受管制的美国技术与第三方国家技术的"价值"之比。

该信息的使用是否受到 EAR 的管制。

（二）虚假或误导性信息披露导致的法律风险

当跨境技术合作涉及 EAR 管制技术时，中国企业在技术引进阶段首先面临与其自身信息披露义务密切相关的出口管制法律风险。根据 EAR §764.2（g）的规定，任何在出口管制相关文件①的准备、提交、使用或维持过程中，或为开展出口、再出口或其他受 EAR 管制的行为之目的，而作出的虚假或误导性陈述以及对重大事实的隐瞒，均构成对 EAR 的违反，也即中国企业在向技术出口方提供或直接向美国商务部工业与安全局（美国军民两用物品出口管制及其相关许可证授予的主管部门，Bureau of Industry and Security，简称"BIS"）披露交易相关信息及其自身的基本信息时，应确保其陈述的真实性、准确性。而且当中国企业已向 BIS 或其他美国政府相关部门披露的任何事实及意图发生重大变化时，中国企业应当就该情形向 BIS 及其他相关部门履行及时通知的义务，否则也面临承担相关法律责任的风险。

（三）技术出口方违法行为导致的法律风险

在涉及 EAR 管制技术的跨境技术合作中，除确保自身行为的合规性外，中国企业还应当注意排查因技术出口方的违法行为为其带来的法律风险。

根据 EAR §764.2（e）和§772.1 的规定，任何人均不得在知道交易已违反或将要违反 EAR 的情况下，预定或购买任何 EAR 管制物品。而"知道"除包括"明知"的情形外，还包括知道某一情形的发生有较大的可能性。后一种情形的"知道"可以由主管部门基于相关主体刻意忽略或回避特定事实的证据进行推定。有鉴于此，当技术出口方以违反 EAR 规定的方式向中国企业出口管制技术时，如 BIS 认定中国企业"明知"或推定中国企业"知道"技术出口方的违法行为，BIS 将根据 EAR §764.2（e）的规定认为中国企业进口技术的行为亦构成对 EAR 的违反，进而对中国企业进行处罚。

因此，为避免因技术出口方过错为中国企业招致 EAR 项下的法律责任，中国企业应当要求技术出口方提供技术来源、技术在 EAR §774"商业管

---

① 根据 EAR §772.1 项下"export control document"一词的定义，出口管制相关文件应包括许可证、许可证申请书及其他辅助材料等文件。

制清单"（Commerce Control List，简称"CCL"）中对应的出口管制分类编码（Export Control Classification Number，简称"ECCN"）等信息，并自行就该技术引进交易进行出口管制合规性分析。

二、技术使用阶段的出口管制合规

在跨境技术合作中，中国企业通常会将从其他国家引进的技术用于新技术研发或产品生产、服务提供等多个领域。中国企业在以上述各类方式使用EAR 管制技术时，也面临诸多出口管制风险。

（一）变更 EAR 管制技术终端用途的法律风险

一项技术适用于多个领域的情形在实践中是广泛存在的，例如企业既可能将某项军民两用技术用于其民用产品的生产，也可能将同一项技术用于其军用产品的生产。

从出口管制合规的角度来看，企业不得随意将以某一特定用途名义进口①的技术改作任何其他用途。EAR §736 的一般禁止性规定（general prohibitions）不仅禁止未经授权的管制物品的出口和再出口，还禁止在一国境内未经授权处分管制物品，也即 EAR §734.16 所定义的"境内交易"行为。EAR §734.16 项下的境内交易行为系指在一国境内发生的改变管制物品终端用户或终端用途的行为。BIS 在 2016 年 6 月 3 日发布的标题为"Revisions to Definitions in the Export Administration Regulations"的决定中表示，当 BIS 与其他相关部门基于许可证申请书中注明的管制物品终端用途审核并批准许可证时，BIS 对相关交易行为的授权仅以申请书注明的终端用途为限，以其他终端用途使用同一管制物品的交易存在不被 BIS 批准的可能性。因此，改变终端用途将构成交易要素的重大变更。② 中国企业仅可以在（i）取得许可证或美国政府的其他授权，（ii）获得 EAR 项下许可例外或其他规定的授权，或（iii）根据 EAR 的规定确认以变更后的终端用途使用管制技术的行为无须取得许可证的情况下，方可改变所引进的 EAR 管制技术的终端用途，否

---

① 出口方根据 EAR 的规定向 BIS 提交的许可证申请应包含管制物品的"终端用途"（end-use）信息。

② 详见 81 FR 35586, Revisions to Definitions in the Export Administration Regulations, "Transfer（In-Country）"部分。

则,将面临因改变终端用途而被处罚的风险。

(二)跨境信息共享行为的法律风险

在 EAR 管制技术的使用中,中国企业所面临的出口管制风险还有可能来源于跨境技术联合开发中的跨境信息共享行为。中国企业与其境外联合开发方之间通常存在频繁的 EAR 管制技术信息交换及共享行为,信息共享的主要形式可能包括:(i)电子邮件或信件;(ii)共享数据库;(iii)口头沟通与讨论;(iv)现场演示等。

第(i)项信息交换方式实现了 EAR 管制技术相关信息从一国境内到另一国境内的传输,符合 EAR §734.13(a)(1)定义的"出口"或§734.14(a)(1)定义的"再出口"行为的特征,因而必须以符合 EAR 相关规定的方式进行。

第(ii)(iii)(iv)项信息交换方式则可能并不存在信息从一国境内向另一国境内的转移,因而不具有出口或再出口行为的典型特征,例如境外联合开发方通过访问服务器位于中国境内的数据库获取技术信息,境外联合开发方的员工在中国境内与中国企业的技术人员开展关于技术问题的讨论,中国企业在其位于中国境内的实验室内向其境外联合开发方进行相关技术的现场演示等。然而,EAR §734.13(a)(2)和§734.14(a)(2)还分别在一般意义上的出口和再出口行为之外,定义了"视同出口"(deemed export)以及"视同再出口"(deemed reexport)行为。根据该定义,中国企业在中国境内向另一国家的主体"提供"(release)EAR 管制技术的行为,即被视同向该主体国籍国或享有永久居留权的国家出口或再出口 EAR 管制技术。而该"提供"行为,则可以视觉展示、口头或书面沟通、提供技术访问信息(access information)等方式实现。[①] 因此,根据 EAR §734.13(a)(2)和§734.14(a)(2)的规定,企业通过第(ii)(iii)(iv)项方式与其境外联合开发方共享 EAR 管制技术的行为也将被"视同"对 EAR 管制技术的出口或再出口。

中国企业在进行涉及 EAR 管制技术的跨境技术联合开发时,应注意事先判断对相关信息的跨境共享行为是否应当以取得 BIS 授予的许可证为前提。

---

① 详见 EAR §734.15。

（三）管制技术不当披露的法律风险

随着跨境技术合作与交流的不断深化，许多中国企业也聘请了一些非中国籍的技术人员参与其技术研发和生产经营活动。这些非中国籍员工在为中国企业提供助力的同时，也为中国企业带来了 EAR 管制技术不当披露的风险。

如前所述，EAR §734.13（a）（2）和§734.14（a）（2）分别定义了"视同出口"和"视同再出口"行为。企业在生产经营中向其任何外籍（不包括美国籍）员工披露 EAR 管制技术的行为，均将被视同向该员工的国籍国或其享有永久居留权的国家出口或再出口 EAR 管制技术。任何未经授权的该类披露行为都将为企业带来出口管制制度项下的法律责任。

某新加坡公司此前就曾因对 EAR 管制技术的不当披露遭到了 BIS 的处罚。该公司向其两名中国籍员工提供了包含 EAR 管制技术信息的作业指导书。BIS 根据 EAR §734.14（a）（2）的规定认定该技术信息披露行为构成对 EAR 管制信息的视同再出口，而该公司并未在进行视同再出口行为之前预先取得相应的出口许可证。因此 BIS 决定对该公司处以 11 万美元的罚款。

简而言之，中国企业在生产经营中应当注意采取合理措施限制其外籍员工接触、获取 EAR 管制物品。如确因生产经营需要而必须向外籍员工披露 EAR 管制技术及相关信息的，中国企业应当根据 EAR 相关规定分析确定该类信息披露行为是否受到管制，并严格按照 EAR 的规定向 BIS 申请许可证或取得其他授权。

（四）产品销售及售后服务提供中的法律风险

根据 EAR §734.3（a）的规定，中国企业在销售使用管制技术生产的产品或使用 EAR 管制技术提供相关服务时，应当考虑两个问题：（i）其生产的产品或提供的服务是否是管制技术的直接产品（direct product）；（ii）其生产产品所使用的设备或该设备的主要零部件是否为 EAR 管制技术的直接产品。

如果上述两个问题之一的答案为肯定的，则中国企业的产品销售行为或服务提供行为在满足下列条件的前提下,将受到美国出口管制制度的管制①,并应事先取得 BIS 授予的许可证或其他授权:(i)产品、服务或生产设备所使用的技术系 EAR §748.2 规定的因国家安全原因受到管制的特定技术;(ii)产品或服务对应的 ECCN 显示,产品或服务本身亦因国家安全原因受到管制;且(iii)产品或服务的出口目的地为 EAR §740.1 列明的对美国存在国家安全或恐怖主义威胁的国家或地区。

企业在出售使用 EAR 管制技术生产的产品后,通常还需要提供安装、操作、检修等方面的售后技术支持。中国企业在向境外的产品购买方提供产品操作技术培训、演示产品常见故障的检修方法等过程中,如果使用了 EAR 管制技术,则可能会存在 EAR 所定义的技术出口或再出口行为,因而也需要从 EAR 角度考虑该等行为的合规性。

考虑到全面限制此类因提供售后技术支持所产生的技术出口,将严重影响正常交易活动的进行,EAR §740.13(a)对此规定了适用于"操作技术及软件"(operation technology and software)的 TSU(Technology and Software-Unrestricted)许可例外,允许为已通过合法方式出口的产品提供最低限度的安装、操作、检修、修理技术支持及技术培训。但此种"最低限度"的技术支持不包括研发、生产技术的提供。

中国企业在为以合法方式出口的 EAR 管制技术相关产品提供售后技术支持时,可以通过适用 TSU 例外而无须向 BIS 申请许可证,但在适用过程中应注意向产品购买方提供的技术支持不得超过必要最低限度。

三、EAR 项下的许可证取得及其例外

在跨境技术合作的技术使用阶段,中国企业作为所引进的外国技术的使用方,在通过上述分析确认其相关行为受到 EAR 管制的情况下,需要进一步分析该行为是否必须取得 BIS 授予的许可证。

(一)对行为是否须取得许可证的判断

中国企业在技术使用阶段对 EAR 管制技术、产品或服务的出口行为满足下列情形之一的,应当事先取得 BIS 授予的许可证,除非该行为可以适用

①　详见 EAR §736.2(b)(3)。

许可例外。

首先,企业应当根据 EAR §774 部分的"商业管制清单"中的物品特征描述,确认相关 EAR 管制物品(产品、服务或技术)所对应的 ECCN,并根据相应的 ECCN 指示的管制原因查阅 EAR §738 的"商业国别表"(Commerce Country Chart),以确认向特定国家或地区出口该类管制物品是否须取得许可证。

其次,部分物品虽然满足 EAR §734.3 对 EAR 管制物品的定义,但并未在"商业管制清单"列明,具有该种特征的物品被统称为"EAR99 物品"。该类型物品在所有类型的 EAR 管制物品中占有很大的比例。与具有确定 ECCN 的 EAR 管制物品不同,"EAR99 物品"不存在以其物品特征及出口目的地为基础的许可证要求。

最后,企业还应当逐条考虑其出口行为是否存在 EAR §736.2 项下的一般禁止性规定所述的其他应当取得许可证的情形,具有下列任一受管制因素的出口行为均应当事先向 BIS 申请许可证:(i)出口行为涉及的某一主体属于"实体清单""未经证实的清单"等名单列明的受管制终端用户①或任何被剥夺出口特权(denied export privileges)的主体;(ii)管制物品的接收方或终端用户拟将该物品用于生化武器制造、海上核动力、军事等受管制领域②;(iii)管制物品的出口运输路线经过 EAR §736.2(b)(8)所列明的国家;或(iv)出口行为存在与任何 EAR 相关法令、决定等相悖的情形。

(二)许可例外的适用

对于经过前述分析,确须取得 EAR 项下许可证的受管制出口行为,企业应考虑 EAR §740 所规定的各项许可例外的适用情况。如许可例外得以适用,则企业无须取得 BIS 许可证。

应当明确的是,并非所有的许可证要求都可以通过许可例外得到豁免。比如,交易对象已被剥夺出口特权或交易行为存在违反 EAR 相关法令的情形均不适用任何许可例外。

因终端用户、终端用途或出口目的地为某禁运国(embargoed country)③而应

---

① 参见 EAR §744。
② 参见 EAR §744。
③ 根据 EAR §746 的规定,禁运国包括古巴、伊拉克、朝鲜、俄罗斯(仅涉及部分产业)、乌克兰克里米亚地区、伊朗、叙利亚。

申请许可证的,只有根据 EAR 中与该终端用户、终端用途或出口目的地相对应的条文中所列明的许可例外方可豁免许可证要求。

对于根据"商业管制清单"和"商业国别表"的要求应当取得许可证的,以及因管制物品运输路线原因而须取得许可证的行为,原则上可以适用 EAR §740 规定的任何许可例外。但前提是相关行为不存在 EAR §740.2 规定的不允许适用许可例外的情形,且满足特定许可例外的适用条件。

四、对管制物品接收方的尽职调查义务

中国企业在使用 EAR 管制技术的过程中,除应当确保自身行为合规外,还应当履行对接收管制技术、产品或服务一方的尽职调查义务,即"Know Your Customer"义务。

EAR §732.3 为针对管制物品接收方的尽职调查提供了相关指引。根据该附件规定,管制物品的出口方应当警惕相关交易行为中存在的"危险信号",例如管制产品接收方不愿披露产品的终端用途信息,接收方提供的收货地址与"实体清单"列明的某一主体的住所地址不一致,接收方在此前无任何相关交易记录等较为异常的情形。

对于交易中出现的异常情形,中国企业应当及时开展调查,确认该情形的出现是否有合理的解释。如在调查后,中国企业仍不能排除该异常情形或为掩盖某种违法行为的可能性,则应当终止相关交易,或选择请求 BIS 出具相关咨询意见,而不应随意忽视交易中出现的任何"危险信号"。

中国企业在 EAR 管制技术的应用中,作为技术、产品或服务的出口方,应当积极履行对相关管制物品接收方的尽职调查义务。根据 EAR §764.2(e)的规定,任何主体均不得在"知道"相关交易违反了或将要违反 EAR 规定的情况下,向另一主体提供任何 EAR 管制物品。如笔者第一部分所述,"知道"这一概念不仅包括"明知"的情形,还包括基于相关主体对特定事实的刻意忽略或回避行为推定"知道"的情形。因此,对负面信息刻意予以回避并不能使中国企业免除其对管制物品接收方的尽职调查义务,更不能免除中国企业因管制物品接收方的违法行为而应当承担的法律责任。

五、总结

跨境技术合作中的出口管制合规贯穿于技术引进、技术使用乃至于相关产品的销售及售后服务提供等各个阶段。

美国出口管制制度现阶段的核心法规依然是 EAR。但美国在 2018 年通过了《出口管制改革法案》，该法案在维持 EAR 效力的同时，进一步强调了对"新兴和基础技术"（emerging and foundational technologies）的出口管制。尽管截至本文完成时，美国政府尚未出台关于《出口管制改革法案》的实施细则或就"新兴和基础技术"进行明确定义，中国企业仍应当意识到，随着中国与其他国家在技术领域不断深化的交流与合作，以及包括美国在内的世界各国对本国关键技术出口管制的日益重视，出口管制合规对跨境技术合作的重要性将日益显著。

只有在积极开展合规工作，确保相关交易行为不违反任何法律的强制性规定的前提下，中国企业才有可能更加稳定、深入、可持续地参与跨境技术合作，进而提升自身的技术创新实力。

参考文献

［1］Jian Bin（Ben）Gao, David Hardin："The Export Control Risks of US-China Technology Collaboration", https://www.chinabusinessreview.com/the-export-control-risks-of-us-china-technology-collaboration/.

［2］Jeffrey G.Killian, Louis K. Rothberg, Morgan Lewis and Bockius LLp："When IP Falls Under The Export Control Regime", https://www. morganlewis. com/-/media/files/publication/outside-publication/article/law360_whenipfallsunderexportcontrolregime_24feb14.pdf.

［3］C. Basri：LexisNexis Corporate Compliance Practice Guide, Matthew Bender, 2019, Vol. 2, Chapter 39.

［4］Mario Mancuso："How The Export Control Reform Act Would Impact Companies", https://advance. lexis. com/document/? pdmfid = 1000516&crid = 4d842cd0-8d7e-47d7-97b0-e0f3b53e641c&pdactivityid = 78853c57-6396-408bbce8-f96858f3d79b&pdtargetclientid = -None-&ecomp = p5hck&prid = 30f2b2b0-7b59-4504-8867-1a6058cae080.

　　[5] Gregory W. Bowman："E-mails, Servers and Software：U. S. Export Controls for the Modern Era", Georgetown Journal of International Law, Vol. 35, No. 2, Winter 2004, p.319.

中国企业在"走出去"实践中构建全面合规体系的研究与思考

——以《世界银行集团诚信合规指南摘要》为视角

北京中伦律师事务所　刘相文　王德昌　王　涛　Graham Adria

【摘要】　近年来,中国企业借力"一带一路"倡议,参与了"一带一路"沿线国家大量建设工程项目,其中不乏世行、亚行等机构资助的项目。但由于自身合规体系不完善和经营地合规环境欠佳等原因,许多中国企业近年来多次遭遇世行等机构的制裁或者多边金融机构的联合制裁,蒙受了较大的经济和声誉损失。因此,中国企业需要加强合规体系建设,从源头上防控合规风险。世行作为经济全球化的重要推动者和全球腐败治理的重要参与者,在基础设施建设合规领域积累了相当丰富的优秀经验,可供相关国内企业借鉴。同时,国内企业在建设全面合规体系的过程中,还应根据自身性质,力求与《境外合规指引》《央业合规指引》等国内规定相融合,在"走出去"的实践中构建既符合国际先进实践,又符合国内制度的全面合规体系。

【关键词】　"一带一路"　基础设施建设　世行　合规体系

一、问题的提出

"一带一路"的核心内容之一是促进基础设施建设和互联互通,推动沿线国家协调联动发展,实现共同繁荣。近年来,中国企业借力"一带一路"倡议,在对外工程承包领域取得了较好的经营收益。2018 年 1—11 月,我国企业在"一带一路"沿线国家新签对外承包工程项目合同 3 640 份,新签合同额904.3 亿美元,占同期我国对外承包工程新签合同额的 48.8%;完成营业额736.6 亿美元,占同期总额的 53.4%。2019 年 1—2 月,我国对外承包工程新签合同额在 5 000 万美元以上的项目达 86 个,主要集中在交通运输建设和电力工程建设行业,有效改善了东道国基础设施条件。①

但是,海外建筑工程历来是合规风险的高发领域。"一带一路"沿线多为发展中国家,诚信合规的大环境不尽理想,中国企业在当地开展业务很难"独善其身",加之中国企业合规体系建设总体而言尚处于起步阶段,因此面临较大合规风险。中国企业在"一带一路"沿线国家参与的不少建设工程项目是由世界银行集团(以下简称"世行")、亚洲开发银行(以下简称"亚行")等多边金融机构提供融资支持,上述项目的参与企业如果存在腐败、欺诈、串通、强迫、阻碍调查等违规行为则会受到世行等机构的制裁甚至多家多边金融机构的联合制裁。

数据显示,2009 年以来,受世行制裁的中国企业数量总体呈上升趋势,尤其是最近三年,被列入制裁名单的中国企业显著增多。② 2017 年,国内受制裁企业数量达到 21 家,2018 年激增到 44 家,而 2019 年仅前五个月,受制裁中国企业已经达到 23 家。③ 截至 2019 年 5 月,共有 114 家中国实体和个人受到世行制裁。④ 此外,由图 2 可见,相当比例的中国企业制裁期限超过一年,意味着受制裁企业可能面临世行、亚行等多家多边金融机构联合制裁,导致被禁止参与上述所有机构资助的建设工程项目,遭受经济、声誉上的巨大损失。

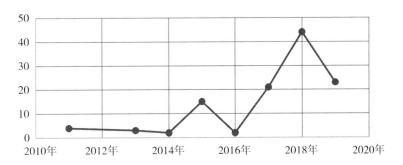

图 1　遭受世行制裁的中国企业数量统计图(单位:家)

---

① 参见《2018 年 1—11 月中国对"一带一路"沿线国家投资合作情况》,载中国一带一路网(https://www.yidaiyilu.gov.cn/xwzx/gnxw/75213.htm),访问日期:2019 年 5 月 3 日。
② 参见"Procurement-World Bank Listing of Ineligible Firms and Individuals",http://www.worldbank.org/en/projects-operations/procurement/debarred-firms,访问日期:2019 年 5 月 1 日。
③ 同上注。
④ 同上注。

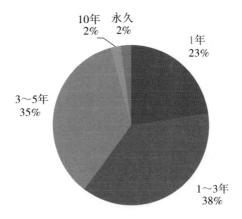

图 2　中国企业遭受世行制裁年限统计

世行可以采取的制裁措施包括附条件解除制裁、附条件免除制裁、制裁或永久制裁、谴责信等。但是,世行往往会附条件解除制裁。具体而言,被制裁企业如果按照《世界银行集团诚信合规指南摘要》(以下简称《世行合规指南》)的要求建立并运行合规体系,可以获得解除或者免除制裁等宽宥,恢复参与世行资助项目的资格。

笔者整理了世行公开披露的中国企业受制裁原因及解禁条件。可见,统计范围内的中国企业违规行为往往集中在投标环节的虚假陈述等,而建立并实施有效的诚信合规体系则无一例外地成为世行解禁条件。

二、《世行合规指南》要求解读

(一)《世行合规指南》的性质

《世行合规指南》规定的标准、原则和内容是被许多机构和组织认可的良好治理和反欺诈、反腐败实践措施①,并随着国际合规标准的发展而不断更新。《世行合规指南》大量吸收了 2009 年经济合作与发展组织《关于进一步打击国际商业交易中贿赂外国公职人员行为的建议》、国际商会《打击勒索和贿赂行为准则与建议》、美国《针对机构实体联邦量刑指南》等内容,保证该指南获得国际范围的认可。

———————————

① 《关于转发〈世界银行集团诚信合规指南摘要〉的通知》,载中国对外承包工程商会网(http://www.chinca.org/CICA/info/62026),访问日期:2019 年 5 月 3 日,第 4 页。

表1　中国企业遭受世行制裁原因及解禁条件（仅限公开披露部分）

序号	被制裁企业名单	制裁时间	制裁原因	解禁条件
1	榆林市榆阳区兴源水电工程有限公司（Yulin Yuyang District Xingyuan Hydropower Engineering Co., Ltd.）	2019/4/26	通过假冒陈述进行欺诈，试图满足其在相关项目四个合同投标中的相关以往经验和设备要求	该公司在4年的制裁期后，向世行行为采取了有效的行为；已经建立了有效的诚信合规认可的方式予以实施
2	江西省群力建设有限公司（Jiangxi Province Qunli Construction Co., Ltd.）	2019/4/18	通过虚假陈述其与另一家公司的合资企业投标中的以往经验，从而进行欺诈，以获得在项目下提供施工服务的合同	该公司在3年的制裁期后，向世行行为采取了有效的行为；已经就被制裁被制裁行为已适当补救措施；已经建立了有效的诚信合规计划，并以世行认可的方式予以实施
3	中大建设集团股份有限公司（Zhongtai Construction Group Holding Co., Ltd.）	2018/1/12	通过虚假陈述其过去在相关项目下的污水处理厂土建工程合同投标中的经验而进行欺诈	该公司在3年的制裁期后，向世行行为采取了有效的行为；已经就被制裁规管证实，已适当补救措施；已经建立了有效的诚信合规计划，并以世行认可的方式予以实施
4	国基建设集团有限公司（Guoji Construction Group Co., Ltd.）	2017/12/19	通过虚假陈述其过去在相关项目下建工程合同投标中的污水处理厂土建工程的经验而进行欺诈	该公司在3年的制裁期后，向世行行为采取了有效的行为；已经就被制裁规管证实，已适当补救措施；已经建立了有效的诚信合规计划，并以世行认可的方式予以实施

（续表）

序号	被制裁企业名单	制裁时间	制裁原因	解禁条件
5	路港集团有限公司（Lugang Group Co., Ltd.）	2017/12/9	通过提交与相关项目下的土建工程合同有关的欺诈性履约担保进行欺诈	该公司在3年的制裁期后,向世行合规官证实,已经就被制裁的行为采取了适当补救措施;已经建立了有效的诚信合规计划,并以世行认可的方式予以实施
6	中南联合电气有限公司（Middle South Union Electric Co., Ltd.）	2017/10/31	在下列事项中实施了欺诈:（1）歪曲其以往在相关项目下两份供应合同投标中的经验;（2）就声称的经验向相关项目实施实体作进一步的虚假陈述	该公司在2年的制裁期后,向世行合规官证实,已经就被制裁的行为采取了适当补救措施;已经建立了有效的诚信合规计划,并以世行认可的方式予以实施
7	江西恒剑路桥工程有限公司（Jiangxi Hengjian Road and Bridge Engineering Co., Ltd.）	2016/8/5	在其投标书中虚假陈述了其以往在经验申请中的价值,从而实施欺诈	该公司在2年的制裁期后,向世行合规官证实,已经就被制裁的行为采取了有效的诚信合规计划,并以世行认可的方式予以实施
8	湖南建设集团有限公司（Hunan Construction Group Co., Ltd.）	2016/1/14	在一起与相关项目下道路重建合同的投标中,涉嫌欺诈行为,提交虚假的履约保证金	该公司在3年的制裁期后,向世行合规官证实,已经就被制裁的行为采取了适当补救措施;已经建立了有效的诚信合规计划,并以世行认可的方式予以实施

（续表）

序号	被制裁企业名单	制裁时间	制裁原因	解禁条件
9	新金珠市政园林景观工程有限公司（Xinjinzhu Municipal Landscaping Engineering Co., Ltd.）	2015/7/14	实施欺诈行为，包括欺诈文件，以支持其在其投标银行资助的景观美化工程合同的三个以任务的经验主张	该公司在2年的制裁期后，向世行合规官证实，已经就被制裁的行为采取了适当补救措施；已经建立了有效的诚信合规计划，并以世行认可的方式予以实施
10	湖北阳光电气有限公司（Hubei Sunlight Electric Co., Ltd.）	2015/7/2	通过虚假陈述或隐瞒其提供的某些变压器的绕组是由铝制成的，而不是根据被申请人在相关项目下的合同要求的铜制成的，从而实施欺诈	该公司在2年的制裁期后，向世行合规官证实，已经就被制裁的行为采取了适当补救措施；已经建立了有效的诚信合规计划，并以世行认可的方式予以实施
11	山东华龙园林工程有限公司（Shandong Hualong Landscaping Engineering Co., Ltd.）	2015/1/15	实施欺诈行为，包括三份合同中的欺诈通知，以帮助其对银行资助的景观工程合同投标中提出的经验主张	该公司在3年的制裁期后，向世行合规官证实，已经就被制裁的行为采取了适当补救措施；已经建立了有效的诚信合规计划，并以世行认可的方式予以实施
12	中国江西国际经济技术合作有限公司（China Jiangxi Corporation for International Economic and Technical Co., Ltd.）	2014/4/18	实施欺诈行为，包括在加纳的施工合同投标中提供虚假的以往经验文件，以及随后提交的欺诈文件，以支持在先前提交的以往经验文件	该公司在1年的制裁期后，向世行合规官证实，已经就被制裁的行为采取了适当补救措施；已经建立了有效的诚信合规计划，并以世行认可的方式予以实施

（续表）

序号	被制裁企业名单	制裁时间	制裁原因	解禁条件
13	中国江苏国际经济技术合作集团有限公司（China Jiangsu International Economic and Technical Cooperation Group co., Ltd.）	2014/2/14	（1）在施工合同的资格预审申请和随后的投标书中提交了虚假的公司经验申请；以及（2）在该合同的两次投标中提交了虚假的人员经验申请	该公司在3年的制裁期后，向世行证实，已经就被制裁的行为采取了适当补救措施；已经建立了有效的诚信合规计划，并以世行认可的方式予以实施
14	中国湖南建设工程集团公司（China Hunan Construction Engineering Group Co.）	2013/10/1	通过提交伪造的公司经验文件参与其投标资助的道路修复合同有关的欺诈行为	该公司在2年的制裁期后，向世行证实，已经就被制裁的行为采取了适当补救措施；已经建立了有效的诚信合规计划，并以世行认可的方式予以实施
15	合肥市公路桥梁工程有限责任公司（Hefei Road and Bridge Project Co.,Ltd.）	2011/6/28	通过提交两份投标书（每份投标书都包含一份欺诈性投标保证金），在两份银行融资建设合同的采购过程中实施欺诈	该公司在2年的制裁期后，向世行证实，已经就被制裁的行为采取了适当补救措施；已经建立了有效的诚信合规计划，并以世行认可的方式予以实施

应当明确,《世行合规指南》是指导性而非强制性的。正如世行在官方文件中说明的,它们既不是囊括一切的,又不是专门针对单一对象的,也不是指令性的,相反,受制裁方采用这些指南还是采用其他变体应该是基于其自身情况作出的决定。因此,《世行合规指南》遵循的是"实质优于形式"的原则,允许企业综合考虑自身规模、地理位置、行业领域、所在国家、与业务伙伴和政府官员的关联度等因素,根据个体风险评估状况,灵活采取合规形式、具体措施,并投入相应资源,但最终必须满足《世行合规指南》的各项要求。

(二)《世行合规指南》的合规要求解读

《世行合规指南》共有 11 项内容,包括禁止不当行为、责任、合规计划的启动/风险评估及检查、内部政策、针对业务伙伴的政策、内部控制、培训与交流、激励机制、报告制度、不当行为的补救措施、集体行动。笔者按照模块化的方式,将其分为首要目标、主体职责、基本流程、重点领域、关键环节、保障机制六大模块进行介绍。

1.合规体系建设的首要目标——禁止不当行为

《世行合规指南》第 1 条即要求企业通过行为准则或者类似文件,明确被禁止行为的种类和范围,尤其要关注企业高风险业务板块。按照世行的合规要求,被禁止的行为主要包括欺诈、腐败、串通和强迫等。

2.合规体系建设的主体职责——责任

《世行合规指南》分别规定了企业领导层、管理层和普通员工的合规职责。首先,《世行合规指南》要求董事会等企业领导层明确表态并积极支持企业合规体系建设。董事会或类似机构必须了解合规体系内容,监督整个合规体系的建设和运行;为管理层建设运行合规体系提供指导、资源与支持;同时确保合规体系得到定期检查、评估,及时发现问题并采取补救措施。而董事会审计委员会等应当对合规体系进行定期和独立审查,提出改正建议。此外,董事个人必须遵守企业各项合规要求,一旦违反,要受到相应处罚。首席运营官等高级管理人员负责确保不同岗位的人员按照既定职责执行合规体系。其次,《世行合规指南》要求企业管理层负责合规体系的日常监督管理,直接向企业领导层、审计机构等汇报情况。为确保上述管理层充分履职,《世行合规指南》要求赋予其充分的自治、资源和权限。最后,《世行合规指南》强调企业发动全体员工参与合规体系建设,并遵守合规体系中的各项合规要求。

3.合规体系建设的基本流程——合规计划的启动/风险评估及检查

在合规体系建设初期,《世行合规指南》要求企业管理层综合考虑企业规模、业务领域、地理位置等因素,评估企业在欺诈、腐败等方面的风险,确保合规体系建设有的放矢。合规体系建成后,《世行合规指南》还要求企业从三方面入手,更新完善企业合规体系:一是对企业风险进行持续评估,二是通过接收利益相关方反馈等方式,系统、定期地检查合规体系在防控违规行为方面的适用性、充分性和有效性,三是考查企业合规要求是否反映了国际标准、行业标准等外部合规标准的变化。当发现企业现有合规体系不足以应对违规风险,或者未能充分反映外部合规要求时,企业应当及时更新完善自身合规体系。

4.合规体系建设的重点领域——内容政策与针对业务伙伴的政策

《世行合规指南》旨在遏制欺诈、腐败等失信行为,所以对企业自身行为列举了八个相关领域作为合规体系建设的重点。值得关注的是,《世行合规指南》要求企业将诚信合规义务延伸到商业伙伴,并提出了系统性要求。

一方面,为防控自身欺诈、腐败等违规风险,企业必须做好以下八方面工作:一是雇佣前对员工候选人尤其是管理层候选人进行尽职调查,避免招聘有失信记录的员工;二是限制与主管相关业务的前政府官员及相关主体建立雇佣或者其他交易关系;三是合理控制招待费等,以免其对商业交易产生不当影响;四是依法进行政治捐款并披露;五是依法进行慈善捐款并披露,不得以慈善捐款为名进行违规利益输送;六是不支付任何好处费;七是合理记录各项合规工作,包括前述支付款项;八是采取特定措施,发现和预防腐败、欺诈、串通、强迫等不当行为。

另一方面,在合规领域,企业仅仅做到独善其身还不够,《世行合规指南》特别要求企业根据其能够对其他企业施加影响和控制的程度,尽力确保代理人、顾问、咨询专家、代表、经销商、承包商、分包商、供应商、合资方等商商业伙伴防控不当行为。《世行合规指南》要求企业在合作前对潜在商业伙伴进行尽职调查,避免与违规风险较高的主体发生业务关联;将企业合规要求告知商业伙伴;要求商业伙伴遵守商业伙伴自身合规要求或者鼓励其建立合规体系;完整记录双方的业务往来;确保向商业伙伴的支付价格公允且渠道合法;监督企业和业务伙伴履行合同的情况等。

5.合规体系建设的关键环节——内部控制

对于合规风险易发的财务、合同、决策等环节,《世行合规指南》强调通过加强企业内部控制降低风险。在财务方面,《世行合规指南》要求企业从财务和组织结构入手管理自身财务、会计、记账和其他业务流程。并且,企业财务内控应定期接受独立的内外部审计,以确保内控体系有效运行,并及时发现不合规交易。在合同管理方面,企业签订的合同应约定与不当行为相关的合同义务和责任,例如约定当业务伙伴出现某种不合规行为时,企业有权解除合同。在决策方面,《世行合规指南》要求确保企业决策流程和决策者资历与交易价值、违规风险相一致。

6.合规体系建设的保障机制——培训与交流、激励机制、报告制度、不当行为的补救与集体行动

为确保合规体系有效运行,《世行合规指南》还规定了合规体系建设的五项配套保障机制,即培训与交流、激励机制、报告制度、不当行为的补救与集体行动。一是企业应当采取合理措施为公司各级员工并视情况为业务伙伴提供合规培训。二是对诚信合规的员工、商业伙伴采取鼓励、奖励等正激励措施,而对违规员工和商业伙伴采取终止合同等负激励措施。三是企业应当为管理层、员工和业务伙伴提供安全、便捷和必要的举报和咨询渠道;对于拥有决策权或能够影响业务结果的所有相关人员,应要求其定期书面说明已经阅读企业行为准则、严格遵守企业合规要求,并已向企业合规专员报告其知晓的违规行为(如有)。四是企业应及时调查、纠正并采取措施预防违规行为。五是与商业联盟、行业组织、职业协会、民间团体等合作,鼓励合规体系不完善的中小企业等制订预防不当行为的相关计划,帮助企业建立和完善合规体系和内控机制,共同改善企业合规标准、透明度和责任制,以遏制不合规行为。

三、如何建立符合《世行合规指南》要求的全面合规体系

如前所述,建立并实施符合《世行合规指南》要求的全面合规体系,是解

除世行制裁的重要条件。更重要的是,企业建立全面合规体系,使海外业务满足国际优秀合规实践,能够从源头上规范企业海外经营行为、防范重大合规风险,帮助企业实现健康、稳健发展。同时,2018年,国务院国资委印发了《中央企业合规管理指引(试行)》(以下简称《央企合规指引》),国家发改委等七部门印发了《企业境外经营合规管理指引》(以下简称《境外合规指引》),一方面对中央企业的合规管理提出了全面、系统的要求,另一方面对企业提升境外经营管理水平提供了参考。因此,国内企业可以以《世行合规指南》为基准,根据企业性质,充分融合国内合规指引要求,构建境内境外"双向符合"的全面合规体系。

事实上,国务院国资委、国家发改委等七部门的合规指引也充分借鉴了国际合规管理的优秀实践,只是由于出发点不同,互有侧重。笔者整理了《世行合规指南》与《央企合规指引》《境外合规指引》的主要内容,并根据自身的实务经验,对中国企业在海外建筑工程领域构建全面合规体系提出以下建议。

(一)合规的首要目标——禁止不当行为

企业在进行合规体系建设时首先要明确的就是相关方要求,特别是相关方的禁止性规定,例如法律法规、监管规定、行业准则等。对于参与世行融资项目的企业而言,世行的规定就成了需要遵守的相关方要求。

表2　世行与国务院国资委、国家发改委等七部门合规规定比较:禁止不当行为

	《世行合规指南》	《央企合规指引》	《境外合规指引》
禁止不当行为	明确禁止欺诈、腐败、串通和强迫行为	规定了合规义务来源,包括法律法规、监管规定、行业准则和企业章程、规章制度以及国际条约、规则等要求	规定了合规义务来源,包括法律法规、国际条约、监管规定、行业准则、商业惯例、道德规范和企业依法制定的章程及规章制度等要求

世行和国务院国资委、国家发改委等国内监管部门在立法技术上各具特色。世行作为多边国际组织,具有国际法主体的超然地位,在制度的制定上能够有更大的灵活性;而国务院国资委、国家发改委等部门则要充分尊重我国国内法的制度要求。当然,世行在其合规指南中也提到,企业在建设合规

体系时,应当充分考虑经营地的法律要求。

在明确了相关方要求后,如何对相关方要求进行梳理并内化为企业的合规制度就成了重要问题。实践中,较为有效的做法是全面梳理外部法律、法规等相关方要求和企业内部制度。对于企业外部制度,要充分分解,总结出"dos"(需要做)和"don'ts"(不能做)两个列表,为企业管理人员和普通员工廓清行为指引,划出监管红线。对于企业内部制度,要对照外部要求,评估企业现有的内部政策和流程能否体现监管要求,能否确保外部制度得到有效的贯彻落实,通过查漏补缺,发现企业内部管理制度和流程中的风险点,为企业合规制度的完善确定方向。

(二)合规组织架构——领导层、管理层、全体员工

在合规组织架构方面,《世行合规指引》与《央企合规指引》《境外合规指引》存在较大的区别。《世行合规指引》并未明确企业如何构建合规组织架构,仅规定了企业领导层和公司各级员工的合规责任;《央企合规指引》《境外合规指引》则对企业合规组织的搭建作出了较为明确的说明。

表3 世行与国务院国资委、国家发改委等七部门合规规定比较:合规组织架构

	《世行合规指南》	《央企合规指引》	《境外合规指引》
合规组织架构	未明确企业合规组织架构,笼统说明了企业内部合规责任: (1)高层领导、受制裁方董事会或类似机构对合规体系的支持和承诺 (2)遵守合规要求是企业全体员工的责任 (3)企业的高层领导对合规体系的监督和管理职责	第二章专章规定了企业合规管理组织架构要求,以及各部门及负责人的合规职责: (1)明确了董事会、监事会、经理层的合规管理职责。(第5、6、7条) (2)明确要求企业设立合规委员会,确定合规管理负责人、合规牵头管理部门,规定了相关职责。(第8、9、10条) (3)明确业务部门的合规职责。(第11条)	第三章专章明确合规管理架构: (1)区分决策、管理、执行三个层级的合规管理责任。(第10条) (2)建议合规管理机构一般由合规委员会、合规负责人和合规管理部门组成,并对其职权作出详细说明。(第11条)

依照国际优秀合规实践,企业应当根据自身特点,搭建覆盖治理层、管理层、执行层的合规管理组织架构,赋予各层级必要的职责与权限。具体如图3所示。

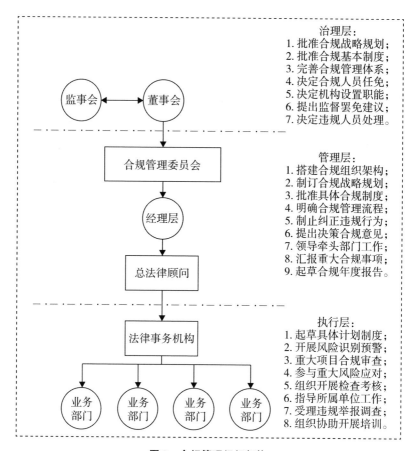

图 3 合规管理组织架构

　　实践中,中国企业的海外合规建构可以在集团、集团下属单位/海外子公司、办事处三个管理层级设立合规官,按照管理职能报告路径,就重大合规事项向上级合规官进行独立汇报和沟通。合规管理组织架构的设立应当遵循"独立性"原则,原则上应当由专职人员承担合规管理职能,如果存在兼职情况,则不得承担与其合规职责发生利益冲突的职能,以确保合规部门和人员的独立性。

　　(三)合规体系建设的基本流程——评估、审查、改进

　　识别和评估合规风险是建立有效合规体系建设的重要内容。在评估时,企业通常应当考虑审计结果、近期诉讼或者和解情况、合规举报、员工反

馈、行业监管趋势以及某个领域合规制度的完善程度。①

实践中,企业可以采取风险矩阵的方式进行风险评估,并列举每个领域的风险级别、违规可能性以及违规对企业的潜在危害。

表4 世行与国务院国资委、国家发改委等七部门合规规定比较:评估、审查与改进

	《世行合规指南》	《央企合规指引》	《境外合规指引》
评估与改进	在合规计划的启动、风险评估和检查原则中,明确了风险评估是建立合规体系的首要任务;定期检查合规体系的有效性;发现缺陷应当及时纠正	(1)建立合规风险识别预警机制,系统分析风险发生的可能性、影响程度、潜在后果,重大风险及时预警。(第18条) (2)加强合规风险应对,针对发现的风险制定预案,及时应对处置。(第19条) (3)建立健全合规审查机制,将合规审查作为重要经营管理行为的必经程序,及时对不合规内容提出修改建议,未经合规审查不得实施 (4)开展合规管理评估,定期对合规管理体系的有效性进行分析,重大问题要查找根源,强化管控,持续改进提升(第22条)	(1)建立必要的制度和流程,识别新的和变更的合规要求。(第23条) (2)进行合规风险评估;确立合规风险的标准和优先级;形成评估报告。(第24条) (3)建立健全合规风险应对机制,对识别的风险进行控制和处置。(第25条) (4)企业审计部门应当对合规管理的执行情况和合规管理体系的有效性等进行独立审计。(第26条) (5)定期对合规管理体系进行系统全面的评价,并根据合规审计和体系评价情况,开展风险再识别和制度再制定的持续改进。(第27、28条)

风险矩阵可以基于流程,即围绕流程来识别某些步骤可能存在的合规风险。该模式需要将公司的流程制度按照现代企业流程的"1+6"标准结构(特定目的、步骤、组织、活动、控制记录、工作标准和工作方法)进行描述,形成"流程地图"。根据此"流程地图"和基于合规风险分布特征的权力识别模型,识别权力;再根据权力内容,确定对应的合规风险点,分析风险发生后果及原因,评估风险等级;最后,确定企业要采取管理措施的合规风险。

风险矩阵也可以基于岗位,即围绕岗位权责内容来识别分析评估分布在

① 参见 Daniel Small,Establishing an Effective Compliance Program:An Overview to Protecting Your Organization,by Kwamina Williford,载全球企业法律顾问协会网(https://www.acc.com/legalresources/quickcounsel/eaecp.cfm#top),访问日期:2018 年 11 月 12 日。

岗位职责中的合规风险。首先将公司岗位职责内容逐一列出;然后根据每项岗位职责和基于合规风险分布特征的权力识别模型,识别每项职责内容中的权力;根据权力内容,确定对应的合规风险点,分析风险发生后果及原因,评估风险等级;确定企业要采取管理措施的合规风险。①

(四)合规体系建设的重点领域——自身合规与商业伙伴管理

《世行合规指南》列举了雇佣前尽职调查、限制雇佣前政府官员、管控礼品招待支出、政治捐款限制、慈善捐款和赞助、好处费、完整记录以及欺诈、串通和强迫等八个领域作为合规体系建设的重点。值得关注的是,《世行合规指南》进一步要求企业将诚信合规义务延伸到商业伙伴。

实践中,企业通常会制定反腐败、利益冲突、第三方伙伴管理等一系列制度,对上述重点合规领域进行管理。②

表5　世行与国务院国资委、国家发改委等七部门合规规定比较:
自身合规要求和合规要求传导

	《世行合规指南》	《央企合规指引》	《境外合规指引》
自身合规要求	(1)重要雇员受雇之前进行尽职调查 (2)限制雇佣或有偿安排前公职人员 (3)制定馈赠、接待、娱乐、出差和开支的控制手段和程序 (4)仅在法定范围内进行政治捐款和捐助,并尽量公开 (5)公开披露慈善捐款和赞助 (6)不支付好处费 (7)保存合规体系运营的相关记录 (8)对欺诈、共谋和胁迫行为采取特别管控措施	(1)加强对市场交易、安全环保、产品质量、劳动用工、财务税收、知识产权、商业伙伴等重点领域的合规管理。(第13条) (2)加强对制度制定、经营决策、生产运营等重点环节的合规管理。(第14条) (3)加强对管理人员、重要风险岗位人员、海外人员等重点人员的合规管理。(第15条) (4)强化海外投资经营合规管理,深入研究规则、健全海外合规经营制度、定期排查风险。(第16条)	(1)针对礼品及招待、赞助及捐赠、利益冲突管理、举报管理和内部调查、人力资源管理、税务管理、商业伙伴合规管理等重点领域制定合规管理办法。(第14条) (2)针对特定行业或地区的合规要求,结合企业自身的特点和发展需要,制定相应的合规风险管理办法。(第14条)

---

① 参见王志乐主编:《企业合规管理操作指南》,中国法制出版社2017年版,第58页。
② 囿于篇幅,笔者仅针对在反腐败领域的实践经验进行介绍。

（续表）

	《世行合规指南》	《央企合规指引》	《境外合规指引》
合规要求传导	（1）对商业合作伙伴进行尽职调查 （2）向商业合作伙伴告知合规要求 （3）要求商业合作伙伴作出对等合规承诺 （4）全面记录和商业合作伙伴的关系 （5）确保报酬支付的事由和渠道是正当、合理的 （6）合理监督合同履行过程	对重要商业伙伴开展合规调查，通过签订合规协议、要求作出合规承诺等方式促进商业伙伴行为合规。（第13条）	（1）深入了解第三方合规管理情况；向重要的第三方传达自身的合规要求和对对方的合规要求，并在商务合同中明确约定。（第12条） （2）确保合规行为准则适用于代表企业从事境外经营活动的第三方。（第13条） （3）将合规文化传递至利益相关方。（第30条）

例如，在某跨国公司的反腐败制度中，该公司首先明确公司禁止一切形式的贿赂和腐败；公司不提供任何政治捐款或进行慈善捐款；公司全员均有对腐败行为的举报义务。同时，该公司还在制度中明确，公司有权对嫌疑行为进行调查；公司账簿必须真实、完整、准确；高风险岗位的员工必须接受培训；公司只与接受或实施同等合规标准的伙伴开展业务。

在详细的操作指引中，该公司列举了腐败与商业贿赂的主要形式；规定了娱乐、招待和馈赠标准和审批流程，并明确上述活动不得直接或间接与业务机会相关联；禁止员工或员工近亲属直接或间接接受第三方支付的不当利益，并要求员工如实记录提供或收到的任何好处。同时，该公司还规定了如何对礼品和招待的额度进行估算。

该公司对政治活动和慈善捐款进行严格控制，明确说明公司不参与任何政治活动，也不提供任何政治捐款。此外，该公司要求不得对外进行可能获得不当竞争优势的捐赠，不对个人进行捐赠，亦不进行与政治有关的捐赠。

该公司还明确了员工的报告义务。员工在发现商业贿赂或违规的迹象，以及被要求从事违规事项时，必须进行汇报。该公司还建立专门的举报系统，保证举报的保密性。

(五)合规体系建设的关键环节——财务、合同、决策

表6 世行与国务院国资委、国家发改委等七部门合规规定比较:关键环节

	《世行合规指南》	《央企合规指引》	《境外合规指引》
关键环节	(1)就财务、会计和记账行为建立有效内控体系,确保发现违规交易 (2)明确关于不当行为的合同义务与责任 (3)建立适当的决策程序,保证决策过程和级别与交易金额及风险相匹配	涉及重点领域、重点环节: (1)健全完善财务内部控制体系,严格执行财务事项操作和审批流程,严守财经纪律,强化依法纳税意识,严格遵守税收法律政策。(第13条) (2)严格落实"三重一大"决策制度,细化各层级决策事项和权限,加强对决策事项的合规论证把关,保障决策依法合规。(第14条)	对企业内控体系提出整体要求: 企业可结合境外经营实际,就合规行为准则和管理办法制定相应的合规操作流程,进一步细化标准和要求。也可将具体的标准和要求融入到现有的业务流程当中,便于员工理解和落实,确保各项经营行为合规。(第15条)

财务、合同、决策是企业合规管理流程的关键环节。世行在内部控制原则中对上述内容进行了专门强调,这也要求企业切实采取措施,落实相关要求。

在实践中,企业往往通过格式条款的约定来保证当合作伙伴发生不当行为时,其能够顺利退出合作安排。例如,企业与合作伙伴确立了反腐败格式条款安排,明确要求其作出合规承诺,即承诺合作伙伴及其关联方不会违反任何相关的法律法规,提供或接受有价物或从事任何其他等贿赂行为。若有违规行为,将被视为合同解除条件已经达成,企业将有权利终止或中止合同,合作方应向企业支付违约金作为补偿。

设立审批权限上调的"触发事项"则是企业确保审批事项与审批流程"成比例"的主要安排。例如,实践中有公司规定,在雇佣政府官员(如担任顾问等),则需要公司首席财务官(CFO)或最高管理层批准。

（六）合规体系建设的保障机制——培训、激励、报告、矫正、联合

表7　世行与国务院国资委、国家发改委等七部门合规规定比较：保障机制

	《世行合规指南》	《央企合规指引》	《境外合规指引》
保障机制	(1)定期宣传合规计划并记录 (2)采取适当的激励措施，同时保证参与违规行为的人员都会得到惩戒 (3)明确全员对违规行为的报告义务，为其提供合适的报告渠道 (4)为员工提供合规指导和建议 (5)对不当行为进行调查和应对 (6)没有成熟合规体系的实体应尝试与行业组织等携手开展合规建设	(1)加强合规考核评价。(第23条) (2)强化合规管理信息化建设。(第24条) (3)保障合规人员配备。(第25条) (4)重视合规培训。(第26条) (5)培育合规文化。(第27条) (6)建立合规报告制度。(第28条)	(1)企业将合规培训纳入员工培训计划。境外相关部门员工均应接受培训。(第16条) (2)建立顺畅的合规汇报渠道，为员工提供合规咨询或支持，并针对举报信息建立调查机制。(第17条) (3)企业将合规考核结果作为绩效考核依据，并建立全面有效的合规问责制度。(第18、21条) (4)企业应培育合规文化和诚信价值观。(第29条) (5)企业应树立合规形象，推广合规文化。(第30条)

合规管理体系建立以后的运行以及功能的实现需要充分的机制予以保障。世行的合规保障机制主要由培训与交流、激励惩戒、报告制度、不当行为的补救、集体行动等内容构成。与之相比，《央企合规指引》和《境外合规指引》的相关规定与《世行合规指南》的规定基本一致，区别在于世行对于中小企业提出了"集体行动"的建议。囿于篇幅，笔者主要对合规报告机制进行分析。

合规报告机制与合规风险识别共同构成了企业风险发现机制，区别在于合规报告机制往往来源于对企业运行情况的观察和检测，属于"动态层面"；合规风险识别则更多体现在"静态层面"。由于传统文化和激励不足的影响，实践中能够有效执行报告机制的国内企业较少，而行之有效的报告机制应当具备以下条件：一是通过制度明确报告的渠道、程序、受理主体、处理反馈程序、对报告者的激励；二是建立便捷、保密的举报途径；三是确立独立的

部门或人员受理、处理报告事项,并且该部门或人员需要有充分的处理报告事项的权限;四是报告事项受理后,受理人员或部门应当及时查证或处置该事项,且原则上应就处理结果对报告人进行及时反馈;五是提供一定激励措施,以鼓励员工;六是为报告人提供充分的保护和保密措施。

四、结语

中国企业在"走出去"的过程中,需要高度重视合规风险和相关方要求。世行作为经济全球化的重要推动者和全球腐败治理的重要参与者,在基础设施建设合规领域积累了相当丰富的优秀经验。国内企业在海外建筑工程领域,可以以《世行合规指南》为借鉴,充分融合《央企合规指引》《境外合规指引》等国内制度要求,在"走出去"的实践中构建既符合国际先进做法,又符合国内制度的全面合规体系。

中小企业国际贸易合规实务研究

国浩(石家庄)律师事务所　孙保国

【摘要】　中小企业已经成为我国国际贸易领域的"生力军",在国际贸易总额中所占比重越来越大。在经济全球化背景下,中小企业在开展国际贸易中同样会面临诸多合规风险,其与跨国公司或大型企业的合规风险既有相似之处,也有显著不同。中小企业受实力和经验所限,无法仅靠其自身力量做好合规风险防范工作,需要有针对性地加强研究。通过政府部门、商协会组织、金融机构、专业机构和企业主体的共同努力,构建适用于中小企业的合规管理体系,可以帮助他们防范各类合规风险,在国际市场上行稳致远。

【关键词】　中小企业　国际贸易　合规实务

在不同的国家、不同的发展阶段、不同的行业领域,人们对"中小企业"的界定是不同的。2011 年,工信部、国家统计局、国家发改委、财政部等曾联合发文,就不同行业中的中小企业划分标准作出了规定。本文中所述"中小企业"主要是指从业人员在 300 人以下,年进出口额在 1 000 万美元以下,具有外贸经营权的贸易企业和生产企业。

"合规"(compliance),简言之,就是使企业的经营活动符合法律、规则和准则,通常包括三个层次的内容:遵守法律法规,遵守规章制度,遵守社会责任规范。中小企业与大型企业一样,需要遵守各种对其适用的法律规则、规章制度和社会责任规范,但本文中所述"合规"特指在国际贸易各环节中应当遵守的法律规则、规章制度和社会责任规范。

在经济全球化背景下,中小企业参与国际市场竞争的深度和广度都越来越快地超越以往,中小企业已经成为我国国际贸易领域的"生力军",在国际贸易总额中所占比重也越来越大。笔者在本文中将尝试对中小企业在开展国际贸易中常见的合规风险进行梳理,并对中小企业合规建设现状与存在的问题进行分析,探讨如何通过政府部门、商协会组织、金融机构、专业机构、企业主体的共同努力,构建适用于中小企业的合规管理体系,帮助他们防范各类合规风险,在国际市场上行稳致远。

一、中小企业常见的国际贸易合规风险

西门子、摩根大通、辉瑞制药、葛兰素史克、中兴通讯等跨国巨头遭受重罚等合规风险案例可谓触目惊心,但合规风险绝不仅仅针对跨国公司和大型企业的,中小企业在开展国际贸易过程中同样不可避免地面临着诸多合规风险,比较常见的包括以下几种。

(一)海关合规风险

海关合规风险一般分为三大类:涉税(主要是进口环节的税项)、涉证(主要是实行进出口许可证、配额等管理的产品)、涉海关监管秩序(如海关统计、申报程序等)。企业必须遵守海关各项法律法规,否则会遭受海关处罚,甚至面临刑事处罚。例如:

1. 错填商品海关编码,即 HS 编码

HS 制度是世界海关组织《商品名称及编码协调制度的国际公约》的简称,进出口商品不同的 HS 编码,代表着不同的商品分类、适用税率、贸易管制措施等,企业在报关时应当如实填写,不确定商品应如何分类的,应当事先咨询查证再填写,否则将可能面临行政处罚或刑事处罚。例如,铝锭、铝棒、铝管虽然同是铝制品,但进口关税的税率是不同的,有的企业本来进口铝锭,却通过加工成空心条状,并按铝管填报 HS 编码,适用了较低的进口税率,最终被海关查扣处罚,并面临牢狱之灾。

2. 买单出口

出口公司以逃税、逃费、逃汇、逃证为目的,通过购买其他公司的通关单证,并以该公司的名义进行外贸出口,这种行为违反了海关相关规定,严重影响国家出口贸易的健康发展,必然会面临严重的处罚或被追究刑事责任。尤其需要注意的是,我国的出口企业不仅要遵守我国海关的相关规定,也要避免违反出口目的国海关的相关规定,否则也会面临国外海关合规风险。

3. 阴阳发票

有些出口企业根据国外客户的要求,对同一批货物制作两份不同的"商

业发票":一份按照实际金额开具,另一份按照较低的金额开具。国外客户这样要求,其目的显然是为了少缴进口关税。出口企业这样做不仅会给自身带来收汇风险,而且有可能因为故意配合进口商逃税而被进口国海关列入黑名单或处罚。

4. 伪造原产地证

原产地证是用于海关统计、计算优惠税率的一项重要清关单据,有个别企业在出口过程中伪造或购买原产地证用以通关结汇。据了解,我国签证机构经常会收到国外海关来函查询原产地证的真实性,一旦发现伪造的原产地证,出口货物很有可能被国外海关查扣罚没。

(二)税务合规风险

外贸企业与其他企业一样,需要遵守各种税法规定,但本文只讨论国际贸易中与"出口退税"相关的税务合规风险。

1. 非法骗取出口退税

通过虚开增值税发票、假出口、伪造单据等方式骗取出口退税的,都会面临严重的刑事处罚,在此无须赘述。需要注意的是,出口企业自身财务制度、财务档案不规范,或者缺乏相应的财税知识,比如在接受第三方开具的发票或提供的单证时没有进行必要的审查,同样可能遭受相应的税务处罚。

2. 假自营、真代理

外贸企业以"自营"名义出口、开票、报关、收汇、退税,但实际上只是出口代理的方式除本身违规之外,往往还潜藏着极大的虚开增值税发票、备案单证虚假或短少等风险,出口企业可能会因为委托方的问题而遭受处罚。外贸综合服务企业代为办理出口退税是一种新兴贸易形态,但税务部门对相关风险内控、备案手续作出了明确规定,需要外贸综合服务企业遵照执行,否则也会面临较大的合规风险。

(三)外汇及金融合规风险

1. 洗钱及恐怖融资

基于国际贸易流量巨大、外汇交易及贸易融资安排复杂、各国海关数据交换不充分等原因,犯罪组织、恐怖组织经常会利用国际贸易来掩藏资金非法来源、使赃款变为合法利润、为恐怖活动融资等。对中小企业而言,其直接影响之一就是原本为了经营方便而设立的"离岸公司",其离岸账户可能因为操作不规范而被银行冻结或销户。

2. 地下钱庄

地下钱庄是一种游离于金融监管体系之外的非法金融组织,它利用或部分利用金融机构的资金结算网络,从事非法买卖外汇、跨国境转移资金或借贷等非法金融业务。中小企业有时因为客户所在国外汇短缺,或开展跨境电商正常结汇不方便等就通过"地下钱庄"来收取货款,在这种情况下,有可能遭受资金被罚没、企业无法正常入账、企业财务管理混乱等风险。

3. 公私不分

有些中小民营企业的老板,习惯于将公司与个人财产不作区分,随意将公司资金转入个人账户,或将公司应收款项出个人收取,等等,这不仅可能导致税务方面的违规,而且可能构成职务侵占等刑事犯罪。

(四)反腐败合规风险

在国际贸易领域,反腐败主要指反商业贿赂。联合国等国际组织都制定了反商业贿赂的公约或规则,如《联合国反腐败公约》、经济合作与发展组织《关于打击国际商业交易中行贿外国公职人员行为的公约》、国际商会《打击勒索和贿赂行为准则与建议》等;世界各国的法律体系中大多也含有反商业贿赂的内容,其中影响力比较大的包括美国的《反海外腐败法》和英国的《反贿赂法》。中小企业开展国际贸易同样应该严格遵守,否则一旦遭受处罚,就会面临严重的经济损失。另外,受国际合规反腐趋势影响,许多大型采购商、跨国公司制定的"供应商行为准则"或者供货合同格式中都设有"反贿赂条款",中小企业要想成为它们的合作伙伴或供应商,也必须承诺接受这些条款的约束,否则也会存在违规风险而失去供应商资格,甚至构成根本性违约而承担违约责任的风险。

(五)国外法律或政策合规风险

从出口企业的角度来看,其经营行为不仅要符合本国之"规",还要符合出口目的国之"规"。

1. 欧盟《通用数据保护条例》

进入某国市场时,应当对该国相关法律政策进行调查了解,对中小企业而言,该项工作可能大部分是通过该国进口商来完成的,但企业自身也需要提高认识,密切关注出口目的国相关法律政策的变化及影响,否则就会面临合规风险。例如,欧盟《通用数据保护条例》的出台,就对我国出口企业在欧盟收集和处理客户信息提出了较高的要求,违反该条例可能面临重罚;再比如德国新修订的《包装法案》,对出口到德国的商品的包装备案问题作出了规定,违反该法案同样会面临处罚;再比如埃及贸易与工业部规定特定产品进入埃及市场前必须进行出口商注册,否则产品无法进行清关。这样的例子还很多,需要我国的出口企业予以关注。

此外,有时候我国企业从事外贸业务还需要符合第三国之"规",最为典型的就是美国的出口管制与经济制裁。

2. 美国出口管制与经济制裁

出口管制与经济制裁风险是合规风险管理的一项重要内容,联合国、美国、欧盟等都会有相应的经济制裁措施,违反这些制裁措施都可能面临较大的合规风险。美国的出口管制与经济制裁最为广泛、最为严厉,二者相互关联和衔接,构成了一个复杂的法律体系,这个法律体系主要针对美国公民和企业,但我国企业在特定情形下也会受其管辖,需要广大中小企业予以注意。例如,虽然我国中小企业并不进入美国市场销售,其产品也不含美国元素,但因为相关交易收汇要以美元结算并通过美国的中转银行来操作,某些交易就可能因为违反了美国的出口管制法或经济制裁法令而导致资金被冻结。再或者,有些中小企业的老板已经取得了绿卡,其交易行为同样会面临美国出口管制法的管辖;甚至企业的业务员在美国出差过程中处理涉及伊朗、朝鲜等国的业务邮件,都有可能面临违反美国出口管制法的指控风险。

(六)知识产权合规风险

世界各国对知识产权的保护都越来越重视,侵犯他人知识产权,不仅会面临权利人的民事诉讼或仲裁,还会遭受行政执法部门的调查和处罚,情节严重的还会面临刑事处罚。例如,有些企业知识产权意识淡薄,拿着侵犯他人知识产权的样品或图册到境外去参展,可能面临展品被扣押、展位被查封等处罚,严重影响企业形象。在"互联网+""大数据"背景下,侵犯知识产权的行为已经越来越难以隐藏,侵权产品被境内外海关扣押、责任人受到相应刑事处罚的情形屡见不鲜。此外,侵犯知识产权的后果不仅可能影响侵权人自己,还可能影响我国整个行业或产业,如美国的337调查、301调查,根据调查结果做出的禁令、加税等措施,影响到了整个行业和产业。

(七)认证或检测合规风险

认证或检测合规风险主要包括两方面:一是企业违反目的国市场的相关强制性认证或检测,如欧盟的REACH检测、RoHS认证、CE认证,美国的FDA认证、FCC认证、DOT认证等;二是企业为了展示其产品质量或自身形象,而由可以充分信任的第三方予以认证,证明其产品或服务符合特定标准或规范性文件,企业取得和维持该认证,相当于对社会作出了相应的承诺,如果企业违反了这些承诺,则同样会面临相关认证被撤销,产品被召回、下架等合规风险。

(八)企业社会责任合规风险

企业社会责任涉及社会、政治、经济、文化、法律、宗教、伦理道德等各个方面,对社会、经济的可持续发展和环境保护具有重要的影响。其中人权及劳工标准、环保是两大重要内容。

1. 人权及劳工标准

无论是SA8000、ISO26000等企业社会责任的评价标准体系,还是联合国全球契约十项原则等国际规则,都将人权及劳工标准作为重要内容之一。各国基于不同的经济发展状态,其法律体系中对人权及劳工权利设定了不同的标准。企业参与国际市场竞争,不仅要符合本国的标准,还将不可避免地受到上述国际性评价标准和规则的影响。例如,在很多跨国公司或大型采购商的标准合同条款或"供应商行为准则"中,大多要求供应商尊重和维护各项人权、不使用强迫性劳动、禁用童工、杜绝用工歧视和性骚扰等,供应商如果违反这些准则,将构成对双方合同的根本性违约,面临违约赔偿风险。

2. 环保

无论是发达国家,还是发展中国家或不发达国家,都越来越重视环境保护。除通过本国法律、国际公约等方式对企业在环保方面的责任作出规定之外,一些非政府性国际组织也纷纷出台相关标准和原则,要求企业承担环保责任。例如联合国全球契约十项原则就要求企业应对环境挑战未雨绸缪,主动增加对环保所应承担的责任,鼓励无害环境技术的发展与推广等。

（九）其他

企业合规的内容非常广泛,既包括外部对企业的合规要求,也包括企业自身向社会所作出的合规承诺。在外部合规要求方面,除前面提到的相关规则之外,中小企业还需要特别注意的是,对国外法院、仲裁机构的判决、裁决、裁定、命令不能置之不理,否则也会面临相应的合规风险。在自身合规承诺方面,则需注意全面梳理自身章程、社会承诺、参加的组织标准或规则,以及与社区团体、非政府机构、主管部门、客户签署文件中的契约责任。

此外,对于反垄断、反倾销、反补贴等有关公平竞争方面的合规要求,中小企业同样可能会直接或间接受到影响,也需要加以注意。

二、中小企业国际贸易合规建设的现状与问题

（一）中国企业合规建设的整体情况

1.中国关于企业合规法律体系逐渐完善

2011 年 3 月 10 日,时任全国人民代表大会常务委员会委员长吴邦国宣布中国特色社会主义法律体系已经形成。这为我国企业合规建设奠定了法律基础。中国关于企业合规的法律体系在中国特色社会主义法律体系的形成过程中逐渐完善。以反商业贿赂为例,1993 年 9 月,第八届全国人民代表大会常务委员会第三次会议审议通过了《反不正当竞争法》,这是我国第一部专门规范市场竞争行为的法律,第一次提出了商业贿赂问题;1996 年 11 月,原国家工商行政管理总局发布《关于禁止商业贿赂行为的暂行规定》,首次明确了商业贿赂的内涵与外延;之后,刑法修正案多次对商业贿赂相关事项予以明确,使企业开展反商业贿赂合规建设有法可依。

2.金融业、保险业、上市公司、国有企业等率先加强合规建设

2006 年 10 月 20 日,原中国银行业监督管理委员会发布《商业银行合规风险管理指引》,各大银行分别建立了相应的合规风险管理体系;2007 年 9 月 7 日,原中国保险监督管理委员会发布《保险公司合规管理指引》,2017 年被《保险公司合规管理办法》所取代,各保险公司纷纷设置了合规管理部门、合规管理岗位,每年还要当向原中国保险监督管理委员会提出年度合规报

告;中国证券业协会、中国证券监督管理委员会也先后颁布多份合规管理指引,证券公司、上市公司都依据这些规定加强了自身合规建设。我国国有企业监管部门同样陆续颁布了《中央企业全面风险管理指引》《国有企业领导人员廉洁从业若干规定》、国务院办公厅《关于建立国有企业违规经营投资责任追究制度的意见》等文件,国有企业越来越重视企业合规建设,规范自身经营。

3.我国政府对企业合规建设的重视程度越来越高

随着"一带一路"建设的有序推进,我国政府对企业合规建设的重视程度也越来越高。2017年5月23日习近平总书记主持召开的中央全面深化改革领导小组第35次会议上通过的《关于规范企业海外经营行为的若干意见》指出,要加强企业海外经营行为合规制度建设,这表明了我国最高领导层对企业合规建设的高度重视。

西门子、中兴通讯等合规案例不仅让我国企业更加重视合规建设,也给我国政府部门带来了极大的震动。2017年12月,原国家质检总局、国家标准化管理委员会根据《合规管理体系 指南》(ISO 19600:2014)颁布了《合规管理体系 指南》(GB/T 35770—2017)作为推荐性国家标准;2018年5月4日,中国国际贸易促进委员会与中国企业联合会联合发起成立了中国国际贸易促进委员会全国企业合规委员会;2018年11月2日,国务院国资委发布《中央企业合规管理指引(试行)》;2018年12月26日,国家发改委、外交部、商务部、中国人民银行、国务院国资委、国家外汇管理局、全国工商联联合印发《企业境外经营合规管理指引》;各地方政府部门也纷纷出台相应的实施办法和条例。这些都体现出我国政府部门对企业合规建设更加重视。

(二)中小企业国际贸易合规建设现状与问题

1.中小企业国际贸易合规意识尚待进一步加强

虽然"合规"一词的热度越来越高,一系列合规风险案例也成为企业高度关注的话题,但是许多参与国际贸易的中小企业的经营者、业务负责人还是习惯于按照过去的经验开展国际贸易,认为合规风险离自己还很遥远,对当前国际经贸形势下的合规要求还缺乏足够的认识。主要体现在三个方面:一是他们对出口目的国的法律法规不熟悉,也没有意识到应该去进行基本的调查了解，认为这是进口商的事，与己无关；二是有时候明知其做法可能违规，但受利益驱动和侥幸心理的支配，仍然铤而走险；三是认为合规建设是跨国公司、大型企业的事，中小企业，花费人力物力财力去进行合规建设没有太大必要。

2.中小企业应对国际贸易合规风险的能力亟须提高

国际贸易领域的合规风险，往往涉及国际商事规则或外国法律政策的适用，与跨国公司和大型企业不同，中小企业缺乏应对经验，缺少相关的信息渠道和可调动的资源，也没有足够的资金投入，往往感到无从下手，只能自认倒霉。根据笔者近年来处理国际贸易合规风险的经验，很多中小企业对国外政府部门的调查、命令、要求，以及对国外法院或仲裁机构的传票等文件，仍然习惯性地采用拒收、置之不理等方式来处理，导致失去最佳的解释、应诉、抗辩机会，最终使合规风险产生的后果更加严重。

3.中小企业尚未建立适应当前形势的国际贸易合规制度体系，尚未形成良好的合规文化

一方面，中小企业由于合规意识不足，且受自身经济实力、业务经验所限，尚未建立相应的合规制度体系，只是依靠老板和业务负责人的经验来应对相关风险；另一方面，当前国家相关部门出台的合规建设指引、学界的合规理论、大型企业的合规实践，与中小企业的合规需求尚不匹配，国际贸易领域的中小企业合规指引更是少之又少，远未形成良好的合规文化。

4.社会中介机构的国际贸易合规服务水平尚有不足

国际贸易合规服务需要服务提供者熟悉国际商事规则，了解外国相关法律政策，掌握相关信息资源和处置程序，还要精通外语、国际贸易流程等。但目前我国除北京、上海、深圳等少数一线城市之外，很多省份和城市的律师、会计师、税务师、商务顾问还缺乏帮助企业应对和处置国际贸易合规风险的服务经验，亟须加强这方面的业务研究和培训。

(三)如何构建适用于中小企业的国际贸易合规管理体系

基于前述中小企业国际贸易合规建设的现状和存在的问题，笔者认为只有政府部门、商协会组织、金融机构、专业机构和企业主体多方共同努力，构建适用于中小企业的多主体、全方位国际贸易合规管理体系，才能帮助中小企业在

国际市场竞争中行稳致远,推动我国对外贸易的健康发展。具体包括:

1.政府部门要加强合规监管和支持工作

一方面,商务、市场监管、税务、海关等企业开展国际贸易经营涉及的政府部门通过审批前预防提示、审批中严格审查、审批后加强监管等方式,促使企业合规经营,防止出现垄断、倾销、贿赂、侵犯知识产权、怠于履行社会责任等行为,完善违规及不诚信企业黑名单制度,对失信企业进行惩戒;另一方面,当我国中小企业在境外遭受不公正待遇时,应当根据具体情况提供相应的帮助,但需要注意的是,在出台相关支持政策时,也要有合规意识,避免授人以柄。

2.商协会组织要加强企业合规培训和引导工作

2018年,中国国际贸易促进委员会、中国企业联合会及相关研究机构共同成立了中国国际贸易促进委员会全国企业合规委员会,引导全国企业加强合规建设;各地国际贸易促进委员会通过多年积累,也形成了国际贸易风险预警、贸易摩擦应对、争议解决、知识产权等涉外法律服务体系,可以为中小企业合规建设提供相应服务;此外还有诸多行业协会组织,在加强行业自律、推动企业合规经营方面做了一些有效工作。今后应当进一步发挥这些商协会组织的专业优势和职能作用,加强与中外政府部门及监管机构沟通,反映企业合规方面的诉求和意见,组织适用于中小企业的合规培训,帮助中小企业培养合规管理人才,提升我国企业整体合规经营水平。

3.金融机构要加强合规审查及预判工作

国际贸易相关结算都是通过银行来实现的,受中美经贸摩擦形势影响,许多中小微外贸企业,因为不了解美国OFAC制裁制度,使得一些出口收汇被美国中转行冻结,或者是资金到达国内银行账户却无法结汇,产生了大量损失。银行部门可以通过业务培训、事先单据审查及预判服务,帮助中小企业规避风险,避免货物发出后却迟迟无法结汇。

4.专业机构要加强对国际贸易合规研究,提高应对服务水平

涉外专业律师事务所、商协会组织法律机构、涉外法律研究机构以及会计、税务、商务咨询等领域的中介机构,要加强对中小企业面临的国际贸易合规风险及应对实务的研究,积极参与中小企业国际贸易合规培训及合规服务机制建设,例如开展国别合规分析报告、为企业进行"合规体检"等;同时,各

地要加大投入,加强涉外法律人才的专项培养,提高企业合规风险防范能力和合规案件处理能力,提升涉外法律服务水平。

5.企业自身要提高合规意识,加强合规制度及合规文化建设

企业自身作为合规建设的主体,其首先要提高合规意识,认识到合规工作的重要性、广泛性、复杂性、系统性,认识到如果没有严格的、系统性的合规管理制度,合规漏洞将防不胜防,一旦发生风险,则必然会给企业带来极大的损失。广大中小企业应当主动接受政府部门的监管,积极参加商协会组织的合规培训,并广泛借助金融机构、专业服务机构的合规服务,不断加强自身的合规制度建设,最终形成良好的合规文化,才能最终在国际市场上立于不败之地。

参考文献

[1]王志乐主编:《企业合规管理操作指南》,中国法制出版社 2017 年版,第 1、35—36 页。

[2]高增安:《国际贸易可疑洗钱行为透析》,载《财经科学》2007 年第 3 期。

[3]卢杰:《外贸企业为避税成地下钱庄"优质客户"》,载《法制日报》2012 年 7 月 24 日,第 5 版。

[4]黎友焕、魏升民:《企业社会责任评价标准:从 SA 8000 到 ISO 26000》,载《学习与探索》2012 年第 11 期。

[5]关符:《企业"走出去"合规风险浅析》,载《国际工程与劳务》2018 年第 4 期。

[6]郑伟:《复杂国际贸易下的合规法则》,载《首席财务官》2016 年第 9 期。

[7]刘叶琳:《中国贸易企业须提升合规能力》,载《国际商报》2018 年 6 月 7 日,第 3 版。

[8]郭艳:《严守合规"生命线",出海才能"立足稳"》,载《中国对外贸易》2018 年第 5 期。

信息披露与关联交易：现状冲突、
结果导向与构建构想

北京德和衡(上海)律师事务所　汤华东

【摘要】 我国科创板制度建设应当构建以信息披露为核心的证券发行注册制。受我国具体国情的影响,我国证券市场大多数上市企业在上市时及上市之后存在大量的关联交易行为,这促使我们考虑信息披露是否应该遏制、如何遏制关联交易行为。应该看到,关联交易的双重性导致了并非所有的关联交易都是需要法律规制的,法律应当规制那些非公允关联交易。非公允关联交易的结果判断导向使得其与信息披露制度存在一定的矛盾。在制度构建上应当注重信息披露的结果导向,以事后规制的手段为主,落实非公允关联交易的法律后果和责任。

【关键词】 关联交易　信息披露　结果导向　事后规制

一、引言

中共中央政治局2019年4月19日召开会议,指出科创板要真正落实以信息披露为核心的证券发行注册制。[①] 上市公司所有与执行相分离的特殊结构决定了信息披露是保护投资者利益的核心制度,注册制改革又进一步确立制度的中心为信息披露。可以说,完善我国证券市场的信息披露制度,是注册制改革的前提。

然而,我国目前信息披露的质量并不能令人满意。一方面,信息披露违规案件频发。自2019年1月以来,中国证券监督管理委员会立案调查的多家企业中,共有12起案件涉嫌违法违规信息披露。据有关部门统计,自

[①] 参见《科创板要真正落实以信息披露为核心的证券发行注册制》,载新浪财经(http://finance.sina.com.cn/stock/kechuangban/2019-04-20/doc-ihvhiewr7205269.shtml),访问日期:2019年4月21日。

2016—2018 年，上市公司因涉嫌信息披露违法违规被立案调查的比例均高于 50%。[①] 可以说，信息披露违规依然高发，侵害着投资者的权益。另一方面，即便是合法合规的信息披露也存在披露质量不能令投资者满意的问题。深圳证券交易所(以下简称"深交所")发布的《2011 年个人投资者状况调查报告》显示，存在超过半数的投资者认为信息披露报告的格式与行文未达到投资者所需要的、便于理解的清晰、简明扼要的标准，更严重的是，投资者对信息披露的及时性、真实性的认可度均只有三成。[②] 在合规之上，还有更高要求的信息披露标准等待上市公司去满足。

受我国长期计划经济体制的影响，我国证券市场大多数上市企业在上市时采用的常见办法为：由母公司剥离一部分资产出来进行"分拆"上市。这就导致我国上市企业往往存在较多销售集中、资金往来集中、租赁关系集中的特点，从而为大量的关联交易埋下了伏笔。[③] 我国对关联交易的信息披露规则的规定较多为"一般性规则"。在这样的背景下，需要我们继续探讨法律是否要对关联交易信息披露规则作出更为详细的调整，以满足目前注册制改革的需要。

二、问题的提出：关联交易需要更强有力的信息披露规制吗

(一)关联交易概念的再探讨

我国对关联交易概念的界定在 2006 年发布的《企业会计准则第 36号——关联方披露》(以下简称《会计准则 36 号》)这一会计准则中。该准则第二章通过定义、正面列举和反面列举的方式对关联方进行了界定，第三章通过定义和正面列举的方式对关联交易进行了界定。该准则第 7 条指出，关联方交易是指关联方之间转移资源、劳务或义务的行为，而不论是否收取价款。

---

① 参见《信息披露违规导致公司被查原因何在？专业律师：董秘的"问题"最大》，载搜狐网(http://www.sohu.com/a/297488686_100015596)，访问日期：2019 年 4 月 21 日。
② 参见深圳证券交易所网(http://www.szse.cn/main/aboutus/bsyw/39747313.shtml)，访问日期：2019 年 4 月 21 日。
③ 参见杨梦洁：《社会责任信息披露、关联交易比重与企业会计信息透明度》，载《财会通讯》2019 年第 12 期。

学界对关联交易往往概括为"公司与关联方(诸如,公司的控股股东、董事、高级管理人员)之间的交易"①。笔者认为,关联交易的界定应满足如下两个构成要件:

1.交易的主体构成关联方

交易的主体构成《会计准则 36 号》第二章规定的关联方,是构成关联交易的前提条件。这种关联性在准则上体现为"控制""共同控制"和"重大影响"的作用,即判断标准为一种结果上的判断,能否对一公司的财务和经营决策产生控制或影响的结果,是判断是否构成关联方的重要标准之一。

2.交易的内容对关联方资产产生影响

《会计准则 36 号》对交易的内容界定为资源、劳务和义务。从本质上看,这种交易会对公司的资源产生一定的影响,影响投资者对该公司的投资信心和决策。《会计准则 36 号》直接指出构成关联交易不论是否在交易中收取价款,这是因为关联交易关注的是整个交易结果是否对公司的资产总量产生变动影响,而非交易本身是否存在对价,这种对价对投资者判断并不能产生直接的影响,仅在判断是否存在违规的关联交易时产生影响。因此,关联交易在内容上依旧以结果为判断标准。

因此,笔者认为关联交易在概念的界定上以一种结果上的"影响"为导向,需要满足"关联方+资产影响"两个构成要件,关联方的判断标准上也以结果为导向,判断的标准在于是否存在"控制""共同控制"或"重大影响"。后续的制度构建应该适应这种概念界定上的结果导向。

(二)关联交易的利弊分析

1.关联交易的优点

对于企业来说,关联交易有着十分明显的经济上的优点。关联交易可以减少交易对手方的不熟悉、不信任给交易带来的种种风险,从而有效提升资源配置效率,对企业而言控制成本支出,在一定程度上还能达到合理避税的效果。② 正当的关联交易会给企业带来经济上的利益,从而转化成股价的增

---

① 张怀岭:《欧盟法关联交易规制的革新:理念、制度与启示》,载郭锋主编:《证券法律评论》(2019 年卷),中国法制出版社 2019 年版,第 536 页。

② 参见杨梦洁:《社会责任信息披露、关联交易比重与企业会计信息透明度》,载《财会通讯》2019 年第 12 期。

长,转化成投资者的利益。

2.关联交易的缺点

由于我国对证券市场的关联交易尤其是交易过程中的信息披露缺乏强有力的监管,容易造成关联交易中的非公允关联交易,而这种非公允关联交易对投资者而言无疑存在着巨大危害。[①] 实践中具体表现为自我交易、夺取公司交易机会、侵吞公司利益、利益输送使得股东平摊不必要的成本等。[②]

以创业板的经验为例,一个新兴的资本市场由于制度尚不健全,对投资者的保护力度尚不够(往往通过投资者适当性保护进行保护,但这一制度本身存在问题),这一较弱的投资者保护使得关联交易成为大股东与企业之间利益输送的工具。[③] 科创板如要真正落实以信息披露为核心的证券发行注册制,必须直面关联交易这一问题。

三、关联交易的规制理念:确定规制关联交易的前提

(一)关联交易本身并不被禁止

已经形成共识的是,关联交易自身并不被禁止,法律规制的是那些非公允关联交易。以苏州颐华生物医药技术股份有限公司与芜湖博英药业科技股份有限公司公司决议撤销纠纷上诉一案[④]为例,法官在判断时并不着眼于关联交易本身,而是从结果上判断是否利用关联交易损害了公司利益。而衡量控股股东是否利用关联交易损害了公司利益,前提是交易相对人具备控股股东的身份,其次需结合交易的订立程序、订立目的、合同内容、合同履行情况等因素予以综合评判。[⑤]

上文在界定关联交易概念时已经指出,在界定关联交易本身的路径上有一种结果判断的导向,在法律规制上也体现出以结果上是否侵害了公司利益

---

　① 参见章卫东、杨青莹、王超:《非公允关联交易、审计师声誉与会计信息透明——来自中国上市公司的经验证据》,载《江西社会科学》2015 年第 2 期。

　② See John Armour and Luca Enriques et al., The Anatomy of Corporate Law-A Comparative and functional Approach, 3rd edition, Oxford, 2017, s.6.2.

　③ 参见陈燕、廖冠民、吴育新:《关联交易、会计信息有用性与债务契约:基于贷款担保的实证分析》,载《经济科学》2012 年第 6 期。

　④ 参见安徽省芜湖市中级人民法院(2018)皖 02 民终 5 号民事判决书。

　⑤ 参见《公司关联交易的司法认定》,载芜湖市中级人民法院网(http://www.wuhucourt.gov.cn/DocHtml/1/18/11/00053130.html),访问日期:2019 年 4 月 22 日。

作为判断的重要标准。我们自然可以得出一个结论:比起关联交易本身,监管者更关注关联交易的结果。如果关联交易的结果对公司是有利的,法律并不对此进行规制,相反,投资者还会加大对该公司的投资。如果关联交易对公司是不利的,造成了公司的财产损失,那么这种关联交易应该是为监管者所否定的。

(二)什么是应当被禁止的关联交易

1.基于关联交易行为的判断

前述案例指出,判断关联交易是否侵犯公司利益,需要综合考虑交易的订立程序、订立目的、合同内容、合同履行情况等多个因素。具体而言:

(1)订立程序

上市公司在交易行为中具有更为谨慎的风险偏好。① 上市公司选择交易相对方往往会采取较为谨慎的磋商模式,一些上市公司在内部还有相应规范进行规制。判断时可以参考公司是否有反常订立程序,加强判断非公允关联交易的可能。

(2)订立目的

就订立目的而言,在实践中较难对订立者的主观目的进行考查,在判断过程中往往需要通过其他诸如合同内容、合同履行情况等客观情况反推订立者的主观目的。学界也指出合同目的是一个开放的、不确定的概念,在内涵和外延上都不甚明确。② 笔者认为,订立目的在于侵害公司、股东及其他第三人利益从而获取自身不正当利益的关联交易行为,是应当被规制的非公允关联交易行为。

(3)合同内容

就合同内容而言,这是判断非公允关联交易的最主要标准。合同解释的对象主要是合同条款,包括合同用语,无论是清晰、明确的用语还是模糊、不明确的用语,均为合同解释的对象。③ 研究合同内容是否存在非公允关联交易,就需要着眼合同条文的解释。非公允关联交易往往体现为合同权利义务

---

① 参见王鹤林:《论我国上市公司股权融资偏好成因及对策》,载《会计之友(中旬刊)》2010 第 2 期。

② 参见章杰超:《合同目的的含义之解析》,载《政法论坛》2018 年第 3 期。

③ 参见崔建远:《合同解释的对象及其确定》,载《华东政法大学学报》2018 年第 5 期。

的明显不对等,具体而言诸如交易相对人缺乏合法资质,交易对价畸高或者畸低,交易的内容明显不利于公司的日常经营,等等。在形式上,常常体现为"以合法形式掩盖非法利益""阴阳合同"等情形,在确定应当被规制的关联交易问题上,应当对合同内容进行完整、仔细的研究。

（4）合同履行情况

《合同法》通过给付义务和对待给付的免除、合同法定解除和风险负担等制度来调整不可归责于当事人的履行不能,其实质是在当事人之间进行风险分配。① 非公允关联交易可能对风险分配进行不合理的安排。具体而言,应当关注是否存在交易周期畸长或畸短、资金转移等问题,以及是否存在交易相对方明显违约时公司依然履行合同义务的情形。应该说,合同履行情况是一个长期的、动态的过程,履行的每一个环节都可能滋生应当被法律规制的非公允关联交易行为。

2.基于关联交易结果的判断

除却关联交易行为的判断,笔者认为,更关键应该从结果上对关联交易进行判断。

从结果上,最需要考虑的是非公允关联交易给上市公司可能会带来的危害。研究指出,非公允关联交易往往伴随着资金的转移和抽逃,导致关联方自有资金的流失,从而导致上市公司财务结构的失衡。这种失衡将直接影响上市公司的股价,最终损害中小股东利益。②

股价的变动在信息披露上有临时披露制度作为一种在上市公司出现可能较大影响股价事项时及时披露以保护投资者利益的制度,但在非公允关联交易问题上存在一定的问题。

首先,信息披露质量并不能令投资者满意,主要体现在时间上不能满足股价变化的速度。上市公司往往压着披露的时间节点披露,以创业板 2015年年报中预约披露时间为例,据深交所统计,预约了在 2016 年 3 月 1 日前披露年报的公司只有全部创业板上市公司的 7.96%,而 56.53%的公司预约在 4

---

① 参见于韫珩:《论合同法风险分配制度的体系建构——以风险负担规则为中心》,载《政治与法律》2016 年第 4 期。

② 参见周韵秋:《非公允关联交易与股权结构的分析——深市制造业的实证研究》,载《江西社会科学》2015 年第 5 期。

月披露年报,这意味着超过半数的上市公司集中在最后期限的最后一个月内进行信息披露。[1] 那么,即便有信息披露也难以对投资者起到保护作用。

其次,信息披露功能有限。公司会计信息披露在减少信息不对称、控制逆向选择及道德风险方面发挥着重要作用,使公司治理能够有效运作,社会资源得到有效配置。[2] 信息披露的本质在于引导投资者将资源配置到其认可的公司,而不是从事后的角度规制非公允关联交易。因此,二者在功能上存在差异,单纯的信息披露并不能达到规制非公允关联交易的功能。

最后,非公允关联交易在判断上有一种以结果为导向的倾向,而临时信息披露要求企业披露可能会对股价产生重大影响的信息。如果强制要求一旦发生关联交易就信息披露,一方面加大了上市公司信息披露的成本,另一方面可能会从根本上打击所有的关联交易,无法发挥关联交易的优势。信息披露的预先导向与非公允关联交易的结果导向之间存在一定的矛盾。

四、关联交易的域外经验启示

(一)关联交易信息披露的披露标准考查——以英国法为例

英国对关联交易的规制在信息披露要求上体现出层级化的特点。在衡量关联交易的价值与公司价值之间的关系上采用四项关键指标进行衡量:关联交易的资产价值与公司资产价值之比、关联交易盈利数额与公司盈利数额之比、关联交易对价额与股份市值之比、被并购企业的资本与并购方公司资本之比。[3] 若关联交易在四项指标上的比例均低于 0.25%,则这种关联交易属于小型交易,公司对此不需要承担信息披露义务;若四项指标中有一项指标超过 0.25% 但未达 5%,则公司须承担信息披露义务。若四项指标中存在超过 5% 的情形,除信息披露外,该项交易的达成须经公司股东大会非关联股东的过半数通过。[4] 这种标准,一方面看到了关联交易对上市公司可能带来的便捷化利益,未对全部的关联交易科以信息披露义务;另一方面,采用多重

---

[1] 参见罗琦:《创业板自愿性信息披露的问题及改进》,载《绿色财会》2016 年第 5 期。

[2] 参见王治安、蓝文永、刘键:《信息披露机制发挥投资者保护功能的机理分析》,载《宏观经济研究》2008 年第 12 期。

[3] 参见张怀岭:《欧盟法关联交易规制的革新:理念、制度与启示》,载郭锋主编:《证券法律评论》(2019 年卷),中国法制出版社 2019 年版,第 537 页。

[4] 参见《英国上市规则》11.1.2010 R。

指标，较全方位地考查了关联交易对上市公司可能造成的影响。最主要的，英国的关联交易信息披露标准体现出一种以结果为导向的标准，较好地认识到了关联交易的本质。

（二）关联交易的信息披露时间——以欧盟法为例

欧盟法在历史上曾对关联交易采取一种"事后规制"的方法。欧盟《财务会计指令》、欧盟《透明指令》对关联交易的披露义务进行了规定，建立了一种事后披露制度。这种事后披露的制度在实践中存在上市公司延迟披露从而侵害投资者的利益的可能。

鉴于此，欧盟立法者将相关信息的事前公开披露作为核心法律工具引入更能够保护股东的《新股东权利指令》中。该指令确立了欧盟成员国应当确保上市公司与关联方的交易至迟应在交易缔结之时进行披露的规则。①

（三）违法关联交易披露的法律责任——以欧盟法为例

欧盟《新股东权利指令》并未直接规定违反关联交易信息披露规则的法律后果，而是要求欧盟成员国在各自国家的法律中对违反关联交易信息披露义务的法律责任予以规定。这些成员国国内法律规定的法律责任都必须保障其有效性、适当性且具有一定的威慑效力。②

欧盟法对关联交易信息披露法律责任的规定表明关联交易的危害结果/程序需要结合其具体的交易行为来决定，需要借助其他法律规定，不能一概而论。欧盟法规定了关联交易信息披露处罚的基本原则，处罚必须是有效且适当的，并具有一定的威慑效力。这值得我国在立法时进行学习，有助于构建一套高效、适当且具有威慑效力的法律责任体系。

五、结论：关联交易应注重结果，信息披露功能有限

通过上述研究，我们可以得出如下结论：

首先，关联交易具有两面性，法律不应对关联交易予以一律的规制。法律应当关注关联交易的结果，从结果上对关联交易进行考查，规制非公允关

---

① 载欧盟委员会官网（http://ec.europa.eu/transparency/regdoc/？fuscaction＝list&coteId＝1&year2012&number＝740&version＝ALL&Language＝de），访问日期：2019 年 4 月 25 日。

② 参见张怀岭：《欧盟法关联交易规制的革新：理念、制度与启示》，载郭锋主编：《证券法律评论》（2019 年卷），中国法制出版社 2019 年版，第 538 页。

联交易。

其次,信息披露与非公允关联交易存在一系列的矛盾,信息披露的预先性与关联交易的结果导向存在一定的不衔接之处。我国目前的信息披露制度自身存在较大的问题,以信息披露规制关联交易恐怕功能不足。

最后,在制度构建上,应充分注重关联交易的结果导向,采取事后规制的方法。我国公司在"走出去"的过程中应充分学习域外先进制度,关注关联交易对上市公司的影响。监管部门在进行处罚时,应视关联交易的具体结果为处罚依据,注重有效性、适当性和威慑性的平衡。

总之,以信息披露为核心的注册制改革任重道远,面对关联交易信息披露制度功能有限的问题,应注重制度的体系化,对非公允关联交易进行合力监管。

试论律师在企业合规体系建设中的作用

北京市京都律师事务所　肖树伟

【摘要】　本文从合规的发展历史出发,简述企业合规的必要性,并进一步探讨律师在企业合规体系建设中提供专业服务的范畴,希望可以帮助企业和律师将企业合规方面的工作做得更好。

【关键词】　合规　合规管理　合规体系建设

从国际到国内,我们都可以看到,企业的合规时代已经到来,企业愈发重视合规工作,对合规服务的需求也日益增加。在市场经济中,律师作为提供法律服务的专业人士,尤其是在非诉争端解决(ADR)和诉讼领域有丰富法律服务经验的律师,其在提供企业合规服务方面具有天然优势,发挥着重要作用。本文从合规的发展历史出发,简述企业合规的必要性,并进一步探讨律师在企业合规体系建设中提供专业服务的范畴,希望可以帮助企业和律师将企业合规方面的工作做得更好。

一、企业合规概述

(一)合规的历史

"合规"的概念可以追溯至 20 世纪 30 年代经济危机后美国银行业的监管制度:在美国对其银行业的监管由"严重缺乏管控"转变为"严格管控风险"后,严苛的监管导致金融机构效率极其低下,监管机构在调整监管措施的过程中逐渐发现,外部监管措施与内部合规制度并举能够实现风险可控且金融效率提高的目的。从那时起,合规管理成了金融机构内部管束的常规制度。

20 世纪 70 年代,受"水门事件"影响,美国军工企业通过行贿获取海外订单的丑闻被揭开,美国国会于 1977 年通过《反海外腐败法》(简称"FCPA"),以期规范所有与美国有联系或有兴趣同美国建立联系的海外公司的行为。FCPA 的有效施行,尤其是规定了"如犯罪的企业采取了发现和预防措施(即建立合规体系),可以减轻处罚"的《针对机构实体联邦量刑指南》的出台,促使合规管理从金融机构的内部管束制度逐渐成为泛企业化的常规管理方式。

(二)合规在我国的发展

从合规的国际发展轨迹来看,合规一般只适用于反腐败和反贿赂等有限领域。合规概念进入我国后,我国的国情赋予其更深厚的内涵。

笔者经由"北大法宝"查询发现,1992 年 1 月 6 日发布的审计署《关于对金融机构贷款合规性审计的意见》是我国首个出现合规标题的规范性文件,不过该文件中提及的合规仅指金融机构(在计划经济时代下)发放贷款时应符合信贷计划,尚不属于现代意义的合规。

2006 年 10 月,原中国银行业监督管理委员会发布了《商业银行合规风险管理指引》,该指引是我国首个比较系统地引进合规概念的文件。2007 年 9 月,原中国保险监督管理委员会发布了《保险公司合规管理指引》。2008 年 7 月,中国证券监督管理委员会发布了《证券公司合规管理试行规定》。上述文件的发布标志着我国的金融机构已正式步入合规时代。之后,为了顺应加入 WTO 过渡期的结束,我国商务部、国家税务总局等部门陆续颁布了《贸易政策合规工作实施办法(试行)》《税收政策合规工作实施办法(试行)》等文件,进一步拓宽了合规的范畴。

自党的十八大以来,"全面深化改革"已成为当代中国发展的新的关键词。中共中央、国务院《关于深化国有企业改革的指导意见》明确提出"强化企业内部监督""进一步发挥企业总法律顾问在经营管理中的法律审核把关作用,推进企业依法经营、合规管理"。2016 年 3 月,国务院国资委择取五家中央企业作为试点,启动中央企业合规管理体系建设工作。由于这五家企业均获得了不错的成绩,2018 年 11 月,国务院国资委发布了《中央企业合规管理指引(试行)》;2018 年 12 月,国家发改委与商务部、外交部等部门联合发布了《企业境外经营合规管理指引》,这宣告我国正式进入合规时代。

(三)"大合规"时代来临

经查询,笔者将我国与合规相关的部分规范性文件按照时间排序比较如

表 1①：

表 1　我国与合规相关的部分规范性文件列表

序号	文件名称	发布时间	适用对象	合规要求
1	审计署《关于对金融机构贷款合规性审计意见》	1992 年1 月 6 日	金融机构	发放贷款应符合信贷计划
2	《商业银行合规风险管理指引》	2006 年10 月 20 日	商业银行	经营活动与法律、规则和准则相一致
3	《保险公司合规管理指引》（已失效）	2007 年9 月 7 日	保险公司及其员工和营销员	保险经营管理行为符合法律法规、监管机构规定、行业自律规则、公司内部管理制度以及诚实守信的道德准则
4	《证券公司合规管理试行规定》（已失效）	2008 年7 月 14 日	证券公司及其工作人员	经营管理和执业行为符合法律、法规、规章及其他规范性文件、行业规范和自律规则、公司内部规章制度，以及行业公认并普遍遵守的职业道德和行为准则
5	《贸易政策合规工作实施办法（试行）》	2014 年12 月 12 日	贸易政策	符合《世界贸易组织协定》及其附件和后续协定、《中华人民共和国加入议定书》和《中国加入工作组报告书》
6	《税收政策合规工作实施办法（试行）》	2015 年10 月 10 日	税收政策	符合世界贸易组织规则
7	《保险公司合规管理办法》	2016 年12 月 30 日	保险公司及其保险从业人员	保险经营管理行为符合法律法规、监管规定、公司内部管理制度以及诚实守信的道德准则
8	《证券公司和证券投资基金管理公司合规管理办法》	2017 年6 月 6 日	证券基金经营机构及其工作人员	经营管理和执业行为符合法律、法规、规章及规范性文件、行业规范和自律规则、公司内部规章制度，以及行业普遍遵守的职业道德和行为准则

---

①　参见肖树伟、韩冰、杨琨：《大合规时代来临，律师如何切下这块蛋糕?》，载京都律师事务所(http://www.king-capital.com/content/details49_14997.html)，访问日期:2019 年 4 月 20 日。

（续表）

序号	文件名称	发布时间	适用对象	合规要求
9	《中央企业合规管理指引（试行）》	2018 年 11 月 2 日	中央企业及其员工	经营管理行为符合法律法规、监管规定、行业准则和企业章程、规章制度以及国际条约、规则等要求
10	《企业境外经营合规管理指引》	2018 年 12 月 26 日	开展"走出去"相关业务的企业及其员工	经营管理行为符合有关法律法规、国际条约、监管规定、行业准则、商业惯例、道德规范和企业依法制定的章程及规章制度等要求

从上表可看到,随着改革的不断深化,我国与合规相关的规范性文件的适用对象呈现出由金融机构扩展到中央企业,并进一步扩大到所有企业的趋势,并且合规要求也不断深化,甚至国际条约和道德规范也包括其中。因此,笔者认为,我国的合规概念现在已自片面、局部的"小合规"发展到了全面、整体的"大合规",我国企业已经进入了"大合规"时代。

二、企业合规的必要性

在现代企业制度下,传统的企业业务管理、财务管理与作为新型管理模式的合规管理成为企业经营管理的三大支柱。但是,企业建立合规管理体系除需要一定的经济成本之外,往往会因"变革"引起企业内部人员的抵触,引发一系列"蝴蝶效应",甚而导致企业盈利下降。因此,在"大合规"背景下,若企业自身未能充分认识到企业合规的必要性,必将使企业合规流于形式,停留在纸面上,造成企业宝贵资源的浪费。所以,企业合规管理体系建设的第一步工作就是让企业全体人员,尤其是高级管理人员了解企业合规的必要性。

从宏观的角度来看,企业合规的必要性或者说重要性体现在如下几个方面:

（一）防范风险,避免损失

我国企业在经营过程中因不合规而遭受损失,尤其是在国际经济贸易活动中因不合规而"折戟沉沙"的前车之鉴不一而足,其中不乏一些自主产品很有竞争力的企业,实在令人扼腕。因此,合规对于企业的首要意义即是防范因不合规造成不必要损失的风险,保障企业可持续发展。

（二）提升企业形象，增强核心竞争力

除作为管理模式不可或缺的部分之外，合规也逐渐成为企业间开展经济活动的"入场券"。企业合规能够显著提升企业形象，为企业带来更多商机，尤其能够提升其在国际市场上的竞争力。若企业重视提高产品质量、保护消费者权益、研发具有自主产权的产品、保护劳动者权益、保护环境、坚持安全生产、改善公共福利，信息披露透明及时，反商业贿赂、反腐败、反洗钱、反恐等各个方面都合规，则其商誉、口碑、企业信用等企业核心竞争力都蒸蒸日上，不但市场和消费者趋之若鹜，企业也更容易与其他大企业成为合作伙伴，实现"强强联手"，进而赢得更广阔的天地。①

（三）合规豁免

1.企业对外责任的豁免

所有的企业都由"人"组成，而"人非圣贤，孰能无过"。若企业因某一员工的行为不合规引发了外部风险，应该采取何等措施来避免受到牵连呢？笔者认为，建立有效的企业合规体系是一个切实可行的办法。美国在 2004 年修订的《针对机构实体联邦量刑指南》中明确："企业如果开展了全部或部分《组织量刑指南》中提到的，包括教育与培训、审查与监控、激励与纪律机制、违规应对和预防等在内的合规工作，则可以相应减轻企业应遭受的处罚。"由于当下美国在全球的强势地位，其上述规定对合规管理的全球发展产生了重要影响，许多关于合规管理的国际性文件，包括经济合作与发展组织（OECD）制定的《内部控制、企业道德及合规最佳实践指南》、亚太经济合作组织（APEC）提出的"有效合规基本要素"等，都契合了上述理念；国际标准化组织（ISO）在《合规管理体系　指南》（ISO 19600:2014）"引言"部分中指出："有效的合规管理体系可作为减轻甚至豁免行政、刑事或者民事责任的抗辩，这种抗辩有可能被行政执法机关或司法机关所接受。"所以，在一定条件下，建立有效的企业合规体系确实能够帮助企业减轻或免除一定的责任。

---

① 参见肖树伟、黄立云：《合规纾困民营企业——为民营企业在法治经济中远航扬起法律风帆》，载京都律师事务所（http://www.king-capital.com/content/details49_14965.html），访问日期：2019 年 4 月 20 日。

2.个人对企业"内部"责任的豁免

企业开展经营活动不可避免地会面临各种风险,而机遇与风险并存,如果出现任何风险都要追究具体工作人员的个人责任,将导致所有工作人员只开展无风险业务,对存在风险的业务无论该风险是否可控,均无差别拒绝,这势必影响企业的发展壮大。而如果企业建立了合规管理体系,则可以明确,只要按照合规流程规范操作,个人可以对出现的商业风险免责,激励工作人员主动合规,进一步降低企业合规风险,也不影响企业的商业活力。2016年12月,原中国银行业监督管理委员会《关于进一步加强商业银行小微企业授信尽职免责工作的通知》确立了"小微信贷尽职免责"的原则,即"有充分证据表明授信部门及工作人员按照有关法律法规、规章和规范性文件以及银行内部管理制度勤勉尽职地履行了职责的,应免除其全部或部分责任",体现了我国企业合规工作与国际接轨的趋势。

三、律师的企业合规工作范围

借由多年为企业提供法律服务的实践,笔者认为,律师在企业合规体系建设工作中能够提供的服务主要包括四个方面:设计企业合规顶层体系、识别与防控企业合规风险、制订企业合规操作指南、开展合规培训。

(一)设计企业合规顶层体系

在近年推进深化改革的过程中,"顶层设计"的概念一再被提及,这是我国在"十二五"规划中提出的。我国已发展到了一个新阶段,出现了许多新的问题,这就要求有一个作为总体规划的顶层设计,这样才能避免左支右绌。

作为深化改革的重要组成部分,企业建设合规体系同样需要顶层设计。根据笔者的工作实践,结合笔者向开展合规试点工作的部分中央企业了解到的情况,笔者认为,律师在为企业提供合规体系建设服务时,首要工作是从机构设置和制度建设两个方面着手,设计企业合规的顶层架构。

具体而言,律师需要根据其所服务的企业的具体情况,设计科学合理的合规整体框架。例如,制订明确企业合规机构的具体设置和职责分工、概括合规管理的各个环节的提纲挈领的规定;制订企业生产经营中可能发生的重大合规风险事件预案,以及能够最大限度化解风险、降低损失、采取有效应对处置措施的风险处置管理办法;制订商业伙伴的考评机制以及白、黑名单制度;制订对企业各部门、所辖下属企业/机构的合规情况进行评估的考评标准,以及对不合格或重大不合规行为的问责制度;制订企业所有员工在合规方面的基本要求和行为准则,旨在培育企业的合规文化的员工手册;等等。

(二)识别与防控企业合规风险

企业合规工作的重要基石是识别与防控合规风险,只有对企业可能面临的合规风险能准确识别,才能有的放矢地采取相应的有效措施降低和规避合规风险。企业合规风险是指企业(包括其员工)因其不合规行为,造成商誉降低或经济损失,受到相关行政处罚、承担法律责任以及其他负面影响的危险或可能性。根据风险领域的不同,企业合规风险可分为普遍性合规风险和特殊性合规风险。普遍性合规风险是指所有企业均有可能面临的合规风险,例如,企业设立阶段的合规风险、财税管理工作的合规风险、人力资源管理工作的合规风险、合同管理工作的合规风险等;特殊性合规风险是指不同行业的企业在开展具体生产经营中面临的该行业的特定合规风险,例如,汽车生产企业违反排放标准的风险、农业生产企业违反转基因相关规定的风险、第三方支付企业违反支付结算业务规定的风险、进出口企业违反外汇管制政策的风险等。

律师可在对其所服务的企业进行全面尽职调查,了解该企业业务范围、具体操作流程和模式的基础之上,确定该企业合规工作的重点服务领域,由在相应领域具有丰富经验的律师组成服务团队,识别企业现有以及潜在的合规风险,了解每项风险的成因,分析该风险的发展趋势以及可能造成的后果,结合企业经营活动的具体情况,拟定切实可行的防控以及处置措施。以为"一带一路"企业提供法律服务为例,在审查投资设立南非企业的公司章程时,需要注意南非的"黑人经济振兴政策"(该政策的目的在于确保南非整体发展与提高黑人经济地位相结合,从而解决因南非社会贫富差距扩大、失业人口持续增加造成的社会治安恶化等问题)的合规风险,依照"黑人经济振兴政策"提出的黑人经济发展战略和目标计划,在经过一定年限后,在南非设立的一些公司,高级管理人员中黑人须占一定比例且须持有一定比例的股份,例如,凡在约翰内斯堡上市的公司,其40%以上的董事必须是黑人,且黑人至少拥有该公司25%的股份。为此,律师在提供合规法律服务时,就需提醒这类公司在其经营过程中必须遵守上述规定,符合当地的合规要求。①

(三)制订企业合规操作指南

为了使"合规"真正融入企业经营活动中的每一环节,企业需要律师为其制订合规操作指南。企业合规操作指南旨在为企业经营活动中的每一环节涉及的所有流程建立操作规范,其理想状态是:只需依照该规范操作,即可避免合规风险,或者对由于客观因素未能识别的风险,亦可在实践中逐步完善防控措施。该操作指南可作为前文所述"合规豁免"的重要衡量标准之一。

笔者在与诸多企业接触的过程中,经常会听到企业的具体业务经办人员抱怨法务人员就是给他们开展业务"下绊子"的,影响其业绩成长。但是经过认真核查了解之后,笔者发现,这实际上是由于企业对合规义务分配不合理所致,企业并未为业务人员设置合适的合规义务,因此,业务人员在开展业务初期就未进行基本的合规审查,导致在最终签约的关键阶段爆发矛盾。而如果企业制定业务合规操作指南,且该合规操作指南中有明确规范,则业务人员在接洽潜在签约对象时,就应当至少进行如下审查:①潜在签约对象为法人的,应先通过企业信用信息网、失信被执行人系统等查询其基本情况,并要求其出具对其具体经办人员的授权委托书,潜在签约对象为自然人的,应要求其提供身份证等证明材料;②若涉及限制类、许可类业务,应要求潜在签约对象提供相关资质证明文件;③若合同金额较大,应要求潜在签约对象提供公司章程、董事会决议、股东会决议等文件。因此,企业在律师等专业人士的帮助下,制定出科学合理的合规操作指南,将促使合规理念和合规义务融入企业经营活动中的各个环节,有效缓解业务拓展与企业合规之间的矛盾冲突,提高企业经营效率,进而为企业的发展壮大注入蓬勃的力量。

(四)开展合规培训

笔者认为,对企业有关负责人和员工进行有关合规的培训是非常必要的。合规培训不仅能使企业有关负责人和员工对合规的有关内容有所了解,更重要的是,让企业有关负责人和员工对合规的必要性及违规责任有充

① 参见韩良主编:《非洲商事法律制度精析》,中国法制出版社2015年版,第343页。

分的认识。这样,企业有关负责人和员工在作出决策和从事具体业务时,头脑中才会绷紧合规这根弦,最终形成合规的人员自觉性和企业的合规文化。笔者发现,尽管合规的管理者制定了非常缜密的合规制度,但由于各种各样的原因,合规制度并不能涵盖所有的方面和领域。在合规制度缺失的情况下,合规的人员自觉性和企业的合规文化就显得尤为重要了。

四、结语

当下已经进入了"大合规"时代:外资企业由于其外资背景,向来重视合规工作;中央国企在 2019 年度的重要任务之一即是企业合规体系建设;地方国企的合规工作也在地方国资委的指导下有序开展;而诸多有远大发展愿景的民营企业正顺应合规潮流,陆续加入合规体系建设的行列。作为推进我国法治进程的生力军,律师应当充分运用其专业知识、丰富经验以及勤谨态度,为企业的合规工作提供更好的法律服务,进而为我国深化改革、走社会主义强国之路添砖加瓦。

浅议上市公司信息披露合规问题

山东博翰源律师事务所　季　猛　高　静

【摘要】　信息披露是上市公司最重要也是最复杂的企业信用监管要求之一,直接关乎市场信心与投资价值,对于资本市场健康持续发展至关重要。对于上市公司信息披露的内容,监管部门在不同情况下针对不同的责任主体有着不同的监管要求。本文将归纳总结上市公司信息披露的相关法律法规,从责任主体的角度详细论述上市公司信息披露问题,为上市公司提供完善信息披露的建议,有效帮助上市公司防范合规风险。

【关键词】　信息披露　责任主体　监管

近年来,中国证监会秉持"依法、全面、从严"的监管政策,不断加大对各类证券违法违规行为的打击力度。其中,上市公司信息披露中的违法违规行为仍然是证券违法行为中重点打击的对象。

上海大智慧股份有限公司控股股东及实际控制人张长虹因涉嫌违规披露、不披露重要信息罪被证监会于 2016 年给予行政处罚。2019 年 4 月 26 日,张长虹被公安机关拘留,接受调查。

北京华谊嘉信整合营销顾问集团股份有限公司由于在披露的上市公告中存在虚假记载,在 2013、2014 年度报告中对公司董事长兼总经理刘伟持股比例存在虚假记载,证监会于 2019 年 3 月 11 日对该公司给予警告并处 40 万元罚款,同时刘伟也被给予警告并处以 20 万元罚款。

上海加冷松芝汽车空调股份有限公司董事长陈福泉因短线交易公司股票,于 2019 年 3 月 12 日被证监会给予警告并处以 10 万元罚款;因内幕交易公司股票行为,被证监会采取终身证券市场禁入措施。

从上述处罚案例中我们可以看出,信息披露合规问题已成为上市公司合规治理和风险防范的核心问题;虽然上述案例中的受处罚对象主要为上市公司相关人员,但是对于从事证券服务的中介机构,督促上市公司信息披露的合法合规同样重要。所以,我们有必要将上市公司信息披露的法律法规体系进行梳理,明确各责任主体的信息披露义务,这样才能帮助企业更有效地防范合规风险。

一、上市公司信息披露合规性概述

(一)上市公司信息披露合规性概念分析

1.信息披露的概念分析

信息披露,也被称为信息公开,是指通过某种传播途径,将公司财务状况和经营成果以及其他各种资料以一定的格式公布于众。合规的信息披露在减少市场投机和防范市场操纵方面发挥着至关重要的作用。

上市公司信息披露是市场经济和信息经济发展的必然结果。由于市场信息的不对称,各利益相关者在作决策时所得到的信息是不完全一致的,这就潜藏着利益相关者所得信息不及时、不完整、不真实的情况,从而导致其作出错误选择。上市公司进行信息披露,有助于利益相关者及时准确地知晓上市公司的经营情况和财务状况,帮助其规避风险,减少损失。

2.合规性的概念分析

学界对市场各种行为的合规性研究十分丰富,但笔者经过对各种相关文献的检索和阅览,发现并无对"合规性"这一概念进行专门研究的内容,甚至百度上也找不到对该名词的专业界定,而是以和其他词汇组合的方式出现,例如"合规性评价""合规性审计"等。究其缘由,概因其寓意浅显,仅从其字面则可领会。但考虑到本文研究内容与其相关,故有必要为其下个定义。

合规性,就其字面理解为"合乎规范""性",与此处相匹配的意思应为"人或事物本身所具有的能力、作用、性能等"。组合起来,合规性的内涵即为某人、某事或某行为本身所具有的合乎规范的能力。但其外延的界定则体现在对主体和客体的范围上,这也是为什么需与其他概念进行结合使用的原因。

综上,笔者认为,上市公司信息披露的合规性是指上市公司所进行的信息披露行为与我国现行的法律、行政法规、规章等相一致的情形。

(二)我国上市公司信息披露制度概述

1.我国上市公司信息披露制度的法律体系

我国的证券市场经过十多年的发展,已逐步形成了以《公司法》《证券法》《股票发行与交易管理暂行条例》为主体,以《企业会计准则——基本准则》《上市公司信息披露管理办法》、证监会发布的《上市公司信息披露管理办法》及上海证券交易所("上交所")与深圳证券交易所("深交所")制定的自律性规则构成具体规范的上市公司信息披露法律体系,形成了由首次披露招股说明书、募集说明书与上市公告书,定期披露年度报告、中期报告和季度报告,临时披露重大事件报告三部分组成的信息披露内容,初步规范了上市公司的信息披露行为。

2.信息披露制度的原则

根据《上市公司信息披露管理办法》第 2 条①的规定,上市公司信息披露应当遵循真实、准确、完整、及时、公平的原则。

(1)真实性原则。上市公司披露的信息应当能如实反映客观情况,应当以客观事实为基础或判断依据,不得有不实陈述,更不能有虚假记载。

(2)准确性原则。上市公司披露的信息不得使用包含宣传、广告、赞美或者夸张等词汇,不得误导投资者。上市公司应该使用清晰明确、简明扼要的词汇进行信息披露。

上市公司应当合理、谨慎、客观地披露预测性信息。

(3)完整性原则。上市公司披露的信息不得有重大遗漏,应当内容完备、文件齐全、格式符合法规规定。

(4)及时性原则。对于所有可能对公司股票及其衍生品种价格产生影响的信息,上市公司都要在规定的期限内披露。

(5)公平性原则。上市公司应当确保所有投资者可以平等地获取同一信息,上市公司应当同时向所有投资者公开披露相关信息,禁止提前或私下向特定对象单独披露、透露或者泄露相关信息。

---

① 《上市公司信息披露管理办法》第 2 条第 1、2 款规定:"信息披露义务人应当真实、准确、完整、及时披露信息,不得有虚假记载、误导性陈述或者重大遗漏。信息披露义务人应当同时向所有投资者公开披露信息。"

3.信息披露的基本类型

上市公司信息披露有两种基本类型,即自愿性信息披露和强制性信息披露。

强制性信息披露指上市公司必须按照法律、行政法规、部门规章、规范性文件,在规定的时间,用一定的格式披露的信息。强制性信息披露是上市公司的法定义务,如违反则属于违规行为。

除强制性披露信息之外的行为均可以成为自愿性信息披露。比如,上市公司为维护公司形象、履行环境保护和社会责任等披露的相关信息。

4.信息披露的特定情形

根据上交所制定的《上市公司信息披露暂缓与豁免业务指引》的规定,上市公司信息披露有暂缓披露、豁免披露两种特定情形。

如果上市公司拟披露的信息存在不确定性、属于临时性商业秘密,按时披露可能损害公司利益或者误导投资者,同时拟披露的信息尚未泄露,并且有关内幕人士已书面承诺保密,公司股票及其衍生品种的交易也未发生异常波动,上市公司就可以考虑申请暂缓披露。申请暂缓披露应该说明暂缓披露的理由和期限,暂缓披露的期限一般不超过2个月。申请未获交易所同意、暂缓披露原因已经消除或者暂缓期限届满的应及时将相关信息披露。

如果上市公司拟披露的信息属于国家秘密、商业秘密或者证券交易所认可的其他情形,履行信息披露义务可能会违反国家有关保密的法律法规或损害公司利益,可以向证券交易所申请豁免披露。

二、上市公司信息披露的责任主体

根据《证券法》、股票上市规则等相关规定,上市公司信息披露涉及的主要信息包括:股票停牌与复牌、重要交易及关联交易、短线交易、重大诉讼和仲裁、内幕交易及操纵证券市场等内容。上述内容的信息披露的责任主体包括上市公司,上市公司董事、监事、高级管理人员,上市公司股东、实际控制人、收购人等相关信息披露义务人。

(一)上市公司

定期报告和临时报告属于上市公司的强制性信息披露内容。证监会和交易所为此专门制定了格式准则和相关备忘录。

1.定期报告

每个会计年度结束之日起 4 个月内需披露年度报告;每个会计年度的上半年结束之日起 2 个月内需披露半年度报告;每个会计年度前 3 个月、9 个月结束后的 1 个月内编制完成并披露季度报告。但是,第一季度报告最早可以与上一年年度报告同时披露。

2.业绩预告

除特殊情况外,上市公司可以自愿披露业绩预告。当上市公司预计年度经营业绩出现净利润为负值、净利润与上年同期相比上升或者减少 50% 以上、实现扭亏为盈、期末净资产为负值、年度营业收入低于 1 000 万元时,应当在会计年度结束后 1 个月内进行业绩预告。

3.业绩快报

虽然现行法律法规鼓励上市公司发布业绩快报,但是业绩快报仍是上市公司自愿性的信息披露。业绩快报可以披露当期和上期的营业收入、营业利润、总资产、净资产等主要财务数据和指标。

如果在定期报告披露前业绩被提前泄露、因业绩的相关信息导致公司股票及其衍生品种交易异常波动、拟发布第一季度报告业绩预告但其上年年报尚未披露的、盈亏金额方向一致但同向差异超过 50% 时,上市公司应当及时披露业绩快报。

业绩快报发布后,如果实际业绩与业绩快报存在重大差异,应当及时发布业绩快报修正公告。

4.重大事项的临时报告

《上市公司信息披露管理办法》第 30 条①明确规定了重大事件的临时报告属于上市公司强制披露的范畴。

当董事会或者监事会就该重大事件形成决议时,有关各方就该重大事件签署意向书或者协议时,董事、监事或者高级管理人员知悉该重大事件发生并报告时,应当及时公布重大事项的临时报告。同时,当某重大事件难以保

---

① 《上市公司信息披露管理办法》第 30 条规定:"发生可能对上市公司证券及其衍生品种交易价格产生较大影响的重大事件,投资者尚未得知时,上市公司应当立即披露,说明事件的起因、目前的状态和可能产生的影响。"

密、已经泄露,或者市场出现传闻,或公司证券及其衍生品种出现异常交易情况时,应当及时披露相关事项的现状、可能影响事件进展的风险因素。

(二)上市公司董事、监事、高级管理人员

上市公司董事、监事、高级管理人员应当及时、公平地披露信息,并保证披露的信息内容真实、准确、完整,不存在误导性陈述或者重大遗漏。若公告内容不能被保证真实、准确、完整的,应当在公告中作出相应陈述并说明理由。

上市公司董事、高级管理人员应明确表示是否同意定期报告的内容并对定期报告签署书面确认意见;监事会应当以监事会决议的形式对董事会编制的定期报告进行审核,说明定期报告编制和审核程序是否符合法律、行政法规和证监会的相关规定,内容是否能够真实、准确、完整地反映上市公司实际情况。董事、高级管理人员不得以任何理由拒绝对定期报告签署书面意见。

对于重大事件的临时报告,上市公司董事、监事、高级管理人员在知悉重大事件后应当立即报告董事长,董事长接到报告后应当立即报告董事会,董事会秘书负责组织协调相应披露工作。

(三)上市公司股东、实际控制人

上市公司的股东、实际控制人发生下列事项时,应当通知上市公司董事会:①实际控制人或者持有公司5%以上股份的股东,其控制权或持有公司股份的情况发生较大变化;②法院裁决禁止控股股东转让其所持股份,任何股东所持公司5%以上股份被质押、冻结、司法拍卖、托管、设定信托或者被依法限制表决权;③拟对上市公司进行重大资产或者业务重组。

三、上市公司信息披露违规问题的分析

在我国上市公司信息披露的整个过程中,公司内部监督部门、证监会、证券交易所、中介机构等都起到了非常重要的监督作用。表面来看,上市公司违规进行信息披露的可能性相当小。然而,事实并非如此,笔者发现近几年由证监会、证券交易所作出的处罚公告非但没有减少,反而在不断增加。

(一)上市公司信息披露违规出现的问题

(1)部分上市公司按照监管的底线进行披露,存在重形式轻内容、披露

格式化等问题,对信息披露与合规的重视程度明显不足。上市公司常常不能深刻领会监管的实质,只会按照相关内容与格式指引进行相关的信息披露,且多数只进行强制性的信息披露,属于被动性地履行信息披露义务。

(2)财务规范监管主体关系尚未完全理顺。财务信息作为上市公司信息披露中的主干部分,处于信息披露的核心地位。上市公司的获利能力、偿债能力、经营效率和成长能力等重要信息均可以从其披露的财务信息中获知,而这些信息一般都会在财务报表中以直接或者间接的方式展示出来。正因为如此,某些上市公司不惜通过财务数据造假的方式误导投资者,以达到自身的不法目的。

(3)信息披露方面违规的公司重复违规概率高。对于上市成功但经营业绩不理想的企业而言,披露不理想的经营数据会让投资者或潜在投资者敬而远之,融资困难会增大企业改善经营现状的难度,持续性的不利状况使得企业面临退市风险。因此,这类企业为避免一系列危机的发生,可能会不择手段,甚至冒着违法违规的风险进行财务数据造假,企图通过此类方法粉饰自身经营业绩,改变投资者的看法。同时,上市公司经营业绩不佳在多数情况下并非偶然,而是隐含着某些深层次的原因,因此,一旦公司做出违规行为,在没有受到足够严厉的惩戒的情况下,其再次违规的概率较高。

(二)上市公司信息披露违规的原因分析

1.惩治结构不合理

在我国证券市场中,证监会(包括其派出机构)、证券交易所为有权力对上市公司信息披露违规情况作出处罚的机构。证监会的惩治措施主要包括两类:①监管措施,主要包括责令改正、监管谈话、计入诚信档案并公布、认定为不适当人选和其他监管措施等;②行政措施,主要包括警告、没收违法所得和罚款等。

证券交易所的惩治措施主要也包括两类:①监管措施,主要包括约见谈话、限制交易、撤销任职资格证书、书面警示等;②通报批评、公开谴责和公开认定为不适合担任相关职务等。

证监会作为后台监管机构,不仅拥有较多方式的处分权,还拥有其作为行政机构所特有的行政处罚权。但其作为统管证券市场的行政机关,其惩治决定往往具有较为明显的滞后性。而证券交易所作为坚守在市场第一线的管理者,其被授予的惩治权力相当有限。

2.信息披露违规人员自身因素

(1)上市公司的利益导向和治理结构出现偏差。我国上市公司对于公司高管的激励方式一般都与公司的经营绩效挂钩,会计信息由财务部门的工作最终体现,而管理层对于这部分的工作是存在一定的掌控权的,为了维护自身的利益,容易出现披露的信息失真、不充分或不规范的现象。按照现代企业管理制度,股东大会是权力机构,董事会是执行机构,监督机构属于第三层,但监事会、独董、审计部门的权力由于各种各样的原因往往不能充分发挥作用。

(2)由于证券市场规定了较为严格的退市机制,加上吸引投资者的冲动,由大股东组成的治理层很可能对管理层相应人员设定更高的业务要求,当这种要求超出合理范围后,相关人员会通过信息造假来释放自身压力。

(3)上市公司多数工作人员在上市之前对资本市场的专业知识并不了解,而是在上市材料制作、申报和上市后的实践操作中逐渐熟悉的,缺乏对专业知识的系统学习。在涉及信息披露违规方面,主要表现为在不知情或不认真的情况下造成诸如重大遗漏、延迟披露等违规行为。

四、上市公司信息披露合规建议

信息披露是资本市场健康发展的基石。信息披露能够让上市公司尽可能全面地展现在社会公众面前,能够为投资者在二级市场买卖股票提供重要依据。上市公司一旦出现信息披露不及时、不准确、造假等违法违规行为,不仅会影响资本市场健康稳定,给投资者决策带来方向性误导,更容易滋生各类违法违规行为。因此必须让上市公司信息披露落到实处。

(一)理顺证券监管权力分配关系

为了配合证券监管部门在实践中提升工作效率,可以考虑以法律形式明确确立证券监管部门、上市公司等市场主体向国务院财政部门申请解释存在争议的会计准则的工作程序或制度安排。

如果在首次公开发行信息披露或者上市公司定期信息披露过程中出现

了有关财务会计问题的争议,证券监管部门可以按照提前规定的整套程序及时请求国务院财政部门对争议事项进行解释,如此方有助于提高证券市场中证券监管和会计解释之间的默契,加快纠正上市公司信息披露违规行为,也更有利于将处罚违规行为对整个市场的震慑力发挥到最大功效。

(二)完善法治环境,监管与改进相结合,加大违法惩罚力度

法治是上市公司信息披露最基础的内部环境,同时也是最重要的外部环境,所以要逐步优化。政府在监管过程中要对自身的工作进行改进,立足于维护法律权威的同时也要关注投资者的需求,对于违法乱纪行为严惩不贷,监管的结果要依法进行信息公开,为广大投资者负责。

(三)上市公司需转变和完善公司治理理念,同时建立和完善内部控制制度

对于上市公司的公司治理不应当仅仅理解为符合法律、法规或有关监管部门的监管规定,良好的公司治理应当更加有利于公司提高运营效率、防止滥用权利、防范各种业务风险。内部控制制度是上市公司可持续发展的基石,将内部控制制度转化成内生需求,必将对上市公司开展生产经营和实现战略目标起到积极的作用。如果仅仅是为了满足监管部门的要求,相应的内部控制制度将毫无意义,甚至可能会影响上市公司正常业务的开展。因此,认真落实内部控制制度,将是上市公司长期发展的不竭动力。

(四)提高和强化上市公司相关人员的专业素养与合规意识

上市公司应当建立明确清晰的责任机制和处罚机制,上市公司的董事、监事及高级管理人员应当勤勉尽责、恪尽职守,遵守相关法律法规的规定,及时、准确、真实、完整、公平地进行信息披露。除强制性信息披露的内容,上市公司也应当积极、及时披露可能对利益相关者决策产生实质影响的信息,以保证各利益相关者能够及时、全面地了解上市公司的相关情况。上市公司也应自觉接受中证中小投资者服务中心的监督,认真回复投服中心质询,切实履行信息披露义务。

笔者建议建立上市公司信息披露业务知识和法律知识定期培训制度,并进行定期考核,按照比例淘汰不合格者,以提高和增强上市公司相关人员的专业素养和合规意识。

（五）强化会计师事务所、证券公司等中介机构责任

会计师事务所及其注册会计师被称为资本市场的"看门人"，是市场约束机制最为重要的一环。会计师事务所及其注册会计师在实践中应审慎接受业务委托，重视审计风险，切实履行审计职责，扩大监管范围，遵循审计准则，以风险为导向，发现问题，警示风险，防范上市公司信息披露违规行为。证券公司等证券机构应当基于诚信原则，建立违法违规操作的"防火墙"，消除内部管理混乱、合规控制失效和频繁违规等问题，提高证券公司员工的法律合规意识，对员工进行法律、法规和职业道德等相关培训，让勤勉尽责成为每一位证券人员的核心工作理念。

（六）引导投资者科学决策

理性投资、科学决策的投资者能够在很大程度上调动经济市场的积极性，促使上市公司信息披露的合规运作。要充分释放市场的活力，增强其对上市公司信息披露的监督作用。社会各方应采取措施提升投资者的信息分析能力和辨别能力，使投资者真正利用上市公司所披露的信息，而非基于感觉进行投资。只有这样，才能引导社会资金实现优化配置。

参考文献

［1］温济聪：《对信披违规需严管重罚》，载《经济日报》2019 年 4 月 11 日，第 006 版。

［2］陈运森：《强化监管问询 增加信息披露违法违规成本》，载《中国证券报》2019 年 5 月 11 日，第 A07 版。

［3］孙宁：《浅谈规范上市公司信息披露的意义》，载《财会学习》2018 年第 12 期。

［4］马丽：《我国上市公司内部控制信息披露现状与改进方案研究》，载《中国市场》2018 年第 11 期。

［5］张俊亮：《创业板信息披露合规性研究——以我国创业板上市公司信息披露合规现状为视角》，华东政法大学 2015 年硕士论文。

跨国企业必须重视的法律问题

兰台律师事务所　王春民　王昱琦　黄晓墨

【摘要】　跨国企业作为国际投资和国际贸易中的重要参与主体,必须遵守国际规则和东道国的相关规定,关注企业在国际商业交往中面临的合规问题,注意法律风险的防范,防患于未然。本文通过总结跨国企业在国际商业交往中可能面临的重要法律问题,梳理、归纳国际通行规则、条约、实践及主要国家的相关法律规定,对跨国企业参与国际投资和国际贸易可能会面临的出口管制、反腐败和商业贿赂、反垄断、个人信息保护等问题进行合规风险提示,帮助跨国企业避开国际商业交往中的雷区,并有效应对风险。

【关键词】　跨国企业　出口管制　反腐败和商业贿赂　反垄断　个人信息保护

在国际投资或贸易中,毋庸多言,法律风险是最主要的风险之一。

近年来,随着中国企业资金实力的增强,越来越多的企业响应国家"走出去"和"一带一路"建设的号召,瞄准国际市场开疆扩土。然而,在改革开放过程中发展起来的本土企业,在国际通行的法律制度面前,积累的旧习和行事风格必须作出改变,否则,缴纳上亿元的罚款甚至被判处刑罚,也非属奇闻。林林总总的法律风险之中,笔者认为,出口管制、反腐败和商业贿赂、反垄断,以及个人信息保护四者,作为企业经营者和管理层必须给予高度重视,保持高度警觉。

一、出口管制

中兴事件再一次为企业的进出口合规管理敲响了警钟。

在经济全球化背景下,自由贸易是一项基本贸易原则,但是,为了维护世界和平和反对恐怖主义,防止大规模杀伤性武器(Weapons of Mass Destruction,简称"WMD")扩散(不扩散型管理),也是世界各国的国际责任和义务,为此,不但各国间缔结了多项条约,各国国内法也对出口贸易进行一定的规制。

1.国际条约

关于出口管制的重要国际条约及国际组织控制机制如下表1所示。

表1 出口管制的重要国际条约及国际组织控制机制

条约名称	主要内容	生效时间	缔约成员数量	中国是否参加
NPT (Nuclear Non-proliferation Treaty) 《不扩散核武器条约》	宗旨是防止核扩散、推动核裁军和促进和平利用核能的国际合作	1970年3月	191	是
BWC (Biological Weapons Convention) 《禁止生物武器公约》	全称《禁止细菌(生物)及毒素武器的发展、生产及储存以及销毁这类武器的公约》,是最早全面禁止一整类大规模杀伤性武器的国际条约	1975年3月	182	是
CWC (Chemical Weapons Convention) 《化学武器公约》	全称《关于禁止发展、生产、储存和使用化学武器及销毁此种武器的公约》,是第一个全面禁止且彻底销毁一整类大规模杀伤性武器并具有严格核查机制的国际军控条约,对维护国际和平、国际安全具有重要意义	1997年4月29日	193	是
NSG (Nuclear Suppliers Group) 核供应国集团	一个由拥有核供应能力的国家组成的多国出口控制机制。该组织在国际防核扩散及核出口控制领域发挥着重要作用 该集团的宗旨是通过加强核出口管制,防止敏感物项出口到未参加《不扩散核武器条约》的国家	成立于1975年	48	是
AG (Australia Group) 澳大利亚集团	作为生化领域的多国出口管制非正式控制机制,在防止生化武器及相关物项和技术扩散方面发挥了一定积极作用 中国在制定生化出口管制条例和清单时,借鉴了其有关准则及管制清单	成立于1985年	43(包括欧盟委员会)	否

（续表）

条约名称	主要内容	生效时间	缔约成员数量	中国是否参加
MTCR （Missile Technology Control Regime） 导弹及其技术控制制度	是美国等西方七国建立的集团性出口控制制度,旨在防止可运载大规模杀伤性武器（WMD）的导弹和无人驾驶航空飞行器及相关技术的扩散。与 NSG、AG 和 WA（《瓦瑟纳尔协定》）共同构成全球四大出口管控机制	成立于1987年	35	否
WA （Wassenaar Arrangement） 《瓦瑟纳尔协定》	全称《关于常规武器与两用产品和技术出口控制的瓦瑟纳尔协定》 该协定未正式列举被管制国家,只在口头上将伊朗、伊拉克、朝鲜和利比亚四国列入管制对象 中国和以色列不是缔约国,但仍受到缔约国向非缔约国出售限制货品或技术的报告审核限制 秘书处设在维也纳。每 6 个月,成员国需通报向成员国以外国家出口传统武器的情况 武器分作八类:主战坦克、装甲战车、大口径火炮、军机、军用直升机、战舰、导弹或导弹系统、小型武器或轻武器	1996 年5 月 12 日	49	否

2.国际实践

世界主要国家不但参加国际条约或组织,同时也在国内积极立法。美国时间 2019 年 8 月 13 日,美国总统签署了《2019 财政年度国防授权法案》（National Defense Authorization Act for Fiscal Year 2019）,使之正式成为法律。该法案于 8 月 1 日在美国参众两院通过。《2019 财政年度国防授权法案》除了确定国防拨款外,重点在于一并通过了两个非常重要的法案:《外国投资风险评估现代化法案》（the Foreign Investment Risk Review Modernization Act, 简称"FIRRMA"）以及《2018 年出口管制改革法案》（Export Control Reform Act of 2018,简称"ECRA"）

《2018 年出口管制改革法案》为美国商务部在实践中制定的出口管制法

规提供了正式授权和合法化基础。特别是,该法案确认了美国政府机构监管超越出口和再出口的范围,涵盖美国国内转让和物品在国外使用用途情况等内容。此外,《2018年出口管制改革法案》授权政府机构发布法定许可限制。最后,《2018年出口管制改革法案》将适用于军民两用物品出口管制的刑事和民事处罚写入法典。

根据公开报道,近年来在国际上因违反出口管制法律受到有关国家民事或刑事制裁的典型案例有(下表2):

表2   因违反出口管制法律受到制裁的典型案例

年份	当事人	案情简要
2018	44家中国企业(8个实体、36个附属机构)	美国商务部于美国东部时间8月1日以国家安全和外交利益为由,将44家中国企业列入出口管制实体清单。美国正式开始对中国进行技术封锁 列入清单的企业包括很多电子、航空研究机构:中国航天科工股份有限公司第二院以及下属研究所、中国电子科技集团公司(简称"中国电科")第13研究所以及关联和下属单位、中国电子科技集团公司第14研究所以及关联和下属单位、中国电子科技集团公司第38研究所以及关联和下属单位、中国电子科技集团公司第55研究所以及关联和下属单位、中国技术进出口集团有限公司、中国华腾工业有限公司、河北远东通信。主要涉及的是中国电科,中国电科目前拥有8家上市平台,即四创电子、国睿科技、杰赛科技、太极股份、海康威视、华东电脑、凤凰光学、卫士通
2016—2018	中兴通讯股份有限公司	中兴通讯因违反2017年3月与美国商务部达成的和解协议,被美国商务部下达出口禁令,最终在2018年6月7日与美国商务部重新达成和解协议,累计缴纳罚款总额22.9亿美金。此外,中兴通讯需:①相关公司必须在30天内更换全部董事会和管理层;②须聘请美国商务部挑选的合规团队对企业进行监督,为期10年;③此次禁令暂停,未来10年美国随时有权力重新激活
2018	华为投资控股有限公司	美国司法部对华为公司是否违反美国对伊朗的贸易制裁进行了调查
2018	施毅智、麦凯安	两人被控出口罐子芯片给中国公司,被FBI逮捕,可能面临最高25年刑期

（续表）

年份	当事人	案情简要
2017	6家中国公司	美国财政部认为6家中国公司帮助朝鲜的核导弹计划,计划永久扣押涉事公司的资金 6家公司分别为丹东富地贸易有限公司、丹东天富贸易有限公司、丹东至诚金属材料有限公司、金猴集团国际控股有限公司、明正国际贸易有限公司、青岛建设纳米比亚分公司
2016	程思海	美国一家地区法院以向伊朗转移美国核技术的罪名判处中国公民程思海9年监禁
2015	近藤正二等3人	3名日本人因涉嫌向中国出口碳纤维材料,被日本兵库县警方于5月26日以涉嫌非法出口管制商品的罪名逮捕
2013	1名美国公民	在未取得出口管制许可证的情况下,向印度和中国客户出口57个微波放大器,宾夕法尼亚东部地区的美国地方法院判处该名美国公民42个月的监禁、3年监外看管和1 000美元的罚款
2012	1名美国公民	因涉嫌向中国出口火箭喷嘴涂料和其他《国际武器贸易条例》控制下的商品而被逮捕
2012	中国核工业华兴建设有限公司	美国工业与安全局指控其违反《出口管理条例》项下的出口管制,从中国向巴基斯坦的核反应堆转运高性能涂料
2012	1名中国公民	美国国防贸易控制署指控其违反《国际武器贸易条例》项下的出口管制规定,进行非法武器交易,并多次从美国向中国出口枪支

3.中国实践

据统计,中国已经加入16个防扩散的国际条约。具体如下表3:

表3　中国加入的防扩散国际条约

序号	条约名称	中国加入时间
1	《拉丁美洲和加勒比禁止核武器条约》第二附加议定书	1973年8月
2	《南太平洋无核区条约》第二、第三附加议定书	1987年2月
3	《中华人民共和国和国际原子能机构关于在中国实施保障的协定》及其附加议定书	1988年9月
4	《核材料实物保护公约》	1989年1月

（续表）

序号	条约名称	中国加入时间
5	《禁止在海床洋底及其底土安置核武器和其他大规模杀伤性武器条约》	1991 年 2 月
6	《不扩散核武器条约》（NPT）	1992 年 3 月
7	《核安全公约》	1996 年 3 月
8	《非洲无核武器区条约》第一、第二议定书	1996 年 4 月
9	《全面禁止核试验条约》（CTBT）	1996 年 9 月
10	《关于禁止发展、生产、储存和使用化学武器及销毁此种武器的公约》（CWC）	1993 年 1 月
11	《禁止在战争中使用窒息性、毒性或其他气体和细菌作战方法的议定书》（《日内瓦议定书》，Geneva Protocol）	1929 年 8 月
12	《禁止细菌(生物)及毒素武器的发展、生产及储存以及销毁这类武器的公约》（BWC）	1984 年 11 月
13	《禁止或限制使用某些可被认为具有过分伤害力或滥杀滥伤作用的常规武器公约》及其所附第一、第二、第三号议定书	1981 年 9 月
14	《禁止或限制使用某些可被认为具有过分伤害力或滥杀滥伤作用的常规武器公约》所附的《禁止或限制使用地雷、诱杀装置和其他装置的修正议定书》（修订的第二号议定书）	1998 年 11 月
15	《禁止或限制使用某些可被认为具有过分伤害力或滥杀滥伤作用的常规武器公约》所附的《关于激光致盲武器的议定书》（第四号议定书）	1998 年 11 月
16	《联合国打击跨国有组织犯罪公约》所附的《关于打击非法制造和贩运枪支及其零部件和弹药的补充议定书》	2002 年 12 月

自 20 世纪 90 年代以来，中国先后制定了《中华人民共和国核出口管制条例》《中华人民共和国核两用品及相关技术出口管制条例》等行政法规以及《两用物项和技术进出口许可证管理目录》《中国禁止出口限制出口技术目录》《中华人民共和国军品出口管理清单》等部门规章和军事法规，初步建立了涵盖军品、核、生、化、导等两用物项的出口管制法律体系。由于现行法律法规分散，监管部门分散，实践中也造成出口管制监管不到位的问题。

为更好地促进和保障出口管制工作，维护中国国家安全与发展利益，履行国际义务,需要制定一部出口管制领域的基础法律,统领现有行政法规和规章。2017 年 6 月 16 日,《中华人民共和国出口管制法(草案征求意见稿)》在中国商务部网站公示,意见反馈于 2017 年 7 月 15 日截止。该草案在起草中立足国内立法和实践经验,借鉴国际通行做法,主要就出口管制法的适用范围、国际合作、出口管制政策和清单、许可管理制度、执法监督、法律责任等作了规定。笔者认为,该法(草案)中作为中国企业需要注意的事项有:

(1)全面控制原则

出口经营者出口管制清单之外的物项,其知道或者应当知道或者得到国务院有关部门通知,出口可能危害国家安全、存在扩散风险、被用于恐怖主义目的的,应当履行许可手续。[1]

(2)减轻处罚

有下列情形之一的,可以酌情减轻或者免除行政处罚:①主动停止或根据主管部门通知立刻停止违法行为的;②对出口后可能存在的风险及时向国家出口管制主管部门报告并积极配合调查的;③法律、行政法规规定的其他情形的。[2]

(3)域外适用

管制物项或含有中华人民共和国管制物项价值达到一定比例的外国产品,从境外出口到其他国家(地区)的,适用该法。[3]

二、反腐败和商业贿赂

近年来曝光的最令人震惊的商业贿赂案例之一是巴西建筑集团 Odebrecht 实施的大规模外国贿赂计划,该计划涉及向至少 12 个国家的政府官员和政党行贿约 7.88 亿美元。[4] 有观点认为,某些国家的官员如果不受

---

[1] 《中华人民共和国出口管制法(草案征求意见稿)》第 23 条。
[2] 《中华人民共和国出口管制法(草案征求意见稿)》第 58 条。
[3] 《中华人民共和国出口管制法(草案征求意见稿)》第 64 条。
[4] 参见《知乎日报:美国海外反腐败法意义何在》,载豆瓣网(https://www.douban.com/group/topic/47639492/),访问日期:2019 年 2 月 21 日。

贿,就无法开展工作。如果不受贿,琐碎的手续、混乱的职权划分只会让效率更低。① 但是,更为普遍且广为接受的观点是,"行贿或许在短期内让事情更顺利,但长远后果是损害了双方的经济利益"②。

反腐败和反商业贿赂(以下统称"反腐败"),前者针对的是公职人员,后者针对的是私营部门。无论是从事公共事务抑或商业交易,廉洁性的要求在世界各国已成为普遍共识。贿赂在本质上危害了公平竞争与公共利益,遏制了人的积极性和创新精神,最终会妨碍社会的进步和发展。近年来,反腐败在多数国家有加强规制和处罚的趋势,2016 年 9 月举办的 G20 杭州峰会取得了通过《二十国集团反腐败追逃追赃高级原则》、决定在华设立 G20 反腐败追逃追赃研究中心、通过《二十国集团 2017—2018 年反腐败行动计划》等3 项重要反腐成果,可以说,反腐败已成为国际社会一项共同事业③,乃大势所趋。

1.国际条约

从国际贿赂犯罪立法实践来看,20 世纪 70 年代,美国在对"水门事件"的调查中,特别检察官发现很多企业都设有秘密的贿赂资金,以用于国内的政治献金及行贿外国公职人员,由此引发了国际社会对海外贿赂问题的关注。在发展中国家和中欧国家推荐草案的基础上,联合国大会于 1975 年 12月通过 3514 号决议,谴责了包括海外行贿在内的各种腐败行为。这是国际社会第一次明确提出打击跨国商业交易中的腐败行为。

(1)《经合组织关于打击国际商业交易中行贿外国公职人员行为的公约》(OECD Convention on Combating Bribery of Foreign Public Officials in International Business Transactions)

该公约于 1997 年 12 月签署,1999 年 2 月生效,至今已有 40 个国家签署

---

① 参见 Odebrecht and Braskem Plead Guilty and Agree to Pay at Least ＄3.5 Billion in Global Penalties to Resolve Largest Foreign Bribery Case in History,载美国司法部网(https://www.justice.gov/opa/pr/odebrecht-and-braskem-plead-guilty-and-agree-pay-least-35-billion-global-penalties-resolve),访问日期:2019 年 2 月 21 日。

② Daniel Kaufmann,Shang-Jin Wei,Does"Grease Money"Speed Up the Wheels of Commerce?,载美国国家经济研究局网(http://www.nber.org/papers/w7093.pdf),访问日期:2019 年 2 月 21 日。

③ 参见杨波:《反腐败已成为国际社会一项共同事业》,载《检察日报》2017 年 8 月 8 日第05 版。

执行。中国未加入该公约,但为观察员国。公约要求签字国须在国内法中规定任何个人或企业在国际商业交易中行贿外国公职人员的行为均属犯罪行为(公约第 1 条)。缔约国每年需要上报国内进入司法调查的海外贿赂案件(被称为"公开和蒙羞"),据 2014 年 12 月 OECD 公布的《OECD 外国贿赂报告》(OECD Foreign Bribery Report),自公约在 1999 年 2 月 15 日生效以来至 2014 年 6 月 1 日,共有 427 起外国贿赂犯罪的诉讼判决申请执行,其中针对自然人的案件有 263 起,针对经济实体的有 164 起。该报告的统计数据还显示①:

· 2/3 的外国贿赂案件发生于四大行业:采矿业(19%),建筑业(15%),运输和仓储业(15%),通信业(10%);

· 几乎一半案件涉及贿赂来自人类发展水平较高(22%)至极高水平(21%)的国家的公职人员;

· 40% 的案件中由管理层员工行贿或授权行贿,其中公司首席执行官参与的占 12%;

· 占比较高的前 4 类受贿对象主要是:公共企业(国有或国有控股企业)员工(27%),海关官员(11%),卫生官员(7%),国防官员(6%);

· 80 位自然人因行贿受贿被判决有罪,在监狱服刑。其中迄今为止的最长刑期达 13 年,其中仅有 38 人被判缓刑;

· 针对自然人和公司的 261 项罚款中,罚款总额最高达 18 亿欧元;在外国贿赂案中,针对自然人的金钱制裁措施是没收令,没收金额达 1.49 亿美元。

(2)《联合国反腐败公约》(UN Convention Against Corruption)

2003 年 10 月 31 日在第 58 届联合国大会上通过的《联合国反腐败公约》,是联合国历史上通过的第一个指导国际反腐败斗争的法律文件,为世界性的反腐败斗争以及国际反腐败合作提供了国际法依据与保证。公约亦是迄今为止关于治理腐败最完整且具全球性、综合性和创新性的国际法律文件,其对腐败犯罪的界定、腐败利益的剥夺及反腐败国际合作问题的严谨规

---

① 参见《OECD 外国贿赂报告》第 8—9 页,载经合组织在线图书馆网(https://www.oecd-ili-brary.org/governance/oecd-foreign-bribery-report_9789264226616-en),访问日期:2019 年 2 月 19 日。

定,不仅为国际社会反腐败提供了基本法律指南,而且在世界范围内倡导了治理腐败的科学理念,制定了长远策略。公约于 2005 年 12 月 14 日生效后,联合国在 2006—2011 年召开了 4 次缔约国会议,就跨国行贿的预防措施、反腐败国际合作、腐败资产追回等问题进一步深化公约贯彻与执行。中国于 2005 年 10 月 27 日经第十届全国人民代表大会常务委员会第十八次会议批准加入该公约。与《经合组织关于打击国际商业交易中行贿外国公职人员行为的公约》的缔约国大多为发达国家不同,《联合国反腐败公约》则纳入了多数发展中国家。

目前涉及治理贿赂犯罪的国际性或区域性公约有十余项,重要的还有《美洲反腐败公约》(1996)①、欧洲理事会《反腐败刑法公约》(1999)②等。

透明国际(Transparency International,简称"TI")以推动全球反腐败运动为己任,今天已成为对腐败问题研究得最权威、最全面和最准确的国际性非政府组织,目前已在 90 多个国家成立了分会。从 1995 年起,透明国际制定和每年公布清廉指数(Corruption Perceptions Index,简称"CPI"),提供一个可供比较的国际贪腐状况列表。根据透明国际官网于 2018 年 2 月 21 日公布的 2017 年 CPI,新西兰和丹麦的得分最高,分别为 89 分和 88 分。叙利亚、南苏丹和索马里得分最低,分别为 14 分、12 分和 9 分。表现最好的地区是西欧,平均得分为 66 分。表现最差的地区是撒哈拉以南非洲(平均得分 32 分)、东欧和中亚(平均得分 34 分)。亚洲得分最高的为新加坡,84 分,在 180 个国家中排名第 6;其次为日本,73 分,排名第 20。③

2.美国《反海外腐败法》

以 1977 年发生的"水门事件"为契机,美国制定了著名的《反海外腐败法》(FCPA),是目前规制美国企业对外行贿最主要的法律,迄今已经三次修改。

---

① 第一部地区性的综合性反腐败公约。
② 就世界范围看,欧洲是廉洁度总体较高的地区,该地区的反腐公约也代表了市场经济国家治理贿赂犯罪的主流理念。该公约采取对受贿和行贿均进行规制的平行立法模式,在私营部门贿赂治理等方面已超过了《美洲反腐败公约》,对《联合国反腐败公约》的制定也具有重要影响。参见钱小平:《治理贿赂犯罪国际公约立法发展及其启示》,载中国法学网(http://www.iolaw.org.cn/showNews.asp? id=36075),访问日期:2019 年 2 月 18 日。
③ 参见《2017 年全球清廉指数》,载透明国际网(https://www.transparency.org/news/feature/corruption_perceptions_index_2017),访问日期:2019 年 2 月 18 日。

　　FCPA 的核心内容为"禁止向美国以外的政府官员提供任何有价值物品,以不正当地获得商业优势或商业机会",规制主体起初为在美国的证券发行人(包括 ADR),经 1998 年修改,《反海外腐败法》通过属地管辖权扩展到外国公司或自然人,一家外国企业或个人在美国境内直接或间接的违法行为将受到该法制裁,不论该行为是否使用美国邮政系统或者其他转移支付工具。如果是海外企业在美国的代理商实施的贿赂行为,适用代理人理论,其海外母公司也可能受到追究。

　　2012 年 11 月,美国证监会和司法部公布的《FCPA 指南》(A Resource Guide to the U.S. Foreign Corrupt Practices Act)①规定,通过尽职调查发现违法行为并主动报告、自我纠正,或者对代理商等进行员工培训,制定并持续有效地实施合规管理,可以作为减轻处罚的考量因素。② 虽然美国有执法和解制度,但是,和解的金钱成本畸高。

　　需要提示企业的是,FCPA 的重点在于追究行贿目的,而不是具体的行贿内容,如公务接待、提供或承诺付款等,并不要求行贿行为的目的得逞,提供或者承诺行贿即构成违法行为。

　　3.英国《反贿赂法》

　　2011 年 7 月 1 日实施的英国《反贿赂法》(Bribery Act 2010),被认为是迄今为止处罚最为严厉的贿赂犯罪立法。该法具有以下两个鲜明特征:

　　一是规定了"商业组织预防贿赂失职罪",即商业组织疏于构建内部行贿预防制度而导致行贿行为发生,需要承担相应的刑事责任。

　　二是广泛的域外适用原则(该法第 7 条),即如果是在英国有经营行为的商业组织(无论其注册在何地,包括在英国注册的公司和合伙企业以及虽不在英国注册但全部或部分业务在英国的任何公司或合伙企业),无论为其提供服务(工作)的相关人员(职工、代理人等——根据实际情况判断)在世界上任何地方实施了贿赂行为,该商业组织皆为违法(采用严格的无过失责任),涉嫌构成商业组织预防贿赂失职罪。比如,中国企业只要在英国有经营

---

　　① 下载地址为 https://www.justice.gov/sites/default/files/criminal-fraud/legacy/2015/01/16/guide.pdf。

　　② 关于违反 FCPA 的量刑标准,可以参考美国《联邦量刑指南》(United States Federal Sentencing Guidelines),下载地址为 https://www.ussc.gov/guidelines/2016-guidelines-manual。

行为,其工作人员在任何地点的贿赂行为,即使与英国的组织或项目毫无关系,该中国企业(总公司)也可能受该法追究。此时,能够减轻罪责的唯一方法,就是证明其已经实施了有效的合规体系和程序。

为了明确英国《反贿赂法》的实施,2011 年 3 月,英国国务大臣颁布了《反贿赂法指南》(Bribery Act 2010 Guidance)[①],该指南规定了六项原则,即:

(1)相称原则(Proportionate procedures),即商业机构预防相关人员贿赂的程序应当与其面临的贿赂风险和业务的性质、规模和复杂性相称,应当清晰、务实、可行而且得到有效的观察和执行;

(2)高层责任原则(Top-level commitment),即商业机构的高层管理人员包括但不限于董事会、所有权人或其他任何其他同等的机构或人员有义务预防相关人员贿赂,应在商业机构培养杜绝贿赂的文化;

(3)风险评估原则(Risk Assessment),即商业机构应对其相关人员实施的内部和外部的潜在贿赂风险影响的性质和范围进行评估,并应当定期公告和记录;

(4)尽职调查原则(Due diligence),即为了减少可知的贿赂风险,商业机构应当采取一项基于风险的方法,对于那些为了或者代表机构履职或将要履职的人员适用尽职调查程序;

(5)沟通原则〔Communication(including training)〕,即商业机构应当通过包括培训在内的内部和外部传达方式确保与风险相称的预防贿赂政策和程序深入到整个机构且得到理解;

(6)监督和复查原则(Monitoring and review),即商业机构应当监控和检查预防管理人实施贿赂的程序,且在必要时加以改进。

与美国 FCPA 相比,二者具有如下区别:

表 4　美国《反海外腐败法》与英国《反贿赂法》的区别

序号	区别内容	FCPA	Bribery Act 2010
1	行贿对象	外国公职人员	不限于外国公职人员,还包括外国企业
2	会计条款	有详细规定	无,但规定了商业组织预防贿赂失职罪

① 下载地址为 http://www.justice.gov.uk/downloads/legislation/bribery-act-2010-guidance.pdf。

（续表）

序号	区别内容	FCPA	Bribery Act 2010
3	内部治理条款	有详细规定	无,但规定了商业组织预防贿赂失职罪
4	行政疏通费（Facilitation Payment）	允许少量金额	禁止

根据媒体公开报道,近年来国际上因贿赂而被追究法律责任的典型案例有:

表5　因贿赂被追究法律责任的典型案例

年份	当事人	案情简介
2018	法国博洛雷集团	法国博洛雷集团涉嫌利用旗下媒体企业与几内亚、多哥两个西非国家政府作利益交换,即当年向涉事国家总统候选人的竞选活动提供低价媒体服务,换取他们当选总统后将港口特许经营权交给博洛雷集团旗下物流企业。法官随后裁定启动对它的正式调查
2017	Telia Company AB（瑞典和芬兰电话和移动运营商）	Telia Company AB 公司因涉嫌通过贿赂取得乌兹别克斯坦和阿塞拜疆的许可证,违反 FCPA,最后与美国政府和解,和解金额达 9.65 亿美元
2017	Rolls-Royce PIC（英国/欧洲最大的航空发动机企业）	Rolls-Royce 公司因在印度尼西亚、巴西、印度等国贿赂当地官员、公司高管,违反了 FCPA。后与美国、英国、巴西三国政府和解,和解金额达 8 亿美元
2016	Vimpel Com（荷兰电信运营商）	Vimpel Com 在乌兹别克斯坦的子公司承认向该国官员行贿 1.14 亿美元,违反了 FCPA。Vimpel Com 表示,将支付 7.95 亿美元来了结美国与荷兰当局针对其在乌兹别克斯坦行贿问题所进行的调查。这是迄今为止全球反腐败历史上第二大罚单
2016	Teva（以色列梯瓦制药工业有限公司）	梯瓦制药因向俄罗斯、乌克兰和墨西哥的外国政府官员贿赂,违反 FCPA,受到美国 SEC 的平行民事和刑事指控,2016 年 12 月 22 日,梯瓦制药宣布同意支付 5.19 亿美元罚款
2016	巴西全球建筑集团 Odebrecht SA 及关联公司巴西石油化工制造商 Braskem(BAK)	Odebrecht 和 Braskem 因设立专门的行贿部门和贿赂渠道长期向官员和公司高管行贿,违反 FCPA 反贿赂条款。美国司法部表示,巴西全球建筑集团 Odebrecht SA 及关联公司巴西石油化工制造商 Braskem（BAK）共同被罚款 35 亿美元,此次罚款是全球最高的外国贿赂处罚金额

（续表）

年份	当事人	案情简介
2015	百时美施贵宝（Bristol-Myers Squibb）	SEC 表示,百时美施贵宝中国公司的销售代表长期以来以现金、珠宝及其他礼物、饮食、旅游、娱乐以及为会议提供赞助等形式向中国公立医院的医生行贿,然后将这些贿赂记录为合法的业务开支。通过这种方式,百时美施贵宝在中国的合资公司向公立医院的医疗保健工作者行贿,并从对这些医院的处方药销售中获得超过1 100万美元的利润,从而违反了 FCPA
2013	葛兰素史克（中国）投资有限公司	葛兰素史克(中国)投资有限公司为扩大药品销量,谋取不正当利益,采取贿赂销售模式,以多种形式向全国多地医疗机构的从事医务工作的非国家工作人员行贿,数额巨大,被判处人民币 30 亿元罚金
2012	辉瑞制药有限公司	SEC 和美国司法部联合指控辉瑞制药及其子公司惠氏制药在中国等 8 个国家贿赂当地官员,违反美国 FCPA,辉瑞制药最终同意向 SEC 支付 4 500 万美元罚金,另外1 500万美元用于了结司法部就其海外腐败案的调查
2010	戴姆勒股份公司及其 3 个子公司	美国政府指控戴姆勒及其 3 个子公司在 1998—2008 年间,向包括中国在内的22个国家的政府官员行贿数千万美元,从而换回了价值数亿美元的合同。最终戴姆勒公司已与美国政府达成协议,支付 1.85 亿美元的罚款以平息此案
2010	默克、葛兰素史克、辉瑞、百时美施贵宝、阿斯利康、礼来等制药巨头	2010 年 8 月,默克、葛兰素史克、辉瑞、百时美施贵宝、阿斯利康、礼来等制药巨头先后被美国相关部门列为触犯 FCPA 的调查对象

此外,从该指南列出的 11 个案例可以看出,提供加强、正式培训或教育、调查管理人员背景以及签署书面合同强调遵守该法案是建立预防体系的重要措施。

4. 中国反腐败

党的十八大以来,中国反腐败的力度和成果举世瞩目。中国《刑法》不但规定了对于国家工作人员的贿赂犯罪及行贿罪(《刑法》第八章“贪污贿赂罪”),也规定了非国家工作人员受贿罪以及对非国家工作人员行贿罪;在加入《联合国反腐败公约》后,刑法、刑事诉讼法等法律的相关内容在一定程度上与国际接轨,规定了"利用影响力受贿罪"①和"对外国公职人员、国际公共组织官员行贿罪"②,从而对犯罪主体和犯罪对象都作了扩张;根据 2012 年修订的《刑事诉讼法》,刑事诉讼程序中新设了"犯罪嫌疑人、被告人逃匿、死亡案件违法所得的没收程序"。

在反商业贿赂方面,除了刑法入罪的规定,2017 年修订的《反不正当竞争法》对原相关条文进行了细化并提高了处罚标准,对比如下:

表 6　《反不正当竞争法》修订前后对比

2017 年《反不正当竞争法》	1993 年《反不正当竞争法》
第七条　经营者不得采用财物或者其他手段贿赂下列单位或者个人,以谋取交易机会或者竞争优势: (一)交易相对方的工作人员; (二)受交易相对方委托办理相关事务的单位或者个人; (三)利用职权或者影响力影响交易的单位或者个人。 经营者在交易活动中,可以以明示方式向交易相对方支付折扣,或者向中间人支付佣金。经营者向交易相对方支付折扣、向中间人支付佣金的,应当如实入账。接受折扣、佣金的经营者也应当如实入账。 经营者的工作人员进行贿赂的,应当认定为经营者的行为;但是,经营者有证据证明该工作人员的行为与为经营者谋取交易机会或者竞争优势无关的除外。	第八条　经营者不得采用财物或者其他手段进行贿赂以销售或者购买商品。在账外暗中给予对方单位或者个人回扣的,以行贿论处;对方单位或者个人在账外暗中收受回扣的,以受贿论处。 经营者销售或者购买商品,可以以明示方式给对方折扣,可以给中间人佣金。经营者给对方折扣、给中间人佣金的,必须如实入账。接受折扣、佣金的经营者必须如实入账

①　2009 年《刑法修正案(七)》第 13 条规定:"在刑法第三百八十八条后增加一条作为第三百八十八条之一:'国家工作人员的近亲属或者其他与该国家工作人员关系密切的人,通过该国家工作人员职务上的行为,或者利用该国家工作人员职权或者地位形成的便利条件,通过其他国家工作人员职务上的行为,为请托人谋取不正当利益,索取请托人财物或者收受请托人财物,数额较大或者有其他较重情节的,处三年以下有期徒刑或者拘役,并处罚金;数额巨大或者有其他严重情节的,处三年以上七年以下有期徒刑,并处罚金;数额特别巨大或者有其他特别严重情节的,处七年以上有期徒刑,并处罚金或者没收财产。离职的国家工作人员或者其近亲属以及其他与其关系密切的人,利用该离职的国家工作人员原职权或者地位形成的便利条件实施前款行为的,依照前款的规定定罪处罚。'"

②　2011《刑法修正案(八)》第 29 条第 2 款规定:"为谋取不正当商业利益,给予外国公职人员或者国际公共组织官员以财物的,依照前款的规定处罚。"前款规定即对非国家工作人员行贿罪:"为谋取不正当利益,给予公司、企业或者其他单位的工作人员以财物,数额较大的,处三年以下有期徒刑或者拘役;数额巨大的,处三年以上十年以下有期徒刑,并处罚金。"

（续表）

2017 年《反不正当竞争法》	1993 年《反不正当竞争法》
第十九条　经营者违反本法第七条规定贿赂他人的，由监督检查部门没收违法所得，处十万元以上三百万元以下的罚款。情节严重的，吊销营业执照。	第二十二条　经营者采用财物或者其他手段进行贿赂以销售或者购买商品，构成犯罪的，依法追究刑事责任；不构成犯罪的，监督检查部门可以根据情节处以一万元以上二十万元以下的罚款，有违法所得的，予以没收

在中国的商品交易习惯中，给予交易对方包括但不限于财物、回扣等各种好处具有悠久的历史传统。如果双方均如实入账，是法律允许的，否则，无论金额大小均属违法行为。在中国司法和执法实践中，中国打击商业贿赂日益体现出国际化的特点和加大处罚力度的趋势，企业在新时代行事需要越来越谨慎。

三、反垄断

在经济全球化的大背景下，各国普遍重视利用反垄断法律来防范和制止国内外的垄断行为。律商联讯和中国公司法务研究院撰写并发布的《2017—2018 中国企业"走出去"调研报告》显示，东道国政府审查风险最多的是环保审查和反垄断审查。① 中国自加入世界贸易组织以来，中国企业"走出去"战略不断深化，国际社会对中国企业的关注度进一步提高，中国企业走出国门需高度关注反垄断问题。

反垄断法是世界市场经济国家的基本法律，在保护市场竞争，维护市场公平竞争秩序，维护消费者合法权益方面具有重要意义，素有"经济宪法"之称。据不完全统计，目前已有 100 多个国家或地区实施了反垄断法，而且各国普遍赋予其反垄断法以域外管辖权，即只要垄断行为对其国内的市场竞争有影响，无论该垄断行为发生在国内还是国外，也无论实施该垄断行为的企业是本国企业还是外国企业，该国均具有管辖权。值得注意的是，虽然各国反垄断法都遵循大致相同的规则，但目前并未形成统一反垄断国际规则。以

---

① 参见杜晓：《〈2017—2018 中国企业"走出去"调研报告〉发布 企业"走出去"怎样化解海外风险》，载法制网（http://www.legaldaily.com.cn/index/content/2018-05/08/content_7538757.htm），访问日期：2019 年 2 月 27 日。

下对主要国家的反垄断立法及执法机构分别予以介绍。

1.美国反垄断法及执法机构

（1）美国反垄断法

①《谢尔曼法》（Sherman Antitrust Act，又称《谢尔曼反托拉斯法》）

该法是美国国会于1890年颁布的第一部反垄断法，也是世界上第一部反垄断法，被认为是现代各国反垄断法的鼻祖和样板。《谢尔曼法》的诞生是对国家干预私人经济活动必要性的肯定。

该法广泛禁止反竞争协议和垄断或试图垄断相关市场的单方行为，并授权司法部提起诉讼以禁止违反该法案的行为。此外，对于因违反该法案而遭受损失的私人主体，赋予其权利以提起要求损失的三倍的赔偿金额的诉讼。

该法的目的在于禁止通过限制贸易或供应人为抬高价格的行为。其目的不在于保护竞争对手免受合法成功企业的损害，也不阻止企业从消费者那里获得正当的利润，而是保护竞争市场，保护消费者免受垄断行为的损害。①

② 1914年《联邦贸易委员会法》（Federal Trade Commission Act）

该法是一个口袋法（catchall act），由联邦贸易委员会负责执行。它被视为对所有其他反托拉斯法乃至其他经济立法的补充。

③《克莱顿法》（The Clayton Antitrust Act）

该法于1914年颁布，主要针对非法限制、垄断及其他目的而制订的现行法律的补充，主要有预防垄断的作用。如，针对一些特殊的限制贸易的行为，如排他性交易安排、捆绑销售、价格歧视、合并与兼并、连锁董事会等，违反者将被处以罚款。

美国随后又在1936年和1976年分别颁布了《罗宾逊-帕特曼法》和《哈特-斯科特-罗迪诺反托拉斯促进法》对《克莱顿法》进行修正。

《罗宾逊-帕特曼法》（Robinson-Patman Act），作为调整零售商供应商交易关系的主要法案，其目的是防止生产厂商或者销售商对与大经销商处于同一竞争层面上的小经销商在价格方面采取价格歧视。

《哈特-斯科特-罗迪诺反托拉斯促进法》（Hart-Scott-Rodino Antitrust Im-

---

① 参见维基百科词条"Sherman Antitrust Act of 1890"（Wikipedia），载维基百科网（https://en.wikipedia.org/wiki/Sherman_Antitrust_Act_of_1890. https://en.wikipedia.org/wiki/Sherman_Antitrust_Act_of_1890），访问日期：2019年2月22日。

provement Act）规定,在向美国联邦贸易委员会和司法部提交详细备案并等待这些机构确定之前,各方不得完成某些证券或资产的合并、收购或转让。[①]

以上主要反垄断立法奠定了美国反垄断领域的法律框架。

（2）美国反垄断执法机构

美国系联邦制国家,在联邦和州层面各有反垄断执法机构。联邦机构、州级机构是美反垄断的执法机构。在联邦机构层面上,美国司法部反垄断局（Department of Justice Antitrust Division,简称"DOJAD"）与联邦贸易委员会（Federal Trade Committee,简称"FTC"）依法调查涉及垄断的行为,还对达到一定标准的交易进行合并审查。

DOJAD 成立于 1933 年,隶属于联邦政府,主要职能是对构成犯罪的垄断案件进行调查并向法院提起诉讼,也会调查一些不构成犯罪的垄断案件,但是不具有消费者保护的职能。[②] 其主要负责执行《谢尔曼法》和《克莱顿法》,是典型的行政机构,具有提出包括刑事诉讼和民事诉讼在内的司法诉讼权力。

FTC 成立于 1914 年,隶属于美国国会,主要职能是制止商业和贸易领域的不正当竞争行为,兼有反垄断和消费者权益保护的职能,但不负责构成犯罪的垄断案件。[③] 其主要负责执行《联邦贸易委员会法》和《克莱顿法》,其下设的竞争局（Bureau of Competition）与经济局（Bureau of Economics）等部门可对相关涉嫌违法行为展开调查。FTC 属相对独立的联邦执法机构,且具有一定的准司法权,有权在执法过程中作出行政裁决。

两家执法机构间的工作范围既有分工也有重合。DOJAD 负责执行《谢尔曼法》,FTC 负责执行《联邦贸易委员会法》。两家机构都有权执行《克莱顿法》,在企业合并审查的职能上有一定重合。为避免管辖权冲突,减少行政成本和企业负担,两家执法机构曾于 1948 年达成备忘录,通过事前相互通知获得对方认可的方式来协调案件管辖。实践中,双方根据各自专业化和经验进行分工,FTC 负责的领域包括但不限于制药业、石油和天然气行业、计算机

---

① 参见维基百科词条"Hart-Scott-Rodino Antitrust Improvements Act"（Wikipedia）,载维基百科网（https://en.wikipedia.org/wiki/Hart%E2%80%93Scott%E2%80%93Rodino_Antitrust_Improvements_Act.）,访问日期:2019 年 2 月 22 日。

② 参见周智高、曾川:《美国反垄断执法情况及对我启示》,载《中国价格监管与反垄断》2015 年第 9 期。

③ 同上注。

硬件和许多零售食品行业;DOJAD 主要负责的领域包括通信业、电子业、金融业和钢铁业等重点行业。DOJAD 与 FTC 的最大区别在于,FTC 没有 DOJAD 拥有的启动刑事诉讼程序的权力,另外 FTC 还肩负保护消费者权益的责任。①

2.欧盟反垄断法及执法机构

(1)欧盟的反垄断法

欧盟的反垄断立法(或竞争法)主要是指 2008 年颁布的《欧盟运行条约》(The Treaty on The Function of TheEuropean Union)的第 101—109 条的相关规定。此外还包括《欧盟理事会条例》(Council Regulation),《委员会规则》(Commission Regulation),《委员会通知》(Commission Notice),《指南》(Guideline)等成文规范。虽然欧盟各成员国保留了各自的竞争法,但基本都与欧盟竞争法规则保持一致。欧盟涉及反垄断规制的主要法规如下②:

表 7　欧盟涉及反垄断规制的主要法规

序号	法规名称	规范内容	生效时间
1	《欧盟职能条约》 The Treaty on The Function of The European Union 2008 (TFEU)	一般规定	2008 年
2	《关于为欧洲共同体竞争法界定相关市场的委员会通知》 Commission Notice on the definition of the relevant market for the purposes of Community competition law	一般规定	1997 年
3	《关于修订〈关于指导卡特尔案件解决程序的(EC)第 773/2004 号委员会条例〉的(EC)第 622/2008 号委员会条例》 Commission Regulation (EC) No. 622/2008 of 30 June 2008 amending Regulation (EC) No. 773/2004, as regards the conduct of settlement procedures incartel cases	一般规定	2008 年

---

① 驻美国经商参处:《美联邦机构反垄断执法体系》,载中华人民共和国商务部网(http://www.mofcom.gov.cn/article/i/dxfw/nbgz/201710/20171002662087.shtml),访问日期:2019 年 2 月 22 日。

② 参见金杜律师事务所:《欧盟涉及反垄断规制的主要法规》,载威科先行法律数据库模块"中国反垄断法实务指南"(须注册登录可见),访问日期:2019 年 2 月 22 日。

（续表）

序号	法规名称	规范内容	生效时间
4	《关于免予罚款的第 2006/C298/11 号委员会通知》 The Commission Notice on Immunity from Fines 2006/C298/11	一般规定	2006 年
5.	《关于实施条约第 81 条和第 82 条制定的竞争规则的(EC)第 1/2003 号理事会条例》 Council Regulation (EC) No. 1/2003 of 16 Dec 2002 on the implementation of rules on competition laid down in Articles 81 and 82 of the Treaty	反竞争行为/滥用市场支配地位	2003 年
6.	《关于控制企业集中的(EC)第 139/2004 号理事会条例》 Council Regulation (EC) No.139/2004 on the control of concentrations between undertakings	合并	2004 年
7.	《关于执行〈关于控制企业集中的(EC)第 139/2004 号理事会条例〉第 802/2004 号委员会条例》 Commission Regulation (EC) No. 802/2004 of 7 April 2004 implementing Council Regulation (EC) No. 139/2004 on the control of concentrations between undertakings	合并	2004 年
8.	《欧洲理事会关于控制企业集中条例下的横向合并评估指南》 Guidelines on the assessment of horizontal mergers under the Council Regulation on the control of concentrations between undertakings	合并	2004 年
9.	《关于就汽车业某类纵向协议和协同行为适用条约第 81(3) 条规定的(EC)第 1400/2002 号委员会条例》 Commission Regulation (EC) No. 1400/2002 of 31 July 2002 on the application of Article 81(3) of the Treaty to categories of vertical agreements and concertedpractices in the motor vehicle sector	集体豁免	2002 年
10.	《关于就某类技术转让协议适用条约第 81(3)条规定的第 772/2004 号委员会条例》 Commission Regulation (EC) No.772/2004 of 27 April 2004 on the application of Article 81(3)of the Treaty to categories of technology transfer agreements	集体豁免	2004 年

（续表）

序号	法规名称	规范内容	生效时间
11.	《关于就班轮运输公司（财团）间某类协议、决定和协同行为适用条约第81(3)条规定的（EU）第906/2009号委员会条例》 Commission Regulation（EU）No.906/2009 of 28 September 2009 on the application of Article 81(3) of the Treaty to certain categories of agreements, decisions and concerted practices between liner shipping companies（consortia）	集体豁免	2009年
12.	《关于就保险业某类协议、决定和协同行为适用条约第101(3)条规定的（EU）第267/2010号委员会条例》 Commission Regulation（EU）No. 267/2010 of 24 March 2010 on theapplication of Article 101(3) of the Treaty to certain categories of agreements, decisions andconcerted practices in the insurance sector	集体豁免	2010年
13.	《关于就汽车业某类纵向协议和协同行为适用条约第101(3)条规定的（EU）第461/2010号委员会条例》 Commission Regulation（EU）No. 461/2010 of 27 May 2010 on the application of Article 101(3) of the Treaty to categories of vertical agreements and concerted practices in the motor vehicle sector	集体豁免	2010年

（2）欧盟的反垄断执法机构

欧盟委员会是欧盟竞争法的执法机构,拥有广泛的调查权和处罚权,其中处罚金额最多可达处罚对象年营业额的10%。欧盟委员会由不同的部门和服务机构组成,有44个下设机构,包括33个总司,11个服务机构。33个总司中包括竞争总司,具体负责欧盟竞争法的执行,当然也负责欧盟反垄断法的执行。另外,在欧盟委员会的27个委员中,亦设有欧盟竞争事务专员。

根据欧盟第17号条例的规定,欧盟委员会实际上享有对反垄断法集中的执行权。2002年12月16日,欧盟理事会通过了第1/2003号条例,又称现代化条例,在欧盟委员会和成员国之间进行了适当的分权。例如欧盟委员会原需要审查所有要求获得反垄断法豁免适用的协议,第1/2003号条例打破了这种垄断的审查权,建立了直接适用欧盟条约的新规定。随着时代的发展,欧盟委员会在反垄断的执行上逐渐开始放权,例如将原需欧盟委员会审查的企业兼并垄断审查移交给成员国。①

3.中国的反垄断法及执法机构

(1)中国的反垄断法

中国已经成为继美国、欧盟之后的第三大反垄断管辖法域。我国目前的反垄断法主要有《反垄断法》《反不正当竞争法》《价格法》等法律及反垄断相关执法机构颁布的细化法规文件。此外,对于跨国企业,还需注意《关于外国投资者并购境内企业的规定》及涉及反垄断问题的外资安全审查文件。以上这些反垄断相关的法规文件,共同构成了我国反垄断法律体系的基础。

我国在 2008 年 8 月 1 日生效的《反垄断法》,至今已经实施了超过 11 个年头,推进了我国的市场经济体制,完善了我国市场经济法律体系。我国《反垄断法》主要规制以下几种垄断行为:

表 8   我国《反垄断法》主要规制的垄断行为

垄断行为	含义	表现方式
垄断协议	排除、限制竞争的协议、决定或者其他协同行为	(1)横向垄断协议:限制数量协议、划分市场协议、限制创新协议、联合抵制交易协议 (2)纵向垄断协议:纵向价格限制、纵向非价格限制
滥用市场支配地位	支配企业为维持或者增强其市场支配地位而实施的反竞争的行为	不公平交易价格、掠夺性定价、拒绝交易、限定交易、搭售或者附加其他不合理交易条件、差别待遇
经营者集中	两个或者两个以上的企业相互合并,或者一个或多个个人或企业对其他企业全部或部分获得控制,从而导致相互关系上的持久变迁的行为	(1)经营者合并 (2)经营者通过取得股权或者资产的方式取得对其他经营者的控制权 (3)经营者通过合同等方式取得对其他经营者的控制权或者能够对其他经营者施加决定性影响

---

① 参见侯德红:《浅析欧盟反垄断法执行及对中国之借鉴》,载《黑龙江省政法管理干部学院学报》2013 年第 3 期。

（续表）

垄断行为	含义	表现方式
滥用行政权力排除、限制竞争	行政机关和法律、法规授权的具有管理公共事务职能的组织滥用行政权力排除、限制竞争的行为	（1）限定交易 （2）地区封锁（地方保护主义） （3）强制经营者从事垄断行为

在2018年第七届"中国竞争政策论坛"上，国务院反垄断委员会专家咨询组发布了"十大有影响力的反垄断执法案件"，如下①：

表9　2018年中国十大有影响力的反垄断执法案件

序号	案例	执法机构	内容简述及影响
1	利乐公司滥用市场支配地位案	原国家工商总局反垄断与反不正当竞争执法局	本案历经4年零10个月的调查，利乐公司等被处6.67亿元人民币的罚款，其无正当理由搭售、限定交易等非法垄断行为得到纠正，相关市场的竞争秩序得以恢复
2	附条件批准陶氏化学与杜邦合并案	原商务部反垄断局	本次合并交易额达1300亿美元，是全球农化行业最大的并购案。交易双方共向全球24个国家和地区进行了申报，我国执法机关在审查过程中与欧盟、美国等反垄断执法机构开展了多轮深度交流与合作，被誉为"双边合作典范"
3	高通公司滥用市场支配地位案	原国家发改委价格监督检查与反垄断局	调查过程中，执法机关与当事人共进行28次沟通，当事人最终被处罚款60.88亿元人民币。该案是目前处罚金额最高、调查难度非常大、影响深远的反垄断大案
4	12个省份相关政府部门在"新居配"建设中滥用行政权力排除限制竞争案	原国家发改委价格监督检查与反垄断局	该案涉及12个省份在"新居配"建设市场中颁布的2部省政府令、2份省级政府办公厅文件、8份省政府部门文件。因产生排除、限制竞争效果，这些文件先后被废止、停止执行或修改，"新居配"建设市场的公平竞争秩序得以恢复

① 参见《十大反垄断典型案例及点评》，载福州市市场监督管理局（知识产权局）网（http://scjg.fuzhou.gov.cn/zz/xxgk/gzdt/201808/t20180824_2558342.htm），访问日期：2019年2月22日。

（续表）

序号	案例	执法机构	内容简述及影响
5	上海港、天津港、大连港等港口经营企业滥用市场支配地位案	原国家发改委价格监督检查与反垄断局	本案中，涉案企业因收取远高于竞争性国际中转集装箱装卸作业费受到处罚。查处后，有关部门要求全国沿海39个港口对照自查和整改，仅调降装卸作业费一项，每年可降低进出口物流成本约35亿元
6	禁止可口可乐收购汇源果汁案	原商务部反垄断局	本案是我国《反垄断法》实施后首个被禁止的并购案件，也是至今唯一被禁止的企业合并案件。原商务部反垄断局明确将经济学上的挤压效应和传导效应作为作出禁止收购决定的依据写入审查公告
7	禁止马士基、地中海航运、达飞设立网络中心案	原商务部反垄断局	该案是执法机关首次适用《反垄断法》的域外效力，对交易形成的紧密型联营予以禁止，维护了亚洲—欧洲航线、跨太平洋航线航运市场的竞争性市场结构
8	日本12家汽车零部件横向价格垄断协议案	原国家发改委价格监督检查与反垄断局	该案中，12家日本汽车零配件企业多次达成并实施价格垄断协议，执法机关纠正了持续时间超过10年的卡特尔
9	安徽信雅达等三家密码器企业垄断协议案	原国家工商总局反垄断与反不正当竞争执法局	调查中，执法机关通过查看会议相关文件、销售记录、询问涉案企业、银行相关人员等方式，获得了中心辐射型协同行为的翔实证据。信雅达案对协同行为认定具有借鉴意义
10	重庆青阳药业有限公司涉嫌滥用市场支配地位拒绝交易案	原国家工商总局反垄断与反不正当竞争执法局	该案是首例关于滥用市场支配地位拒绝交易的反垄断执法案件，决定书中含8组证据、50余份依据，详细地对相关市场、支配地位和滥用行为进行了充分的认定和论证

（2）中国的反垄断执法机构

根据《反垄断法》的规定，我国反垄断行政机构包括议事协调机构和行政执法机构。具体包括：国务院反垄断委员会、原商务部反垄断局、原国家工商总局下的反垄断与反不正当竞争执法局、原国家发改委价格监督检查与反垄断局等。详情如下①：

表 10 中国反垄断执法机构及其职能

机构	具体部门	职能	地方部门
国务院反垄断委员会	——	作为协调各行政执法机构的议事协调机构,无执法权	——
商务部	反垄断局	经营者集中	——
工商总局	反垄断与反不正当竞争执法局	非价格相关的垄断协议、滥用、行政垄断	省级工商部门
国家发改委	价格监督检查与反垄断局	涉及价格的垄断协议、滥用、行政垄断	省级物价部门或发改委

在 2018 年 3 月,第十三届全国人民代表大会通过了《关于国务院机构改革方案的决定》,将国家工商总局的职责、国家质量监督检验检疫总局的职责、国家食品药品监督管理总局的职责、国家发展和改革委员会的价格监督检查与反垄断执法职责、商务部的经营者集中反垄断执法以及国务院反垄断委员会办公室等职责整合,组建国家市场监督管理总局(简称"市场监管总局"),作为国务院直属机构。国务院反垄断委员会继续保留,由 14 个国务院机构组成,具体工作由市场监管总局承担。

根据《反垄断法》实施十周年新闻发布会发布的信息,国家市场监管总局承担反垄断的统一执法职能,设立反垄断局承担反垄断的主要职能。改革以后将统一标准、统一执法、规范执法。反垄断局将同时承担指导企业在国外的反垄断应诉、竞争政策和反垄断执法的国际合作与交流以及国务院反垄断委员会的日常工作。反垄断局下设 10 个处,分别负责经营者集中审查、滥用行为调查、垄断协议调查、行政垄断调查、反垄断委员会协调、国际交流等工作。

(3)中国反垄断执法机构的国际合作

① 国际竞争网络(ICN)

国际竞争网络(International Competition Network,简称"ICN")由美国发

---

① 参见林文:《中国反垄断行政执法报告(2008—2015)》,知识产权出版社 2016 年版,第50 页。

起,成立于 2001 年 10 月 25 日,是目前唯一一个专门致力于反垄断执法实践的国际组织。

ICN 是一个非正式网络,其不是一个立法机构,也不是正式的纠纷解决体系。ICN 国际竞争网络不强求把各个成员的竞争管理机构转化成国际性竞争管理机构,各国的竞争管理机构自愿地集中在一起同专家讨论国际竞争问题,征求意见和建议。

ICN 向所有国家开放,其主要功能和作用体现在以下方面:a.通过该国际网络进行非正式的会谈;b.相互交流反垄断实践经验;c.就竞争政策领域共同关心的政策性事务进行磋商;d.在不设立正式国际组织机构的条件下开展合作。

目前,中国尚未加入 ICN,但已开始与其展开一些访问和交流。

② 原国家工商总局、国家发改委分别与英国公平贸易办公室签订合作谅解备忘录

原国家工商总局和国家发改委分别于 2010 年 11 月和 2011 年 1 月与英国公平贸易办公室就竞争政策签订合作谅解备忘录,旨在建立统一的竞争政策标准,进一步加强双方之间在竞争执法及消费者保护方面的合作。

③《中美反垄断和反托拉斯合作谅解备忘录》

2011 年 7 月 27 日,国家发改委、商务部和原国家工商总局与美国司法部、联邦贸易委员会共同签署了《中美反垄断和反托拉斯合作谅解备忘录》。

备忘录在中国反垄断执法机构和美国反托拉斯机构之间建立了长期合作框架,以促进双方更有效地执行竞争法律和政策。

根据备忘录,中国反垄断执法机构和美国反托拉斯机构定期举行共同对话,原则上每年举行一次。任何一方均可提议在共同对话框架下成立专题工作组,就相关竞争政策和法律的具体问题进行讨论。

根据备忘录,中美反垄断执法机构合作的领域包括:a.相互及时通报各自司法辖区内竞争政策及执法方面的重要动态;b.通过开展竞争政策和法律方面的活动(如培训、研讨、考察、实习等方式),加强双方的能力建设;c.在适当的时候,双方进行反垄断执法经验交流;d.就竞争执法和政策事项相互寻求信息或建议;e.就竞争法律、法规、规章和指南的修改进行评论;f.就多边竞

争法律和政策交换意见;g.在提高企业、其他政府机构以及社会公众竞争政策和法律意识方面交流经验。

此外,根据备忘录,双方一致认为,当美国反托拉斯机构和中国反垄断执法机构在调查相关事项时,在机构执法利益、法律限制和可获得资源允许范围内,在案件调查中适当开展合作符合双方共同利益。备忘录同时规定,就被交流信息而言,信息获得方应在本国法律许可的范围内对保密信息承担保密义务。

该备忘录有意在中美反垄断执法机构之间建立长期合作机制。该机制有利于改进和加强五个执法机构之间的关系,并可能促进未来的联合执法。①

④ 商务部、国家发改委分别与韩国公平交易委员会签署反垄断合作谅解备忘录②

2012 年 5 月,商务部、国家发改委与韩国公平交易委员会在京分别签署了《中韩关于反垄断合作的谅解备忘录》和《关于反垄断和反托拉斯合作的谅解备忘录》。

双方将在竞争政策和法律动态通报、执法能力建设、执法经验交流、立法建议及评论、多边竞争政策交流、宣传培训等领域开展密切合作。在适当的时候,还可以协调双方的执法活动。双方同时约定,对于一方企业在对方管辖区域内涉及的反垄断相关事务,在适当可行时,双方均有协助企业联系对方以提供有关咨询和帮助的义务。

四、个人信息保护

如何在大数据时代实现个人信息保护和监管,是全世界面临的难题。通过立法的方式来保护个人信息及隐私,是国际上通行的做法。目前已经有近

---

① 参见金杜律师事务所:《反垄断执法机构概述》,载威科先行法律数据库模块"中国反垄断法实务指南"(须注册登录可见),访问日期:2019 年 2 月 22 日。

② 参见《发展改革委与韩国公平交易委员会签(署)反垄断合作备忘》,载中华人民共和国中央人民政府网(http://www.gov.cn/gzdt/2012-05/30/content_2149096.htm),访问日期:2019 年 2 月 27 日;《商务部与韩国公平交易委员会签署反垄断合作谅解备忘录》,载中华人民共和国商务部反垄断局官网(http://fldj.mofcom.gov.cn/article/tpxw/201207/20120708210149.shtml),访问日期:2019 年 2 月 27 日。

90 个国家和地区及组织制定了有关个人信息保护的相关法规和标准。这些法规和标准也在随着互联网的不断发展而改进。[1]

1.欧盟及欧盟成员国有关个人信息保护的立法

在以德国为代表的大陆法系国家,习惯于将个人信息作为公民人格和人权的组成部分,倾向于认为个人信息是自然人人格的载体,因此将一般人格权的保护思路引入"信息自决权"。而在以美国为代表的英美法系国家,则倾向于将个人信息视为公民隐私和自由的组成部分,从而提出"信息隐私权"的概念。[2]

经过多年的讨论,欧盟于 2018 年 5 月 4 日公布了《通用数据保护条例》(GDPR)的文本。这是具有重大意义的法规,因其严格、管辖范围宽、处罚严厉的特点,被认为是当今有关个人信息保护立法水平最高的一部法律。同时,GDPR 的通过也表明了欧盟对于个人信息保护的重视程度,以及对其监管的严格程度。

在监管机构的建立上,GDPR 规定欧盟每个成员国都必须成立关于该法案的监管机构,以便负责该法案在每个相关国家的执行。监管机构负责接受该国关于违法的投诉,并且有权调查其中可能违法的情形并处以相应的处罚。

如果出现一个公司在多个欧盟成员国都有业务,或者在多个成员国都涉及收集、处理个人信息的情况,那么该公司可以选择其主要业务活动(或者信息收集处理活动)所在国的监管机构来"一站式监管"其对于个人信息保护的情况。这一被选择的监管机构也有义务和欧盟其他成员国的监管机构沟通,以保证和其他监管机构在执法尺度上尽可能统一。对于跨国企业来说,这一操作为其提供了便利性,一定程度上避免了和不同国家的监管机构打交道,也避免了监管尺度的不统一。

GDPR 要求在其管辖范围内的个人信息的控制者(controller)以及某些

---

① 参见田雄:《国外如何保护个人信息权》,载民主与法制网(http://www.mzyfz.com/cms/benwangzhuanfang/xinwenzhongxin/zuixinbaodao/html/1040/2018－01－30/content－1314849.html),访问日期:2019 年 2 月 13 日。

② 参见《〈个人信息与隐私保护法律法规现状〉报告》,载安全牛网(https://www.aqniu.com/industry/26330.html),访问日期:2019 年 2 月 11 日。

情况下的个人信息处理者(processor)必须制定相应的公司制度和程序来保证其符合该法案的规定,保障个人信息安全。具体的几个要求包括:

(1)在符合某些条件时,公司必须设置专员来处理数据保护的问题;

(2)对数据收集、处理、使用等过程进行完整的数据保存,以备查询;

(3)公司需要制定一个"违反信息保护的应对方案(Data Breach Response Plan)",以确保违反GDPR或其他信息保护义务时及时向相应的监管机构汇报,并且及时通知受影响的权利人,减少损失";

(4)在采用一个新的科技手段、新的服务或产品时,应该考虑到个人信息保护的问题,并注意落实相关的信息保护机制,以确保新的服务和产品不会构成对个人信息的侵犯;

(5)在进行高风险的个人信息处理时,必须进行专门的风险评估。并且需要根据评估的风险,采取有针对性的措施,在必要时要先咨询监管机构。高风险的情形包括:收集特殊类别的个人信息、在公共区域进行大规模的监控、系统性地对个人信息"建档"(profiling),即通过搜集、处理个人信息来还原一个人的特征、爱好以及行为模式。[①]

2.美国有关个人信息保护的立法

就个人信息保护方面,美国采用分散立法和行业自律相结合的模式。分散立法指的是,在公共领域,美国以隐私权作为宪法和行政法的基础,采取分散立法的模式逐一立法。而在私人领域,美国依靠自律机制(包括企业的行为准则、民间认证制度以及替代性争议解决机制)来实现对个人信息的保护。[②] 美国于1974年通过的《隐私法》对个人信息的保护具有最大的影响,该法案的规定涉及政府部门收集、使用、披露个人信息的方式,以及信息主体的权利。经由其确立的个人信息权利包括:个人信息决定权(即信息主体个人有权享有决定其个人信息是否被收集、储存和利用的权利);个人信息知情权(即信息主体享有对于政府部门是否保有个人信息或取得个人信息副本的知情权);个人信息更正修改权(即信息主体享有更正自己错误个人信

---

① 参见《欧盟个人信息保护新规终获通过:全球跨国企业都准备好了吗?》,载企业乐汇征信博客(http://blog.sina.com.cn/s/blog_1518913060102wn9k.html),访问日期:2019年2月11日。

② 参见《〈个人信息与隐私保护法律法规现状〉报告》,载安全牛网(https://www.aqniu.com/industry/26330.html),访问日期:2019年2月13日。

息的权利）。但是，《隐私法》的规范对象只是美国的公权力机关，而不适用于企业。由于规范对象有限，因此其功能有所减弱。这也是为什么之后美国逐年将《财务隐私权法》《联邦电子通信隐私权法》《家庭教育权及隐私权法》等不断补充进来，各州还制定了一些保护本州公民隐私的将联邦法案细化的法案。

作为最早对互联网传播内容和网络行为进行监管的国家，美国一直在致力于探索网络时代下对个人信息的有效保护。在互联网管理法规的数量上，美国以130多项法规居世界之首，多项法律涉及个人信息保护。

主要包括以下法规：

(1)《电子通讯隐私法》：保护范围涵盖了声音、文本、数字化形象传输等所有形式的数字化通讯，该法禁止所有个人、企业和未经授权的政府部门对通讯内容的窃听，禁止对贮存于电脑系统中的通讯信息未经授权的访问及对传输中的信息未经授权的拦截；

(2)《金融服务现代化法案》：规定了金融机构处理个人私密信息的方式；

(3)《金融隐私权法案》：对银行雇员披露金融记录，及联邦立法机构获得个人金融记录的方式作出限制；

(4)《公平信用报告法》《消费者信用保护法》：规范了调查报告机构对报告的制作和传播、对违约记录的处理等事项，明确了消费者信用调查机构的经营方式；

(5)《有线通讯隐私权法案》：禁止闭路电视经营者在未获得用户事先同意的情况下利用有线系统收集用户的个人信息；

(6)《电讯法》：规定电讯经营者有保守客户财产信息秘密的义务；

(7)《2009个人隐私与安全法案》：建立了风险评估、漏洞检测以及对访问敏感信息的控制和审计标准；

(8)《数据泄露事件通报法案》：要求联邦政府机构以及业务范围跨州的企业在发生数据泄露事件时必须通知信息可能或已经被访问、获取的所有当事人。

在加强立法、执法的同时，美国还首创了行业自律模式，即由公司或者产业实体制定行业的行为规范或行为指引,为行业的网络隐私保护提供示范行为模式。这种行业自律模式更加灵活,对个人信息的保护更具自发性、时效性。

行业自律性规则主要包括以下几条:

(1)从事网上业务的行业联盟发布本行业网上隐私保护准则;

(2)适用于跨行业联盟的网络隐私认证,授权达到其提出的隐私规则的网站张贴其隐私认证标志,以便于用户识别;

(3)为鼓励甚至强制推行隐私权保护提供基本的技术支撑。

在司法实践上,美国对于个人信息范围延伸及财产性确认与保护作出了更深、更广的探索,如有些法院已经确认了个人对其医疗信息和测谎记录享有财产权,在个别州的基因立法中已承认个人基因信息是财产权的保护对象。

3.日本有关个人信息保护的立法

20世纪70年代起,日本的少数地方公共团体开始尝试制定个人信息保护自治条例。其中,最早的地方立法是1973年德岛市制定的《关于保护电子计算机处理的个人信息的条例》。随后,日本各级地方公共团体开始走上个人信息保护的法制化道路。

由于受到1982年中央政府行政管理厅报告的积极影响,各地方公共团体竞相制定个人信息保护条例。比如在1984年,福冈县的春日市率先制定《春日市个人信息保护条例》,随后,川崎市也制定了《川崎市个人信息保护条例》。

而相较于地方公共团体的积极立法趋势,中央政府则显得比较保守与谨慎。日本于2001年完成《个人信息保护法》草案,同时还提出将1988年的《行政机关计算机处理个人信息保护法》全面修正为《行政机关个人信息保护法》,并拟定《独立行政法人个人信息保护法》《信息公开、个人信息保护审查会设置法》以及《行政机关个人信息保护法等施行准备法》等草案。这五个草案被称为个人信息保护关联五法,于2003年5月由日本国会通过,并自2005年4月1日起生效实施。至此,日本现行的个人信息保护的完整法律框架正式形成。①

这部法典也成为日本保护个人信息安全的核心法律。根据这一法律,日本国家行政机关、独立行政法人和地方公共团体还制定了多项法律和条例,为个人信息保护中遇到的各种具体问题提供法律依据。

伴随着网络技术的不断发展和个人信息外延的不断拓展,日本也对原有的法律进行了修正和优化。为了使《个人信息保护法》更能适应时代的发展需求,日本对这部个人信息保护的核心法律进行了修正。② 2017 年 5 月 30 日,2015 年日本《个人信息保护法》(Personal Information Protection Act ,简称"PIPA")(修订稿)全面实施。这使日本的隐私规则发生重大变化,影响到公司处理个人信息的方式,特别是对第三方的披露、国际转让以及收集和使用敏感个人信息等方面,修订后的 PIPA 没有溯及力。本次修订稿的核心内容包括③:

(1)敏感信息的界定。经修订的 PIPA 引入了一个新的"敏感信息"概念,这一概念的含义是有关种族、信仰、社会地位、病史、犯罪记录、受害历史(victimized history)以及内阁令(Cabinet Order)中提供的可能引起社会歧视的其他信息。

(2)向外国第三方披露的行为。经修改的 PIPA 引入了转让个人信息的新规则,其中包括在日本以外的母公司或附属公司(affiliated company)和/或外包商。

(3)退出同意(opt-out consent)。根据 PIPA,如果事先已经通知个人或在个人可以轻松访问的位置发布通知,那么则无需取得个人的明示同意,组织就可以向第三方提供个人信息。

(4)记录保留的义务。组织需要保留其向第三方传输数据的记录,包括转让日期、受让人的姓名、可能识别个人的姓名和其他信息、提供或收到的个

---

① 参见姚岳绒:《日本:混合型个人信息立法保护》,载北方网(http://news.enorth.com.cn/system/2012/06/19/009471205.shtml),访问日期:2019 年 2 月 17 日。

② 参见《德勤:2017 亚太地区隐私与个人信息保护白皮书》,载 Useit 知识库(https://www.useit.com.cn/thread-16252-1-1.html),访问日期:2019 年 2 月 18 日。

③ 参见《日本〈个人信息保护法〉(修订稿)于 5 月 30 日全面实施》,载快资讯(http://www.360kuai.com/pc/9222d02b8a3b4300d? cota = 4&tj_url = so_rec&sign = 360_57c3bbd1&refer_scene=so_1),访问日期:2019 年 2 月 13 日。

人信息项目、已获得个人同意的事实(限于基于个人同意的转让)等。

(5)匿名处理信息的义务。如果公司删除根据个人信息识别出的某些信息,并根据经修改的 PIPA 创建匿名处理的信息,公司可以为任何目的使用匿名处理的信息,并将这些匿名处理的信息转移给任何第三方。值得注意的是,公司使用匿名数据必须遵循一定的步骤。

4.中国的《网络安全法》

《网络安全法》于 2017 年 6 月 1 日起施行。该法明确规范网络空间内网络运营者和关键信息基础设施运营者搜集、使用个人信息的责任和义务,特别是个人信息跨境传输转移的要求。除《网络安全法》以外,中国还针对特定行业要求制定了相应的个人信息保护法律法规,比如金融服务行业等。①

《网络安全法》下的个人信息保护要求,有以下三个鲜明特点:

(1)明确履行个人信息保护的责任主体义务。责任主体的含义是搜集、使用个人信息的网络运营者,包括网络所有者、网络管理者和网络服务提供者,责任主体需要接受国家网信部门和有关监管部门的监督和管理。

(2)系统性定义个人信息保护的要求,并与国内外最佳实践接轨。本次《网络安全法》与国际最佳实践、其他国家在个人信息保护的法律法规保持了相当高的一致性。将《网络安全法》与亚太经合组织 2005 年发布的《APEC 个人隐私保护框架》对比,发现《网络安全法》与《APEC 个人隐私保护框架》的每个管理原则都有对应:

表 11　《网络安全法》与《APEC 个人隐私保护框架》九原则的对应关系

《APEC 个人隐私保护框架》九原则	《网络安全法》有关个人信息保护的要求
预防损害原则	第四十九条(节选)　网络运营者应当建立网络信息安全投诉、举报制度,公布投诉、举报方式等信息,及时受理并处理有关网络信息安全的投诉和举报
告知原则	第四十一条(节选)　网络运营者收集、使用个人信息,应公开收集、使用规则,明示收集、使用信息的目的、方式和范围,并经被收集者同意

---

① 参见《德勤:2017 亚太地区隐私与个人信息保护白皮书》,载 Useit 知识库(https://www.useit.com.cn/thread-16252-1-1.html),访问日期:2019 年 2 月 18 日。

（续表）

《APEC 个人隐私保护框架》九原则	《网络安全法》有关个人信息保护的要求
收集限制原则	第四十一条（节选）　网络运营者收集、使用个人信息，应当遵循合法、正当、必要的原则。不得收集与其提供的服务无关的个人信息
个人信息使用原则	第四十一条（节选）　网络运营者不得违反法律、行政法规的规定和双方的约定收集、使用个人信息，并应当依照法律、行政法规的规定和用户的约定，处理其保存的个人信息 第四十二条（节选）　网络运营者未经被收集者同意，不得向他人提供个人信息。但是，经过处理无法识别特定个人且不能复原的除外 第四十四条（节选）　任何个人和组织不得非法出售或者非法向他人提供个人信息
自主选择原则	第四十一条（节选）　网络运营者收集、使用个人信息，经被收集者同意 第四十二条（节选）　未经被收集者同意，不得向他人提供个人信息
完整性原则	第四十二条（节选）　网络运营者不得泄露、篡改、毁损其收集的个人信息
安全管理原则	第四十二条（节选）　网络运营者应当采取技术措施和其他必要措施，确保其收集的个人信息安全。防止信息泄露、毁损、丢失。在发生或者可能发生个人信息泄露、毁损、丢失的情况时，应当立即采取补救措施
查阅及更正原则	第四十三条　个人发现网络运营者违反法律、行政法规的规定或者双方的约定收集、使用其个人信息的，有权要求网络运营者删除其个人信息；发现网络运营者收集、存储的其个人信息有错误的，有权要求网络运营者予以更正。网络运营者应当采取措施予以删除或者更正
责任原则	第四十条　网络运营者应当对其收集的用户信息严格保密，并建立健全用户信息保护制度

（3）兼顾个人信息应用方面的鼓励创新和个人信息的合理保护。在当今互联网、大数据时代，各种数据包括个人数据需充分处理、共享、使用才能最大化发挥其商业价值。但同时个人信息又需要得到合理保护，如何合理平衡是网络安全法立法时必须要考虑的问题。例如《网络安全法》提出"未经被收集者同意，不得向他人提供个人信息，但是，经过处理无法识别特定个人

且不能复原的除外",该例外情况就是上述原则的体现。①

五、结语

时代已经变化,在现代科技特别是移动互联网的支持下,世界已经连为一个整体,交易可以随时跨越国界。在新时代,我们应该更突出企业活动的人文性,遵守法律,合规经营,这是对中国企业"走出去"的一个巨大挑战。中国企业应充分尊重和理解世界各国法律和制度的差异,转变生产经营和管理方式,努力成为负责任和令人尊敬的责任主体。

---

① 参见《中国网络安全法系列解读之一:个人信息保护要求的应对》,载德勤中国网(https://www2. deloitte. com/cn/zh/pages/risk/articles/cybersecurity-personal-information-protection. html),访问日期:2019 年 2 月 21 日。

对企业海外运营合规管理的实践研究与思考

——以反腐合规为例

中央财经大学　邢　宇

【摘要】　随着全球化的发展,越来越多的中国企业正在走向国际舞台。在中国企业进行海外运营的过程中,不合规的现象也频频发生,诸多天价罚单表明合规与否已经逐渐成为影响企业生存发展的关键性因素。而在众多合规因素中,商业腐败由于其涉及利益广泛及性质恶劣而尤为引人注目。

本文从我国企业在"走出去"过程中发生的典型商业腐败案例出发,结合国际上现行的主要反腐败法律和海外企业在反商业腐败中的实践做法,对我国企业在海外运营过程中需要重视的主要合规管理措施作了深入思考。

【关键词】　企业海外运营　反腐合规　实践

2006 年中国银监会发布的《商业银行合规风险管理指引》中已提出了"商业合规"的概念。而近年来,全球反商业腐败中不断出现天价罚单,我国企业在国际舞台的合规经营之路上高压不断。在这一形势下,为促使中国企业在海外运营中构建适当的合规管理体系,帮助中国企业在"走出去"过程中防范合规风险,2018 年 12 月,国家发改委等七部门联合印发了《企业境外经营合规管理指引》(简称《指引》),对中国企业在"走出去"过程中的合规管理涉及的各项工作作出了较为全面的规范和指引。本文从我国企业在"走出去"过程中发生的典型商业腐败案例出发,结合相关反腐败法律和海外企业在反商业腐败中的实践做法,对《指引》中所涉及的一些重要合规管理措施作了进一步具体化的思考。

一、中国企业海外运营合规管理现状

随着经济全球化的发展,越来越多的我国企业走向了国际贸易舞台,而在讲求公平竞争、诚信共赢的国际商业大环境下,"商业合规"成为我国企业在"走出去"过程中一个必须面对的问题。我们应当看到,商业合规不仅仅是挑战,也是企业在国际市场稳定发展的保障和机遇,越来越多的企业开始在管理体系中设立合规部门、制定合规政策、采取合规措施,合规也正在由企业外部压力推动转变为企业内部自发进行。阿里巴巴、腾讯等高新技术和互联网企业率先在中国举起了企业反腐的大旗,不仅将反腐合规作为公司管理的常规手段,更组建"反腐联盟"进行互相监督。我国无人机制造公司大疆创新也在 2019 年年初对内部腐败行为进行了大规模清查,并进一步发布反腐公告,展示了中国企业在商业反腐合规上的决心和魄力。

然而不可否认的是,中国企业在海外的合规运营之路依然道阻且长。我国企业在快速发展、走出国门的同时,由于对国外法律环境不够熟悉以及企业内部管理未能及时跟进企业发展等因素,在国际市场上因腐败问题受挫被罚的事件时有发生。根据 2018 年美国司法部(DOJ)关于《反海外贿赂法》(FCPA)的执法情况报告①,在全年 16 起商业贿赂执法案件中,共有 6 起与中国有关,如瑞士信贷香港分部因通过雇佣官员亲属从而保留业务一案被判向美国司法部支付 4 700 万美元刑事罚款。② 总体来看,虽然在各国关于商业贿赂的报告中,与中国有关的案件多为外国企业在华行贿,我国企业在国外行贿受贿的案件较少,但这并非意味我国企业可以"独善其身"。

二、海外运营合规管理的国际法律依据

在过去 30 年中,与反腐合规相关的国际条约和法律在不断增加,早期国际反腐合规文件主要为地区间协议,而随着 2005 年《联合国反腐败公约》的生效,其成为国际反腐合规合作在世界范围内达成共识的重要标志,迄今为止已有 167 个国家加入该公约。

---

① 参见美国司法部网(https://www.justice.gov/criminal-fraud/fcpa-guidance),访问日期:2019 年 5 月 2 日。

② 参见美国司法部网(https://www.justice.gov/opa/pr/credit-suisse-s-investment-bank-hong-kong-agrees-pay-47-million-criminal-penalty-corrupt),访问日期:2019 年 5 月 22 日。

表 1　《联合国反腐败公约》生效前的主要反腐公约

组织名称	文件名称	通过时间
美洲国家组织	《美洲反腐败公约》	1996 年 3 月 29 日
欧盟理事会	《打击涉及欧洲共同体官员或欧洲联盟成员国官员的腐败行为公约》	1997 年 5 月 26 日
经合组织	《禁止在国际商业交易中贿赂外国公职人员公约》	1997 年 11 月 21 日
欧洲理事会	《反腐败刑法公约》	1999 年 1 月 27 日
欧洲理事会	《反腐败民法公约》	1999 年 11 月 4 日
非洲联盟首脑会议	《非洲联盟预防和打击腐败公约》	2003 年 7 月 12 日

这些公约中往往广泛规定了对各种贪腐行为的打击,针对企业反腐合规的规定一般由各国在国内法中落实。但也有一些文件明确要求企业采用合规方案和行为准则,如《联合国反腐败公约》第 12 条要求缔约国酌情对私营部门的腐败行为给予有效、相称和劝阻性的民事、行政或刑事处罚。2009 年通过的《经合组织关于进一步打击在国际商业交易中贿赂外国公职人员的建议》①也具体要求各成员国鼓励本国企业制定和采取适当的内部控制和合规方案或措施以防止和发现外国贿赂。

除了国际条约中的规定,许多国家针对企业反腐败合规问题制定了专门的法律,这些法律虽为国内法,但近年来越来越多的案例表明,它们对我国企业在海外的合规管理运营具有十分重要的影响。

以美国为例,1977 美国出台《反海外贿赂法》,禁止美国企业在海外业务中贿赂当地官员,并于 1988 年进一步出台《全面贸易与竞争法》(OTCA),对《反海外贿赂法》进行了修订,一方面完善了处罚豁免的情况,另一方面加大了对贿赂行为的处罚力度。从 2007 年起,美国司法部、美国证券交易委员会(SEC)和其他执法部门依据《反海外贿赂法》对大型跨国公司进行调查的数

---

① 参见经济合作与发展组织网(http://www.oecd.org/corruption/anti-bribery/OECD-Anti-Bribery-Recommendation-ENG.pdf),访问日期:2019 年 5 月 22 日。

量激增。① 而根据斯坦福外国腐败行为研究中心公布的报告,从 2010 年至今,共有 42 起制裁措施与中国有关,该数量在所有被调查的海外国家中居于首位。不可否认的是,这些罚单给中国企业带来的教训或警示促使《反海外贿赂法》成为国内反商业贿赂领域的研究热点。

图 1　1996—2018 年美国司法部和美国证券交易委员会依据《反海外贿赂法》
发起的执法行动数量(单位:起)②

值得关注的是,其他多个国家近年来也纷纷出台反贿赂法案或修订国内法,以打击与本国相关的企业运营不合规现象。如英国于 2010 年通过了《反贿赂法》,该法第 7 条规定了"商业组织预防贿赂失职罪",当商业组织的关联人员为了获取或保留该商业组织的业务,或者为获取或保留该商业组织优势而向他人行贿的,商业组织构成本罪,除非商业组织能够证明其已制定了充分的程序来预防相关行贿行为。其中"关联人员"不仅包括商业组织的雇员,也包括所有为了或代表商业组织而提供服务的人员。在其随后颁布的《2010 年贿赂法案指南》中,进一步阐明了"充分程序"需要遵循的六项原则,即程序比例原则、最高层责任原则、风险评估原则、尽职调查原则、沟通原则、监督和复原原则。除此之外,该罪名的证明采取严格责任,即商业组织必须提供充分证据证明其为预防关联人员行贿制定了符合要求的程序。在2012 年、2014 年、2015 年和 2018 年,意大利相继批准通过了一系列反贿赂法案,这些反贿赂法案涉及对《意大利刑法典》《意大利民法典》及一些法令的

①　参见斯坦福外国腐败行为研究中心网(http://fcpa. stanford. edu/statistics-heat-maps. html),访问日期:2019 年 5 月 22 日。
②　参见斯坦福外国腐败行为研究中心网(http://fcpa. stanford. edu/statistics-heat-maps. html),访问日期:2020 年 4 月 5 日。

多项修正。最新通过的《2018 年反贿赂法案》中规定,对于私人间贿赂,即使受害方没有提出正式请求或索赔,也可以根据有关条款起诉公司的董事、总经理和其他高管等负责人。该法案第 25 条更是明确规定了对于公司实施《意大利刑法典》第 346 条第 2 款规定下的有影响力交易犯罪行为的,最高可处以 309 800 欧元的罚款。该条第 5 款对腐败行为由管理职位的人实施和由一般员工实施的不同情况下对公司的限制措施作了时间上的区别,对于由管理者实施的腐败行为,对公司进行相关限制的时间长达后者的两倍,这也显示了管理者行为在企业合规运营中的重要地位。俄罗斯也在 2018 年通过了一项新的关于企业贿赂的法案——对《行政违法法典》第 19.28 条的修正案,修正后该条允许对任何实施行贿行为,或经由第三方实施行贿行为的法律实体提起诉讼。第三方责任的引入意味着任何受第 19.28 条管辖的企业,无论知情与否都需要为与其相关的利益进行的贿赂行为负责。在这种情况下,为防止企业在诉讼中被认定为受益方,企业在经营管理中开展完善的尽职调查,预先进行风险评估并制定实施妥当全面的合规方案就显得尤为重要。

总之,国际上反商业贿赂的法律正在朝着更多、更细、更严的方向发展,虽然"合规"的含义十分广泛,不仅仅包含合乎法律,但毫无疑问,合法是合规的底线和必选项。我国企业在"走出去"的过程中,必须充分了解相关法律,在运营管理中不仅要做到守法,更应学会用法,以提升企业形象,促进企业发展。

三、企业合规运营管理的实践经验

(一)完善的合规体系

合规体系的建立是企业合规运营管理的基础与核心,但即使是世界知名的企业,合规体系的建立也可能是一个从无到有,由薄弱到完善的过程。如由于在 2001—2006 年期间的一系列不合规举动,德国企业西门子(Siemens)在 2008 年被德国和美国政府联合罚款 16 亿美元。① 在这之后,西门子在其全球公司范围内建立了一个系统性的合规组织,并设置了专门性的

---

① 参见美国司法部网(https://www.justice.gov/criminal-fraud/case/united-states-v-siemens-aktiengesellschaft-court-docket-number-08-cr-367-rjl) ,访问日期:2019 年 5 月 22 日。

合规机构和合规官职位。总部合规办公室由首席合规官进行领导,处理全公司合规相关事务;各个业务集团和区域公司的合规事务则由各自的集团合规官或区域合规官具体负责,同时合规官还负责对员工进行合规体系要求的培训。对成熟型的企业而言,合规体系的建立过程往往是后发的,但这些经验在自身合规体系完善和其他企业合规体系的构建中具有重要的借鉴价值。

第三方管理是合规体系的另一项重要内容,根据业务关系的不同,第三方又分为供应商、经销商、中介机构等多种形式。一个合规的第三方能够降低企业的合规风险,降低交易成本,维护企业的稳定发展,反之则会给企业的合规体系造成沉重打击。2004—2010 年间,美国资产管理公司美盛集团(Legg Mason)的子公司博茂集团(Permal Group)与法国金融服务公司法国兴业银行合作,从利比亚国有金融机构招揽投资业务。期间,法国兴业银行为了获得业务,通过"中介"支付了约 9 000 万美元的贿赂金,其中部分业务被证实有利于博茂集团。这导致法国兴业银行在被美国司法部和美国证券交易委员会调查贿赂案件的同时,美盛集团也受牵连进入相关调查流程,并最终同意支付超过3 400万美元和解金。① 由此可见,企业建立完善的反腐败合规管理体系需要重视第三方对该体系的影响,实践中可对第三方进行充分的合规尽职调查、与第三方签订合规协议,或在商业协议中加入合规义务条款等措施。

(二) 自我披露制度

自我披露包括事前披露和事后披露。事前披露是指在合规风险发生之前对企业内部的合规管理运营措施或情况进行一定范围的公开,与之相应的事后披露则发生在合规风险发生之后。事前披露往往与企业建立有效的合规机制并向执法部门公开相联系,其不仅有助于企业树立诚信良好的形象,也可以降低企业的合规风险。以美国为例,如果企业制定了有效的合规机制,政府会在执法中给予认可并减少相应处罚。例如 2014 年在摩根士丹利(Morgan Stanley)公司的一名高级管理人员被发现违反《反海外贿赂法》后,美国司法部决定不对公司进行处罚,原因是根据公开内容,摩根士丹利公

---

① 参见美国证券交易委员会网(https://www.sec.gov/news/press-release/2018-168),访问日期:2019 年 5 月 22 日。

司已经建立了有效的合规制度,该制度对这种腐败行为并不认可,因此这名高级管理人员应承担个人责任,而摩根士丹利公司无须承担单位责任。①

而在更多案例中,企业都会选择在合规事故发生后进行自我披露以换取对企业责任的豁免。2019 年年初美国高知特(Cognizant)科技公司在印度利用第三方贿赂政府官员的案件中,美国司法部最终免除了对高知特违反《反海外贿赂法》的处罚,根据免除处罚声明中提到的原因,免除是由于"高知特在 2017 年 9 月进行了主动自我披露和全面调查,并对案件调查进行了极其有效的配合"②。而另一方面,如果公司不主动进行内部调查及披露,将面临被认为是默许和纵容违法行为的更大的风险。例如在 2014 年,由于法国阿尔斯通(Alstom)公司在发现公司内部的违法行为后未进行主动报告,在美国司法部调查初期也持不够配合的态度,最终被美国司法部罚款 7.72 亿美元。③

(三) 重视管理人员

企业合规的首要责任人是公司的治理机构和成员,如上市公司的董事、总经理等其他高级管理人员。他们在公司合规管理体系的构建、实施、监督和完善等方面都发挥着重要作用,许多企业的不合规现象最后往往都被证明是公司的管理人员出了问题。

因此,大型跨国公司和国际组织越来越重视对管理人员进行合规培训,甚至直接把合规人才引入高级管理人员。如在被美国通用公司收购后,法国阿尔斯通公司任命合规官为董事会成员。2024 年法国巴黎奥林匹克委员会也专门成立了合规团队,为奥运会比赛建立合规架构和监督体系。谷歌公司在《谷歌行为准则》中也明确提到,"禁止在任何时候以任何理由贿赂任何人",在需要进行商业礼节性互动时,必须获得必要的预先批准。

---

① 参见美国司法部网(https://www.justice.gov/sites/default/files/testimonies/witnesses/attachments/2016/02/18/07-17-14_a_legislative_proposal_entitled_the_bank_account_seizure_of_terrorist_assets_basta_act_before_the_house_committee_on_financial_services_web_ready.pdf),访问日期:2019 年 5 月 22 日。

② 参见美国司法部网(https://www.justice.gov/criminal-fraud/file/1132666/download),访问日期:2019 年 5 月 22 日。

③ 参见美国司法部网(https://www.justice.gov/criminal-fraud/case/united-states-v-alstom-sa-et-al-court-docket-number-314-cr-00245-jba-314-cr),访问日期:2019 年 5 月 22 日。

四、中国企业海外合规运营的对策

结合上文提到的国际法律现状和各国企业在合规管理中的实践经验,笔者对我国企业在"走出去"过程中需要采取的几项重要合规管理措施进行了深入思考。

(一)制订适当的反腐合规方案

1.风险预防方案

企业制订反腐合规的风险预防方案前首先需要对腐败风险进行评估,这种评估是确定风险预防方案中主要要素的依据。实践中一些企业为防止公众的负面看法或猜测宁愿放弃正式的风险评估,这种做法无异于饮鸩止渴。企业应当认识到,没有一家企业能够完全排除腐败的风险,但只有当风险被忽视并造成不良后果时,风险才会真正成为一种负面因素,积极主动地评估、预防和处理风险,才是合规运营的应有之义。

企业的腐败风险既包括偶然风险,也包括固有风险,其中固有风险是特定企业在经营管理过程中由于企业性质和经营环境等各种因素所必须面对的风险,也是风险预防方案的主要对象。[①] 预防固有风险的常规方法包括:在企业内部,加强对企业招聘员工环节的管理及监督,针对腐败高发岗位的员工进行专门培训,加强中层管理人员的参与以保证反腐合规方案的有效实施,制定内部自动风险控制程序以分析长期、复杂的资金流等;在企业外部,加强对关键供应商或主要投资者的尽职调查,积极参与行业团体的集体行动计划等。[②] 除了常规预防方案,公司可以选择通过改变或放弃被视为涉及腐败的业务来规避重大风险,例如公司可以通过不进入高风险市场或不接受外部代理来规避风险;还可以通过第三方来转移风险,例如通过聘请第三方调查机构避免对其供应商尽职调查不充分的风险。

2.风险处理方案

应当承认,即使企业已经制订了合理的风险预防方案,腐败风险也不可

---

① 参见《反腐败风险评估指南》,载国际标准化组织网(https://www.iso.org/standard/65034.html),访问日期:2020 年 4 月 5 日。

② 参见《联合国反腐败公约》,载联合国网(https://www.un.org/zh/issues/anti-corruption/uncac_text.shtml),访问日期:2020 年 4 月 5 日。

能降至零。在合规风险发生时,企业可以以要求区分企业责任和个人责任为由进行抗辩,美国相关执法部门在执法过程中,也确认了若企业建立了可有效运行的完整合规体系,则可以减轻甚至免除企业责任。

不同企业的腐败风险除了因其规模、结构、地理运营或商业模式等特点而不同,还取决于企业的内部运营,如采购、销售和营销,因此,没有"一刀切"的反腐败方案,无论是预防方案还是处理方案,都必须适应特定企业的具体要求。此外,当今世界变化速度飞快,要求企业将风险预防方案和风险处理方案的制订作为一个持续的过程,随着商业环境的变化和国际与国内对反腐合规立法的不断完善,及时主动关注风险敞口并作出相应调整。

(二)反腐合规措施公开

反腐合规措施除了上文提到的风险预防方案和风险处理方案,还包括建设相应的合规团队、组织合规培训、监测合规绩效、进行企业内部合规审查等。这些反腐合规措施的公开在企业合规运营中发挥着不可小觑的作用。首先,反腐合规措施公开是表明企业预防和打击腐败的诚意、严肃性以及企业基本价值观的一种重要方式。其次,向员工、商业伙伴和其他利益相关者(如民间社会组织)公开反腐合规措施不仅可以通过提高透明度倒逼企业内部加强反腐合规力度,进一步提高企业的声誉,也为衡量企业反腐合规进度和同行学习提供了基础。最后,公开反腐合规措施还可以威慑不法分子,促进公众讨论并改进反腐措施。

反腐合规措施的公开有许多方式,一般以公开报告的方式进行,该报告可以以专门反腐合规报告的形式,也可以作为企业普通报告的一部分向公众公开。根据《证券公司和证券投资基金管理公司合规管理办法》第 30 条的规定,证券基金经营机构应当在报送年度报告的同时向中国证监会相关派出机构报送年度合规报告。中国证监会官网也公布了证券公司年度合规报告内容与格式范本①,因此在我国,金融行业的合规报告是有范本可以参照的。而我国企业在海外的合规报告虽然并未有一个具体的范本,但也可以此为参照,结合具体国家对企业合规措施的要求具体制定反腐合规措施。

---

① 参见中国证券监督管理委员会网(http://www.csrc.gov.cn/pub/zjhpublicofln/bszn/201804/t20180417_336820.htm),访问日期:2019 年 5 月 22 日。

（三）重视企业高级管理层在反腐合规中的作用

首先,有效的反腐合规措施必须建立在企业高级管理层明确有力的承诺的基础上,这种承诺在形成企业诚信健康的价值观以及树立企业形象方面也发挥着重要作用。因此,高级管理层应当清楚表明对腐败的零容忍态度,也即无论小规模还是大规模、直接还是间接、主动还是被动,始终会反对和禁止腐败。

其次,由于在实践中反腐合规话题往往是由高级管理层提出的,这意味着高级管理层对这一话题的实施也具有主导性的作用。《公司法》中也明确规定公司的董事等高级管理人员对公司负有忠实和勤勉义务。因此,高级管理层应当主动将企业反腐合规的承诺落实到企业运营过程和企业政策上。

最后,不能忽视的是,企业的基层员工才是企业"行动的代言人",因此企业高级管理层要确保企业所有员工和相关第三方都能理解企业对腐败零容忍的态度、相关支持性政策和程序,且知悉不遵守企业反腐合规机制的后果。而在大型企业中,由于高级管理层无法定期与所有基层员工接触沟通,所以高级管理层还需确保企业的反腐承诺和合规措施在所有层级(包括企业中级管理层)间的顺畅实施。

五、小结

随着大众规则意识的增强,企业能否在管理运营中保持合规已经逐渐成为各界对企业关注的焦点和重要评价依据。在中国企业迈开步伐"走出去"的过程中,构建完善的合规管理体系不仅有利于树立良好的企业形象,提升企业竞争力,更对营造阳光、透明、公平的商业环境,促进企业持续发展,建立维护良性商业秩序具有重要意义。

企业合规的内容也在不断完善,无论是合规体系的构建、公开措施的增加还是在合规运营中对企业管理层的重视,企业合规正在中西方跨国企业的实践中不断地被赋予更加丰富的内涵。[①] 我国企业在建立海外运营合规管理体系时,一方面要充分吸取各国企业的合规运营管理经验,另一方面也要注意摒弃"拿来主义",注重合规措施的有效性和适用性,在自身实践中不断矫正和完善。

---

① 参见胡国辉:《企业合规概论》,电子工业出版社 2018 年版,第 27 页。

企业安全合规管理中律师业务的新思路

天津金诺律师事务所　赵琪文

【摘要】 合规管理是企业发展的基础,在生产安全事故频繁发生、安全行政执法力度不断加大的背景下,企业安全合规管理面临严峻的考验。本文通过对企业安全合规管理的内容与难点的研究,分析了律师在企业合规管理中的作用,以期为律师业务发展提供新思路。

【关键词】 安全生产　合规管理　律师业务

一、企业安全合规管理的内容

（一）安全合规管理主要依据

1.《合规管理体系　指南》（GB/T 35770—2017）

《合规管理体系　指南》（GB/T 35770—2017）是由原国家质检总局、中国标准化管理委员会于 2017 年 12 月发布,并于 2018 年 7 月 1 日开始实施的。该标准提出了合规管理的流程要求,即通过对内外部问题与相关方要求的识别与确定,在建立良好治理原则的情况下确定合规范围,建立合规管理体系,制定合规方针。同时,在领导承诺并建立独立合规团队的支持前提下,识别具体合规义务与风险,制定应对合规风险的策略,在组织实际运行过程中落实防控措施,并对合规管理情况进行绩效评价,改进"不合格""不合规"的反应,从而降低组织不合规发生的风险。尽管该标准并未对合规管理提出具体要求,但是提供了建立合规管理体系的指南和建议,明确了合规管理涉及的主要因素,即"领导作用""风险识别""合规策划"与"合规运行"。

2.《中央企业合规管理指引（试行）》

2018 年 11 月 2 日,国务院国资委发布了《中央企业合规管理指引（试行）》。该文件明确规定,中央企业合规,是指"中央企业及其员工的经营管理行为符合法律法规、监管规定、行业准则和企业章程、规章制度以及国际条约、规则等要求"。而"合规管理",是指"以有效防控合规风险为目的,以企业和员工经营管理行为为对象,开展包括制度制定、风险识别、合规审查、风险应对、责任追究、考核评价、合规培训等有组织、有计划的管理活动"。同时提出,企业应加强对市场交易、安全环保、产品质量、劳动用工、财务税收、知识产权、商业伙伴等领域的合规管理。

3.《企业安全生产标准化基本规范》(GB/T 33000—2016)

《安全生产法》第4条明确规定,生产经营单位应当"推进安全生产标准化建设",而《企业安全生产标准化基本规范》(GB/T 33000—2016)进一步规定了企业安全生产标准化的相关内容,即建立安全生产管理体系与目标,按照法律、法规建立安全管理组织机构,明确企业负责人与安全管理人员的职责,根据具体风险识别的情况对安全管理制度进行评估与改进。

(二)安全合规管理具体内容

根据上述依据可知,"安全合规管理"应当是指企业以有效防控生产安全事故及行政处罚的发生,减少经济损失与声誉损失为目标,设置管理机构,明确主要负责人及管理层职责,以企业和员工安全合规行为为对象,开展包括规章制度与操作规程制定、教育培训、现场管理、风险识别、隐患排查、应急管理、事故管理、责任追究、持续改进等有组织、有计划的管理活动。主要包括以下内容:

1.目标体系与目标职责的建立

目标管理是企业合规管理的前提。企业应根据自身安全生产的实际情况确定安全生产目标,并将安全目标分解为具体指标,按照企业各部门的相关职责落实指标体系,同时应根据目标执行情况及时进行调整,以保证目标始终符合企业安全生产管理实际。

除了建立安全生产目标外,企业还应当建立相应的安全生产管理机构,明确企业主要负责人及管理层的安全管理责任和义务,建立企业安全生产责任制,明确各级部门和从业人员的职责,保证全员参与安全合规管理。

2.管理制度的制定

在安全生产合规管理中,"规"不仅包括合法律法规、规章、国家标准、行业标准,还应当包括企业自行建立涉及安全生产的管理制度与操作规程。具体来说,包括文本化的安全生产责任制度、教育培训制度、资金投入保障制度、现场设备设施与具体操作规程管理制度、安全隐患排查治理制度、应急救援与演练制度、事故报告和处理制度等。制定上述管理制度一方面能够保证安全管理目标的落实,另一方面能够成为企业安全合规管理的"证据",从而有效避免行政处罚风险与事故责任认定风险。

3.风险识别

安全合规管理风险,一方面源于企业不具备安全生产条件,违反法律法规及标准要求进行生产经营而带来的被行政机关进行行政处罚的风险;另一方面来自于不及时处理事故隐患或员工(相关方①)违规操作导致生产安全事故的发生给企业造成的经济损失与声誉损失。因此,风险识别在安全合规管理中尤为重要。

4.应急救援与生产安全事故应对

随着《生产安全事故应急条例》的出台,应急救援在企业安全合规管理中的地位也越来越重。应急救援管理不但包括对事故发生后的救援程序的管理,还包括对设置应急救援组织、制订应急预案、开展应急演练等相关环节的管理。而生产安全事故发生后,企业如何应对,则成为其降低法律风险的重要管理环节。

二、企业安全合规管理的难点

(一)企业主要负责人安全管理意识不强

抓好安全管理,培育安全文化,各级领导的意识到位、责任落实和亲自参与是安全管理工作成败的关键。② 企业主要负责人的安全管理意识决定了安全合规管理体系的建立与执行,决定了安全生产目标设立的准确性与科学性,决定了安全生产物质保障与经费投入的及时性,是解决安全投入与经营利润之间的矛盾的关键因素。但是在实际安全合规管理中,企业主要负责人往往对安全重视不够,对安全经费投入不足,安全目标不明确,安全责任模

---

① 参见《企业安全生产标准化基本规范》(GB/T33000—2016)第3.4条。"相关方"指"工作场所内外与企业安全生产绩效有关或受其影响的个人或单位,如承包商、供应商等"。

② 参见李丹、袁侃、姜一:《"有感领导、直线责任、属地馆"HSE理念的探索及应用》,载《中国石油和化工标准与质量》2012年第2期。

糊,对于安全合规管理仅停留在制定制度层面,合规风险意识淡薄。这成为企业安全合规管理的首要难题。

(二)管理制度执行不到位

对于企业而言,安全合规管理有效运行的前提是完善的管理规章制度体系,与机构职能相匹配的规章制度。然而有完备的管理制度体系并不能证明企业安全合规管理到位。经笔者对多起国内重大生产安全事故报告中的"事故发生间接原因"进行分析,大部分事故发生的间接原因为"管理制度制定不到位"或者"管理制度未执行"。例如,企业没有建立或落实安全生产责任制;企业从未组织开展过安全宣传教育,从未对员工进行安全知识培训;企业未落实安全隐患排查治理制度等。从事故教训来看,生产安全事故的背后必然会存在安全管理制度的执行问题,因而安全管理制度成为安全合规管理的难点。

(三)风险识别困难

安全风险一直是随着企业生产经营变化而变化的,因而风险识别成为安全合规管理中最为关键的环节,需要及时把控并制定相应的应对策略,但是在实践操作中存在一定的困难。

1.法律、法规及标准更新较快,企业难以掌握

由于法律、法规及标准更新较快,部分企业无法及时准确地掌握相关变化,导致企业安全管理现状无法满足现行规定,进而存在被行政机关进行行政处罚的法律风险。例如,《危险化学品重大危险源辨识》(GB 18218—2018)中将重大危险源分为生产单元和储存单元,生产单元包括生产装置和设施,以切断阀作为分割界限划分为独立的单元;储存单元包括储罐区和仓库,储罐区以罐区防火堤为界限划分为独立的单元,仓库以独立库房(独立建筑物)为界限划分为独立的单元。而《危险化学品重大危险源辨识》(GB 18218—2009)将"一个(套)生产装置、设施或场所,或同属一个生产经营单位的且边缘距离小于500米的几个(套)生产装置、设施或场所"认定为一个"单元"。由于上述新旧标准的变化,部分危险化学品企业可能需要对重大危险源进行重新识别,一旦未及时识别,将会面临承担行政责任的法律风险。因此,对于企业来说,法律、法规及标准的更新与适用将会给安全合规管理来

一定的困难。

2.隐患(相关方)风险识别不到位

安全合规管理的风险,一方面来自法律法规的变化,另一方面来自事故隐患。而事故隐患主要来自"人的不安全行为、物的不安全状态、环境的不安全因素"。而相对企业而言,"人的不安全行为",不但包括企业员工的违法违规操作行为,还包括相关方的违法违规行为。对于员工的违法违规行为,企业一般可以通过教育培训以及严格安全生产责任制加以避免,但是,相关方的违法违规行为则难以避免,甚至难以识别,这势必成为企业安全合规管理的难点。

(四)事故应对较为被动

依据《生产事故报告和调查处理条例》的规定,生产安全事故由与事故等级相应的人民政府组织调查。而发生生产安全事故后,企业除了按照规定履行相应的报告程序配合救援与调查,只能等待政府的调查结果。而事故调查报告一经人民政府批复,认定企业负有事故责任,企业也只能通过诉讼途径进行救济,如果企业诉讼救济不成功,将面临行政处罚以及被列入安全失信名单的风险。因此,生产安全事故发生后,企业的被动地位也给企业安全合规管理带来一定的压力。

三、律师在企业安全生产合规管理中的作用

安全合规管理是一个动态的复杂的管理过程,实操中的管理难题与法律风险,仅靠企业自身根本无法消除。结合多年的安全法律实务经验,笔者认为,律师作为专业的法律服务者,能够在以下管理环节中发挥一定的作用,帮助企业做好安全合规管理工作。

(一)提高企业主要负责人安全管理意识

面对企业主要负责人安全管理意识不强的难题,律师可以对企业主要负责人进行法律培训,通过对安全生产法律法规的解读、国内外典型生产安全事故后果的法律分析,提高企业主要负责人的安全风险意识,彻底改变其"重生产、重产值、重利益,要钱不要安全"的错误理念。除此之外,律师可以按照法律法规及最新政策的要求,为企业主要负责人制定具体的安全行动计

划,明确企业安全管理责任,落实安全经费与物质投入,进而从源头保证企业的合法合规经营。

(二)完善企业安全制度管理体系

一家企业想要将安全生产的管理理念运用到生产过程中,就一定要建立专属的安全标准化管理体系。[①] 而这种标准化管理体系主要体现在完善的安全制度管理体系上。律师能够在分析企业行业特点与经营风险的前提下,依据法律法规、规章和标准为企业建立专属的、行之有效的管理制度。该制度从设置安全目标开始,到事故管理制度结束,形成一个从顶层设计到实操闭环的完整体系,不仅包括安全生产责任制、教育培训、隐患排查制度,更重要的是设置与完善相应的绩效考核制度,保证制度能够有效执行。

(三)帮助企业做好安全风险识别

面对企业风险识别的难题,律师首先可以通过建立安全法律数据库的形式解决法律、法规及标准更新过快的问题。根据企业经营状况,建立适应企业各部门需求的法律、法规及标准数据库,并及时更新、解读,帮助企业正确理解与适用。除此之外,律师通过对企业与相关方之间法律关系的分析,预判安全风险与隐患,及时通过协议、谈判甚至诉讼等方式帮助企业厘清安全管理界限,降低安全管理风险。

(四)制定企业风险防控与应对策略

通过对企业风险识别,律师可以针对不同的风险提出切实可行的具体防控措施。特别是发生生产安全事故后,律师可以在企业的委托下,联合技术专家对事故发生原因及事故责任进行调查与分析,帮助企业厘清事故责任,必要时可以主动与调查机关沟通,改变企业被动不利的局面,由"被动等待处罚"逐步走向"积极配合调查"。

四、结论

在生产安全事故频繁发生、行政执法力度不断加大的背景下,安全合规管理已经成为影响企业发展的重要因素,仅仅靠企业自行管理是不够的,而

---

① 参见彭琦凯:《企业安全生产标准化管理模式分析与研究》,载《山东工业技术》2019 年第 17 期。

律师能够利用专业知识帮助企业化解安全合规管理中的难题,同时,这些安全合规难题也给律师业务的发展带来了新思路。

参考文献

[1]张鹏:《"有感领导"在石化企业安全管理中的应用》,载《安全、健康和环境》2019年第3期。

[2]李祎:《落实〈安全生产法〉重在增强全民安全生产意识》,载《法制与社会》2016年第31期。

[3]刘志涛:《深入探讨安全生产标准化在企业中的关键作用》,载《中国管理信息化》2019第13期。

[4]吴向远、赵洪有、苏伟伟:《我国安全生产法发展现状及思考》,载《能源与环保》2019年第6期。

[5]樊光中:《关于落实〈中央企业合规管理指引(试行)〉的思考与建议(三)》,载《新产经》2019年第2期。

[6]樊光中:《关于落实〈中央企业合规管理指引(试行)〉的思考与建议(七)——建立合规管理体系的"22211"原则》,载《新产经》2019年第6期。

[7]法务人俱乐部:《企业合规管理的重点与难点》,载《新产经》2019年第6期。

[8]牛健:《培育合规文化 建设法治企业》,载《施工企业管理》2019年第5期。

[9]韩玉超:《试析我国企业合规管理面临的困境》,载《商场现代化》2019第5期。

企业合规体系构建研究和法律服务

北京大成（武汉）律师事务所　刘克韬　朱　雁·陈雅言

【摘要】　企业合规的必要性贯穿企业从设立到清算、解散的整个过程，涉及方方面面的法律主体、法律关系和事务；一个企业如果没有适当的风险意识和相关的管理机制，无异于闭目夜行，深一脚、浅一脚，很难顺利地到达目的地。

但在中国，目前并不存在一个一般性的、放之四海而皆准的法律风险管理和合规建设的方法。笔者在长期的法律服务实践过程中发现，如果我们借鉴国内外成熟的、前沿的合规管理和控制的经验和路径，应用项目管理技术和组织管理原理，可以设计出系统化的合规服务产品。

在方法论上，可以借鉴美国海外反腐九项措施、英国反腐六项原则、国家发改委出台的《企业境外经营合规管理指引》以及《合规管理体系　指南》（GB/T 35770—2017）等所体现的原则和方法。项目管理技术主要是引用PDCA循环；组织管理则适用比例原则、顶层参与原则、传达/培训原则等。

【关键词】　合规体系构建　项目管理　组织管理　PDCA循环　法律服务

一、合规相关的几个常见问题

（一）什么是合规、合什么规

合规一词译自英语Compliance，意思是：①对命令、规则或者要求的遵从；②同意按其他人要求行事的倾向。在法律语境下，明显应取用前一个义项。"合规"这个词在法律上的使用也许可以追溯到英国产生法律的时候，在美国至少可以追溯到1939年前后，就是埃德温·哈丁·萨瑟兰（Edwin Hardin Sutherland）创造"白领犯罪"一词的大概时间（或应更早）。

关于合什么规，美国《反海外腐败法》（FCPA）第1条关于合规方案的主要步骤指出，"公司的'商业行为规范'应把基调定在最高点，以强调合乎道德的行为的重要性，并且明确规定公司要遵守包括本法在内的一切法律"。笔者认为，在中国也是一样，这里的"规"就是广义上的法律，指一切法，特定情况下甚至包括企业必须遵守的技术性规范。

（二）合规为什么现在才会在中国"流行"

合规现在在中国流行有两个原因：

其一，这是中国企业参与经济全球化的自然结果。在中兴通讯受处罚之前，美国早就有很多类似的合规处罚案例，其中在中国违法却在美国受处罚的从 2005 年到 2009 年就有十几起，包括 2008 年德国西门子被处罚 16 亿美元。这些对外国公司的处罚，在当时都没有引起国人的注意，直到中兴通讯受处罚，国人才普遍警觉起来。

其二，这是中国法治进程和依法治国的必然演进。在法治社会里，违法成本越来越高，违法成为个人和企业最大的风险，是企业的不能承受之重；除经营风险外，违法是导致个人倾家荡产，乃至失去人身自由的重要原因。

（三）谁需要合规、谁能提供合规法律服务

任何人（自然人、法人）都需要合规。律师一般都可以提供合规法律服务。

（四）合规法律服务和传统的法律顾问服务的关系

合规法律服务和传统的法律顾问服务是包含与被包含关系。传统的法律顾问服务主要就是合规法律服务。合规法律服务表现出主动、预防和系统化的特点，更强调专业化和国际化，可以看作传统法律顾问服务的升级版，要求更高的视角和服务水平。

二、全球视野下可供参考的合规体系构建方法三则

（一）美国海外反腐九项措施

从麦特卡和艾迪（Metcalf & Eddy）一案开始，美国联邦政府要求被告公司实施和保持有效的合规方案是其签署认罪协议或《反海外腐败法》违法指控和解的条件之一。此外，涉及违反《反海外腐败法》的案件，按照美国《联邦量刑指南》及其修正案，以及美国司法部和证券交易委员会的内部控诉指

南,对事先存在有效的公司合规方案是减免处罚的情节之一。

合规方案目前在大型上市公司已经发展得很完善,并被普遍接受。遭到违法指控会对公司造成间接的或附带的损害,这本身就能够促使公司上下全面执行合规方案。许多较大的公司都执行全球范围内的合规政策,这些政策对境外子公司和在美国经营活动同样适用。

《反海外腐败法》中合规方案主要步骤包括:

①公司的"商业行为规范"应把基调定在最高点,以强调合乎道德的行为的重要性,并且明确规定公司要遵守包括《反海外腐败法》在内的一切法律。

②公司应单独制定一份适用于全体董事、高级管理人员、员工及商业伙伴的《反海外腐败法》合规政策,并分发至各员工,或者至少分发给可能参与海外业务或可能与外国官员接触的雇员。

③应设立专门小组并指派高级别公司管理人员来负责实施和监督《反海外腐败法》合规方案。

④公司应对所有参与海外业务或可能与外国官员接触的董事、高级管理人员和雇员定期举办互动式培训并通报公司有关《反海外腐败法》的政策和"红旗"标志事件(高风险事件)。此外,还应要求后一组中的每名职员都签署一份宣誓书,重审《反海外腐败法》的关键条款并核证没有发现任何违反《反海外腐败法》的行为。

⑤内部和外部审计机构验证公司的账簿和记录,公正地反映公司的交易和资产处置情况。

⑥公司应建立匿名举报系统,以便员工及其他人员可以报告涉嫌违反《反海外腐败法》的行为。

⑦公司应建立有效的程序,以防止对那些有明显参与非法活动倾向的人进行重大授权。

⑧公司应建立并执行适用于违反有关《反海外腐败法》政策的所有员工的标准惩治程序。在受到违反《反海外腐败法》指控时,公司应立即进行调查。对于实际违反了《反海外腐败法》的行为必须及时采取惩治措施,以避免重复发生。

⑨公司应建立有效程序,谨慎筛选所有外国顾问和商业伙伴。在起草与顾问和商业伙伴签订的任何合同时均应纳入具有保护作用的《反海外腐败法》条款。公司还应制定《反海外腐败法》法律审计计划以监督执行这些合同的各种活动。

如果实施得当,完善的《反海外腐败法》合规方案就会变成一项有价值的公司资产,能够改进公司经营,促进遵纪守法,并且在违法行为发生时减轻损害。

(二)英国反腐六项原则

英国于 2010 年制定了《反贿赂法》(UK Bribery Act 2010),这也是一部用于规制商业贿赂、反腐败的法律。《反贿赂法》与美国《反海外腐败法》一样具有域外效力,但内容上有了新发展,提出了针对公司的"严格责任"。《反贿赂法》仅为"严格责任"规定了一个抗辩理由:公司只有在证明自身已采取"充分措施"(adequate procedures) 防止贿赂行为的情况下方可免责。

英国政府认为,商业机构制定合规程序应参照六项原则。这些原则并非硬性规定。它们意在灵活应对商业机构自身所处环境的极端多样性。

六项原则包括比例程序原则、顶层义务原则、风险评估原则、尽职调查原则、传达(包括培训)原则、监督和审查原则。

1.比例程序原则

商业机构的行贿防范程序应当与其所面临的行贿风险和业务的性质、规模及复杂性相称,同时应当清晰、务实、可行、有效地贯彻和执行。商业机构设计的行贿防范程序应能减轻已识别的风险,并能防范关联人故意的不道德行为。行贿防范程序可能包括:

①机构顶层管理人员参与;

②风险评估程序;

③对现有或预期的关联人员的尽职调查;

④规范礼品、招待和升迁开支、慈善和政治捐款、通融费的需求;

⑤直接和间接雇佣,包括入职、劳动合同条款、纪律措施和报酬;

⑥对与其他关联人之间的业务关系进行治理,包括签约前和签约后;

⑦财务和商业控制,比如充分的簿记、审计和费用审批;

⑧交易透明和信息披露;

⑨决策程序,比如授权委托程序、职能的拆分和利益冲突的避免;

⑩执法,给出纪律考核和违反机构反腐败的制裁措施;

⑪行贿报告制度,包括揭发和举报;

⑫机构拟实施的防范程序的实施步骤细则,比如政策如何应用于单个项目或机构的不同部门;

⑬机构政策和程序的传达和在适用中的培训问题;

⑭预防行贿程序的监控、审查和评估。

2.顶层义务原则

商业机构的顶层管理人员(董事会、所有权人或者其他同等的机构或人员)有义务预防关联人的行贿。

3.风险评估原则

商业机构应当对其关联人实施内部和外部的关于潜在行贿风险的因素和范围等方面的评估。评估应当定期开展、公告并存档。

商业机构常见的外部风险因素可归纳为:国家、行业、交易、商业机会、商业伙伴。

商业机构常见的内部风险因素可能包括:雇员培训、技术和知识的缺失、奖金文化风险、招待费、升迁费用、政治或慈善捐赠的政策和程序不透明、缺乏清晰的财务控制、无法从顶层管理人员那里获得清晰的反腐败信息。

4.尽职调查原则

商业机构应针对以机构名义提供或将要提供服务的关联人采用按比例和基于风险的方式方法开展尽职调查,以降低已识别的风险。

5.传达(包括培训)原则

商业机构应当通过包括培训在内的内部和外部传达方式,确保与风险相称的预防行贿措施和程序得到了解且扎根到整个机构。

6.监督和审查原则

商业机构应监督和审查预防关联人实施行贿的程序,必要时予以改进。

(三)国家发改委出台的《企业境外经营合规管理指引》

《企业境外经营合规管理指引》系根据国家有关法律法规和政策规

定,参考《合规管理体系　指南》(GB/T 35770—2017)及有关国际合规规则制定。《企业境外经营合规管理指引》可以借鉴的要点事项是:对特定的业务门类提出合规的主要范围,门类包括对外贸易、境外投资、对外承包工程和境外日常经营四类。在为特定客户构建合规体系时,应当针对客户的业务门类和行业的实际情况界定其合规范围,并罗列出相关的部门法律。

另外,《企业境外经营合规管理指引》给出的三个原则,可以作为合规体系的评价标准予以参考。

(四)参照系统的逐项评价、提示作用和类比使用

表中缩略语定义:M1 指前述美国 FCPA 第 1 项,Y1 指英国反腐六项原则的第 1 项,Z1 指国家发改委出台的《企业境外经营合规管理指引》的第 1 项要点事项,其余事项依此类推。

表1　方法参照系统和类比使用

序号	参考系统项目	评价和提示作用	类比使用	备注
1	M1"商业行为规范"	基本合规文件	按企业特定要求,设定基调,制定"合规行为规范"	
2	M2 特定人员合规政策	对风险人群进行合规控制	根据企业情况,对特定人员,制定"合规承诺书""岗位合规规范"	
3	M3 设立专门小组+高级别管理人员,实施和监督合规方案	组织管理之专门领导小组,实施和监督	在风险识别的基础上,适用按比例原则、顶层参与原则,进行合规组织设计	
4	M4 特定人员培训、宣誓书	高风险事件控制、风险人群控制	结合 M2,制定"业务部门合规规范""业务部门合规培训"	
5	M5 内外部审计机构验证账簿和记录	交易和财务控制	制定"会计合规规范"、设立"审计制度和操作流程"	企业会计参与
6	M6 匿名举报系统	监控原则的落实;与组织管理关联	落实在全员的"合规责任制"之中	

（续表）

序号	参考系统项目	评价和提示作用	类比使用	备注
7	M7 建立有效的程序，防止对高风险人员授权	限制高风险人群的授权	落实到相应的"岗位合规规范"之中，并可以单独制定"授权管理规范""印鉴管理规范"	
8	M8 标准惩治程序	合规的负面激励	落实在"合规行为规范"中	
9	M9 谨慎筛选所有的外国顾问和商业伙伴	供应商合规控制	制定"供应商审查程序规范"	
10	Y1 比例程序原则	适用于整个合规体系建设	合规尽职调查、审计、问卷、访谈；"合规风险识别报告"，在此基础上构建合规体系	律师业务：并购，"合规开荒"
11	Y2 顶层义务原则	见 M3、Z1	依据企业需要，构建合规领导小组或设立合规专员或仅聘请外部合规顾问	律师业务
12	Y3 风险评估原则	风险识别和监控的手段	定期对企业内部和外部的合规风险进行评估，形成参考文件	
13	Y4 尽职调查原则	关联人合规控制	并购、新录用、雇佣当地代理机构，开拓新的业务和市场板块等，应当通过尽职调查来控制风险，"尽职调查规范"	
14	Y5 传达（包括培训）原则	合规预防措施的传达和培训	合规行为规范培训、业务部门合规法律培训	律师或内部法务：部门法律培训
15	Y6 监督和审查原则	合规程序的检查和优化更新	在组织设计和体系文件中，落实监督、审查原则，达到及时优化和更新合规体系的目的	
16	Z1 业务类别合规范围和要求（投资、贸易、工程等）	分门别类，合规范渊源	针对企业所从事的行业、各个部门所涉及的不同主体和法律关系等，研究所适用的法律规范，列举清单	律师工作，合规培训的内容之一

（续表）

序号	参考系统项目	评价和提示作用	类比使用	备注
17	Z2 独立原则	合规的组织的权能	是否独立依据企业要求,并参考比例程序原则、成本原则确定	
18	Z3 适用性原则		借鉴其"兼顾成本与效率,强化合规管理制度的可操作性,提高合规管理的有效性"	
19	Z4 全面性原则	合规的概括性要求	企业合规体系完成后,可以用此原则要求来交叉核对	

三、项目管理"PDCA 循环"在合规体系中的应用

(一)概要

"PDCA 循环"即计划(plan)、执行(do)、检查(check)、改进(action)四个管理环节的循环,是美国质量管理专家休哈特博士首先提出的,由美国质量管理专家戴明博士采纳、宣传,使其获得普及,所以又称"戴明环"。它和合规体系构建的类比和应用关系见表2。

表2 "PDCA 循环"和合规体系的对应关系

序号	"PDCA 循环"的环节	对应的合规行动步骤	备注
1	plan 计划	风险识别(合规尽职调查、合规审计、问卷调查、访谈);组织设计(合规领导、工作专门小组等);"合规行为规范";体系文件(敏感部门程序文件、特定人员合规政策)	比例程序原则、顶层义务原则、风险评估原则、尽职调查原则等
2	do 实施	体系文件实施(责任制和承诺书、惩戒机制、反馈机制、顾问和商业伙伴筛选程序);传达/培训:公司合规政策培训和行业法规培训	传达(包括培训)原则、比例程序原则、成本
3	check 检查	内部和外部合规审计机构的聘任和工作;合规举报和奖励系统;高风险事件重点检查等;专门小组实施监督合规方案;新业务、新情况识别和反馈	监督和审查原则

（续表）

序号	"PDCA 循环"的环节	对应的合规行动步骤	备注
4	action 改进	在检查的基础上,对以上计划和实施环节进行改进;对新情况进行增补	监督和审查原则

（二）"PDCA 循环"应用于合规体系的流程图

1. plan计划
·风险识别（尽职调查）
·组织设计
·合规行为规范
·体系文件

2. do实施
·体系文件实施
·查处、奖惩落实
·合规培训

4. action改进
·反馈、改进
·增补
·培训或传达、付诸实施

3. check检查
·内外部合规审计
·合规举报、奖惩系统
·高风险事件重点检查
·专门小组实施监督合规方案
·新情况识别与反馈

图 1 "PDCA 循环"流程示意图

四、合规体系成本管理:需要花多少钱为好

根据法律新媒体智合的统计,2018 年整个美国法律服务市场的总创收规模在 3 000 亿美元以上,占美国 GDP 的 1.6%左右;而整个中国法律服务市场的总创收在 1 000 亿人民币左右,占中国 GDP 的 0.12%左右。

根据笔者经验和业内通常观点,按企业生产总值的 0.5%~1%来预算法律成本是适当的。

另据统计,不同类型的企业聘请法律顾问的比例也有不同。国有企业和外资企业聘请法律顾问的比例很高,分别占到 86%和 73%。民营企业聘请法律顾问的增长速度正在加快。此外,高精尖产业聘请法律顾问的比例有明显提升。

（一）对大中型企业的建议

大中型企业因为业务多、数量大,对法律服务的需求也会更大。为降低企业成本,在合规体系建设方面建议如下:

①根据需要选择不同的模式建立合规组织。合规组织可采用集中化模式或分散型模式。集中化模式即设立独立的企业合规部,集中负责企业的合规管理。很多跨国公司如西门子、戴姆勒、通用电气、富士胶片、辉瑞、葛兰素史克等都采用这一模式。分散型模式是企业设立首席合规官,但不设立专门的合规部门,而分散性地在各业务事业部、各专业职能部门及各业务部门设立合规专员或者兼职的合规管理员。

②借鉴英国反腐六项原则中的比例程序原则,合规体系的建立应与大中型企业所面临的法律风险和业务的性质、规模和复杂性相称。在合规领域要突出重点,如跨国企业更应重视在反腐败、反垄断、安全环保、国家安全审查等方面的合规;中央企业更应重视在企业治理、国有资产处置、知识产权等方面的合规;民营企业更应重视在劳动关系、投资融资、税务等方面的合规。

③在合规体系建立方面,可以通过企业内部的法务部门来搭建,也可以从外面聘请律师进行专门的合规架构设计。

(二)中小微企业的变通做法

中小微企业更需要降低成本。法律风险防范虽然不能直接带来经济效益,但可以减少不必要的损失,这间接地降低了企业成本。如何既能节省中小微企业的法律成本开支又能做到合规呢?

仍然借鉴英国反腐六项原则中的比例程序原则,针对重点领域和人员进行合规,重点是指导企业建立完备的规章制度,并提供基本的法律体检和法律风险防范服务;最低限度是,企业应当进行"合规开荒",即由专业法律团队首次对公司进行合规风险识别并出具合规方案意见。

五、合规法律服务内容

(一)合规体系规划(plan)

1."企业合规调查报告"

通过法律和合规尽职调查(简称"尽调"),针对企业的合规风险点,以及企业现有的合规现状和问题,形成"企业合规调查报告"。

(1)通用法律尽调

一般通用的法律尽职调查内容包括公司基本情况(含经营范围、组织架构、历史沿革等)、商业安排和实质性合同、雇员、知识产权及相关文件、地产和环境、诉讼和争议情况等。涉及的主要部门法见下图:

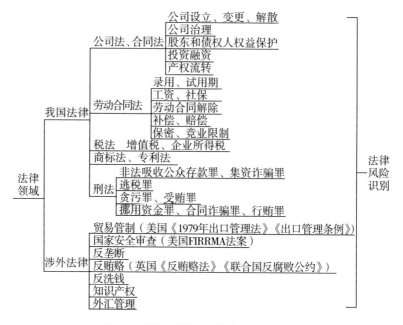

图2　通用法律尽调涉及的部门法律

(2)行业专用尽调

针对不同的行业,应当根据企业经营行为的实际情况,增加审查项目清单。以食品行业为例,应增加企业食品包装、标识和广告审查,原料采购和运输合规审查,食品生产和储运合规审查,合规执法历史,行业合规风险状况审查,行业法律、法规和规章研究;等等。

(3)专项尽调:FCPA海外反腐败审查、白领犯罪风险审查等

FCPA海外反腐败专项尽调一般审查以下内容:

①公司所有权和控制权;

②中国和相关行业的商业腐败风险;

③公司合规政策和程序;

④与政府当局以及官员之间的关系;

⑤销售实践和激励政策;

⑥与第三方关系;

⑦礼品和招待费；

⑧慈善捐助；

⑨政治捐助；

⑩赞助和特许；

⑪簿记、记录和内部控制；

白领犯罪风险尽调审查的内容是：在企业经营活动范围内，对照刑法分则相关条文，识别相关风险点，重点关注税收、非法经营等相关的热点问题，并考查公司业务结构和人员构成，参考企业相关风险历史，对企业的刑事法律风险进行调查并形成报告。该项专项尽调和上述的反腐败审查类似。

2.组织设计

依据"企业合规调查报告"，结合公司的规模、行业性质、合规成本测算等，由律师等法律专业人员与企业领导团队一起对公司的合规组织构架进行设计。

3."合规行为规范"和合规体系文件制定

企业根据需要制定"合规行为规范"（包括合规基本操作规范和奖惩制度等），其他相关程序文件、责任制、惩戒机制、反馈机制等，如"部门合规程序文件"（包括业务部门、财务部门、管理部门等）、"特定人员合规政策"、主营事务合规程序文件（"合同评审和管理规范""印鉴管理""供应商合规管理规范"等）、特定事务合规程序文件等。

以上体系文件可以细分为两大类：

其一，以企业经营范围和经营规模为控制要素的"合规行为规范"、相关程序文件、主营事务合规程序文件等；

其二，依据不同客户的不同要求和需求量身定制的合规文件，比如"部门合规程序文件"、特定事务合规程序文件等。

（二）合规计划实施（do）

合规计划实施包括三大板块：

①合规体系文件的落实；

②奖惩机制的落实；

③传达和培训：基本合规政策+行业法规。

（三）检查和改进（check and action）

企业对合规体系的构架和运行进行定期检查、及时反馈调整,并针对企业经营中的新业务和新情况进行审查和调整。企业可以通过以下行动来进行合规体系的检查和改进。以下所列清单仅供参考,企业应当根据比例程序原则和成本情况进行定期检查、调整和改进;调整改进后,进入下一轮"PDCA循环"。

①内部和外部合规审计机构的聘任,定期或不定期开展工作;

②设立和运行合规举报和奖励系统;

③高风险事件识别重点检查、"红旗"标识事件等;

④设立专门小组实施、监督合规方案;

⑤新业务、新情况识别和反馈;

⑥在检查的基础上,对计划和实施环节进行改进,对新情况进行增补。

六、中资企业境外投资合规考量特别要点提示

（一）一般性提示

在境外投资（包括境外直接投资、境外并购和投资工程项目）之初,应当由东道国律师按企业要求提供东道国"法律环境备忘报告",该报告应涵盖与所投资项目相关的一切东道国法律规范,以及有针对性的风险提示。针对特定国家和特定投资方式,应重点关注劳动保护、反腐败、反垄断、安全环保、国家安全审查等法律事务。

（二）双边投资协定（BIT）特别提示

灵活应用双边投资协定的终极保护,以规避地缘政治风险。应当注意审查东道国是否与中国签订了双边投资保护协定,并考察和事先评估该协定对投资的保护作用和适用场景。

如果东道国与中国之间不存在双边投资协定,比如美国,同时,如果该项投资在东道国容易受到东道国国内政治和经济法律的歧视和压迫,那么,该投资可以考虑先在与双方都签订了双边投资协定的第三国设立一个特殊目的公司,通过该特殊目的公司再向与中国没有签订双边投资协定的东道国投资。通过此种操作,可能增加一项救济渠道,即在解决投资争端国际中心

(ICSID)对东道国提起国际仲裁。

目前,赴海外投资的中国企业对双边投资协定重视不够。主要原因在于,只有极少数企业注意到适用双边投资协定的必要性;并且,关注协定适用以及有适用协定经验的律师也是少之又少。

七、5G 时代合规法律服务智能化展望以及律师的作用

(一)展望

在有限的数年内,合规法律服务智能化有望看到以下场景:

①客户向界面输入经营范围、产值规模、人员构成等基本数据,电脑软件可以自动生成合规行为规范和合规体系文件通用条款。

其背后的逻辑和算法工作原理大致包括如下步骤:

A.企业经营范围的用语适用相关的用语规范,每一项表述对应相应的行业以及法律法规要求,与相关的合规风险相联系;

B.产值规模是比例程序原则和计算合规成本的基础,并影响组织构架;

C.人员构成进一步提示企业部门设置和成本等因素;

D.对相关的合规体系文件进行模块化:通用准则部分+各专用条款;

E.建立完整的或局部完整的法规数据库,其中的法规经精细分析,与相关的风险点建立联系;

F.建立庞大的文件数据库和海量的文件模块,设定逻辑和算法,使其与法规数据库和风险点数据库建立联系。

②针对客户的特殊需求选项列表,提供半定制化的服务。

其工作原理大致是:在合规行为规范和合规体系文件通用条款的基础上,有经验的律师团队尽可能地列举客户的特殊需求,并给出解决方案。

③在线互动、全定制服务。在前述不能满足客户需求的情况下,实现法律服务提供者和需求者之间的在线互动,进行全定制的法律服务。

在上述场景之下,服务效率将极大地提高,服务费用将显著地降低,从而满足当今需要法律服务的客户"付出更少,得到更多"的心理预期。

(二)律师的三大关键作用

从以上可能出现的适用场景和潜台词可以看出,律师在企业合规体系中

不可或缺的作用主要体现在以下三个方面：

①与软件开发团队一起工作，提供法规数据库、适用场景设计、专业解决方案设计（指导逻辑和算法）等，并对智能化产品进行定期的法律数据库更新，参与定期对智能化服务产品的优化、调整。

②为客户提供量身定制服务。

③法律风险的事后救济。这一块和传统的法律服务业务类似，但证据和素材的收集以及主要法律救济程序文件，已经基本上做到智能化了。

参考文献

[1]《2010 年反腐败法程序指引——商业机构防止其关联人行贿备用》，载英国政府门户网（https://www.gov.uk/government/publications/bribery-act-2010-guidance），访问日期：2015 年 11 月 2 日。

[2]郭青红：《企业合规部设计》《企业合规组织》，载威科先行法律信息库（须注册登录可见），访问日期：2019 年 3 月 11 日。

[3]王君祥编译：《英国反贿赂法》，中国方正出版社 2014 年版。

[4] J. Kelly Strader, Sandra D. Jordan, *White Collar Crime Cases, Materials, and Problems*, Matthew Bender & Company Inc., a member of the Lexis-Nexis Group, 2009, second edition.

浅谈企业运营中合规管理的重要性

上海市协力(苏州)律师事务所　赵　胜　田利平

【摘要】　合规管理对企业经营管理具有重要的意义,甚至决定着企业能否长远发展。随着经济全球化和"一带一路"倡议的全面推进,中国企业面临巨大的机遇、风险和挑战,尤其是随着内外部环境的不断变化面临着合规风险的挑战,企业如果没有遵循法律、法规及相关准则,将会遭受法律制裁及重大财务、商誉损失。企业要在激烈的市场竞争中求得生存与发展,在各种风险中立于不败之地,就必须建立合规管理体系并确保其有效实施。

【关键词】　企业运营　合规管理　合规风险

一、合规管理概述

(一)合规管理的概念及内容

合规管理作为企业运营管理的一个重要组成部分,在企业运营管理过程中扮演着十分重要的角色,这也是当下法学界、企业界的一个热门话题。但是,大部分企业对于"合规""合规管理"的认识还比较模糊,缺乏系统的理解。

"合规"是从英文"compliance"一词翻译而来,自 20 世纪 90 年代以来,在国际金融领域中,compliance 逐渐成为一个有特殊含义的词汇。[①]　对于合规的概念,2006 年 10 月中国银监会在其发布的《商业银行合规风险管理指引》中指出,商业银行"合规"是指商业银行的经营活动与适用于银行业经营活动的法律、行政法规、部门规章及其他规范性文件、经营规则、自律性组织的行为准则、行为守则和职业操守相一致。2018 年 11 月 2 日,国务院国资委发布的《中央企业合规管理指引(试行)》第 2 条指出,"合规"是指中央企业及其员工的经营管理行为符合法律法规、监管规定、行业准则和企业章程、规章

---

① 参见邢娟:《论企业合规管理》,载《企业经济》2010 年第 4 期。

制度以及国际条约、规则等要求。《企业境外经营合规管理指引》第 2 条指出,"合规",是指企业及其员工的经营管理行为符合有关法律法规、国际条约、监管规定、行业准则、商业惯例、道德规范和企业依法制定的章程及规章制度等要求。总体上看,中国企业所强调和要求的"合规",主要是遵守国内和国外的相关法律规定、企业内部管理制度、行业准则及其他规则要求。

关于"合规管理"的概念,2017 年 6 月 6 日,中国证监会发布的《证券公司和证券投资基金管理公司合规管理办法》第 2 条指出,"合规管理"是指证券基金经营机构制定和执行合规管理制度,建立合规管理机制,防范合规风险的行为。2018 年 11 月 2 日,国务院国资委发布的《中央企业合规管理指引(试行)》第 2 条指出,"合规管理"是指以有效防控合规风险为目的,以企业和员工经营管理行为为对象,开展包括制度制定、风险识别、合规审查、风险应对、责任追究、考核评价、合规培训等有组织、有计划的管理活动。这两个文件虽然是分别针对证券行业及中央企业的合规管理而制定的,笔者认为也给其他类型企业提供了合规管理的参考依据。

(二)中国企业合规管理进程

1.中国企业的合规管理尚处于起步阶段

国外合规管理最早可追溯到 20 世纪 30 年代的金融危机时期,而中国企业进行合规管理相对外国企业起步较晚,直至 2006 年 6 月 6 日,国务院国资委发布的《中央企业全面风险管理指引》才拉开了中央企业合规管理的序幕。其他企业的合规建设起步更晚,直至 2017 年 12 月,国家标准化管理委员会发布了《合规管理体系 指南》(GB/T 35770—2017),才使得其他企业的合规建设有了依据,并在多个行业广泛推广。我国的合规管理首先在金融行业开展、发展和成熟,如中国工商银行专门成立内控合规部,牵头开展合规管理,中国人民保险集团公司将"法律部"改造为"法律与合规部"①,但是,大多数中国企业的合规管理尚处于起步阶段。

2.中国政府正在加速推进企业合规管理建设

随着法律法规、监管制度不断健全及国家反腐力度不断加强,中央企业合规管理进入加速发展的新阶段。2016 年 5 月,国务院国资委将中国石油、中国

---

① 参见郝幸田:《合规管理:企业高质量发展的有效途径》,载《企业文明》2019 年第 1 期。

移动、中国中铁、东方电气、招商局集团5家企业列为首批中央企业合规管理试点单位,探索开展合规管理体系建设。2018年11月2日,国务院国资委在总结试点中央企业经验的基础上,经过长期充分的研究论证,正式发布《中央企业合规管理指引(试行)》,对中央企业合规管理提出了全面、系统、务实、严格的要求,成为我国依法治企的加速器,也是中央企业合规管理发展的里程碑。[①]2018年12月26日,国家发改委联合外交部、商务部、中国人民银行、国务院国资委、国家外汇管理局和全国工商联等联合制定发布了《企业境外经营合规管理指引》,明确要加强企业海外经营行为合规制度建设。

二、中国企业合规管理存在的问题及原因

随着经济的发展及国家对合规建设的推进,企业合规管理对于企业的运营和发展越来越重要,也逐渐得到了大部分企业的重视,但是,目前中国企业合规管理还存在着不少问题。

(一)中国企业合规管理的外部环境有待完善

1.合规管理立法相对滞后

发达国家立法普遍把建立合规管理体系作为减轻或免除处罚的条件,如2002年《塞班斯法案》规定"已建立合规体系,可以减轻处罚",而我国立法缺少这样明确的规定,不利于调动企业合规管理的积极性。[②] 我国目前没有明确、可执行的合规细则让企业去遵守执行,执法部门权力过大,执法标准和执行力度不一,执法过程中存在不规范的现象。这些不仅使企业的合规管理形同虚设,还大大增加了企业合规管理的风险。

随着经济的发展及法治建设要求的加强,部分企业已经意识到合规管理的重要性,并在一定程度上加强了自身的合规风险防范,还有一部分企业并未意识到合规管理的重要性,且由于相关法律法规不完善,很多违规行为无法得到根本的治理,同时也导致开展合规管理的企业对合规政策的制定缺少法律的指导而不能一步到位,只能在摸索中前进。

---

① 参见郝幸田:《合规管理:企业高质量发展的有效途径》,载《企业文明》2019年第1期。
② 参见解金辉:《构建合规管理体系的整体性思考》,载《施工企业管理》2019年第5期。

2.传统思维和经营模式影响严重

中国传统文化重视"人情来往",使得很多不合规的行为在现有法律环境和社会道德环境下不仅被默许,还无法进行处理①,很多行为虽然不合规,却能在情理上得到认同,行业潜规则甚至成为行业通行规则。这在很大程度上不利于企业开展合规管理,导致企业发展的价值取向跑偏。虽然我国市场经济建设已有40多年的发展历程,但市场文化、诚信文化尚未全面形成,唯利是图、不正当竞争等仍被许多企业视为市场竞争的规则,宁肯违规也要去攫取本不应获得的所谓利润或效益,导致企业违规事件频发。

(二)中国企业合规管理体系的建设不规范

1.合规管理体系建设相对落后,监管制度落实不到位

随着国家大力推进企业合规建设,越来越多的企业开始正视合规管理问题,有些企业已经建立了合规体系,但是其中大部分企业对于合规管理的认识仅仅停留在表面,对于合规管理流程及具体要求不甚了解,并没有针对企业的自身情况深入研究合规管理体系建设,而是随意复制一套管理体系置于公司。而一套有效的合规管理体系,应当有清晰的合规管理导向及有效的合规管理组织,会有针对性地开展制度制定、风险识别、责任追究等合规管理工作。这种随意复制的合规管理体系不仅无助于企业的合规管理,还会因为与本企业的实际运营不相匹配而无法规避合规风险,甚至产生新的合规风险。

也有部分企业在合规管理上或多或少有针对性地制定了合规管理标准,但是没有很好地发挥这些合规管理标准的作用,执行和监管制度缺失,在合规和经营利益发生冲突时,合规管理工作总是让位于业务发展。比如,在中航油案中,中航油(新加坡)在案发前即已有明确的关于衍生交易活动和信息披露要求的内部规章制度,但这些规定却未落实,结果企业亏损5.5亿美元,并因违反相应的证券法规而成为行政罚款和民事诉讼的对象,公司高级管理人员也受到了民事和刑事追诉。②

2.合规管理意识淡薄,合规文化缺失

虽然目前国家已经针对企业海外经营出台相关合规管理指引,但是现阶

---

① 参见邢娟:《论企业合规管理》,载《企业经济》2010年第4期。
② 参见邢娟:《论企业合规管理》,载《企业经济》2010年第4期。

段的合规工作大多是在摸索中前进,缺少系统化、规范化的合规管理体系,现有的合规管理体系与实际操作脱节;同时部分企业对于遵守外部监管法律存在侥幸心理,在交易进行之前缺少合规研究,对监管要求和相应后果不甚了解,以致出现违规事件而遭受处罚。

中国大部分企业的高层领导对合规管理重视不够,合规风险意识淡薄,合规理念滞后,重视业务发展而忽略合规管理的价值,在业务快速发展的同时,合规文化建设没有得到相应落实,合规风险防范的理念没有真正确立,企业内部合规管理责任的设置和风险防控成果的激励机制严重缺失。

3.合规管理架构不健全,合规管理形式化

合规管理是一项技术性、专业性很强的工作,有效的合规体系的建立和运行离不开专业人员,而目前大部分企业普遍缺少专业的合规管理团队和人才,从事合规管理的人员也普遍对合规管理流程和标准研究不深入,不能满足合规管理工作需要。

中国很多企业没有合规部门,即使是中央企业,也缺失规范的设置,有的企业至今还没有独立的合规管理部门,或者即使有合规部门也大部分与法律事务部门、风控部门合署办公,合规管理部门与其他业务部门缺乏有效沟通和协调机制,其他业务部门对合规工作的配合力度不够。有些企业虽然建立了合规管理体系,但是因为部门间的配合不够,仅仅注重单项制度建设,各项制度在彼此衔接、相互配套上有所欠缺,不能发挥合规管理体系的作用。

企业普遍缺乏董事会、经理层对合规管理的责任机制,企业高层领导不重视合规管理工作,导致合规管理制度落地难。同时合规管理部门权力受限,很多时候只是出具合规意见,缺少企业授予的否决权。企业也没有长期有效的风险评估及检查机制,合规管理制度形同虚设,无法真正为企业的发展保驾护航。

三、合规管理的重要性及必要性

(一)企业合规管理的重要性

1.合规管理是依法治企的基本要求

党的十八届四中全会明确了全面推进依法治国的总目标和重大任务,为坚持走中国特色社会主义法治道路指明了前进方向。市场经济是法治经济,走依法治企之路是时代发展的必然选择。合规管理就是依法治企的基本要求,中国企业合规管理体系建设,将助推企业管理和公司治理迈上新的台阶。

在企业经营管理中,强化合规管理,能有效促进企业的依法经营,确保企业各项管理制度的贯彻落实,实现对各类经营管理风险的科学预防和有效规避。当前,企业经营管理日益呈现出国际化的综合发展趋势,企业经营业务和产品生产日趋多样化,企业面临的风险、挑战日趋增多。企业强化合规管理,能有效杜绝经营管理过程中的各类违法行为和违规行为,促进企业依法经营,从而有效消除企业的信誉风险。①

2.合规文化是企业持续健康发展的根本

企业文化是企业在经营活动中形成的经营理念、经营目的、经营方针、价值观念、经营行为、社会责任、经营形象等的总和,是企业个性化的根本体现,它是企业生存、竞争和发展的灵魂。作为企业文化的一部分,合规文化就是企业内部自上而下的所有从业人员主动遵守各种法律法规、规则、规章、管理制度,拒绝因利益驱动而违规、违法经营的一种氛围与机制,合规文化是市场经济条件下支撑企业持续健康发展的根本。

企业强化合规管理,能增强企业员工的法治观念和规则意识,进而有效保障企业遵守相关法律法规和各项制度,正常安全运营;大幅度降低企业的管理运营成本;有效规避各类经营管理风险;优化企业经营管理的各项流程,加强企业内部管理的有效控制;实现对各类经营管理风险的全面预防,进而提升企业管理水平,促进企业健康持续发展。

3.合规管理是保障企业境外安全经营的重要基础

随着经济的全球化发展,中国企业参与国际贸易与经济的活动越来越多,企业涉外法律合规风险日益突显。部分中国企业因为对涉外合规问题研究不深入而导致违反涉外相关规定,进而受到巨额处罚。比如,2016 年 11月,中国农业银行因涉嫌违规交易、违反美国反洗钱法,被处罚款 2.15 亿美元;2017 年 3 月,中兴通讯因违反美国出口禁令被罚款 11.9 亿美元。这些为

---

① 参见徐自韬、雷声:《企业治理中的合规管理》,载《环球市场信息导报》2016 年第 29 期。

中国企业敲响了走向海外合规管理的警钟。① 企业虽然是追求利润的经济体,但在市场经济条件下,企业的利润应当取之有道,其经济活动必须在法律、道德的框架内进行,否则就会面临经济损失、声誉损失,而合规管理则是防范、规避市场经营风险的最有力保障,是可以为企业境外经营提供安全保障的重要基础。

(二)企业合规管理的必要性

在企业内部长期实施科学的合规管理,能够让企业立足当前实际,适应变化的形势,提升员工的合规素养,强化企业制度的执行,对于企业的健康持续发展很有必要。

1.有助于提高员工的合规意识,构建良好的合规文化

良性的合规管理,有助于提高员工的合规意识,鼓励和督促员工遵守法律、法规、企业规章制度及相关规则,进而营造良好的合规氛围。持续强化企业合规体系建设,可以增强企业员工的合规意识,帮助企业构建良好的合规文化。

2.有助于化解企业运营风险,降低企业损失

随着经济全球化的发展,企业风险不限于传统的商业风险,还包括法律风险、社会责任风险、安全责任风险、环境责任风险、合规风险等各种非传统风险,其中,合规风险是企业面临的一项核心风险。对于传统的商业风险企业可以通过改善经营扭亏为盈,但如果企业涉及严重的合规问题,可能会面临巨额的罚款,导致企业一朝覆亡。如2017年年初,中国中兴通讯与美国商务部、司法部、财政部达成协议,承认中兴通讯违反美国出口管制法律并同意支付合计8.92亿美元的罚款②,巨额的赔款给企业造成无法挽回的损失。企业如果在从事跨国投资和贸易时充分重视国际经济制裁和出口管制这一合规问题,也许就不会出现如此巨额的损失。

3.有助于完善企业管理体系,促进企业良性发展

合规管理涉及企业业务的各个方面和业务流程的各个环节,包括安全生

---

① 参见解金辉:《构建合规管理体系的整体性思考》,载《施工企业管理》2019年第5期。
② 参见刘玉飞:《"一带一路"倡议下中国企业的合规管理》,载《国际工程与劳务》2018年第2期。

产、产品质量、环境标准、社会责任标准等方面。企业需要从合规角度梳理业务和业务流程的所有环节,识别企业当前的管理制度是否健全和完善,相关管理制度是否执行到位,通过这样的梳理和整合,完成对企业合规管理体系的完善。

四、如何建立有效的合规管理体系

合规管理对于企业经营管理具有重要的意义,甚至决定着企业能否长远发展。一个完善的合规管理体系,不但要有政府和社会的支持和监督,更需要企业的自治。要做好企业合规管理体系建设,笔者认为可以从以下几个方面着手。

(一)完善企业合规文化体系建设,提高全员合规管理意识

合规文化是合规管理体系搭建的根本,企业应将合规管理融入企业文化和制度的建设中,让合规成为企业文化的一部分。可以从以下两方面完善企业合规文化体系建设。

1.提高企业员工的合规管理意识

合规文化建设是让包括企业高层在内的所有员工认识到合规管理和合规文化建设在经营管理中的重要性,不仅要做到自我监督,也要做到相互监督。在公司内部向全体员工推进合规文化建设,促使所有员工在工作时能够遵守法律、规章制度和相关规则,提升员工的合规意识。同时,合规应从企业的高层领导做起,公司决策层、管理层作为公司员工的核心构成,更应该提高法律风险预防与控制意识,重视和支持合规管理人员的工作。在企业内部建立合规风险防范机制,让员工对合规管理流程、风险防控有清晰、系统的认识,进而提升合规管理和风险防控意识;加强企业合规宣传和培训,积极推行合规文化理念和合规管理体系;定期向员工公布内部、外部发生的典型的不合规案例;制定合规手册,让员工明白合规管理和监督程序,并通过合规培训制度的落实,提高全员的合规管理和监督意识。

2.建立合规责任机制,营造合规文化氛围

在企业内部营造出依法经营、合规工作的氛围,是企业有序经营的重要保障。合规责任机制是合规管理有效发挥作用的重要保障,在合规管理体系中,应明确合规管理人员、全体员工的合规管理职责,并通过监管来固化、促

进企业合规管理内控水平的提升;建立合规奖惩制度,强化企业的合规考核机制,建立合规举报流程及渠道,设立员工违规行为举报制度,定期或不定期进行审计、合规专项检查,并将检查结果与相关责任人员的考核挂钩,进一步加大企业的责任追究力度。通过合规责任机制的建立和执行,鼓励和鞭策员工遵守法律、法规、规章制度及相关规则。

(二)建立合规管理机构,健全合规管理架构

1.吸纳和培养专业的合规管理人才

合规管理是一项专业性、技术性比较强的工作,因此企业应当招聘和培养专业的合规管理人员,同时在合规管理过程中,要加大合规在绩效考核中的占比,使真正优秀的合规管理人才在企业中获得归属感和认同感。

2.健全企业内部合规管理架构

合规管理涉及企业各类业务,涉及人员较多,如果要做好合规管理,必须有良好的组织架构。原则上建议建立公司总经理负责、总法律顾问(法务负责人)牵头,合规管理部门、专项管理部门、业务管理部门分工协作的合规管理架构,承担公司合规管理的组织、筹划及执行工作。虽然不是所有的企业都有条件设立合规管理部门,但是应当有专职合规管理人员,建立由总经理牵头,合规管理人员主导,专项管理部门和业务部门配合的合规管理架构。

合规管理架构中的各个岗位,应当分工明确、职责清晰。根据企业的自身情况,制定符合自身发展的合规制度和内控流程,并将合规管理要求向员工进行宣传,作为员工考核的一项标准。企业内部合规组织应当定期对员工开展调查,严格执行合规管理要求,对违反合规规定的行为严肃处理,真正发挥合规组织在企业内部的管理作用。

(三)健全企业管理体系,强化企业合规管理

1.制定适合企业自身发展的合规管理体系

每个企业均有自己的特殊性,企业要建立符合自身发展的合规管理体系,应当从社会大环境、行业特点、自身发展历程、市场地位等方面进行研究和自我评估,有针对性地制定合规管理体系,杜绝随意复制合规管理制度以及设立合规管理制度却搁置一旁,形同虚设的现象。同时合规管理体系应当具有发展性,根据法律法规、规章制度的修改,企业业务变更、发展需求的变

化等,及时地对合规管理体系进行修订和完善,确保企业在执行的合规管理体系符合企业现状。

合规管理的目的在于防控合规风险,要想让合规管理体系更好地发挥作用,可以与公司现有的管理体系和内控管理体系融合,增强合规管理的权威性和可操作性,也可以减少对运营中的公司管理体系进行大的变更,更能促进企业平稳发展。

2.正确认识合规定位,提高合规管理在企业中的地位

合规管理是企业防范法律风险的重要保障,合规管理人员不仅服务于企业各部门,为业务发展提供合规建议和保障,同时也是管理人员,负责制定合规管理体系并监控体系的运转,有监督和管理的权力。因此,企业高层领导应坚决摒弃合规管理部门是服务和公关部门的定位,让合规管理部门参与到企业管理的全过程中。合规管理人员虽然不直接产生利润效益,但是合规的专业性能保证企业走得更稳、更远,间接地为企业创造更多效益。新形势下,企业高管层要充分重视合规管理的作用,提升合规管理人员的地位,健全合规管理架构,加大人力和物力投入,尊重合规管理的独立性和专业性,只有这样才能真正发挥合规管理的作用,有效防控企业合规风险。

3.建立良好的公司治理结构与合规行为标准,明确合规监督机制

要建立良好的合规管理体系,企业应当由专业合规管理人员将已有的法律管理部门、内审部门、业务部门等整合起来,对企业进行"体检",从公司治理结构、财务管理、业务管理、人力资源管理、安全生产管理等各个维度设置合规评价标准,逐项进行排查,并针对排查结果进行合规整改,进而建立良性的合规管理体系。企业的业务部门也要根据各项管理制度,对各自的管理权限与业务范围进行梳理,强化业务的落实监督,及时发现经营管理过程中、各业务环节中存在的问题,及时纠偏,持续改进。

合规管理的价值在于执行,在建立良好的合规管理标准的同时,应当明确设立合规监督机制,合规管理人员应当主动识别评估合规风险,严格惩戒员工的违规行为,避免违规事件发生,建立员工自查、部门内部排查、合规管理人员审查等合规管理监督机制,形成全员参与、职责清晰、全程监督的合规管理格局。

五、结论

加强企业合规建设是深入推进企业法治建设的重要内容,是企业应对新形势及各种挑战的必然选择,更是强化企业内部管理、预防和控制合规风险、保障企业安全的有效手段。企业只有大力推行合规管理,严格控制合规风险,在企业内部形成良好的合规经营文化,才能不断提高企业的核心竞争力,获得更大的经济效益,实现可持续发展。

参考文献

[1]郑鑫、王明雪、郑宇:《合规文化是强化合规管理基础的必然选择》,载《农村金融研究》2013 年第 1 期。

[2]冯田迅:《企业构建合规管理制度的有效方法》,载《中国集体经济》2019 年第 10 期。

略论企业合规管理的必备操作流程

天册(上海)律师事务所　吴江水

【摘要】　中国语境下的合规管理,"是指以有效防控合规风险为目的,以企业和员工经营管理行为为对象,开展包括制度制定、风险识别、合规审查、风险应对、责任追究、考核评价、合规培训等有组织、有计划的管理活动"①。

作为一种复杂的新型管理活动,企业合规管理借鉴法律风险管理、管理咨询的操作方法,非常有助于提升管理过程的科学性和规范性并促进管理目标的实现。

【关键词】　合规　法律风险管理　制度　流程　概念划分　设计

合规管理是发现管理缺陷、从实质上解决问题的关键环节。国务院国资委从强调全面风险管理到强调合规管理,其范围的收缩有利于将工作重点集中在对法律法规和规章制度的遵从性方面,以提高可操作性的方式促进管理措施的真正落实。

从《中央企业合规管理指引(试行)》(以下简称《指引》)中的定义来看,合规管理是一个分阶段实施且内容交织、循环往复的复杂过程,按通常的逻辑顺序依次为风险识别、风险应对、制度制定、合规培训、合规审查、责任追究、考核评价七步。发现问题、建立规则体系是前期工作,具体执行是后期工作。对于合规管理这种新生事物,其前期工作完全可以借鉴法律风险管理的必备操作流程。

一、合规管理的立足点

合规管理(compliance management)这一理念源自美国。在 20 世纪后半叶,为了保护投资人的利益,司法对企业管理行为提出了更高的要求。在源

---

① 参见《指引》第 2 条。

于美国的金融风暴于 2008 年起席卷全球后,美国政府部门对于企业的管理行为提出了更高的监管要求。

(一)合规风险

依据《指引》第 2 条的规定,该指引所称合规风险,是指中央企业及其员工因不合规行为,引发法律责任、受到相关处罚、造成经济或声誉损失以及其他负面影响的可能性。

为了应对这种"负面影响的可能性",尤其是导致负面影响的因素多种多样,需要通过制度进行系统性管理。其具体措施便是将可以标准方式处理的事务,通过制定和执行包含了明确的工作内容、工作程序的制度或流程等,提高管理效率、质量并降低风险。

(二)合规管理

另外一种理解,"合规管理,是指企业通过制定合规政策,按照外部法规的要求统一制定并持续修改内部规范,监督内部规范的执行,以实现增强内部控制,对违规行为进行持续监测、识别、预警,防范、控制、化解合规风险的一整套管理活动和机制。合规管理,与业务管理、财务管理并称企业管理的三大支柱,是内控的一个重要方面,也是风险管理的一个关键环节"①。

虽然《指引》只面向中央企业,而且属于指导性的"指引"而非强制性规定,但其中的"合规"仍旧因循了传统合规管理的主要内容。《指引》第 2 条规定,"本指引所称合规,是指中央企业及其员工的经营管理行为符合法律法规、监管规定、行业准则和企业章程、规章制度以及国际条约、规则等要求"。

由以上的定义、提法可以得知,合规管理的目标是使企业的经营管理行为符合内外规则的要求。而要实现这一目标,首先要进行制度建设,使外部规则和内部规则成为统一的企业经营管理行为规范,为管理措施提供管理依据。

但这一重要环节恰恰是《指引》没有提及的内容,也是企业需要依据成熟经验实现的过程。而要完成制度建设,则正需要本文所讨论的合规管理的前期工作,即"风险识别、风险应对、制度制定"。

---

① 参见 MBA 智库百科 wiki.mbalib.com"合规管理"词条。

二、合规风险的系统识别

风险识别是风险管理领域的常规内容,也是采取风险应对措施之前的必备过程,在应对合规风险时也不例外。《指引》第 22 条所规定的"开展合规管理评估,定期对合规管理体系的有效性进行分析,对重大或反复出现的合规风险和违规问题,深入查找根源",正是合规管理第一步需要解决的问题。

（一）企业合规缺陷分类

合规风险的范围包括但不限于法律风险,还包括"监管规定、行业准则和企业章程、规章制度以及国际条约、规则"①等风险。但本质上这些内容仍与法律一样同属行为规则,因而律师从难度最大的法律领域切入并延伸并无问题。

结合《指引》对于合规管理职责、合规管理重点的规定,主要的合规风险分为以下几类:

①治理结构合规管理风险,主要包括董事会、监事会、经理层、合规机构对于合规管理职责的制度建设及实际执行情况的管理风险。

②重点事项合规管理风险,包括企业经营中对以法律问题为主的市场交易、安全环保、产品质量、劳动用工、财务税收、知识产权、商业伙伴等的合规管理风险。

③重点环节合规管理风险,包括制度制定、经营决策、生产运营等环节的合规制度建设及合规制度执行中的风险。

④重点人员合规管理风险,包括管理人员、重要风险岗位人员、海外人员、其他重点关注人员在合规意识、岗位职责设定以及培训、考核方面的风险。

⑤海外投资合规管理风险,包括掌握所在国法律法规及国际规则,健全海外合规经营的制度管理体系及管理流程,定期排查海外投资经营风险和重点关注职责方面的风险。

（二）企业合规管理的基本流程

虽然企业合规管理的范围比法律风险管理的范围更大,但操作原理与基

---

① 《指引》第 2 条。

本流程并无二致。因此,企业合规管理的操作流程仍离不开风险识别、风险评估、解决方案设计的基本步骤,区别只是不同的企业会有不同的工作重点。

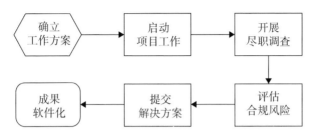

图1　企业合规管理的基本流程图

合规风险识别从尽职调查开始,可通过现场访谈、问卷调查及调取企业经营管理文本等取得第一手资料,包括企业已颁布或约定俗成的管理制度、管理流程、合同文本等,再以此为基础进行法律风险的识别。而决定识别质量的则是识别方法,概念划分原理、流程分析图等各类思维工具、管理工具均可发挥极大的作用。

三、合规风险评估报告

《指引》中多处提及建立合规报告制度,分为重大合规风险事件报告和年度合规管理报告。[①] 而作为实施合规管理的第一步,合规风险评估报告是针对尽职调查、风险识别过程中发现的企业现阶段存在的合规风险的汇总描述。

(一)评估报告的内容安排

撰写评估报告时需要考虑内容的分类以及表述的层级和顺序。这类报告一般长达数万字,需要有结构设计和精细的目录,以使报告易读易懂。

在评估报告的内容构成和风险分类方面,既可以按《指引》所表述的方式分类也可以按制度风险、流程风险、文本风险、合作商风险分类,还可以按企业组织架构上的管理部门分类。前者的优势在于主题集中,但不利于各个部门查找需要自己部门整改的事项;后者的优势是便于企业将分析结果交由各个部门加以改进,但问题是主题相对分散,有时需要用双目录的方式加以解决。

---

① 参见《指引》第28条。

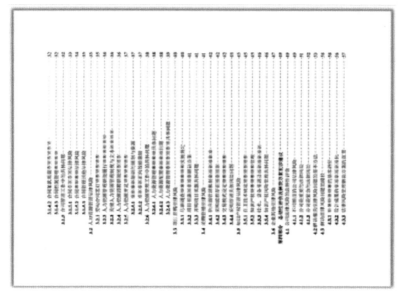

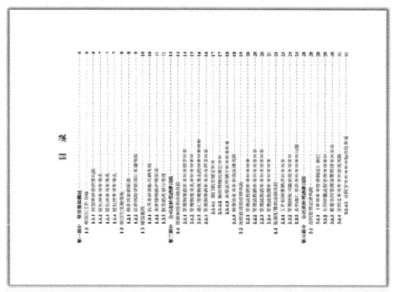

图2 合规风险评估报告目录节选示意图

例如,评估报告内容可以分为基本状况概述、总体性风险、具体性风险、总体评价及基本建议五个组成部分。而总体性风险又分为管理制度设计、管理流程设计、部门职责设置等。

（二）表述上的注意事项

首先，撰写报告要注意企业管理者的感受。合规风险评估报告毕竟是在指出企业管理上的不足，指责、贬低都会令人不悦。因此对所发现的问题需要以事实为依据予以客观、中性的描述。既要有根有据、对事不对人地披露风险状况，又要顾及企业家或相关管理人员的感受，以免激发企业内部的矛盾，或引起相关部门对报告及风险评估工作的抵触。

其次，任何结论均须有证据支持，且证据与观点相匹配。或者说，可以进行事实判断，但尽量避免进行价值判断。例如，可以描述某份合同开始履行早于合同签订，并得出事实判断结论"存在事后补签合同的情形"，但不能得出相关部门"缺乏责任心、管理混乱"的价值判断结论。

最后，给出的方向性建议应具有可操作性，避免过于笼统。如，可建议"规范合同文本表述以排除相关法律风险"，但应避免"应严格依法办事"之类令人不知如何操作、毫无实际意义的建议。

四、合规管理解决方案设计

合规管理解决方案设计的最终成果体现为三类内容，即制度体系、流程体系、文本体系。这是将合规风险解决方案"回嵌"入原有管理体系，同时优化原有体系的过程。

（一）制度设计的基本思路

制度设计，是《指引》第 2 条所指明的合规管理活动之一，它以"有效防控合规风险为目的，以企业和员工经营管理行为为对象"，是系统梳理原有管理制度、嵌入合规管理措施的重要环节，涉及可操作性等法律以外的问题。

1.控制成本问题

制度的设计从来就无法"随心所欲"，除了所规定的内容必须合规以外，还有控制成本等诸多因素需要考虑。因此解决方案必须在安全与成本、效率之间进行平衡，既要提高确定性、安全性又要尽最大可能提高效率、分散风险。因而在设计时还要通过减少管理层级、减少重复劳动、标准化等方式，抵消增加管理措施带来的工序增加和效率降低。

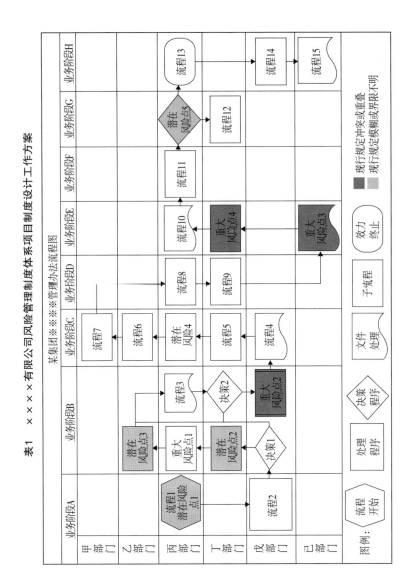

表1　××××有限公司风险管理制度体系项目制度设计工作方案

2.标准化问题

对于生产经营中经常需要处理的事务,基于成熟的解决方案将常规事项的处理程序、处理方式标准化,则可以同时确保处理程序、处理质量、处理效率同时达到管理要求。标准化首先考虑的是常规问题的常规处理,进一步延伸则是低频率发生的非常规事务的常规处理。除此以外的其他事务,如常规事务、非常规事务的非常规处理,需要授权由各级管理人员解决。

3.可操作性问题

管理学的原理是下属按管理者的标准完成工作,下级的首要任务是分担上级的脑力劳动压力,因此管理者应对工作目标和指令层层细化分解,直到最基层的员工以体力按标准完成工作。因而,越是基础性的工作越要明确做什么、怎么做,尤其要通过制度设计解决现存的困扰、以前出现的教训,这既便于实质性地控制风险,也便于对员工实行业绩考核。

具体而言,制度设计需要尽可能便于理解、便于操作。在制定制度时以简单、明确的语言或示范文本、流程图等方式进行描述,从更高的层面设计如何简化流程、环节或以其他方式进行辅助,以提高可操作性。

(二)流程体系的设计思路

流程与制度的不同在于,流程更强调各个部门共同处理一项事务或处理需要按一定的顺序和环节处理的事务时,处理的顺序以及各个节点上的工作要求、工作内容。企业管理项目中的流程并非法律问题,但许多风险事件的出现恰恰是由于管理流程上的缺陷。

1.管理流程的优化

流程的冗长和低效是大企业病的标准症状之一,除了出于合规的考虑而体现法定或规定的控制权,没有细节要求的流程管理既使管理流于形式又降低了管理的效率。

因此流程问题的正解是,具体化每个节点上的工作职责到可识别、可测量的程度并尽可能将其标准化,同时简化整个流程并尽可能让每个环节一次性完成并达到质量要求,让企业既安全又有效率。

2.管理流程的体系化

管理流程的繁简体现企业管理的精细化程度。尤其是制度中的内容如果涉及不同的环节和事项,完全可以用流程的方式表示。使管理相关事务的流程形成体系,可以为企业建立有条理的合规管理秩序。在这一过程中,需要将法律上、规则上的要求化作流程和管理事项,以实现管理目标。

表 2　风险管理制度体系设计方案节选示意表

管理总类	内容分类	管理制度名称	原文出处	页码	规划	备注事项
	上市活动管理	xxxxxxx有限公司董事会议事规则	原有		修订	旨在满足xxxxxxx上市后的法律环境要求，最大限度防范法律风险（部分内容需上市地律师完成）
		xxxxxxx有限公司信息披露管理办法	原有		修订	
		xxxxxxx事务管理	无		待拟	
	决策事项管理	xxxx工作计划管理制度	原有		修订	重新整合，规范决策事项管理，建立稳定的经营秩序，提高效率及安全度
		xx办公会议管理制度	原有		修订	
		xxxxxx业务审批管理制度	原有		修订	
		xxxxxxx事务审批、审核、备案事项规定	原有		修订	
基础运营事务	项目投资管理	xx决策管理规定	战备投资开发类	339	一稿	规范项目投资法律风险管理，规范相关流程及工作内容的同时，如股权转让，资金转让，合资，合作，章程等已有成熟业务模式，则根据需要制作样本库
		项目xx管理办法	战备投资开发类	340	修订	
		xx尽职调查管理规定	无		一稿	
		运行xxxx管理制度（修订稿）	人力资源类	197	修订	
		xx中介服务管理办法	战备投资开发类	344	修订	
	日常运营管理	xxxx部门管理制度	无		待拟	全部系拟新增内容，逐渐建立各部门运营的基本秩序，提高效率和安全度
		xxxx行政职能部室管理制度	无		待拟	
		运行xx管理制度	无		待拟	
		环保xxxx项目管理制度	无		待拟	

此外,流程图需要以规范、标准化的方式加以制作。使用标准化的符号、线条等,视需要设置说明等,使流程图全面、精确地反映相关事务和管理部门、管理内容、管理职责、判断方式等,清晰无误且易读易懂。

(三)文本表单的设计思路

文本表单既包括合同文本以及作为合同附件的表单,也包括经营管理过程中对内、对外使用的工作联系单等表单。文本和表单的设计,是化法律要求、规则要求为实际存在的合同条款或办理相关事务时的表单,以克服培训只能提升理念而无法系统提高综合能力的缺陷。

在合规管理体系中,文本表单与管理制度、管理流程相互配合共同组成完整的管理体系,因而在设计时也同样需要考虑与二者的协调。许多事务必须综合设计,整个体系才能实现有效的管理。例如,供应商管理本应是合同文本以外的管理事务,不应以合同文本来约定解决方案而应通过管理制度或管理流程予以解决。

五、结论

合规管理是"放大版"的法律风险管理,实现有效的合规管理的前期工作与法律风险管理一样,只有首先识别法律风险、明确风险点,并针对这些合规管理缺陷设计管理制度、管理流程、文本表单,才能建成以三者为基础的合规管理体系。在完成合规管理"基本建设"的同时,为后续的合规管理打下良好的制度体系和合规秩序基础。

参考文献

吴江水:《完美的防范——法律风险管理中的识别、评估与解决方案》,北京大学出版社 2010 年版。

以法治量化评价助推公司合规管理

国网江苏省电力有限公司　游余根　马　广　谢　潜

【摘要】　全面依法治国进程不断加快,改革工作深入推进,国资委对中央企业法治建设尤其是合规体系建设提出更高要求。在新形势下,国网江苏省电力有限公司围绕"如何建设规范的法治企业、如何评价法治企业的建设成效"的问题,积极开展法治企业建设理论研究,科学建构"法治力"基本理论及评价指标体系,按照"理论先行、试点应用、实践推广"的思路,创新开展法治企业成熟度评价实践,测评公司各单位法治实践相对于法治目标的实现程度,并做好评价反馈,建立闭环管控机制,实现法治建设水平螺旋式上升。实践表明,法治企业成熟度评价工作对提高企业法治管理水平、健全企业合规管控机制、提升企业社会法治形象起到了积极的推动作用。

【关键词】　法治　合规　法治企业　成熟度　量化评价

党的十九大将全面依法治国确立为新时代坚持和发展中国特色社会主义的十四条基本方略之一,中央成立全面依法治国委员会,加强对法治中国建设的集中统一领导。国务院国有资产监督管理委员会(以下简称"国资委")在《关于全面推进法治央企建设的意见》中提出,中央企业要按照全面依法治国战略部署,坚持依法治理、依法经营、依法管理共同推进,坚持法治体系、法治能力、法治文化一体建设,大力推动企业治理体系和治理能力现代化,促进中央企业健康可持续发展。2018年,"中兴事件"暴露出中国企业管控合规风险能力滞后、合规管理体系存在明显漏洞。国资委研究出台《中央企业合规管理指引(试行)》,推动中央企业全面加强合规管理,加快提升依法合规经营管理水平,保障企业持续健康发展。近年来,国网江苏省电力有限公司(以下简称"江苏电力")围绕保障安全、经济、清洁、可持续电力供应的基本使命,积极探索法治企业成熟度评价工作实践,在新形势下创新合规管理的新模式。

一、为什么要实施法治量化评价

一直以来,江苏电力高度重视企业法治建设,坚持"基业长青 法治先行"理念,以建设"三全五依"(全员守法、全面覆盖、全程管控,依法治理、依法决策、依法运营、依法监督、依法维权)的法治企业为目标,大力提升公司法治能力,取得了良好的经济效益和社会效益,但内外部形势的变化给公司的法治建设带来了前所未有的机遇与挑战。各类改革处于纵深推进阶段,利益格局正在发生深刻变化。企业间债务拖欠、合同违约、法律纠纷频发,国资委明确提出要加强合规管理,有效防范和应对合规风险。电力行业关系国民经济命脉,江苏电力是重要的能源服务企业,业务量大、涉及面广,面临的外部法治环境压力大。作为服务于政府、发电企业、电力用户的重要平台,江苏电力在经济社会发展中地位重要、作用关键,应当自觉把依法治企作为实现公司治理体系和治理能力现代化的必然要求,在推进电网与公司高质量发展的同时,更加注重通过法治手段、法治方式防范风险、保障安全,有效解决制约电网和公司发展的深层次问题,不断提升公司的法治能力。

为落实法治企业建设需求,提高公司依法治理能力,江苏电力从 2015 年开始开展法治企业建设试点,建立健全组织保障机制,健全"法制"(强调有规章制度可依),完善"法治"(强调按规章制度办事),强化"法效"(强调执行效果考核),公司整体的法治水平得到了较大提升。但对于什么是法治企业,建设什么样的法治企业,如何建设规范的法治企业,一直以来仅仅通过合同、案件、制度等法律基础工作进行描述,并未进行系统的回答,法治企业建设的概念内涵与理论体系还没有真正建立起来。以往的工作经验表明,考核评价是推进法治企业建设的重要抓手,但传统的考核评价大多局限于各专项工作,难以反映公司整体的法治水平,国内外也尚未有成熟的经验可供借鉴。因此,建立一套完整的法治企业评价指标、方法与机制来对公司的法治建设状况进行系统、科学的评估,成为推进公司法治建设过程中一个亟待解决的问题。

二、法治量化评价实践

(一)以"法治力"基础理论建构为突破点,强化评价理论支撑

1."法治力"的概念

从法治是"良法"与"善治"相结合的维度出发,进行法学上的概念梳

理,整合提炼出"法治力"的概念。良法与善治构成了法治概念的二元体系,二者在法治国家和法治企业建设中缺一不可。推动一个国家或企业走向法治,必须让其具备良法善治的能力和水平,那么这种能力和水平就是"法治力"。其含义可以从两个层次上来理解:既可以描述国家或企业具备依法而治的综合素养,也可以表现为国家或企业达到依法而治的程度。"法治力"就是指运用法治思维和法治方法依法而治的综合能力,它反映的是法治的实践理性,强调法律规则和法治思维能在多大程度上得到人们的规范运用和贯彻落实,它也是评价一个国家或企业法治状况的核心要素。

2."法治力"的主要内涵

"法治力"的主要内涵包括以下六个方面内容:

(1)治理结构和规则体系的规则力

无规矩不成方圆,提升一个企业的"法治力"的首要任务是构建良法善治的治理结构和规则体系,即所谓"规则指数",它包括两方面的内容:一是企业治理结构本身的合理性及其治理效能;二是具体规则的内在正当性。这就需要各级电网公司根据实际情况,构建一整套规范高效的法治企业治理体系。在具体规则设计上,需要科学地建章立制,实现公司治理结构有规可依、有章可循,这是一个企业"规则指数"的展现。

(2)决策管理层的决策力

决策管理层的决策力指的是企业领导层和决策者规范运用法治思维和法治方法做出决策的综合能力,这里的"决策"包括作为和不作为两个方面。企业领导层和决策者的"决策指数"状况主要取决于以下两个方面:一是决策管理机制的权责配置情况;二是决策者依法规范运用法治思维和法治方法的能力。对于企业领导层和决策者而言,"决策指数"虽然表现为依法决策的能力,但依法决策显然不等于教条主义,良好的"决策指数"还必须灵活地回应社会现实的发展变化。

(3)职能部门及其工作人员的执行力

职能部门及其工作人员的执行力指的是法律规则、规章制度和领导决策在企业内部各职能部门被执行到何种程度或力度,这是从纸面上的"法"跃向实践中的"法"之关键所在,也是"法治力"概念的核心内涵。在实践中,

"执行指数"的高低主要反映在以下两个方面：一是全体员工依法履职的能力和力度；二是法律规则、规章制度和领导决策的实际执行效果。对一个企业法治化程度的评价，不仅要看企业规章制度是否健全，更要看这些规章制度在企业内部是否得到有效实施。法律法规、规章制度和领导决策在实践中实施得越到位，意味着企业的"执行指数"越高，反之，则越低。企业的"执行指数"越高，意味着"法治力"和法治化程度越高。

（4）始终严格依法办事的公信力

始终严格依法办事的公信力指的是法律规则和企业规章制度能否取得公众的信任及信任程度，这是公众（包括企业领导层、全体员工和社会公众）对法治企业建设及其实施效果的综合评价，具体包括两方面内容：一是法律规则和企业规章制度是否能够得到公众信赖；二是法律规则和企业规章制度是否具有足够的权威性。"公信指数"是评价企业"法治力"状况好坏的重要指标，因为"信赖"是一切行动与合作的"润滑剂"，能够取得全体员工充分信赖的法律规则和企业规章制度可以获得"不战而屈人之兵"的实施效果，这正是"使公众信任的力量"。在逻辑上，法律规则和企业规章制度的权威性是取得公众信赖的前提和基础，只有具备足够权威性的法律规则和企业规章制度才能够取得公众的充分信赖，而权威性的获得又与法律规则和企业规章制度的实际约束效果密不可分，一个缺乏权威性甚至形同虚设的规则，显然无公信指数可言；反之，一直得到有效实施的规则，将通过反复的实践验证取得良好的公信指数。

（5）监督制约体系的监督力

监督制约体系的监督力指的是法律风险防范、内部控制和党风廉政及惩防体系建设等监督体系的有效整合和形成的合力，具体包括两方面内容：一是健全的监督制约体系，二是监督体系运行顺畅和高效。要对"法治力"建设的各个环节进行跟踪监督，要建立相应的问责追究制度，这是保证法治力建设持续推进的重要手段。

（6）法治机构和资源的保障力

法治机构和资源的保障力指的是法治企业建设过程中的各类法治机构和资源保障的程度和力度。法治国家或法治企业的建设是一个有成本的事业,任何国家、地区、企业的法治建设都离不开两个层面的资源保障:一是高效的组织机构保障;二是高效的资源保障。这是评估企业"法治力"的客观指标。其中,组织机构的保障主要表现为决策管理机构、执行机构、监督机构的设置及其运行状况,它在法治企业建设过程中发挥着组织协调、资源整合和提纲挈领的作用,而资源的保障则主要表现为人力资源和财物资源的配备和高效使用。这两个要素对于"法治力"的提升缺一不可。

（二）以法治指标体系设计为共振点,完善评价目标路径

基于"法治力"基本理论建构和主要内涵,江苏电力将法治企业建设要求与企业经营管理要求进行融合,建立了"法治力"评价指标体系。

1.规则力

（1）治理结构规范高效

构建良法善治的治理体系是提升一个企业"法治力"的首要任务。一个规范高效的公司治理结构至少需要符合以下三个方面的要求:①法治企业建设领导机制健全;②企业内部治理体系完善;③治理体系内部各机构、各部门之间配合协调。

（2）具体规则严谨合理

在企业内部治理规则设计上,需要科学地建章立制,实现公司治理结构有规可依、有章可循,这是一个企业"规则力"的具体表现。设计严谨合理的规则一是需要各项规章制度必须相容于法,二是要科学规范、切实可行,三是程序合理,四是废改机制健全。同时,规章制度的法律审核率要达到100%,不存在制度未经法律审核即颁布施行的行为,以提高企业的"规则力"。

2.决策力

（1）决策机制权责清晰

在法治企业建设过程中,企业领导层和决策者"决策力"的提升,必须以清晰的权责配置为首要前提,一个权责配置不清晰的决策机制,显然无法提升领导层和决策者依法决策的能力。这里的决策机制权责清晰,既包括清晰明了的实体决策权配置（谁有何种决策权限）,也包括规范高效的决策程序设置（需要履行哪些程序）。

（2）依法决策管理能力

决策管理机制是法治企业建设的"中枢神经系统"，领导层与决策者的依法决策管理能力决定着一个企业"法治力"水平的高低。这里的依法决策管理能力首先表现为领导层和决策者运用法治思维的能力，它是提升企业"法治力"的关键所在，直接决定着法治企业建设的成败。除此之外，依法决策管理能力还表现为决策内容的合规程度、决策程序的规范程度、决策行为的法律风险论证及审核情况。

3.执行力

（1）全员依法履职能力

法治企业建设不只是领导的职责，更需要全体员工"集体行动"。从法治企业建设的预期目标来看，"法治企业"的一切行为都必须依法做出并按照法律法规和决策机构拟定的行为模式实施，评估一个企业的"法治力"状况，也必须整体考查企业全体员工严格依法履职的能力。

（2）规章制度执行效果

法治建设重在实践，这里的规章制度执行效果，评价的正是真实世界中的法治，这是法治之实践理性的集中展现。对于大型国有企业来讲，法律法规和企业内部规章制度能否产生预期的执行效果，是评估该企业"法治力"状况的核心要素，也是评估企业整体法治化程度的重要指标。

4.公信力

（1）依法而治的权威性

"法"的权威性是法治企业建设的"催化剂"，也是评估企业"法治力"强弱的重要指标。只有具备足够权威性的法律规则和规章制度才能够得到有效实施，进而取得良好的公信指数。评估依法而治的权威性主要从以下几个方面展开：①企业运转的法规依赖度；②法律规避行为的可能性；③法规预期目标的实现度；④严格依法办事的持久性。

（2）依法而治的信赖度

在企业经营管理实践中，企业全体员工和社会公众对企业规章制度是否产生充分信赖，决定着一个企业"法治力"的强弱和法治企业建设的成败。实践中对信赖度的评价不仅要看企业依法管理决策的可预期性，而且要分别从内部和外部视角评估公众对企业本身的信任度和美誉度。

5.监督力

（1）监督制约体系健全

监督体系是法治力建设的保证，要进一步理顺各类监督主体职责，要细分监督内容并均纳入监督体系。要建立健全法律监督机制，法律机构参与企业内部监督工作，法律监督职责明确。要建立健全协同监督机制，明确监督职责，建立定期会商、关键岗位轮岗机制。要健全问责机制，明确违法违规责任和登记认定标准，建立重大法律风险处理不当问责机制与终身追究责任问责机制。

（2）监督机制运行顺畅

要推进监督机制顺畅运行，应当进一步整合法律风险防范、企业内控管理、党风廉政建设等监督事项，发挥多维监督的最大合力。要常态化开展法律监督，接受外部监督，法律监督工作成效要形成典型经验成果。协同监督机制要有效运转，反腐倡廉有序开展，建立协同监督工作载体，加强重点领域和关键环节监督，形成典型经验成果。违法违规能及时处理，同类违法违规行为能有效避免。

6.保障力

（1）法治机构的保障力

企业内部规章制度如果缺乏组织机构的保障，往往难以得到有效落实。对于一个追求良法善治的法治企业来讲，法治机构的保障指数至少应当具备以下条件：①总法律顾问制度有效运行；②各层级法治机构切实发挥作用；③法治机构与业务部门通力配合。

（2）人财物资源保障力

企业"法治力"的提升离不开法治机构的保障，而组织机构的运转又离不开资源的保障。在法治企业建设实践中，各种资源保障捉襟见肘的企业，显然难以有效开展法治建设，正所谓"巧妇难为无米之炊"，这是企业"法治力"状况不佳的重要表现。当然，资源的保障也并非多多益善，因为资源浪费将弱化法治企业建设成效，因此，资源的保障力一方面表现为量的保障；另一方面在于质的保障，即高效利用。

如上所述,最终形成的"法治力"指标体系由 6 个一级指标、12 个二级指标、若干三级指标构成。

(三)以评价方法优化为着力点,大力提升评价科学性水平

对"法治力"的评估,主要从两个方面展开:一是企业依法而治的"力度"够不够,这主要是对客观要素的评估;二是企业决策管理层和全体员工依法而治的"能力"怎么样,这主要是对主观状态和能力的评估。

目前,对企业"法治力"状况的评估,常用的有专业人群调查法①、普通人群调查法②和官方数据折算法③。为保证法治企业成熟度评估工作的全面、客观、公正,综合运用上述三种方法,对同一指标既进行客观评估,也进行主观评估,并进行综合折算,逐一设定评价标准,形成"法治力"指标评价表(客观版)、"法治力"指标评价表(主观版)两个文件。

(四)以推进指标考评为聚力点,扎实开展法治企业成熟度评价

江苏电力从机制保障、前期准备、现场评价、反馈提升等方面稳步推进法治企业成熟度评价工作。

1.组织机制保障

成立法治企业成熟度评价领导小组,组长由公司领导担任,成员由各部门主要负责人组成。领导小组下设办公室,设在经济法律部,负责开展公司法治企业成熟度评价、编制发布评价报告、组织整改提升等工作。

2.评价前期准备

一是制订评价工作方案,明确评价工作中的基本问题,确保评价工作目标明确、组织有力、流程顺畅;二是组建评价专家组,形成内外部专家相结合的评价专家团队,按照专家特点对指标进行分工,增强评价工作的针对性与客观性;三是设计调查问卷、访谈提纲,充实评价工作内容,提升评价工作的全面性。

---

① 专业人群调查法的基本方法是:针对有待评估的特定议题(如依法决策管理能力),由本专业领域的专家通过一对一的访谈,对这些议题进行评估,以获取相对专业的评估意见。

② 普通人群调查法的基本方法是:针对需要评估的特定议题(如全员对法规的信任度),以问卷或电话调查的方式,随机调查企业员工和普通公众,以获知公众对该评估议题的印象。

③ 官方数据折算法的基本方法是:针对需要评估的特定议题(如资源保障力),通过收集官方公布的权威数据,通过特定公式,对官方发布的数据进行赋值、整合与计算,从这些数据中评估该议题的法治状况。

3.组织现场评价

开展现场评价,听取被评价单位的法治企业建设报告,组织调查问卷,查看法治建设台账资料,进行一对一的专家访谈。每一场现场评价后,召开专家组内部碰头会,对被评价单位的特色亮点做法、存在的问题等第一时间进行完整的总结说明,为评价的精准奠定基础。

4.评价反馈提升

依据专家组对被评价单位的指标评分、客观资料查看记录、访谈记录、评价印象、内部碰头记录等主要评价素材,撰写法治企业成熟度评价报告。对被评价单位分别形成针对性较强的单项评价报告。同时,在单项评价报告的基础上进行整合、提炼,最终形成法治企业成熟度评价总报告。评价报告将被递交给评价单位的领导班子,使之将问题处理纳入改进提升目标,并通过下年度的评价来检验改进成果,实现法治建设水平螺旋式上升。

三、工作特色

(一)把脉问诊、不搞排名

被评价单位的参与对于评价的有效性至关重要。为根除以往评价中"重检查、轻评价",被评价单位自我防护意识强、参与度不高的问题,江苏电力明确提出法治企业成熟度评价以"分类诊断、强身健体"为出发点,坚决不搞排名。在此原则的指导下,各被评价单位积极参与,公司领导参加评价比例达100%,总经理、党委书记多数主动报名参加访谈和问卷,中层管理人员参与评价的达50%以上,为评价活动取得实效提供了强有力的保障。

(二)借助外智、内外并进

与以往多数专家组由公司内部人员组成,评价视角较为局限且可能存在公正性不足等问题不同,成熟度评价工作由公司委托独立的第三方咨询机构负责,坚持内外部相结合的原则成立专家团队,内部专家团队由公司遴选内部资深专业人员参加,外部专家团队由高校研究机构、省政府相关部门、省法院、律师事务所等机构的法律专家组成。这样既能保证充分表达公司系统内的观点,又能广泛听取和吸收社会各界法律专家对公司现行制度、体制、流程以及管理办法所提出的意见和建议,从多视角审视公司法治建设,避免了"内部偏见"与"思维定势"。

（三）创新示范、量化评价

目前,对企业的法治状况进行指标或指数化衡量,国内外尚未有成熟经验可供借鉴。江苏电力紧扣"三全五依"目标要求,创新开展法治企业理论研究,通过法治建设现状、法律业务流程分析等确定相关指标。在此基础上,持续完善、精益求精,开展了"法治力"理论研究和"法治力"指标构建,并将研究成果应用于指导法治实践,促进公司法治建设,为各类企业开展法治企业指数研究与实践探索了经验、提供了范式。

（四）综合评估、全面科学

法治建设的成效,既体现在制度规范、管理要求的落实情况,又体现在员工法治理念、法治思维的变化情况。为了适应这一特点,江苏电力在评价方法上坚持主客观相结合原则。客观指标的评价,主要通过评价组现场检查获取,具体实施时采取抽样调查法,并按照缺陷评估法计算分值,评价组在必要时可以通过函证等形式向有关监管机构获取数据;主观指标的评价,由评价组组织现场调查问卷和访谈获取。以主客观指标值的相互补充、相互印证,最大限度体现指标评价的全面性、科学性。

四、结论

法治指标体系的构建和法治企业成熟度评价工作的开展,进一步勾勒出法治企业建设的目标、内涵和实践路径,成为推进法治企业建设的重要步骤。江苏电力通过试点评价和推广应用,科学评估了公司的法治建设现实水平,逐步绘制了一条向法治目标不断迈进的、线性的法治行进图,形成了"研究—评价—反馈—提升"的法治闭环管理机制,能够有效助推公司合规管理水平的提升,构建合规经营体系,实现法治建设水平螺旋式上升。

（一）有效提高企业法治管理水平

法治企业成熟度评价以发现问题、反馈问题、解决问题为思路,有效保障了公司的合法权益和品牌安全。江苏电力通过法治企业成熟度评价,以公司制改革为契机,完善了董事会设置,健全了党委及董事会议事规则,把加强党的建设、落实总法律顾问制度写入了公司章程,进一步完善了公司治理体系。

各单位在指标评价的引领下,均成立了以党政主要负责人为组长的法治建设领导小组,明确了主要负责人的第一责任人职责;重大决策合法性审核机制有效建立,促进了各单位依法决策水平的提高;规委会成为各单位常设机构并高效运转,所有制度应审必审;开展营销、调度、交易等专业合规试点,合规管理体系建设初见成效;法律风险防控能力、纠纷案件处理能力、合同管理能力获得较大提升。总的来说,成熟度评价有效推动了公司法治管理机制的完善。

(二)广泛提升企业社会法治形象

在法治企业成熟度评价中,江苏电力广泛吸纳高等院校、省政府相关部门、省高级法院、律师事务所、大型企业等单位的法律专家参与评价。公司重视法治建设、推动法治实践的创新举措获得了社会各界一致好评,省内多家兄弟单位主动联系公司交流法治建设经验,法治建设影响持续提升。各单位在指标评价引领下,深化企业法治建设,加强信用体系建设,多家单位获评国家级、省级守合同重信用企业。各单位就法治建设中的重大问题积极与各级政府有关部门、法院、检察院、司法(厅)局等机关进行沟通联络,签订法治共建协议,形成了高效的协调机制,取得了良好的社会效果。

参考文献

[1]孙国华、许旭:《法是"理"与"力"的结合》,载《法学家》2001年第3期。

[2]李佳明:《法是理与力的结合:再访法的概念》,载《中州学刊》2013年第8期。

[3]赵彦云、王红云、吕志鹏:《法治经济成熟度评价体系及其国际比较》,载《统计研究》2016年第6期。

[4]何志强、邱佛梅:《国内法治评价指标体系:现状与评析》,载《华南理工大学学报(社会科学版)》2016年第3期。

从"防范风险"到"创造价值"

——企业法律顾问价值论要

浙江京衡律师事务所　李迎春

【摘要】　对许多企业而言,法律顾问对企业发展的实际价值,决定了其聘请法律顾问的意愿。深入探析法律顾问对于企业发展的意义和价值,一方面有助于律师在受聘企业法律顾问时调整服务思路和服务方式,另一方面也有利于企业借助法律顾问更好地推动发展。尽管企业聘请法律顾问越来越普及,但对法律顾问服务的价值依然存在认识上的差异。对这种差异作简单梳理与归类,能为法律顾问服务提供一个简明、清晰的层次结构,并为律师改善和提升法律顾问服务提供相对明确的路径。

【关键词】　风险防范　创造价值　前瞻性　规范治理结构

一、防范风险是法律顾问的基本功能

就企业法律顾问的一般性而言,防范风险是企业聘请法律顾问的基本动机所在,也是律师提供法律服务的基本点。关于风险防范的重点,律师各有偏重:比如,有的律师将"企业刑事法律风险"作为重点,有的律师将"合同风险管理"作为焦点,有的律师将重点放在"劳动用工"方面等。就风险防范的环节而言,笔者建议建立"风险评估、风险警示、风险化解、风险反思"的风控体系。这种风控体系,能够使律师担任企业法律顾问时提供更加高效和精准的法律服务。

（一）风险评估是有效防范风险的前提和基础

律师在担任企业法律顾问之时,对企业进行法律风险评估,不能只是简单地走过场,而应该设计相应的风险评估表格,经由律师谈话、资料分析甚至尽职调查等方式来进行测评。之后所形成的风险评估报告,内容上需要涵盖前述企业法律风险的各个方面。在风险评估的基础上,由律师出具的法律风险评估报告,应当基本能够反映企业的风险状况与应对机制。

(二)风险警示需要呈现律师的专业特质

在风险评估报告的基础上,企业的日常经营过程中究竟有无风险、存在哪些风险,这是需要律师给出比较明确的答案的。律师提出的风险警示,首先应当基于前述的法律风险评估报告,企业在哪些方面存在风险,存在怎样的风险,需要予以明确。比如,一些企业可能在合同管理上比较混乱,风险警示就应当主要集中在合同法律风险方面;如果企业存在较大的侵犯知识产权的风险,风险警示就应当主要集中在知识产权领域。其次,律师的风险警示应当是基于法律、法规以及其他规范性文件的"合法性"和"合规性"审查。企业存在风险,这是一个基本的共识,但对风险的认知,律师是不同于其他人的。律师应该在查阅、掌握相关法律、法规、司法解释甚至指导性案例的基础上,通过分析、识别和比对,形成具有专业水准的风险警示报告。最后,律师的风险警示,还应该提供"解决之道"。对于企业家而言,之所以需要律师作为顾问,不仅仅是因为其自身法律知识的不足,也是因为希望在一些不够明确的事项和领域能够得到律师的专业意见。

(三)风险化解是风险防范的核心

尽管笔者在对企业的风险管理问题上,倡导"以防为主,防控结合",但就企业的实际需求而言,风险化解显得更加迫切。因此,在笔者看来,化解风险才是企业法律顾问的核心职能所在。从律师角度而言,化解企业经营过程中存在的风险,主要基于以下方式:

1.对不符合法定要求的事项及时进行纠正

及时对不符合法定要求的事项进行纠正主要是防范企业内部的法律风险。不符合法定要求的事项包括企业在用工方面不够规范,没有按时签订劳动合同,已签的劳动合同没有及时交给劳动者;企业法定代表人、住所地、股东发生变化等应当依法及时办理变更的事项没有及时办理变更登记;企业的具体运行没有遵照公司章程的规定逐一落实;等等。对于这些事项,可以在法律风险评估的基础上及时进行"内部纠错"以符合法定的要求。

2.对相关事项进行补充和完善

对于企业已经施行但还不够规范、不够完善的事项进行补充和完善,也是化解风险的一种方式。比如,在很多企业,股东会、董事会从来没有会议纪要;员工管理仅仅依凭劳动合同,既没有办理入职、离职手续,保密协议与竞业限制协议也是"只有协议"没有"补偿标准"等。对于这些事项,一些企业可能基于片面的理解而采取了一定的举措,但这些举措要么存在对法律、法规理解的偏差,要么就是"只做了一半"。对这些事项的补充和完善,能够更好地彰显律师的专业知识和水准,也能更好地提升企业法治的水平,从而有效规避各类法律风险。

3.矫正和修订有关法律文本

在防控风险方面,法律文本的矫正、修订无疑是重要的方面。律师需要对企业的各种合同、文书进行认真细致的分析和把关。以合同为例,企业采用的各种合同都有必要由律师进行审查和修正。在许多合同之中,要么缺少法定的必要条款,要么条款本就违反法律法规的相关规定,要么条款存在重大漏洞。审核合同是律师最普遍的工作。需要指出的是,法律文本的审核不仅涉及合同,还可能涉及企业内部规章制度,股东之间、公司治理过程中的各种对内对外的文本,甚至还可能涉及公司内部的各种"通知""处罚"等事项。

4.以调解、仲裁、诉讼方式化解风险

在以调解、仲裁、诉讼方式化解风险方面,律师无疑具有许多优势。对于很多企业而言,其之所以请律师作为顾问,就是希望由律师参加调解、仲裁或者诉讼,从而解决企业存在的各种纠纷。通过解决纠纷,维护企业合法权益,这也是律师担任企业法律顾问的常规内容,在此也不再展开。

(四)风险反思

企业的经营过程中风险无处不在。因此,定期组织进行"风险反思",也是一项非常重要的内容。一方面,曾经发生过的风险并不能确保不会再次发生;另一方面,新的风险的产生,可能也是由于原有风险衍变所致。因此,通过组织座谈会、案例研讨等方式,在企业的各个层级范围内进行风险反思,一方面能有效提升企业全员的风险意识,一方面也能在反思的基础上逐步改进,从而更好地规避和克服风险。

二、创造价值彰显法律顾问的终极追求

不得不承认,现在许多企业对法律顾问重视不够,甚至在一些企业看来,法律顾问可有可无。究其缘由,一方面是因为企业对法律顾问的认识不够客观全面,另一方面也与绝大多数法律顾问所承担的功能和价值密切相关。在以往的法律实践中,许多律师担任企业法律顾问往往把重点放在风险防范上,并且这种风险防范也没有形成任何体系化的框架。一年两年下来,企业家会觉得聘请法律顾问根本没有必要。这种现状与律师没有能够为企业创造价值有很大关联。如果说风险防范是律师担任企业法律顾问的常规价值体现,那么,创造价值才是真正体现律师作为企业法律顾问的价值所在。

(一)创造价值是企业法律顾问服务纵深发展的需要

从规范的角度溯源,1986 年颁布的《全民所有制工业企业厂长工作条例》规定:"厂长可以设置专职或聘请兼职的法律顾问。"我国《律师法》第 29 条也明确规定,"律师担任法律顾问的,应当按照约定为委托人就有关法律问题提供意见,草拟、审查文书,代理参加诉讼、调解或者仲裁活动,办理委托的其他法律事务,维护委托人的合法权益"。随着越来越多的律师开始担任企业法律顾问,企业法律顾问服务的内容、方式、渠道、途径都有了很大的飞跃。一方面,企业对法律顾问的要求越来越高;另一方面,律师提供的法律顾问服务也愈来愈精细。尤其是在诉讼、仲裁、调解等事项上,企业对律师的授权越来越充分,也越来越倚重律师的专业知识,律师水平的高下,也在诉讼、仲裁、调解的过程中一目了然。正因为如此,很多企业在聘请法律顾问时,比较倾向于大型律师事务所和知名律师。

(二)创造价值是律师业竞争日趋激烈的需要

近几年来,律师从业人数和事务所数量都快速增长。以浙江省为例,律师人数从 2014 年的 14 144 人增加到 2019 年的 21 733 人,增长 54%;律师事务所数量从 1 158 家增加到了 1 536 家,增长 33%。从这些数据不难看出,律师业的竞争将会越来越激烈。如何在竞争如此激烈的环境中脱颖而出,这是所有律师事务所和律师都需要认真思考的问题。为顾问单位创造价值,无疑是铿锵有力的回答。律师在担任企业法律顾问的过程中,如果依然保有之前的思维和习惯,将重点放在维护与顾问单位的良好关系而不是提升服务质量、创造价值上,其竞争优势很快就会受到冲击。律师行业的激烈竞争,使得各家律师事务所都会逐步形成聚焦于"专业优势、团队优势、信息优势、资金优势"的竞争模式,从而促使律师向着"创造价值"的新蓝海进发。

（三）创造价值是律师提升服务质量和服务水准的现实表征

在笔者看来,风险防范只是法律顾问的基础性功能,不足以彰显律师的真实价值。因此,能不能为顾问单位创造价值,能为顾问单位创造怎样的价值,这将是衡量律师及其团队担任企业法律顾问水平高低的真正标准。随着企业主体的日渐增多,各类企业法律法规日渐完善,"合法性""合规性"事项的指引日渐明确,企业在这些方面出现偏差的可能性降低,对法律顾问的功能诉求无疑就会产生变化。以律师给企业担任为期三年的法律顾问为例,第一年的重点可能在防范法律风险,第二年的重点在于提升企业法治水平、养成法治习惯,第三年的重点则无疑需要聚焦于为企业创造价值。当律师把"创造价值"作为重点追求的时候,其服务的质量、方式、路径、层级都可能发生变化,在企业、企业家心中的地位也将逐步凸显。诚如有学者所指出的,律师可以成为多个行业的导师。

（四）法律顾问的价值与企业价值的融合

律师所应追求的极致是,其作为法律顾问的价值,能与企业自身的价值相融合,甚至成为企业价值的一部分。在企业与企业的竞争中,对于实力相当的企业,律师提供法律服务水平的高下在一定程度上能决定企业竞争的胜败。"苹果与三星之争""思科与华为之争""加多宝与王老吉之争"等案例都昭示,企业的竞争策略完全有必要涵盖法律顾问服务的部分。律师通过自身专业知识和团队优势,能够为企业竞争注入新的可变因素,提供战略、策略、谋略。当然,法律顾问的此类价值是以对企业的深入了解、深厚的专业知识、高效及时的团队服务为前提的。一旦法律顾问的价值能够实现和企业价值的融合,律师的作用将会受到重视,才会真正成为企业家决策的军师和参谋,在企业的重大决策、谈判、行动之中才不至于出现缺位。

三、律师如何为企业创造价值

如何为顾问企业创造价值,既是一个问题,也代表了一种追求。但是,这种创造价值绝不是看不清、摸不着的空口承诺,而是实实在在的"价值"。笔者也承认,在创造价值这个命题上,律师也还处在摸索的阶段。根据一般实践,律师在担任企业法律顾问之时,可以从以下方面着力为企业创造价值。

（一）为企业提供前瞻性法律服务

所谓"前瞻性法律服务",是指基于现有的法律规则,从法律发展的角度,前瞻性地预估法律未来可能突破的规范、空间与方向,从而提前为企业提供指导,做好布局。这种前瞻性法律服务是完全可能的,以公司法为例,公司法的开放性结构意味着以后"创办公司"的门槛将会逐渐降低,公司股东的自治程度将会提升。这就意味着,只要秉持"法无禁止即自由"的原则,就可以为企业开创新领域、新行业提供前瞻性法律服务。在实际的服务过程中,现在许多律师基于"严格规范主义"的需要,对于一些新领域、新行业,在法律还没有明确的时候,都为顾问单位提供否定性的法律意见,从而令许多企业裹足不前、失去机会,在与同业企业的竞争中处于劣势。当然,这种前瞻性的法律服务,是以律师对已有法律法规的精熟把握为前提的,并且律师可以基于社会现实的需要和立法改良的需要,有充足的理由相信法律法规发展的方向,从而为企业的发展提供前瞻性的指导。企业有了这种前瞻性的法律指导,无疑能够快速形成竞争优势,形成行业优势,甚至可能成为行业的领头羊。

（二）规范治理结构,促推整体价值

规范治理结构,对企业发展壮大有着特殊意义。规范治理结构至少可以体现在这样四个不同层面:①内部的规范治理,主要是股东关系、股东会、董事会、监事会的具体运作;②总公司与分支机构的规范治理,主要是各自承担的不同职能,相互之间权利义务关系的明确;③总公司、子公司、关联公司的关联关系;④企业与代理商、经销商、分销商之间的利益平衡。作为法律顾问,律师将这四个层面的法律关系予以规范,无疑能够大大提升企业的整体价值。

诚然,这其中许多的法律问题,都需要以常规的风险防范功能为基础,但在这些关系的处理方面,很多时候更需要前瞻性的法律服务。比如,如果企业试图借助众筹模式来推广业务、占领市场,企业如何进行突破,如何在不违反现有法律法规的前提下,又能为未来法律的发展预留空间?如果完全遵照风险防范的思路,相信大部分律师都会对企业家说"NO"。这种时候,在笔者看来,仅仅说"NO"肯定是不行的,而是要在现有规范的范围内,寻求可能突破的方式和路径。以企业组织形式为例,如果选择有限责任公司,股东的人数不能超过200人,但许多企业的发展运营完全依赖于不断扩大的"粉丝群",并且也希望这些"粉丝"在成为自身客户的同时也成为"股东",企业家会问:如何办?一般而言,法律法规总是滞后于现实发展,律师所需要做的就是在还不明确的领域,为企业家指引正确的方向,从而提升企业的整体价值。

(三)建立知识产权保护体系,提升无形资产

许多企业对于知识产权的理解局限于专利申报、商标注册等事项,这显然是远远不够的。从财富演变的历史轨迹来看,无形资产的威力将会越来越大,其所占的比例也会越来越大。律师需要帮助企业家树立知识产权意识,其中包含知识产权评估和保护意识。

在笔者提供法律顾问服务的企业中,有一家高科技企业拥有十多项发明专利和十多项实用新型专利,笔者引导他们做了一个《知识产权自评报告》。该报告涉及企业知识产权的现状、专利的保护期、授权生产的情况、专利费的缴纳情况等。最为重要的是,笔者建议该企业对这些知识产权的市场价值进行评估作价,并公布在企业网站上。很多业内的企业家都对这一举措称赞不已,同时针对这些专利的侵权行为也大为减少。通过这种方式,提升了企业无形资产的价值。

(四)利用信息优势,提供商业机会

律师因为接触了各个领域、各个行业的企业家和投资人,具备其他人所不具备的信息优势。这种信息优势,在笔者看来,是完全可以转化为顾问单位的商业机会的。比如,在担任装饰装修企业的法律顾问时,律师为其争取几笔装修业务也并非难事。迄今,律师的这种信息优势没有得到很好的利用和展现。

(五)整合商业资源,协助确立产业与行业优势

律师需要具备商业思维,这种商业思维并非用于个人的商业运营,而是能为顾问企业提供更好的商业上的建议,有助于其进行商业资源的整合,从而为顾问企业创造价值。这种整合可以从多个层面予以实现:律师可以为顾

问企业的上下游产业提供整合机会。一方面,从律师业务的角度,部分律师可能会专注于特定行业和产业,并且形成"完整产业链"的法律顾问模式;另一方面,一些企业在发展到一定程度之后,希望能对上下游产业有所触及。此时,律师无疑能为这种产业整合提供有价值的法律和商业服务。

二、国别合规编

GDPR 背景下个人信息安全保护合规实证研究

通力律师事务所　潘永建　邓梓珊

【摘要】 号称"史上最严隐私条例"的 GDPR 实施后, 涉及跨境经营的中国企业积极寻求高效的合规解决方案。由于 GDPR 在适用范围、个人数据的定义和范围、儿童数据保护措施、用户同意模式等方面语焉不详或留有空白, 导致企业在合规道路上步履蹒跚。本文重点从以上四个方面入手, 结合GDPR 以及其他相关法规, 分析企业合规的实践状况和需求, 旨在为企业搭建有效的 GDPR 合规体系提供参考。

【关键词】 GDPR　合规　个人信息保护　儿童信息保护　同意

2018 年 5 月 25 日起实施的欧盟《通用数据保护条例》(General Data Protection Regulation,简称"GDPR")至今将满两年。GDPR 可谓是"史上最严隐私条例", 相较于《关于涉及个人数据处理的个人保护以及此类数据自由流动的指令》而言, GDPR 扩展了受保护的数据范围以及法规的适用范围。GDPR 不但规制在欧盟设立的实体企业, 亦会对向欧盟公民提供商品或服务的实体企业产生影响。GDPR 的重要性无须多言, 不少涉及跨境经营的中国企业已经开始积极寻求专业机构的意见, 布局 GDPR 合规工作。但 GDPR 在多个方面语焉不详或留有空白, 企业可能因此在某些合规工作节点陷入僵局。

着眼于 GDPR 本身的适用范围、个人数据的定义和范围、儿童数据保护措施、用户同意模式等四个方面, 本文分析了 GDPR 在立法技术上的不足, 结合企业的合规实践状况及需求, 为企业搭建有效的 GDPR 合规体系提供参考和建议。

一、GDPR 的适用范围

GDPR 第 3 条明确规定了适用范围，即 GDPR 不仅适用于设立在欧盟内的企业，为保护欧盟公民个人数据，在以下三种情况下，也适用于设立在欧盟以外的企业：

①向欧盟内的数据主体提供商品或服务的，无论此项商品或服务是否需要数据主体支付对价；

②对数据主体发生在欧盟内的行为进行监控的；

③对个人数据的处理虽然是由设立在欧盟之外的控制者进行，但欧盟成员国法律通过国际公法适用于该控制者所在地的。

关于 GDPR 的适用范围，曾有争论，如果欧盟境内的人主动访问欧盟境外的互联网，是否受到 GDPR 的保护？根据相关官方机构对 GDPR 第 3 条的解读，这一问题的答案几乎是肯定的。换言之，即便某公司并非设立在欧盟境内，也不为欧盟境内的人提供服务，但仍有可能因欧盟境内的人主动访问欧盟境外的公司网站而在被动的、完全不知情的情况下受到 GDPR 规制。

另外，根据 GDPR 第 3 条及第 30 条的规定，任何存储或处理欧盟国家内有关欧盟公民个人信息的公司，即使在欧盟境内未实际开展业务，也必须遵守 GDPR。具体如下：

①在欧盟境内拥有业务；

②在欧盟境内没有业务，但是存储或处理欧盟公民的个人信息；

③超过 250 名员工；

④少于 250 名员工，但是其数据处理方式影响数据主体的权利和隐私，或是包含某些类型的敏感个人数据。

GDPR 第 30 条规定的第(5)项类似于"兜底条款"。处理方式具体影响什么权利，什么隐私，"某些类型的敏感个人数据"究竟为何，GDPR 都没有给出明确解释。综合考量 GDPR 第 3 条和第 30 条的规定，GDPR 适用范围之广，足以使全球范围内的跨国公司倍感压力甚至恐慌。企业在投入成本进行 GDPR 合规之前，甚至不清楚 GDPR 是否肯定适用于本公司。因此，有公司直接拒绝来自欧洲的 IP 访问，这虽然是一个避免麻烦的办法，但从业务长远发展的角度来看，解决 GDPR 合规难题是大部分企业终将面临的问题。

　　结合国际法及欧盟法的相关规定，GDPR 涉及数据保护的"被保护的法益"主要包括数据保护权、人格权、信息自决权、保证信息的机密性和技术系统完整性的权利、尊重私人生活的权利、隐私权、所有基本权利和自由以及网络隐私权。为保护上述法益，GDPR 规定了宽泛的适用主体范围。即便是中小企业（即员工少于 250 名的企业）在某些情形下仍需注意遵守 GDPR 的例外适用条款。例如，中小企业收集处理了个人的宗教信仰信息、医疗记录等；收集处理的个人信息可能使数据主体遭受歧视或不公正的待遇；处理的信息涉及数据主体的个人隐私等。

　　综上所述，无论何种规模的企业都需要认清 GDPR 宽泛的适用范围和遵从 GDPR 的必要性。除避免因违反 GDPR 而导致巨额罚款以外，企业应认识到遵守 GDPR 本身的意义。遵守 GDPR 有利于增强客户与公司之间的信任，维护企业的声誉。虽然合规成本较高，但违规的代价远不止于财务层面，势必将导致企业的声誉受损、行业地位严重下降等无法挽回的后果。

二、个人数据的定义与范围

　　企业制定并实施 GDPR 个人信息合规制度的前提是清晰地理解个人信息的范围。GDPR 将个人数据定义为任何指向一个已识别或可识别的自然人的信息。该可识别的自然人能够被直接或间接地识别，尤其是通过参照诸如姓名、身份证号码、定位数据、在线身份识别这类标识，或者是通过参照针对该自然人的一个或多个，如物理、生理、遗传、心理、经济、文化或社会身份的要素。"可识别性"是前述受保护个人数据的首要条件，相较于我国《刑法》《网络安全法》以及《信息安全技术个人信息安全规范》等法律及规范关于个人信息的界定，GDPR 所定义的个人数据范围较为狭窄。在我国，个人信息不仅包括已识别、可识别性个人信息，也包括与个人有关的信息。尽管如此，该定义仍将诸多可能性涵盖其中，看似给个人数据主体赋予极高程度的保障，实则给实务中的认定带来操作难题。一方面，"单独或者与其他信息结合识别自然人个人身份"的标准过于抽象，不具有操作性，无法判断"结合"的程度和范围,亦未规定是否要将信息收集者的"还原"能力作为考量因素;另一方面,大数据时代下丰富的信息类型也难以通过定义列举穷尽。此外,特定情况下还需要考虑数据主体的特定身份,例如"职称"在某个国家或地区几乎是独一无二的情况下(如"××市公安局局长"等),就可能构成个人信息。

法规给出的定义语焉不详导致实践中各类数据,特别是移动设备自动采集的数据是否属于法律保护的"个人信息"的认定困难。例如,智能手环所采集的佩戴者的实时心率、血压等信息是否属于个人信息?如果该智能手环和佩戴者的手机相互关联,前述与身体健康状况有关的数据由手机设备直接上传到网上,因上传的数据中包含设备 ID 而致该信息"可识别到个人",则前述与个人身体健康状况产生的相关信息是否亦属于个人信息?进一步而言,如果某电信运营商掌握每一台设备的 ID 与个人手机号、身份证号、姓名的关联关系,出售智能可佩带电子设备并实时收集佩戴者的心率、血压以及对应电子设备的 ID 等信息,此种情形系下设备收集、上传的"与个人身体健康状况产生的相关信息"是否会落入(受法律保护的)个人信息之范畴?诸如此类的问题有待 GDPR 的立法者和执法机构进一步阐明。

作为常规数据审核工作的一部分,企业应首先按照相关法规的要求(主要包括 GDPR 与《网络安全法》)建立数据分类制度。另外,如上所述,建议企业重新审视曾被标记为"非个人信息"的数据,按照是否有可能参照其他标识信息直接或间接识别到特定个人的标准将其重新归类。

三、儿童数据保护措施

GDPR 第 8 条第(1)项规定:"当儿童不满 16 周岁,只有当对儿童具有父母监护责任的主体同意或授权,此类处理才是合法的。"抖音国际版 TikTok 被美国联邦贸易委员会(FTC)处罚一案在国内引起轩然大波,在一定程度上暴露了企业对于未成年人信息保护的无知与漠视。事实上,我国已公布《未成年人网络保护条例(草案征求意见稿)》。并且,《信息安全技术个人信息安全规范》也对儿童信息保护提出了类似要求。在此背景下,企业应意识到这一保护性条款的重要性,但实践中,企业履行儿童信息保护义务时将面临程序上与实质上的难题。

首先，各国对于儿童的年龄限制是不尽相同的，如英国和爱尔兰的年龄限制为 13 岁，美国为 13 岁，中国为 14 岁。企业应了解清楚其开展业务的法域认定"儿童"的年龄标准，并综合所有结果以一个较低的年龄为准。

其次，GDPR 未具体说明应以何种方式征求和获得父母的同意，只在第 8 条第（2）项明确规定"控制者应当采取合理的努力，结合技术可行性，确保此类情形中对儿童具有父母监护责任的主体已经授权或同意"。这是对于数据的控制者和处理者的"自证合规"义务。2018 年 10 月，Facebook（脸书）遭到 17 个儿童保护组织向美国联邦贸易委员会的投诉，指控其未严格审核为儿童用户注册提供授权的人员是否是儿童用户真正的家长。因此对于企业而言，仅仅制定清晰、全面的隐私政策解释企业如何收集儿童信息可能是不充分的，企业还应对儿童年龄、授权"家长"的真实身份进行验证，并进一步满足家长随时检查或删除儿童在网站上已注册信息的要求。

在深入思考何为"合理的努力"之前，应首先考虑收集儿童信息的必要性，即是否有必要将儿童列为业务的目标群体之一。在合规成本较高的情况下，若收益无法与合规成本相匹配，相信任何企业都会做出明智的选择。此外，还应区分确实无须收集儿童信息的情形和确实需要收集的情形。在实践中，有企业负责人宣称为了实践合理必要原则、数据最小化原则，不收集精确的年龄信息。如为了维持用户黏性提供关怀类运营服务，在用户生日时进行有针对性的折扣活动、附赠小礼品等，可以砍掉年份，仅收集用户的出生月份和日期，故企业在未收集用户具体年龄信息的情况下无须对儿童进行区分对待。这显然是一种误解。GDPR 明确规定，只要处理了儿童的信息，就必须获得其监护人的授权或同意。"儿童"这一主体身份当然以其客观年龄为准，不以信息控制者或处理者的主观认知为转移。另外，若企业决定不直接为儿童提供服务，还应区分产品的目标群体是否主要针对的就是儿童群体，如儿童玩具、儿童动画频道等。开展该等业务的企业很难用拒绝向儿童提供服务来规避合规责任。例如，2018 年 4 月，23 家团体组成的联盟组织向美国联邦贸易委员会提交一项投诉，称 YouTube 收集未满 13 岁用户的个人数据并据此推送广告，涉及非法牟利。YouTube 主张尚未建立有效审查过滤未满 13 岁儿童用户的机制,并且其服务协议称不意图为 13 岁以下用户提供服务,如果用户低于 13 岁请不要使用其服务。但投诉 YouTube 的联盟认为,YouTube 在通过服务条款逃避法律责任,虽然其服务协议称仅为年满 13 岁的用户提供服务,但网站上可以看到大量儿童内容,儿童直播是最受欢迎的内容之一。

为了尽到前述"合理的努力",企业可采取的措施就是建立验证用户年龄的机制(是否低于 16 岁或更低的年龄)以及确认给出授权或同意的是否是其父母或监护人。目前,有关验证儿童年龄的几种通行方式包括:

①自我验证(Self-verification)机制,根据用户主动提供的信息授予用户访问网站的权限,这是最简单、最通用的方式。曾有研究表明,有将近 1/4 的 8—12 岁儿童有办法躲过社交网站的年龄限制。因此,该方式的缺点是需要辅助其他手段进一步验证用户是否有谎报行为。

②语义分析(Semantic Analysis)机制,编辑一套算法,在社交网站搜寻有关儿童用户的常用词语及语句并自动分析,推断用户的年龄范围。缺点是可能忽略了个别个体早熟的问题,也无法精确到具体年龄。

③离线身份验证(Offline Identity Verification)机制,通常通过直接联系未成年人的父母或导师的方式来验证年龄,并最终获得父母同意访问网站或服务。

关于确认获得父母同意的方式,企业应当结合成本和效率进行考虑,可以直接排除一些传统且低效率的途径(如邮寄、传真、发送电子扫描同意书等)。根据美国联邦贸易委员会给出的指引以及一些行业惯例,可供企业参考的方式包括:

①安排专业人员拨打免费电话/视频通话,要求儿童的监护人即时回答一系列以知识为基础的,除父母之外的人很难回答的具有挑战性的问题;

②要求监护人上传能够证明与儿童关系的政府、公证文件,在完成认证程序后删除上传的文件记录;

③与可靠的提供监护人身份验证服务的供应商合作;

④通过大数据分析社交关系图进行验证。

总之,具体采取何种方案需要针对企业的具体业务场景以及可用资源进行综合考虑。

四、用户同意模式

根据 GDPR 第 6 条的规定，数据主体的同意是合法处理个人数据的前提之一。此处的"同意"要求相较于我国的《网络安全法》更为明确也更为严格，即"数据主体依照其意愿自愿做出的任何指定的、具体的、知情的及明确的指示，通过声明或明确肯定的行为作出"。

目前，隐私政策、用户协议是获得数据主体同意数据控制者对其个人数据进行处理的主要方式，企业需要在这些文本当中明确数据处理的方式及目的。但难点在于，在"小"数据时代，信息使用的目的往往自始就清晰明确；与之不同，大数据时代下信息处理的目的(至少在商业利用情形下)通常难以自始确定。在此背景下，信息量的剧增以及数据种类的复杂程度要求信息处理者为了实现完全合规而增加额外的成本去设计全面合规的知情同意书，且个人数据主体也可能因阅读冗长的隐私政策而遭受时间成本的损失或根本不阅读而导致法律预期的保护落空。此外，在隐私政策、会员协议中通过一揽子打钩或者推定的形式获得同意，也将违反 GDPR 的要求。

实践中另有一种情形，即信息收集者与个人数据主体在根本不存在互动连接点的情况下，收集者无法获得个人数据主体"主动声明"或"主动做出肯定性动作"。在此情形下，收集者要获得个人数据主体的明示同意极其困难。例如，目前已广泛运用在公共场所中的人脸识别技术、部分物联网应用以及可穿戴电子设备应用情景等。由此导致的结果是，上述应用中的运营商面临或违规收集个人信息推行应用计划或为合规目的而放弃应用开发的困境。

鉴于此，建议相关企业采取以下措施：

①将有关个人数据收集、使用的内容单独列出，用清晰、明确、易于理解的方式表述；

②通过技术手段将前述内容作为进行下一步动作的必经环节，如果没有获得同意的，则不能进入下一步动作，或者后续服务会受到相关限制；

③如果在对个人数据的后续运用中超出前述同意范围的，尤其是对于

敏感的个人数据或者个人画像等方面,应当单独重新获得个人数据主体的同意;

④必须要告知个人数据主体撤回同意的途径和方式,该途径和方式必须与做出同意同样容易。

五、结语

除上述的合规实践难点之外,GDPR 提出的许多新要求都涉及网站构架、信息处理技术的彻底改造,如数据主体的遗忘权需要延及已经被分享或转让给第三方的数据;保证用户能不受限制地查看其个人信息;确保用户的数据便携权等。GDPR 合规计划将大幅度增加企业的 IT 开支。一些互联网巨头已经开展行动,落实 GDPR 合规要求。如苹果公司于 2018 年 10 月 18 日推出了多项隐私权升级措施。其中包括上线一个门户网站,用户可在这个网站上搜索信息,查看苹果公司保存了他们的哪些数据。

合规是企业的生命线,企业在跨国经营中遵守域外法律的合规建设也是中国企业形象建设的重要部分。在大数据时代,企业应当将个人信息的合规作为所有合规制度的重中之重。合法合规地收集使用个人信息,才能提高用户黏度和好感度,真正为经营者带来利益。

参考文献

[1] Winfried Veil, The GDPR: The Emperor's New Clothes: On the Structural Shortcomings of Both the Old and the New Data Protection Law, Neue Zeitschrift für Verwaltungsrecht 10/2018: 686-696.

[2] Jules Polonetsky, Online Age Verification for Our Children: A Report on the Tools and Resources Available for Safeguarding the First Generation of Digital Natives, 31th International Conference of Data Protection and Privacy Commissioners in Madrid.

[3] 周杨、张忠:《从抖音被罚案审视未成年人个人信息保护——基于合规视角》,载德衡商法网(http://www.deheng.com.cn/about/info/14285),访问日期:2019 年 4 月 29 日。

［4］Advocates Tell FTC: Facebook is violating children's privacy law, https://commercialfreechildhood.org/blog/advocates-tell-ftc-facebook-violating-children's-privacy-law.

［5］Ftc Complaint Against Youtube Kids App for Unlawful Advertising to children, https://www. wallstreetotc. com/ftc-complaint-against-youtube-kids-app-for-unlawful-advertising-to-children/217282/.

［6］Background Report on Cross Media Rating and Classification, and Age Verification Solutions, Safer Internet Forum.

［7］Facebook: Children evade social websites'age limits, http://www.guardian.co.uk/technology/2008/aug/07/socialnetworking.facebook.

我国民营企业直接投资澳大利亚
农牧场相关合规性问题研究

北京炜衡(成都)律师事务所　廖　睿　王晓萌

【摘要】　近年来,受澳大利亚农业产业吸引,大量中国投资者赴澳大利亚开展农业投资。而一些民营企业在收购澳大利亚农牧场时,因对我国企业境外投资和澳大利亚外商投资相关法规及政策缺乏了解,遇到了诸多困难。本文拟通过该类交易过程中涉及的主体合规性、投资标的合规性、程序合规性以及资金跨境流动合规性四个方面进行简要分析和介绍,以期为拟赴澳大利亚开展农牧场直接投资的我国民营企业投资者提供参考。

【关键词】　澳大利亚　直接投资　农牧场收购　合规审查

自 2013 年"一带一路"合作倡议首次提出以来,随着沿线各国合作的深入和推进,中国企业通过海外直接投资"走出去"的脚步正在加快,越来越多的"一带一路"沿线国家吸引了中国投资者。但与此同时,一些传统的投资目的国仍然是中国企业"走出去"的重要选择。据中方统计,截至 2017 年年末,中国对澳大利亚直接投资存量为 361.75 亿美元,澳大利亚为中国第六大投资目的地①;据澳方统计,截至 2017 年年末,中国在澳大利亚直接投资存量为 407 亿澳元,为澳大利亚第五大投资来源地②。

澳大利亚历来为中国投资者重要的投资目的国之一。因具备丰富的自然资源和优越的农业生产条件,澳大利亚的农业投资项目备受中国投资者青睐。2017 年,仅新希望联合淡马锡等投资者收购真诚宠爱公司(The Real Pet Food Company)单一项目,投资额就高达 10 亿澳元,排在当年中国主要对澳

---

① 参见商务部、国家统计局、国家外汇管理局联合发布的《2017 年度中国对外直接投资统计公报》。

② 参见商务部国际贸易经济合作研究院、中国驻澳大利亚大使馆经济商务参赞处、商务部对外投资和经济合作司联合发布的《对外投资合作国别(地区)指南——澳大利亚(2018 年版)》。

大利亚投资项目中的第二位。[①]

在众多选择赴澳大利亚开展农业投资的中国企业中,除了一些治理结构完善、风险防控能力较强、资金实力雄厚的大型国有企业外,更不乏一些治理结构较为松散、风险防御能力较低、专业程度低、经验不足的民营企业。针对这些民营企业面临的其是否具备赴澳投资的资格、中澳两国是否允许中国投资者开展农业投资、如何依法履行相关程序以及项目资金如何跨境流动等问题,本文尝试以我国民营企业赴澳收购农牧场为例,从投资主体、投资标的、备案审批程序以及资金跨境流动四个方面展开,并分别从境内合规与境外合规两个维度进行分析,以供有该类投资需求的我国民营企业参考。

一、投资主体合规性

(一)境内主体合规

在我国经济体制改革过程中,根据公司出资主体或股东不同,企业被分为国有企业和民营企业。虽然这一划分未为我国《公司法》具体界定,但为实践需要,仍可以将民营企业理解为在中国境内除国有企业、国有资产控股企业和外商投资企业以外的所有企业,组织形式包括个人独资企业、合伙制企业、有限责任公司和股份有限公司。

关于民营企业是否可以开展对外投资事项,我国《公司法》亦未对此作出具体规定,我国企业开展对外投资的法定条件及规范则更多地体现在部门规章中。2018年3月1日起施行的《企业境外投资管理办法》将各种类型的非金融企业和金融企业开展对外投资事项均纳入其规制范围,虽未对民营企业境外投资作出专门规定,但为设定不同的境外投资项目监管层级而区分了中央企业和地方企业,变相肯定了民营企业进行境外投资的资格。

事实上,现阶段,我国对于民营企业境外投资持积极态度。2017年12月6日,国家发展改革委、商务部、中国人民银行、外交部、全国工商联便联合发布了《民营企业境外投资经营行为规范》,特别提出"国家支持有条件的民营企业'走出去',对民营企业'走出去'与国有企业'走出去'一视同仁"。基

---

①　参见毕马威(KPMG)与澳大利亚悉尼大学共同发布的第14期《揭秘中国企业在澳洲投资》。

于这样的政策背景,民营企业大可迈开步子,对境外投资做积极有益的尝试。

但是,这并不意味着任何民营企业都可开展境外投资。除了满足在中国境内依法成立、合法经营的基本条件外,还应当本着审慎经营的原则,充分评估境外投资的各项风险,具备适当的风险承担能力方可进行境外投资。从国家发展改革委公布的境外投资项目备案表填报要求可以看出,拟进行对外投资的企业,应当满足必要的经营情况和信用情况,具体体现在企业近年各项财务指标是否良好、经营情况是否稳健、公司治理是否有效,以及企业及其股东直至实际控制人是否被列入境外投资违法违规行为记录、企业经营异常名录、严重违法失信企业名单、全国法院失信被执行人名单、重大税收违法案件当事人名单等。

对于上市公司而言,若其拟以发行股份的方式收购境外资产,还须根据《上市公司重大资产重组管理办法》的规定,经证监会核准。证监会对其主体合规性方面的审查主要包括两个方面:一是在经营情况方面,上市公司最近一年及一期财务会计报告被注册会计师出具无保留意见审计报告,被出具保留意见、否定意见或者无法表示意见的审计报告的,须经注册会计师专项核查确认,该保留意见、否定意见或者无法表示意见所涉及事项的重大影响已经消除或者将通过本次交易予以消除;二是在公司治理方面,上市公司及其最近三年内的控股股东、实际控制人不存在因涉嫌犯罪正被司法机关立案侦查或涉嫌违法违规正被中国证监会立案调查的情形,但是涉嫌犯罪或违法违规的行为已经终止满三年,交易方案能够消除该行为可能造成的不良后果,且不影响对相关行为人追究责任的除外。

(二)主体境外合规

澳大利亚《1975 年外资收购及接管法》(FATA 1975)将拟赴澳投资的"外国人士"(Foreign person)界定为:非经常居住在澳大利亚的个人;外国个人、外国公司或外国政府持有实质权益(单独或与其他联合体持有 20% 或以上)的公司;外国政府或外国政府投资者(包括但不限于外国政府或独立政府实体持有至少 20% 权益的公司或受托人)。拟赴澳开展农牧场收购的我国民营企业恰落入这一界定范畴。上述"外国人士"在该法中被赋予了在澳大利亚依法进行投资的权利。也就是说,我国民营企业若能依照澳大利亚联邦及其各州和地区的法律法规,正当推进交易,完整签订交易法律文件,合规履行审批、申报程序,合法开展经营活动,则可以被认定为在澳大利亚开展农业投资的适当投资者。

中澳自建交以来,双方经贸往来密切。在此基础上,两国于2015年6月17日签订了《中华人民共和国政府和澳大利亚政府自由贸易协定》(ChAFTA),并于2015年12月20日起正式生效。《中华人民共和国政府和澳大利亚政府自由贸易协定》涵盖投资领域,实现了"全面、高质量和利益平衡"的目标。时隔近四年,在中澳两国合作日益深入的情形下,2019年3月29日,澳大利亚外长佩恩宣布将成立澳中关系国家基金会,以加强澳大利亚最重要的双边关系之一,促进双方在诸如农业、基础设施、健康和环境、能源等一些澳大利亚优势领域的合作。① 总体来说,当前澳大利亚国内经济结构性矛盾依然存在,为满足其国内发展需求,澳大利亚政府欢迎外国投资,并为外资提供稳定、透明的投资环境。而企业投资是中澳两国经贸合作最活跃的部分,澳大利亚官方对中国企业赴澳大利亚投资秉持开放的态度,两国企业在农业领域的投资合作更是呈现出诸多亮点。

二、投资标的合规性

(一)标的境内合规

我国民营企业赴澳大利亚收购农牧场,大多为收购农牧场的土地所有权和使用权,并通过对农牧场进行经营管理而获取经营收益。这显然符合《企业境外投资管理办法》对"境外投资"的定义,即"中华人民共和国境内企业(以下称"投资主体")直接或通过其控制的境外企业,以投入资产、权益或提供融资、担保等方式,获得境外所有权、控制权、经营管理权及其他相关权益的投资活动"。同时,《企业境外投资管理办法》对"投资活动"的列举亦涵盖了获得境外土地所有权、使用权等权益这一情形,因此,收购澳大利亚农牧场可以视为我国法定的境外投资形式之一。不仅如此,2017年8月4日,国务院办公厅在转发国家发展改革委、商务部、中国人民银行、外交部《关于进

---

① 参见岳东兴、白旭:《澳大利亚政府宣布将成立澳中关系国家基金会》,载新华网(www.xinhuanet.com/world/2019-03/29/c.1124303159.htm),访问日期:2019年3月29日。

一步引导和规范境外投资方向的指导意见》(简称《指导意见》)的通知中,还明确将"着力扩大农业对外合作,开展农林牧副渔等领域互利共赢的投资合作"列为鼓励开展的境外投资项目。我国民营企业赴澳大利亚投资农牧场,通过产业链整合,恰能达到《指导意见》提倡的"弥补我国能源资源短缺"的投资目的。

随着我国全面建成小康社会决胜阶段日益临近以及中产阶级数量不断增长,国民的生活质量逐步提高,对于食品的品类、质量等有了更多样化的需求和更高的要求,传统的饮食习惯正在悄然改变,社会总体对牛羊肉、牛奶等的需求呈现逐年递增的态势。而与此同时,我国面临着有限的土地资源及地形结构无法承载大规模畜牧养殖业的难题,仅靠国内自给无法实现自足。因此,近年来,我国大量从澳大利亚、巴西、印度等地进口牛羊肉及奶制品,以解决供应短缺问题。我国企业"走出去",收购澳大利亚农牧场,利用澳大利亚丰富的自然资源,繁育牛羊,出产高品质的牛羊肉和乳制品等,并将这些初级农产品通过贸易销往中国,既能够解决我国相关资源短缺的问题,又能够促进双边经贸往来的良性互动,符合现实国家利益。

(二)境外标的合规

农牧业是澳大利亚的传统优势产业,农牧业产品的生产和出口在国民经济中占有重要位置,澳大利亚是世界上最大的羊毛和牛肉出口国。农业产业发展离不开对农业土地的利用,收购农牧场往往以收购农业土地为基础。《1975年外资收购及接管法》对于农业用地(Agricultural land)的定义为:坐落于澳大利亚领土范围内,用于或可合理用于初级产品生产的土地,包括不完全用于初级产品生产的土地和仅部分可合理用于初级产品生产的土地。也就是说,一宗土地上,只要其中一部分被用于初级产品生产,即可被认定为农业用地。该定义中的"初级产品生产"则适用《1997年所得税评估法案》(ITAA 1997)给出的定义。该法案规定,初级产品生产包括种植或繁育植物,以出售活体或分割肉为目的而圈养动物,进行与捕鱼和其他水产动物直接相关的经营活动,种植或管理用于砍伐的树木或林木以及砍伐树木或林木。农牧场是典型的农业用地。

虽然农业是敏感产业,且农业用地往往与国家利益紧密相连。但是,

《1975年外资收购及接管法》仍然赋予了外国投资者对澳大利亚农业用地进行投资的权利。当然,出于对其国家利益和安全的维护,澳大利亚政府对外国投资者可购买的农业用地同样作出了一定的限制,这种限制主要体现在拟交易土地信息的获取方式上。对于达到澳大利亚外国投资审查委员会(FIRB)审核标准的农业用地外资收购项目,其遵循公开透明销售程序原则进行审核,即外国投资者须向澳大利亚外国投资审查委员会证明,澳大利亚居民有机会获得拟交易土地且其销售过程公开、透明。对于公开透明销售程序原则的审查标准主要依个案而定,澳大利亚外国投资审查委员会可能考虑的因素包括销售进程的时间安排和规模以及澳大利亚居民是否参与了销售过程且其是否有机会竞价购买。具体而言,包括:①已经通过澳大利亚买家可获取的渠道公开进行销售和宣传,如在应用广泛的地产中介网站上或知名报刊上进行过广告宣传;②在土地购买协议签订前的最近6个月内进行了至少30天的销售或宣传;③澳大利亚居民在土地出售前有平等的机会进行报价。①

从现实投资情况来看,澳大利亚对于农业用地外国投资,特别是中资,并未设置过多的限制。澳大利亚外国投资审查委员会的报告显示,截至2017年6月底,外国投资者持有澳大利亚农业用地面积的13.6%,英国以持有澳大利亚农业用地所有权的2.6%保持澳大利亚最大的"外资地主"地位,中国紧随其后,中资持有澳大利亚农业用地所有权的2.5%。2017—2018年,澳大利亚外国投资审查委员会仅拒绝了一个以住宅开发为目的的外资收购农业用地项目。②

三、程序合规性

(一)境内备案流程

我国对于企业境外投资采取分类监管与层级监管相结合的模式。首先,《企业境外投资管理办法》将海外投资项目划分为敏感类项目和非敏感

---

① See Agricultural Land Investments［GN 17\］, Australian Opportunity-An Open and Transparent Sale Process.

② See Foreign Investment Review Board Annual Report 2017-18, p.24.

类项目,并对两类项目实行不同程度的监管。对于敏感类项目实行核准管理,而对于非敏感类项目实行备案管理。其次,对于非敏感类项目,因投资主体及中方投资额不同,须向不同层级的发展改革部门备案。由于我国民营企业收购澳大利亚农牧场项目既不是涉及敏感国家和地区的项目,亦不是涉及敏感行业的项目,且民营企业作为地方企业的一种,该类项目的监管层级主要依投资额不同而定:若投资额达到3亿美元及以上的,须向国家发改委备案;投资额未达到3亿美元的,须向省级政府发改部门备案。备案项目的审查标准主要为是否违反有关法律法规、规划或政策、国际条约或协定,是否威胁或损害我国国家利益和国家安全。

国家发展改革委专设境外投资管理和服务网络系统,投资主体可以通过网络系统履行核准和备案手续、报告有关信息;但应当注意的是,涉及国家秘密或不适宜使用网络系统的事项可另行使用纸质材料提交。投资主体应当填报的备案资料包括境外投资项目备案申报文件、境外投资项目备案表、境外投资项目真实性承诺书等。

备案机关收到项目备案表后,会通过网络系统告知投资主体是否予以受理。备案机关作出决定后,应当在受理项目备案表之日起7个工作日内向投资者主体出具备案通知书或不予备案通知书。投资主体在取得备案通知书后方可实施项目。

(二)境外审批流程

澳大利亚的外商投资事宜由澳大利亚联邦财政局负责监管,澳大利亚外国投资审查委员会提供建议以及协助。根据澳大利亚外国投资审查委员会的要求,外国人士拟持有的农业用地累计价值超过1 500万澳元的,则该等农业用地的投资需取得批准,但来自协约国的投资者除外。虽然我国已于2015年与澳大利亚政府签订《中华人民共和国政府和澳大利亚政府自由贸易协定》,但是,该协定通过设置"不符措施"排除了中国投资者在澳大利亚进行土地投资享受国民待遇及最惠国待遇的可能,因此,中国投资者收购澳大利亚农业用地仍然要遵守普遍适用的审批要求。

澳大利亚农牧场价格主要受地理位置、自然资源、附着设施等条件因素的影响。距离市区较近、土壤肥沃、交通便利、附带灌溉等农业设施的农场价格往往更高,且澳大利亚因所处地理位置,受气候因素影响较大,特别是极易受到厄尔尼诺现象的影响,因此,气候对农业的周期性影响也是决定农场价格的因素。但单一中小型农牧场价格一般不会超过 1 500 万澳元,收购这类农牧场,投资者无须向澳大利亚外国投资审查委员会申报。然而实践中,不乏一些民营企业出于整合产业链、寻求规模经济效应,或者出于全球战略布局等考量,选择规模较大、设施较完备、投资额较高的农牧场进行投资,对于这一类型的投资,则须取得澳大利亚外国投资审查委员会批准后,方可实施收购。

澳大利亚外国投资审查委员会在对拟投资项目进行审批时,主要考虑的因素为投资方案是否会对澳方国家安全造成影响。其在对投资方案进行国家利益评估时,可能考虑的因素包括:①国家安全;②投资方案对澳大利亚一般经济的影响;③投资方案是否主要受商业利益驱动;④社区对外资持有澳大利亚特定资产的顾虑;⑤投资方案对澳大利亚外商投资制度的公众支持度的影响。由于涉及农业权益的投资项目属于东道国特别关注的产业,拟赴澳大利亚购买农牧场的我国民营企业更应当以收购方案不违反澳大利亚国家利益为核心,就包括但不限于上述方面在内的因素作出详尽阐释和分析。例如,投资者可从对澳大利亚国内以及农场所在社区产出、就业、日用品供给、出口额提升、市场竞争性、税收合规等角度分析其投资对澳大利亚国家利益的影响;从其公司性质、股东结构、决策机制、对通用商业规则和准则的遵守等角度分析其投资方案不受母国政府的非商业利益驱动;从对土地质量提升、农场由社区本土居民运营、不违反当地的法规及习惯等角度分析其投资方案可消除社区顾虑等。分析结论能够体现拟投资项目在各方面均能够对澳大利亚国家利益产生正向影响的,获得澳大利亚外国投资审查委员会批准的概率较大。澳大利亚外国投资审查委员会会根据审核情况对投资项目作出无条件批准、附带条件批准或禁止的决定。只有在获得无条件批准和附带条件批准的情况下,方可依照澳大利亚外国投资审查委员会的要求实施投资。

四、资金流动合规性

(一)境内资金流出合规性

长期以来,我国因经济体制及汇率机制等原因一直实行较为严格的外汇管理体制,由国家外汇管理局对于外汇合规性事宜实施全面直接监管。但自2013年"一带一路"合作倡议提出后,为促进和便利企业跨境资金运作,国家外汇管理局对外汇合规管理尝试作出调整。目前,我国外汇管理合规事宜的监管框架为间接监管。2015年6月1日起,国家外汇管理局发布的《关于进一步简化和改进直接投资外汇管理政策的通知》正式实施。该通知取消了境外直接投资项下外汇登记核准行政审批事项,改由银行按照该通知及《直接投资外汇业务操作指引》的规定直接审核办理境外直接投资项下的外汇登记,国家外汇管理局及其分支机构通过银行对直接投资外汇登记实施间接监管。

在这一监管框架下,我国民营企业在以境内外合法资产或权益(包括但不限于货币、有价证券、知识产权或技术、股权、债权等)向境外出资前,应到注册地银行申请办理境外直接投资外汇登记。银行通过外汇管理局资本项目信息系统为境内机构办理境外直接投资外汇登记手续后,境内机构凭业务登记凭证直接到银行办理后续资金购付汇手续。[①]

但在操作层面上,因一些非理性对外投资倾向的出现,为遏制资金无序流出,监管部门应形势变化,于此后适当收紧了对企业海外投资的管控,对部分海外投资项目予以从严审查。包括"合伙企业""母小子大""快设快出"等六种类型的境外直接投资会被禁止,如无法说明具体境内股东或合伙人背景、资金来源,以及境外投资项目真实性的,原则上国家发展改革委不予备案。其中,以合伙企业作为境内投资主体的基本会被禁止;境内公司的股东注册资本、资产规模相对境外投资金额较小或明显偏小的,需要对股东资金来源做全面说明;境内子公司成立时间较短(一般认为成立时间不满1年的),或刚刚成立就申请境外直接投资的,需要对股东资金来源、子公司成立情况和投资项目背景做充分说明。同时,对于投资额在500万美元(或等值人民币,包括本数)以上的项目,在外汇登记之前,须经过中国人民银行或国

---

① 参见《直接投资外汇业务操作指引》。

家外汇管理局的监管约谈。

从上述外汇监管政策可以看出,我国民营企业赴澳大利亚直接投资农牧场,将面临较为严格的外汇管理审查,因此,民营企业应当重点关注对资金来源和投资项目的真实性说明,包括股东资金来源、项目资金来源、投资主体资产规模、实体运营情况、投资项目与主营业务的关系等,同时强调投资项目与国家产业及对外合作政策的正向关联,以达到真实、合规的审查标准。

(二)境外资金流入合规性

澳大利亚对外汇交易往来不进行限制,澳元可自由兑换。澳大利亚政府采取浮动汇率政策,汇率由国际市场的供求决定。澳大利亚政府未设有专门监管外汇或货币流动的部门,非澳大利亚居民可自由开立或使用账户,资金可自由汇回母国,可设立外汇账户。但在澳大利亚买卖外汇必须由指定的外汇经纪人办理。

尽管澳大利亚在外汇管理方面较为宽松,但我国民营企业赴澳投资,仍须面临部分报告义务,其中最主要的报告义务来源于《金融交易报告法》的规定,即1万澳元或以上的国际汇款须向澳大利亚交易报告分析中心报告。

五、结语

近年来,中澳两国在双边、多边国际合作中接连取得了一系列的成就:2015年,澳方作为意向创始成员国加入亚洲基础设施投资银行;2017年,中澳双方签署了第三方市场合作谅解备忘录;2018年,澳大利亚维多利亚州与中国签署了"一带一路"合作谅解备忘录。诚如中国驻澳大使成竞业所言,"一带一路"离澳大利亚并不遥远。

中澳两国合作共赢的大趋势不可逆。我国民营企业赴澳开展农牧场直接投资,亦将赢得两国更多的政策支持。在这种情况下,我国民营企业应当本着合作、互利、共赢的原则,遵守中澳两国的法律法规,遵守有关条约规定和其他国际惯例,依法开展投资活动,加强项目事前、事中甚至事后的风险防控,以农牧场投资项目进一步带动两国经贸往来,促使中澳双方谋得共同发展。

参考文献

[1]中国农业国际交流协会、走出去智库(CGGT)编著:《澳大利亚农业

投资法律指南》,中国农业出版社 2016 年版。

[2]李海容:《海外投资并购:实务操作与典型案例解析》,法律出版社 2017 年版。

[3]中华全国律师协会编:《"一带一路"沿线国家法律环境国别报告(中英文对照)》(第三卷),北京大学出版社 2018 年版。

中美贸易新形势下国际货物贸易合规实务浅析

——基于海关与风险防控的视角

北京市京都律师事务所　杨　柳　钱　镪

【摘要】　"贸易战"阴云笼罩全球,我国经济以及对外贸易面对前所未有的挑战。为了在变革中的国际贸易体系下促进我国产业结构升级和优化营商环境,一系列贸易促进措施逐步实行。其中,海关作为进出口贸易的门户和执行国家经济、贸易政策的终端,它的改革和变化对于广大外贸企业的业务经营有着普遍而重要的意义。本文旨在梳理和分析外贸企业在国际贸易大环境变化中的海关合规风险及策略。

【关键词】　贸易政策　贸易风险　海关体制　海关便利化　合规策略

一、绪论

（一）研究背景

中国和美国作为当今世界两大经济体,在国际政治、经济、文化等多领域都是极为重要的存在。中国改革开放 40 年来,将国家建设的中心转移到经济建设上,迄今取得了举世瞩目的成就。

中国企业最初承接欧美国家的产业转移,充分利用市场、劳动力、政府资源调度等优势,迅速积累了社会财富。现如今,如何进一步推动技术、产品、服务和资本对外交流,提升企业的国际化、现代化,并由此提升中国经济在世界经济中的数量和质量,打造新时期的中国形象,成为一个重要的课题。

但是,历史的经验告诉我们,任何一个国家都有自己的历史机遇,其发展和壮大是需要内部和外部的众多因素产生的合力来推进的。回溯以往,中国 2001 年加入世界贸易组织（WTO）,无疑是历史向中国开放的一个窗口。但是,随着中国在全球贸易体系内的不断深入,原有的以美国为代表的经济霸权体制受到了挑战,同时,绵延百年的全球化进程也面临一定的危机。多年来,全球化的负面作用不断积累,以特朗普政府的上台为代表,左翼民族主义倾向在全球主要国家有所抬头。其中,国际贸易反全球化的浪潮暗涌。

世界贸易组织致力于追求市场经济的贸易公平、公正和公开,并由此衍生了极其重要的无歧视待遇原则、最惠国待遇原则、国民待遇原则、透明度原则、对发展中国家和最不发达国家优惠待遇原则等九大原则。但是近年来,以欧美为代表的发达国家认为自身的利益在世界贸易组织体系下受到了以中国为代表的"后发国家"的侵蚀,世界贸易组织的贸易规则成为了"后发国家"对发达国家进行"不公平贸易"的借口。但是,其忽视了世界贸易组织建立之初所有成员国的共识之一,即现有的国家发展不平衡来源于16—20世纪航海国家对全球市场的掠夺性政策,现行的贸易体制本身即包含对掠夺性政策的补偿,并以人道主义和全球共同发展原则为补充。

然而,这一共识被美国等发达国家"忽视"。除却传统的关税等手段之外,美国等发达国家为了维护自身优势,利用世界贸易组织的规则盲区,大建"绿色壁垒"、"劳工壁垒"、单边制裁等新型贸易壁垒,意图消灭"后发国家"的贸易优惠。世界贸易组织规则体系下所追求的多边机制、最惠国待遇、争议解决机制等重要制度也在全球范围受到挑战。近年来,世界贸易组织体制改革的呼声愈演愈烈。

美国在2017年8月,依照其《1974年贸易法》第301条的规定,对中国在知识产权、技术创新等领域发动贸易调查,随后向中国发动了规模史无前例的"贸易战"。中国经济在未完全成熟之前遭此阻击,对国内经济发展产生重大影响。

2001年加入世界贸易组织之前,为了迎接全球化浪潮,进一步转变政府职能和改善外贸营商环境,中国集中修改和清理了2 300多部法律法规和部门规章①,并颁布了《对外贸易法》《行政许可法》《货物进出口管理条例》等制度性文件。如果认为加入世界贸易组织是中国为了全面迎接全球化,而进行自我转型的一个重要节点的话,那么2017年开始的中美"贸易战"就是第二个重大机遇。改革是因问题倒逼而产生的,又在不断解决问题中深化。如

---

① 参见张天桂:《中国对外贸易开放的主要路径及现状特点》,载《商易现代化》2018年第21期。

今,中国经济已经进入深水区,国际环境又发生了深刻的变化,值此时机,主动调整、升级国内经济结构和体制制度,利用新技术、新方法、新思路进一步开放对外贸易,面对挑战逆势前行是中国进入高层次发展的必然选择。

(二)研究价值

以货物为主的国际贸易,一直是中国经济的重大课题。根据国家统计局公布的数据,2018 年中国货物进出口总额为 4.62 万亿美元①,2019 年一季度货物进出口总额为 1.03 万亿美元②,保持着稳定强劲的增长势头。新常态下的中国经济已经基本结束了过去粗放式的发展模式,转而寻求高端制造和服务产业的发展,"中国制造 2025"于 2015 年"两会"期间正式提出,是中国经济谋求开创新阶段的总决心。为此,海关作为对外贸易往来的门户,作为贯彻国家外贸体制改革的先行者,积极立足现代海关体制建立一个多世纪以来的实践,结合世界先进海关制度的优秀经验,为更好地服务中国经济转型,率先对自身进行了从监管型向服务型、安全型海关的制度改造。

中国企业如何"走出去",是一个复杂且深刻的课题。但是,中国作为一个传统意义上的制造业大国,对外货物贸易的重要一环即海关通关。为了更好地服务外贸企业,应对国际贸易风险,2014 年 12 月 12 日,商务部发布《贸易政策合规工作实施办法(试行)》。该办法在贸易政策制定方面提供了合规审核的工作流程和合规精神的指引,初步解决了中国在加入世界贸易组织以后,部分外贸领域政策法规未能贯彻世界贸易组织一揽子协定、《中华人民共和国加入议定书》和《中国加入工作组报告书》等国际协议或条约的规定,从而造成中国企业在国内经营环节合规工作的"先天缺陷",并保证了外贸政策法规的统一性和权威性。

进一步优化的外贸政策法规环境更具适用性和执行性,既是对外贸企业经营的规制,更是对其国际竞争力内核的锻造。因此,企业的合规自查给企业带来了更为具体和客观的附加价值。以 AEO(Authorized Economic Operator,经认证的经营者)制度为例。中国海关在世界海关组织(WCO)《全

---

①　数据来自:中国国家统计局网(http://data.stats.gov.cn/easyquery.htm? cn = A01),访问日期:2019 年 5 月 1 日。

②　数据来自:中国国家统计局网(http://data.stats.gov.cn/easyquery.htm? cn = A01),访问日期:2019 年 5 月 1 日。

球贸易安全与便利标准框架》和《海关 AEO 认证者指南》(the Customs AEO Validator Guide)等文件精神指引下,于 2008 年颁布实施了《海关企业分类管理办法》,2018 年颁布实施《海关企业信用管理办法》,2019 年 12 月颁布新的《海关企业认证标准》,基本建成我国的 AEO 认证制度体系,在通关便利化和信息化道路上迈出坚实的一步。根据《海关认证企业标准》的要求,认定标准包括内部控制标准、财务状况标准、守法规范标准、贸易安全标准和附加标准共计 5 大类 18 条 32 项指标,基础分数为 100 分,每项不达标扣除 1~2 分,如要成为高级认证企业,需要企业开展自我评估,且经海关审核后没有不达标项目且得到 95 分以上。AEO 相关制度不仅适用于海关部门,还会涉及工商、商务、财税、外管、公安和检验检疫等部门,所以企业在自我评估时,基本需要全体部门共同协作。① AEO 制度作为通关便利化的重要制度,仅此一项即需要大量的认证前合规工作准备,即使认证成功,海关也将协同各部门不定时对认证企业进行抽检,并且平时通关事务中的违法违规情形也将极大地影响企业的通关信用。但是,AEO 标准认证的企业切实获得了极大的通关便利和优惠。据统计,中国内地和香港特别行政区实现 AEO 标准互认后,共有 1500 多家企业的 20 万票货物受惠,查验率仅为 0.95%,是普通货物的 1/5 左右;中韩 AEO 标准互认之后,中国的 AEO 标准认证企业出口到韩国的货物通关速度普遍提高 30%左右。②

国际贸易环境日趋复杂、多元,WTO 体系亟待改革,国内经济转型已是必然。外贸企业想要在新情况、新环境、新制度下不断提高自身核心竞争力,将挑战化为机遇,重视货物贸易通关合规研究是重点之一。此为本文的主要研究价值。

二、贸易争端及海关合规综述

(一)贸易争端背景下的货物贸易风险综述

1.美国的"公平贸易"政策

中国经济取得的举世瞩目的成就引起了美国对自己的经济霸权地位的

---

① 参见吴老二:《合规通关研究》,载《国际工程与劳务》2018 年第 11 期。
② 参见吴老二:《合规通关研究》,载《国际工程与劳务》2018 年第 11 期。

担忧。美国 2018 年度总统贸易政策议程强调"公平贸易",着力打击以当下美国视角认定的"不公平贸易行为"。其"公平贸易"政策本身就是一个历史性的抽象概念,内容解读完全遵循当时美国总体战略的调整。第二次世界大战后,美国为利用其在贸易领域具有的明显优势,发展资本和技术密集型产业,扩大其产品、资本、技术、信息乃至政治影响,通过主导基于关税及贸易总协定(GATT)的 WTO 世界贸易体系的建立,不断推动全球化进程,兜售其"公平贸易"政策,旨在打开全球市场,输出商品、资本和意识形态。美国不断将传统制造业外移,造成国内对消费品的总需求大于总供给,辅以美元独有的国际"硬通货"地位来扩大进口①,将全球绝大部分市场经济国家绑在了"美国战车"上,从而达到其独霸全球的目的。但是现如今,为抑制中国等新兴市场国家,其对"公平贸易"政策的解读又变成了其他国家利用劳动成本优势,对美国实施了"不公平贸易"。特朗普的"公平贸易"论有一种假定,如果在同一个行业,不同国家如果和美国的劳动成本不一样,而美国的劳动成本更高,那么就不是"公平贸易"。这个观点完全有违经济学中的"比较优势"理论。② 简单来说,美国允许自己利用优势开拓他国市场,但不允许其他国家利用自身优势开拓美国市场,这是纯粹的贸易壁垒。

2. 中美贸易战

中美的"关税大战",便是美国"公平贸易"政策的一环,其主要源于美国在 2017 年 8 月依照《1974 年贸易法》第 301 条的规定,对中国在知识产权、技术创新等领域的制度实践发起的"对华 301 调查"。美国在 2018 年 3 月发布调查报告后,于 4 月 3 日正式发布制裁方案,对中国向美国输送的 500 亿美元商品加征 25% 的关税。中国次日作出回应,宣布即将对原产于美国的大豆等农产品、汽车、化工品、飞机等进口商品加征同等关税,开启了对上述"301 措施"的反制措施。同时,中方诉诸世界贸易组织争端解决机构(DSB),指控美方措施违反了 1994 年《关税及贸易总协定》第 1、2 条和《关于争端解决规则和程序的谅解》(DSU)第 23 条,形成中国诉美国对中国某些商品关税措施案(即 DS543 案)。

---

① 参见孔庆江、刘禹:《特朗普政府的"公平贸易"政策及其应对》,载《太平洋学报》2018 年 10 期。

② 参见孔庆江、刘禹:《特朗普政府的"公平贸易"政策及其应对》,载《太平洋学报》2018 年 10 期。

从 2018 年 7 月 6 日起,对美国 500 亿加征方案中的 340 亿美元中国进口商品实施加征关税措施。

2018 年 8 月 7 日,美国公布剩余 160 亿加征方案的最终清单,并于 8 月 23 日起生效。

2018 年 9 月 18 日,美国为报复中国对其的同等反制措施,正式落实"2000 亿美元加征方案",从 9 月 24 日起加征 10%关税,并从 2019 年 1 月 1 日起将加征关税税率上调至 25%。中国同日宣布对约 600 亿美元的美国进口商品按差别税率加征关税,生效时间与美国一致,同时将美国的前述措施追加为 DS543 案的被诉措施。

迄今为止,中美两国仍然在为双方"贸易战"和贸易政策的重新调整不断进行磋商。但笔者认为,此次"贸易战"是中美关系之量变积累到一定程度的必然结果。在货物贸易领域,美国重点围绕出口管制和制裁措施,于 2018 年 8 月 1 日宣布,将中国 44 家企业列入出口管制实体清单。出口管制重点关注军民两用领域,包括从事或支持恐怖活动的行为,从事常规武器及零部件的生产、买卖及维护而导致可能危害美国国家安全的行为,妨碍美国政府对最终用户的审查以及其他违反出口管制法规的行为。[①] 制裁措施主要从价值观判断出发,审查是否存在涉及美国政府认为的"邪恶国家"、恐怖组织或贩毒等国际犯罪。二者都将追踪美国原产物项或含美国技术、软件的物项出口、再出口、转运的全流程,强调物项从生产到流通,再到"端对端"的使用管理。[②] 可谓是对美国优势的技术、知识产权等领域的全面监管,严防中国等国家通过以往的国际贸易体系对其技术优势的"掠夺"。此处,中国企业尤其是高新技术企业在货物贸易方面存在极大的风险。

3.其他

全球贸易体系牵一发而动全身。美国根据其国内立法发动"对华 301 调查",中国自主实施反制,欧盟实施 GDPR 个人信息保护,各国竖立环保及劳

---

① 参见走出去智库 CGGT:《海外合规管理 | 美国出口管制之实体清单:以福建晋华 53 亿美元项目被美制裁案为例》,载搜狐网(www.sohu.com/a/295945955_825950),访问日期:2019 年 2 月 20 日。

② 参见贾申:《〈中央企业合规管理指引〉出台后的一些思考——中美贸易战困境与企业海外业务合规》,载《新产经》2019 年 2 期。

动壁垒等国际贸易新动向,都在不断挑战原有多边贸易体制及争端解决机制,要求世界贸易组织改革的呼声日益高涨。中国想要在新的规则中贡献智慧、谋求话语权,建设高水平的企业治理体系和标准是关键。

（二）外贸企业海关通关业务合规建设方向

1. 海关体制沿革及发展方向

根据《海关法》,目前中国海关主要的法律授权包括:检察权、查阅和复制权、查问权、查验权、查询权、稽查权、扣留权、连续追缉权、行政处罚权、佩戴和使用武器权和强制执行权。中华人民共和国成立以来,海关体制职权经过多次调整,主要是服务于当时的经济政策。

总的来说,中国海关从计划经济走进市场经济,其职能权属从监管型转向服务型、安全型,当下则面临更加深刻的变革。海关职能从关税、缉私、监管和统计这四大传统领域逐渐向维护贸易安全与便利、保护知识产权、履行原产地管理职责、协助解决国际贸易争端、实施贸易救济和贸易保障、参与反恐和防止核扩散以及负责口岸规划管理等非传统领域拓展。[1] 由于从计划经济走来,虽然经历了40年的改革开放,但中国海关继续部分沿用"管理者"的惯性思维实施监管,通关流程仍然以自我为中心,遵循行政主导的思路。[2] 因此,如何简政放权,进一步深入推动海关传统职能向现代化职能的转变,是现在海关制度改革的关键。

2. AEO 制度建设及企业应对策略

世界海关组织于 2005 年 6 月通过《全球贸易安全与便利标准框架》(简称《标准框架》),将 AEO 标准制度确定为确保贸易便利和安全的核心内容。迄今,世界海关组织成员中已经有 168 个签署了《标准框架》,并积极推进各自的 AEO 标准制度架构与互认。截至 2019 年 5 月,中国海关已经和新加坡、韩国、日本、欧盟等 36 个国家和地区完成 AEO 标准互认,对这些国家和地区的出口约占我国出口总量的 45%;并与蒙古国、哈萨克斯坦、白俄罗斯完成了互认磋商;与马来西亚、塞尔维亚、俄罗斯、伊朗、墨西哥等 10 余个国家正在

---

① 参见王树文、刘玲、王辉:《中国海关四十年组织变革及未来战略选择探析——基于海关与安全的视角》,载《海关与经贸研究》2019 年第 1 期。

② 参见姜舰:《新一轮改革开放背景下的中国海关监管制度研究》,对外经济贸易大学2017 年博士学位论文。

开展互认磋商。① 可见,AEO 标准互认也是我国"一带一路"合作倡议的重要内容。另外,根据海关公布的消息,至 2020 年我国将争取完成覆盖我国 80% 出口额的 AEO 标准互认。

为使我国企业享受到作为 AEO 标准认证企业的通关安全和便利,我国海关陆续颁布了《海关企业分类管理办法》《海关认证企业标准》《海关企业信用管理办法》,采取了将 AEO 相关制度和企业社会信用体系融合的方法,旨在建立一个基本覆盖外贸进出口全产业链的信用评级和区别待遇体系。我国的 AEO 制度主要有以下几个优势:

①信息收集面广泛,基本覆盖企业的全部经营活动。其中,由于外贸活动中个人信用状况对企业的影响较大,特别将企业中的相关人员信用信息纳入采集范围。这也是现在穿透式监管的趋势所向。

②企业认证标准明确、完善、严格,对企业合规建设指导意义重大。

③海关认证企业所享受的便利措施力度较大、标准明确。比如,货物运抵海关监管区域之前就申报的,如因不可抗力中断这笔待出口贸易,那么恢复贸易后享受优先通关;高级认证企业可以申请免除保证金和减少查验频率;减少海关执法的随意性,将不同层级的企业所受的查验频率等标准量化规定。

④和我国海关实行 AEO 标准互认的地区,我国企业出口的货物享受类似的优惠待遇。

但是,我国 AEO 相关制度毕竟属于新事物,在实践和制度层面仍然存在一定的短板,此为企业在对照适用相关制度时的多发风险,应当做好一定的合规应对。

①欧美等发达地区的海关 AEO 标准及类似制度,建立的价值基础为"海关—海关、海关—企业之间良好的伙伴关系",其中"海关—企业之间的良好伙伴关系"旨在建立平等互助的关企关系,建设服务型海关和自律型的企业。但是我国海关传统的管理思维模式难以彻底转变。调研显示,海关人员认为

---

① 参见刘红霞:《我国与 36 个国家和地区实现海关 AEO 互认》,载石家庄新闻网(www.sjzdaily.com.cn/newscenter/2019-01/16/content_2557774.htm),访问日期:2019 年 1 月 17 日。

海关与企业的关系是管理与被管理的关系的比例高达 30%。[①]因此,外贸企业除了自律之外,亦应当充分配合服从海关的监管行为,对可能存在的非制度性安排有一定的心理准备。

②《信用管理办法》《海关企业分类管理办法》《海关认证企业标准》等法规规章虽细化规定了认证标准和认证程序。但其在全国海关推进落实的过程中,因为需要同时照顾各地方性法规和标准,导致实际 AEO 标准认证过程可能存在程序落实不到位、标准口径不统一、认证成本高等问题。对此,外贸企业应当慎重选择申报 AEO 标准认证的主体,综合考虑该主体的住所地、对口海关、地方特殊政策(包括限制和优惠)、AEO 标准认证代办人的经验和水准等因素。

③包括"单一窗口"、AEO 标准认证在内的海关便利化措施在我国的发展结合了世界先进海关的优秀经验和做法。其制度安排和改革主要是为了调整传统海关的重事中监管,轻前后监管。AEO 标准认证企业所享受的通关便利主要是将监管检验风险前置或后置,提高货物通关效率。但是,海关的后续监管目前较为缺乏,检验风险较大。现在处于改革过程之中,事后监管的资源投入仍无法满足需要,因此海关尤为重视 AEO 标准认证企业是否履行了认证承诺和风险控制。一旦在较为薄弱的事后监管程序中发现存在违规违法行为,海关往往从重认定和处置。笔者所服务的一家大型外贸企业,在 2018 年即因商品税则归类错误,被海关在事后监管中发现了一定的税款流失,险些被取消高级认证企业资格。因此,外贸企业应当树立高水平的合规风险意识,避免侥幸心理,建立内部全流程自查自纠制度,将风险控制在企业内部。

三、主要风险及对策

(一)主要贸易风险

2018 年 11 月 2 日,国务院国资委印发《中央企业合规管理指引(试行)》;2018 年 12 月 26 日,国家发改委等七部门联合印发《企业境外经营合

---

① 参见杜玉琼:《我国海关 AEO 制度实施的困境与路径》,载《四川大学学报(哲学社会科学版)》2018 年第 6 期。

规管理指引》。中美贸易争端为主的国际政治经济形势变化,使企业所需面对的贸易风险也日趋繁杂。企业如何在贸易环境变化和海关职能改革中抓住机遇实现蜕变,笔者认为,首先应当梳理如下风险:

①中美"关税大战"过程中,双方都以提高自身贸易壁垒的制裁和反制裁措施保护自身利益。但中国的部分外贸企业可能最终会发现,中国对美的反制措施才是目前首要的风险,而非美国对华加税。这完全取决于企业的业务结构以及具体的合同安排。如果企业的产品流通链、资金链、技术链或产业链涉及美国和中国的制裁对象,则可能遭受较大风险。

②国有企业在外贸活动中,可能会受到对方国家的区别对待和严厉监管。欧美国家针对中国企业的"两反一保"调查中,中国企业如果要计算自己的倾销幅度和税率,必须向欧盟委员会或美国商务部提出申请,证明自己的出口和定价独立于政府,方可获得单独税率计算,否则将按照中国对相关产品征收的最高税率计算。另外,国有企业在提交其产品的定价依据时,应当证明其价格和全部成本(包括原材料、技术、劳动力、投融资等)不受政府影响①,属于由市场经济机制决定。但是,实践中往往因为国有企业的国资背景而被予以否定。除此以外,成本计算的第三国替代、国有企业对外投资被视为政府补贴等针对国有企业的差别待遇都给"走出去"带来了极大的风险。

③国际贸易体系的多边性原则遭受重大挑战,世界主要经济体和地区,或者利益共同体之间的自由贸易协定(FTA)成为另一种推动全球贸易发展的形式。如中日韩自由贸易区、北美自由贸易区、中欧自由贸易区等都是对全球多边化贸易体系的重要补充,同时也一定程度上突破了多边规则下的最惠国待遇原则、国民待遇原则等。因此,国际贸易合规风险不仅仅来自世界贸易体系,还可能来自双边性的自由贸易协定,二者在规则的统一和适用性上存在明显的区别,加大了风险控制的难度。

④海关通关便利化措施及改革,对于增强我国产品的国际竞争力,降低外贸企业通关成本有着显著的作用。但是,从原来的单份报关单逐单审核变为纵向的一段时间和横向的同类企业集中审核,使单个外贸企业或单笔报关

---

① 参见钱文婕:《应对贸易调查差别待遇》,载《中国外汇》2018 年第 24 期。

的不规范申报问题更为凸显。另外,集中审核可能导致原本分散的"小问题"集中暴露,可能被海关综合认定为较为严重的违法违规行为。

⑤外贸企业的全产业链协同使产品申报价格更为透明。AEO制度鼓励外贸产品全产业链的企业申请认证,除了更全面地掌握产品的原产地、税则归类和其他风险点之外,更希望通过大量掌握外贸产业链信息,建立更为广泛的信用信息采集样本,从而利用大数据等先进手段提高关务监管、征税等职能履行水平。同时,海关可能利用来源广泛且有极强印证作用的信息,在处理某一违规情事的过程中牵连发现产业链或存在贸易往来的其他企业的连带责任情况。[①]

⑥口岸各部门及海关内部职能部门沟通不流畅,配合不默契,可能造成企业货物滞留或产生额外费用。首先是查验、检验检疫导致的滞留和额外收费。若货物被作查验待处理并移交归类化验等部门认定,可能会发生滞留并产生装箱运输费、空箱运输费、重箱运输费、倒箱费、堆存费、拆封包装费、卸车费、输单费、出仓费、打托费、拆托费等一系列额外费用。[②]

(二)企业合规风险应对建议

外贸企业应当重视自身制度、流程和规范性文件的合规制订,并在业务流程中充分贯彻合规精神,对风险控制做到心中有数。首先,应当加强相关国际条约、国际法、行业规范、商业道德以及主要贸易国家的海关法律法规学习。其次,应当设立专门的合规负责部门或指定专门的人员,做到风险事件的发生能够有相应的负责主体。最后,应当树立高水平合规意识,不能只满足于符合国家法律法规和相关部门公布的指引、办法等,尤其是对于货物进出口的全流程把控,应当在海关监管便利化的基础上,主动排查隐患和风险,尽量杜绝货物通关问题积累。

外贸企业应当积极参与和建设 AEO 相关制度、"单一窗口"、一体化通关等海关革新的主要制度。从欧美国家的成熟经验来看,AEO 制度既可以促进贸易便利化,也可以保障贸易供应链安全。通过广大中小企业的积极参

---

① 参见孙康:《海关通关一体化改革对进出口企业的影响及对策》,载《物流工程与管理》2018 年第 11 期。

② 参见姜舰:《新一轮改革开放背景下的中国海关监管制度研究》,对外经济贸易大学2017 年博士学位论文。

与,可以对产品的产业链进行日常评估、随时监管,从而达到快速通关的效果。这也是对外贸企业经营活动的整体规范。一个好的制度需要更加广泛的参与和反馈。

外贸企业应当加强关企沟通,充分利用 AEO 标准认证企业指定关务协调员制度,及时反馈通关过程中的问题。例如税则归类往往存在模棱两可的情形。海关的查验人员能够及时准确地提供权威建议和结论,对于货物通关前的准备工作具有极强的指导作用,从而促进通关效率的提升。

对照《海关企业信用管理办法》,积极运营良好的海关信用等级。通关便利化的核心是"前推后移"的监管策略,"前推后移"的监管策略的核心是全面准确地掌握企业和报关货物的信息。因此,构建良好的信用评价体系,敦促企业自律是重要内容。《海关企业信用管理办法》主要在以下方面作出改进和完善①:

①适用范围扩大到所有在海关注册登记和备案的企业;

②增加了海关联合工商、税务、检验检疫、银行等多机构共同激励守信行为和共同惩戒失信行为;

③完善、细化了企业认证标准、信用信息采集和公示方法;

④明确了企业信用等级的动态监管。

构建全面信用社会是必然趋势,将来可能在金融、市场监督、公安、税务等领域整合出一个综合性的信用体系,企业的信用资产将更加宝贵。

---

① 参见吴老二:《合规通关研究》,载《国际工程与劳务》2018 年第 11 期。

全球供应链变化背景下对越南投资的
法律风险及成本控制

北京金诚同达(上海)律师事务所　陈映川

【摘要】 基于全球化贸易壁垒、人工成本增加、制度改革红利及"一带一路"倡议引发的全球供应链变化,我国越来越多的制造业将其工厂转移至越南。2015 年 7 月 1 日,越南新修订的《投资法》实施,中国企业对越南的直接投资会遇到更多诸如投资实体设立及产业落地、资本跨境流动、税务合规与成本控制、土地及劳动用工等法律风险,需要专业法律服务提供者更多地参与风险解决并发挥重要作用。

【关键词】 全球供应链　直接投资　合规与成本控制

一、背景

数据显示,自 2008 年以来,至少有 60 多家 A 股上市企业公告了对越南相关的投资,投资领域集中在制造业。① 如越南最大的私募股权投资机构之一维纳资本(Vina Capital)的首席经济师迈克尔·科卡拉里(Michael Kokalari)所说,"在过去 7 年间,中国薪酬水平翻了 1 倍,而越南的用工成本只有中国的 1/3,加上中美贸易摩擦导致原产地为中国的货物关税成本巨增,这两个因素促使大量制造企业从中国转移至越南"②。而中资企业对越南投资所面临的法律风险,却一直未得到企业应有的重视。

全球企业法律顾问协会(Association of Corporate Counsel)认为,法律风险是由于企业自身的经营行为不符合法律规定或者企业外部环境的变更而导致损失的可能性。③ 笔者结合近期经办的相关案例,阐释和归纳中国企业在

---

① 参见书光、林根、冬生:《越南为何如此吸引? 更多中国制造企业正蜂拥而入,除了人口红利,究竟还有哪些优势》,券商中国微信公众号。

② See Growth in the shadow of a trade war, fia.mpi.gov.vn/detail/5969/growth-in-the-shadow-of-a-trade-war.

③ See ACC's mission, vision, values, and strategic plan, https://www.acc.com/about/our-mission.

越南投资应当如何预防及避免法律风险。

二、对越南进行直接投资的制度诱因

根据笔者经验及中国企业对越南境外直接投资（Overseas Direct Investment，简称"ODI"）的反馈，除了人力成本低廉，所得税税收优惠、较低的进出口税率以及较大幅度的土地优惠政策，是吸引中国企业对越南进行投资的主要动力。

（一）税制红利

1.企业所得税（Corporate Income Tax）

根据越南《企业所得税法》的规定，在越南新设企业如果符合相关法规关于企业规模、落地区域（如高新技术园区、特定工业园区、需重点扶持的经济落后区）及鼓励产业（如教育、健康、文体、高新技术、环保、科研、基础设施建设、软件开发和可再生能源）的规定，则能够享受免税期优惠及税收减免（详见表1）。

表1　越南新设外资企业企业所得税优惠信息概览

优惠期间	经营区域	主营业务	所得税税率	其他配套条件
15年	需重点扶持的经济落后区、特定工业园区和高新技术园区	高科技研发及产品生产、科研、国家重要基础设施投资、软件研发、支持装制造业发展的相关产品研发、纺织类及鞋类制造、互联网、汽车制造等	10%（需重点扶持的经济落后区，自盈利之日起，免征4年企业所得税，随后9年企业税率为5%，接下来6年税率为10%）	略
10年	需重点扶持的经济落后区	农林畜牧业、水产养殖业	15%	
10年	需重点扶持的经济落后区	农业服务合作社、人民信贷基金、符合条件的大型制造业	17%	

2.进出口税(Import and Export duties)

根据越南的相关规定,符合以下条件的企业在进口货物时可免征进口环节税费:

①符合一定条件的暂时进口、再出口及展览用途的进口货物;

②为《投资法》项下鼓励投资类项目而进口的货物,包括机器设备、特定的运输工具和建筑材料(越南本身不能生产与制造的);

③为在越南开展农、林、畜牧业项目而进口的植物植株与动物幼体;

④为基础设施建设投资(Build-Operate-Transfer,简称"BOT")项目公司及它们承包人为进行 BOT、基础设施建设及转让(Build-Transfer,简称"BT")项目进口的货物;

⑤为石油和天然气项目进口的货物;

⑥为政府开发援助项目(Official Development Assistance,简称"ODA")进口的货物;

⑦为执行与外国的出口加工合同进口的原材料及半成品;

⑧为越南境内软件研发直接所需进口的本地无法生产的原材料及半成品;

⑨为支持越南境内科技研发产业进口的本地无法生产的货物(包括纸质资料);

⑩为符合《投资法》项下鼓励投资地区或领域项目而进口的本地无法生产的原材料及其他辅助物资。

而针对出口,越南相关法律规定在特定工业园区与出口加工区内投资的生产性企业与服务型企业,均免征出口税。

(二)土地优惠政策

根据《土地与水面租赁费征收条例》的相关规定,越南土地租赁费减免①优惠政策如表2所示:

---

①　根据越南《投资法》《土地法》的规定,外国投资者不能购买越南土地,但可通过租赁方式获得土地使用权。

表 2   越南新设外资企业土地租赁费优惠信息概览

项目要求	减免年限
鼓励投资类企业;新兴业务发展基地	3 年
投资于需重点扶持的经济落后区	7 年
投资于经济特别落后地区、重点鼓励投资区域;投资于经济落后区的鼓励投资类企业	11 年
重点鼓励投资类企业投资于经济落后区或鼓励投资企业投资于特别落后地区	15 年
重点鼓励投资类企业投资于经济特别落后地区	全程减免

（三）小结

综上,中国企业(尤其是制造业)对越南投资的动机,除了较低廉的人力成本与基于原产地关税差异的考量,税制优惠与土地租赁费优惠也是重要的考量因素。然而,根据笔者的经验及过往投资者的反馈,前述吸引国内投资者前往越南投资的动因,却恰恰是最易出现法律风险的领域。

三、对越南直接投资基本框架下的法律风险

中国企业对越南直接投资的基本框架及步骤如下图 1 所示。

（一）境内投资实体设立、对外投资手续及节税实体设立

鉴于境内投资实体设立、对外投资手续及节税实体设立为 ODI 一般性环节,而本文重点讨论对越南投资的法律问题,因此不再赘述。

（二）对越南投资的方式的选择

如表 3 所示,中国对越南的直接投资主要有五种方式:①合资;②独资(100%外国资金);③并购;④BTO(Build-Transfer-Operate,建设—移交—运营)、BOT 等项目合作;⑤股份公司(购买股票/债券)。

不同投资主体应当基于不同投资需求及自身的特点,选择不同的投资方式。笔者根据过往经验,总结上述五种投资方式的优缺点如表 3 所示。

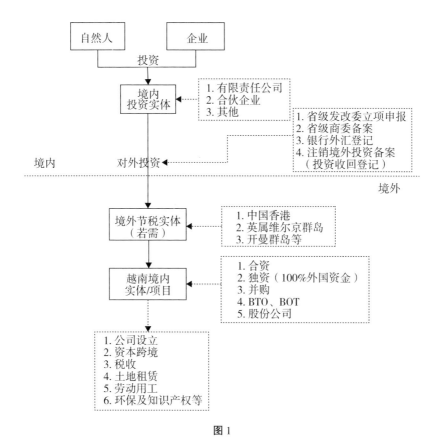

图1

表3　投资越南的五种方式比较(外国投资者视角)

方式名称	一般描述	优点	缺点
合资	合资是越南吸引外国投资早期阶段的主要方式,合资的有效性取决于越南的商业环境、合资伙伴水平等因素	节省资金成本;有利于技术/产品/管理人员本地化	由于政治背景、文化习惯、语言及法律等差异,极易与合作方产生矛盾
独资	独资企业由外国投资者所有,外国投资者自行管理并对其生产经营承担责任,但仍受越南法律的监督	保持资金使用权及生产经营技术的独立性	缺少越南合作方的帮助而大幅增加适应成本

（续表）

方式名称	一般描述	优点	缺点
并购	并购是程序较为简单的对外直接投资方式，无须建立独立法人实体	程序较为简洁，具有投资越南优质企业的可能性	依据越南相关法律，极有可能丧失控制权
BOT、BTO、BT合同	越南主管机构与外国投资者之间的关于在一段时期内由外国投资者投资建设和运营基础设施工程，期满后由越南政府无偿收回的协议投资方式	有机会进入越南的基础设施建设领域，获得更大幅度的政策优惠	政策性风险极高
股份公司	当外国投资者在越南购买该国股票或债券时，外国投资者成为间接投资者（以下简称"FPI"），但当股权投资超过一定比例时（越南为30%），FPI则转化为ODI	资金到位较为迅速	受到东道国金融机构更为复杂和严格的监管

根据越南统计局公布的数据，从 2014 年至 2017 年，独资企业仍是中国投资者对越南直接投资的主要方式，其次是合资与并购，BOT、BTO、BT 合同方式最少用。①

（三）投资实体设立的流程与周期

在越南 7 个不同省份设立投资实体的步骤与周期大不相同。以笔者经办的胡志明市出口加工区及工业区为例，新设投资实体的流程共分 16 个阶段 44 个步骤（包括但不限于与辖区管理局主管人员会面、申请及公证认证相关文件、签署关于土地租赁的备忘录、获取投资许可等），平均周期在 100 天以上。

---

① 参见越南国家统计局网站（https://www.gso.gov.vn/Default_en.aspx？tabid＝491）。

（四）对越南投资关涉的主要法律及风险概览

表4 对越南投资主要法律及风险概览表

	相关法律法规	常见法律风险	典型案例①
公司设立	《投资法》	1.并购中可能违反越南关于反垄断（涉及市场份额50%以上的并购）及经济安全相关法规 2.并购中交易保护条款存在无效的可能性 3.并购/合资中中方投资者存在丧失经营管理权的可能性 4.因规避越南对外资投资的限制采用隐名投资而遭受处罚且面临投资无法收回的可能性 5.东道国违约风险（主要针对BOT、BTO、BT项目，由于特许权的授予方同时也是立法主体，可能通过后续立法变更项目的开发条件，取得对其有利的安排，尤其是在外商投资准入、税收优惠政策、技术标准规范等方面的变更会给项目的建设和运营的成本、利润及进度造成影响，甚至影响项目特许权的授予和维持）	2016年11月，越南国家资本投资公司（以下简称"SCIC"）在收购或向其他企业转让国有股权以及财务管理过程存在违规行为和缺陷： 1.SCIC未获得总理决定就取得了越南贸易工程建筑股份公司（Vietracimex）的国有股代表权 2.SCIC还违规授权不具资格的人士代表国有资本管理权，出现多名代表超过退休年龄、无代表国有股的权限、就任前早就行使国有股代表权、连续两年没有完成工作任务仍在岗位等情况 3.SCIC未对部分投资项目进行追踪评估，甚至不予监督
资本跨境	《外汇管理条例》	1.外汇汇款及资金流动合规性风险 2.因越南盾不可与人民币直接兑换造成的汇率变动风险 3.因越南外汇管制制度导致的汇率管制风险	2013年2月，越南工商股份商业银行无视有关信用证的国际惯例和善意持票人的合法地位，一再以申请法院止付令的方式无理拒付已承兑款项

---

① 参见《越南政府公布越南国家资本投资公司违规调查报告》，载中华人民共和国驻越南社会主义共和国大使馆经济商务处网站（http://vn. mofcom. gov. cn/article/sqfb/201611/20161101965409.shtml），访问日期：2019年5月1日。

（续表）

	相关法律法规	常见法律风险	典型案例
税收	《投资法》《企业所得税法》《关税法》《土地使用权转让税法》等	1.税制变动极其频繁(如《企业所得税法》平均不到5年即修订一次)导致的税务成本增加 2.税收优惠政策适用过分依赖税务当局自由裁量导致可期待税收利益不确定	2017年3月,因屡现钢铁公司进口钢材产品海关编码申报不实,越南海关总局责令地方海关严格执行进口钢铁产品采样、分析及查验规定,识别申报代码有误的进口产品,严格执行工贸部下发的进口钢坯和进口长钢的保障措施税率。海关与税务机关怀疑钢铁进口商修改产品申报税号以逃避高额税费
土地租赁	《投资法》《土地法》《土地使用权转让税法》	1.因土地公有制导致的土地租赁审批程序冗长,给投资者的投资效率造成严重影响 2.因土地审批程序冗长复杂,存在不少权力寻租的灰色地带,为投资者埋下了可能涉嫌违法犯罪的陷阱 3.土地租赁价格二元化导致的投资者与当地农民之间的利益冲突	2014年7月,中资某服装企业与越南某公司签订厂房租赁合同,并已预付一定额度的定金。而越南投资办理部门以该租赁关系无效为由拒绝受理,出租方也不肯退回中资企业缴纳的定金
劳动用工	《劳动法》《劳动合同法》《工会法》《外资企业劳动法》《关于外籍劳务在越南企业、组织工作办证手续实施细则》	1.因劳动政策变动频繁(倾向保护当地劳动者)造成投资者投资成本及合规成本的增加 2.因外籍劳工数量限制带来的企业经营管理成本的增加(如加工制造类企业中,外籍劳务人员不得超过当地雇员的3%)	略

（续表）

	相关法律法规	常见法律风险	典型案例
知识产权	《知识产权法》《民法》	1.商标被当地企业抢注风险（越南实行最先递交卷宗原则） 2.越南假冒伪劣产品泛滥导致的投资者专利权被侵犯风险	某中资品牌建材于2002年通过中间商进入越南市场。2004年起,该品牌在越南市场获得广泛接纳,并发展了许多客户,其中包括越南东亚塑料集团有限公司（以下简称"东亚公司"）。2007年东亚公司在越南知识产权局商标处成功抢注该建材商标,并大量投入生产,在越南市场销售。2012年东亚公司以中资企业侵其商标权为由,要求当地经济公安将中资企业产品驱离越南市场,并干扰中资企业当地代理商。同年,中资企业通过其代理律师向越南知识产权局商标处提出申诉,要求撤销被东亚公司恶意抢注的商标 在商标纠纷处理过程中,该案受到越南科学与技术部稽查部门行政干预,指导越南知识产权局支持越方企业主张
环境保护	《环境保护法》《土地法》《矿产法》《水资源法》《投资法》《宪法》	1.环保核查不达标的违规风险（在当地项目开工前,越南当地环保部门会对其进行严格环保检查,不符合标准企业可能会被要求马上停工整顿并接受处罚） 2.安装环保设备成本较高而带来的合规及成本控制风险	2017年4月,越南后江省环境管理部门与越南环保部检查小组合作调查越南理文造纸有限公司（港资）湄公河三角洲工厂,该工厂试运营时排放了未经处理污水影响附近居民生活

四、中国企业对越南投资的合规及成本控制

如上所述,虽然对中国企业（尤其是劳动密集型的制造加工企业）而言,越南有着极强的吸引力,但与机遇紧密相伴的是无处不在的法律风险。

对于中国企业应当如何在事前或事中避免或应对此类风险,笔者有如下建议。

(一)开展海外投资前对越南相关法律法规及实施情况作充分了解与应对

中国企业在作出对越南的投资决定前,应当对越南当地投资环境进行充分了解和论证,尤其是要了解越南法律法规的内容及其执行情况。对于法律法规虽有规定,但其贯彻和执行依赖于执法机关自由裁量的部分,企业要做好不同预案予以应对。对于希望享受越南制度性红利的中国企业而言,越南近年为吸引外资(尤其是加工制造业),不断推出和修改一系列优惠政策,这类优惠政策的稳定性和可执行性,是影响中国企业决定是否对越南进行投资的重要因素。

同时,中国企业应当选择与自身商业目的相匹配的投资方式,正确的投资方式将极大减少企业的投资风险及成本。

中国企业在决定对越南进行直接投资后,可考虑向出口信用保险公司办理海外保险业务。该类保险能够保障中国企业在越南遭遇汇兑限制、征收、战争、政治动乱及违约风险而造成经济损失后的赔付,最高获赔比例可达95%。

(二)发生法律纠纷时应充分利用双边及多边投资协定寻求救济

1.多边投资协定

根据"条约必守"原则,引进外资的东道国首先必须履行国际法义务,保障多边投资协定在国内实施(多边投资协定是指全球性国际组织为在国际范围内促进外国资本自由流动而制定的投资规则),越南也不例外。①

目前中国和越南均加入的多边投资协定主要有由世界银行制定的《关于解决国家与他国国民之间投资争端公约》(Convention on the Settlement of Investment Disputes Between States and Nationals of Other States,又称"ICSID公约")、《多边投资担保机构公约》(Convention Establishing the Multilateral Investment Guarantee Agency,简称"MIGA"),以及世界贸易组织规则中与国际投资相关的协议。ICSID公约侧重于为海外投资者在东道国可能遇到的国

---

① 参见王书华:《越南投资法律制度研究》,昆明理工大学2010年硕士学位论文。

际投资争议和政治风险提供争端解决渠道,MIGA 则侧重通过承保的方式保护海外投资者的经济利益,而世界贸易组织较为健全的争端解决机制则又为中国投资者增加了一个可供选择的争端解决方式。

2.双边投资协定

中国与越南于 1992 年 12 月签署的《中华人民共和国政府和越南社会主义共和国政府关于鼓励和相互保护投资协定》以及 1995 年 5 月签署的《中华人民共和国政府和越南社会主义共和国政府关于对所得避免双重征税和防止偷漏税的协定》,由于制定时间较早,促进投资的象征意义大于保护投资的实际意义。但中国企业在越南遭遇法律纠纷时,考虑把中越之间关于投资的双边协议作为解决问题的谈判基础,会对问题解决产生积极的影响。

中国企业在泰国投资法律与政策初探

河北济民律师事务所　李婉捷

【摘要】 随着我国经济发展进入新常态以及供给侧结构性改革推进产业升级不断提速,国家在环保等方面的政策、立法对企业生产经营提出更高要求,加之制造业成本的持续上涨,企业"走出去"势在必行。随着"一带一路"倡议的提出,亚洲基础设施投资银行等一大批金融服务机构及基础设施项目为中国企业"走出去"提供了强有力的基础条件,但企业在"走出去"的过程中因对他国有关投资、税收、劳动用工等法律和认识不深入,导致投资风险上升。怎样让企业更加深入了解他国法律,降低投资风险就显得愈发重要,本文拟以泰国为例展开分析说明,为企业提供认识思路。

【关键词】 "走出去" 外商投资法 泰国投资促进委员会

中国实行改革开放已 40 年,这期间我国经济保持高速增长,社会生产力得到了极大的解放和发展,产业结构不断优化,经济也随之进入新常态。中国企业在完成积累后,为促进资源高效配置、市场深度融合,加快提升国际经济合作竞争新优势,"走出去"成为继续向前发展的新趋势。但与之不匹配的是大多数企业没有涉外方面专业的法律团队或顾问,对投资国相关政策、法律认知不足,潜在投资风险大量存在。所以让企业系统认知国外投资的政策、法律法规,在对外投资过程中尽可能规避法律及合规风险,降低企业域外投资成本,成为涉外法律服务亟待研究的课题。

一、泰国投资法律环境分析概述

泰国作为东南亚的区域大国,东盟成员国之一,长期坚持对外开放,积极引进外资,其得天独厚的地理环境与相对成熟的市场经济体制、良好的法律环境相辅相成。自 1997 年亚洲金融危机之后,泰国投资促进委员会

(BOI)多次在投资、进出口关税、企业税收、外国人持股比例等方面出台一系列新的政策及措施,同时泰国《外商经营企业法》《外国人就业法》《签证移民法》《商业登记法》《外汇管理法》(1942年),泰国政府《关于跨国公司申请设立区域代表处规则》(1992年)以及泰国投资促进委员会出台的投资优惠政策及执行准则等为外国投资提供了良好的法律环境,降低了投资风险。

另外,泰国根据目前的经济因素,按各区的人均收入和基础设施情况,把泰国划分为三类区域,第一类是一般工业园区,第二类是出口加工区,第三类是自由贸易区。区域优惠政策是以曼谷为中心向外扩展,越向外围投资,政策越优惠。区域优惠政策主要体现在税收优惠。新的《投资促进项目申请指南》将行业优惠重点从过去的制造业转向了农业和农产品加工业、科技及人才开发领域、公共事业和基础服务业以及环保和预防污染项目上。这些类别的企业(项目)属于泰国政府特别重视的项目,无论设在哪一个区,均可获得免缴机器进口税和免缴8年法人所得税的优惠。此外,设在自由贸易区的投资企业(项目)还可享受补贴优惠,即从获利之日起,允许将水、电费的两倍从成本中扣除,为期10年;同时允许将基础设施的安装和建设费的25%从成本中扣除,规定从获利之日起10年内,任选一年扣除上述费用。①

二、中国企业在泰国投资趋势

中国与泰国于1975年正式建立外交关系,但中国企业对泰国直接投资却始于1987年。此后30余年间,中国企业对泰国投资领域不断扩大,投资额不断增长,从2005年到2011年,中国企业在泰国直接投资总额平均增长率达到25.4%,至2014年中国企业在泰国累计投资总额为145 672.30百万泰铢②,2014年当年投资总额位列泰国外资投资总额第一。中国企业在泰国的投资仍处于快速增长阶段。有很多中国企业比如海尔、青岛啤酒、华为等企业在泰国的直接投资都取得了成功。③

---

① 参见韩禄娜:《中国企业在泰国直接投资问题研究》,黑龙江大学2017年硕士学位论文。
② 参见韩禄娜:《中国企业在泰国直接投资问题研究》,黑龙江大学2017年硕士学位论文。
③ 参见李雅洁:《东盟投资法律环境因素分析综述——以越南和泰国为例》,载《法制与经济(中旬刊)》2011年第10期。

表1　1987—2014 年中国企业在泰国直接参与投资的项目类型、数量及金额①

项目类型	项目数量(个)	金额(百万泰铢)
农业及农产品	95	26 705.9
矿业及瓷器	24	15 228.6
轻工业及纺织产业	49	10 089.6
金属制品及机械	93	50 799.4
电器及电子产品	54	10 446.9
化学制品及纸	82	19 225.7
服务业及公共事业	20	13 131.2
合计	417	145 627.3

表2　1987—2014 年中国企业在泰国投资促进委员会(BOI)申请的
项目和投资金额(单位:百万泰铢)②

年份	申请项目(个)	通过项目(个)	通过项目的金额	总注册成本	中国投资额	泰国投资额
1987	2	无	无	无	无	无
1988	22	12	1027.2	444.5	207.6	236.9
1989	21	14	782.5	320	114.2	187.8
1990	13	12	3409.6	797.1	156.7	511.2
1991	4	3	774.3	230	59.7	160.3
1992	5	1	50	30	14.7	15.3
1993	19	13	1732.3	505.3	168.1	307.7
1994	11	6	2241.4	560	125.1	378.6
1995	2	5	196.3	81	3.9	4.1
1996	6	4	889.4	94	9.4	80.7
1997	2	1	45	45	45	—
1998	11	2	69.4	16	7	8.9
1999	16	7	560.1	572.7	71.9	19.6

---

① 参见韩禄娜:《中国企业在泰国直接投资问题研究》,黑龙江大学 2017 年硕士学位论文。
② 参见韩禄娜:《中国企业在泰国直接投资问题研究》,黑龙江大学 2017 年硕士学位论文。

（续表）

年份	申请项目（个）	通过项目（个）	通过项目的金额	总注册成本	中国投资额	泰国投资额
2000	5	17	2550.9	1034	345.8	126.7
2001	15	12	8690.4	2467.4	2412.9	6.1
2002	12	7	379.2	77.5	37.7	28.6
2003	15	10	1389.6	496.5	227.2	266.8
2004	20	20	4432.5	1464	782.9	630
2005	18	15	2285.6	730.4	286.5	414.8
2006	26	16	2455.7	497.6	276.1	130.2
2007	31	28	17311.5	3850	3529	316.1
2008	21	27	3473.8	630.1	494.2	124
2009	25	15	7008.7	2136.3	2025.8	110.4
2010	31	28	17311.5	3850	3529	316.1
2011	36	36	16922.1	5582.4	5443.4	53.2
2012	44	38	7901.1	1408.7	1114.3	216.4
2013	45	30	4990.8	1911.1	1609.1	289
2014	74	40	38247	10717	9331	1343
合计	552	419	147127.9	40548.6	32428.2	6282.5

三、外商在泰国投资的相关法律政策规定

（一）泰国《外商经营企业法》一般规定

泰国《外商经营企业法》第 8 条规定：“根据第 6 条、第 7 条、第 10 条以及第 12 条规定：①任何外国人在未获许可的情况下不得从事第一类项目规定的行业；②任何外国人不得经营第二类项目规定的有关国家稳定、公共安全或对艺术、文化、传统、习俗以及民间手工艺制作和自然资源环境产生影响的行业，除非经商业部长获得国务院许可；③外国人不允许经营第三类项目规定的泰国尚未做好与外资竞争准备的行业，除非得到商业发展委员会的许可。”

(二)在泰外商投资禁止进入的行业名单

根据泰国《外商经营企业法》规定,外商禁入行业名单(一)规定的外资禁入的行业和领域为:(1)报刊新闻、广播电台或电视台业务;(2)水稻、谷物或其他种植业;(3)畜牧业;(4)林业或天然木材加工;(5)渔业,仅适用于在泰国水域或泰国专属经济区进行水产捕捞;(6)泰国草本药物的提取;(7)买卖、拍卖泰国股东拍卖泰国古董或有价值的艺术品;(8)制作、铸造佛像、僧人钵;(9)土地买卖。

外商禁入行业名单(二)规定的外资禁入的行业和领域为:(1)有关国家安全和社会稳定的行业,包括制造、分销或持有火药、弹药和爆炸物,火药、弹药、爆炸物的组成部分,军用武器、船只、救生艇或车辆及各种用于战争的设备或部件,还包括国内陆地、水运和航空运输;(2)可能对艺术、文化、传统、习俗以及民间手工艺制作产生影响的行业,包括古玩、艺术品或手工制品的买卖,木雕制品的加工制造,蚕的养殖,泰国蚕丝纺纱、制造以及泰式蚕丝彩绘,泰式乐器加工制造,金、银等金属制品的制造,表现泰国艺术和文化的陶瓷、瓷器的加工制造;(3)可能对自然环境和资源产生影响的行业,包括来源于甘蔗的糖的生产,盐业生产以及非海盐加工生产,矿物盐的生产,采矿业(包括岩石爆破和破碎),为生产家具和其他器具的木材加工。

外商禁入行业名单(三)中列举了泰国尚未做好与外资竞争准备的相关行业,因篇幅所限,此处不再赘述。

(三)泰国《投资促进项目申请指南》及针对《外商经营企业法》的特殊规定

泰国《投资促进项目申请指南》是泰国投资促进委员会制定和颁布的关于规范外商投资的法令。泰国投资促进委员会是直属于泰国国务院的政府招商引资机构,其主要职责是制定投资鼓励优惠政策并为投资者提供协助服务。

例如根据《投资促进项目申请指南》的规定,虽然1999年《外商经营企业法》规定了上述三类禁止和限制外资参与的行业,但如果外国公司通过泰国投资促进委员会或者工业区管理局获得优惠权益,则不受此《外商经营企业法》的限制。

再如,根据泰国投资促进委员会政策中关于"外商持股"的相关规定,投资于 1999 年《外商经营企业法》中第一类行业的项目,泰国人持股总计不少于注册资金的 51%;投资于 1999 年《外商经营企业法》中第二类和第三类行业的项目,允许外商持大股或者独资,除非其他法律有专门例外规定;如有合适理由,对于申请享受投资优惠权益的某类项目,泰国投资促进委员会可能对外商持股另作规定。

再有,根据泰国《公司法》的一般规定,1999 年《外商经营企业法》禁止进入行业名单外行业的注册资金至少为 200 万泰铢,禁止进入行业名单内行业的注册资金至少为 300 万泰铢;但如申请到泰国投资促进委员会的投资优惠政策的企业,则不受此限。

四、除相关法令外,在泰国进行投资还应对入驻工业园区的特殊政策有所掌握

在泰国进行投资,除具备基本的外商投资法律法规知识外,还要求涉外律师熟悉并掌握其他泰国投资管理部门颁布、出台的具体政策措施;同时,不同工业园区,也极有可能在具体政策上有所区别。因此,及时、准确地掌握相关信息,最大限度地避免异国投资可能发生的法律及合规风险。

论涉外仲裁中的法律适用

海南昌宇律师事务所　吴慧敏

【摘要】　在全面扩大对外开放,积极推进经济全球化的大背景下,我国企业的涉外商事纠纷将随着企业涉外业务的扩展呈上升趋势。与诉讼相比,仲裁在自主性、专业性、保密性、快捷性和裁决在外国可执行性等方面具有优势,仍是解决国际商业纠纷的常用方法。如何通过仲裁条款约定法律纠纷的处理方式及适用法律,进而将涉外商事纠纷的风险控制在可预见、可承受范围内是规避企业法律风险不可避免的问题。本文将分别就涉外仲裁中的法律适用和查明问题进行阐述,旨在结合案例探讨不同仲裁条款的约定在司法实践中对于法律适用和纠纷解决的影响,进而探讨律师在审查和起草涉外仲裁条款,以及发生纠纷依据仲裁条款主张权利时的考量因素。

【关键词】　涉外　仲裁　法律适用

在涉外仲裁中,除非因仲裁机构约定等原因导致仲裁协议无效,否则法院对于当事人约定的仲裁事项没有管辖权。在涉外仲裁中,法律适用是不可避免的问题,也是决定双方当事人实体权利义务的基础。随着《中华人民共和国涉外民事关系法律适用法》(以下简称《涉外民事关系法律适用法》)和最高人民法院《关于审理仲裁司法审查案件若干问题的规定》的施行,我国明确了对涉外仲裁进行司法审查的法律依据,为涉外仲裁实践提供了更明确的指引。① 下文将尝试探讨我国在对涉外仲裁进行司法审查时的法律适用以及与此密切相关的法律查明问题。

涉外仲裁中的法律适用包括仲裁条款或仲裁协议(合称"仲裁协议")的法律适用、仲裁程序的法律适用以及仲裁中实体问题的法律适用。由于仲裁的自主性,涉外仲裁双方当事人通常有权选择上述仲裁所适用的法律中的

---

①　参见于喜富:《仲裁协议的法律适用问题——涉外民事关系法律适用法第十八条的理解与适用》,载《人民司法》2011 年第 21 期。

一种或几种。本文仅针对按照最高人民法院《关于适用〈中华人民共和国涉外民事关系法律适用法〉若干问题的解释(一)》的规定具有涉外情形的仲裁(以下简称"涉外仲裁"),且双方无法就涉外仲裁事项达成一致而一方诉至法院要求对仲裁协议的效力或仲裁裁决进行司法审查的情形。本文尝试从法律适用的法律依据以及法律查明两个方面就仲裁协议、仲裁程序和仲裁实体问题的法律适用进行分析。

一、关于涉外仲裁法律适用的法律依据

(一)仲裁协议的法律适用

仲裁协议的法律适用有三种情形。

1.当事人约定了仲裁协议效力适用的法律

根据《中华人民共和国仲裁法》(以下简称《仲裁法》)及《涉外民事关系法律适用法》的规定,当事人约定了仲裁协议效力适用的法律的,应适用当事人明确约定的法律作为判断仲裁协议是否有效的准据法。根据最高人民法院《关于审理仲裁司法审查案件若干问题的规定》第13条的规定,当事人协议选择确认涉外仲裁协议效力适用的法律,应当作出明确的意思表示,仅约定合同适用的法律,不能作为确认合同中仲裁条款效力适用的法律。

2.当事人未约定仲裁协议效力适用的法律,但约定了仲裁地或仲裁机构

这是实践中常见的一种情况。根据2005年12月最高人民法院发布的《第二次全国涉外商事海事审判工作会议纪要》第58条的规定,当事人在合同中未约定仲裁条款效力的准据法但约定了仲裁地的,应当适用仲裁地国家或地区的法律。

根据2006年起施行的最高人民法院《关于适用〈中华人民共和国仲裁法〉若干问题的解释》(以下简称《仲裁法解释》)第16条的规定,对涉外仲裁协议的效力审查,适用当事人约定的法律;当事人没有约定适用的法律但约定了仲裁地的,适用仲裁地法律。

2011年起施行的《涉外民事关系法律适用法》第18条规定:"当事人可以协议选择仲裁协议适用的法律。当事人没有选择的,适用仲裁机构所在地法律或者仲裁地法律。"

值得注意的是,根据《仲裁法解释》第 3 条的规定,仲裁协议约定的仲裁机构名称不准确,但能够确定具体的仲裁机构的,应当认定选定了仲裁机构。

根据最高人民法院《关于审理仲裁司法审查案件若干问题的规定》第 15 条的规定,即使仲裁协议未明确约定仲裁地或仲裁机构,但根据仲裁协议适用的仲裁规则可以确定仲裁机构或仲裁地的,应当认定其为《涉外民事关系法律适用法》第 18 条中规定的仲裁机构或者仲裁地,适用其法律作为确认仲裁协议效力的法律。

可见,在当事人未约定仲裁协议适用的法律的情况下,应适用仲裁地或者仲裁机构所在国家或地区的法律。如果仲裁机构所在地法律和仲裁地法律不同的,根据最高人民法院《关于审理仲裁司法审查案件若干问题的规定》第 14 条的规定,适用仲裁机构所在地的法律与适用仲裁地的法律将对仲裁协议的效力作出不同认定的,人民法院应当适用确认仲裁协议有效的法律。

3.当事人未约定仲裁协议效力适用的法律,且仲裁地和仲裁机构约定不明

根据最高人民法院《关于适用〈中华人民共和国涉外民事关系法律适用法〉若干问题的解释(一)》第 14 条的规定,在当事人未约定仲裁协议适用的法律,而且仲裁机构和仲裁地也无法确定的情况下,适用法院地法律。我国法院受理一方提起的仲裁协议纠纷后,将依据我国法律确认仲裁协议的效力。

适用不同国家和地区的法律,可能对于仲裁协议是否有效作出不同认定。例如如果适用中国法律,在认定仲裁协议的效力上适用《仲裁法》第 16 条,仲裁协议应当具有下列内容:①请求仲裁的意思表示;②仲裁事项;③选定的仲裁委员会。《仲裁法》第 18 条规定:"仲裁协议对仲裁事项或者仲裁委员会没有约定或者约定不明确的,当事人可以补充协议;达不成补充协议的,仲裁协议无效。"而其他国家和地区可能对于仲裁协议的内容和确定性方面有不同(通常更为宽松)的规定,从而导致出现如果适用中国法律,仲裁协议因约定不明而无效,而如果适用他国和地区法律,则仲裁协议有效的不同后果。下面以三个案例为例阐述司法实践中,法院在确定仲裁协议效力适用

的法律方面的路径,以及因法律适用不同可能导致的不同结果。

在华懋金融服务有限公司与世纪创投有限公司、北京市地石律师事务所一般委托合同纠纷二审一案①中,双方签订了《法律服务委托协议》,约定双方争议无法解决时"任何一方均可向中华人民共和国仲裁委员会提出仲裁,仲裁依据该会仲裁规则进行,仲裁裁决是终局的,对双方均有拘束力"。最高人民法院认为由于一方当事人住所地在香港特别行政区,属于涉外因素,当事人可自行选择仲裁协议适用的法律。仲裁协议没有约定仲裁协议适用的法律,但约定争议提交中华人民共和国仲裁委员会仲裁,即约定了仲裁机构所在地为我国内地,故应当适用我国内地法律认定仲裁条款效力。由于我国内地有多个仲裁机构,而双方当事人无法就选择其中一个仲裁机构达成补充协议,故属于仲裁机构约定不明的情形,该仲裁条款无效。

在中轻三联国际贸易有限公司与被申请人塔塔国际金属(亚洲)有限公司申请确认仲裁协议效力一案②中,双方签订的《销售合同》第 17 条规定:"凡因执行本合约或与本合约有关的发生的一切争议应由合约双方友好协商解决。如果不能协商解决,应提交新加坡国际贸易仲裁委员会按照美国的仲裁规则进行仲裁。仲裁裁决是终局的,对双方都有约束力。"北京市第四中级人民法院认为由于塔塔国际金属(亚洲)有限公司注册成立地在香港特别行政区,该案属于涉外仲裁协议效力认定。按照《涉外民事关系法律适用法》第 18 条及《仲裁法解释》第 16 条的规定,当事人没有约定对涉外仲裁协议的效力审查所适用的法律,故应优先适用仲裁机构所在地法律或者仲裁地法律。当事人在上述合同条款中明确作出提交新加坡国际贸易仲裁委员会的意思表示,虽然在表述上新加坡国际贸易仲裁委员会并非新加坡任何一家仲裁机构的明确具体名称,因约定的名称错误导致无法对仲裁机构进行认定,但根据约定内容可以认定当事人有明确选择仲裁的意思表示,并且可以推定当事人认可在新加坡法律框架内进行仲裁。依据《涉外民事关系法律适用法》及相关司法解释的规定和当事人仲裁条款约定内容,认为仲裁地应为新加坡,确定该案仲裁协议效力所应适用的准据法为新加坡法。根据查明的

---

① 参见最高人民法院(2014)民四终字第 29 号民事裁定书。
② 参见北京市第四中级人民法院(2017)京 04 民特 27 号民事裁定书。

新加坡法律的规定,只要当事人仲裁的意思表示在仲裁协议中是明确的,没有约定仲裁机构的临时仲裁协议也可以是有效并被支持的。因此认定仲裁协议有效。

在香港泉水有限公司与宏柏家电(深圳)有限公司申请确认仲裁协议效力一案①中,双方所签订的合同既有将争议在美国提起诉讼的条款,又有将争议提交仲裁的条款。双方在合同中约定仲裁地在美国加利福尼亚州洛杉矶,又约定美国仲裁协会为仲裁机构。深圳市中级人民法院认为应适用美国和加利福尼亚州法律来认定仲裁协议是否有效,并据此认定仲裁协议有效。

以上述仲裁机构约定不明和"或裁或诉"②为例,根据我国法律规定,约定仲裁机构不明或约定既可以向仲裁机构申请仲裁也可以向人民法院起诉的,仲裁协议无效。③ 可见,适用我国法律或适用其他国家和地区的法律会导致不同的结果。值得一提的是,与境内仲裁协议不同,对于涉外仲裁协议的审查,法院会考虑《承认及执行外国仲裁裁决公约》(以下简称《纽约公约》)的内容和国际商事仲裁中尽量确认仲裁有效的原则,放宽对仲裁协议效力的要求,并结合仲裁协议效力适用的法律,认定仲裁协议有效与否。④

(二)仲裁程序的法律适用

仲裁程序的法律适用与仲裁机构和仲裁地的选择有关。确定仲裁程序适用法的基本规则是,当事人对仲裁程序法进行约定的,则适用当事人约定的法律;当事人没有约定仲裁程序法的,则适用仲裁机构的仲裁规则。⑤ 根据《中国国际经济贸易仲裁委员会仲裁规则》(2015 版)第 4 条第(三)项的规定,当事人约定将争议提交仲裁委员会仲裁但对该规则有关内容进行变更或约定适用其他仲裁规则的,从其约定,但其约定无法实施或与仲裁程序适用法强制性规定相抵触者除外。当事人约定适用其他仲裁规则的,由仲裁委员会履行相应的管理职责。

---

① 参见广东省深圳市中级人民法院(2015)深中法涉外仲字第 91 号民事裁定书。
② 参见王韵儿:《再论"或裁或诉"约定下仲裁协议的效力》,载《北京仲裁》2018 年第 4 期。
③ 参见《仲裁法解释》第 5 条、第 6 条、第 7 条。
④ 参见赵秀文:《国际商事仲裁法》(第二版),中国人民大学出版社 2008 年版,第 341 页。
⑤ 参见刘贵祥、孟祥、何东宁等:《〈关于人民法院办理仲裁裁决执行案件若干问题的规定〉的理解与适用》,载《人民司法》2018 年第 13 期。

（三）仲裁实体的法律适用

《中华人民共和国民法通则》第145条规定："涉外合同的当事人可以选择处理合同争议所适用的法律,法律另有规定的除外。涉外合同的当事人没有选择的,适用与合同有最密切联系的国家的法律。"《涉外民事关系法律适用法》第41条规定："当事人可以协议选择合同适用的法律。当事人没有选择的,适用履行义务最能体现该合同特征的一方当事人经常居所地法律或者其他与该合同有最密切联系的法律。"

法律对于当事人选择仲裁实体问题法律适用的限制主要是以下规定:《涉外民事关系法律适用法》第4条规定："中华人民共和国法律对涉外民事关系有强制性规定的,直接适用该强制性规定。"最高人民法院《关于适用〈中华人民共和国涉外民事关系法律适用法〉若干问题的解释(一)》第10条规定："有下列情形之一,涉及中华人民共和国社会公共利益、当事人不能通过约定排除适用、无需通过冲突规范指引而直接适用于涉外民事关系的法律、行政法规的规定,人民法院应当认定为涉外民事关系法律适用法第四条规定的强制性规定:(一)涉及劳动者权益保护的;(二)涉及食品或公共卫生安全的;(三)涉及环境安全的;(四)涉及外汇管制等金融安全的;(五)涉及反垄断、反倾销的;(六)应当认定为强制性规定的其他情形。"

二、关于涉外仲裁法律适用的法律查明

法律查明问题直接关系到进行司法审查的法院决定适用的法律。当查明外国法律不可行时,法院往往更倾向于适用我国的法律。解决法律适用问题,对于完善仲裁制度、提高仲裁公信力有重要意义。

最高人民法院《关于适用〈中华人民共和国涉外民事关系法律适用法〉若干问题的解释(一)》第17条规定："人民法院通过由当事人提供、已对中华人民共和国生效的国际条约规定的途径、中外法律专家提供等合理途径仍不能获得外国法律的,可以认定为不能查明外国法律。"

根据《涉外民事关系法律适用法》第10条第1款的规定,当事人选择适用外国法律的,应当提供外国法律。根据该条第2款的规定,不能查明外国法律或者该国法律没有规定的,适用中国法律。根据最高人民法院《关于适

用〈中华人民共和国涉外民事关系法律适用法〉若干问题的解释(一)》第18条的规定,法院应当听取各方当事人对应当适用的外国法律的内容及其理解与适用的意见,当事人对该外国法律的内容及其理解与适用均无异议的,法院可以予以确认;当事人有异议的,由法院审查认定。

在马士基航运有限公司、天津航星国际货运代理有限公司海上、通海水域货物运输合同纠纷二审一案①中,法院确认仲裁协议的效力适用英国法律。天津市高级人民法院为查明英国法律,依据的材料有:1996年英国仲裁法,1950年英国仲裁法,《奇蒂论合同法》英国法教科书,国内学者、相关人员关于英国仲裁法的相关论著以及其他法院的另案裁定。虽然马士基航运有限公司对对方提供的查明英国法律所依据的材料有异议,但并未提交观点相反的法律、案例、教科书、专著、论述等材料予以反驳,法院认为其应承担不利后果。

在香港泉水有限公司与宏柏家电(深圳)有限公司申请确认仲裁协议效力一案中,深圳市中级人民法院认为应适用美国和加利福尼亚州法律来认定仲裁协议是否有效。由于一方对对方提供的美国法材料有异议,认为有失公正,法院委托深圳市蓝海现代法律服务中心对涉案美国相关法律进行查明。该中心完成查明工作后出具《法律意见报告》,经质证,深圳市中级人民法院依据该报告中的美国《联邦仲裁法》、加利福尼亚州民事诉讼法以及加利福尼亚州和美国其他州的判例,认定仲裁协议有效。

可见,在外国法律查明的法律实践中,各地法院做法并不统一。② 目前没有强制性规定要求法院必须委托独立第三方查明外国法律。依据《涉外民事关系法律适用法》最高人民法院《关于适用〈中华人民共和国涉外民事关系法律适用法〉若干问题的解释(一)》的规定,提供外国法律的责任更多在于当事人。法院可基于一方提供的材料认定外国法律的内容及其理解与适用,而由另一方承担举证不能的后果。

根据《第二次全国涉外商事海事审判工作会议纪要》第51条的规定,涉外商事纠纷案件应当适用的法律为外国法律时,由当事人提供或者证明该外国法律的相关内容。当事人可以通过法律专家、法律服务机构、行业自律性

---

① 天津市高级人民法院(2018)津民终267号民事裁定书。
② 参见肖梦菲:《外国法查明实践的新发展及其完善——基于我国法院案例的研究》,深圳大学2017年硕士学位论文。

组织、国际组织、互联网等途径提供相关外国法律的成文法或者判例,亦可同时提供相关的法律著述、法律介绍资料、专家意见书等。

　　截至目前,最高人民法院在深圳前海合作区人民法院、深圳市蓝海现代法律服务发展中心、中国政法大学、西南政法大学建立了 4 家域外法律的研究基地和查明基地。以香港泉水有限公司与宏柏家电(深圳)有限公司申请确认仲裁协议效力一案为例,深圳市中级人民法院采取了委托法律查明服务机构提供域外法律的做法,而查明法律的费用由败诉方承担。该做法在实践中可供借鉴。

　　综上,随着我国全面推进全球化和"一带一路"倡议,我国法院在对涉外仲裁协议的法律适用和司法审查方面逐渐积累了丰富的经验,并统一裁判尺度。法律查明问题的逐步解决将减少我国法院在处理涉外仲裁中法律适用问题时的不确定性,更好地体现对当事人仲裁意愿的尊重。另外,由于国际环境变化较快,为避免外国司法的不确定性和不可控性,仲裁可以为争议解决提供一条更可控和确定的路径。对于仲裁条款的起草和审查,企业法务应加强对于不同法域的研究,在掌握其区别的基础上进行选取。同时,只有掌握实践中法院对于涉外仲裁的审判原则,才能切实地为企业争取利益。

参考文献

[1]鲁洋:《论〈涉外民事关系法律适用法〉在商事仲裁中的适用》,载《北京仲裁》2015 年第 3 期。

[2]于洋:《论外国法的查明与适用——兼评我国〈涉外民事关系法律适用法〉》,载《法制与社会》2014 年第 2 期。

[3]马一飞:《涉外仲裁协议的法律适用——〈涉外民事关系法律适用法〉第 18 条理解与适用》,载《学术交流》2013 年第 8 期。

[4]张勇健、任雪峰、梁颖:《〈关于仲裁司法审查案件报核问题的有关规定〉及〈关于审理仲裁司法审查案件若干问题的规定〉的理解与适用》,载《人民司法》2018 年第 4 期。

[5]陈卫佐:《国际性仲裁协议的准据法确定——以仲裁协议的有效性为中心》,载《比较法研究》2016 年第 2 期。

中国企业"走出去"之跨境社保问题浅析

上海江三角律师事务所　　陆敬波　李浩杰

【摘要】　"一带一路"的背景下,中国企业在"走出去"的同时,如何妥善解决劳动者在跨国流动中的社会保险费问题,是企业和劳动者都绕不开的话题。本文将从企业和劳动者面临的跨境社保困境出发,了解境外部分国家(地区)对社保缴纳的强制性、可选择性、后果严重性等规定,从跨境社保安排的角度,为企业"走出去"的跨境社保风险防范提供参考建议。

【关键词】　中国企业　"走出去"　外派员工　双重社保缴纳　双边社保协定

2019年4月25日到27日,第二届"一带一路"国际合作高峰论坛在北京举行。① 中国作为东道国,与各国政府、地方、企业等达成了一系列的合作共识、重要举措及务实成果,签署了总额为640多亿美元的项目合作协议②,意味着我国"引进来""走出去"的举措取得了更大的进展。

在"一带一路"的倡议下,中国企业"走出去"的步伐也在不断加快。在此过程中,企业面临着新的发展机遇,也面临着新的挑战。企业"走出去"的过程难免伴随着劳动者的跨国流动,由于各国(地区)社会保障制度存在着较大的差异,因此劳动者在流动过程中往往被两个国家(地区)的社会保障制度所覆盖,从而引起诸如国内社保断层、双重缴费、社保待遇支付障碍等一系列问题。本文将从中国企业"走出去"的过程中面临的外派员工的社保缴纳问题出发,通过了解境外部分国家(地区)的社会保障制度及其对外籍劳动者社保缴纳的法律规定,结合相关实践,为企业"走出去"的跨境社保安排提供意见。

---

① 载中国一带一路网(https://www.yidaiyilu.gov.cn/index.htm),访问日期:2019年4月29日。
② 载司法部微信公众号(https://mp.weixin.qq.com/s/F78IHWamhUQ7wb-1kv1-3A),访问日期:2019年4月30日。

一、中国企业"走出去"的社保缴纳困境

因企业"走出去"带来的劳动力的跨国流动,外派员工面临着如何享受东道国社保待遇的问题。对于外派员工来说,其劳动关系与国内普通员工的劳动关系有所不同。作为跨境工作的劳动者,员工在被外派至境外工作时,有可能出现双重劳动关系或劳动关系归属不明的情形。进而在双重劳动关系或劳动关系存在争议的前提下,员工的国内社保是否能继续正常缴纳?其在境外是否必须缴纳社保? 由此引起了社保断层或是社保双重覆盖和双重缴纳等一系列问题。

首先,关于派遣员工的劳动关系认定及社保缴纳问题。2016 年,北京市第一中级人民法院曾受理过一起涉及跨境用工的劳动争议案。① 国内某工程集团有限公司作为股东在尼日利亚注册了该工程集团公司尼日利亚有限公司,某员工于 2001 年入职该工程集团有限公司,双方未签订书面劳动合同。此后,该员工通过培训后被派至该工程集团公司尼日利亚有限公司,工作期间由该工程集团公司尼日利亚有限公司管理并发放工资。该员工于 2014 年 5 月 9 日离职后诉至法院,请求确认其与该工程集团有限公司之间存在劳动关系。该工程集团有限公司方则主张员工实际与其尼日利亚有限公司之间存在劳动关系。法院经审理认为,该工程集团有限公司系尼日利亚有限公司的股东之一,员工在接受工程集团有限公司的培训后被派往尼日利亚有限公司工作 10 余年,尼日利亚有限公司以项目部的名义对该员工进行管理,且工作地点、工作内容均未发生变化。故法院判决确认该员工与该工程集团有限公司之间存在劳动关系。

该案例表明,员工被境内企业外派至境外公司工作,其与境内企业的劳动关系有可能依然存续。对于"走出去"的企业来讲,理清与外派员工之间的劳动关系,是明确双方权利义务的重要前提。在国内劳动关系依然存续的情况下,外派员工所在的东道国法律对其有缴纳社保要求的,企业和员工依法需缴纳国内及境外的双重社保;若员工在国内并无存续的劳动关系,则其在国内的社保缴纳出现断层,可能对员工此后的生活、社会保险福利待遇享

---

① 参见北京市第一中级人民法院(2016)京 01 民终 2714 号民事判决书。

受等造成不利影响。

其次,员工在境外缴纳社保后的社保待遇支付障碍问题。在大多数要求外国劳动者依本国社会保险相关法律规定缴纳社会保险的国家,外国劳动者享受社保待遇需满足一定的条件或期限。例如,在美国工作的劳动者被要求必须缴纳社会保险税和住院保险税,其中住院保险是美国政府组织的社会医疗保险项目,为65周岁以上的老年人提供医疗服务。对于劳动者来说,即使将来不能享受住院保险的福利,也必须缴纳此项费用。外籍劳动者在美国工作并缴纳住院保险税10年或者40季度以上之后,才可以在满65周岁时获得住院保险资格。事实上,能达到此条件的外籍劳动者并不多。印度同样实施了较为严格的社保政策,规定对于来自非缔约国(双边社保协定)的劳动者,只有当他们年满58周岁时,才能申请退回雇员公积金计划的缴费,也只有当他们在印度就业和缴费10年以上才能获得养老金领取资格。东道国的法律规定决定了即使缴纳了当地社保,外籍劳动者事实上也很难享受到相应的社保待遇。

因此,对于"走出去"的企业和劳动者来说,无论是社保费用的双重缴纳或是在东道国缴纳社保后遇到的社保待遇支付障碍问题,都给企业和跨境工作的劳动者带来了一定的经济负担。

二、跨境社保

企业为进一步规划外派员工的社保缴纳模式,需了解员工外派国家的社保缴费模式、企业和员工的权利和义务,以及中国和东道国之间是否存在双边协定。

(一)国际社会保障模式

目前,从社会保障资金筹集和供给方式的不同来看,国际社会保障制度可分为三种模式。

1.投保资助模式

德国、美国、日本等国的社保体系都属于投保资助模式。其特点是,社会保障主要由政府主导,强调权利与义务相对应,即社会成员只有通过缴纳一定比例的保险费,才能在患病、失业或年老时获得对应的保险金。在雇主与雇员的分担比例上,因国情不同而有所差别。如美国、德国主要采取等比形式,即雇主和雇员各负担费用的 50%;阿根廷、意大利采取的则是级差形式,分别为雇主多缴或雇员多缴。

2.自我积累模式

新加坡和智利都是典型的自我积累型社会保障的国家,强调雇员个人缴费和个人账户的积累,养老金主要来自居民工作期间的积累,且社会成员之间不存在调剂互助。本质上讲,新加坡的中央公积金制度更像是一个强制性的储蓄计划。根据法律规定,工作期间雇员及雇主按照不同比例缴纳公积金计入雇员个人账户,以此作为其退休后的经济来源。

3.福利国家模式

以瑞典、挪威为代表的福利国家,将国家财政作为主要资金来源,推行"从摇篮到坟墓"涉及各个方面的社会保障制度。此类社会保障制度多依赖于国家的高税收,即通过税收对国民收入进行再分配,从而形成了范围广泛、项目齐全且水平较高的社会保障制度。

(二)跨境社保特点

1.强制性

对于大部分国家的居民来说,社会保险都属于强制性保险,国家通过立法建立保险基金,强制某一群体将其收入的一部分作为社会保险税(费)存入其保险基金账户。而对于在某个国家工作的外籍劳动者,法律是否仍然强制其同本国国民一样缴纳社会保险,需要企业予以特别关注。

以一个国家(地区)是否设立专门的公共机构负责社会保障基金缴纳、管理等事宜为依据,可将社保体系分为公办性质类和非公办性质类。

(1)公办性质类

鉴于社会保障对国民生活的重要性,大多数国家皆设有专门的部门机构负责社保的缴纳、管理等,目的是利用国家公权力干预国民收入的再分配,在公民暂时或永久丧失劳动能力以及由于各种原因导致生活困难时提供帮助,从而保障其基本生活,例如越南劳动部、新加坡中央公积金局、日本厚生劳动省、韩国保健福祉部医疗保险局等,均是为本国的社会保障制度服务的专门机构。

社保缴纳的强制性体现在缴纳险种、缴纳主体的强制性。

不同国家对于外籍雇员需要缴纳社保的险种规定有所不同,"走出去"的企业需要了解东道国的社保种类。例如,根据越南的《社会保险法》的规定,越南的强制性社会保险涵盖五种情形:生病、生育、工伤和职业病、退休、死亡。无论是越南本国国民,或是在越南工作的外籍劳动者,皆需缴纳包含以上五项的强制性社会保险。2008 年越南《医疗保险法》规定外籍劳动者同样需要缴纳医疗保险。而在新加坡,工伤保险是具有一定强制性的,在缴纳主体方面,雇主必须为以下本地和外籍雇员购买工伤赔偿保险:①无论工资高低的劳力工人;②月薪等于或少于 1600 新加坡元的非劳力雇员。对于月薪高于 1600 新加坡元的非劳力雇员,雇主可以自主选择是否为这一类别的雇员购买保险;但是,在有效索赔情况下,无保险的雇主将需要自己支付赔偿。至于中央公积金,根据法律规定,获得新加坡永久居民身份的外籍雇员,需要缴纳中央公积金。除此之外,雇主非必须为外籍员工支付中央公积金。①

（2）非公办性质类

作为欧洲典型的福利国家,荷兰的社保主要由商业机构提供,其社会保障体系包括国民保险、雇员保险和医疗保险,其特点在于社保体系的市场化程度高,社会保险主要由商业机构提供,需通过保险公司购买。其中,雇主必须完成相关手续以确保其员工享有社会保障,而员工不需要自己联系保险公司。只有在选择互助社会保险时,员工个人才有主动权,而雇主则可以就此提供建议。

荷兰保险虽由商业机构提供,仍有强制性特点。在荷兰的外籍居民,如果在荷兰工作并纳税,就必须参加荷兰基本医疗保险。在荷兰不工作,但获得居住许可的外籍居民,从得到居住许可之日起,也必须参加基本医疗保险。除非他们的祖国与荷兰签有社会保障协定,且他们继续根据条约的规定在其本国缴纳社保。如中国与荷兰政府于 2016 年 9 月 12 日签署、于 2017 年 9 月 1 日正式生效的《中华人民共和国政府和荷兰王国政府社会保障协定》规定了双方互免险种范围:中国为职工基本养老保险、失业保险;荷兰为养老保险、失业保险和

---

① 但是对持有工作许可证和 S 通行证的外籍劳动者,雇主每月须为其支付工作许可证的税款——外籍工人税费(FWL),是一种为规范新加坡外籍工人数量而存在的定价机制。http://www. mom. gov. sg/passes-and-permits/work-permit-for-foreign-worker/foreign-worker-levy/what-is-the-foreign-worker-levy,访问日期:2019 年 4 月 29 日。

遗属保险。对于企业与劳动者来说,互免之外的保险仍须缴纳。

从以上各国对在其国家工作的外籍劳动者缴纳社保的规定可以看出,无论是为了保护雇员的福利权益,还是出于对社会保障体系的运行管理,社保的缴纳普遍具有强制性。因此,国内企业在"走出去"的时候,应当充分了解外国法律是否强制要求为员工缴纳社保以及如何缴纳员工社保,以避免不必要的用工风险。

2.可选择性

关于境外社保的可选择性,"走出去"的企业需要注意的是,在社保强制缴纳的前提下,企业及雇员在社保缴纳的机构或保险公司、险种、等级乃至费率等方面可进行自行选择。例如,在荷兰,基本医疗保险是强制性的,即每个荷兰公民、在荷兰居住以及在荷兰工作并有收入的外国人都必须参加。基本医疗保险的范围由荷兰政府规定并实施监督,保险服务则由私营的医疗保险公司提供。其中的可选择性在于,投保人可自行选择保险公司及决定个人自付费的多少。每个保险公司都会提供荷兰政府所规定的医疗保障,但每个保险公司的保险费并不相同,造成价格之差的主要因素包括个人自付费、看病自由度、是否有集体保险折扣等。

除了荷兰,美国的商业保险可选择性也较高,是以自由医疗保险为主、按市场法则经营的以盈利为目的的制度,对于参保者来说参保自由,灵活多样,且社保根据缴纳款额不同有高低档可选,从而满足具有不同经济能力人员的多层次需求。

3.后果严重性

对于"走出去"的企业来说,在社保方面做好风险防范的重要一点在于了解到违反东道国社保相关法律法规的后果严重性。例如,在新加坡,未能为雇员购买足够的保险是违法的行为,违法者将面对高达1万新加坡元的罚款及/或长达12个月的监禁。

在越南法律体系下,未缴社会保险的企业需要承担的法律责任包括:①补缴以及承担利息:未缴足/延迟缴交/挪用超过30天的用人单位须依法补缴保险费并缴付相当于前一年度社保基金投资平均利率2倍的利息(计算基准根据补交的金额和延迟支付的时间确定)。②缴纳罚款:缴纳强制社会保险、失业保险总保费额的 12%～15% 的罚款,最高不超过 7 500 万越南盾。③赔偿损失:因未缴社会保险给员工造成损害的,应当依法给予赔偿。

因此,对于"走出去"的企业来说,了解社保缴纳违规的严重后果有助于其提升风险防范意识,从而降低违法成本及减少不必要的经济损失。

三、跨境用工的社保安排

(一)依法缴纳社保

在"走出去"的过程中,防范员工的社保缴纳风险,维护员工的社会保障权益,需要企业依照东道国的法律规定为其外派人员缴纳社保。尤其对于社保强制缴纳的规定,企业需要提高合规意识,明确其社保缴纳的义务,以规避风险的发生。

企业在依法缴纳社保的同时,也可密切关注我国社保互免协定签订的情况,以便在与我国签订了社保互免协定的国家享受相应的社保豁免待遇。对此,企业需要提前了解相关的政策、法规,与员工共同提前办好相关证明,便于其境外社保的缴纳。

(二)双边社保协定

为了妥善解决劳动者在跨国流动中的社保问题,当今各国通常的做法是国与国之间签署双边社保协定,约定双方互免社保的主体、范围、时限等。

到目前为止,我国共与 12 个国家签订了双边社保协定。① 从协议中互免的内容看,覆盖的险种多为养老保险、失业保险、伤残保险、遗属年金等;覆盖人员一般包括双方派遣人员、船员、航空人员、外事机构人员、公务员、政府雇员等;免除期限方面,就派遣人员而言,首次申请免除的期限为 5 年或 6 年,期满后经各自主管机构或经办机构批准可延长,延长期限视协议具体规定而定。

因此,若企业"走出去"的投资目的地为以上 12 个国家中的一个或多个,则被外派的员工可在国内开具参保证明,在东道国免缴协定豁免的部分社保。根据现有协议的规定,中方人员办理免缴相关社会保险费参保证明的程序大致如下:

---

① 至 2019 年 4 月 26 日,这 12 个国家是德国、韩国、丹麦、芬兰、加拿大、瑞士、荷兰、法国、西班牙、卢森堡、日本、塞尔维亚。

①申请人提出免缴申请:填写参保证明申请表,加盖所在单位公章。

②申请表提交参保所在地的社保经办机构审核、盖章、备案(负责养老、失业保险的机构若属分设,应分别核实盖章并留存备案)。

③盖章后的申请表邮寄至人社部社保中心审核。

④若审核通过,在 15 个工作日内向申请人邮寄参保证明;若审核未通过则说明理由。

⑤例外情况须雇员和雇主共同提交申请表,并附个人简要情况及相关说明材料,然后由两国主管机关或经办机构共同决定是否同意。

⑥派遣工作人员申请延长免除期限的:应在前一次免除到期之日 3 个月前提出申请,由两国经办机构共同决定是否同意免除申请。

⑦申请人向东道国经办机构提交参保证明,并申请免除缴纳相应的社会保险费。

(三)商业保险补充

出于分散风险的考虑,企业还可为员工购买商业保险作为社保的补充,主要针对员工福利的保障,例如团体保险,包括意外险、医疗险、重大疾病保险、女性生育保险、定期寿险、年金保险等。针对企业中高层员工,还可追加个人保险。

(四)社保费用返还

社保费用返还指外籍劳动者离境时,其在该国缴纳的社保费用可以一次性结清取出。例如在越南,如果外籍雇员终止其劳动合同,或其工作许可证/执业证书/执业许可证过期而没有续签,且不再受强制社保的约束,他有资格申请一次性社会保险结算津贴。

此外,《中华人民共和国政府和瑞士联邦政府社会保障协定》也包含了社会保险费用的返还条款,该协定第 10 条规定:"如果缔约一国人员受缔约另一国法律规定管辖,且已依照缔约另一国法律规定缴纳保险费,当该人员离开该缔约国时,其所缴纳的保险费或个人账户余额应予以返还。"到目前为止中国所签订的 12 份双边社保协定中,该协定是唯一规定了社保费用返还的协定。

社保费用的一次性结算或返还有助于缓解跨国劳动者社会保障待遇支

付障碍问题,直接有效地保障了劳动者权益。

四、结论

为了保障跨境劳动者的社会保障权益,本着社保平等待遇原则及福利可输出原则,未来国与国之间在社会保障领域的双边合作趋势将会不断加强。可以预见,此后将有越来越多的国家在该领域进行双边社保协定的协商、谈判,以加强社会保障国际合作,为企业和跨境劳动者以对等的条件提供国际保护,维护跨国就业人员的社会保障权益。积极寻求社会保障领域的协商合作,是国与国之间在维护跨国劳动者权益、降低企业经济负担、促进双方经济发展等方面实现双赢的有效途径。

参考文献

[1]周弘主编:《30 国(地区)社会保障制度报告》,中国劳动社会保障出版社 2011 年版。

[2]陈五洲、陈方:《跨国劳动者与社会保障的国际合作》,载《理论界》2006 年第 6 期。

[3]王延中、魏岸岸:《国际双边合作与我国社会保障国际化》,载《经济管理》2010 年第 1 期。

[4]张春红、向春华:《跨国社保:全覆盖与公平》,载《中国社会保障》2017 年第 3 期。

[5]谢勇才、王茂福:《我国社会保障双边合作的主要困境及对策研究》,载《中国软科学》2018 年第 7 期。

[6]贾晋京、刘仰知:《"欧盟社保"与跨国人才流动》,载《中国经济报告》2015 年第 8 期。

[7]邓大松、丁怡:《国际社会保障管理模式比较及对中国的启示》,载《社会保障研究》2012 年第 6 期。

[8]吴伟东:《印度社会保障国际合作的实践及其启示》,载《中国行政管理》2012 年第 7 期。

中国企业境外投资合规风险防控研究

江苏法德东恒律师事务所　　曹小寅　李宏斌　金澍宇

【摘要】　目前中国已成为世界第二大境外投资国,大量境外投资分布在安全风险高的发展中国家和最不发达国家。由于中国企业羽翼未丰,经验缺乏,组织境外投资过程中各类审批程序烦琐冗杂,很多制度尤其是风险预警与管控机制尚不完善,致使企业快速应对危机的能力相对滞后,组织监管的难度相对较大。在境外投资环境发生重大变化、企业合规风险总体升高的背景之下,为保障境外投资目的的实现,有必要提升中国企业合规风险防控能力,建设经济发展新常态下的中国企业境外投资合规风险防控体系。

【关键词】　合规　境外投资　风险防控

合规风险最初由银行业归纳和定义,随着企业面临的经营风险日益复杂、严峻,这种风险已延伸至各个层面,成为任何企业都难以回避的重大风险。在中央企业成为"走出去"战略的主力军的背景下,防控合规风险,进行有意识的合规管理,变得日益重要。

什么是合规? 什么是合规风险? 什么又是合规管理? 根据《中央企业合规管理指引(试行)》第2条给出的定义,合规,是指企业及其员工的经营管理行为符合法律法规、监管规定、行业准则和企业章程、规章制度以及国际条约、规则等要求;合规风险,是指企业及其员工因不合规行为,引发法律责任、受到相关处罚、造成经济或声誉损失以及其他负面影响的可能性;合规管理,是指以有效防控合规风险为目的,以企业和员工经营管理行为为对象,开展包括制度制定、风险识别、合规审查、风险应对、责任追究、考核评价、合规培训等有组织、有计划的管理活动。

目前中国已成为世界第二大境外投资国,大量境外投资分布在安全风险高的发展中国家和最不发达国家。中国企业"走出去"战略已经开启了十余年,但真正的迅速扩张则是近年来的事,由于中国企业羽翼未丰,经验缺乏,组织境外投资过程中各类审批程序烦琐冗杂,很多制度尤其是风险预警与管控机制尚不完善,致使企业快速应对危机的能力相对滞后,组织监管的难度相对较大。在境外投资环境发生重大变化,企业合规风险总体升高的背景之下,为保障境外投资目的的实现,有必要提升中国企业合规风险防控能力,建设经济发展新常态下的中国企业境外投资合规风险防控体系。

一、中国企业境外投资经营的主要合规风险类型

(一)政治性合规风险

政治性合规风险是中国企业开展境外投资业务所面临的难以回避的重要风险,这类风险由东道国的法律、政策或社会事件、国际关系变化等客观因素引起,企业不易主动管控,被动防御又因为措施滞后而效果甚微。目前该类风险主要是指政策变化风险。

必须引起我们重点注意的是,发展中国家尤其是中东国家是中国企业境外投资的主要目的地之一,这些国家或地区战略资源丰富、战略位置重要,国内政局不稳、国际关系敏感,类似利比亚危机的政治风险时常发生,给包括中央企业在内的中国企业境外投资带来了巨大的政治风险,已经到了非防不可的地步。以地缘政治为例,商务部对 2011 年利比亚危机阶段的相关情况进行了详细统计,据统计结果可知,我国多家中央企业投资总损失达 1233.28 亿元。① 以投资对象国政策变化风险为例,2018 年中美贸易摩擦以后,中兴通讯在美国的业务活动受到美国新颁布的经济制裁法案的限制,中兴通讯遭受了美国商务部的制裁,经营遭受了严重打击。不仅如此,受中美贸易摩擦影响,中国企业在美投资经营均在一定程度上遭受了不利影响。在发达国家贸易保护主义倾向抬头的情况下,做好应对贸易环境恶化和政策冲击的准备,迫在眉睫。可见如果在境外投资过程中不能敏锐把握外部政治环境变化,不能对潜在政策性合规风险作出前瞻性预测,无法对突然发生的风险作出快速应对,中国企业的境外扩张之路将充满挫折与挑战。

(二)经营性合规风险

经营性合规风险,指的是中国企业在境外投资过程中,因为不熟悉东道

---

① 参见陈曦:《利比亚新政权对外关系及中国—利比亚关系发展》,外交学院 2015 年硕士学位论文。

国市场环境、交易习惯和社会文化而导致的风险,比如企业管理机制不符合所在国实际状况,违背当地社会文化和风俗,等等。

中国企业境外投资企业管理不符合东道国企业管理机制,难以有效发挥当地的人才资源优势。许多中央企业的领军人物都曾强调本地化管理的重要性,他们认为东方人和西方人在文化背景、管理理念上存在巨大差异,按照传统管理办法很难达到相应的效果。目前,在美国的许多中央企业的管理层大多为中国人,管理人员不擅长使用美国成熟的企业管理系统进行企业管理,而职工队伍中外籍员工比重较大,这显然也将造成管理困难。

(三)金融合规风险

金融业领域具有专业性强、规则复杂的特点。目前,中国的金融行业发达程度较最先进的国家仍有差距,我国的企业在境外从事金融活动,或金融企业在境外开展业务,仍然缺乏丰富经验和风险防控能力,良好的境外融资机制尚未建立,相关的便利化体系也并未建成。中国企业在发展过程中并未充分意识到国际金融环境的重要性,同时也缺乏有价值的研究,对境外融资企业结构也缺乏调查。

金融合规风险既包含了中国企业在境外从事金融活动时违反相应规则的风险,也包括持有金融资产因东道国或国际金融市场变化而产生损失的风险。比如,东道国企业的担保、抵押和认捐尚未披露和发放,则收购后的所得权利将在较大程度上遭受影响,融资也将受到利率变化的影响。境外银行或直接提高对中国企业贷款的利率,或增加其贷款的隐含价格(如增加担保和抵押贷款),或提出更高的贷款条件,增加中国企业的融资成本。此外,汇率变化也是非常普遍的融资风险。

二、构建合规防控体系的现实意义

(一)减少损失,控制成本

合规管理的有效实施,有助于降低企业陷入合规风险的可能性,或在合规风险发生时能够有效管控,阻止损失的发生或持续扩大。一方面,通过对企业经营管理流程的预先规制和过程管控,使得资本按照既定投资计划和目的运作,避免因为触犯法律而承担相应的经济责任或因行政性处罚或禁令导致既有业务无法继续推进,进而导致前期投资亏损。另一方面,合规管控可以避免企业人员违法从事损害企业利益、侵占企业财产的行为,从内部堵住企业利益流失的漏洞,以避免利益受到侵害。

需要强调的是,虽然合规管控机制的构建自身也需要付出一定的成本,但是在企业合规风险总体升高、境外投资环境发生变化的情况下,根据实际情况衡量成本与收益,构建宽严适度的合规风险控制机制,是完全必要的。

(二)提升商誉,改善形象

企业"走出去",其良好商誉和优质形象,不仅代表自身,也代表着整个中国企业的形象,有些时候甚至上升到国家形象和国家利益的高度。在始于2018年的中美贸易冲突中,像华为公司这样的民营企业,也不得不卷入国际政治对抗中。当然,值得欣慰的是,华为公司的商誉和企业形象无疑是正面的,给境外的中国企业以及中国国家形象带来了积极影响。相反,一些企业违法违规引发公共事件乃至国际事件,比如被媒体大规模曝光的个别中央企业违法违规行为,包括商业贿赂、不正当竞争、环境污染、高管腐败等,也给企业的公众形象和商业信誉蒙上了阴影。

对于中央企业而言,有效的合规管理可以约束组织行为,帮助中央企业在"国有资产保值增值"的经济目标之外还要致力于维护和拓展国家政治、文化、安全方面的利益。党的十八届三中全会通过的《中共中央关于全面深化改革若干重大问题的决定》提出:"国有资本投资运营要服务于国家战略目标,更多投向关系国家安全、国民经济命脉的重要行业和关键领域,重点提供公共服务、发展重要前瞻性战略性产业、保护生态环境、支持科技进步、保障国家安全。"[①]要想实现上述目标,就必须通过合规管理,有效制止企业内部产生的或企业对外主动作为的违反合规性的事件或行为,避免企业形象受损。

(三)长期稳定,持续发展

合规风险的防控过程,是一个长效机制的构建过程,这种风险控制的机

---

① 戴锦、和军:《国有企业责任辨析》,载《中国特色社会主义研究》2015年第3期。

制一旦构建,将不以企业具体负责人的更替而改变,从而组织起一股稳定、长期、常态的合规风险防控力量,这对企业长期稳定、持续发展,以及减少突发风险带来的巨大冲击,具有重要意义。

法治文明和规则意识的建立,已经成为现代社会不可逆转的潮流,企业的任何行为,在未来都将越来越广泛地置于法律的约束之下,企业的经营管理、与交易对象的商事活动,也无不需要运用法律创设的规则。中国企业在国内外的投资,都应当将遵守法律和规则作为行为的准则和底线。离开了行之有效的合规风险防控,企业经营行为就有不自觉地触犯法律的可能性,也可能在商事活动中落入商业对手利用法律漏洞挖设的陷阱之中。只有构建完善有效的合规风险防控机制,才能够行稳致远,持续发展。

三、企业合规在法律层面的要求

(一)境外投资在境内的合规审查

对于要"走出去"的企业而言,首先需要面对中国境内的合规性审批,涉及的方面共有两个:第一方面,投资行为合规审查,即相关部门基于法律的相关规定,对特定企业的投资行为作出合理性审批;第二方面,投资资金合规审查,即相关部门对于特定企业投资资金的合法性、合理性进行审批。

1.行为合规审查

现阶段,以《企业境外投资管理办法》(国家发展和改革委员会令2017年第11号)为基本依据,相关部门可采取一系列合法方式对特定企业的投资行为作出审查。而监督管理的范围涉及多个方面,即中国企业主体应基于特定的方式获取境外相关权益的一切活动,其中,涉及方式具有多元化属性,譬如权益、担保等方式。基于对企业境外投资的综合性考虑,国家发改委确定了具体的监督管理方式,并提出了一定的要求(见表1)。

表1　国家发改委对企业境外投资行为的监管要求

监管方式	投资方式	项目所在地/类型	中方投资额
核准	直接投资/通过投资企业控制境外企业	敏感地区/国家,或敏感行业	全部

（续表）

监管方式	投资方式	项目所在地/类型	中方投资额
备案	直接投资	非敏感地区/国家,非敏感行业	全部
告知	通过投资企业控制的境外企业		3亿美金及以上
（无）			3亿美金以下
*关于敏感类行业,该办法作出了具体规定,涉及的行业主要有:1.武器装备的研制生产维修;2.跨境水资源开发利用;3.新闻传媒;4.基于国内相关法律法规和有关调控政策,需要限制企业境外投资的行业			

此外,该办法明确指出,若投资企业尚未获得核准文件,仍然私自进行某些投资行为,或投资企业尚未收到备案通知书,却自主进行投资,国家发改委均有权利对其进行监督管理。在上述行为基础上,若投资企业也尚未履行核准、备案变更手续,并没有经过相关部门的核准、备案,却私自进行变更的,国家发改委有权要求投资主体立即中止所涉投资项目。

对中国企业境外投资行为的监督管理主要由商务部执行,而监管的方式共涉及两种:其一,基于对中国企业境外投资的现状,颁布《境外投资管理办法》(商务部令2014年第3号);其二,采取一系列有力措施完成对"经营者集中"的申报和审查,从而做到全面监督与管理。具体的监管方式与监管要求详见表2。

表2　商务部对企业境外投资行为的监管要求

监管方式	投资方式	项目所在地/类型
核准	直接投资	敏感地区/国家或敏感行业
备案	直接投资	非敏感地区/国家及非敏感行业
报告	投资企业设立的境外企业开展境外再投资	非敏感地区/国家及非敏感行业
禁止	所有方式	禁止情形

商务部在经营者集中监管工作中的职责范畴共涉及两个方面,即受理和审查经营者集中申报及具体执法工作。基于国务院制定的相关准则,对于经营者,凡是涉及集中的人员,若满足特定条件,均应实行经营者集中申报,此处的特定条件是指在世界范围内,其全体上一会计年度的营业总额高于100

亿元,理应申报。①

2.资金合规审查

基于投资行为合规的基本条件,所涉资金的汇出,均应基于我国相关政策文件的规定作出进一步的监督与管理,以投资主体注册地银行为中间载体,采取一系列措施完成对资金来源的合规性监管。除此之外,对于投资企业而言,其对注册地银行还承担一定的明确责任,即应对境外资金留存的合规性作出详细说明,对于所得境外收益,亦是如此。

3.出口管制合规审查

出口监管审查的范围涉及多个方面,譬如,相关部门应采取一系列合法措施审批境内出口管制,同时,还应对投资标的作出进一步判断,对于其所在国家有关制裁的情况作出精确性评估。除此之外,相关部门还应将交易对手、用户等作为审查核心,判断其出现于制裁清单的可能性。企业应采取一系列有力措施,尽可能优化"出口管制体系",最大限度地避免"中兴事件"的二次发生。

(二)境外投资在东道国的合规审查

1.投资前合规性审查

一般而言,东道国政府审查投资行为时,重点审查两个方面:一是对于东道国的市场发展而言,交易行为是否会对其造成一定的影响;二是交易行为是否会在一定程度上损害东道国的安全与利益。

在竞争性审查方面,投资行为的收购方被视为存在具备市场支配地位的可能性,因此,东道国政府会在一定范围内增加反垄断审批时间,严重情况下,东道国政府会作出严厉的裁决,拒绝投资。

在国家安全领域,若由外国政府作为投资行为的收购方,则东道国政府会对该投资行为密切关注,并严格审查,这在一定程度上提高了交易风险。此外,若东道国目标公司所涉业务具有一定的疑点,譬如资产敏感等,则交易的不确定性也将进一步增加。

---

① 参见冉依依:《反垄断行政执法司法审查制度研究》,对外经济贸易大学 2017 年博士学位论文。

2.运营期合规性审查

在运营期间,中国企业应与各个合作方保持更加密切的联系,譬如与东道国政府的联系等,因此,企业的当地合规性审查更为突出,如防控跨境商业腐败、防控向受制裁国家转移资金、侵犯知识产权、产品质量管理制度管控、环保法律法规监管等。

除此之外,对于中国企业而言,若其在境外投资阶段面临特殊的问题,譬如,我国与东道国均未针对相关税收活动制定合理有效的协议,则中国企业应针对相关事件,咨询税务顾问的具体建议,同时,还要结合相关法律顾问提出的建议,设计一份优良的投资方案,最大限度地降低有效税赋,同时,还应在第三地建立平台公司。但是,通常情况下,为了享受税收优惠,平台公司首先应满足一定的条件,即基于特定的方式获得第三地的税务居民身份证。故而,完成平台公司的建立工作后,随之应办理的事情即向相关单位申请税务居民身份,从而为后续的工作奠定良好的基础,并提供一定的保障。

四、充分利用现行制度进行合规治理

(一)现行制度规定

为了防范和管控风险、减少损失、创造更大价值,中国企业已经开始加速构建和完善合规体系。近年来,基于合规管理,我国政府先后发布了一系列法规、规章和政策性文件,譬如《保险公司合规管理办法》《企业内部控制基本规范》《合规管理体系 指南》(GB/T 35770—2017)等,这些文件的颁布在一定程度上促进了中国企业的合规体系建设。2017 年 12 月,国家发改委基于对境外投资一系列风险的评估,并结合中国企业发展的基本现状,颁布了《企业境外投资管理办法》,该规定最大限度地保障了中国企业境外投资的安全性与可行性。2018 年 4 月中旬,美国基于其贸易保护主义的错误政策,通过滥用国内法、实行长臂管辖和颁行新法案的方式,对我国的中兴通讯公司在美国和世界其他地区的业务行为进行指控和制裁,该行为不仅在国际关系上,也在投资贸易领域引起了轩然大波。这一事件也暴露出我国企业在合规风险防控领域的诸多问题。

基于对合规性体系建设的综合考虑,国务院国资委于 2018 年 11 月 2 日印发了《中央企业合规管理指引(试行)》,对"走出去"的企业提出了新的合规性要求。该文件从合规管理的职责承担、合规管理机制的运营保障等多方面,对中央企业合规问题作出细致的实操指引。其中,对于中央企业境外投资经营,特别强调要"强化海外投资经营行为的合规管理"①。从该指导性文件可以看出,全面掌握政策、法律禁止性规定的红线,引入系统化流程化的操作规程,定期排查潜在风险等措施,是国务院国有资产监管部门高度重视的合规风险防控措施。

另外,基于《中华人民共和国监察法》中关于监察范围的规定可知,监察机关的检查范围既包括公职人员,又包括法律、法规授权或者受国家机关依法委托管理公共事务的组织中从事公务的人员和国有企业管理人员等。② 随着监察体制改革的进一步深化,对国有企业的监察范围逐渐扩大,包括:第一,国有独资企业、国有控股企业及其分支机构的领导班子成员;第二,国有企业中层和基层管理者。值得注意的是,该部分人员应对国有资产具有一定程度上的经营管理职责。因此,中国现有的监察体制进一步扩大了监察范围,将国有企业内,凡是行使公权力的全体公职职员全部列入监察范围,同时,对于国有企业领导者,亦是如此,最大限度地保障了监督的全面性。

(二)加强合规管理部门和监察部门的工作协同

《中央企业合规管理指引(试行)》《企业境外经营合规管理指引》分别指出,合规管理的带动部门主要是法律事务机构,结合其他有关机构,共同完成合规管理工作,最大限度地便利其他部门的合规工作。企业应以内部任命的具体情况为基础,任命相应的合规负责人。同时,对于合规管理部门而言,其应与审计部门等具备合规管理职能的监督部门共同确立合理有效的信息交流机制,实现统一化管理。基于上述文件规定可知,通常情况下,合规管理工作的负责部门主要是法律事务部门,而对合规管理工作进行监督的部门则另行规定,即纪检监察部门。

首先,两者都是合规治理机制的组成部分,对组织的生产经营活动进行

①　《中央企业合规管理指引(试行)》第 16 条。
②　参见《中华人民共和国监察法》第 15 条。

过程控制,采取一系列有力措施实施合规管理工作,同时对该工作进行合理性监督。两者的共同目标都是约束组织行为,帮助运营参与者在进行运营时依法依规开展工作。其次,两者都承担着合规风险预防和合规文化建设的职能。合规管理不仅注重事后问责和风险处置,更注重风险预防。

(三)明确合规管理部门和纪检监察部门的职责划分

合规管理部门和纪检监察部门虽然有较大的关联性,但工作重点和实施主体有着明显区别,在工作过程中需要明确两部门的职责,可以更加有效地开展工作。合规管理更加侧重于法律工作,多隶属于法律部门或审计部门。一般而言,公司纪委主要负责纪检监察工作,工作的主要内容是组织相关人员完成纪律检查监督工作。对于合规部门而言,其工作的核心有别于公司纪委,主要是基于过程中组织成员在国内相关法律、市场有关准则的基础上,进行合规经营,从而完成具体的管理工作。在工作范围方面,合规管理部门主要负责监督组织成员的经营行为,同时还承担着对交易对手和关联方进行法律审查和监督的职能。相比之下,纪检监察部门具备行使纪检监察的特有权力,监督对象涉及范围相对较广,主要是全体行使公权力的公职职员,对于企业管理者亦是如此,重点关注企业管理人员的腐败和商业贿赂行为。

五、完善中国企业境外合规经营的风险防范措施

(一)完善风险预警机制

凡事预则立,事前防范与规避的效果远远强于风险发生后的事后补救。境外投资风险预警机制是境外投资项目正常运营的保障,其中包括建立预警管理机构、风险信息收集、沟通反馈、风险分析和监测机制。第一,建立风险预警管理机构,进行风险识别和分析,确保中国企业境外投资的安全,使风险预警真正有效。第二,加强境外投资信息库建设,最大限度地确保其真实性与可信性,在此基础上,保证信息传递和反馈渠道的畅通,充分利用计算机网络技术进行风险动态监测、数据记录、数据处理和报警预报。第三,加强境外投资风险预警管理,定期分析和监控相关风险数据,及时处理发现的问题。当风险管理效果反馈到预警体系,类似事件的数量累积到统计显著性时,应适当调整预警指标体系。

（二）构建风险识别机制

建立并逐步完善科学的法律风险识别机制。首先,要确立法律事务机构在预防法律风险方面的主导作用,以查明和审查其项目涉及自身利益的法律风险来源,并制订和实施服务方案。其次,可以聘用国际律师来履行法律尽职调查,识别中国企业确定项目的主要法律风险。国际律师在企业投资的国家,特别是熟悉其国内法律环境的国家,拥有企业风险管理专业性强的优势。最后,要充分发挥自身具备的优势,识别投资管理、资本运作、资源开发等方面的法律风险,并与境外法律风险识别产生整体协同作用。

（三）合理规划投资战略

企业的一切投资活动,都应该严格地围绕战略决策来实施。中国企业的境外投资应该有自己独特和可持续的战略,制定科学有效的投资战略。一般而言,以目标为核心,决策过程应采取一系列方式,制订多种可选方案,并从各个方面对方案的合理性进行评估,基于评估的最终结果确定最终的决策计划。"走出去"作为国家发展战略,被企业广泛接受。不过每家企业都只是在微观层面进行了理论探讨,而且结论一般不够清晰。我们不能只顾努力做大,只注意眼前利益,应该努力适应当地条件,加强力量,避免弱点,在放开眼界的同时注意不脱离实际。在前进的同时也要能够做好撤退备案,灵活地掌控时机,使投资项目的价值达到最优。

（四）做好风险评估工作

在投资设立境外企业之前,中国企业应对我国经济发展投资目标、现行法律政策规定,以及投资东道国的政策环境、市场情况和外资优惠政策进行细致入微的全面合规评估。同时,应当注意利用国际投资咨询专业机构分析和评估投资所在国的政治和经济状况,了解投资风险。中国企业境外员工有必要通过媒体报道及时了解各种地方政策趋势,并将其提供给专业分析机构。评估工作具有比较强的专业性,如果不具备足够的实力,应当进一步建立良好的沟通机制,最大限度地发挥国际投资咨询专业机构的作用。

六、结论

中国企业在境外投资过程中构建完善有效的合规风险防控机制,对降低政治风险,减少商业损失,促进企业长效管理,具有重要意义。构建完善有效的合规风险防控机制,不仅提升了企业形象,而且提升了国家形象。因此,中国企业在"走出去"过程中有必要建立成熟完善、宽严适度的合规风险防控机制,加强自身合规建设,建立良好的企业形象,在保障自身利益和本国利益的情况下,本着互惠原则照顾东道国利益,促进中国企业境外投资的安全、顺利发展。

参考文献

[1] 黄立优:《纪检监察工作在企业管理中的价值作用》,载《价值工程》2014 年第 3 期。

[2] 栾超:《改革开放以来国家监察体制的嬗变与启示》,载《知与行》2017 年第 11 期。

[3] 胡文娟:《中国企业走出去面临新的合规挑战》,载《WTO 经济导刊》2018 年第 9 期。

论企业跨国经营环境下的合规管理

通力律师事务所　潘永建　洪　馨

【摘要】　在跨国经营背景下,企业合规管理工作的重要性日益凸显。本文重点分析了何为"合规"之"规"、合规为何重要、合规管理体系的构成要素、如何设置合规部门及如何实现有效合规这五个基本问题,为企业构建有效合规管理体系提供一定的参考和借鉴。

【关键词】　跨国经营　合规　管理

近年来,随着"一带一路"建设的全面推进和中美贸易摩擦的不断升级,中国企业海外经营中的合规问题变得日益重要。中兴通讯等大型企业接连受到外国政府的调查与处罚,更是给中国企业带来了"切肤之痛"。

在合规成为大势所趋的时下,毋庸讳言,很多企业的合规管理工作仍处于起步阶段,关于企业如何有效地开展合规管理工作的一些基本问题均亟待厘清。本文的重点是基于笔者的合规实务经验,结合欧美跨国公司的合规优秀实践,对何为"合规"之"规"、合规为何重要、合规管理体系的构成要素、如何设置合规部门及如何实现有效合规这五个基本问题作出分析,以期为企业构建有效合规管理体系提供一定的参考和借鉴。

一、何为"合规"之"规"

对于中国企业而言,"合规"一词已经不再陌生。尽管如此,不少企业可能对其含义仍不甚了解。明确何为"合规"之"规",是开展合规管理工作之前提。

"合规"一词最早起源于20世纪70年代的西方金融行业,之后随着各国监管文件的陆续出台和监管力度的不断加强,"合规"开始在各行各业被普遍重视。"合规"之"规"的渊源存在多种理论,本文在表1中总结了目前国际上合规监管领域的代表性文件,以及我国有关合规的重要法律文件。总的看来,"合规"之"规"的含义非常广泛,主要包括三个层次:第一层是法律、法规和监管政策;第二层是行业规范、企业内部的规章制度;第三层是企业应遵守的道德规范和职业操守。换言之,"合规"之"规"不仅包括具有法律约束力的文件,也包括普遍的道德规范和公序良俗;不仅包括企业外部的监管要求,也包括企业自身制定的行为规范。

表1 "合规"之"规"的渊源

颁布机构	文件名称	合规规范的渊源
巴塞尔银行监管委员会	《合规与银行内部合规部门》第5条	立法机构和监管机构发布的基本的法律、规则和准则,市场惯例,行业协会制定的行业规则,以及适用于金融企业职员的内部行为准则等
原中国银监会	《商业银行合规风险管理指引》第3条(2006年)	法律、行政法规、部门规章及其他规范性文件、经营规则、自律性组织的行业准则、行为守则和职业操守
国际标准化组织	《合规管理体系 指南》(ISO 19600:2014)第4.5.1条	法律、法规、监管规定、法院判决、行政裁判、国际条约、规则,与第三方(如行业组织、权力机关、合同对方)的协议、行业标准、企业内部的规章制度
原中国保监会	《保险公司合规管理办法》第2条	法律法规、监管规定、公司内部管理制度以及诚实守信的道德准则
中国证监会	《证券公司和证券投资基金管理公司合规管理办法》第2条	法律、法规、规章及规范性文件、行业规范和自律规则、公司内部规章制度,以及行业普遍遵守的职业道德和行为准则
原中华人民共和国国家质量监督检验检疫总局、中国国家标准化管理委员会	《合规管理体系 指南》(GB/T 35770—2017)	法律法规及监管规定,以及相关标准、合同、有效治理原则或道德准则

颁布机构	文件名称	合规规范的渊源
国家发改委	《企业海外经营合规管理指引（征求意见稿）》第3条	我国及业务所在国法律法规、缔结或者加入的有关国际条约等，企业内部的规章制度和自律规则，行业公认的职业道德规范和行为准则要求
国务院国资委	《中央企业合规管理指引（试行）》第2条	法律法规、监管规定、行业准则和企业章程、规章制度以及国际条约、规则等

二、合规为何重要

在全球化及"一带一路"建设背景下，越来越多的中国企业开始"走出去"进行跨国经营。在讨论跨国经营合规的重要性之前，我们需要了解一个重要的概念——副本指控（"Carbon Copy" Prosecutions）。

"副本指控"这一概念最初是由 Andrew S. Boutros 和 T. Markus Funk 于2012年芝加哥大学法律论坛发表的一篇文章中提出，它描述了多个主权国家根据一个国家在成功执法行动中认定的企业的同一违法事实进行连续、重复起诉的趋势。举例而言，如果一家公司与美国政府就国际贿赂相关指控达成谈判和解协议——无论是通过不起诉协议（Non-prosecution Agreement）、延期起诉协议（Deferred prosecution Agreement）还是认罪（Plead Guilty），该公司将面临一种风险，即其他国家将可能根据美国政府的调查结果和和解协议中认定的事实对该公司提出指控。如果和解协议涉及了某位公司高管，即使和解协议中根本未提及该高管的名字，该高管也面临着海外刑事指控的潜在风险。

一个典型的案例即哈里伯顿（Halliburton）公司商业贿赂案。这家国际石油巨头曾向尼日利亚官员行贿1.8亿美元，以获得价值60多亿美元的工程建设合同。2009年2月，哈里伯顿公司以缴纳创纪录的5.79亿美元罚款为代价与美国政府达成和解，以结束美国政府对其进行的调查和指控。但是，这项和解并没给未受到刑事或民事指控的哈里伯顿公司的高管们带来多久的平静。2010 年 12 月,尼日利亚政府对哈里伯顿公司、几家相关公司以及哈里伯顿公司的多位高管提出了 16 项刑事控诉,控诉的行为内容几乎完全反映了美国政府对同一事实的调查和指控,且其中的大部分行为已被哈里伯顿公司公开承认实施。此外,尼日利亚政府还援引了其与美国的长期引渡条约,要求引渡被告(包括曾任哈里伯顿公司首席执行官的美国前副总统切尼)。最终,在两周之内,哈里伯顿公司以支付另一笔高额罚款为代价与尼日利亚政府达成了和解。

由于同一行为可能受到多国法律的监管,加上各国合规监管政策日趋严格,同一违法违规行为可能遭受多国处罚,这在客观上加大了企业跨国发展的合规风险。违规事件一旦发生,企业不仅可能面临着多张天价罚单,更将使企业的形象和声誉受到沉痛打击。因此,加强企业跨国经营的合规管理事关重大。

我国法律法规为提升企业跨国经营合规管理水平提供了一些具体指引。2018 年 7 月 5 日,国家发改委发布了《企业海外经营合规管理指引(征求意见稿)》,对中国企业在境外开展对外贸易、境外投资、海外运营以及海外工程建设等相关业务的合规要求进行了明确。2018 年 11 月 2 日,国务院国资委发布了《中央企业合规管理指引(试行)》,要求强化海外投资经营行为的合规管理,加强对海外人员的合规管理;对于海外经营重要地区、重点项目,还要求明确合规管理机构或配备专职人员,以防范合规风险。

三、合规管理体系的构成要素

根据中国国家标准化管理委员会的《合规管理体系　指南》和《中央企业合规管理指引(试行)》,并结合合规管理实践,我们总结出了合规管理体系的 12 个构成要素,分别是:

(一)合规方针,即企业合规管理的基本方针和指导思想,是企业的核心价值观与合规宣言;

(二)合规部门,即企业合规的组织保障,本文第四部分将重点分析如何设置合规部门;

(三)合规政策,即企业合规的制度保障,包括企业行为准则、合规管制制度、职能部门的管理规章及业务合规流程等；

（四）合规风险管理，即企业合规的核心内容，包括合规风险识别、合规风险分析评价、合规风险应对、合规风险监测及持续改进的全流程；

（五）合规审查，即企业合规部门对企业经营的各个方面是否合规进行审查，是企业日常的合规管理活动；

（六）合规评审，即企业合规部门对企业合规管理的有效性进行自我审查、评价、监督和持续改进；

（七）合规审计，即企业内部审计部门对企业合规管理的适当性、合规性和有效性进行独立审查、评价和监督；

（八）合规培训，目标是加强员工对合规的基本认识，促进企业合规文化建设；

（九）合规事件处理，包括违规事项的举报、调查和处置等；

（十）合规计划与报告，即由企业合规部门制订的年度合规计划（下一年度的合规管理工作安排）和年度合规报告、专项合规报告等；

（十一）合规信息管理，即对企业合规管理提供支持的信息系统，系统处理的内容包括进行合规规范整理、合规风险点监测、合规网络评审、合规网络培训等；

（十二）合规文化，终极目标是使员工养成合规意识，拥有自发的合规意愿，以确保企业安全持续经营，达成企业的经营目标。

四、如何设置合规部门

合规管理部门的设置需要考虑以下因素：

（一）设置专门的合规领导机构，发挥合规管理的组织领导和统筹协调作用，有利于企业合规管理工作的开展。

（二）设置合规管理部门，组织、协调和监督合规管理工作。由于企业法务与企业合规有较大的相容性，所以建议由法律事务机构或其他相关机构作为合规管理部门。

（三）合规管理部门在行使职责上的独立性是该部门有效运作的保障，合规管理部门应独立履行职责，不受其他部门和人员的干涉。

实践中,合规管理部门的设置主要有以下两种模式:

(一)独立模式,即企业设立独立的合规部门,统一负责企业的合规管理,常见于重监管行业(如医药、金融等)的企业、大型公司、上市企业等;

(二)合并模式,即企业不设立独立的合规部门,由法律部门下设合规分部或者合规专员履行合规管理职责,常见于合规风险较低或者规模较小的企业。

大型跨国公司一般在总部设有独立的合规部门和首席合规官,并在各个国家或区域的分支机构设置当地的合规部门和合规官。总部合规部门直接向高级管理层汇报;各分支机构的合规部门则存在两条报告路线,在向上一级合规主管报告的同时,也向合规部门所在的分支机构的行政主管报告。

企业合规部门的设置采取何种模式,取决于企业的组织架构、规模、运营管理模式以及行业监管环境。

企业应当注意,无论采取独立模式抑或合并模式,虽然企业法务与企业合规在部分职责上趋同,但企业法务和企业合规在管理工作上还是存在较大的区别的。企业法务职责重在负责起草、审查和修改各类合同,进行法律咨询,处理知识产权、劳动纠纷、争议解决管理(诉讼、仲裁)等事务;企业合规则关注业务过程中影响企业各方面利益的风险点,负责建立并维护合规管理体系,监测、评估、控制、处理合规风险,进行合规培训,建立对不合规行为"零容忍"的合规理念。根据我们对"合规"之"规"的解读,合规本质上属于公司治理的一部分,合规管理中对于企业规章制度、道德规范的遵守以及对于合规文化的培养,企业法务职能未能全部覆盖。采用独立模式将更有助于合规管理工作的有效开展;即使采取合并模式,也需要在法律部门内配备具备相关知识和经验的合规管理人员。

此外,合规管理与全面风险管理、内部控制的职能也有紧密的联系,都是企业治理与管理中不可缺少的部分。全面风险管理,指企业围绕总体经营目标,在企业管理的各个环节和经营过程中执行风险管理的基本流程。全面风险管理体系包括风险管理策略、风险理财措施、风险管理的组织职能体系、风险管理信息系统和内部控制系统等。内部控制,指企业围绕风险管理策略目标,针对各项业务管理及其重要业务流程,通过执行风险管理基本流程,制定并执行的规章制度、程序和措施。一方面,合规管理是全面风险管理的一项重要内容。合规管理作为一门独特的风险管理技术,较早是在金融行业普遍使用。随着企业通过一系列重大合规风险事件认识到了合规管理的专业性和重要性,企业开始整合内部管理资源,逐渐形成了一整套专门的合规管理机制。现在的企业,特别是银行类金融机构,普遍把合规管理作为一项核心风险管理活动。另一方面,内部控制是操作和实现合规管理的重要手段。合规是内部控制的目标之一;如果说合规管理更注重结果,内部控制则更重视管理的过程,并开发出了完整的工具和方法。有专家认为,合规管理、内部控制、全面风险管理都根源于企业的委托—代理机制的天然局限性,是从不同视角来填补委托—代理机制所带来的缺憾:合规管理强调对规则(法律、规章制度、商业伦理)的遵守,内部控制强调对行为(企业各层级、业务各环节)的限制,而全面风险管理则强调对风险纳入管理(战略制定与执行)的运用。从三者的内涵来看,合规管理小于内部控制,内部控制小于全面风险管理。

无论合规部门如何设置,应保持合规部门的独立性。一方面,合规部门履行职责不应受其他部门和人员的干涉;另一方面,合规部门不应承担与合规管理相冲突的其他职责。同时,应当保证合规部门向企业高级管理层的独立汇报线,否则合规风险无法传达到高级管理层,合规部门将形同虚设。例如,在中兴通讯因违反美国出口管制法律而受到美国政府制裁之前,中兴通讯的合规管理部门没有向董事会直线报告的渠道,而业务部门拥有的决策权力可以轻易突破合规管控,使得中兴通讯的合规管理部门没有发挥应有的职能。"中兴事件"暴露了中兴通讯合规管理体系的重大缺陷,事后,中兴通讯重组了法律及合规管理部,将合规职能从法律部门分离,建立了独立的合规管理部门,并聘请合规专业人士,保证合规部门的独立性。

五、结论:如何实现有效合规

建立健全合规管理体系的一项重要原则是"全面覆盖",即合规要求必须覆盖各业务领域、各部门、各级子企业和分支机构、全体员工,并且贯穿决策、执行、监督全流程。此外,合规要求必须覆盖自上而下的合规管理体系,从董事会、监事会、经理层、合规委员会、合规管理负责人、合规管理牵头部门、业务部门到监察、审计、法律、内控、风险管理、安全生产、质量环保等相关部门,均必须履行各自相应的职责。

一个完整且有效的合规管理体系(可称之为"全面合规"),必须具备以下要素:

(一)在覆盖主体方面,合规要求覆盖企业的各业务领域、各部门、各级子企业和分支机构、全体员工;

(二)在贯彻执行方面,合规要求贯穿企业各相关部门的制度制定、经营决策、生产运营、流程监督的各个环节;

(三)在管辖内容方面,合规管理关注市场交易、安全环保、产品质量、劳动用工、财务税收、知识产权、商业伙伴关系、跨国投资经营等各领域;

(四)在持久建设方面,合规工作重视培养和建立全面的合规意识以及合规文化。

为了建立全面有效的合规风险管理体系,"事前预防、事中控制、事后整改"这三方面缺一不可。其中,从经济成本和治理效益出发,事中控制优于事后整改,事前预防更优于事中控制。全面有效的合规管理工作应该包括以下方面:

(一)构建合规部门。建立独立、高效的合规组织架构和汇报路线,合理设置合规管理人员的职责,确保企业可以有效地进行合规管理。

(二)识别合规风险。企业应结合自身实际,全面系统梳理经营管理活动中存在的合规风险,对风险发生的可能性、影响程度、潜在后果等进行系统分析,以有针对性地加强对重点领域、重点项目、重点环节、重点人员的合规管理,切实防范合规风险。

(三)制定合规政策。企业应确保有"规"可循,即按照外部法律法规的要求确立企业内部合规行为规范,至少应包括员工行为守则(Code of Conduct)、反腐败政策、避免利益冲突政策、举报处理工作流程等,并根据法律法规变化和监管动态,及时将外部有关合规要求转化为内部规章制度。

(四)监督合规政策的执行。监督业务决策及执行的内容和流程是否合规,监督合规管理人员的职责履行情况,并定期评估合规管理系统是否能够有效覆盖和管控全部合规风险,在此基础上完善相关制度。

（五）合规事件处理。对于合规风险事件，展开内部调查，对相关违规员工采取适当的惩戒措施，并相应修补相关制度或流程上的漏洞。

（六）合规文化培养。建立制度化、常态化的培训机制，定期开展针对新员工、新任管理人员、特定层级员工、关键岗位人员、高风险部门员工（如销售、采购、财务等）的合规培训，使员工能够熟悉并遵守各项合规政策。同时，通过制定发放合规手册、签订合规承诺书等方式，树立员工依法合规、守法诚信的价值观。从培养合规意识的角度看，中国企业应树立"做对的事情"（do right things）的企业文化，而不仅仅是"以对的方式做事情"（do things right）。这是因为，后者往往默许甚至鼓励企业员工变通规则（bend the rule）以达到商务目的，最终的结果是企业员工将逐步由变通规则演变为违反规则（break the rule）。

在以上步骤中，最重要同时也是最困难的一步是持续建设企业合规文化。随着中国法治化进程的日益加强，原先存在的"（守规矩的）老实人吃亏"这一现象正在逐步消除。企业进行有效合规管理的关键在于合规文化的塑造和推广，在于全体员工合规理念的树立和合规行为的养成。事实上，合规文化正是欧美跨国公司成为"百年老店"的支柱之一。正如通用电气公司前总法律顾问 Ben Heineman 所推崇的"正直的文化"（a culture of integrity），它包括"遵守正式规则的精神和文字"，"采用超出约束公司及其雇员的正式规则的道德标准"，以及培养"在内部和外部关系中体现诚实、公平、坦率、可信和可靠等基本价值观"的员工群体，而正直的文化最终可促进提高企业的生产经营效率。合规文化的影响力是巨大而深远的，企业合规管理工作只有建立在合规文化的基础上，才能真正有效和长久。因此，企业应重视培养合规文化，使合规成为员工内心的信念，成为员工行为的价值判断标准。

参考文献

［1］Andrew S. Boutros, T. Markus Funk, "Carbon Copy" Prosecutions: A Growing Anticorruption Phenomenon in a Shrinking World, published in *The University of Chicago Legal Forum*, Volume 2012.

［2］Ben W. Heineman Jr., Only the Right CEO Can Create a Culture of Integrity, published in *Corporate Counsel*, June 5, 2013.

　　[3]陶光辉:《合规管理、内部控制与风险管理辨析》,载 http://law. wkinfo.com.cn/professional-articles/detail/NjAwMDAwM2E2MDE%3D? searchle = 8952e2ade2b14b7984a183b992c7d137&index = 1&q = 合规管理、内部控制与风险 管理辨析 &module = #NoOrgan832,访问日期:2019 年 6 月 28 日。

　　[4]《中兴事件始末,比罚单更沉重的反思》,载新浪网(http://finance. sina.com.cn/chanjing/gsnews/2018 - 04 - 18/doc-ifyuwqfa3582878.shtml),访问 日期:2019 年 7 月 7 日。

美国的长臂管辖及其应对措施

北京宸章律师事务所　吴　晨

【摘要】 美国近年将其国内法的长臂管辖原则适用于外国公民和企业,使中国企业"走出去"面临更大的合规风险。本文简要介绍了长臂管辖概念的由来和具体内容,欧盟针对长臂管辖所制定的阻断法,个案中挑战美国长臂管辖制度的成功案例,并对我国企业和公民如何应对长臂管辖提出了建议。

【关键词】 长臂管辖　阻断法　域外适用

一、长臂管辖的由来

长臂管辖权(Long-arm Jurisdiction)本是美国民事诉讼中的一个概念。由于美国是联邦制国家,大多数民事案件由各州法院管辖,适用各州自己的法律。对于被告住所不在法院所在州的案件如何管辖,是美国联邦法律体系需要解决的问题。

长臂管辖原则最早建立于 1945 年国际鞋业公司诉华盛顿案①,在该案中,美国联邦最高法院认为,只要被告与一州有某种最低联系,在不违背传统的公平与实质正义的观念下,该州法院能够行使管辖权。自此以后,联邦最高法院在一系列判例中进一步发展了最低联系的标准和理念。

从立法方面看,美国不少州都依据最低联系原则制定了对非本州居民管辖的立法。最早的长臂管辖法是 1955 年伊利诺伊州制定的长臂管辖法。1967 年北达科他州制定了类似法案。目前,美国已有 35 个州先后通过了类似法案。美国统一私法协会制定的《统一联邦和州示范法》对美国多数州的长臂管辖权发挥了指导和示范作用。②

---

① International Shoe Co. v. Washington, 326 U.S. 310 (1945).

② 参见何雨亭:《美国涉外民事案件中的长臂管辖原则》,载中国法院网(https://www.chinacourt.org/article/detail/2017/02/id/2540647.shtml),访问日期:2019 年 4 月 7 日。

二、长臂管辖的美国国内法规定及其限制

在美国民事诉讼法概念中,长臂管辖是指当被告住所不在法院所在州,但与该州有某种最低限制的联系,且所提权利要求的产生和此种联系有关时,该州对被告有"属人管辖权"。

从立法例看,美国对长臂管辖的立法内容主要包括以下两个方面:

(1)法律指明适用长臂管辖权的争议类别,如"侵权行为""商业交易"等,规定仅当权利要求涉及指明的类别时,才可以适用长臂管辖权。伊利诺伊州、纽约州等州的法律属于此类。

(2)法律不指明或列举长臂管辖适用的争议类别,而是规定只要符合正当程序原则和效果原则,即可行使长臂管辖权。加利福尼亚州等州的法律属于此类。

长臂管辖原则在美国确立后,逐渐扩张到合同、侵权、商业、家庭、网络等领域,这种灵活的规则容易适应复杂的社会情况,可以有效地保护州内居民的利益。

长臂管辖原则是美国社会经济及科技发展的结果,同时应当注意到,在多数案件中,长臂管辖权原则受到严格的限制。对长臂管辖进行限制的主要法律原则是不方便管辖原则,该原则指法院在受理案件时要考虑诉讼程序、取证及执行的方便性,如果不方便则不行使管辖权。

例如,2014 年美国联邦最高法院在戴姆勒诉鲍曼案①中裁定,外国企业在美国设有子公司这一事实,不足以确立对外国企业的一般管辖权。美国联邦最高法院称,滥用一般管辖权将损害国际礼让原则。美国联邦最高法院的这一判例限制了各州法院的长臂管辖权。

三、长臂管辖对国外的延伸和由此引发的争议

长臂管辖本是美国国内民事诉讼程序的规定,但是美国依靠其强大的经济实力,将长臂管辖权向海外扩张。例如,1997 年美国司法部颁布实施的《反托拉斯法国际实施指南》称,"如果外国的交易对美国商业发生了重

---

① See Daimler AG v. Bauman, 571 U.S. 117(2014).

大的和可预见的后果,不论它发生在什么地方,均受美国法院管辖"。美国《1974 年贸易改革法》《爱国者法案》《反海外腐败法》《海外账户纳税法案》《消费者权利保护法案》等法律都有一些对外国人、外国机构实施长臂管辖的规定。

美国将长臂管辖权延伸到国外,将威胁到其他国家的司法主权,同时可能造成国际民商事案件管辖冲突。因此,美国的长臂管辖权一直受到其他国家的强烈批评和抵制。这种管辖权的本质是绕过国际司法协助途径,导致外国自然人和法人在美国的法律风险增加。

按照国际法,各国应通过《海牙取证公约》或双边渠道向其他国家提出司法协助请求。但美国假借国际司法协助效率低下、结果不确定等理由,认为《海牙取证公约》不排斥美国法院依据美国国内法取证,不愿走司法协助途径。美国的长臂管辖经常使外国被告处于违反本国国内法或美国国内法的两难境地。各国普遍对美国的长臂管辖不满,但由于美国长臂管辖权的后盾是其强大的金融和经济实力,所以其他各国均缺乏有效的应对手段。

美国在对外实施长臂管辖时,经常根据国内法对外国实体或个人提起刑事诉讼。2016 年 9 月 26 日,美国司法部宣布对中国辽宁鸿祥实业发展公司提起刑事诉讼,指控该公司涉嫌违反联合国安理会 2270 号决议,为朝鲜民主主义人民共和国发展核武器提供支持。在 2016 年 9 月 27 日的中国外交部例行记者会上,发言人耿爽回应称:"我们反对任何国家根据国内法对中方实体或个人实施长臂管辖。"这是中国外交部首次使用"长臂管辖"概括美国提起此类诉讼的行为,此后中国外交部又多次使用"长臂管辖"形容美国的类似行为。①

由于美国的长臂管辖富有侵略性,对其他国家的企业、公民产生难以预计的法律风险,因此,对长臂管辖的反制措施是中国企业和国民"走出去"时必须考虑的问题。目前,除了国家层面的对等制裁、负面清单等措施,对长臂管辖的反制措施主要反映在公法和私法两个领域中。公法层面的反制措施指通过国内立法的方式对长臂管辖进行反制,私法层面的反制措施指根据美

---

① 参见《外交天团又出新词:"长臂管辖"火了》,载新浪网(http://edu.sina.com.cn/en/2017-06-29/doc-ifyhrxtp6325896.shtml),访问日期:2019 年 4 月 7 日。

国的程序法、国际公约、国际法基本原则对长臂管辖进行反制。

四、对长臂管辖的公法反制——欧盟阻断法

阻断法(Blocking Statute)意为阻断外国法在本国适用的法律。为了阻击美国对古巴制裁的效力,欧盟于 1996 年通过了阻断法,以保护欧盟的公司对抗美国的制裁,同时不承认美国法院的相应判决。但由于欧盟和美国关于制裁的争议已通过其他方式解决,所以阻断法一直没有正式实施。

2018 年,由于美国退出伊核协议,重启了对伊朗的制裁,欧盟宣布于 2018 年 6 月 6 日起对阻断法进行修订,将美国制裁伊朗的相关法律列入阻断法的内容,该法从 2018 年 8 月 7 日起生效。

根据阻断法的规定,欧盟成员国的企业如果受到美国域外制裁的影响,应当于 30 日内向欧盟委员会报告。欧盟企业不得配合美国的域外制裁。如有个人或企业因实施美国的域外制裁而给欧盟企业造成损失,欧盟企业可以在欧盟法院对其提起诉讼,获得赔偿。最后,阻断法规定任何国家法院基于美国的制裁法律作出的判决在欧盟内都是无效的。

由于美国强大的金融体系和美元作为国际结算货币的威力,欧盟国家普遍认为阻断法与其说是有效的法律工具,不如说是个政治工具。不过,欧盟阻断法可以成为美欧之间关于重启对伊朗制裁的谈判手段。

五、对长臂管辖的私法反制——以马航 MH370 案件为例

除了从国内立法等公法层面对长臂管辖进行反制,国内企业更多的是面对当事人在美国依据长臂管辖原则提起的诉讼。为应对美国的诉讼,我们必须了解对长臂管辖的私法反制措施。

一般而言,应对美国诉讼首先应当提出管辖权抗辩,具体而言是质疑美国法院是否有对人和对事物的管辖权。关于这两方面的管辖权抗辩,每个案件都有具体的事实和理由。在国际私法理论中,对长臂管辖进行反制的基础理论是不方便管辖原则(在普通法中也被称为不方便法院原则),在马航 MH370 案件中,被告就成功地引用不方便法院原则促使美国法院驳回了原告的起诉。

2014 年 3 月 8 日,马来西亚航空公司 MH370 航班在从吉隆坡飞往北京的途中失联。2016 年年初,部分失联乘客的代表人(representatives)或者受益人(beneficiaries)在美国各地区提起诉讼,共有 42 个案件被各地区法院受理。原告的起诉分为两类。在第一类诉讼中,原告依据《蒙特利尔公约》对马来西亚航空公司提起诉讼(在有些案件中还包括马来西亚航空公司的保险公司及其管理人员)。在第二类诉讼中,原告依据产品责任相关法律对波音公司提起诉讼。2016 年 6 月 6 日,多区域诉讼司法小组(Judicial Panel on Multidistrict Litigation)将所有案件一并移送至哥伦比亚特区联邦法院进行审理。

审前程序开始后,被告提出五项动议要求法院裁决驳回起诉,其中第一项动议的依据是不方便法院原则(Forum Non Convenience)。2017 年 12 月 19 日,法院对这些动议组织了听证会,2018 年 11 月 21 日,联邦地区法院的杰克逊(Ketanji Brown Jackson)法官作出一审裁决①,依据不方便法院原则驳回了原告的起诉。

裁决认为,欲适用不方便法院原则,动议人应对以下事实负举证责任:①有可获取且适当的替代法院;②通过公共利益和个人利益两方面的比较说明受诉法院审理案件相对而言是不方便的。

对于依据《蒙特利尔公约》对马航提起的诉讼,裁决认为,与马来西亚的法院相比,由美国审理这类案件是不方便的。理由是:

第一,马来西亚法院对案件的管辖是可获取且适当的。马来西亚不仅是《蒙特利尔公约》的缔约国,也是马来西亚航空公司的住所地和主营业地。根据《蒙特利尔公约》,马来西亚对马航 MH370 案件具有管辖权。

第二,从公共利益角度看,由马来西亚法院审理本类案件更为适宜。裁决认为,一方面,相比美国,马来西亚的公共利益在该类案件中更为显著和紧密。比如起诉是针对马来西亚国家控股的航空公司提出的;MH370 事故是马来西亚历史上最大的航空事件之一;马来西亚负责指挥和协调飞机失联后的救援和调查工作;马来西亚法院已经受理了失联乘客家属提起的诉讼;等等。另一方面,在美国审理这类案件将触及复杂的法律冲突问题,还可能涉

---

① See Huang etc. v. Malaysian Airline System Berhad etc. (MDL no. 2712, 2018).

及对马来西亚国内法有效性的审查,为案件审理带来不便。

第三,就个人利益而言,裁决认为,由于原告主张超过 113000 特别提款权的赔偿,这会将案件审理导向过错审查。但是,大多数有关过错的证据并不在美国,而是在马来西亚。由于马来西亚不是海牙公约的缔约国,对马来西亚的证人进行调查会很麻烦,导致高额的诉讼成本,拖延诉讼。另外裁决也认为,将在中国的证据翻译成英文再移送到美国不如将其翻译成马来语移送到马来西亚更方便。

第四,虽然本类案件中有少数失联乘客与美国具有一定的联系,但是这些事实不足以推翻上述结论。与美国存在联系的失联乘客只是小部分,而且有些联系也并不紧密,与美国的利益关系并不大。另外,虽然个别失联乘客与美国的联系说明部分证明损失的证据可能在美国,但是有关因果关系的证据大多不在美国,在美国审理会在取证上给原告带来不便。

六、美国的长臂管辖给中国企业和公民"走出去"带来的风险

中国目前已经是世界第二大经济体,对国际贸易的参与很深入,也是多边主义的积极倡导者。美国的长臂管辖原则对中国公民和企业的海外民商事活动产生了很大影响。

首先,长臂管辖给中国企业和公民带来美国诉讼风险。即便中国企业和公民的行为发生在中国境内,美国的相关主体依然可能在美国提起诉讼。只要中国企业和公民符合最低联系原则,例如在美国开立了银行账户,在美国参加过展会、会议,在美国申请过商标、专利等,美国法院就可能依据长臂管辖原则行使管辖权。这种过度扩张的管辖权无疑会给中国企业和公民带来高昂的诉讼成本负担和诉讼风险。

其次,长臂管辖给中国企业和公民带来合规风险。在涉外贸易和人员往来活动中,"合规"一般指相关活动需符合本国和东道国的法律、法规。中国企业和公民"走出去"时,需要了解中国和东道国公开发布的法律、法规。但是,美国的长臂管辖制度使得任何有损美国利益的行为均有可能受到美国的管辖。体现美国利益的制度既包括法律、法规,还包括判例、外交政策、行政文件、总统政令等纷繁复杂且不断变化的规制措施。针对美国的制度进行合

规审查是一项耗资极高且风险巨大的工作。

七、中国针对长臂管辖应当采取的应对措施

如上所述,美国的长臂管辖原则给中国企业和公民"走出去"带来极大的风险,我们应当从公法和私法两个层面积极应对,保护中国企业和公民的合法权益。

第一,中国应当建立有中国特色的涉外管辖、法律域外适用方面的基本理论。尊重主权和不干涉他国内政是中国的外交原则,在此基础上,中国应当建立自己的涉外管辖基本理论。中国作为世界经济共同体的重要一员,不可能放弃涉外管辖。但是,如何有效实施涉外管辖,特别是建立起一套能得到相当程度认同的涉外管辖基本原则,这是中国法学界面临的急迫问题。

第二,中国应当建立对长臂管辖的对抗制度。如上文介绍,欧盟的阻断法虽然在 1996 年通过后长达 22 年未生效,但是为欧盟和美国谈判建立了良好的基础。针对美国的境外调查,德国和法国都制定了相应的阻断法,规定了罚金和监禁等处罚方式,美国法院在颁发调查令的时候也不得不考虑相应的法律规定。我国目前还没有一部类似阻断法的统一法律,虽然在《中华人民共和国网络安全法》等法律中有对向境外提供材料的限制性规定,但是缺乏可执行性,也没有相应的处罚和保护措施,不属于外国法院认可的刚性法律。因此,即便是出于谈判和对抗的需要,我国也应当制定一部类似欧盟阻断法的法律,针对外国法律对中国自然人和法人的效力作出保护性规定。

第三,加强对美国管制和制裁措施的研究与了解,及时发布相关信息。一方面,中国有关部门和法律界人士应当关注被美国列入黑名单的国家和企业,建议中国企业和公民避免在没有许可证、例外豁免和美国政府授权的情形下和黑名单上的国家及企业进行商贸活动。另一方面,我们应当重视美国对某些特定领域的关注,例如 2018 年 11 月 20 日,美国贸易代表办公室发布的最新一期《301 调查报告》对中国企业在获取美国技术、商业秘密方面的行为,以及中国对美国高新科技的风险投资方面的行为感到忧虑。据此,中国企业在未来应当注意上述两方面的风险,作出合理的安排。

第四,积极应诉,在个案中挑战美国的长臂管辖制度。当发生针对中国

企业和公民的个案时,我们应当支持当事人积极应诉,提出管辖权的争议,挑战美国的长臂管辖制度。包头空难案、马航 MH370 案都是成功挑战长臂管辖制度的典型案例。美国实行普通法制度,判例具有拘束力,一个挑战成功的判例会对类似的案件产生影响。近期发生的福建晋华案中,福建晋华公司积极应诉,提出管辖权的争议,虽然法官在一审中作出的程序裁决最终没有指出晋华公司提出的管辖权争议,但在实体争议方面充分考虑了晋华公司的意见,驳回了几项美光公司提出的诉讼请求。①

综上,美国利用长臂管辖原则将其国内法强行适用于外国个人和企业,这种做法对中国公民和企业的权益产生重大影响。一方面,中国企业和公民在"走出去"的过程中要重视对美国法律制度的研究,力争合规,避免风险。另一方面,在国家立法和政策层面上,我们也应当有所作为,为对抗长臂管辖提供合适的工具。而在个案层面上,中国企业和公民应当积极应诉,挑战美国法院基于长臂管辖原则行使司法管辖权。

参考文献

[1]钟燕慧、王一栋:《美国"长臂管辖"制度下中国企业面临的新型法律风险与应对措施》,载《国际贸易》2019 年第 3 期。

[2]周显峰:《从"长臂管辖"到"联动制裁"——中国国际承包商建立"多维合规体系"的重要性》,载《国际工程与劳务》2018 年第 12 期。

[3]张奎:《长臂监管在资本项目外汇管理中的应用研究》,载《金融纵横》2017 年第 11 期。

[4]丁文严:《跨国知识产权诉讼中的长臂管辖及应对》,载《知识产权》2018 年第 11 期。

[5]赵磊:《如何看待美国长臂管辖权》,载《中国党政干部论坛》2019 年第 5 期。

---

① See Micron Technology, Inc, v. United Microelectronics, and Fujian Jinhua (17-cv-06932-MMC 2019).

三、国企合规编

中铁国际海外合规体系建设实践

中铁国际集团有限公司　王青华

【摘要】　基于国内外合规形势,中铁国际集团有限公司根据国际化经营中面临的合规风险,建立了合规管理体系,主要制度涵盖第三方合规、市场开发和投标合规、财税资产合规与投资合规、员工合规、招标采购与国际贸易合规、礼品与招待合规、捐赠与赞助合规、境外公司治理合规、反垄断和反不正当竞争合规、安全质量环境合规、数据信息网络与知识产权合规、项目实施合规共十二个方面。本文对合规体系的内容进行了简要介绍,对我国企业防范和应对国际化经营的合规风险有一定借鉴作用。

【关键词】　合规　体系风险　防范　国际化经营

一、合规体系建设的背景和主要依据

近年来,美国《反海外腐败法》、出口管制和制裁等"长臂管辖"越来越针对中国。2018 年 11 月,美国司法部正式宣布成立专案组,专门调查中国商业间谍活动和中国公司违反《反海外腐败法》的案件。这一专案组的成立标志着美国对华合规监管呈常态化的趋势。合规可以看成美国制约中国的一种"武器"。除美国外,其他西方国家以及一些国际组织和多边开发银行机构(如世界银行、亚洲开发银行等)也加强了反腐败立法和执法力度。相关法律和制度有:联合国的《联合国反腐败公约》、经合组织的《反腐败公约》、世界银行集团的《世界银行集团诚信合规指南摘要》(以下简称《世行合规指南》)、英国的《反贿赂法》、法国的《萨宾第二法案》。上述境外法律法规和制

度都提到,如果企业建立合规管理体系,可以减免责任。

2017 年、2018 年国家陆续出台了多部有关合规的重要法律文件,包括原国家质量监督检验检疫总局和国家标准化管理委员会颁布的《合规管理体系指南》(GB/T 35770—2017)、国务院国资委颁布的《中央企业合规管理指引(试行)》、国家发改委等七部门发布的《企业境外经营合规管理指引》。这些标准和制度都要求企业建立合规管理体系。

基于这样的背景,为了防范海外经营风险,中铁国际集团有限公司(以下简称"中铁国际")建立了合规管理体系。

中铁国际是中国中铁股份有限公司(简称"中国中铁")的全资子公司和外经平台,现有员工 800 人,业务遍及世界五大洲,设立了 96 家子分公司及境外代表处,经营范围涵盖基础设施、房地产、矿产资源、物流贸易、投融资等。中国中铁从 2015 年 10 月开始开展"大合规"课题研究,是国资委确定的央企合规管理体系建设五家试点单位之一。在中国中铁的指导和相关咨询机构的协助下,通过对各业务部门访谈调研,广泛收集、整理和研究国内外与合规有关的法律法规,针对业务中存在的风险,中铁国际先后制定了切合公司实际的《合规管理体系建设实施方案》《合规管理制度》《合规手册》等。

中铁国际的合规管理体系采用"大合规"概念。合规有广义和狭义之分。狭义的合规又称"小合规",指的是反腐败或反贿赂。广义的合规又称"大合规",主要包括以下三个方面的内容:

(1)国内外法律法规,包括联合国、世界多边银行等和业务所在国(地区)的合规要求以及部分国家(地区)的单边合规要求;国内法规重点是国资委的指引、七部门的指引等。

(2)公司内部规章制度。

(3)最佳实践。

二、合规体系建设的主要内容

合规管理体系包括程序性管理制度和实体性管理制度。

程序性管理制度主要包括合规管理组织体系及职责、合规风险评估和管理、合规审计检查、合规培训、考核与宣贯、合规咨询、投诉、举报等。

在组织体系方面,中铁国际充分发挥董事会、监事会和总经理在法律合规方面的管理职能,统领合规管理工作;在工作机制层面,建立由法律合规、内控审计、监察、风险管理、绩效考核等内部监督体系工作负责人组成的合规联席会议机制;在工作推进层面,建立总经理负责,总法律顾问牵头组织,合规综合管理部门、专项管理部门、参与管理部门组成的"三位一体"组织架构模式。合规参与管理部门是合规管理的第一道防线;合规综合及专项管理部门是合规管理的第二道防线;集团公司党委会、董事会、监事会、总经理办公会、职工代表大会是合规管理的第三道防线。

针对公司国际化经营中的风险,中铁国际制定了实体性管理制度,主要包括以下十二个方面的内容。

(一)第三方合规

第三方合规风险管理是国家发改委《企业境外经营合规管理指引》要求监管的内容之一。美国《〈反海外腐败法〉信息指引》将第三方界定为代理、顾问和分销商,还专门提到第三方在国际交易中经常从事贿赂活动。①《世行合规指南》将第三方界定为代理、顾问、咨询、承包商(分包商)、联营体合作方等商业合作伙伴。②

风险表现:贿赂风险、现金支付和美元支付风险、泄密风险、法律纠纷的风险等。就开展国际工程业务的企业而言,与代理进行交易风险很大。如果用美元向代理支付大额代理费,通过电子邮件和手机等通讯手段讨论代理业务,可能会被美国监控到,将给企业带来很大风险。根据美国《反海外腐败法》,无论在世界任何地方,只要用了美元支付、使用美国的电子邮件系统和通讯系统,都会受到美国的司法管辖。

针对上述风险,中铁国际制定了如下合规制度:寻找有实力的当地公司作为合作伙伴,利用大数据和外部专业机构对第三方进行尽职调查,在合作协议中设定反腐败条款和对第三方的审计条款,严格采取保密措施等。

(二)市场开发和投标合规

1.市场开发是企业生存的命脉。境外工程建设周期长、可变因素多、失

---

① See A Resource Guide to the U.S. Foreign Corrupt Practices Act, p.60.

② See World Bank Group Integrity Compliance Guidelines, p.9.

控风险大,低质量的开发会给企业带来重大风险。针对市场开发中出现的一些问题,中铁国际在市场开发方面的合规制度为:积极聚焦"一带一路""五通"(政策沟通、设施联通、贸易畅通、资金融通、民心相通),向产业链和价值链上下延伸;禁止卖牌子、擅自垫资承包、违规投资等开发行为等。

2.投标管理是发改委《企业境外经营合规管理指引》要求监管的内容之一。《世行合规指南》对投标中的违规行为进行了界定,主要有腐败、欺诈、共谋、胁迫、妨碍五种,根据违规行为的严重程度,给予不同制裁。投标的主要风险表现为:业绩造假、虚假诉讼声明、借用挂靠资质、围标、串标、陪标等违规行为而遭受世界银行或其他国际多边开发银行的制裁;低价投标造成企业损失。

针对上述风险,中铁国际制定了如下合规制度:遵守《世行合规指南》《世界银行反腐败使用者指南》《国际复兴开发银行贷款和国际开发协会信贷采购指南》和其他国际多边开发银行的相关监管要求;履行标前评审程序;遵循公平竞争原则,提供真实信息;不围标、串标、陪标;合理确定投标报价,不得低于成本价投标;等等。

(三)财税资产合规与投资合规

1.财务税收和资产交易是国务院国资委《中央企业合规管理指引(试行)》规定的重点合规内容。境外相关监管法律有美国《反海外腐败法》(见"会计条款")、《萨班斯法案》《外国账户税务合规法案》,欧盟的《有关防止犯罪团伙利用金融系统进行洗钱与资助恐怖主义的指令》,经合组织的《共同申报准则》等。

风险表现:擅自开立境外账户,多头开立账户,出租、出借账户,利用境外账户从事洗钱活动;各项收款不及时入账,私设"小金库";公款私用、私存;违规采用现金支付;备用金长期不清理;违规筹集和使用资金;虚列支出套取资金;违规发放职工薪酬福利;挪用、侵占、盗取、欺诈资金等;偷税漏税;违规配置高规格资产;违规隐瞒、私分、转移、处置境外国有资产;违规由个人代持境外国有资产等。

针对上述问题,中铁国际制定了如下合规制度:完善账户管理制度,加强财务内控,采取财务共享等信息化管理手段对境外账户实行动态监控;大额资金使用采用会签制度;应及时在注册地进行税务登记,遵循所在国家(地区)的财税法律法规;做好税务筹划工作;健全资产管理制度,建立资产管理信息化系统;规范股权代持制度和代持协议等。

2.投资是国家发改委等七部门《企业境外经营合规管理指引》要求监管的内容之一。境外以美国为例,相关监管法律有《埃克森—弗罗里奥修正案》《2007 年外国投资与国家安全法》《外国人合并、收购、接管条例:最终规定》《外国投资风险评估现代化法案》等。国家发改委、商务部等部门也发布了一系列关于投资的规章制度。

风险表现:投资不符合国内外法律法规的要求,从事非主业投资或开展列入负面清单类的投资;投资高风险国家(地区);未按规定开展尽职调查、可行性研究或风险分析;未履行决策和审批程序擅自投资;财务审计、资产评估或估值违反相关规定,出具虚假资产评估报告或法律意见书等;通过高溢价并购等手段向关联方输送利益;投资并购后未按有关工作方案开展整合,致使对标的企业管理失控;等等。

针对上述风险,中铁国际制定如下合规制度:完善投融资制度;严格履行前置决策审批程序,决策应充分考虑重大风险因素,并制定风险防范预案;进行可行性研究和风险分析,对并购对象开展深入的技术、财税、法律等方面的尽职调查;对目标公司或目标资产进行估值;对投资活动进行动态监控;等等。对各境外子分公司进行合规管理;加强对境外公司规章制度、内控体系和财务制度的检查,定期进行审计;等等。

(四)员工合规

国家发改委等七部门的《企业境外经营合规管理指引》将劳工权利保护和劳工管理作为合规监管内容。境外以美国为例,相关法律有《公平劳动标准法》《民权法》《同工同酬法》《反年龄歧视法》《残疾人保护法》《国家劳资关系法》等。

风险表现:违反经营所在国(地区)劳动法、工会法、移民法、签证制度、个人所得税法等;招聘违反性别或年龄歧视规定;解雇违规;不尊重当地宗教和风俗习惯;劳务派遣不合规。

针对上述风险,中铁国际制定如下合规制度:应对经营所在国(地区)的劳动法进行尽职调查;加强对海外员工的教育培训;尊重当地风俗习惯、宗教信仰;境外招聘时,了解当地惯例;境外裁员时,注重程序的正当性;应与有境外劳务派遣资质的劳务公司签订劳务合同;为派驻员工办理保险,做好派驻员工的个税筹划;等等。

（五）招标采购与国际贸易合规

1.招标是国务院国资委《中央企业合规管理指引（试行）》规定的重点合规内容。

风险表现:将项目化整为零规避招标,收受贿赂,使特定投标人中标,等等。

针对上述风险,中铁国际制定如下合规制度:除非特殊情况,项目应公开招标;执行公务回避制度和招标采购公示制度;严禁以各种手段干预招标;不得在招标文件中设置歧视条款;严禁收受贿赂安排关系户中标;等等。

2.国际贸易是国家发改委等七部门《企业境外经营合规管理指引》要求监管的内容之一。境外以美国为例,相关监管法律有:《出口管理法》（EAA）、《武器出口管制法》（AECA）、《国际紧急经济权力法》（IEEPA）等。欧盟对外行动署（EEAS）的制裁主要包括武器、化学品和贸易禁运,冻结资金及财产、经济制裁和人员制裁等。

风险表现:因违反美国《出口管理法》、欧盟和其他西方国家制裁规定等而遭到制裁。

针对上述风险,中铁国际制定如下合规制度:动态掌握美国、欧盟及其他西方国家和地区的出口管制和制裁的手段和受制裁的对象;避免与受制裁国家的合作方签订长期协议;购买商业保险;规避美元支付;等等。

（六）礼品与招待合规

美国《〈反海外腐败法〉信息指引》提到礼品和招待是合规重要内容,并对其可能涉及的腐败问题进行了详细的描述。

风险表现:涉嫌贿赂、腐败,违反美国《反海外腐败法》、世界银行监管规定、中国《反不正当竞争法》和《中共中央政治局关于改进工作作风、密切联系群众的八项规定》等。

针对上述风险,中铁国际制定如下合规制度:建立礼品与招待费用归口管理和审批制度,严格执行预算和审批流程;避免向受招待方(尤其是外国政府官员)频繁赠送礼物或超标准接待;等等。

（七）捐赠与赞助合规

捐赠与赞助合规是国家发改委等七部门《企业境外经营合规管理指引》中规定的内容。美国《〈反海外腐败法〉信息指引》对捐赠涉及的腐败风险也进行了描述。

风险表现：涉嫌贿赂、腐败或者利益输送，违反美国《反海外腐败法》、世界银行监管规定、中国《反不正当竞争法》。

针对上述风险，中铁国际制定如下合规制度：对被捐赠或赞助方进行尽职调查，履行审批手续；在提供赞助时应当与被赞助方签订赞助协议，赞助协议中应包括反贿赂条款和审计条款；等等。

（八）境外公司治理合规

公司治理合规是国务院国资委《中央企业违规经营投资责任追究实施办法（试行）》规定的内容。针对中铁国际在境外子分公司众多的实际情况，专门制定了相关合规制度。

风险表现：私自确定股份代持、擅自融资或者担保；境外公司虚报注册资本，抽逃出资，同股不同权，侵害小股东利益，违反董事会、监事会、总经理办公会议事规则，越权行使决策权，造成投资或经营失误和重大亏损等。

针对上述风险，中铁国际制定如下合规制度：必须与代为持有股权的组织或自然人签订股权代持协议；禁止境外子分公司擅自融资或者提供担保，禁止同股不同权；禁止违反规定程序或超越权限决定、批准和组织实施重大经营投资事项；等等。

（九）反垄断和反不正当竞争合规

反垄断、反不正当竞争是国务院国资委《中央企业合规管理指引（试行）》规定的重点合规内容。境外以美国为例，反垄断法有《谢尔曼法》《联邦贸易委员会法》《克莱顿法》等。

风险表现：公司在境外经营的铁路、公路、污水处理、航空等项目可能会违反项目所在国的垄断法；企业采取不正当竞争行为，面临民事或刑事处罚的风险。

针对上述风险，中铁国际制定如下合规制度：进行尽职调查，避免与具有竞争关系的同行业企业达成具有操纵市场价格的垄断协议；杜绝假冒行为、虚假宣传、商业贿赂；等等。

（十）安全质量环境合规

安全质量环境合规是国务院国资委《中央企业合规管理指引（试行）》规定的重点合规内容。国家发改委等七部门《企业境外经营合规管理指引》要求对环境保护进行监管。境外以美国为例，环保法律有《清洁空气法》《净水法案》《资源保护与恢复法案》《濒危物种法》《国家环境政策法》等。

风险表现：工程项目施工多属于高危作业，容易造成安全质量和环境污染事故，给员工和企业造成损失，损害国家形象。

针对上述风险，中铁国际制定如下合规制度：

安全方面：认真做好安全尽职调查，对项目安全成本进行核算，定期开展应急预案演练，规范驻外人员行为方式，安全作业，与当地保安、警察、军队建立良好关系，对当地黑社会、恐怖主义做好防范措施。不得出现下列情形：不成立安全生产领导小组，不设立安全生产管理机构，不足额配备专职安全生产管理人员，不定期进行安全检查和培训等。

环境方面：应做好环保尽职调查，做好环保风险评估，做好环保交底，做好施工现场环保控制。不得出现下列情形：环境保护组织机构不健全，环保管理制度和责任制不健全，施工组织设计中无环保措施，发生设备漏油或施工造成水、空气污染等环保问题不及时处理，对珍稀动植物不采取保护措施等。

质量方面：建立健全质量检验机构，配备能满足生产需要的质量检验人员和设备、设施；建立健全质量检验制度，从原材料进场到半成品出厂要实行层层把关；不合格原材料不准进场，不合格的半成品不能流到下道工序；编制好作业交底并做好当地员工的培训工作。

（十一）数据信息网络与知识产权合规

（1）数据保护是国家发改委等七部门《企业境外经营合规管理指引》规定的合规内容。境外相关法律有美国《安全港隐私保护原则》、经合组织《隐私保护和个人数据跨国流通指南》、欧盟《通用数据保护条例》等。

风险表现：收集信息违反国内外关于信息数据与网络安全法的规定，通过网络泄露公司秘密等。

针对上述风险，中铁国际制定如下合规制度：遵守国际和当地相关的法律法规,未经他人许可,不收集他人个人信息;对收集的信息妥善保管,及时删除。对员工进行保密培训,避免通过网络或通讯系统泄密。员工在对外业务中应使用公司邮箱,不使用私人邮箱等。

(2)知识产权合规。国家发改委等七部门和国务院国资委都在各自的合规指引中规定了知识产权合规。境外相关法律有:《与贸易有关的知识产权协议》、美国《专利法》《商标法》《版权法》《销售产品—窃取或盗用信息技术法》等。

风险表现:侵犯境内外专利权、商标权、著作权和商业秘密等。

针对上述风险,中铁国际制定如下合规制度:遵守境内外有关法律法规,加强对侵犯他人知识产权的处罚力度;建立企业知识产权国际保护机制,发现被侵权时采取法律途径;加强品牌建设,提高国际知名度;等等。

(十二)项目实施合规

国家发改委等七部门《企业境外经营合规管理指引》要求企业加强合同管理和项目履约的合规管理。

风险包括组织机构风险、内控风险、劳工风险、物资设备采购运输清关风险、设计与技术规范风险、施工风险、工期风险、分包履约风险、财务税务风险、汇率风险、资金风险、计价风险、成本风险、索赔风险、法律变更风险、争端解决风险等诸多方面的内容。

应对上述风险的主要依据为公司制度和最佳实践,中铁国际制定了详细的合规制度,以索赔管理合规为例,相关规定为:应制定索赔管理办法,建立索赔管理组织架构,提前进行索赔筹划,在索赔时效内提报费用索赔的函件和报告。不得出现下列情形:无索赔组织体系,无明确的分管领导和业务主管部门,无索赔台账、报表,无索赔报告模板,不在时限内发出索赔通知等。

三、结语

本文简要地介绍了中铁国际在国际化经营中针对合规风险建立的合规管理体系。由于每家企业业务不同,风险点不一样,对风险把控不一样,应对措施也不一样。每家企业应根据自己的实际情况,制定有针对性的合规管理制度,建立符合自身要求的合规管理体系,为企业"走出去"保驾护航。

国有企业采购合规依据及合规管理架构刍议

北京嘉润律师事务所　蔡宝川　杨逸敏

【摘要】　随着全球经济一体化的纵深发展和"走出去"战略的全面深入实施,中国政府加入《政府采购协议》的谈判和国有企业分类改革的进程均不断加速,未来定位为公益类(基础设施等)的国有企业将可能被纳入政府采购体系,面临与国际采购体系的融合与境外监管问题,国有企业将面临在国际采购市场中以"负责任的国有企业"的形象宣示自身的新挑战。

中国的国有企业数量和体量均十分庞大,其中不乏世界500强企业。目前一些国有企业每年的单体采购规模都达到"千亿元"级别,深刻影响着境内外众多企业的发展甚至生存。当下,规治中国采购市场的法律分别为《招标投标法》《政府采购法》,但在适用于国有企业采购时,都存在一定的局限性。同时,国有企业采购面临"九龙治水"的局面,企业应遵从的"外部规"存在多样性特征。

本文旨在讨论国有企业采购应遵循何种"规",强调采购合规的前提是厘清国有企业合规的内容,合规包括符合第三方赋予的合规义务,也包括对国有企业自行制定的合规制度的遵守。在明确合规要合什么样的"规"的前提下,进一步结合《中央企业合规管理指引(试行)》,提出国有企业采购合规管理的框架并在结论部分提出律师参与企业采购合规管理工作的作用。

【关键词】　国有企业　采购合规　合规管理　《政府采购协议》　GPA

一、引言

2016年4月,国务院国资委发出《关于在部分中央企业开展合规管理体系建设试点工作的通知》,开启了中央企业合规管理建设的试点工作,招标采购被纳入合规管理试点内容。2018年11月2日,国务院国资委印发了《中央企业合规管理指引(试行)》,推动中央企业全面加强合规管理。采购作为市场交易的主要内容被视为合规管理的重点领域。

从公开的数据来看,目前仅中央企业的采购额度就数倍于政府采购规模,且涉及国民经济的各个行业和领域。然而,自 2010 年审计署首次公告中央企业财务收支审计结果以来,国有企业采购招标领域的违规问题屡次成为通报的重点。中央巡视组也屡次发现国有企业采购中存在的虚假招标、天价采购、合同履约过程中实质性条款偏离招标投标文件等违法违纪问题。采购环节已成为国有企业职务犯罪高发、频发的重灾区。国有企业采购问题频发,表面上是企业管理人员、采购人员合法合规意识不足或采购过程操作不规范所致,但更深层次的原因在于国有企业采购制度的不健全和不完备。国内规范采购活动的两大基本法律《招标投标法》和《政府采购法》对于国有企业采购来说都缺乏针对性,国家采购制度在顶层设计中仍然未将国有企业采购纳入其中。

与此同时,全球经济格局发生了重大的调整和变化,中国经济步入新常态,“一带一路”倡议的深入实施,国有企业迎来了“走出去”的重大历史机遇和战略发展空间。我国在加入世界贸易组织(简称“WTO”)时对尽快加入《政府采购协议》(Government Procurement Agreement,简称“GPA”)作出承诺,并于 2007 年 12 月启动加入 GPA 谈判程序,国有企业是否纳入以及什么范围的国有企业纳入政府采购是加入 GPA 的核心和焦点问题。

国有企业采购合规管理,是国有资产监督管理部门在制度层面的政策指引,既是国家“一带一路”“走出去”战略部署的要求,同时也是企业防范风险、持续发展的必然需要。弄清国有企业采购合规要合什么规及如何合规,厘清国有企业采购合规的依据与规范,是企业风险管理的内在需求,也是提升企业核心竞争力的重要工具。律师在国有企业采购合规领域大有可为!

二、国有企业采购合规的国际化视野

党的十九大报告明确了我国“主动参与和推动经济全球化进程,发展更高层次的开放型经济”的对外开放方略。而国有企业是我国“走出去”战略的中坚力量,顺应这一趋势,新时代下,国有企业采购合规面临新的挑战和机遇,需要不断进行优化,持续提升合规管理能力,以适应国内和国际的多边监管需求。

（一）国有企业采购合规的国际化背景

1995 年 12 月在日本大阪举行的亚太经合组织（APEC）部长级会议和领导人非正式会议上，政府采购被列为 APEC 贸易投资自由化与便利化的十五个具体领域之一。我国在《大阪行动议程》中承诺将于 2020 年向 APEC 成员对等开放政府采购市场。

GPA 是 WTO 四个诸边贸易协定之一，主要规范成员方超过一定门槛价以上的货物、服务和工程采购，签署 GPA 不是加入 WTO 的必然要求，成员方在加入 WTO 时可以自主选择加入 GPA。我国在加入 WTO 时没有承诺同时加入 GPA，但是承诺在加入 WTO 后 2 年内展开加入 GPA 的谈判。2001 年《中国加入工作组报告书》第 47 段规定"中国代表确认，在不损害中国在《政府采购协议》中未来谈判权利的前提下，所有有关国有和国家投资企业用于商业销售的货物和服务的采购、用于商业销售或用于非政府目的的货物的生产或者服务的提供的法律、法规及措施，将不被视为与政府采购有关的法律、法规及措施"。

自 2007 年启动加入 GPA 谈判以来，我国先后提交了六份出价清单，开放范围不断扩大。在 2014 年 12 月 22 日提交的第六份出价清单中，首次将中国农业发展银行、中国邮政集团和中央国债登记结算有限责任公司三家国有企业纳入国有企业参与政府采购的主体范围。

无论是《大阪行动议程》中 APEC 成员的开放承诺，还是 GPA 谈判的进程，均表明我国要继续扩大开放政策，就必须按照平等原则给予国外供应商和国内供应商相同的待遇，按照对等原则与其他成员对等开放政府采购市场。习近平主席在博鳌亚洲论坛 2018 年年会开幕式上作出"继续扩大开放、加强合作"的承诺，并提出四项扩大开放的重大举措。主动扩大进口举措中明确指出"加快加入世界贸易组织《政府采购协议》进程"。2018 年 4 月，国务院专门成立了《政府采购协议》谈判工作领导小组，成员单位由财政部、国家发改委、商务部等 24 个部门组成，加强对谈判工作的领导和协调。谈判工作领导小组的成立为加入 GPA 提供了组织保障。

（二）GPA 与国有企业采购

GPA 成员方普遍将为铁路、电力、机场、港口、供水、城市公共交通等领域提供公共产品或公共服务的国有企业列入出价，并对我国国有企业进行了全面要价。美国、日本等参加方要求我国列入"为政府目的进行采购的所有国有企业和国家投资企业"和"出于政府目的创建、成立或授权承担基础设施建设或其他建筑工程的国有企业",欧盟等参加方要求我国列入电力、燃气、城市交通、铁路、机场、港口、邮政等公用事业领域的国有企业。

美国要求营利性公共机构及为满足公众或社会需要而存在的非营利性私人机构"接受并管理了联邦政府的研究项目和资金支持"时,项目实施过程中涉及的采购活动就必须符合政府采购的规则和政策。欧盟的公共采购指令中规定,除成员国政府采购部门的采购适用公共采购指令外,各成员国国内国家控股 50% 以上的公司或 50% 资金由政府公共部门承担的项目,均适用公共采购指令的规定。

2015 年中共中央、国务院印发的《关于深化国有企业改革的指导意见》把国有企业明确划分为公益类和商业类。公益类国有企业以保障民生、服务社会、提供公共产品和服务为主要目标。公益类国有企业的目标与当前国际上关于纳入 GPA 的国有企业的范畴基本一致,在我国加入 GPA 时公益类国有企业在很大程度上可能被纳入政府采购的主体范围。

(三)国有企业采购面临的国际监管趋势

国际合规监管趋势日趋严格,美国、英国、法国、联合国、经合组织、世界经济论坛、国际商会、世界银行等各个国家及组织密集出台反腐败、诚信合规等法规及指引,执法力度加大。国有企业采购合规需遵循的法律法规主要包括注册地法规及经营地法规,伴随着中国企业"走出去"的浪潮,国有企业海外经营风险频发,其中合规风险较为突出,国有企业采购合规需具备国际化的视野。

国有企业是我国加入 GPA 谈判的重点之一。我国深入实施"走出去"战略,国有企业进行对外贸易和投资的主要方式由传统的劳务输出、产品输出转变为以高铁、核电为代表的基础设施建设和重大技术装备"走出去"。基础设施建设和重大技术装备的采购人主要是政府部门或公用事业领域的国有企业,属于 GPA 涵盖的政府采购范畴。当前我国国有企业在参与国际市场竞争时,往往面临 GPA 参加方以我国尚未加入 GPA 为由,限制我国企业参与其政府采购市场竞争,加入 GPA 可为优势国有企业"走出去"提供制度保障。因此,国有企业尤其是定位于公益类或属于基础设施类的中央企业,应当为国有企业采购纳入 GPA 范围未雨绸缪,积极研究自身采购制度与国内、国际规范接轨、融合的对策,以确保"走出去"时能够以最小的代价符合国际市场的采购规范、文化,防范和化解境外监管引致的合规风险。

综上所述,由于国有企业不属于我国《政府采购法》的管辖范围,我国也没有专门针对国有企业采购的法律,国有企业普遍结合自身情况以"内部规范"的形式制定自身的采购制度,该等"内部规范"很大程度上未能契合《政府采购法》的立法模式与内涵。无论是加快推动加入 GPA,还是促进我国优势企业"走出去",根据与国际接轨的需要,均需要重构和调整我国现有的政府、国有企业采购制度,使得国有企业采购规则既要与国际接轨,遵循 GPA 等相关国际规则,又要立足于我国国有企业发展现状,服务于国家发展的整体战略。以加入 GPA 为契机,结合政府采购、国有企业采购的实际需求,利用互联网+思维,国有企业可对自有的采购合规规则进行重构,构建公平、公开的采购管理制度、采购执行机制和监管模式。而所有的这一切,又均须以合规为前提,因此讨论和检视国有企业采购应合"什么规""哪些规",在当下具有重大的理论与实践价值。

三、国有企业采购合什么规

采购与产品的成本和质量密切相关,采购管理位于企业供应链管理的前端,国有企业采购合规管理是企业内部控制的重要基础,亦是现代化国有企业制度建立的重要组成部分,是企业实现可持续与健康、稳定发展的持续动力。"事后补救不如事中控制,事中控制不如事前预防"是企业采购合规管理的重要原则。采购合规管理进行事前预防的首要前提是明确国有企业采购需要合什么规。

《中央企业合规管理指引(试行)》规定,本指引所称合规,是指中央企业及其员工的经营管理行为符合法律法规、监管规定、行业准则和企业章程、规章制度以及国际条约、规则等要求。依据合规规定的要求,国有企业采购合规管理中的"规",形式上包括法律法规、监管规定、行业准则、企业规章制度以及国际条约、规则等,这些"规"从渊源上可划分为国有企业的合规义务和国有企业自己的合规承诺。

（一）外部规

本文所指的外部规,特指国家权力机关、行业监管机构、国际组织、国际条约等外部第三方施加于国有企业在采购活动中应当遵循的义务或参考的规范指引,其实施具有一定的强制性。外部规的渊源主要包括以下三种形式。

1.法律法规

(1)《招标投标法》适用于国有企业的规则

从采购对象来分析,国有企业尽管经营范围和主营业务方向有所区别,但采购对象原则上基本可区分为货物、工程、服务三大类,采购标的为货物、工程、服务或者上述几个要素的任意组合。按照《招标投标法》第 3 条①的规定,达到相应规模和标准的全部或者部分使用国有资金投资或者国家融资的工程建设项目,包括项目的勘察、设计、施工、监理以及与工程建设有关的重要设备、材料等的采购,必须进行招标。《招标投标法》对依法必须招标的范围界定仅局限于工程建设领域的货物、工程及服务采购,《必须招标的工程项目规定》规定的具体范围和标准如表 1 所示。

表 1　依法必须招标的项目

项目性质	工程建设项目				
项目范围	全部或者部分使用国有资金投资或者国家融资的项目②				
	使用国际组织或者外国政府贷款、援助资金的项目				
采购内容	施工	服务			货物
		勘察	设计	监理	重要设备、材料
规模标准	400 万	100 万			200 万

---

① 《招标投标法》第 3 条第 1、2 款规定:"在中华人民共和国境内进行下列工程建设项目包括项目的勘察、设计、施工、监理以及与工程建设有关的重要设备、材料等的采购,必须进行招标:(一)大型基础设施、公用事业等关系社会公共利益、公众安全的项目;(二)全部或者部分使用国有资金投资或者国家融资的项目;(三)使用国际组织或者外国政府贷款、援助资金的项目。前款所列项目的具体范围和规模标准,由国务院发展计划部门会同国务院有关部门制订,报国务院批准。"

② 依据《必须招标的工程项目规定》第 2 条的规定,具体是指:使用预算资金 200 万元人民币以上,并且该资金占投资额 10%以上的项目;使用国有企业事业单位资金,并且该资金占控股或者主导地位的项目。

因此,对于符合"工程建设项目"标准的一定金额以上的工程、货物、服务采购项目(统称"强制招标项目"),国有企业应当适用《招标投标法》的相关规定。但相对于"强制招标项目",国有企业日常性、长期性的采购项目更多是非工程建设项目类的货物、服务采购(统称"非强制招标项目"或"柔性招标项目")。对于"柔性招标项目",目前没有国家强制性规范的要求,国有企业对前述采购项目适用、遵循何种"规",主要取决于企业自身的采购制度建设,即国有企业可以通过制定内部规范的方式约束、规范"非强制招标项目"应当遵循的采购标准、采购方式、采购流程。

采购实践操作中,很多国有企业会在内部规章制度中自定一定金额以上的货物、服务采购的采购方式需采用公开招标方式。但在具体项目执行过程中,有些企业虽然形式上采用了公开招标形式,但往往以提高采购效率等理由对招标投标程序进行简化、变通处理,这不符合《招标投标法》的规定和要求。

《招标投标法》第2条规定了法律的适用范围,在中华人民共和国境内进行招标投标活动要适用《招标投标法》。招标投标法的调整对象为招标投标活动中参与方的法律关系,此处的招标投标活动不限于依法必须进行的招标项目,也包括自愿采用招标方式订立合同而进行的招标投标活动。对于"非强制招标项目",采购人有权自主选择采购方式,但如果选择采用招标方式采购,则表明招标人自愿接受《招标投标法》的限制,无论招标资金来源及项目规模,都应当遵守《招标投标法》和《招标投标法实施条例》的规定。目前,"强制招标项目"在招标适用范围、招标、投标、开标、评标等环节必须适用的具有强制性的规范如表2所示。

表2 依法必须招标项目适用条款统计表

章节	《招标投标法》	《招标投标法实施条例》
总则	第3条、第4条、第6条	第3条
招标	第12条、第16条、第24条	第7条、第8条、第15条、第17条、第18条、第23条、第24条、第26条、第29条、第32条
投标		第33条
开标、评标、中标	第37条、第42条、第47条	第46条、第54条、第55条

虽然,从法律的授权性角度看,国有企业的"非强制招标项目"就表2引用的条款仅是可参照执行,而非必须执行。但为厘清责任边界,引导国有企业主动"合规",对于非强制招标项目,除非国有企业通过"内部规"或招标文件方式清晰作出对《招标投标法》《招标投标法实施条例》某些参照适用条款的保留声明,否则应一律默认以《招标投标法》《招标投标法实施条例》作为评判采购行为合规性的准据法,尽量避免"以招标之名,行规避之实"的合规风险。

(2)《政府采购法》对国有企业的适用规则

采购活动中,国有企业是否适用政府采购的相关规则是一个经常会被咨询的问题。首先需要明确的是,国有企业并不在我国《政府采购法》规定的调整范围内。《政府采购法》第2条第2款规定:"本法所称政府采购,是指各级国家机关、事业单位和团体组织,使用财政性资金采购依法制定的集中采购目录以内的或者采购限额标准以上的货物、工程和服务的行为。"依据上述规定,我国对于政府采购的界定主要是从采购主体、采购资金、采购目录、采购规模和采购对象等方面进行,国有企业不是《政府采购法》定义的"采购人"。

政府采购规则适用的核心要素是采购资金来源,使用财政性资金①原则上需要适用政府采购规则。不可否认,国有企业作为国家出资企业,资金来源同样具有公共性。但经过现代企业制度改革后,国有企业已经成为产权清晰、权责明确、自主经营、自负盈亏的社会主义市场经济主体。企业法人相对于股东财产的独立性使得国有企业获得的国家出资被视为是自有资金,而非财政性资金。

国家通过国有企业实施重大科研项目、节能减排等,对国有企业实行政策扶持。国有企业通过申报,经国家主管部门批准后由财政部门下达专项补贴给国有企业,财政资金一般作为项目资金要求专款专用,这是国有企业中常见的财政资金。此类资金一般要求执行专款专用,实行单独核算,采购过程要求做到全程公开、透明、可追溯。

国有企业中还存在一类特殊的主体即国有企业所属的事业单位。因历

---

①　依据《政府采购法实施条例》第2条的规定,财政性资金是指纳入预算管理的资金。以财政性资金作为还款来源的借贷资金,视同财政性资金。

史原因,部分国有企业特别是大型企业集团,存在企业所属事业单位或者事业单位挂靠国有企业的现象。长期以来,国家对于国有企业所属事业单位实行了与行政机关所属行政事业单位一致的待遇政策。为保证政策延续性,国家对部分国有企业所属事业单位的日常经费实行差额补贴政策,部分事业单位仍作为基层预算单位参与中央部门财政预算编制、执行和决算工作。对于此类事业单位,应视其属于《政府采购法》第2条规定的管辖主体,适用《政府采购法》。

虽然《政府采购法》并不适用于国有企业,但鉴于《政府采购法》既是一部程序法,又是一部实体法,不像《招标投标法》"重程序,轻实体",尤其是《政府采购法》明文规定了招标、竞争性谈判、单一来源、询价等采购方式,为政府采购活动的合规性提供了坚实的制度保障。因此,在《招标投标法》没有涉及招标以外的其他采购方式的情形下,国有企业的"非强制招标项目"可以积极借鉴《政府采购法》关于竞争性谈判、单一来源、询价等采购方式的规定,从而最大限度促使国有企业对强制招标项目以外的其他采购活动可以做到"有据可循,有规可依",全面提升国有企业采购的合规管理能力,防控企业采购风险。

2.党的政策以及监管规定或行业标准

(1)党对国有企业的方针政策

国有企业属于全民所有,是社会主义公有制经济的主要力量,坚持党对国有企业的领导,充分发挥国有企业党组织的政治核心作用是新时期党对国有企业的基本要求。因此,中共中央、国务院印发的《关于深化国有企业改革的指导意见》以及党的有关纪律当然是国有企业采购的合规依据。

(2)企业行业监管部门的规范性文件或行业标准

如前所述,国有企业不属于我国《政府采购法》中规定的适格主体,我国也没有专门针对国有企业采购立法。国有企业资产规模庞大,当前属于条块式监管模式。国有资产监督管理机构主要负责非金融类企业国有资产的监管,财政部门主要负责金融类企业国有资产的监管,少数中央企业由国务院直属管理。在监管机构中,仅有财政部发布了《国有金融企业集中采购管理暂行规定》。

除代表出资方的监管机构外,国有企业根据主营业务和所从事行业还存在业务主管部门。根据 2000 年国务院下发的《关于国务院有关部门实施招标投标活动行政监督的职责分工的意见》的规定,"国家发展计划委员会指导和协调全国招标投标工作"。工信部、住房和城乡建设部、交通运输部、水利部、商务部等按照规定的职责分工对有关招标投标活动实施监督。

各部委根据监管分工,会不断出台规范各自主管领域招标采购活动的规范性文件,行业内国有企业一般要遵守行业主管部门的采购规定或指引。例如,工信部为规范通信工程建设项目招投标行为,提高通信工程建设项目招标文件的编制质量,发布的《通信工程建设项目施工招标文件范本》等八个招标文件范本。因此,行业监管部门就招标采购领域出台的行业监管标准、指引等"行业规",也是国有企业采购活动中应当遵循的"规"之一。

3.国际规则

(1)特定行业或项目的国际规则

我国招标采购制度始于利用包括世界银行、亚洲开发银行等一些国际金融组织的贷款和援助项目,以及一些外国政府的贷款和援助项目。《招标投标法》第 67 条规定:"使用国际组织或者外国政府贷款、援助资金的项目进行招标,贷款方、资金提供方对招标投标的具体条件和程序有不同规定的,可以适用其规定,但违背中华人民共和国的社会公共利益的除外。"贷款项目和援助项目一般具有一定的公共性和公益性,国有企业很大程度上作为贷款项目和援助项目的承担和实施主体,而使用国际组织或外国政府贷款、援助资金的项目一般要适用其采购规则。目前,国际上专门规范采购活动的多边条约、指南等国际规则,还包括联合国国际贸易法委员会《公共采购示范法》、亚太经合组织的《政府采购非约束性原则》、欧盟公共采购指令、世界银行《采购指南》《亚洲开发银行贷款项下采购指南》等。这些国际规则是否适用于国有企业采购,一方面取决于中国政府是否加入这些国际组织或条约,另一方面还取决于国有企业是否选择适用。如需要适用,前述国际规则也可以成为国有企业采购合规的依据之一。

(2)通用建议性国际规则

事实上,国有企业在"走出去"时,其合规,不仅表现为要遵循国际间有关采购活动的专门性国际规则,还可能要遵循国有公司治理、信息披露等其他或具有强制性或具有指导性的通用国际规则、惯例。例如,《OECD 国有企业公司治理指引》对国有企业治理的指导性要求、《国际商会企业利益冲突准则》有关利益冲突的识别标准。如此,国有企业才能更好地融入国际社会,减少国际贸易当中的合规风险。

(二)内部规

国有企业采购项目,属于依法必须招标的项目,如前所述,根据具体项目性质、资金来源应该遵守国家的招标投标法律法规、部门及地方的招标相关管理规定或国际规则;作为民事主体,"法不禁止即可为",对于其他非依法必须招标项目则可自行创设内部规则。国有企业自行制定的自愿遵守的规则,是国有企业对外作出的合规承诺。基于不同维度,国有企业的"内部规"一般可以表现为以下三种形式。

1.治理层面的基本制度

目前国有企业一般都已经建立现代企业治理架构,普遍建立起"三会一层"的治理架构。采购涉及大额资金使用,国有企业的股东会、董事会、经理对采购事项的决策权界限如何划分,集团化的母公司如何实现对子公司采购风险的管控,一般都要通过基本制度予以规范。根据中共中央办公厅、国务院办公厅印发的《关于进一步推进国有企业贯彻落实"三重一大"决策制度的意见》,国有企业均需要在决策层面明确大额资金的决策机制。因此,国有企业采购合规,首先要在公司治理层面,通过公司章程、"三重一大"决策管理制度等基本制度形式,对采购决策机制从公司内部的顶层作出适当的安排。

2.管理层面的管理规则

单一的招标采购方式并不能满足国有企业的采购需求,国有企业还需要依据国家相关法律法规,结合企业自身情况及采购需求,自行制定适用于本企业的采购制度(例如招标采购管理办法、非招标采购管理办法等)。国有企业采购管理制度,一般都是企业根据《招标投标法》的规定,并参照《政府采购法》的相关规定制定的内部采购制度,借鉴了政府采购方式中的竞争性谈判、竞争性磋商、询价及单一来源等采购方式,为企业开展采购活动提供依据。因此，国有企业需要通过制定专门的采购管理制度，不断提升本企业在采购合规管理方面的能力。

然而实践中，处于"高阶"的企业章程等基本制度、采购管理办法等"内部规"更多是原则性规定，而非分门别类对工程、货物、服务等不同采购对象或不同采购方式等作出详细规制且操作性强的规定。为此，国有企业采购方面的"内部规"还可能包括流程管理、信息管理、档案管理、考核管理、培训管理等环节的操作指引、管理办法等。

3.契约层面的自我承诺

（1）企业合规文化与愿景

目前很多国有企业非常注重企业文化建设，提出许多口号式的承诺与愿景，比如"阳光采购""绿色采购"等。这些企业文化或管理层语录、目标或其他隐形的核心价值观等，亦可视为国有企业采购合规工作应遵守的"内部规"之一。

（2）采购文件

采购文件（比如招标公告）是企业采购活动中编制的规范性"邀约"，该类文件一经发出，即具有相对的约束力，符合条件的第三方可据此提出"要约"并由企业按照事先既定标准决定"承诺"与否。目前有部分国有企业自身内部虽然没有系统化、规范化的采购制度，但大额采购活动有相当一部分委托给招标公司代理。因此，招标公司受托编制、发出的采购公告等邀约性质文件，自然是国有企业采购的合规依据之一。

企业"内部规"之间应遵守效力等级的基本原则，一旦内部制度之间发生适用冲突，必须遵从下级规范不得违背或实质性偏离上级规范的原则，确保企业采购管理制度本身能够合规、自洽，同时根据法律法规及企业自身情况及时进行更新、修订。

综上所述，国有企业采购合规的核心内涵包括外部施加的合规义务和企业自愿遵守的合规承诺，这两大种类的"规"对于国有企业均有约束力。需要指出的是，本文以上提及的"外部规""内部规"主要偏重于采购条线，没有扩展至应当遵守的其他部门法，比如《反不正当竞争法》《产品质量法》等。

四、国有企业采购如何合规

合规管理的主要目的在于防控合规风险,规范的主要是企业以及员工的经营行为,涵盖制度制定、风险识别、合规审查、合规培训等管理活动。以"事前规范制度、事中加强监控、事后强化问责"为基本原则,在构建合规机制后,建立健全并实行合规管理制度,形成合规企业文化,做到"有章可循、有章必循",合理利用信息技术及大数据功能,预防合规风险。

(一)采购制度构建

建立和健全采购制度是国有企业采购合规最基本的前提和基础。制度构建包括制度的制定、制度的管理、制度的执行和制度的评价,做到有章可循、有章必循和违章必究。

建立健全合规管理制度,制定全员普遍遵守的合规行为规范,首要原则是全面性,首先,制度需覆盖国有企业内部的各业务领域、各部门、各级子企业和分支机构、全体员工,解决企业内部各部门、各岗位对相应职责分不清楚,管理上出现重复及责任不明的现状。其次,制度要贯穿立项、预算、采购计划、采购决策、采购实施、合同签订及履行以及供应商后评估的全过程,针对重点领域制定专项合规管理制度。在采购实施过程中对资格预审文件、招标文件等标准文本、过程模板实行标准化管理。

围绕采购合规管理运行机制有序、有效、经济、便利等目标,按照国务院批准的《关于建立清理和规范招标投标有关规定长效机制的意见》要求,结合本企业实际情况建立有关长效机制,加强对制度体系的维护,适时对内部制度按权限、规划、要求进行法律审查和操作审查,对不适应招标采购发展的规章制度和政策文件进行清理、调整、修改和创新,积极适应外部监管和国家法规变化,并根据法律法规变化和监管动态,及时将外部有关合规要求转化为内部规章制度,保障制度的及时性、可操作性。通过定期全面梳理、清理、修订和完善内部制度,并根据国家法律法规的修订持续修订内部管理制度,综合考虑需求部门、决策机构、采购部门、各管理职能部门之间的关系,构建一套相互协调、相互制衡、整体优化、科学严谨、切实可行的内部管理制度。

(二)企业文化建设

在建立有效合规制度的前提下,采购合规体系能否有效运行的关键在于人员。实践中采购合规风险的出现,是由于部分企业缺乏专业的合规管理团队,对员工没有进行合规管理方面的内容培训,或者培训针对性不强。因此,企业采购合规的关键因素在于,建立专业的合规管理机构,同时明确合规部门、岗位的权力及不同岗位的职能,通过清单排列方式,将企业内部各项权力完成制度化与规范化的过程,建立内部重要事项的监管机制,形成因人设岗、岗位交叉、岗位不相容的制度,避免权责不明的状况发生。

采购合规要降低和控制风险,需要把合规概念植入员工思想中,通过培训使员工了解采购合规管理所必需的规章制度及操作流程,形成合规理念和自觉行动准则,构建"人人主动合规,合规人人有责"的合规理念。

企业文化建设是提升采购合规管理水平的根本途径。时任财政部会计司司长刘玉廷在解读《企业内部控制配套指引》时说"企业文化是指企业在生产经营实践中逐步形成的,为整体团队所认同并遵守的价值观、经营理念和企业精神,以及在此基础上形成的行为规范的总称"。企业合规文化不能一蹴而就,需要在长期的生产过程中渐进形成。积极培育合规文化,首先,通过制定发放合规手册、签订合规承诺书等方式,强化员工的安全、质量、诚信和廉洁等意识,将合规落实到员工的合同义务;其次,要重视合规培训,结合法治宣传教育,建立制度化、常态化的培训机制,将采购合规风险点、违规案例分析等,通过灵活多样的、反复的、分层次的方式,对员工进行合规企业文化的培训,务求系统、科学,提升员工对合规管理的认识,确保员工理解、遵循企业的合规目标和要求。将企业采购合规中的关键点总结为简洁明快、朗朗上口的口号,便于企业合规文化的宣传,增强感染力。

(三)信息化建设

电子信息技术和互联网技术的发展使我们进入信息化时代,企业采购合规管理要适应这一发展变化,合理利用技术信息手段促进采购合规管理。信息化建设包括企业内部的信息化建设和公共采购平台的利用两个层次。

强化企业内部的合规管理信息化建设,可通过信息化手段优化企业的采购管理流程,将合规管理流程内嵌入企业的 OA 等内部管理系统中,减少人为干预的随意性,加强流程执行的刚性。同时,信息化建设可记录和保存采购过程相关信息,实行痕迹化管理,加强对经营管理行为依法合规情况的实时在线监控和风险分析,实现信息的采集与共享。充分利用大数据等工具,在系统中查询、统计分析合规管理中存在的缺陷和风险,并不断提高采购合规管理水平。

信息化水平的发展使得实时和最大限度的公开成为可能。采购的"三公原则"中,公开原则是采购活动的首要原则和基础,是实现公平和公正的保障。采购工作的透明度越高,面临的合规风险越小。目前国有大型企业基本有自己的采购交易平台,而国务院发布的《关于积极推进"互联网+"行动的指导意见》《电子招标投标办法》等一系列文件中也在推行建立电子招投标公共服务平台,建立跨地区、跨行业国家级的市场信息一体化公开共享体系,整合各个区域和行业较小范围的交易平台和信息平台。电子招标投标交易大数据动态生成招标人、投标人、招标代理机构等市场主体的信用基本信息,并通过公共服务平台和信用信息共享平台进行共享,同时公共服务平台和行业、社会信用体系接轨,可打破条块壁垒分割、信息不透明的状态,为采购合规管理提供坚实基础。

(四)监督机制优化

对国有企业采购实施有效的监督,做到违章必究,规范国有企业采购活动是维护公平公正的市场竞争环境,促进形成统一规范的国内招标投标市场的内在要求,更是提高国有资产使用效率的重要手段。国有企业采购中的监督管理原则上一般划归纪检监察部门管理,受制于人员编制及纪委关于"三转"的要求,监督工作不会延伸到采购的具体流程中,而主要是事后的监督。国有企业缺乏类似政府采购中质疑投诉处理的监督管理体系,公开度和透明度远低于政府采购程序,而纪检监察部门的职能和职责使得这种监督更多的是对人的管理而并非对业务的规范。

按照国家发展和改革委、工业和信息化部、住房和城乡建设部、交通运输部、水利部、商务部于2017年2月23日联合发布的《"互联网+"招标采购行动方案(2017—2019年)》的设计,行政监督平台将和前述公共服务平台协同运行、互联互通、信息共享。依托电子招标投标系统,运用大数据理念、技术和资源,充分发挥"互联网+"监管优势,为行政监督部门和市场主体提供大数据服务,为甄别、预警违法违规行为,实行科学、精准、高效的智能化监督提供重要依据。实现平台技术创新与监管体制机制创新同步推进,推动动态监督和大数据监管,强化事中、事后监管和信用管理,完善行政监督、行业自律和社会监督相结合的综合监督体系,提高监管效能。国有企业采购管理可充分利用"互联网+"构建的综合监督管理体系,提高国有企业采购合规管理效能和效率。

五、结语

一是加强采购合规管理建设,是"一带一路"倡议深入实施的必然结果。中国政府加入 GPA 的步伐越来越快,国有企业分类改革已到深水区,届时划分为公益类的国有企业以及其他主营业务涉及基础设施、国计民生业务的大型国有企业,极有可能率先被纳入政府采购体系,进而适用《政府采购法》及其配套规则、国际多边条约或协定。国有企业,尤其是中央企业有责任在采购合规管理领域作出表率,积极研究国际上各类主流采购规则,创造性地借鉴有关国际规则,以适应域外监管从严趋势,规避境外监管风险。

二是规制国有企业采购的"内外规"缺乏上位法统一规定,需要国有企业主动提升合规管理能力。我国的《招标投标法》只适用于"强制招标项目",对"非强制招标项目"没有约束力,同时,《招标投标法》只规定了众多采购方式中的"招标采购方式",虽然《政府采购法》规定了招标采购方式以外的其他多种采购方式,但《政府采购法》对国有企业没有约束力。目前国有企业采购中出现的比选、比价、单一来源、询价等采购方式和采购规则缺乏"上位法"的统一约束和引导,各国有企业制定的"内部规"无论在形式上或内容上均存在较大差异,不利于国内外的利益相关者理解和执行。当下,虽然国有企业采购合规依据的渊源具有多样性、复杂性的特点,但应当允许不同的国有企业在采购合规管理的范围、深度方面存在差异,在实践中把握好"因企制宜、因事制宜、因时制宜"的边界,以"负责任的国企"承诺为念,以更主动、更虚心、更开放的态度学习、借鉴国内外采购领域的监管规则,并通过自治性规范形式将适用的"外部规"适时转化为"内部规",提高落地执行效果,根据《中央企业合规管理指引(试行)》《企业境外经营合规管理指引》的要求,全面提升合规管理能力,不断接近"人人合规、事事合规、时时合规"的合规管理新目标。

三是采购合规的关键是以采购制度体系建设为主线,持之以恒地推进合规管理工作。国有企业尤其是中央企业可以《中央企业合规管理指引(试行)的通知》为指引,结合国资委《关于全面推进法治央企建设的意见》有关"探索建立法律、合规、风险、内控一体化管理平台"的原则要求,根据自身的采购合规管理环境,以采购制度建设为核心,突出对"制度、决策、流程"环节的合规管控,积极将"外部规"转化为"内部规",并不断改进、优化"内部规"体系,同时通过可持续的合规宣贯等方式积极营造人人"尊法、学法、守法、用法"的合规文化氛围,积极探索信息化建设,促使采购活动真正实现"全程公开、全案有据、过程可溯"的阳光采购目的。借助"互联网+"构建综合监督管理体系,实现科学问责。

四是国有企业可以采取外聘律师方式支撑采购合规管理体系建设。由律师协助企业厘清各种"规"的内涵和边界,利用律师对法律、政策、规则、国际条约等"外部规"的专业解读,将不同监管要求科学合理地嵌入企业的规章制度建设和关键业务流程中,通过律师的专业支撑,通过"事先介入,事中参与"的方式实现对采购领域静态合规风险的"全识别、全应对";力争通过常态化咨询服务,包括但不限于通过合规审查、合规检查、合规培训等方式,实现对企业采购领域动态合规风险的"全预防、全规避"。为维护"负责任的国企"形象保驾护航,预防管控全球经济一体化建设过程中国有企业在采购领域可能发生的各种合规风险,协助国有企业持续提升供应链管理价值。

参考文献

[1]国家发展计划委员会《中华人民共和国招标投标法》起草小组编著:《招标投标法操作实务》,法律出版社2000年版。

[2]国家发展和改革委员会法规司等编著:《中华人民共和国招标投标法实施条例释义》,中国计划出版社2012年版。

[3]李克建编著:《招标投标监督与实务》,中国方正出版社2014年版。

[4]赵勇、陈川生编著:《招标采购管理与监督》,人民邮电出版社2013

年版。

[5]全国招标师职业水平考试辅导教材指导委员会编:《招标采购专业实务》,中国计划出版社 2012 年版。

[6]全国招标师职业水平考试辅导教材指导委员会编:《项目管理与招标采购》,中国计划出版社 2012 年版。

[7]胡国辉:《企业合规概论》,中国工信出版集团、电子工业出版社 2018 年版。

[8]刘营:《中华人民共和国招标投标法实施条例实务指南与操作技巧》,法律出版社 2013 年版。

[9]石静霞、杨幸幸:《中国加入 WTO〈政府采购协定〉的若干问题研究——基于对 GPA 2007 文本的分析》,载《政治与法律》2013 年第 9 期。

[10]屠新泉:《我国加入 GPA 谈判的焦点问题分析》,载《中国政府采购》2011 年第 9 期。

[11]袁杜娟:《国有企业纳入 WTO〈政府采购协定〉问题研究》,载《上海大学学报(社会科学版)》2008 年第 5 期。

[12]白志远、王平:《WTO〈政府采购协议〉视角下的我国国有企业采购规制研究》,载《经济社会体制比较》2015 年第 1 期。

[13]郭蕾、肖北庚:《欧盟〈政府采购协定〉(GPA)之采购实践:中国国有企业的机遇》,载《中国政府采购》2017 年第 7 期。

[14]徐程锦、顾宾:《WTO 法视野下的国有企业法律定性问题——兼评美国政府相关立场》,载《上海对外经贸大学学报》2016 年第 3 期。

[15]王丛虎:《关于国有企业采购改革的问题与思考》,载《中国政府采购》2015 年 11 期。

[16]陶禹鹏:《招标采购中国企的合法性、适用性及经济性选择》,载《中国招标》2018 年第 12 期。

国有企业以接受外资并购方式融资
引发国有资产流失法律问题研究

北京中伦文德(天津)律师事务所　娄　爽

【摘要】　一直以来,融资难、融资贵都是制约企业发展的重要问题。对于国有企业而言,融资问题也是制约企业发展的瓶颈。为解决这一问题,国有企业会采取各种办法。其中,以接受并购的方式吸引外资,不仅可以给国有企业带来大量优质可用资金,还可以带来先进的科学技术、良好的管理经验,并且完善国有企业的产权和组织结构,推动企业建立现代企业制度,不失为一举多得的融资方式。但是,这一融资方式存在巨大的风险,甚至可能引发国有资产的流失。如何有效防范这一风险,本文将从被并购的国有企业和外国投资者的视角出发,分析因外资并购造成国有资产流失的原因,并在此基础上,提出一系列相应的法律措施,促进国有资产实现保值增值、国有经济实力进一步增强。

【关键词】　外资并购　融资　国有资产　流失

一、外资并购国有企业概述

(1)外资并购国有企业的背景

外资并购发生于20世纪80年代我国改革开放之后,至今已经历了近40年的时间。随着全球经济一体化,各国大型公司都在积极谋划跨国界的收购与兼并活动,并以此作为其全球投资的主要方式,增强在国际市场上的竞争力。我国作为世界经济的重要组成部分,拥有极其广阔的商品市场,近年来,我国宏观经济增长态势良好,对外国投资者具有巨大的吸引力。此外,国有企业具有融资的需求,尤其是存在资产结构不合理和资本投入欠缺的问题,因此在主观上也需要外资并购活动的开展。在天津市,早在2004年就专门召开过天津市外资并购重点项目发布会,对涉及机械、化工、冶金、轻工、食品等七大行业的 40 个项目进行了重点推介,吸引了来自美国、日本、德国、韩国、新加坡等国家的跨国公司参加发布会。

（2）外资企业并购国有企业的特点

外资并购我国国有企业,具有区别于一般并购的特点。一是外资并购国有企业属于国际投资。外资并购国有企业是外国投资者在我国以并购国有企业的方式进行投资的行为,也是其所在国在国外进行的境外投资或海外投资行为,因此具有国际投资的性质。二是外资并购国有企业大多采取"斩首"的方式。外国投资者选择拟并购的国有企业时,通常会选择某些行业的优势企业,在取得这些企业的控制权后,获得对该行业在某个范围或领域的垄断生产经营,这就是所谓的"斩首"式并购。三是我国并购市场尚待完善。在我国,外资并购的发展只有短短几十年,相比西方发达国家,相关的案例还比较少,应对经验不丰富,在学理研究以及法制环境方面也都不够成熟完善。

（3）外资并购国有企业的相关隐患

外资并购国有企业虽有颇多益处,但是也存在一定的隐患,不加重视或者应对不当,甚至可能造成影响我国经济发展和社会稳定的重大问题。一是出现垄断问题。外资并购往往选择"斩首"的方式,容易造成外资企业在某个范围或领域的垄断生产经营,加之外资企业在资金、技术、管理水平、经营规模等方面的优势,极易出现该行业国有企业被垄断式并购的局面。二是流失国有品牌。外资并购国有企业之后,为实现其开拓市场、增强国际竞争力的目的,将用其外资品牌替代原有国有品牌,并以其资金、技术、经营规模等方面的优势制造壁垒,垄断市场,造成国有品牌的彻底流失。三是引发国有资产流失。目前,国内由于外资并购国有企业导致的国有资产流失问题已十分严重,部分案例触目惊心。

二、外资并购引发国有资产流失的表现形式及原因

外国投资者和被并购国有企业是外资并购活动的主要参与主体,可从此角度出发研究外资并购引发国有资产流失的表现形式。

（1）外资并购引发国有资产流失的表现形式

从被并购的国有企业的角度来看,造成国有资产流失主要是由于转让行

为不规范,即没有按照相关规定进行股权或者资产的转让,从而实际上随意处置了国有资产。一是被并购国有企业不公开转让国有资产,存在由交易双方私下协商进行转让,或者在产权交易机构公开转让时内定买家,从而难以保证资产的对价公允和最大化,极易造成国有资产的流失。二是被并购国有企业对国有资产评估不到位,甚至根本不履行评估程序,造成国有资产的流失。

从外国投资者的角度来看,其为获得国有企业的经营权,往往多措并举甚至不择手段。因此,在分析引发国有资产流失的问题时,外国投资者往往负主要责任。一是外国投资者不存在或者已注销。由于外国投资者的登记注册地在我国境外,因此对其相关信息的调查相对较难。如果在信息审查阶段没有获得外国投资者真实有效的信息,而对方又是事实上不存在或者现已被注销的公司,那么国有资产就难免面临流失的处境。二是外国投资者出资不实。从国内众多并购案例可以看出,部分外国投资者实力不足或者欺诈出资,利用我国法律法规的漏洞和企业经验的欠缺,在资金不到位的情况下开展并购活动。他们往往以分批出资的方式,在出资不实的情况下取得公司的经营权,再以公司作抵押取得贷款以支付并购对价,其后转移公司的优质资产,获得利益。三是外资并购存在违反程序的问题。在现实交易中,外国投资者存在不依照相关程序办理手续的问题,从而规避了我国相关制度的约束,造成了国有资产流失。

(2)外资并购引发国有资产流失的原因

从被并购国有企业的角度来看,简单来说就是交易对价没有实现最大化,使国有资产遭受了损失。阻碍交易对价最大化的原因,主要有以下两个方面:一是我国产权交易市场存在弊端。截至目前,我国尚未出台统一规范的产权交易市场管理方面的法律法规,使得产权交易市场规模不一,操作混乱,给产权交易带来不利影响。二是我国资产评估存在一定问题。由于资产评估机构受制于地区、行业发展水平的限制,评估机构的水平良莠不齐,资产评估市场无序混乱,缺乏必要的权威性和公正性。此外,还存在评估范围不完整、评估方法不科学等问题。

从外国投资者的角度来看,确保外国投资者不敢或者无法进行造成我国国有资产流失的并购行为,只有从我国自身找原因。一是外资并购管理机构繁杂。在我国,针对外资并购活动的管理机构较为庞杂,包括经贸、工商、证监等多个部门,这些部门行使的管理权限也分很多种,包括调查、审核、批准、备案、监督、处罚等,各个部门之间的职能和权限交叉和模糊的情况,造成处理外资并购问题多头管理、标准不一,控制外国投资者并购风险不易形成合力。二是外资监管立法有缺陷。一方面,对外资付款时间和方式规定不详。在具体实践中,外国投资者存在并未严格按照规定按时全额支付对价,但却行使了企业的经营管理权的情况。另一方面,对外方资产评估缺乏法律限制。在《关于外国投资者并购境内企业的规定》中,对拟转让股权和拟出售资产的评估作了规定,但是却没有对外方资产进行评估的强制性规定,有失公平。三是国内应对并购活动经验有限。由于外资并购在我国发展较晚,很多国有企业缺少应对并购的实践经验,造成的实际结果是,在谈判前,对外国投资者的主体资格、经营状况以及资信情况缺少必要的调查;在谈判中忽略对职工安置、税费缴纳等问题的讨论,从而造成谈判完成后的被动,甚至在经济上造成重大损失。

三、防范外资并购中国有资产流失的法律对策

通过上述分析可以看出,我国对外资并购活动的监督管理还存在严重的缺陷和不足,这不仅源于我国的产权交易市场还有待完善,更因为我国在外资并购方面的法律规制还比较落后。为有效改变我国现行法律对外资并购的无序管理,真正防范外资并购中国有资产的流失问题,笔者建议,由有关部门抓紧完善外资并购监管的法律体系,并健全和发展产权交易市场。

1.完善外资并购监管的法律体系

必须在制度层面规范外资并购的监督管理,以专门的"外资并购法"为核心,建立健全外资并购的法律体系。

(1)出台专门的外资并购监管法律,对相关内容予以完善

在"外资并购法"中,应该规定外资并购的目的、原则、条件、程序以及法律责任,并购参与主体的权利和义务,并购的监督管理等内容,并且对外资并购进行实体和程序两方面的规制。具体来说,"外资并购法"应规定如下内

容:一是规定监管的主体和审批程序。规定外资并购国有企业的监管职能由国有资产监督管理委员会统一行使。同时,规范审批程序,明确审批权限和标准,强化审批责任,规范审批时限,简化审批手续。二是规定外资并购的程序和审批条款。外资并购的程序主要有六个步骤,分别为:确定并购参与主体、选定并购方式、进行可行性论证、确定转让价格、办理转让手续、进行转让公告。在审批条款方面,除符合两级审批的要求外,还应对被并购企业的基本情况、外国投资者的基本情况、并购的可行性报告、并购协议以及其他相关材料进行审批。三是规定其他需要规范的细节。例如,在付款时间方面,应明确要求未严格按照规定按时全额支付对价的外国投资者,不得行使企业的经营管理权,如果延期支付,还要承担违约责任。再如,在付款方式方面,应对每种支付方式予以明确规范。

(2)调整利用外资的政策,建立健全我国外资并购的法律体系

外资并购是一项庞杂、系统的经济活动,仅有一部"外资并购法"并不能使其得到最佳的规范,还需要其他相关法律法规的配合,形成对于外资并购法律规制的系统体系。一是调整我国的产业政策,将外资并购国有企业纳入我国经济发展总体规划。应根据经济发展目标和国家利益的需要,定期公布外商投资产业目录,引导外商投资的产业方向,使外资并购符合中国产业结构调整的需要。同时,根据行业和产品的特点,分情形按照"鼓励、限制、禁止"的标准予以调整。二是扩大对资产的评估范围,提高评估机构的专业性。要将企业的整体价值纳入评估范围,特别注重企业的专属品牌、特许经营权、专利技术、企业文化等无形资产,将之纳入资产评估范围,做企业整体价值的评估。此外,加强对评估机构的管理,提高评估机构的专业化水准,以评估能力作为其开展业务的标准。三是出台并购操作指导办法,规范并购流程和相关事项。对并购流程和需注意的事项,以"操作指导办法"的形式予以明确,使中方参与并购的人员掌握并购活动的流程和需注意的事项。四是加大社会保障力度,解决被并购企业的人员安置问题。应该制定并购企业职工安置办法,依托国家社会保障体制,以制度的形式将职工的利益予以确定。在此基础上,完善失业保险制度,健全养老保险管理,提高最低保障额度,发展下岗人员再就业机制,避免并购后企业将此类问题推给政府,还可以使外国

投资者明确将人员安置问题作为并购需解决的问题,在并购前即予以考虑,从而促进外资并购顺利实施。

2.健全和发展产权交易市场

规范有序的产权交易市场,能够形成统一的市场竞价体系,实现外资并购交易程序和交易信息的充分披露,有效防止外资并购中"暗箱操作"和"不当操作"造成的国有资产流失。

(1)制定全国统一的产权交易市场管理法规

为确保国有资产在外资并购中不流失,就必须依托开放统一的产权交易市场,并明确要求外资并购国有企业必须进场交易。这就要求我国尽快制定全国统一的产权交易市场管理法规,对产权交易机构的设立、运行、管理和监督进行规范。

(2)明确产权交易市场运作的基本原则

产权交易市场必须依照其基本原则运行,以保证发挥其规范产权交易的作用。具体来说,产权交易市场的运作需遵行以下原则:一是凡是产权交易活动一律进场交易的原则。二是提供中间服务的中立主义原则。三是公平、公开、公正的"三公"原则。

(3)健全和发展产权交易市场的具体措施

完善产权交易市场,可以从以下三个方面入手:一是统一全国产权交易市场。保持每个省(自治区、直辖市)范围内只构建一个产权交易市场,在此基础上,加强与邻近的产权交易市场的联系与合作,从而形成区域性的产权交易市场在交易规则、制度和程序上的一致,再进一步推动全国产权交易市场的统一。二是加强对产权交易的管理。要尽快出台产权交易市场的会员规则和交易中介的管理规定,对产权交易从登记到变更进行全程监控监督,落实仲裁和惩罚规则。三是强化国有产权出让收益管理。将国有资产的转让收入与运营收入进行区分,依照国家的法律法规,将该部分收入足额收归国家所有,上交国库,不可作为奖金等其他支出,更不能被任何企业或者个人占有。

综上,在外资并购监管方面,建立完善的相应法律体系,推进国有资产监管的法治化和规范化,健全和发展产权交易市场,使外资并购活动公开化和透明化,才能有效防范因外资并购引发国有资产流失的问题。在积极引入外资、加大外资重组联合的同时,又有力保护国有资产的安全,以更好更快地实现国有企业融资的目标,全面提升国有经济的发展活力。

参考文献

著作类:

[1]陈赟:《政企利益冲突与国有企业深化改革》,湖南科学技术出版社2006年版。

[2]顾功耘主编:《国有经济与经济法理论创新》,北京大学出版社2005年版。

[3]顾功耘等:《国有经济法论》,北京大学出版社2006年版。

[4]胡玄能:《企业并购分析》,经济管理出版社2002年版。

[5]廖运凤等:《外资并购与国有企业资产重组》,企业管理出版社2004年版。

[6]漆多俊主编:《经济法学》(第二版),高等教育出版社2010年版。

[7]桑百川:《外资控股并购国有企业问题研究》,人民出版社2005年版。

[8]史际春:《国有企业法论》,中国法制出版社1997年版。

[9]史建三:《跨国并购论》,立信会计出版社1999年版。

[10]苏号朋、朱家贤主编:《国际投资法律实务与典型案例评析》,经济管理出版社1997年版。

[11]孙效敏:《外资并购国有企业法律问题研究》,北京大学出版社2007年版。

[12]王习农:《跨国并购中的企业与政府》,中国经济出版社2005年版。

[13]全球并购研究中心编:《中国并购报告2005》,人民邮电出版社2005年版。

[14]王冀宁、黄澜:《中国国有产权交易的演化与变迁——基于博弈均衡、案例分析和实证检验的研究》,经济管理出版社2009年版。

[15]吴国萍、周世中:《企业并购与并购法》,山东人民出版社2003

年版。

[16]吴伟央等编著:《跨国公司并购法律实务》,法律出版社2007年版。

[17]杨文:《国有资产的法经济分析》,知识产权出版社2006年版。

[18]叶军:《外资并购中国企业的法律分析》,法律出版社2004年版。

[19]张远忠:《外资并购国有企业中的法律问题分析》,法律出版社2004年版。

[20]赵东荣、乔均:《政府与企业关系研究》,西南财经大学出版社2000年版。

[21]李连仲主编:《国有资产监管与经营》,中国经济出版社2005年版。

[22]周天勇主编:《现代国有资产管理新模式——出资人制度与大企业国际竞争力》,中国财政经济出版社2003年版。

论文类:

[1]戴刚年:《国有资产流失及其防范的法律问题研究》,华中师范大学1999年硕士学位论文。

[2]丁辉:《国有企业海外并购现状及问题分析》,载《科技创业月刊》2013年第2期。

[3]杜鹃:《当前我国对外资并购的法律规制》,载《知识经济》2011年第21期。

[4]高超:《外资并购中国国有资产流失的博弈分析及对策研究》,沈阳工业大学2006年硕士学位论文。

[5]高飞:《国有资产流失监管的法律对策研究》,南京航空航天大学2009年硕士学位论文。

[6]高晓妹:《外资并购国有企业的法律规制》,首都经济贸易大学2006年硕士学位论文。

[7]韩梅:《外资并购我国企业的动因及对经济的影响》,载《吉林省经济管理干部学院学报》2005年第2期。

[8]韩喜平、丁天舒:《国有资产流失形式及法律对策》,载《北方论丛》2006年第6期。

[9]何茂春:《外资并购国企进入实际操作新阶段》,载《中国外资》2003

年第 2 期。

[10]贾丹林:《公司兼并、收购、合并、并购法律辨析》,载《财经问题研究》2001 年第 2 期。

[11]李金泉:《谈外资并购中的国有资产流失问题》,载《金融与经济》2005 年第 4 期。

[12]李友元:《外资并购国有企业中的定价问题》,载《管理现代化》2004 年第 2 期。

[13]李志杰:《外商并购对我国经济的影响》,载《科技资讯》2011 年第 18 期。

[14]廖培宇:《论我国外资并购国家安全审查制度的完善》,载《辽宁行政学院学报》2013 年第 2 期。

[15]刘晶:《论外资并购国企中国有资产流失的法律防范》,湘潭大学 2004 年硕士学位论文。

[16]刘恒:《外资并购行为的理论分析》,载《学术研究》2000 年第 4 期。

[17]刘华:《外资在华并购方式及其法律探析》,载《发展》2011 年第 6 期。

[18]刘志勇:《外资并购国企》,载《资本市场》2002 年第 10 期。

[19]吕惠青:《外资并购国企法律规制问题浅探》,载《商情》2011 年第 19 期。

[20]聂名华:《日本对企业并购的法律管制》,载《当代亚太》2003 年第 6 期。

[21]潘成林:《论外资并购中国有资产流失问题及法律规制》,载《四川经济管理学院学报》2008 年第 3 期。

[22]秋婧:《外企在我国跨国并购的现状及发展建议》,载《现代营销(学苑版)》2012 年第 1 期。

[23]沈士勇:《外资并购中国企业的深层动因》,载《当代经济(下半月)》2006 年第 9 期。

[24]石明磊:《论人大对国有资产的监管》,载《人大研究》2003 年第 10 期。

[25]田芬:《浅析外资并购的负面影响——从西北轴承外资并购案谈

起》，载《管理科学文摘》2008 年第 Z1 期。

[26]田子苹：《国有资产流失的概念及其主要争论》，载《经济研究参考》2008 年第 42 期。

[27]万颖群、陈坚：《外企并购国企趋势、特点、问题和对策分析》，载《世界贸易组织动态与研究》2004 年第 9 期。

[28]王保喜：《国有资产转让的难点与对策》，载《经济管理文摘》2003 年第 15 期。

[29]王可侠：《国有资产流失渠道及治理途径》，载《江苏社会科学》1998 年第 1 期。

[30]王丽洁：《外资并购中存在的问题分析及对策研究》，载《现代商业》2008 年第 33 期。

[31]王克稳：《〈企业国有资产法〉的进步与不足》，载《苏州大学学报（哲学社会科学版）》2009 年第 4 期。

[32]王允武：《试论国有小企业改革的法律规制》，载《西南民族学院学报（哲学社会科学版）》1999 年第 1 期。

[33]王宗廷、何晓勇：《国有资产流失的法律对策研究》，载《湖北社会科学》2002 年第 12 期。

[34]吴秋琴、张蕾：《外资并购：民族品牌的坟墓？》，载《管理与财富》2004 年第 8 期。

[35]熊亮、舒保华：《外资并购的概念及发展简史》，载《全国商情（经济理论研究）》2008 年第 7 期。

[36]徐平：《企业国有资产流失的原因及对策》，载《北方经贸》2009 年第 11 期。

[37]徐锦瑞：《境内企业外资并购行为背后的思考》，载《金融纵横》2012 年第 10 期。

[38]徐旬：《外资并购国有企业中的国有资产保护法律问题研究》，华东政法大学 2009 年硕士学位论文。

[39]于文华、韩可卫：《我国现阶段利用外资中出现的新问题与对策》，载《南方经济》1997 年第 1 期。

［40］张丽:《外资垄断性并购的经典案例评析》,宁波大学 2012 年硕士学位论文。

［41］张伟:《国资委法律地位的困惑及其对策探析》,载《福建行政学院学报》2009 年第 4 期。

［42］张延锋、田增瑞:《产权所有制、交易方式与交易绩效相关性研究——来自上海产权市场的经验数据检验》,载《财经研究》2007 年第 7 期。

［43］赵静、马小玲:《浅议无形资产评估中存在的几个问题》,载《商业计划》2009 年第 16 期。

［44］宗庆后:《外资并购不能随心所欲》,载《现代经济信息:新智囊》2007 年第 4 期。

［45］世界银行考察报告 Bureaucrats in business

［46］Donald F. Kettle, *Sharing Power: Public Governance and Private Markets*. The Brookings Institution, 1993:123-127.

［47］Dieter Beinert, *Corporate Acquisitions and Mergers in Germany*, Kluwer Law International,2000,p.45.

［48］Gary H. Jefferson, Thomas G. Rawsb, *China's Emerging Market for Property Rights: Theoretical and Empirical Perspectives*, Economics of Transition, 2002,10(3):586-617.

［49］Lin Justin, *An Economic Theory of Institutional Change*, Induced and Imposed Change,1990,6:27-32.

［50］Perris 6 and Jeremy Kendall, *The Contract Culture in Public Services: Studies from Britain, Europe and the USA*, Arena and Ash gate Publishing Limited,1997:222-224.

着力提升国有企业依法合规管理能力探讨

江苏省企业法制工作协会　薛兴华

【摘要】 依法合规是落实全面依法治国战略部署的客观要求,也是国有企业依法推进改革、开展经营管理、保障健康可持续发展的内在需求,本文介绍了国内外企业合规管理面临的新形势,分析了国有企业存在的合规风险严峻形势,提出国有企业着力提升依法合规管理能力方面的十点建议。

【关键词】 国有企业　合规管理　法治建设

依法合规是落实全面依法治国战略部署的客观要求,也是国有企业依法推进改革、开展经营管理、保障健康可持续发展的内在需求。当前,国有企业在参与市场竞争和融入世界经济中面临的诸多法律风险,突出表现在依法合规管理方面存在的短板。如何构建国有企业依法合规管理科学体系,建立和完善依法治理机制,建立健全有效的法律风险防范机制,确保企业高质量发展,是国有企业法治建设面临的新课题,也是全面提升依法治企能力的新目标。在全面推进依法治国的新形势下,探讨提升国有企业依法合规管理能力十分必要。

一、充分认识国内外企业合规管理的新形势

在全球化背景下,各国政府、国际组织对企业竞争监管显著加强,法律法规要求日趋完善和严格,政府执法力度明显加强,惩罚措施更加严厉,依法合规管理开始提升到国家层面,引发高度关注,国有企业加强依法合规管理刻不容缓。

应当看到,在参与市场竞争和融入世界经济中对企业的依法合规要求越来越高,当前全球合规管理呈现三大趋势:一是合规法律制度日趋严格。当下涉及依法合规的法律制度越来越多,美国、欧盟、世界银行等规范反海外腐败、反垄断、反不正当竞争、反洗钱、劳工、环保、出口管制、数据保护等多领域

的立法更加细化;美国 1990 年《联邦量刑指南》、1997 年《反海外腐败法》、2002 年《萨班斯法案》等的出台,对合规管理的法律规范十分严格。二是政府执法力度明显加大。值得关注的是,法国专门出台《萨宾第二法案》,制定行为准则、内部预警系统、风险评估、培训体系、惩处机制、内部评价制度,强制要求企业建立合规制度,企业不建立合规制度,高管可能承担个人法律责任。三是共同推动合规管理体系更加完善。经合组织先后出台了《反腐败公约》《内控、道德与合规最佳行为指南》《跨国公司行为准则》,国际标准化组织制定发布《合规管理体系　指南》(ISO 19600:2014),旨在加快建立全球共同遵守的合规管理体系。

近年来,中国企业违规案件多发,中兴通讯重大危机事件,世界银行于2018 年 7 月对两家中国国有大型建筑公司发布项目禁令,美国司法部于2018 年 11 月公布针对中国企业的工作计划及诸多具体合规案例,都暴露出中国企业管控合规风险能力滞后、合规管理体系存在漏洞,合规管理开始引起社会的广泛关注。应当看到,在国家相关部门的推动下,合规管理成为企业法治建设的重要内容,许多企业开始重视合规管理体系建设,中国企业进入合规管理的新时代,全面开展依法合规体系建设迫在眉睫。

合规管理,是指以有效防控合规风险为目的,以企业和员工经营管理行为为对象,开展包括制度制定、风险识别、合规审查、风险应对、责任追究、考核评价、合规培训等有组织、有计划的管理活动。当前,我国全面依法治国进程不断深入,中央成立全面依法治国委员会,重新组建司法部,统一部署法治国家建设,国务院国有资产监督管理委员会(以下简称"国资委")全面推动法治央企建设,司法体制改革不断深化,法治的重要性在各行各业得到凸显。

2018 年以来,国务院及国务院国资委、国家发改委等密集出台规范性文件:国务院《改革国有资本授权经营体制方案》《关于推进国有资本投资、运营公司改革试点的实施意见》、国务院国资委《中央企业合规管理指引(试行)》《中央企业违规经营投资责任追究实施办法(试行)》、国家发改委等七部门《企业境外经营合规管理指引》等,加大对国有企业依法合规的管理和考核,成为国有企业依法合规体系建设的重要依据和目标指南。近几年来,中央重视对中央企业的巡视工作,加强对中央企业领导班子及其成员特别是主要负责人的监督,加强对执行党风廉政建设责任制和廉洁从业规定情况的监督,及时发现遵纪合规方面的问题,切实督促整改和进行处理,目的是为了防止国有企业党员干部发生利益冲突甚至以权谋私等行为。

二、密切关注国有企业的合规风险

合规风险,是指国有企业及其员工因不合规行为,引发法律责任、受到相关处罚、造成经济或声誉损失以及其他负面影响的可能性。应当清楚地看到,企业外部的法律规定及监管规定具有强制性,企业必须自觉遵守,否则就会面临法律制裁、监管机构的处罚,给企业造成经济损失,使企业声誉受损;企业内部制定的规章制度和员工职业操守、道德规范,是企业自愿向社会、客户、其他相关方作出的主动承诺,承诺就必须做到,否则会失去诚信、失去客户和市场,面临信任危机等。关注国有企业的合规风险有利于合规体系建设。

(一)国内合规风险凸显的八个方面

1.市场交易风险

我国当前反垄断执法工作的新常态和新特点是企业商业模式开始出现法律问题,不正当竞争行为、移动互联网与知识产权反垄断、反垄断民事诉讼等热点问题成为行政部门监管的重点领域。市场不正当竞争行为成为关注的重点,企业不正当竞争事件频发,已涉及虚假广告、恶意侵权、假冒行为、商誉诋毁等方面。少数国有企业参与市场交易活动和开展竞争行为的法律意识不强,对市场经济规律认识不够,内部决策程序不健全,突出表现在资产交易、招投标等活动中的违规违纪行为不断发生。有的企业缺乏科学的商业秘密管理制度,导致相关经营信息、技术方案不能形成商业秘密;因管理不善,企业商业秘密被竞争对手窃取。

2.改制重组风险

股权并购应当以股东拥有完整的权利为前提,有的国有企业因股份分配规则不统一、员工退股、转股手续不完备等导致股权争议;国有企业的产权转让未经有权审批机构批准;转让方和受让方债权债务信息不对称,债权债务转让程序违法。国有企业并购资产未公开进场交易,资产交易信息未对外披露;对并购后投资改造费用估计不足,并购成本超过预期。国有企业混改的路径不尽相同,集中在企业层面的混合即并购重组、资本层面的混合即设立股权投资基金、固有资本投资项目层面的混合即 PPP 模式以及劳动用工等方面存在法律风险。

3.安全环保风险

执行国家安全生产、环境保护法律法规不到位,企业生产规范和安全环保制度不健全,缺少监督检查,存在生产隐患。企业对确定的重大隐患项目不够重视,由于隐患治理方案的资金概预算不足,无力解决重大事故隐患。企业缺乏环保意识,被监管部门约谈和受到处罚时才反应过来。

4.产品质量风险

对企业而言,产品质量风险的影响是显而易见的,有的企业对产品质量把关不严,缺少过程控制和手段管理。有的瑕疵产品不仅造成消费者财产损失甚至造成人身损害。

5.劳动用工风险

随着《劳动合同法》《劳动合同法实施细则》《劳务派遣暂行规定》等法律法规的实施,规范劳动用工的法律法规更加严格,劳动者依法维权的意识明显增强,国有企业历史上遗留的劳务纠纷和经济补偿问题,以及快速发展的生产业务存在的不规范用工问题。许多公司业务采取形式外包方式,实际劳务派遣用工人数比例远远超过国家规定标准;外包合作主体多元复杂化,转包分包现象十分普遍;发包企业采取形式外包方式,直接对外包人员等代招代管,一旦产生劳动纠纷,将对公司产生不利后果。

6.财务税收风险

有的企业财务管理体系不健全,执行财务事项操作和审批流程不规范,出现企业开票项目与实际经营范围不符,政府扶持资金在企业所得税年度申报时未作营业外收入申报等。企业管理层依法纳税意识不强,时有偷税漏税现象发生。由于税收政策受经济发展变化的影响较大,企业如果不能及时调整纳税行为,很容易使原本合法的纳税行为变成违法行为。

7.商业合作风险

成功的商业合作都是建立在优势互补的基础之上的。许多公司看中的是国有企业的资源和平台,有的国有企业对商业合作伙伴既没有进行调查和招标选择,也没有签订合规协议、要求对方作出合规承诺等。少数小公司甚至采取欺骗手段进行合作,致使国有企业合法权益受到侵害。

8.刑事法律风险

国有企业高级管理人员一旦涉及刑事法律风险,不仅个人蒙受巨大损失,面临法院审判,有的还给企业带来灭顶之灾。国有企业刑事风险点分布于企业运行的各个环节,招投标违法行为较突出,一些国有企业高级管理人员通过暗箱操作和利益输送,操纵招标活动,损害企业利益;工程发包、业务分包环节权钱交易频繁发生;物资采购过程中贪腐风险点难控制;少数国有企业安全生产意识不强,导致发生重大安全事故,被追究刑事法律责任。

(二)境外项目投资和对外贸易风险

美国、加拿大、日本、澳大利亚等经济发达国家普遍对国外投资者设定了一定的限制条件和法定程序,给中国企业获得境外投资准入带来风险。我国连续多年成为世界上遭到反倾销、反补贴调查最多的国家,西方国家对我国出口产品多次采取反倾销、反补贴政策。世界各国及有关国际组织普遍对工程投标及分包行为作出严格要求,总包合同中也严禁分包,一旦违反则严厉处罚,对中国企业海外工程业务的拓展带来风险。世界各国高度关注经营者滥用市场支配地位、经营者集中及同行业竞争者达成价格垄断协议等垄断行为,价格垄断风险较突出,尤其是美国等发达国家通过刑事调查等手段惩治垄断行为,给企业经营带来严重威胁。各国加大商业贿赂打击力度,企业一旦触犯则受到严厉处罚,给中国企业拓展海外市场带来挑战。近年来,知识产权成为欧美等发达国家制约中国企业发展的重要手段,有的企业风险防范意识薄弱,知识产权风险不断凸显,集中表现在引进技术风险、高科技产品出口风险、商标商号侵犯风险等三个方面。世界各国环境保护法律制度十分严格,例如欧盟对其领空内航班碳排放进行配额监管,企业需按期购买碳排放配额以解决超期排放问题,否则将面临巨额罚款。有的国家为了维护国家安全及技术领先地位,一直将出口管制作为基本政策,对违反规定的企业实施严厉制裁。

三、切实加强依法合规管理的十个方面

我国国有企业开展合规管理的历史比较短,以中央企业为例,是从 2015 年中央企业实施新的五年法制工作规划开始的。过去开展的法律风险管理、内部控制管理体系的形式及内容独立分散运行,给企业资源和运行效率造成浪费,不能适应现代企业管理的需要。如何处理好与这些管理体系的关系,成为国有企业开展依法合规管理体系建设的关键问题。

加强依法合规管理体系建设,必须坚持"合规管理,法治先行"的理念,以建设"三全五依"(全员守法、全面覆盖、全程管控,依法治理、依法决策、依法运营、依法监督、依法维权)法治企业为目标,加快建立依法合规的科学管理体系,有效提升企业依法合规管理能力。

(一)合规管理体系建设和实施内容

我国企业在合规管理体系建设方面主要包括六大内容:

一是构建合规管理体系架构。建立公司合规管理组织架构和体系,成立合规风险管理委员会,明确总法律顾问担任合规负责人和归口管理部门职责,企业需要根据组织架构的职责分工,将各种法律、规范和公司规章制度要求进行分解,落实到各部门和岗位,有效开展合规管理工作。

二是建立合规制度体系。全面梳理现有规章制度,开展立、改、废工作,制定保障规章制度执行力的管理程序,维护企业高效的经营管理秩序。

三是规范企业经营行为。培育合规文化建设,把合规管理作为推动企业"依法治企"的重要手段,目标是杜绝企业因违反内部和外部法规引起的风险和经济损失。

四是建立健全授权管理制度和内控流程。明确授权内容和行使程序,嵌入企业内控制度的每一个环节,制定授权管理办法和授权手册,确保权力分配制度和业务流程依法合规。

五是建立可靠有效的信息披露反馈系统。加强信息公示的归口管理,指定专门部门和人员负责信息公示,加强法律部门对公示信息的合规审查。

六是开展合规检查,加强考核评价。明确合规管理考核评价,客观检验合规程度,将企业经营行为的依法合规作为业绩考核的指标内容。

(二)合规管理体系的核心架构

1.国有企业合规委员会是全公司合规管理体系的核心

国有企业设立合规委员会,与企业法治建设领导小组或风险控制委员会等合署,承担合规管理的组织领导和统筹协调工作;确定董事会、监事会、经理层和合规委员会的合规管理职责;定期召开会议,研究决定合规管理重大事项或提出意见、建议;指导、监督和评价合规管理工作。

2.企业合规管理负责人

国务院国资委在《中央企业合规管理指引(试行)》中明确国有企业总法律顾问为合规负责人,全面组织合规管理工作,领导合规管理牵头部门开展工作;参加董事会、总经理办公会,在企业重大经营决策中发挥重要作用。

3.合规管理牵头部门

国务院国资委在《中央企业合规管理指引(试行)》中明确法律事务机构或其他相关机构为合规管理牵头部门,在总法律顾问的领导下开展工作。深入推进总法律顾问制度建设,使总法律顾问职责明确,全面负责企业法治建设,参加董事会、总经理办公会,在企业重大经营决策中发挥重要作用。法律事务机构或其他相关机构为合规管理牵头部门,组织、协调和监督合规管理工作,组织开展合规检查与考核,对制度和流程进行合规性评价,督促违规整改和持续改进,为其他部门提供合规支持。

4.业务生产部门

业务生产部门负责本部门的日常合规管理工作,按照合规要求制定和完善本部门的业务管理制度和流程,主动开展合规风险识别和隐患排查,发布合规预警,组织合规审查,及时向合规管理牵头部门通报风险事项,妥善应对合规风险事件,做好本部门合规培训和商业伙伴合规调查等工作,组织或配合进行违规问题调查并及时整改。

5.相关职能部门

监察、审计、法律、内控、风险管理、安全生产、质量环保等相关部门,在职权范围内履行合规管理职责,配合合规管理牵头部门指导业务生产部门的合规行为。

(三)大力推进合规管理体系建设

1.推动落实合规建设第一责任人职责

全面推进国有企业合规管理体系建设,应当明确企业主要负责人履行第一责任人的职责,必须充分发挥各级党组织的政治核心作用。推动形成党委(党组)主要负责人负总责、分管领导具体负责、总法律顾问牵头落实、法律部门具体实施、各部门共同推进的合规管理工作机制。企业主要负责人作为推进合规建设第一责任人,应当切实履行依法治企重要组织者、推动者和实践者的职责,把依法合规建设纳入全局工作统筹谋划,对重要工作亲自部署、重大问题亲自过问、重点环节亲自协调、重要任务亲自督办,把各项工作纳入法治化轨道。企业法律分管领导负责落实合规建设工作,协助企业主要负责人贯彻国家法律法规,落实合规管理等工作,确保企业合法合规运营。企业领导班子其他成员协助推进企业合规建设工作,确保各项业务合规开展。

2.进一步规范公司治理结构

现代公司治理结构的核心特征是股东会、董事会和监事会(及独立董事)的分权制衡结构。深化国有企业改革重组和推进混合所有制,认真研究公司制改革后的新旧机制转换,按照现代公司分权制衡的治理理念,探索权力、执行和监督等治理机构在各级公司的落地路径,进一步完善公司治理结构,确保公司依法规范运行。规范章程制定,强化章程实施。规范董事会运作,建立健全责权利一致的决策机制,有效防范风险。实现公司章程内容合法完备、实施规范。根据公司治理需要和章程规定,明确董事会、监事会、经理层的合规管理职责及工作要求,修订完善授权委托管理制度,制定授权管理办法和授权手册,确保权力分配制度和业务流程依法合规。全面推进依法合规体系建设,国有企业需要把加强党的领导和完善公司依法治理统一起来,建立和完善党组织确定重大决策部署、领导企业合规管理工作的机制和程序。

3.不断完善企业规章制度体系

按照合规管理的新要求,完善以公司章程为核心的通用制度体系,夯实企业良法善治制度基础。按照公司章程内容,需要对本企业各类各项规章制度进行审查评估,依法规范各层级规章制度管理。充分发挥各级规章制度委员会的作用,在制度制定、调研起草、会签审议、法律审查等环节进行实体和程序双重把控,强化制度合法、合规和科学性审查,确保各项制度严谨合理、依法合规。加强制度落地执行督查,严格制度执行考核责任追究。

4.完善依法合规考核问责制度

企业合规委员会要建立各级负责人依法合规考核问责制度,把高级管理人员依法办事能力、依法合规行为、员工法治素质、企业规章制度建设等纳入考核评价内容,落实问责制度,公司重大经营活动因未经法律审核,或者虽经审核但未采纳正确法律意见而造成重大损失的,追究相关人员责任。

5.建立适合公司律师职业发展的管理制度

企业合规管理牵头部门离不开一支精通业务、取得公司律师执照的执业律师队伍。为了提升国有企业依法治企能力,建立健全企业法律顾问制度和公司律师制度十分必要。

国有企业公司律师,是指在国有企业中专门从事企业法务工作,具有律师资格或法律职业资格,并且取得司法行政管理部门颁发的公司律师执业证书的人员。国有企业公司律师属于国有企业内部员工,人事关系、工资报酬及相关待遇等由所在企业确定并管理。国有企业应为公司律师履职提供保障和支持,支持公司律师依法执业,维护公司律师的合法权益。国有企业法务工作者专业化、职业化是发展方向,具有健全的法律事务工作部门或能独立设立法律顾问管理办公室,是全面推进依法治企和合规管理的重要保障。国有企业应为公司律师履职提供保障和支持,支持公司律师依法执业,维护公司律师的合法权益。

(四)推动公司决策行为依法合规

推动国有企业决策行为的依法合规是法治企业建设的重要环节,主要有两个方面:一是严格执行"三重一大"决策制度;二是授权清晰的内控执行程序。

1.严格执行"三重一大"决策制度

为了促进国有企业领导人员廉洁从业,规范决策行为,提高决策水平,防范决策风险,保证国有企业持续健康发展,中央规定凡属重大决策、重要人事任免、重大项目安排和大额度资金运作(简称"三重一大")事项必须由领导班子集体作出决定。推进国有企业贯彻落实"三重一大"决策制度,是实现合规管理的重要环节。党委(党组)、董事会、未设董事会的经理班子应当以会议的形式,对职责权限内的"三重一大"事项作出集体决策,明确决策范围、规范决策程序、强化监督检查和责任追究制度;在企业经营管理中,按规定应由党委会议研究决策的"三重一大"事项,完善员工参与、专家咨询和集体决策相结合的决策机制,须先提交党委会议研究同意后再履行后续程序。会议决定的事项、过程、参与人及其意见、结论等内容,应当完整、详细记录并存档备查。国资委规定国有企业重大决策实行合法性审核机制,明确规范公司决策事项范围和决策程序,强化决策合法性审核和成效预评估。

2.完善企业职工代表大会民主决策制度

各企业的党组织要加强思想政治领导,定期听取各级工会汇报,指导开展职工代表大会、企务公开等民主管理工作,充分发挥职工代表大会民主管理、民主参与、民主监督的作用。各企业要规范运作和行使职工代表大会的各项职权,特别是对涉及员工切身利益的规章制度和重大事项,必须履行民主程序,听取企业工会的意见,必须经职工代表大会审议通过,有效保障职工的知情权、参与权、表达权和监督权。

3.完善的内部控制制度

内部控制制度是企业内部建立的使各项业务流转活动互相联系、互相制约的规范流程,是支撑企业合规管理的载体,在推进合规体系建设中发挥着重要作用。内部控制制度包括:①明确合理的职责分工制度;②严格的审批检查制度;③健全的会计制度和企业管理制度;④严密的保管保卫制度;⑤有效的内部审计制度;⑥岗位人员的严格培训。内部控制环节的责任确保遵循所有相关适用的法律规范,减少法律风险;业务经营活动未遵循所有相关适用的法律规范,导致法律诉讼、公司经济损失或企业形象受损的,明确相关人员承担的责任;企业根据情况的变化,内部控制制度需要及时更新完善。

4.违规问责处理制度

依法合规管理开始引起大家的高度关注,企业外部的法律规定及监管规定是具有强制性、必须遵守的,否则就会面临法律制裁、监管机构的处罚,给企业造成经济损失和企业声誉损害风险。国家有关部门开始加大对违规经营决策人员惩处力度,2018 年国务院国资委在《中央企业违规经营投资责任追究实施办法(试行)》中明确作出问责管理和严格处罚规定,将决策行为纳入问责体系,倒逼决策者依法规范作出决策,目的是让每一个经营管理人员不触及法律法规和纪律底线。

(五)构建诚实守信的合规经营体系

合规管理在法治企业建设中扮演着重要角色,企业必须高度重视诚实守信的合规经营体系建设,梳理相关法律法规、监管政策和行业准则,统筹业务部门经营发展活动行为与法律风险防范、全面风险管理等关联工作,坚守诚实守信原则。

1.建立健全合规体系

构建大合规管理体系,加强合规风险排查和处置,制定并落实合规管理细则,提升公司合规管理水平。从公司战略高度推动合规管理工作,将合规管理体系纳入公司治理范畴,建立健全合规委员会等合规管理组织架构。将合规管控要求深度融入生产经营,嵌入业务全流程,落实到各岗位,实现业务各环节的合规指引。有效衔接法律风险防范、全面风险管理、内部控制、审计、纪检监察等管理体系,构建一体多面的合规管理体系。

2.提升风险防控能力

加强法律风险防控,把法治要求嵌入业务运转各环节,规范好重点领域和重点岗位人员。建立健全法律风险防范体系,加大法律风险提示书应用力度,跟踪评价风险整改措施落实情况,增强法律服务的针对性、时效性。落实重大项目(业务)法务经理责任制,法务经理负责从项目策划到结束全过程、全环节的法务工作,全过程管控法律风险。进一步加强海外企业、产业单位、集体企业、主营业务、创新领域等依法合规建设工作,找准相关业务领域的核心法律风险,及时编写和更新法律风险防控指南手册,全力做好法律服务保障。

3.注重信用管理评价

加强信用管理制度建设,设计科学的信用管理流程,构建完善的信用风险管控机制。对内完善制度管理体制机制,提高制度质量,增强制度实效,使员工履职有据可守,员工奖惩有据可查,员工维权有据可依。对外服务致力诚信经营,遵守法律法规的同时,践行对外服务承诺。高度关注政府信用机构对企业的规定要求,推动政府部门出台行业信用管理制度,对违反法律法规的失信客户,实施联合惩戒。畅通信访、舆情、服务投诉等问题反馈渠道,优化诉求提出、跟踪办理、答复反馈流程,提高内部受理处置效率,提升客户服务满意度和公司的美誉度。

4.勇担企业社会责任

勇担社会责任是法治企业的重要特征,更是国有企业依法合规建设的重要目的。在推进依法治企创建活动中,通过合规管理指标的评估可以引导企业关注社会责任的诸多方面,现在国有企业对直接影响企业经济效益的因素关注度极高,例如创新、产品与服务品质、劳动用工等,而在环境保护、社会救助、应急处置、扶贫帮困等方面关注度不够,勇担社会责任积极性不高。随着国家政策由注重发展速度转为强调发展质量,从单纯强调 GDP 到重视可持续发展,企业外部法治环境已发生变化,企业的内部法治环境也越来越受到环保、产业链等的影响。新形势下企业迫切需要增强社会责任意识,将承担社会责任融入企业发展战略中,将企业社会责任转化为竞争力。

(六)加强劳动用工管理,防范违规用工风险

1.认真分析形式外包被认定劳务派遣用工的风险

近年以来,国有公司发生的业务外包劳动争议诉讼案件,集中反映了形式外包的用工风险。国有企业历史上形成的形式业务外包大量使用劳务派遣人员,"假外包真派遣"人员过多,劳务外包存在较大的法律风险。妥善处理好经营承包、劳动用工与业务外包之间的关系,依法处理好承包经营期间员工中止或解除劳动合同的情况;政策制定和落实一定要有法律法规依据,认真分析实施中可能会遇到的法律风险,对出现的劳动争议纠纷要及时依法处理,确保企业稳定。

2.尽快实现向实质性外包转变

目前依法规范劳动用工的外部法治环境十分严格,不得采用形式外包方式使用劳务派遣人员,应当通过招标方式选择成熟的社会化外包公司,培养一支适应性强、懂业务、精管理的实质外包公司。企业应从内部管理着手,真正做到对外包公司进行"业务管理",而非直接对人的"劳动"进行管理,不对

外包员工进行考核或直接下达指令。外包员工的招聘、劳动合同签署、保险、薪酬考核、考勤、劳保用品、工作指令、劳动工具、工作服、工号牌、规章制度等方面均应由外包公司进行管理,推动外包公司的规范化管理。

3.重点防范新兴业务领域企业法律风险

国有企业改革和重组,实行经营承包和大力发展新兴业务领域企业,对规范用工提出新的要求,各类经营主体的出现对合作伙伴选择提出更高要求,要严格按照法律法规、公司管理规定,划清承包经营者与国有公司、外包公司之间的权利和义务。对于合同制员工解除或中止劳动合同、企业法人或其他经济组织承包或非国有公司合同制员工承包的,可能涉及其承包范围内的原有国有公司合同制员工的调整,需要妥善处置。处理劳动合同中止和劳动合同解除等问题时,要认真对涉及劳动关系定位、工伤社会保险、工伤赔偿和企业工龄计算等问题进行充分论证和合理安排,切实降低劳动用工风险。国有公司与外包单位员工或其他自然人,不能直接签订合同,应由其先登记为公司或个体工商户等经济组织后再与国有公司及分支机构签订合同。

(七)重视企业刑事法律风险管控

近几年,国有企业及高级管理人员涉及刑事方面的违法行为不断增多,给企业和个人留下惨痛教训且造成巨大损失。企业刑事法律风险防范,是最大限度地防范和化解国有企业、高级管理人员和关键岗位员工的刑事法律风险。国有企业及其高级管理人员,往往比较重视企业的民商事法律风险,对刑事法律风险管控重视不够,认为民商事法律顾问可以直接为企业创造价值,思想上忽视刑事风险的存在。刑事法律风险是企业最大的法律风险,国有企业和高级管理人员最大的法律风险不是商业风险,而是刑事法律风险。部分企业高级管理人员的刑事法律风险防范意识非常薄弱,急需专业的刑事律师帮助其加强相关基础认知。

企业合规管理牵头部门开展刑事风险防范,能最大限度地保护企业及企业高级管理人员的合法权益,避免由此带来的巨大损失。企业合规管理牵头部门应当做到:对在重大决策中可能发生的刑事法律风险进行预测,提出法律意见和建议,出具书面法律意见书;对企业起草或者拟发布的规范性文件,从刑法法律风险方面提出修改和补充建议;对日常生产经营过程中可能涉及的刑事法律方面的问题提供咨询和服务;协助审查重大的经济合同、协议等法律文书,并就可能的刑事法律风险提出意见;第一时间跟进企业或者相关人员涉及的刑事法律风险,协调处理好与政府、媒体和司法机关的关系。

（八）提高知识产权资产运营能力

社会进入互联网时代,创新已经成为推动社会经济生活发展的原动力,企业创新成果集中体现在专利、商标、版权（著作权）、技术秘密（非专利技术）等知识产权法律领域。国家在实施创新驱动发展战略、保障和激励大众创业、万众创新的情形下,为企业改革创新和转型升级创造了良好的外部环境,近年来企业十分重视知识产权战略的实施,投入大量研发经费和资源,获得大量知识产权创新成果,如何在市场竞争中将权利变为资产,创造新的价值,着力提高企业的知识产权资产运用能力显得十分必要。

1.大力实施知识产权发展战略

在向互联网化转型升级的过程中,企业的目标市场是创新业务和互联网业务,尤其是战略新兴产业,是专利、商标、版权（著作权）、域名、技术秘密（非专利技术）、服务标记、厂商名称等知识产权高度集中的领域,是企业核心竞争力的体现。企业要成立知识产权战略管理委员会,制定本企业知识产权发展规划,建全知识产权管理的组织体系、激励和考核机制,负责知识产权战略规划的推进,年度目标的审批和重大事项的决策,鼓励和保护创新成果。

2.加强知识产权创新成果的市场推广

值得关注的是,许多企业重视知识产权数量的申请,却轻视创新成果的转化,在知识产权的转化、运用、实施等方面做得较差。做好知识产权资产管理,建立健全无形资产管理制度和流程及推广应用办法,研究决定知识产权的购买、放弃、出售、许可、交叉许可或重点保护,实行对企业研发人员的奖励政策。强化企业知识产权战略的推进,围绕企业核心技术培育高价值专利,开展专利布局,形成专利池,实现专利以许可方式对外扩散,不断提高企业自主创新能力。

3.知识产权要尽快从法律维权向资产运营转变

随着战略新兴产业的迅速发展,专利、商标、版权（著作权）、技术秘密

(非专利技术)、服务标记、厂商名称等无形资产对提升企业核心竞争力的作用越来越大,战略新兴产业的竞争已转化为知识产权的竞争。权利不等于资产,只有变成无形资产才有价值。企业申报登记存量的知识产权数量达到一定规模后,如何将权利保护变成资产运营,成为提升价值和对企业经营发展做出贡献的重要领域,这才是发展知识产权的真正目的。企业要按照市场竞争规则,尽快建立和完善知识产权资产管理制度、资本运营流程及资产价值评估体系,在企业财务报表中增加知识产权项目(科目),为市场推广应用、许可使用、对外投资等提供财务依据;促进知识产权质押、出资入股、对外合作、知识产权质押、融资担保的资本运营,多渠道盘活知识产权资产;通过转让、许可、合作开发等方式实现知识产权溢价出资,实现知识产权的价值。知识产权通过交易才能转化成生产力。

4.积极争取政府战略新兴产业政策扶持,不断提升企业创新能力

战略新兴产业的健康发展,仅仅依靠企业自身的积累和投资是远远不够的,积极争取政府的政策扶持,实行资本运作,才能做大做强。现在,地方政府十分重视互联网新兴产业的发展,近几年密集出台政策文件,鼓励企业科技创新和支持人才创业,引导企业依托大众创业、万众创新新平台,瞄准引领未来发展的战略领域,开辟企业转型升级新途径。积极实施知识产权战略对企业的发展和市场竞争力的提升十分重要,充分利用政府的政策扶持,才能助推企业转型升级,实现可持续发展。

(九)注重提升企业法治文化能力

以法治理念教育为主线,大力推进企业法治文化建设,不断提高企业法治软实力。坚持把社会主义核心价值观融入企业法治实践,推动法治文化与企业文化有机融合,与企业管理提升、法律风险防范及普法教育工作紧密结合,弘扬法治精神,增强法治理念,构建诚信守法、合规经营的企业法治文化,正确引导企业职工的思维和行为方式,努力使全体职工成为法治的忠实崇尚者、自觉践行者、坚定捍卫者。组织"诚信守法企业"创建活动,开展树立守法诚信企业家、标杆企业等活动,推进企业法治宣传教育制度化、常态化。

中国特色社会主义进入新时代,人们在民主、法治、公平、正义、安全、环

境等方面的要求日益增长,而且随着全社会法治意识的增强,企业的法律需求更加多样化、精细化,这就要求法治建设和合规管理工作更加精准高效。法治没有例外,法治社会的企业必然是法治企业,尤其是国有企业作为社会基本单元和市场主体,是推行依法治国的微观基础。打造"法治企业"是企业做强做优做大的必由之路,要围绕高质量发展,不断强化"法治是最好的营商环境"的理念。积极推动企业依法决策、依法竞争、依法发展、依法维权,建立保障企业和员工行为合法合规的文化氛围,不断增强抗风险能力,实现企业整体法治素质显著提升。

(十)建立健全企业依法合规考核评价体系

建立健全公司合规管理考核评价指标体系,把合规委员会履职情况、总法律顾问制度落实、重大决策合法性审核等作为重要指标,对各单位合规管理和法治建设第一责任人职责落实情况进行全面客观评判,并将考核结果纳入公司业绩考核体系。针对公司重要岗位、重点领域开展隐患排查,系统梳理经营管理风险,及时发现和解决问题,形成集事前防范、事中控制和事后救济于一体的闭环管控机制。对于违法违规行为及重大法律风险防范不当负有个人责任的,应当严格按照相关规定进行问责和处理。

建立"企业依法合规建设指标体系",开展企业合规建设评估是全面推进法治企业建设的必然要求。评估指标体系承载着三项功能:一是分解与落实企业合规建设的目标与要求;二是指导与贯彻企业合规建设的纲要与内容;三是检查与评估企业合规建设的成就与问题,保障企业依法合规管理和法律风险防范机制的建设和完善。开展评价工作是对企业全面依法合规工作的检验,对暴露出的违规行为、风险事件及法律问题,公司合规管理领导小组要进行认真分析评价,深挖管理漏洞,提出防范措施,切实将评价成果运用于合规管理能力提升。

考核评价是推进企业合规建设的重要抓手,传统的考核评价大多局限于各专项工作,难以反映企业整体的合规水平,国内外也尚未有成熟的经验可供借鉴,因此,建立一套企业合规管理评价指标、方法与机制来对公司的依法合规状况进行系统、科学的评估,是在新形势下探索推进国有企业合规管理体系建设的新尝试。

四、结论

全面提升国有企业依法合规管理能力,用法治手段为国有企业深化改革和高质量发展保驾护航,是新形势下迫切需要解决的问题。按照国务院国资委《中央企业合规管理指引(试行)》的规定,坚持"合规管理,法治先行"理念,以建设"三全五依"法治企业为目标,积极构建企业依法合规管理科学体系,既要抓重要领域、重要任务,又要抓关键主体、关键环节,才能有效提升企业经营管理人员的法治思维和依法合规能力,促进企业持续健康发展。

中央企业合规管理中律师的角色定位

北京大成律师事务所　张　刚　成祥波　李　征

【摘要】　本文第一部分首先对合规管理的概念进行了解读,通过比较与内部控制、风险管理的区别,明晰合规管理的概念边界。其次,介绍了中央企业合规管理的背景。中央企业合规管理发端于金融行业,现已应用于各行各业。随着中央各项文件的发布,中央企业合规管理逐渐步入正轨。最后,文章从不同的角度论述了中央企业合规管理的必要性。

本文第二部分对中央企业合规管理中的参与主体从内部参与主体和外部参与主体两个角度进行了介绍。作为外部参与主体,律师可作为法律顾问和聘用律师的角色参与到中央企业的合规管理中,并起到重要的作用。最后,论述了律师参与中央企业合规管理的必要性。

本文第三部分从律师的角度思考了律师参与中央企业合规管理的实现路径和角色定位。文章介绍了律师在企业合规管理中的主要工作,包括合规情况尽职调查、企业合规管理现状梳理、根据情况出具整改方案等。本文对律师在未来中央企业合规管理工作中的角色定位进行了展望,并坚信律师将在帮助中央企业完善法律合规管理上发挥越来越重要的作用。

【关键词】　中央企业　合规管理　律师

一、中央企业合规管理概述

(一)合规管理的概念

1.合规管理定义

"合规"一词由"compliance"翻译而来,其中文意思为对规则、协议的遵守、服从。"合规"的概念最早是由银行业提出的。1998年,巴塞尔银行监管委员会在《银行机构的内部控制制度框架》中完整地阐述了"合规"的概念,即要确保所有的银行业务遵循相关的法律与管理条例、合乎监管当局的要求并遵守机构的相关政策与程序。随着市场化经济越来越发达,合规管理已经不仅在银行业发挥作用,而是成为各行各业都需要遵守的法则。

理论界以银行业合规管理的概念为基础,提出了非银行企业合规管理的理念,使合规管理理论的运用范围得到了极大的扩展。非银行企业的合规管理理论认为,企业的合规管理是一个体系化的过程,并不是割裂开来的不同节点。它需要企业从上至下,从董事会到基层业务部门乃至企业员工一直遵循。① 它是一种企业内部控制管理的全新模式。

2017 年 12 月 29 日颁布的国家标准《合规管理体系　指南》(GB/T 35770—2017)中对合规管理的定义为:"组织遵守了适用的法律法规及监管规定,也遵守了相关的标准、合同、有效治理原则或道德准则。"

2018 年 12 月 26 日国家发展改革委等七部门印发的《企业境外经营合规管理指引》中则认为合规管理是"企业及其员工的经营管理行为符合有关法律法规、国际条约、监管规定、行业准则、商业惯例、道德规范和企业依法制定的章程及规章制度等要求"。

2018 年 11 月国务院国资委发布的《中央企业合规管理指引(试行)》第 2 条第 4 款则明确表明:"本指引所称合规管理,是指以有效防控合规风险为目的,以企业和员工经营管理行为为对象,开展包括制度制定、风险识别、合规审查、风险应对、责任追究、考核评价、合规培训等有组织、有计划的管理活动。"

2.与相关概念的区别

(1)与内部控制的区别

内部控制从理论上应是管理和法律的概念,但在制度建设层面上却更多的是财务(含审计)的概念。2008 年,财政部、证监会、审计署、原银监会、原保监会联合发布的《企业内部控制基本规范》中第 3 条第 1 款明确表示:"本规范所称内部控制,是由企业董事会、监事会、经理层和全体员工实施的、旨在实现控制目标的过程。"该条第 2 款则对企业内部控制的目标予以明确:"内部控制的目标是合理保证企业经营管理合法合规、资产安全、财务报告及相关信息真实完整,提高经营效率和效果,促进企业实现发展战略。"

---

① 参见王能华:《论中央企业合规管理体系建设》,载《法制与社会》2018 年第 25 期。

内部控制包括五方面的要求,具体表现为:第一,内部环境。企业应当根据国家有关法律法规和企业章程,建立规范的公司治理结构和议事规则,明确决策、执行、监督等方面的职责权限,形成科学有效的职责分工和制衡机制。第二,风险评估。企业应当根据设定的控制目标,全面系统持续地收集相关信息,结合实际情况,及时进行风险评估。第三,控制活动。企业应当结合风险评估结果,通过手动控制与自动控制、预防性控制与发现性控制相结合的方法,运用相应的控制措施,将风险控制在可承受度之内。第四,信息与沟通。企业应当建立信息与沟通制度,明确内部控制相关信息的收集、处理和传递程序,确保信息及时沟通,促进内部控制有效运行。第五,内部监督。企业应当根据《企业内部控制基本规范》及其配套办法,制定内部控制监督制度,明确内部审计机构(或经授权的其他监督机构)和其他内部机构在内部监督中的职责权限,规范内部监督的程序、方法和要求。①

由此可知,内部控制的首要目标就是"保证企业经营管理合法合规",与合规管理存在着交叉。因此,内部控制目标包括了"合规"但并不仅仅是"合规",相比之下,内部控制的范围更大一些。内部控制专精于企业财务、法律等方面的真实准确、合法合规,根据《企业内部控制基本规范》,内部控制的目标是合理保证企业经营管理合法合规、资产安全、财务报告及相关信息真实完整等,从这个角度上讲,内部控制在一定程度上包含了合规管理的内容。但合规管理加入了帮助企业发展经营、实现长期战略目标的要求,也应用于企业的战略制定阶段,在这个方面是内部控制所不涉及的。

(2)与风险管理的区别

2006年,国务院国资委发布的《中央企业全面风险管理指引》第3条规定:"本指引所称企业风险,指未来的不确定性对企业实现其经营目标的影响。企业风险一般可分为战略风险、财务风险、市场风险、运营风险、法律风险等;也可以能否为企业带来盈利等机会为标志,将风险分为纯粹风险(只有带来损失一种可能性)和机会风险(带来损失和盈利的可能性并存)。"

《中央企业全面风险管理指引》第4条继续指出,企业风险管理是指:"企业围绕总体经营目标,通过在企业管理的各个环节和经营过程中执行风

---

① 详见《企业内部控制基本规范》。

险管理的基本流程,培育良好的风险管理文化,建立健全全面风险管理体系,包括风险管理策略、风险理财措施、风险管理的组织职能体系、风险管理信息系统和内部控制系统,从而为实现风险管理的总体目标提供合理保证的过程和方法。"

由此,风险管理在内容上主要包括以下五方面:第一,设定明确的目标。风险管理要与企业总体经营目标以及风险偏好相符合。第二,确立企业文化。企业文化对风险管理起到了至关重要的作用。只有在文化上重视风险管理,才能发挥风险管理的应有职能。第三,信息收集。企业应将信息技术应用于风险管理的各项工作,建立涵盖风险管理基本流程和内部控制系统各环节的风险管理信息系统,包括信息的采集、存储、加工、分析、测试、传递、报告、披露等。第四,制定风险管理策略。企业应围绕发展战略,确定风险偏好、风险承受度、风险管理有效性标准,选择风险承担、风险规避、风险转移、风险转换、风险对冲、风险补偿、风险控制等适合的风险管理工具的总体策略,并确定风险管理所需人力和财力资源的配置原则。第五,建立风险管理体系。企业应建立健全风险管理组织体系,主要包括规范的公司法人治理结构,风险管理职能部门、内部审计部门和法律事务部门以及其他有关职能部门、业务单位的组织领导机构及其职责。

可以看出,风险管理在范围上包括合规管理,合规风险也是风险控制中的风险之一。因此,在企业的几个部门中,法务部注重的是法律风险的防范与管控。① 合规部则注重合规制度的建立以及企业从上至下对合规制度的运行。风险控制部门则在整体上统筹企业发展过程中的各项风险,其包括了合规管理的内容。

综上,合规管理、内部控制与风险控制之间侧重点不同但有所交叉,三个概念的范围由小到大,合规为最小的概念,其次为内部控制,范围最大的为风险管理。

(二)中央企业合规管理的背景

中央企业的合规管理在金融行业率先开展。最早的有关"合规管理"的

---

① 参见许小辉:《中央企业内部控制与全面风险管理体系建设探析》,载《现代经济信息》2018 年第 15 期。

法律文件是 2006 年原银监会发布的《商业银行合规风险管理指引》,旨在加强商业银行合规风险管理,维护商业银行安全稳健运行。其后,《保险公司合规管理指引》(已被 2016 年 12 月发布的《保险公司合规管理办法》废止)、《证券公司合规管理试行规定》(已被 2017 年 6 月发布的《证券公司和证券投资基金管理公司合规管理办法》废止)相继出台,完善了我国金融业合规管理的制度体系。

在金融领域的合规管理制度不断完善的同时,有关中央企业的合规管理标准也相继问世。

2006 年,国务院国资委发布的《中央企业全面风险管理指引》,强调企业全面风险管理是一项十分重要的工作,关系到国有资产保值增值和企业持续、健康、稳定发展。为了指导企业开展全面风险管理工作,进一步提高企业管理水平,增强企业竞争力,促进企业稳步发展,发布该指引指导中央企业开展全面风险管理工作。

2014 年 12 月,国务院国资委在《关于推动落实中央企业法制工作新五年规划有关事项的通知》中强调,力争再通过五年(2015—2019 年)努力,进一步深化企业法律风险防范机制、法律顾问制度和法律工作体系建设,进一步提升合规管理能力和依法治企能力。

2015 年 12 月 8 日,国务院国资委《关于全面推进法治央企建设的意见》指出,要求中央企业加快提升合规管理能力,由总法律顾问领导,法律事务机构作为牵头部门,研究制定统一有效、全面覆盖、内容明确的合规制度准则,加强合规教育培训,努力形成全员合规的良性机制,建立法律、合规、风险、内控一体化管理平台。要求到 2020 年,中央企业依法治企能力达到国际同行业先进水平,努力成为治理完善、经营合规、管理规范、守法诚信的法治央企。

2018 年 7 月开始实施的《合规管理体系 指南》(GB/T 35770—2017),借鉴了《合规管理体系 指南》(ISO 19600:2014)的框架和大部分重要内容,体现了我国对于企业培育合规文化的重视,以及增强我国企业国际竞争力的决心。

2018 年 11 月 2 日,国务院国资委发布《中央企业合规管理指引(试行)》,目的在于推动中央企业全面加强合规管理,加快提升依法合规经营管理水平,着力打造法治央企,保障企业持续健康发展。

全面建设法治央企是目前党中央全面深化改革的重点内容之一,2016年3月,国务院国资委选取了中国石油天然气股份有限公司、中国移动通信集团公司、招商局集团、中国中铁股份有限公司和东方电气股份有限公司五家央企作为试点企业,正式启动了中央企业合规管理体系建设的试点工作。经过两年多的试点工作,五家企业合规管理工作成果显著。但纵观全行业,我国中央企业的合规管理工作进展不一,合规管理制度参差不齐。从行业角度来看,国有金融行业企业的合规管理制度已经发展完善,但金融行业之外的其他中央企业的合规管理制度仍存在较大的改善空间,部分企业尚未建立、未完全建立完善的合规管理体系。"中兴事件"中,美国以中兴通讯股份有限公司合规管理存在问题为由加以处罚,中兴通讯股份有限公司为此付出的代价不仅仅是13亿美元的罚款,同时还将投入7亿美元用于合规建设,暴露出国内企业管控合规风险的能力滞后、企业合规管理体系存在明显漏洞。对此,基于丰富的法律、实务经验和合规意识,律师介入中央企业合规管理,协助提升中央企业的合规管理质量和水平十分必要,也是全面推进法治央企建设的有力手段。

(三)中央企业合规管理的必要性

1.全面推进依法治国的必然要求

随着依法治国的深入推进,非金融业特别是中央企业的合规管理工作也逐步开展起来。党中央、国务院多次指出,要深入推进企业依法经营、合规管理。国资委在过去几年里连续推出一系列的重要文件,均强调中央企业合规管理的重要性。为了配合依法治国的国家战略目标,中央企业必须承担起社会先行者的角色,加快法治化的进程,尽全力完成合规治理的转变。

2.合规管理是实现国有资产安全稳固的内在需要

目前我国的中央企业超过一百家,分布在能源、地产、重工业、通信等各个重要领域。可以说中央企业掌握着国家的经济命脉。因此,为了保证国有资产的安全稳固,中央企业必须建立健全合规管理体系。近年来,国家不断进行国有企业改革,加大了中央企业合规审查力度,力求将合规要求加入中央企业的章程制度中,以保证中央企业资产稳定增值,避免国有资产的流失。

3.合规管理是中央企业国际化的必然要求

中国作为世界第二大经济体,我国的中央企业必然要在国际市场竞争中不断发展壮大。然而,面对严格的国际合规审查标准,我国中央企业必须首先做到在合规管理制度上与国际接轨。国际上已经普遍有了成熟的规模化合规监管措施,我国企业要想在海外市场经营,并成为国际一流企业,就必须做好面临国际合规管理体系监督的准备。另外,中央企业一直是西方国家监管的重点,因此,中央企业要实现国际化经营的战略目标,建立完善的合规管理体系为必经途径。

二、合规管理中律师参与的必要性

中央企业合规管理的参与主体可分为内部主体和外部主体,并相互支撑、协调配合,共同推进合规管理制度的建设。

(一)企业内部参与主体

1. 党组织、董事会、监事会、经理层

(1)党组织

中央企业的党组织作为治理主体,在政治方向、组织动员、联系群众等方面具有明显优势。[①] 中央企业与普通的民营企业在目的上存在一定的差异性,中央企业更多地承担着社会职责。为了更好地进行合规管理,党组织必须发挥其重要的组织和表率作用。但在实践中,存在大量的中央企业党组织领导作用被弱化的情况。

(2)法治领导小组和合规委员会

根据《中央企业合规管理指引(试行)》的规定,中央企业设立合规委员会,与企业法治建设领导小组或风险控制委员会等合署,承担合规管理的组织领导和统筹协调工作,定期召开会议,研究决定合规管理重大事项或提出意见和建议,指导、监督和评价合规管理工作。可以看出,企业法治建设领导小组和合规委员会为企业合规管理的领导和统筹协调机构。

---

① 参见人民日报社评论部主编:《人民日报论开好民主生活会》,人民日报出版社 2013 年版,第 98 页。

（3）董事会

《关于深化国有企业改革的指导意见》中明确表示，健全中央企业法人治理结构的重点就在于加强董事会的管理职能。让董事会在权能分配、职工聘用以及经营决策方面发挥应有的作用是中央企业合规管理的重中之重。总体来说，董事会作为公司的权力机构，在企业的日常管理中发挥着决定性作用。

（4）监事会

中央企业作为由国务院国资委控股甚至国有独资的企业，相比于普通企业，其没有股东会这一最高权力机构。因此董事会就成为中央企业的日常权力机构。为了防止董事会的决策违反法律法规、行业规定或公司章程，必须由监事会来对其进行必要的监管。同时，监事会还有权对引发重大合规风险负有主要责任的董事、高级管理人员提出罢免建议以及向董事会提出撤换公司合规管理负责人的建议。

（5）经理层

中央企业的经理层是企业的执行机构。在企业的合规管理体系中，其主要负责对合规管理制度的批准与执行。根据《中央企业合规管理指引（试行）》的相关规定，经理层的合规管理职责主要包括：①根据董事会的决定，建立健全合规管理组织架构；②批准合规管理具体制度规定；③批准合规管理计划，采取措施确保合规制度得到有效执行等。

2. 法律事务机构

根据《中央企业合规管理指引（试行）》第 10 条的规定，法律事务机构或其他相关机构为合规管理牵头部门，组织、协调和监督合规管理工作，为其他部门提供合规支持。法律事务机构作为合规管理牵头部门，要充分发挥其法律专业优势，对企业日常管理和经营进行法律审核，并为企业重大决策提供法律意见。同时，法律事务部门在合规管理上需要与其他职能部门相互配合，确保整个企业在合规的轨道上运行。

3. 纪检监察、审计部门

（1）纪委监察部门

目前，企业的合规审查已经发展到企业及员工要遵守法律法规、监管规定、行业准则、企业章程和商业伦理以及国际条约、规则等要求的大合规阶段。而为了达到这一标准,中央企业的纪委监察部门必须充分发挥他们的监督审查作用。中央企业的监察对象主要包括两大群体:一是中央企业及其分支机构的领导班子成员。二是对国有资产负有经营管理责任的中央企业中层和基层管理人员。监督是纪委监察部门的基本职责,也是第一职责。

(2)审计部门

审计部门在合规检查程序中的作用体现在内部的审计过程中,负责在进行内部控制工作的同时协调开展合规审查工作,向法律合规部门提供内部审计、内部控制合规评价报告及其他有关资料,进而协同法务部门制定合规章程并对章程进行漏洞缺陷的整改补充。

(3)人事部门

人事部门负责选聘、培养合规管理团队。人事部门应遵循不相容职务分离原则,确保合规管理人员与业务部门权责分离,利益不相关。人事部门还负责在员工培训计划中加入合规管理的内容。在对员工进行考核评价过程中,要充分考虑该员工的职务行为是否存在合规风险,并向法务合规部提供人员处分、个人事项申报中的违规信息等合规相关资料。监督各部门依法聘用员工,防止中央企业在用工过程中出现违反《劳动法》等法律法规的情形。

4. 业务部门

根据《中央企业合规管理指引(试行)》的规定,业务部门负责本领域的日常合规管理工作。具体来说就是中央企业的各业务部门在执行企业的合规管理制度的过程中,要保障部门工作人员在日常工作中严格按照规定安排处理工作事务;对照本部门特殊的业务特色,分辨、识别并及时应对本部门业务范围内出现的合规风险,并向法务合规部门提交本部门合规风险管理报告;负责本部门业务范围内的合规审核工作,管理本部门审批、核准、审核、备案等合规审核事项;组织本部门业务条线员工开展合规培训;组织或者接受合规检查,协助或者配合违规查处;组织或者监督本部门业务系统不合规行为的整改等。[1]

---

[1] 参见卞传山:《传统法务如何牵头企业合规管理》,载《法人》2019年第2期。

（二）企业外部参与主体

1. 法律顾问

根据《律师法》的规定，在律师事务所专职执业的律师，可以接受企业的聘请担任企业法律顾问，为企业提供法律顾问服务。

广义而言，法律顾问为具有法律专业知识，接受公民、法人或其他组织的聘请为其提供法律服务的人员，以及法人或其他组织内部设置的法律事务机构中的人员。狭义而言，法律顾问指接受公民、法人或其他组织的聘请为其提供法律服务的执业律师。

一般情况下，法律顾问和公司签订的是聘用合同，和公司没有劳动关系，不是公司员工。但企业法律顾问有着更多的诉讼经验，更了解企业的法律风险点和防范对策。企业法律顾问作为企业的一个"外人"，可以站在更客观的角度看待企业的法律问题，充分考虑和衡量各方的利益，帮助企业的管理层在决策上作出更加理性平和的判断，提出更加合理、合法的决策意见。

2. 律师

律师参与到合规管理中一般通过三个途径：一是接受企业的邀请，为企业进行法律合规讲座，培养企业员工的合规意识；二是就具体的违规事件接受企业的聘请，代理相关涉诉案件以及处理相关具体违规事宜；三是基于企业合规管理制度提升的需求，对企业合规情况进行梳理并协助企业制定合规管理制度（具体内容见下一章节）。

综上，可以看出，就企业内部而言，合规管理并非单属公司领导层的职责，亦非法律事务机构的"专职"，上至企业党组织、董事会、监事会、高级管理人员，下至企业法律顾问、法律事务部门、业务部门等，需要全员担起合规管理的职责，全面建设法治央企。

就企业外部而言，合规管理的主要参与方为律师，律师可作为企业法律顾问和案件代理律师的角色参与企业的合规管理并起到重要的作用。企业内部相关主体作为企业合规管理的"内人"与作为"外人"的律师相互配合，共同推进合规管理制度的建设。

（三）合规管理中律师参与的必要性

对于律师参与中央企业法律合规管理的必要性，存在以下误解：部分人认为中央企业合规管理体系已经由企业内部人员搭建完成,外部律师的作用有限;部分企业在出现违规事件时才聘请律师解决问题,"头痛医头、脚痛医脚",而非防患于未然。

律师和律师事务所积累了大量企业风险爆发后的处理经验,这些经验可以很好地帮助中央企业识别风险点,制定合规规范和合规管理体系,防患于未然。同时,根据《中央企业合规管理指引(试行)》的规定,企业合规的重点领域包括市场交易、劳动用工、安全环保、财务税收、产品质量、知识产权、商业伙伴等七项,这些领域基本上也都是律师的强项。

中兴通讯案例作为合规管理的里程碑事件,让很多企业意识到完善的合规管理体系的重要性,也认识到合规管理本来就是企业应付的建设成本,专业的合规律师的介入,甚至可以拯救一家企业。

下面举一则西门子的案例来进行说明。

西门子作为电气行业的领头羊,自 1847 年诞生以来一直处于不败之地。在"道琼斯可持续发展指数"排行榜中的"合规"类别连续多年保持最高分。然而,西门子曾在 2006 年因为一次贿赂丑闻而濒临破产,而最终合规管理成为西门子度过危机的"救命稻草",使西门子一跃成为全球合规管理做得最出色的企业。在该起贿赂丑闻中,律师为西门子渡过难关起到不可忽视的作用。

2006 年西门子因卷入贿赂丑闻,公司总部遭到警察和检察官的突击检查,大量机器设备和文件被带走。该起丑闻令西门子的品牌形象大打折扣,并面临着被禁止投标、上亿欧元罚款及持续数年诉讼的困境。如果处理不当,西门子可能会破产。为了进行调查,西门子聘请了律师事务所进驻企业。该项调查评估了 5 000 多份咨询协议,检查了 0.4 亿个银行账户报表、1 亿份文件、1.27 亿次交易,进行了无数次内部谈话。截至 2008 年,西门子为此付给会计师事务所和律师事务所的费用高达数亿欧元。经过独立调查和集中管理银行账户,西门子结束了全球范围内的法律诉讼,获得新生。此次事件过后,合规文化在企业内部得到普遍认可和遵从。

西门子每年投入大量成本进行合规培训,管理层经常和员工进行合规谈话。目前,西门子在全球聘任了 1 500 名律师投入到合规管理的工作中。

"只做合规业务"已经成为西门子的底线。

三、律师参与中央企业合规管理的实现路径

(一)中央企业合规管理中律师的主要工作

根据参与事项的不同,律师在中央企业合规管理中的主要工作可分为以下三个层次。

1.合规培训

合规培训是指根据企业合规体系架构、最新合规法律规定对企业管理人员和员工进行培训。着重培养企业成员的法律意识、合规意识,就合规政策、热点案例进行评述。向企业成员讲解企业合规规定,提高成员的合规管理水平。

合规培训为律师参与中央企业合规管理的较浅的层次,一般通过讲座的形式进行,可分为定期培训和不定期培训。某些企业对于每年合规培训的次数存在要求,多为邀请知名律师事务所律师进行合规培训。

2.责任调查和追究

责任调查与追究是合规管理中就某一违法、违规事件展开的调查与责任追究。例如企业员工在业务工作中触碰法律、规章、制度的红线,就员工是否存在侵害公司利益、是否涉及刑事犯罪或行政违法、是否泄露企业商业秘密、是否侵害企业知识产权等,展开调查并认定员工的责任。除企业内部的责任调查与追究外,还包括应对企业外部的影响力事件,例如应对监管机构的调查、行政机关的处罚、外部侵权行为等。就外部侵害展开调查,并就侵害行为通过诉讼、调解、和解等方式予以解决。

责任调查和追究一般为出现违规事件后进行的专项处理,属于事后救济措施,多表现为企业聘请律师代理相关涉诉案件以及处理相关具体违规事宜。

3.合规体系建设

企业合规体系建设是合规管理中最为系统、最能反映专业能力、最具技术含量的工作内容,属于违规事件的事先防范手段,也是目前中央企业体制改革的重点。可以拆解为:企业合规调查、合规风险识别、合规体系设计、合规管理落地等。企业合规体系建设的目标在于:首先,全面梳理、排查企业主

要负责人履行法治建设第一责任人职责、各级管理人员依法依规履职中存在的问题,剖析影响企业法治建设发挥支撑保障作用的瓶颈,有效整改,实现法治建设组织领导有力、服务保障到位。其次,根据企业运营实际,依法依规对公司章程、相关运营管理规章制度进行审核,解决违法违规问题,完善运行保障机制,构建决策科学、协调运转、有效制衡的法人治理结构。再次,梳理、排查法律风险防控、项目投资权益保障、市场运营监管等运行机制,关注安全环保、劳动用工、知识产权等特色部门,实现企业依法合规安全运营。最后,梳理、排查、整改企业重要决策、经济合同及规章制度三项法律审核存在的问题,全面落实法律审核制度。具体方式和途径可包括:

(1)中央企业合规情况尽职调查

对中央企业合规情况展开尽职调查,是了解企业基本情况的重要手段。尽职调查可以使律师对企业的合规情况有系统、全面的了解,是识别合规风险、设计合规体系的最基本的工作。

具体调查手段可包括发放调查问卷和调查清单、进行主要部门现场访谈、制作自我评价评分表、要求提供必要的资料并审查等。具体调查内容,可就企业加强法治工作组织领导情况、增强依法治理能力情况、强化依法合规经营情况、加强依法规范管理情况、健全法治工作体系情况五个方面进行合规情况调查。

(2)中央企业合规问题梳理

根据尽职调查情况,发现企业各部门和各子公司在合规管理方面的个性和共性问题,并进行具有针对性的问题梳理,区分共性问题和个性问题,可使律师更有针对性地"对症下药",制定符合企业特点的合规管理制度,防止合规体系建设流于形式。同时应关注合规管理中的重点领域,《中央企业合规管理指引(试行)》第13条规定了对以下重点领域的合规管理:市场交易、安全环保、产品质量、劳动用工、财务税收、知识产权、商业伙伴。① 律师在进行合规调查、设计合规体系时也应当对以上领域着重加以关注。

(3)出具整改报告

整改报告是律师进行合规体系构建工作最终的成果体现,是构建合规体

---

① 详见《中央企业合规管理指引(试行)》第13条。

系的精华所在。律师需针对企业的共性问题、个性问题分别出具相应的整改报告,设计出具有针对性的合规管理体系。内容上可参考完善组织机构与职责、明晰法律合规管理的重点领域、健全合规管理规章制度、建立合理的合规管理流程、加强法律合规文化建设几个方面。

《中央企业合规管理指引(试行)》第 27 条、《关于全面推进法治央企建设的意见》第 1 条、第 15 条等法律规范均提出了要加强企业的法治文化建设。应当采取切实有效的措施,积极培育良好的企业合规文化,引导和规范员工的行为,打造自觉遵守法律规定和制度规范的文化环境,形成员工的向心力,促进企业的长远发展。

(4)整改辅导

制定完成企业合规管理体系后,律师仍需对企业根据合规管理制度,依照合规管理流程,对企业存在的共性和个性问题进行整改辅导。在全公司范围内推广,进而指导、改进、提升中央企业法律合规管理工作水平。

(二)中央企业合规管理中律师的角色定位

随着全面深化改革和全面建设法治央企的推进,全面提升合规管理活动和建立完善的合规管理制度已是各中央企业的第一要务和必修课。出现违规事件后,律师的及时介入,可避免企业的合规事件的恶化,甚至挽救企业。同时,合规管理作为一个庞大体系,需要律师利用法律专业优势和实务经验,对企业合规问题进行全面梳理,完善的合规体系亦需要精通法律的律师来进行统筹规划。在这个过程中,律师更多担任的是企业合规诊断员和合规管理体系规划者的角色,"望闻问切"之后,"对症下药"。由于企业内部的种种限制,从某种程度上讲,一个完善的中央企业合规管理体系,非经专业律师深度参与不能完成。

随着大合规时代的到来,在我国中央企业向全球化阔步前进、国际环境的残酷竞争对中央企业法律合规管理提出了更高要求的背景下,律师介入中央企业合规管理将具有广阔的市场空间和急迫的现实需求。

四、结论

随着全面深化改革和全面建设法治央企的推进,中央企业进行合规管理有其深远的背景和必要性。建设完善中央企业合规管理体系,首先应明确合规管理的内涵,作为相关的概念,合规管理、内部控制和风险管理的概念范围逐渐扩大。其次,在建立合规管理体系过程中,需要企业内部相关部门各司其职、相互支撑和协调配合,共同推进合规管理制度的建设。同时,在合规管理的参与主体中,律师作为主要外部参与人是必不可少的角色,在中央企业合规管理中起着重要的作用。最后,律师作为法律专业人员,在中央企业合规管理过程中担任着企业合规诊断员和合规管理体系规划者的角色,可以从各个方面为中央企业合规管理提供专业服务,确保完善合规管理体系的建立。

参考文献

[1]樊光中:《学习〈中央企业合规管理指引(试行)〉与思考(一)》,载《新产经》2018 年第 12 期。

[2]李阳:《来自一个合规实务从业者的分享——略谈国资委关于印发〈中央企业合规管理指引(试行)〉的通知》,载《新产经》2019 年第 1 期。

[3]李彦平:《中央企业内部控制有效性的提升办法研究》,载《当代经济》2015 年第 3 期。

[4]樊光中:《关于落实〈中央企业合规管理指引(试行)〉的思考与建议(七)——建立合规管理体系的"22211"原则》,载《新产经》2019 年第 6 期。

[5]卞传山:《企业合规管理中纪检监察的职责定位》,载《新产经》2019 年第 5 期。

[6]吴学静、梁洪力、邱月:《浅析合规管理体系框架设计》,载《标准科学》2014 年第 12 期。

[7]康蓓琳:《央企合规管理体系建立的路径探寻》,载《法制与社会》2017 年第 5 期。

石油钻探企业海外合规管理体系的建立与实施

四川同渡律师事务所

石油钻探企业是石油行业的专业化石油工程技术服务企业,拥有钻修井、技术服务和风险总承包三大业务板块,业务范围覆盖钻井、测井、录井、固井、定向、钻井液、顶驱、钻具、压裂酸化等石油工程技术服务的各个环节,以及常规油气、页岩气、煤层气、地热等能源开发风险总承包业务,海外业务分布在美洲、非洲、中东、中亚等地。

一、实施背景

作为海外业务范围广、比例高的企业,石油钻探企业几乎完全置身于市场化、全球化和法治化的经营发展环境中,企业生存、发展、壮大的内在法律需求不断增加,法律管理难度不断加大。因此,对石油钻探企业来说,全面构建法律管理体系和法律风险防控机制,从制度、合规、合同方面实施针对性措施,进行有效管理,不断实践商业模式创新,是适应内外部法律环境深刻变化的客观要求,是贯彻党和国家依法治企、合规管理要求的光荣任务,是在越发严酷的国际市场环境中提升竞争力的必然选择,也是实现企业管理能力提升、降本增效、可持续发展的必由之路。

(一)加强石油钻探企业海外合规管理的重要性

后危机时代,特别是在低油价的冲击之下,许多经济陷入困境的产油国开始调整投资、财税、贸易政策和法律法规,加强对本国企业的保护和对外国企业的限制,甚至利用劳工、环保、关税等问题对外国企业进行大规模调查和处罚,法律环境日趋复杂。一些行业火热时被掩盖、被忽视的风险逐步暴露,债务拖欠、合同违约、纠纷案件多发频发。

同时,世界各国政府和国际组织对企业的监管力度不断加强,对企业经营透明度的要求不断提高,一大批世界级大公司因为违法违规问题受到巨额处罚,其中能源开发和石油钻探类企业首当其冲。各大石油公司都将法律合规管理水平作为选择合作伙伴的重要标准,在招标和履约过程中不断要求石油钻探企业提供内部法律合规管理证据、改进管理水平。

这些新问题、新要求对企业海外业务的法律管理提出更加严峻的挑战,需要企业准确把握中国和业务所在国的政策和法律法规变化,更加注重依法合规经营,依法决策不踏红线,合规经营守住底线,管控风险强化维权。

(二)加强石油钻探企业海外合规管理的必要性

党的十八大以来,党中央作出"四个全面"的战略部署,国务院国有资产监督管理委员会(以下简称"国资委")提出全面建设法治央企的各项要求,中石油印发《集团公司关于全面推进依法治企的指导意见》明确指出,依法治企是依法治国的重要组成部分,国有企业全面推进依法治企是贯彻落实党的治国方略和国家意志的基本体现;依法治企,要求企业治理机构和管理人员运用法治思维和法治方式开展经营管理,真正实现治理科学、管理规范、信守合同、行为合规、依法维权的法治要求。石油钻探企业肩负着保障国家油气能源安全和国有资产保值增值的重要任务,构建法律管理体系、推进依法治企,对企业深化改革、优化治理结构、提高管理水平、实现稳健可持续发展具有重要的现实意义和战略价值。

(三)加强石油钻探企业海外合规管理的急迫性

面对严峻的市场环境,传统工程技术服务模式遭遇重大困境,为在大量同质化竞争中占得优势,石油钻探企业必须寻找自身比较优势,开展差异化竞争,在商务模式上勇于创新。

为谋求新市场、新客户、新业务,企业近年来探索实践了以合资合作、带资服务为代表的一系列新商业模式。这些模式与公司传统的工程技术服务业务模式相比,交易架构多样、各方权利义务关系复杂、法律风险和法律技术含量高,对公司法律管理水平提出了更高的要求。

二、石油钻探企业海外合规管理体系的建立

(一)案例分析

以某石油钻探公司为例,该企业以海外业务在内的法律需求作为工作出发点,借鉴国际先进经验并结合自身业务实际,创新性地提出"317N"管理战略,即"立足3支队伍、守住1条底线、用好7个抓手、实践N种模式",建立全面覆盖海外业务的法律管理体系。

"317N"管理战略具体分解为:

"3"是立足专职法律顾问、兼职法律人员、外聘律师团队这三支队伍,从队伍建设切入,吸纳培养各类法律管理人员,打通专业法律知识与公司业务之间的联系,为法律管理工作的高效开展打下坚实的组织基础。

"1"是守住"防止法律风险变为实际损害"这一条底线,按照海外业务开展过程中的经营主体、经营要素、日常运营和纠纷维权四个关键方面,分类研究中国和业务所在国的相关法律法规和政治政策环境,有针对性地实施全员预防、业务控制和专业补救措施,有效避免实际损害发生。

"7"是用好规章制度、监测预警、合规管理、经济合同、机构管理、授权委托、纠纷解决等七个抓手,以全面覆盖为基础,坚持问题导向,注重流程控制,边完善边加强,着重强调重点领域的风险防范和关键环节的管理把控。

"N"是实践合资合作、带资服务等N种商业创新模式,依据中国和业务所在国相关产业政策和法律法规,结合市场情况和甲方需求,打造依法合规、互利共赢的商业合作模式,为公司业务拓展提供创新支持和法律保障。

(二)具体措施

1.建立石油钻探企业海外合规管理体系

(1)明确管理制度

某石油钻探企业将"防控法律风险、服务业务发展"作为海外业务法律管理工作的重要使命,从建成国际化石油工程技术总承包商的战略目标出发,明确了海外业务法律管理体系的总体目标:坚持依法治企、诚信合规原则,立足内部团队和全球网络,实行统分结合的法律管理模式,形成总部统筹推进重点法律项目、海外项目部立足当地进行日常法律管理的工作格局,准

确定位法律管理工作的决策参与、协同管理、监督保障、权益维护和文化培育功能,切实做好各项管理工作,全方位提高企业的依法合规经营水平和业务创新发展能力。

为确保总体目标的实现,企业提出海外业务法律管理体系的基本方针:以"依法治企、诚信合规"为原则,依法办事,主动遵守法律监管要求,信守合同,妥善处理与利益相关者之间的关系;以"法律与业务深度融合"为机制,在法律管理中提供专业帮助,在支持服务中实现专业管理;以"尊重制度、遵守程序"为保障,提高制度建设和程序设计水平,用制度管企业、按程序做业务。

(2)建立海外合规管理体系

某石油钻探企业精心打造素质高、能力强、能将法律专业管理与业务实际紧密结合的海外业务法律管理团队。

一是统分结合,两级责任主体分级管理。海外业务法律管理团队分为总部和海外项目部两个层级。总部由总法律顾问和企管法规处统筹海外业务涉及的法律风险防控、制度建设、经济合同、合规管理等一系列法律管理事务,在总结海外业务法律管理经验教训的基础上,制定各类业务管理办法,为海外项目提供指导,并根据实际需要,对海外业务中遇到的复杂法律问题和重点业务提供远程指导与现场支持。

海外项目部总经理是本单位法律事务的第一责任人,根据项目规模,在项目部内部设立法律事务部或任命专职、兼职法律顾问,负责海外项目日常法律管理,同时根据实际需要,聘任一个或多个外聘律师团队,处理劳工纠纷、关税、行政申诉等问题或为合资合作提供支持。

二是内外合力,维护全球外聘律师网络。经过多年实践,企业认识到,海外业务法律管理水平一方面取决于内部专职、兼职法律人员的业务水平,另一方面取决于外部律师团队的能力和内外合作效果。因此,企业着力加强与业务所在国优秀律师事务所之间的合作,建立全球外聘律师网络,维护长期合作关系,有效利用外部资源来满足业务发展需要。

三是优势互补,建立三支队伍配合协调机制。在支撑公司海外业务法律管理的三支队伍中,专职法律顾问团队熟悉公司业务,精通法律专业,但人数较少难以配备到各个项目中;兼职法律人员深入业务第一线,了解海外业务的法律需求,但限于专业背景,不容易准确用法律语言表达诉求,且缺乏对法律服务进行评价和管控的能力;外聘律师团队熟悉所在国法律规定及法律实践,善于处理具体问题,但对公司业务及需求的了解不全面,与兼职法律人员配合时,容易因沟通不畅造成误解。

经过多年实践摸索,企业形成了一套处理复杂法律问题时三支队伍的配合协调机制,即兼职法律人员向专职法律顾问表达业务需求,专职法律顾问在沟通确认业务背景和需求细节后,通过法律专业语言向外聘律师团队发出服务指令,配合并监督外聘律师团队完成工作。通过这一机制,公司避免了大量因专业隔阂和沟通不畅可能造成的法律服务质量缺陷,充分发挥了三支队伍各自的优势,在公司专职法律顾问紧缺的情况下实现了法律管理水平最优化。

(3)建立海外法律风险防控机制

某钻探公司按照法律风险判断识别原则,将海外法律风险进一步细化解释为四种类别,为规范企业员工行为、有效防止法律风险变为实际损害这一条底线做好基础准备。

① 法律政治风险,指企业在业务所在国的特定法律政策环境中因为权利义务失范而招致法律责任、遭受实际损失的可能性。业务所在国的特定法律环境受该国的政治决定结果和政治变动冲击的共同影响。

企业重点关注国际形势、地区局势和国内政治对业务所在国的法律政策环境、社会安全稳定、市场开拓前景和对中资企业态度的影响,以及行政法中的强制性或禁止性规定等风险源。

② 监管合规风险,指未遵守中国、全部业务所在国或业务涉及国、国际组织的相关法律法规、国际协定、行业准则和商业规范而招致法律责任、遭受实际损失的可能性。

企业重点关注劳动关系、质量健康安全环保、对外交易、政府与社区关系、财务资产信息等领域的风险源,尤其强调对外交易中的反商业贿赂、反利益输送、反垄断和反不正当竞争要求。

③ 交易法律风险,指企业选择交易对象、谈判、交易结构设计、合同文本选

择、合同履行、变更、合同终止等方面招致法律责任,遭受实际损失的可能性。

企业重点关注收入类工程合同签约过程中的关键条款要求和履行过程中的关键环节控制等风险源。

④ 纠纷解决风险,指企业与其利益相关者因为权利主张不一致、未能理解或遵守合同项下的义务、未能适当管理合同、未能就工期延长和补偿作出临时裁决、合同文件错误和遗漏等纠纷而招致法律责任、遭受实际损失的可能性。

企业重点关注劳动纠纷、与第三方服务商供应商之间的合同纠纷、进出口纠纷、税费纠纷等风险源。

2.高效推进石油钻探企业海外合规管理体系

在海外业务法律风险识别的基础之上,企业以规章制度、监测预警、合规管理、经济合同、机构管理、授权委托、纠纷解决七个抓手作为具体防控机制,针对四大类风险和近二十个风险源,从流程入手,深入具体业务,把控关键环节,防止法律风险变为实际损害。七个抓手虽然在强调重点方面各有不同,但并不是独立运用,而是相辅相成、互为补充,共同发挥作用。同时,针对现有业务模式管理的七个抓手为实践 N 种商业模式创新提供了必要的基础准备和专业支持。

(1)优化企业内部规章制度

规章制度是公司管理理念的固化和提升,是指导一切业务发展和项目运营的基础。由于时差、距离以及地处不同法域,企业海外业务运营管理和法律风险防控的沟通成本高、管理难度大,因此,统一有效的规章制度对海外业务法律管理至关重要。

针对海外业务,企业形成以规章制度管理、合规管理、合同管理、海外法律实体管理、授权管理、工商事务管理、重大决策方案法律审查等方面构成的完整的法律管理制度体系。在此基础上,为进一步提升海外业务的法律风险防控水平,促进海外管理经验的有效固化,提高海外管理知识与经验的可复制、可移植性,同时又适用于不同的法域,企业采取"制度模板""业务模块"的创新性措施,不断优化海外业务制度设计。

一是统一标准,用"制度模板"规范海外业务制度建设形式。企业开发

"海外项目制度模板",从制度体系架构、制度内容安排、制度格式体例等方面为海外业务制度建设提供统一标准。"制度模板"分为空白模板与示范模板两种形式。空白模板是海外项目制度起草的标准格式,既有助于提高海外项目制度建设水平,又便于不同海外项目之间进行比照借鉴,实现知识经验共享。示范模板包含"当地雇员管理""资金管理""物流管理"三个独立主题模板文档,模板文档直接援引或转化自公司现行制度条款,列明公司现行各项制度中有关海外业务管理要求的具体内容,同时列明各项目应根据所在国法律实际所需要补充编写的内容提示和格式要求。

二是调整结构,用"业务模块"优化海外业务制度内容体系。企业通过"制度模板",以系统化的手段对制度内容体系进行科学规划,形成当地雇员管理、资金财税管理、物流后勤管理、生产作业管理、质量管理、安全环保管理六个基本"业务模块",辅以适应当地项目经营管理特点的其他模块,优化海外业务的制度内容体系。同时,在保证对海外业务各领域全面覆盖的前提下,贯彻精细化管理要求,在制度建设中查遗补漏,做好相应制度安排,在结构上使各"业务模块"做到有效衔接、互相协调。

"制度模板"和"业务模块"为提高和完善海外业务法律管理、提高项目管理水平、实现业务当地化奠定了坚实的基础。

（2）优化海外法律风险防控机制

企业根据国际战略和法律政治风险分析的最新理论成果,立足公司经营实际需求,创新方法,设计建立海外市场法律政治环境研究、监测、分析、预警四个连贯流程,重点研究国际形势、地区局势和国内政治决定与变动对业务所在国的法律政策环境、社会安全稳定、市场开拓前景和对中资企业态度的影响,定期组织收集、分析、评价中国和32个海外业务所在国的法律法规及其最新变化,重点关注行政法中的强制性或禁止性规定,及时有效提出针对性措施,全面防控法律政治风险。

（3）贯彻落实海外合规管理体系

防控海外业务监管合规风险,要求企业和员工做到人人、事事、处处、时时守法合规。作为在全球范围内同时受到多重法律监管的合规主体,企业提出理念先行、全面覆盖、重点突破的合规管理措施,以宣贯培训和合规登记为重点,不断提高海外业务监管合规风险防控水平。

一是理念先行,突出有感领导、强调全员有责。企业认识到,全员坚持诚信合规理念是企业和员工规范自身行为、主动接受监管合规要求的前提。因此,企业将意识宣贯作为合规管理的基础,向海外全员发放英、俄、法、西、阿五种外语版本的《中国石油天然气集团公司诚信合规手册》。在理念意识宣贯中,企业突出有感领导、强调全员有责,总部和海外项目各级领导率先垂范,明确"管业务必须管合规",落实劳工、质量健康安全环保、对外交易、政府与社区关系、财务资产与信息等各个业务部门的合规管理责任。

二是全面覆盖,遵照监管要求规范全员行为。企业海外业务既要遵守中国《刑法》《反垄断法》《反不正当竞争法》的相关规定,还要遵守美国《反海外贿赂法》、英国《反贿赂法》和32个所在国的相关法律法规、经济合作与发展组织《跨国公司行为准则》《联合国反腐败公约》和《联合国全球契约》的相关规定。企业努力将监管合规要求内化为公司制度规定,坚持问题导向、注重流程控制;发挥合规登记报告和合规审查的作用,定期组织海外业务人员进行合规登记,对重大事项进行合规审查;重点做好反商业贿赂和反利益输送管理,为市场开发赢得主动。

三是重点突破,加强合规培训、健全事前防范。根据理念宣贯内容和监管合规要求,企业大范围、多层次、高频率开展合规培训教育,明确领导干部和中外方关键岗位人员的责任和要求,解释干部和员工在业务流程中所面临的合规风险和管控措施,反复督促,确保落实。同时,加强对服务商、供应商等第三方的宣贯和管理,贯彻第三方严进严出要求,有效规避合作伙伴违规所导致的连带责任。

(4)提升企业基础业务水平

一是上下联动,夯实海外业务合同管理基础。企业的经济合同管理主体也分为总部和海外项目部上下两个层级,依据相应的合同管理权限进行管理并承担相应责任。日常管理中,企业强调台账记录与合同归档两项基础工作,总部严格监督,定期开展合同专项检查和考核,及时发现问题、堵塞漏洞;海外项目部认真履行程序,克服各种困难,及时准确完成台账记录,定期将合同原件交回国内归档。

二是强调环节,把控海外业务签约审查。企业所有海外业务签约前必须进行经济、技术、法律三项审查,由法律部门牵头,组织所属单位、业务部门参与海外项目投标报价分析,对技术规范、装备配置、人员设备、HSE 和社会安全条款、付款条件、保险和税收、保函、责任与免责等条款进行全面审查。公司领导严把审批关,审查审批双保险,有效识别和防控海外业务的交易法律风险。

企业重点把控社会安全条款的审查环节和特殊类型合同的额外审查环节。公司与业主关于安全防恐责任和义务的划分是工程合同审查的核心,必须满足以下清单要素:是否含有安全条款、安保费用金额、安保人员构成、条款内容是否适合所在国的安全风险级别、建议措施等。对于特殊类型合同,常规审查之外必须增加当地律师审查环节,确保符合当地法律监管要求。对于延期项目合同,必须增加对标分析环节,法律部门向业务部门提出风险点和解决建议。

三是立足条款,扫除海外业务合同履行障碍。海外业务合同签订后,进入合同履行管理阶段。总部与海外项目部密切沟通,海外项目部作为合同履行的责任主体负责生产经营,总部法律部门会同有关业务部门对履约过程中出现的问题提供法律支持。针对各类问题,法律部门区分情况找出问题根源,立足相应合同条款,准确解释条款含义,分析双方权利义务。对需要协商解决的,提出合同变更意见,对需要主张权利的,提供纠纷解决支持,及时妥善解决合同履行中的全部问题。

(5)建立海外合规管理的法律平台

企业立足海外业务发展需求,对海外法律机构的设立、变更、存续、维护和注销工作实行严格管理,针对法律机构与业务需求脱节、机构日常管理未遵守所在国法律要求、项目结束法律机构未及时注销等风险进行妥善管控,有力支持公司海外业务发展。

一是调研论证在先,从源头管控法律机构设立不当风险。企业将全面调研论证作为设立海外法律机构的前提,由公司总部主导,在掌握当地法律政治环境、业务相关法律规定、项目业务开展需要和潜在业主需求的基础上,综合考虑法律政治风险、市场开发、人员管理、设备及物资进出口、资金、外汇、税收等要素,确定适合项目运行的法律主体,为项目合法运作提供法律平台,从设立伊始就奠定机构规范运营的基础。

二是明确维护主体,严格遵守所在国各项法律要求。海外项目部是海外法律机构的日常维护主体,负责跟进所在国法律规定,办理海外法律机构存续所必需的年检、备案、信息更新等手续。公司业务发展需要变更海外法律机构原登记事项,如经营范围、经营期限、注册资金、注册地等,由海外项目部提出申请,经公司总部批准后,由总部法律部门配合海外项目部办理变更手续。

三是及时办理机构注销,避免招致诉讼和损失。在某一国项目全部结束后,公司成立项目清算关闭工作组,负责清理项目债权债务、清理在执行合同、解聘雇员、了结纠纷诉讼、关闭银行账户等工作,并办理法律机构注销工作,避免项目结束后遗留问题持续积累,给公司声誉和经济利益造成损害。

(6)提高企业海外人员合规经营水平

一是通过归口管理,实现对重要业务的法律管控。公司授权工作采取归口管理模式,由总部企管法规处作为唯一的归口部门,为管控海外业务法律风险提供重要抓手。在具体管理上,实行一事一议、有限授权的原则,即授权书的授权范围有清晰的事项边界和期限,未明确授予的权利和事项,被授权人不得行使。

二是注重事项审查,保障授权事项合法合规。对于授权申请,总部企管法规处对授权事项进行法律合规审查。首先,审查授权事项是否与中国、业务所在国及其他相关国家的法律存在冲突,例如对办理火工品、放射源业务的授权申请,需要了解业务所在国对这类物品管理的相关法律规定,审查申请单位是否具备获得所需资质、许可的条件。其次,审查授权事项是否履行了公司、集团公司相关的业务程序,例如在项目所在国开立银行账户的授权事项就需要事先办理公司和集团公司两级审批,签订合同的授权事项需要事先办理公司合同立项及审批程序。

三是严审授权文本,确保文字表述不存在法律隐患。授权文本原则上由总部专职法律顾问起草,特殊情况下需要使用特定政府部门或交易对方提供的文本时,也会由专职法律顾问对文本进行严格审查,以确保授权文本表述清晰、法律术语使用准确、结构内容完整、不存在歧义。

（7）加强海外法律纠纷管理

企业外籍员工众多，面临复杂的安全、健康、环保法律监管，施工地区存在复杂的社区关系，需要跨越多重关税法律体系转运设备物资，因而存在大量的纠纷案件风险。对此，企业规范管理，积极应对，不断提高纠纷案件处理能力，深挖典型案件成因，持续改进各类业务管理水平。

一是严格申报程序，明确处理主体，确保纠纷案件的处理不会落空。企业详细规定了纠纷案件的初次申报时限、后续处理申报时限、申报内容及格式规范、未按要求申报的责任等，确保公司总部能够及时、全面地掌控海外业务纠纷案件总体情况。

在纠纷案件处理主体方面，企业实行总部与海外项目部分级负责的体制，即简单案件由海外项目部组织外聘律师处理，总部企管法规处跟踪案件进展情况，并依申请为海外项目部提供必要支持，重大复杂案件由企管法规处直接主导处理，从而保证案件处理的主体责任不会落空，同时兼顾总部和海外项目部的优势法律资源，充分调动两者的积极性。处理纠纷案件的前提，公司强调业务人员对配合处理纠纷案件的责任，业务经办人员有责任说明案件相关事实，提供所掌握的案件相关证据，协助法律人员做好案件处理的前期分析和准备工作。

法律人员在摸清案件事实的基础上，对案件基础法律关系、所涉各方的权利义务、违法违规、违约侵权的情形进行分析，提出完整的案件处理方案。案件处理方案通过公司审批后须严格执行，但可以根据案件处理进展进行调整。

二是集中力量处理重大纠纷案件和类型化纠纷案件。公司强调及时、主动处理纠纷案件，尤其强调集中力量处理重大纠纷案件和类型化纠纷案件，并注重深挖案件成因，努力找出案件背后的管理漏洞和不足，促进公司业务管理水平不断提高。

（8）创新改革企业海外经营模式

在商业模式创新实践方面，企业采取法律论证前期介入、法律人员主导谈判、法律审查把握关键、法律管理持续支持的方式，派遣法律人员直接进入项目组，从项目论证、交易架构设计、立项、谈判、合同起草、项目审批到项目执行，为公司业务拓展提供全过程、全方位的创新支持和法律保障。

一是合资合作。企业采取法律人员前期介入、统一领导谈判、把握关键节点、加快启动进程、优选专人驻派等步骤,建立运营合资公司,成功开拓国内页岩气市场和澳大利亚等高端服务市场。

企业由总法律顾问牵头,全面梳理分析项目背景、合作动因、双方优劣势、利益诉求点、法律关系和法律风险,发挥法律人员在谈判中的主导作用,注重把握合资合作的谈判关键和方向,对注册地、治理模式、管理层分配、人事薪酬制度、满足审批要求的生效条件、知识产权保护、业务排他性等关键性条款进行分析排序,最大限度争取自身利益。最终,利用新加坡税负低、外汇管理宽松等比较优势,选定其作为注册地,发挥中国低成本优势,将管理中心转移至北京市。通过合理划分股东、董事会和管理层的职权,建立符合股东利益的会议机制和表决机制。

鉴于通过涉外合资公司开展海外业务的特殊性,企业通过优选专人驻派的方式加强法律风险防控,选派四名法律人员,分别担任合资公司的总法律顾问、合规部总经理、总裁助理和法律部法律顾问。企业派驻人员根据公司规定,建立合资公司的管理体系、授权制度与手册、合规体系,筹备董事会会议、准备会议文件,办理各种经营许可,保证合资公司的法律管理从一开始就步入正轨,最大限度维护中方股东利益。

二是带资服务,设计实施加拿大高端市场油气项目。加拿大带资服务项目采取加拿大市场流行的 Farm-in 模式,企业采取理清法律关系、防控五类风险、把握关键节点、设计防控措施和全程法律支持的方式,设计实施该项目,成功开拓加拿大高端服务市场,迈入当地油气开发领域。

企业法律人员全程参与合同谈判,形成合同文本,准确表达谈判成果,详细阐释复杂、专业的合同条款的真实含义,最大限度避免双方对合同文本的误解和歧义。坚持公平和互利共赢原则构建合同关系,妥善设置双方权利义务,发挥双方优势,力争双方均能从项目中获得合理收益,以保证双方在长时间的项目期内均有足够动力持续投入。

企业安排法律人员持续关注项目运营,对项目运营中遇到的地块权益延期、政府特许权使用费征收规则、合作双方合同权利义务的阐释等法律问题提供有力支持,保障项目顺利运营。

三、石油钻探企业海外合规管理体系的实施

(一)纪律严明,严格执行合规管理制度

作为石油工程技术服务行业内海外业务范围最广、规模最大的企业之一,企业率先提出"317N"的海外业务法律管理战略,构建管理体系,建立健全规章制度,严格按照程序开展业务,通过多年探索实践,取得良好成效。

在全球经济低迷、国际原油价格大幅下跌、工程技术服务市场量价齐跌的大背景下,企业实现海外业务快速增长、经营效益持续提高。过去七年,既是企业海外业务不断取得突破、业务比重持续提高的时期,又是企业法律风险防控、依法合规管理成效最为显著的时期。

(二)依法治企,防范控制海外法律风险

企业的法律管理队伍和全球律师网络基本建立,法律人员业务能力素质不断增强,服务水平显著提高。针对法律政治风险、监管合规风险、交易法律风险和纠纷解决风险四大类风险和近二十个风险源,企业用好七个抓手,规章制度建设更趋理性和科学,"制度模板"和"业务模块"在优化海外业务制度设计工作中发挥巨大作用,制度权威性和质量均有提高,全体员工制度意识普遍增强;海外法律风险防控机制贯彻实施到位,使法律政治环境风险研究、监测、分析、预警发挥积极效果;合规管理方式方法不断进步,诚信合规理念得到全员认同;合同管理效率和质量稳步提高,交易成本明显下降,未发生重大合同纠纷。

(三)合规管理,高效服务企业业务拓展

企业法律管理为海外业务发展提供有力支持,取得突出成绩。通过提高法律管理水平,克服委内瑞拉、伊拉克等传统市场上出现的各种困难,不断扩大业务规模,提高经营效益,在石油行业波动巨大、整体低迷的情况下,不断拓展和巩固非中石油市场。通过合资合作、带资作业、PPP等商业模式创新,逆势发展,进入加拿大、澳大利亚等高端服务市场、油气开发领域以及肯尼亚地热开发新业务领域。在风险高、难度大的新业务快速推进的同时,没有出现重大法律失误,没有遭受各国监管机构的重大行政处罚,在中国对外承包工程业内受到普遍赞誉。

企业跨境投资的法律合规工作内容和典型案例探讨

北京市金杜(南京)律师事务所　刘诗嘉　马笑勺

【摘要】 企业跨境投资业务,由投资论证阶段、尽职调查阶段、项目国内审批阶段、项目落地阶段以及项目运营阶段组成。每个阶段都有重要的法律合规工作需要完成。法律合规既包括对法律规范的遵守,也包括在企业内部建立合规管理体系。笔者曾为多个境外投资项目提供合规法律服务,文章选取了五个案例说明典型合规业务的处理方式。

【关键词】 跨境投资法律合规　投资架构设计　项目的国内审批　合规制度建设

企业跨境投资业务,主要由几个阶段组成,即投资论证阶段、尽职调查阶段、项目国内审批阶段、项目落地阶段(境外优惠政策申请、公司设立、合作方签约等)以及项目运营阶段。每个阶段,每个判断,都需要依靠法律和政策的指引。法律先行已经成为"走出去"企业主动遵循的原则。而在《企业境外经营合规管理指引》颁布后,企业更是需要从系统工程的角度来理解合规经营、合规管理的重要性,不仅要建立自己的业务合规文件模板库,还要完成相关部门设置、明确职责划分、制定内部规章制度、设计规范化流程等专项工作。

笔者曾协助企业完成较多跨境投资业务,既有以购买土地、建设厂房为特征的制造型企业绿地投资项目,也有直接收购股权或资产的跨境并购项目。在此,笔者首先探讨法律合规工作的主要内容,然后介绍相关典型案例,希望能为企业跨境投资提供一些启发。

一、投资论证阶段的主要法律合规工作

境外投资论证阶段是投资工作的核心之一,它将决定整个投资的方向、投资方式和架构设计的可行性、资金投入数额和融资方式的选择、获得东道

国不动产的方式、知识产权的布局,等等。所以,投资论证阶段会涉及大量的法律政策检索和法律分析工作,在此基础上,再提出综合性的法律建议。

投资论证阶段法律工作的目的,是为了设计合理的合作模式、投资架构、融资方式等,法律合规工作包括:

1.完整的法律调查

(1)中国关于境外投资的备案、核准规定,弄清自身所属行业的境内审批流程,并关注我国对境外投资的限制性和禁止性规定,以及对外汇留存境外、股息迟延分配的限制性规定等。

(2)与本次投资有关的,东道国加入的国际组织、签订的多边条约,以及中国与东道国的双边协定等,主要包括促进和保护投资协定、关于对所得避免双重征税和防止偷税漏税的协定、民事和刑事司法协助条约、互相承认司法判决和仲裁条约等。

(3)东道国与本次投资有关的主要法律法规、优惠政策。根据不同行业,主要涉及东道国的市场准入法律制度(负面投资清单),主要优惠政策的内容和申请方式,产业园区的特殊政策,外资在东道国的投资形式(分公司、子公司、办事处、PPP模式等),股权结构要求,公司治理的基本要求,外汇管制情况(如税后股息、利润、利息、特许权使用费等的汇出政策),基本税种和税率,贸易与海关规定,外资获得不动产所有权和租赁不动产的强制性要求,工程建设领域外商投资和建设的基本规定,知识产权基本规定,反垄断与反不正当竞争法,反腐败与商业贿赂,环保与健康,劳动用工的基本规定等。

(4)对于常见投资架构,涉及中间持股平台所在国家和地区的基本投资政策,公司的商业实体存在要求,公司的形式和股权结构,公司设立流程,中间持股平台与中国和东道国之间的双边税收协定等。

2.投资和交易结构设计、融资安排

(1)对与项目最重要特点密切相关的法律、法规进行研究、解读,确定其对整个项目可行性的影响。

(2)综合考虑项目各个要素和与之关联的法律法规,确定投资主体,设计投资方式、交易结构,并考虑相应的融资安排,将投资成本降到最低,并能充分隔离国内投资主体与东道国设立企业之间的风险。

二、尽职调查阶段的主要法律合规工作

在投资论证的同时,应当对拟购买或租赁的东道国不动产,或者拟投资的企业、购买的资产状况进行初步的了解,明确其是否符合投资的要求。而一旦投资论证通过,就需要进行详细的法律、财务、税务尽职调查。

尽职调查阶段的主要法律合规工作是,对拟购买或租赁的不动产法律状况,目标企业股权结构、治理架构、股东特别权利,目标企业的主要资产权属和权利负担情况,目标企业的债权债务特别是或有负债状况,对外签订的主要合同履行情况,诉讼与仲裁等核心问题进行调查。而后根据东道国的法律法规,对尽职调查结果进行法律分析,提示法律风险。

尽职调查的结果和法律评价,是确定投资价格和签订投资协议、股东协议、收购协议的重要依据,也影响到对投资架构的调整。

三、项目的国内审批合规要求

国内审批主要是发改委的备案或核准程序、商务部门的备案或核准程序,以及银行(外汇管理局)的外汇登记程序。此外,对于国有企业,还会涉及中央企业负面清单特别监管、国有资产评估和登记问题;对于上市公司,需要进行信息披露和对涉及重大资产重组或非公开发行的审查;部分项目还需要经过反垄断申报和审查。

国内审批流程紧紧围绕合法合规性展开,注重对东道国政治和社会状况、项目是否符合国家产业政策、资金用途和合理性、投资者保护、市场秩序等方面的审查。企业在申请国内审批时,要注重对这些要素的理解,严格依照规定准备材料。

四、项目落地阶段的主要法律合规工作

项目在东道国落地,主要是根据东道国和中间持股平台所在国家和地区的法律法规,当地设立公司或其他主体形式,满足实质商业存在的要求,进行境外优惠政策申请,完成东道国招商部门的面试程序,与各合作方签订股东协议、条款清单、股权收购或资产收购协议,完成资产交割,起草新的公司章

程,与园区或其他业主签订土地购买或租赁协议、工业园区入园协议,以及与工程勘察设计施工有关的协议等。

五、项目运营阶段的法律合规工作

项目运营阶段的合规工作从前期对国内外法律、法规的遵守,进一步提升到公司内部合规体系的建立,对公司的结构体系和管理能力提出了全新的要求。此阶段的合规工作,既包括对将中国和东道国的相关法律、法规转化为适合企业业务特征的制度性文件、标准合同模板、可重复使用的业务流程,也包括对企业内部组织架构、权力分配、各部门间的指令程序等管理性制度的设计,即企业的内部立法。

项目运营阶段的合规工作主要围绕以下要点展开:

(1)完善合规管理组织架构和管理制度,包括:

· 搭建合规管理的企业内部组织架构,理清合规部门、业务部门、其他职能部门之间的关系,划分各部门责任及义务;

· 对管理人员、重要风险岗位人员及其他关键岗位人员,划分人员权限及对职责作出明确规定;

· 梳理和制定各部门之间的管理、协作、汇报机制;

· 制定重要经营事项的决策程序;

· 对反腐败、反商业贿赂领域的合规问题,设计专门的业务流程;

· 明确违反合规流程、合规制度的责任承担。

(2)依法起草各类业务文件,包括:

公司和项目运营各主要方面的规范性文件模板,如销售合同、不动产租赁协议、知识产权许可协议、重大资产转让协议、股东会和董事会通知文件、股东会和董事会决议、劳动合同、诉讼类文件等。

(3)识别风险管理重点领域,并设计专门的合规制度:

· 在企业全面风险管理的基础上,根据企业自身情况、项目特点等,识别企业主要的合规风险领域,确定为合规管理工作的重点领域;

· 建立重点领域合规风险库,即对重点领域的合规风险进行总结,列明合规风险点、风险表现形式、违规后果等;

· 对重点领域合规风险进行分析,综合法定责任、社会责任、企业文化和道德责任等角度,设计专门的合规对策,以业务文件、管理制度的方式体现出来。

(4)风险评估及改善建议:

· 跟踪企业或项目的境外运营状况,及时发现各风险点,并对其进行评估分级;

· 对内部违规进行调查,并根据调查结论分析违规事项发生的原因,评估是否存在制度、流程方面的问题;

· 定期对已发生的和潜在的风险进行总结,结合风险等级,提出可实施的应对建议、风险控制措施、内部管理架构和流程的改善建议等。

(5)主要合作方的合规管理:

· 制定主要合作方的合规审查标准,包括信用程度、履约状况、司法诉讼情况、负债情况等方面;

· 对主要合作方进行合规审查,尽量了解其自身状况,确定风险等级;

· 针对主要合作方的风险情况,改进与其的合作方式、支付方式等。

(6)结合前述各项合规实践经验,编制《境外项目运营合规手册》。

六、境内外合规投资实例

在境内外投资法律实践中,认真遵守合法合规原则,既可规避大量风险,也为企业创造了较大收益,充分说明了合法合规经营价值。在此,笔者分别在前文跨境投资的各阶段中(除去第二个阶段)选择一个案例,并辅以一个外商在境内投资的案例,来进行分析和说明。

(一)根据双边协定来比较和确定投资主体

某上市企业拟在乌兹别克斯坦进行投资,购买土地和设立工厂,从事一般货物的生产和贸易。该企业在中国新疆维吾尔自治区和瑞士都设有子公司,其打算以这两家子公司之一在乌兹别克斯坦设立控股新公司。因此,需要在前期比较二者进行投资的优劣,并最终确定以中国新疆维吾尔自治区公司或瑞士公司进行投资。

从投资的合规角度出发,主要应当了解乌兹别克斯坦与中国、瑞士各自的双边投资协定、税收协定、司法领域的协定,并进行比较。为此,笔者首先查阅了 2018 年最新的《对外投资合作国别（地区）指南——乌兹别克斯坦》，了解在该国投资的基本要求、投资环境、外商投资形式等，并根据其列出的双边协定，在中国和瑞士的网站上查找协定内容。其中，在税收领域，需要关注所得税税率、资本利得纳税规定、亏损结转规定等基本内容，还需要理解境外税收抵免规定、转让定价管理和资本弱化规则等涉外规定；对于从东道国向投资国分配税收时可能遇到的股息预提税、股权转让所得预提税、利息预提税和特许权使用费预提税也要有所了解。[①]

根据乌兹别克斯坦的法律、法规，其企业所得税是 7.5%；亏损结转是允许后转 5 年，但每年结转有限额，即不得超过当年所得额的 50%；从转让定价管理来看，乌兹别克斯坦管理比较严格，要求遵守公平交易原则；在资本弱化问题上，乌兹别克斯坦没有要求。因此，投资乌兹别克斯坦，投资者可以多采用借款融资、降低境外税负，谨慎采用转让定价等策略。

在中国和瑞士对乌兹别克斯坦的投资对比上，经过对协定的查阅、提炼、总结，用表格方式列出以下结论（列表也是法律合规业务常用且十分有效的工作方法）。

表 1　中瑞投资乌兹别克斯坦比较表

比较项目	中国公司直接投资到乌兹别克斯坦[②]	瑞士公司直接投资到乌兹别克斯坦[③]
股息预提税	如果对乌兹别克斯坦公司的持股比例不低于 20%，则预提税税率为 10%	如果对乌兹别克斯坦公司的持股比例不低于 20%，则预提税税率为 5%
股权转让所得预提税	如果对乌兹别克斯坦公司的投资持股比例不低于 25%，则预提税税率为 20%	因投资的乌兹别克斯坦公司主要资产及业务并非房地产业务，因此就转让乌兹别克斯坦公司的股权转让所得无预提税

---

① 参见王素荣：《中亚国家的税收政策及税务筹划》，载《国际商务财会》2017 年第 4 期。

② 参见商务部国际贸易经济合作研究院中国驻乌兹别克斯坦使馆经济商务参赞处、商务部对外投资和经济合作司：《对外投资合作国别（地区）指南——乌兹别克斯坦（2018 年版）》，第 67 页。

③ 关于乌兹别克斯坦与瑞士的双边协议，参见 https://www.admin.ch/opc/de/classified-compilation/20021837/index.html，访问日期：2019 年 2 月 8 日。

（续表）

比较项目	中国公司直接投资到乌兹别克斯坦②	瑞士公司直接投资到乌兹别克斯坦③
母公司所在国（例如中国、瑞士）就从乌兹别克斯坦取得的收入所规定的所得税税负	中国企业所得税基本税率为25% 备注：鉴于乌兹别克斯坦适用的预提税税率低于中国企业所得税基本税率，因此在乌兹别克斯坦缴纳的预提税在计算中国企业所得税时通常可全额抵免	瑞士联邦所得税有效税率为7.8%。另外，瑞士各州也征收州所得税，此根据公司注册地来确定。瑞士联邦加上州所得税合计有效税负通常在12%至24%之间 备注：鉴于乌兹别克斯坦适用的预提税税率低于瑞士企业所得税税率，因此在乌兹别克斯坦缴纳的预提税在计算瑞士企业所得税时通常可全额抵免
收益或款项的转移、汇出	认可	认可
国民待遇、最惠国待遇、公平公正待遇	有	有
征收与补偿	有	有
司法裁决的承认和执行	1.对民事裁决、法院对刑事案件中有关损害赔偿问题作出的裁决、仲裁裁决，均予以承认和执行 2.法院裁决的承认与执行，由被请求方依照本国法院规定的程序进行 3.缔约双方根据《纽约公约》相互承认与执行在对方境内作出的仲裁裁决	未有规定

从上述比较来看，该企业通过瑞士公司投资乌兹别克斯坦具有更为优惠的预提税税率。因此，税务上的比较最终取决于投资主体在瑞士注册地所在州所采用的所得税税率。

后该企业结合自身情况，发现从税收角度出发，瑞士公司投资乌兹别克斯坦更具有优势，而其他方面以瑞士公司或中国公司投资并无太大差异，故最终决定由瑞士公司投资乌兹别克斯坦。

需要注意的是，笔者特意提出客户在中国新疆维吾尔自治区注册了公司,是因为笔者关注新疆维吾尔自治区对境外投资是否有特别规定,经咨询,了解到无此类特殊规定。

(二)根据东道国法律分析尽职调查结果,直接影响收购决策

某大型省属国有企业拟收购一家西班牙公司,目的是获得其名下的一块沿海土地,其含有矿产资源可以进行开发。该西班牙公司明确告知收购方,其拥有该土地的完整所有权,并出示了有关证照。收购方因此与对方初步确定了 EBITDA 值,并据此计算了大致的收购价格。

但在随后对西班牙公司进行的尽职调查中发现,这块土地尽管当前属于西班牙公司所有,但却处于权利有争议的状态。因为根据西班牙法律,沿海土地权属的判断标准是,是否该地块能够被自然洪水淹没,如土地可以被自然洪水淹没,则会被认定为海陆公有领域,私人无法拥有其所有权;反之可以归属私人所有。而收购方关注的这块土地,已被政府聘请的第三方技术部门鉴定为会被自然洪水淹没,政府据此将其认定为公共用地。西班牙公司为此向政府提出异议,并进入司法程序,前后历经多年和几次反复,当前法院尚未作出最终判决。

西班牙公司是否拥有该土地所有权,对本次收购具有决定性的影响。为此我们与西班牙律师一起研究该问题,查阅了西班牙法律和案例,得出了很有价值的结论。从当前的证据来看,西班牙公司是否可拥有土地所有权的确存疑,其在诉讼中获胜的可能性并不大。我们进一步研究了如果土地被认定为公共用地对本次收购的影响。原来,如果该土地被认定为公共用地,西班牙公司仍可以获得 75 年的特许经营权,其间主要限制是不得在该土地上新建建筑物和设施,但可以对现有建筑物和设施进行改造。但是因为该地块位于自然保护区内,而根据西班牙对自然保护区的相关法律规定,无论土地是公有还是私有,工程的实施均会受到自然保护区相关法律的限制,即不可对现有的建筑及设施进行扩建,其限制与公有领域工程施工限制相同。

进行深入分析后发现,该土地是否被认定为公共用地,仅有的不同是无限期的所有权和 75 年特许经营期限的差异;从企业的经营上来说,即使是在有限的特许经营期内,该土地的开发仍可以满足企业要求。因此,笔者建议企业,可设置 75 年特许经营权下的股权转让价格,并以此价格购买对方股

权。若对方以后在诉讼中获胜,我方即享有土地所有权,届时可将该价格与原价之间的差额补足给对方。

此建议获得企业的认可。但最终因为上级公司对于土地所有权十分看重,还是以存在不能获得所有权风险为由,终止了该项收购。

(三)通过将对规范性文件的研究和向有关部门咨询相结合,准确把握中外合资企业资本金再投资政策

企业的法律合规工作,经常遇到对法规规章和政策的解读问题。它们与国家法律有所不同,往往没有立法机关或政府部门的解释,也无太多司法判例可做指引,故律师不仅需要充分运用法律解释方法对其加以理解,而且十分有必要向政府机关咨询对有关问题的把握。

在某中外合资经营企业的境内收购项目中,该中外合资经营企业的资本金尚未实缴,其需要从境外股东处获得投资款,缴足资本金后,将该笔资本金直接投资收购境内目标企业的股权。由此存在两个合规方面必须考虑的问题:第一,该中外合资企业拟收购的目标企业是否有不符合外商投资负面清单的主营业务;第二,外商投资企业境内再投资有何特别要求。

通过查阅有关法律、法规,发现对外商投资企业境内再投资的规定,其立法目的是为了吸引外资,同时也要对外资进行管控,引导其进行符合国家产业政策的生产经营,防止纯粹的投资牟利。若外商投资企业完全以投资为主要业务,则须专门设立外商投资性公司。笔者总结了收购方的情况:

(1)收购方属于非投资性的中外合资经营企业,根据《关于外商投资企业境内投资的暂行规定》《外商投资准入特别管理措施(负面清单)(2018年版)》的规定,其购买被收购方的股权,有以下要求:

①收购方已开始盈利;

②收购方依法经营,无违法经营记录;

③收购方不得在被收购方的某些对外资有限制的领域投资。

这些限制性经营范围并不属于收购方的业务领域,故在收购前被收购方可以将其去除。

(2)作为不属于以投资为主要业务的外商投资企业,根据国家外汇管理局《关于改革外商投资企业外汇资本金结汇管理方式的通知》(汇发〔2015〕

19号)的规定,其用境外股东支付的资本金对外股权投资,会受到以下限制:

①资本金的使用应在企业经营范围内遵循真实、自用原则。不得直接或间接用于企业经营范围之外或国家法律法规禁止的支出;不得偿还企业间借贷(含第三方垫款)以及偿还已转贷予第三方的银行人民币贷款;

②该收购方应如实向其资本金账户开立银行提供相关真实性证明材料,银行对其真实性进行审查;

③被收购方应前往注册地外汇管理局(银行)办理境内再投资登记并开立相应结汇待支付账户,再由收购方按实际投资规模将结汇所得人民币资金划往被收购方开立的结汇待支付账户。

因收购方经营范围中无股权投资项目,故其将资本金对外进行股权投资,会受到上述限制。对于主管机关在实践中如何具体掌握该问题,我们向当地外汇管理局去电询问。外汇管理局答复称,此类情形均须根据具体情况判断,并非一定拒绝,须收购方提交证据材料,综合判断。我们因此可以认为,收购的真实性以及收购的最终目的不是投资而是从事实业,成为判断外商投资企业资本金可否直接用于再投资的重要因素。由此我们提出建议:

(1)收购方应提供翔实的交易真实性资料,努力通过证据来证明其外汇资本金结汇的真实合法交易和用途,以使工商部门、银行、外汇管理部门批准其外汇资本金结汇支出;

(2)不宜一次性将全部外汇资本金付结汇或将结汇待支付账户中全部人民币资金进行支付;

(3)尽量向监管部门说明,本次收购方是受让原股东股权,其与增资扩股类投资将股权款直接注入被投资企业仍然存有差异。而当前的监管主要是针对后者。

根据上述结论,笔者协助收购方准备了充分的证据材料,最终投资获得了监管部门的批准,股权收购顺利完成。

(四)通过司法途径排除资产购买中的法律障碍

国内某民营企业在行业内具有较高声誉,因扩大产能所需,希望从国外购入先进的机械设备。其时正好意大利有一家在机械设备行业内位居世界前列的 IMF 公司,因债务危机宣告破产,名下价值 1.183 亿欧元的资产进入了意大利法院的破产程序。该民营企业得知此消息时,破产财产拍卖日已临近,该民营企业即前往意大利参加竞拍。

但出乎意料的是,竞拍后,意大利法院作出裁决,虽然我方企业在竞拍过程中出价最高,但因提交的汇票及报价书不符合破产程序的法定要求,被取消了竞拍资格,并宣布其他的竞拍参与方在 10 天后重新参加竞拍。

我们介入此案后发现,意大利法院的破产拍卖公告上要求竞拍人提供出价 10%的银行汇票(Cashier Check)作为保证金,且报价书必须是无条件的。而该民营企业提供的票据不属于银行汇票,且其报价书在付款时间上作出了有条件的约定,因此提起上诉没有获胜希望。

为帮助该民营企业挽回局面,我们研究了意大利法律和判例,发现意大利《破产法》第 108 章第一段给了利害关系方提出异议的机会:"意大利的委任法官,在债权人委员会或者其他利害关系人的申请下,在咨询债权人委员会后,如果有合理的重大理由,在破产管理人将拍卖情况递交法院后 10 日内,可以以竞拍价格明显低于市场价格为由,提出申请,以阻止正式买卖合同的签署。"在本次拍卖中,普华永道对资产的评估价为 240 万欧元,但竞拍人的报价均未超过 200 万欧元。

从破产债权实现的角度看,资产拍卖价格越高,越符合债权人和破产债务人的利益。因此,引用这一规定可能会得到法院和多数债权人的支持。但前提是民营企业的报价要接近市场价值,以免再次出现各竞拍方报价过低,拍卖再次存在被质疑的风险。

我们即代表民营企业与破产管理人及债权人委员会主席进行联系,表达了我们会援引意大利《破产法》第 108 章第一段的意愿,获得了他们的支持。我们还协助民营企业准备了报价书及符合要求的银行汇票。最终意大利法院裁决恢复民营企业竞拍资格,民营企业以 245 万欧元的价格成功竞拍获得资产。

在后续的履行过程中,因本次购买属于境外司法程序,民营企业顺利获得了外汇管理局的批准,资金全部支付到位。

(五)遵循当地法律和判例,判断独立保函可否支付

某中国公司与印度公司合作,为该印度公司的一项桥梁建设提供材

料,并参与安装工作。印度公司需要中国公司提供具有独立保函性质的履约担保。中国公司遂请中国某银行进行安排,该银行对印度合作银行提供反担保,印度银行再向印度公司开具履约保函。

印度银行的履约保函和中国某银行的反担保函均为独立保函,其明确,一旦印度公司提起索赔,无须提交任何证据,印度银行即应履行担保责任,赔付印度公司,其责任是绝对的、不可撤销的、无条件的;该独立保函同时遵循非延即付的索赔规则,即印度银行同意按照受益人要求延长保函有效期,如果出于任何原因没有对保函延期,则印度银行应当立即兑现担保;印度银行向中国某银行的追索也遵循上述规则。

随后在中国公司与印度公司的基础合同履行过程中,出现了部分履行瑕疵的情况。双方为此在当年4月形成一份会议纪要,要求中国公司在6月完成整改,并明确该保函有效期延续到当年11月底,印度公司放弃要求保函继续延期的权利。

但在当年11月初,印度公司要求保函延期,否则即索赔。中国公司拒绝延期,认为其已明确放弃了保函延期权利,印度公司即向中国某银行印度分行提起索赔申请。其索赔申请既提及了非延即付的权利,也提及了中国公司的若干违约情形。

印度公司此举被中国公司视为保函欺诈并起诉到中国法院,认为根据双方在4月形成的会议纪要,受益人已无权要求延期,也就丧失了非延即付的索赔权;受益人明知已丧失保函延期请求权,但仍要求非延即付,构成最高人民法院《关于审理独立保函纠纷案件若干问题的规定》第12条第(五)项规定的滥用付款请求权,要求法院裁定印度银行和中国某银行均止付保函项下款项。中国法院支持了这一请求,但未将该裁定送达印度银行,中国公司因此将裁定书和证据材料通过电子邮件发送给了印度银行。

印度银行和中国某银行均有严格的合规管理制度,对于独立保函的索赔申请,注重从独立保函的特性入手进行分析,并分别依照保函适用的印度法,反担保函适用的《见索即付保函统一规则》(URDG758),以及保函欺诈之诉及止付保全程序所适用的中国法来判断是否应当支付保函项下款项。我们与印度律师对此问题进行了研究,认为印度银行应当履行保函责任,理由是:

（1）独立保函的性质以及案涉保函记载的条款，决定了首先应当确认非延即付的有效性，仅当本案存在欺诈例外情形时，方能考虑止付可能。

（2）印度公司与中国公司的会议纪要，仅确定印度公司不能再要求延期，但印度公司从未放弃索赔权。印度公司要求非延即付，以及认为中国公司有违约情形，均是主张索赔权的表现。①

（3）在印度公司与中国公司的争议过程中，尽管中国公司向印度银行发出了中国法院的裁定书和证据材料，但其并非通过《关于向国外送达民事或商事司法文书和司法外文书公约》（简称《海牙送达公约》）进行送达，对印度银行不发生法律效力；同时，印度公司也向印度银行、中国公司发出函件，说明了中国公司的违约情形。二者相较，印度银行并不能得出印度公司已彻底放弃索赔权的终局性结论，相反却可以看出中国公司是否已根据合同履约存在争议。在此情形下，显然应该遵守独立保函的规则进行支付。

（4）根据印度法律，印度银行的保函不会被印度法院止付，因为中印两国非互惠国，印度法院不具有承认中国法院裁定的可能性；该止付令并非根据印度法律作出，而印度银行的保函适用印度法律，中国法院的止付令未必符合印度法律的规定，且非终局裁判。

（5）根据印度法律，保函止付仅有欺诈例外和不可挽回的不公正损害两种情形，前者根据印度判例法无法成立，后者则在本案中难以存在。

（6）在（2017）最高法民再 134 号案例（入选"一带一路"公报案例）中，有类似情形，法院裁定支持了担保行履约的合法性。

最终印度银行履行了保函责任，而其支付出于善意，中国某银行也具有了向印度银行承担反担保责任的依据。

以上是我们对在跨境法律合规业务中承办的案例的经验总结。如前文所述，跨境法律合规业务是一项系统工程，企业既要在日常业务、具体案件中做到严格依法办事，也要在内部管理中建立制度。当前很多企业的合规程度还未发展到这个层次，更多是在具体业务中做到了依法办事，合规体系尚未成型，这需要企业和律师共同在实践中不断丰富和发展。

---

① 参见王茜：《保函索赔实务之"不延即付"》，载《中国外汇》2017 年第 9 期。

我国药企国际化面临的合规问题及对策

辽宁韬论律师事务所　杨小慧

【摘要】 "一带一路"倡议是我国经济开放发展的重大举措,为我国医药企业的国际化发展提供了机遇,随着倡议的实施以及国内外经济形势的发展,中国医药企业"走出去"是一种跨国区域合作,目的是实现经济供给侧结构性改革。但是因各国的政治体制、文化背景、商业操作、法律制度、道德及风俗习惯的不同而呈现出复杂的风险,这种风险集中体现为合规风险。想要充分利用"一带一路"建设的广阔平台优势助力医药企业国际化,合规经营管理是企业至关重要的战略选择。因此,针对我国医药企业"走出去"合规风险问题,本文提出预防和化解的对策,望对我国医药企业有所启发。

【关键词】 医药企业　"一带一路"　合规管理　"走出去"战略

"合规"是由英文"Compliance"翻译而来,不仅要求企业杜绝商业腐败和贿赂,更要求企业在经营活动中遵守规则和规范,包括履行企业社会责任,反腐败、反垄断、反欺诈。[①] "一带一路"背景下,医药企业的国际化也必将面临各种各样的合规问题。而在国家层面,中国政府为推进各个企业包括医药企业的国际化道路提供了法律、法规和政策保障,强调要加强反腐倡廉合作,让"一带一路"成为廉洁之路。而从医药企业自身层面看,依法合规经营不仅是企业应有的要求,更是企业长远发展的关键。因此要重视合规问题,逐渐适应全球竞争新方式和新规则,在"走出去"的国际化道路上健康持续发展。

一、我国医药企业的国际化发展现状

(一)我国药品进出口贸易情况

根据统计的 2013—2017 年我国药品进出口部分数据,可以看出我国药

---

① 参见马莹:《合约守规:企业"走出去"的盾牌与利器》,载《项目管理评论》2018 年第3 期。

品进出口规模呈现不断增长趋势,从 2013 年的 213.04 亿美元增长到 2017 年的 418.73 亿美元。其中,药品出口总额和药品进口总额从 2013 年到 2017 年均是逐年增长。2013—2016 年药品进出口逆差不断增加,但在 2017 年有所减少。2013—2017 年我国药品进出口数额的增长变化,也是我国医药企业发展的变化,可以看出,近年来我国医药企业不断对外出口,向海外市场拓展,实施"走出去"战略的表现。

表 1　2013—2017 年我国药品进出口贸易情况

（亿美元）

年份 类别	2013 年	2014 年	2015 年	2016 年	2017 年
进出口总额	213.04	243.44	261.67	277.83	418.73
出口总额	62.08	65.92	69.41	70.12	150.77
进口总额	150.96	177.52	192.26	207.71	267.96
进出口差额	88.08	111.6	122.85	137.59	117.19

数据来源:中国统计年鉴

(二)我国医药企业发展现状

根据海关相关统计数据显示,2017 年,我国医药保健品进出口额为 1 166.76 亿美元,同比增长 12.64%。其中,出口 607.99 亿美元,扭转了 2016 年下降的局面,增长 9.44%,增幅达到近五年最高值;进口 558.77 亿美元,增长 16.34%;对外贸易顺差为 49.22 亿美元,下降 34.60%。[①] 仅从 2017 年我国医药保健品进出口额的数据来看,海外对我国药品的需求是不断上升的,意味着我国医药企业在海外的市场不断扩大。

2017 年 11 月普华永道发布的《"一带一路"背景下的大健康产业投资白皮书》显示,中国在医药领域的海外投资呈现井喷式增长。白皮书指出,中国企业自 2014 年以来在医药领域的海外投资交易呈大幅增长态势,于 2017 年上半年达到 43.53 亿美元(约 289.5 亿元人民币),交易量增加 6 倍多。其中,民营企业主导了海外医药并购市场,交易总额为国有企业的 21 倍。可见

---

① 参见《中国医药外贸 2017 年全年数据放送:出口增幅创五年最高!》,载搜狐网(http://www.sohu.com/a/224906707_100115409),访问日期:2019 年 5 月 24 日。

医药企业"走出去"有所成效,但我国医药企业仍在不断开拓国际市场,各项数据均显示,我国医药企业通过"一带一路"打造的优良平台,会做优做强,但是同时也要认识到进入国际市场存在的各种风险,其中核心和关键的风险就是合规问题。

(三)我国医药企业合规管理现状

在我国医药企业国际化发展进程中,以往惯常使用低价竞争的经营模式,或同政府维系良好关系的经营思维。这种习惯性做法的不利影响十分突出,极易诱发腐败、恶性竞争以及质量问题等。部分医药企业仍以这样的经营思维作为主要的市场营销策略,并未感知到随着各国法律制度的完善和管理的加强,这种模式日益衰弱。在越来越多的政府和国际组织加入并推动全球化反腐败,促使我国大力推进企业合规建设的背景下,越来越多的医药企业开始正视合规管理问题,部分医药企业的合规体系建设已经初见效果。但相当一部分医药企业的"合规"管理仅仅停留在表面。现阶段医药企业在不断探索合规管理工作的道路,但企业合规意识还只是停留于外部法律顾问的咨询和法律风险的防范,并没有形成有效的合规理念,也没有构建企业内部的合规管理体系。

二、医药企业合规管理的问题

对于医药企业来说,合规问题不是新的问题,即便是在国内,随着反腐败工作的不断深入,医药企业也都感受到了合规工作前所未有的重要性,加之近几年全球范围内对医药企业监管力度的不断加大,反腐败已经成为全球性现象。而我国医药企业要想"走出去",就需要适应新的合规环境,加强合规管理,促进我国医药企业国际化市场发展。

(一)对合规问题认识不清

合规一般有三层含义:遵守法规,包括公司总部所在国和经营所在国的法律法规及监管规定、国际规则和契约;遵守规则,包括企业规章制度及商业行为准则;企业文化与责任,包括遵守职业操守和道德规范,将合规经营的理念上升为企业文化的一部分,履行企业的社会责任。企业应将培养良好的合规文化作为合规建设的终极目标。① 而目前我国的医药企业在合规问题上的认识不足,即便各医药企业在跨国拓展的时候都有相应的外部法律顾问专家辅助,但主要是对法律风险的规避和预防,并未十分重视企业内部的商业行为以及企业文化的合规管理。长此发展,不利于应对全球性的反腐败趋势,不利于我国医药企业跨境合作的长足发展。

(二)合规意识薄弱

我国医药企业要想在全球市场走稳走远、做优做强,合规意识是"走出去"的必备素质,也是参与国际竞争和"走上去"的重要保障。在跨国经营和合规过程中,遵守当地法律法规和相关政策,遵守当地文化习俗等,是企业基本遵循的准则。部分医药企业在跨国经营中,合规意识淡薄,导致无法长期生存,最终走向灭亡,这是医药企业国际化过程中应当避免的重要问题。

(三)地域差异大,存在文化认同问题

"一带一路"沿线国家和地区大多数是发展中的经济体,有些国家民族、宗教和政治冲突激烈,加之社会动荡和长期经济落后,是合规高风险区。② 全球共有 233 个国家和地区,因为地域的差异,每个国家和地区都有着本土文化特色,在政治、经济、科技、语言、宗教信仰方面存在很大的差异。同时,各个国家和地区的医药行业所在的社会环境不同,面临的社会问题也存在差异。故我国医药企业在进入其他国家拓展市场的时候就会面临中国医药文化特别是中医医药文化是否被认同的问题。文化差异对于我国医药企业市场营销的阻碍,特别容易滋生合规问题。

(四)政策标准冲突,管理力度弱

参与"一带一路"建设的中国企业不仅要受中国法律的约束,同时要受东道国法律、反腐败国际公约和国际组织反腐败规则的约束。而对于医药企业这类特殊的企业,在进入一国时面临着相关医药政策、技术性贸易壁垒以及绿色壁垒等问题,给医药企业造成巨大的成本和发展压力。而中国医药行业管理水平的良莠不齐,在一定程度上对我国医药行业的信誉造成了严重损

---

① 参见刘玉飞:《"一带一路"倡议下中国企业的合规管理》,载《国际工程与劳务》2018 年第 2 期。

② 同上注。

害。① 所以,管理工作对一个行业的发展是至关重要的,缺乏管理力度,就会导致一些企业在经济利益的驱使下,进行一些违法违规活动,即使会带来一些短期的经济利益,但终将不利于医药企业的长远国际化发展。

（五）市场拓展方式多样

医药行业本身就是高投入、高技术的行业,我国医药企业在海外拓展过程中,根据所在国家的经济社会发展水平的不同,采取不同形式的合作、协作方式,相比直接投资更倾向于海外并购。而近几年,国内医药行业集中度不断提升,一些医药企业为了嫁接国外先进技术,拓展国际新市场,开展海外跨境并购也很活跃。然而,在我国医药企业纷纷进行海外投资并购的同时,也常常因面临的合规风险问题,造成项目失败。这就要求无论医药企业在海外扩展的方式如何改变,合规问题都要作为重点问题进行管理。

综上所述,深入探析中国医药企业"走出去"面临合规风险的原因,对提出合理解决对策,推进我国医药企业开拓国际市场均具有重要意义。

三、我国医药企业合规问题的解决对策

（一）从国家层面推进医药企业合规建设

中国政府正在加速推进企业合规建设。国务院国资委于 2015 年 12 月出台了《关于全面推进法治央企建设的意见》,要求中央企业在实施"走出去"战略、参与"一带一路"建设过程中,严格按照国际规则、所在国法律和中国法律法规开展业务,并提出企业依法合规经营的总体目标。2016 年 4 月,国务院国资委印发了《关于在部分中央企业开展合规管理体系建设试点工作的通知》,选择五家国有企业开展合规管理体系建设试点;2016 年 8 月,国务院办公厅发布《关于建立国有企业违规经营投资责任追究制度的意见》,加快企业形成与经营范围、组织结构、业务规模、行业特征相适应的合规管理体系。2016 年,中国签署和续签了 6 个双边反腐败合作谅解备忘录,以适应经济全球化和区域经济一体化大趋势下,国家和区域间的反腐败合作工作。2017 年 5 月,中央全面深化改革领导小组在《关于规范企业海外经营行

---

① 参见丁然:《论中国医药产业健康发展之路》,载《中国市场》2015 年第 12 期。

为的若干意见》中进一步要求加强企业海外经营行为合规制度建设。这一系列举措都反映出中国在推进企业合规管理上的决心和方向。按照国家层面的政策规范,不断推进我国企业合规管理的进程,为我国各行业真正走出去提供助力和保障,让中国医药企业"走出去"的步伐更快、更稳健。

2018年7月,国务院国资委发布《中央企业违规经营投资责任追究实施办法(试行)》,2018年11月2日,国务院国资委发布了《中央企业合规管理指引(试行)》,为中央企业的合规管理应如何操作提供了指引,也对中央企业的合规管理提出了更高的要求。2018年12月26日,国家发改委、外交部、商务部、中国人民银行、国务院国资委、国家外汇管理局、全国工商联联合颁布了《企业境外经营合规管理指引》(发改外资〔2018〕1916号),从总则,合规管理要求,合规管理架构,合规管理制度,合规管理运行机制,合规风险识别、评估与处置,合规评审与改进,合规文化建设八个方面进行了详细规定,并在强调境外经营活动全流程、全方位合规的同时,为中国企业境外经营合规管理指明了方向。

2019年4月,国家主席习近平在第二届"一带一路"国际合作高峰论坛圆桌峰会上致开幕词,强调要本着开放、绿色、廉洁理念,追求高标准、惠民生、可持续目标,让共建"一带一路"走深走实,更好造福各国人民。医药行业是民生行业,能真正惠及各国人民。在"一带一路"倡议落实过程中,医药行业具有先天的优势。中国医药企业很多海外投资都在"一带一路"沿线国家,在"一带一路"为医药企业"走出去"搭建的平台上,医药企业更要抓住这个新的发展契机,重视企业合规管理建设,争取在"一带一路"建设中有所发展,有所斩获,减轻政府医药负担,提高医药的可及性。

(二)从医药企业自身层面构建合规管理体系

2018年我国陆续发布了有关合规管理的系列文件,对指导企业合规"走出去"意义重大,但是能够正确理解合规管理的各项要求,将相关指引与实际工作有机结合,对提升企业合规风险防范能力至关重要。

1.树立合规及廉洁管理意识

坚持党和国家反腐倡廉的政策导向,在国家法律法规不断完善的同时,不断更新企业合规经营的要求。医药企业的国际化发展进程要求合规管理与国际接轨,因此要打破医药行业多年形成的行业潜规则,打破企业内部的复杂关系,强化企业领导层、决策层、管理层、执行层的政治意识和廉洁管理意识。

2.确立企业合规的准则制度

制定和颁布企业行为准则,明确禁止不当行为。在一些企业中,规章制度恰恰是一个管理的顽疾,不同程度地存在着更新不及时、内容不全面、不同制度交叉重叠等现象,甚至不适用等问题。企业的规定不全面,无法做到科学有效的合规管理。要将企业章程、规章制度纳入合规管理范畴,明确禁止违规行为,合规工作的管理幅度、工作边界将会大大扩展。

3.合理搭建合规组织框架

医药企业合规管理的主体应该包括董事会、监事会、经理层、合规委员会、合规管理负责人、合规管理牵头部门、业务及相关部门。企业内部要建立科学合理的合规组织框架,其中审计、风险、内控、法律等部门均要承担部分合规职能,这会在合规管理过程中起到不可或缺的作用。同时,有些企业可能存在总部部门独立、事业部或子公司合署办公、管理线上下不垂直的现实情况,需要在合规组织框架的搭建中予以周全考量。对公司领导层推进合规建设和实施思想建设,强化每个企业员工的合规职责,共建企业合规管理框架,既可以明确相关工作,确保合规管理流程、合规要求融入业务领域,同时还可以做到及时纠正不合规行为,追究相关人员责任,保障企业合规运营。

4.建立合规风险识别预警机制,加强合规风险应对

企业领导层应带领企业合规部门包括但不限于法律、内控等部门,针对经营管理活动中存在的合规风险进行全面梳理,对风险发生的可能性、影响程度、潜在后果等进行系统分析,对于可能产生比较严重后果的风险及时发布预警。医药企业在"走出去"的过程中,要针对不同地区的合规要求,结合自身的特点和发展需要,制定相应的合规风险管理制度,同时,针对发现的风险制定风险防范预案,采取有效措施,及时应对处置。建立必要的制度和流程,特别是围绕关键岗位或核心业务流程,通过合规咨询、审核、考核和违规查处等内部途径识别合规风险;也可以通过外部法律顾问咨询、持续跟踪监管机构有关信息、参加行业组织研讨等方式获悉外部监管要求的变化,预防

合规风险。

5.建立健全合规审查机制,强化违规问责

企业内部要建立健全合规审查机制,将合规审查作为规章制度制定、重大事项决策、重要合同签订、重大项目运营等经营管理行为的必经程序,及时对不合规的内容提出修改意见,未经合规审查不得实施,这样能够使企业及时将外部有关合规要求内化为内部章程制度,避免企业管理存在合规瑕疵问题。完善违规行为触发机制,明确违规责任范围,细化惩处标准,建立全面有效的合规问责制度,严格认定和追究违规行为人的责任。

医药企业建立合规管理体系不仅仅是对管理体系的构建,更重要的是要将合规管理执行于海外经营的全过程。站在改革开放40年的新起点上,随着"一带一路"建设的深入推进,我国全面开放新格局加快形成,医药企业"走出去"势必迎来更加广阔的前景,也必将涌现更多具有全球竞争力的世界一流中国医药企业。

境外基础设施投资法律合规风险及若干注意事项

国浩(上海)律师事务所　管建军　刘旭星

【摘要】 "一带一路"背景下中国企业参与沿线国家的基础设施建设活动日益频繁。境外基础设施投资建设项目除面临投资规模大、周期长等困难,同时须应对包括境外投资项目审批、外汇监管、税收、跨境融资等境内合规风险,以及东道国市场准入、外资审批、国家安全审查、环境保护、劳动保障、安全生产等诸多目标国法律合规风险。对目标企业及/或当地合作方进行全面尽职调查,研究并选择适当的投资合作模式,建立完善企业内部管理机制,同时保持必要的合规敏感性,对中国企业在参与境外基础设施投资过程中规避合规风险至关重要。

【关键词】 境外投资　基础设施　"一带一路"　合规风险

中国在高端基础设施领域的飞速发展,推动了中国企业在此领域的境外投资,包括高铁、电站、公路、水利、水电等多方面。由于发达国家或地区的基础设施建设已相对完善,且当地投资者竞争激烈或市场已基本饱和,因而总体上而言,中国企业进行境外基础设施投资的方向主要集中在经济发展水平相对欠发达区域,尤其是"一带一路"沿线国家和地区,部分经济发展处于较快上升期的区域具有较强的基础设施建设需求,但基础设施投资支出不足,基础设施落后,中国企业在其中有较大的发展空间。

"一带一路"倡议实施以来,中国企业参与沿线国家和地区基础设施建设已有建树,促成的典型项目包括肯尼亚蒙内铁路、巴基斯坦卡拉奇至拉合尔高速公路①、印度尼西亚雅加达至万隆高铁项目②等。但同时,中国企业在

---

① 参见梁桐:《中建总承包卡拉奇至拉合尔高速公路项目》,载中国公路网(http://www.chinahighway.com/news/2015/982479.php),访问日期:2019年4月30日。

② 参见《中国铁路国际公司董事长杨忠民:把雅万高铁建成中印尼高铁领域合作的标志工程》,载中国网(http://www.china.org.cn/chinese/2018-12/22/content_74302915.htm),访问日期:2019年4月30日。

参与"一带一路"投资建设过程中亦面临多方面风险,也有部分亏损项目,如中东某轻轨项目等。

境外基础设施投资项目具有投资规模大、周期长等特点,在境外基础设施投资过程中,投资者将面临各方面的投资风险,包括政治风险、法律风险、国有化风险、环保风险等。相比国内投资项目,境外基础设施投资项目承担的政治风险、自然风险、社会风险和经济财务风险往往更高,且由于境外的法律制度、法律体系及司法习惯,即东道国的投资法律环境与中国有较大的区别。因此,在法律合规风险控制方面:(1)法律合规风险控制管理的难度进一步加大;(2)法律合规风险控制管理的成本进一步增加;(3)特殊的政治经济风险在企业合规风险控制管理中的地位上升(如政治纠纷、动乱、战争、汇率波动及外汇管制、经济制裁、本土企业保护、没收、国有化等);(4)企业决策传导效率降低,从核心层作出决策传导至执行部门,再到执行结果反馈至核心层,时间更长,风险加大。

以下从法律合规风险控制角度,对中国企业开展境外基础设施投资项目若干注意事项作一初步讨论。

一、中国国内监管法律合规风险

(一)境外投资项目的审批风险

中国企业的跨境投资审批/备案主要涉及商务部、发改委等政府主管部门。其中商务部主要负责境内企业对外投资行为的核准/备案;发改委主要负责投资项目本身的核准/备案;如涉及国有资产,还包括国有资产监督管理机构的监管。

商务主管部门进行管理的主要依据是 2014 年 9 月发布的《境外投资管理办法》,对境内企业对外投资实行"备案为主、核准为辅"的管理模式。除对在敏感国家和地区、敏感行业的投资实行核准管理外,其余均实行备案管理。发改委在 2014 年至 2018 年办理境外投资项目管理事项的主要依据为《境外投资项目核准和备案管理办法》(国家发展和改革委员会令 2014 年第 9 号),2018 年 3 月 1 日之后依据新生效的《企业境外投资管理办法》(国家发展和改革委员会令 2017 年第 11 号),同样也将境外投资项目的管理分为核准管理和备案管理。实行核准管理的范围为投资主体直接或通过其控制的境外企业开展的敏感类项目;实行备案管理的范围为投资主体直接开展的非敏感类项目,也即涉及投资主体直接投入资产、权益或提供融资、担保的非敏感类项目。

提示:

(1)国家发展改革委、商务部、中国人民银行、外交部于2017年联合发布的《关于进一步引导和规范境外投资方向的指导意见》要求:要重点推进有利于"一带一路"建设和周边基础设施互联互通的基础设施境外投资。在2019年4月召开的第二届"一带一路"国际合作高峰论坛上,国家主席习近平强调"要继续聚焦基础设施互联互通"①。从大的方向来说,国家层面对这一领域的投资是支持和鼓励的。

(2)就基础设施建设投资项目所处的行业领域而言,基础设施建设的一般项目需要进行备案,如果属于"跨境水资源开发利用",则为《企业境外投资管理办法》所规定的敏感行业,需要进行核准。

(3)就投资的地区而言,应尽量避免在敏感国家和地区进行投资,包括与中国未建交的、发生战争内乱的,或者根据中国缔结或参加的国际条约、协定等需要限制企业对其投资的国家和地区,以降低境外投资的国内监管风险。

(二)外汇监管风险

外汇监管方面的主要规定包括《外汇管理条例》《境内机构境外直接投资外汇管理规定》(汇发〔2009〕30号)等。为促进和便利企业跨境投资资金运作,简化直接投资外汇管理,国家外汇管理局2015年发布的《关于进一步简化和改进直接投资外汇管理政策的通知》(汇发〔2015〕13号)明确取消境外直接投资项下外汇登记核准行政审批事项,改由银行直接审核办理境外直接投资项下外汇登记。据此规定,实践中境内企业在获得发改委和商务部门核准或备案后,无须取得外汇管理局的外汇登记核准,改由银行直接办理境

---

① 参见孙奕、马单言:《习近平主持第二届"一带一路"国际合作高峰论坛圆桌峰会并致辞》,载中国日报网(http://cnews.chinadaily.com.cn/a/201904/27/WS5cc4e2e2a310e7f8b157986d.html),访问日期:2019年4月30日。

外直接投资项下的外汇登记。

由于前些年中国企业境外非理性投资现象的出现,境外投资项目的外汇监管也进一步收紧,中国企业开展境外基础设施投资的资金出入境以及中国企业的境外融资,都要接受较为严格的审核。

(三)税收风险

中国企业进行境外基础设施投资还会面临税收方面包括被双重征税风险、转让定价产生的风险、反避税调查风险、个人涉税风险等一系列风险。例如,在实行属地和属人双重管辖权的国家,无论企业是否为该国税收居民,都要就来源于该国的所得缴纳所得税;同时,税收居民还应就其全球所得向居民国缴税,如此便可能造成来源国与居民国的双重征税,而税收协定可以避免双重征税,但由于有些境内企业不了解协定内容,或者中国与该国尚未签订税收协定,又或者因为当地税务机关服务意识薄弱,实施境外投资的企业依然面临被双重征税的风险。再如,境外基础设施投资存在的企业外派高管和劳务,中国企业既要关注来源国税收政策,也要关注居住国的涉税风险。

此外,中国企业"走出去"或还将面临进行境外融资时的国内监管等其他方面的风险,如借入外债、跨境担保等,同样须经外汇管理部门的登记或备案等程序。

二、投资东道国法律合规风险

就境外基础设施投资涉及的东道国法律合规风险,主要包括东道国的国家安全审查、环境保护、劳动、安全生产等方面。

(一)市场准入、外资审批及国家安全审查

外资审批方面,中国企业在东道国进行基础设施领域投资,同时还需要接受东道国的外资监管。多数国家在市场准入方面按照行业分类划分为禁止类、限制类和鼓励类,如俄罗斯,政府鼓励建筑、交通和通讯设备、石油、天然气、煤炭、食品加工、汽车制造等传统产业的外商直接投资。近年来,不少国家采用"负面清单"模式,除明确禁止和限制投资的领域之外,其他均属于外资投资准入领域,如印度、沙特阿拉伯等国。除一般的外资审批程序,许多国家都建立或完善了外商投资的国家安全审查制度,就境外投资的大方向而言,境外投资涉及的国家安全审查趋紧。

提示:

(1)企业应关注投资目标国或地区对外资参与相关基础设施领域投资的市场准入要求、基本态度及政策动向;

(2)了解特定投资目标地区是否有涉及国家安全方面的特别审查制度,以便做出合理、高效的投资区域选择,及早做好应对准备。

(二)环境保护法律风险

随着国际社会和各国对环境保护的普遍重视,境内企业进行境外基础设施投资导致的环境污染问题同样也是其所面临的一个重要法律问题。一方面,各国的环境保护法规日趋严格,违反法规的法律责任有加重的趋势;另一方面,各种各样的环境保护组织吸引了越来越多的支持者,他们通过各种手段表达自己的诉求,如果对这些法律规定及利益相关者的诉求不加以重视,就有可能引发投资风险,严重的甚至可能导致整个投资的失败。环境保护方面的法律风险在资源和能源开发领域显得尤为突出,而基础设施投资中水利、电力、交通设施建设等占较大比重,中国企业进行境外基础设施投资时,不能轻视环境保护方面的法律风险。

提示:建议境内企业充分了解并遵守东道国有关环境保护的法律规定,以合理规避环境保护相关法律风险。

(三)劳动及劳工关系

境外投资中,基础设施领域属劳动密集型产业之一,不可避免地要雇佣东道国国民,由于劳动法领域具有较强的地区政策性特征,中国和外国劳动法律制度通常会存在较大差异。如中东国家和地区,对于一些特定区域的工作会要求雇佣当地居民。

提示:

(1)中国投资者需要了解东道国与劳动相关的法律制度;

(2)注重处理好与当地工会组织的关系,谨防劳工罢工事件;

(3)遵守东道国最低工资制度,避免形成紧张的劳资关系;

(4)注重公共关系的处理,与相关领域的非政府组织建立良好关系,以减轻来自当地社会的压力。

（四）安全生产

基础设施投资/建设领域也往往涉及较大的安全生产风险。

提示：

（1）中国企业进行境外基础设施投资，需要提前了解当地的安全生产、安全施工方面的政策要求；在具体生产施工活动中严格遵守当地法律规定；

（2）企业自身应制定完善的安全生产风险控制制度，保护企业员工的安全利益，同时也有利于保障企业的投资项目在当地平稳有序地开展和推进。

除上述列举的主要关注点外，企业进行境外基础设施投资时实际面临的法律风险还体现在诸多方面，例如：

（1）东道国的土地政策；

（2）外汇管理规定；

（3）税收法律制度；

（4）知识产权保护制度；

（5）司法制度与环境。

中国投资者应尽早全面了解相关国家和地区的法律制度，全面了解与基础设施投资有关的基本情况、投资环境、法律政策以及必要的程序和手续。在项目开展前进行详尽合理的规划及风险评估，保证中国企业对境外基础设施领域投资的高效、安全运行。

三、其他在法律合规风险防范方面应注意的事项

（一）对于目标企业或境外当地合作方进行全面的尽职调查

项目启动前要全面了解目标企业及境外合作方的基本概况，包括其法律状况、资信状况等。

过往投资失败案例存在的问题：

（1）对目标公司及/或境外合作方的资产质量、财务状况、或有事项等缺乏深入调查了解；

（2）目标公司及/或境外合作方存在隐瞒的债务、诉讼纠纷、资产潜在问题等关键情况。

（二）选择合适的投资合作模式

境外投资常见的模式包括设立当地的项目公司、外资并购等，涉及基础

设施建设领域的还包括 PPP、BOT、TOT 等模式。

提示：

(1)中国企业要实现安全高效的境外基础设施项目投资,需要前期了解并评估当地的投资环境及状态;

(2)在充分评估多种投资合作模式的基础上,合理选择对中国投资方最为有利的投资模式,以规避合作模式中某些基础法律关系之合规性、投资收益获得等方面的风险。

(三)建立完善的内部审批/授权制度以及完善的境外投资规章制度和管理机制

跨境投资战略的推进将不可避免地导致境内公司业务及机构的全球化扩展,如何控制权力的授予和制约成为企业有序运行的一项重大课题。为此,基础设施建设项目相关公司需要建立一套行之有效的关于审批和授权的运作机制,包括但不限于以下方面:

(1)境外项目风险审批权限制度。

(2)境外合规、风险事项报告制度。

(3)境外授权规则(建立完备的授权规则,明确其政策和流程,包括内部的授权权限划分规则和外部的被授权人的甄别、筛选和管理规则)。

(4)境外项目责任人制度。

(5)完善的境外投资规章制度和管理机制,如:

· 建立完善的内部交易政策;

· 反腐败政策、公共领域合规政策和商业行为准则;

· 隐私和数据保护政策;

· 人事管理政策;

· 项目方面的政策;

· 知识产权方面的政策;

· 公司日常事务管理方面的政策。

(四)保持合规敏感性

中国投资者要密切关注国际局势变化,保持合规敏感性,及时有效识别重点国家和地区的合规风险,保持与相关政府主管机构、行业及合作伙伴的沟通交流,构筑良好的外部合规形象,有力地保障业务的稳健推进。

(五)合理的合同设计

2017年11月27日至12月1日在奥地利维也纳举行的联合国贸易法委员会(UNCITRAL)第三工作组(投资人与国家间争议解决)第34届会议上,有意见提出,国家可通过前期引入法律顾问拟定更好的合同条款,以便减少后期争议解决费用,从而节约时间和成本;在仲裁程序中,也可以采取相关步骤控制程序存续时间和费用,包括选择性价比较高的律师代理人和专家,选择合适的仲裁员和仲裁机构,与申请人商议制定程序时间表,做出最合适的程序决策和选择。

中国企业在"走出去"过程中应注意通过合同设计以及一些特别条款来保护自身利益,例如:

(1)货币保值条款(Exchange Rate Proviso Clause)。在基础设施投标报价过程中应事先考虑汇率变动的因素,在合同中加入货币保值条款,事先约定支付货币与人民币之间的比价,如支付时汇率变动超过一定幅度,则按原定汇率结算,如此将汇率固定下来,无论此后汇率如何变化,仍按合同约定的汇率结算。

(2)稳定条款(Stabilization Clause)。在与东道国的协议中如不得不适用当地法律,应争取加入"稳定条款"或者类似的条款。要求东道国在投资协议签署后一段时间内不得做出不利于中国投资者的法律变动,或至少包括:东道国对于中国投资者的财产和投资保证不予以征收和国有化;对于税收待遇不予改变;对于中国投资者投资合法所得可以自由兑换汇出境外;对于中国投资者为履行合同而从境外进口的设备等的减税和免税待遇,在合同期内不作变更。

(3)再谈判/重新协商条款(Renegotiation Clause)。双方在重大情势发生后负有再谈判/重新协商的义务以达成利益的平衡,使得该等情形下中国投资者拥有重新谈判的主动权和合同依据。

(4)适用法律和争议解决方式(Applicable Law and Dispute Resolution Clause)。与外方签订合同时要尽量选择依据中国法或比较熟悉的法律体系解决纠纷。在跨境纠纷解决机制方面,考虑程序、效率、承认、执行等多个因素,合理采用救济机制,避免采用诉讼方式,尽量选择仲裁方式。同时,为避免陷入在境外仲裁的不利地位,尽量优先选择国内专业的国际商事仲裁机构。如《上海国际经济贸易仲裁委员会(上海国际仲裁中心)仲裁规则》第一章第2条"机构与职能"部分第(七)项规定:仲裁委员会可以根据当事人约定适用的《联合国国际贸易法委员会仲裁规则》①或其他仲裁规则作为仲裁员指定机构,并依照约定或规定提供程序管理服务。《中国(上海)自由贸易试验区仲裁规则》也有同样的规定。

一般来说,根据双边投资协定,协议方可根据《联合国国际贸易法委员会仲裁规则》或解决投资争端国际中心(ICSID)规则提起仲裁。为适用双边投资协定中的规定,投资者通常必须属于协定国公民。中国投资者在与相关机构签订合同时应将这些要求写入其中,包括规定协议方为双边投资协定之目的、投资者属于"公民"且合同属于"投资"等。

境外基础设施投资涉及的法律合规风险及注意事项较多,限于篇幅不一一列举。

参考文献

[1]国浩律师事务所:《推进"一带一路"建设的法治思维与法律服务》,法律出版社2016年版,第131—163页。

[2]乔依德等:《中国企业海外直接投资风险识别与防范》,载《科学发展》2018年第10期。

[3]范祚军、何欢:《"一带一路"国家基础设施互联互通"切入"策略》,载《世界经济与政治论坛》2016年第6期。

[4]余莹:《我国对外基础设施投资模式与政治风险管控——基于"一带一路"地缘政治的视角》,载《经济问题》2015年第12期。

---

① 在仲裁规则方面,《联合国国际贸易法委员会仲裁规则》提供了一套全面的程序规则,当事方可约定按这些规则进行因其商业关系而产生的仲裁程序,这些规则广泛用于临时仲裁和常设机构仲裁。该规则涵盖仲裁过程的所有方面,提供了示范仲裁条款,对任命仲裁员和进行仲裁程序规定了程序规则,还对裁决的形式、效力和解释等问题确立了规则。

律师向企业提供合规服务的六大板块

辽宁丰源律师事务所　孙智红　张　露

【摘要】　在移动互联网时代,随着全球经济的高速发展,越来越多的民营企业走向世界舞台,是机遇也是挑战,有成功也有失败。经历过阵痛,总结过往,企业家们逐渐意识到企业合规运营的重要性。合规不只是企业经营外在表现的合法经营;合规更深层的含义是企业内部管理上的规则与文化,从这一点看,合规被赋予了更多人文色彩。在提倡规则与共享的时代,企业的合规建设直接影响人才的吸引与培养、企业文化的塑造与传承。

为助力中国企业合规运营,我们应当向企业解读合规,以及合规服务包括哪些内容;我们应当建设专业的企业合规服务团队,并让团队具备合规属性;我们应当总结合规服务的方式方法,实现律师合规服务的价值。

本文分三个部分:第一部分,合规的解读与内容。归纳和总结了合规与企业风险管理、公司治理、企业内控的特性和共性;合规服务分类的必要性;总结了合规服务的六大板块及内容。第二部分,合规服务团队的打造。以六大板块为基础,明确了合规服务团队的服务对象、专业领域,并进行知识管理、团队文化的打造,树立合规服务团队的专业形象。第三部分,合规服务的探索。通过寻找合规服务的切入点,探索合规服务的产品化,总结合规服务的手段与方法,助力企业的蓬勃发展。

【关键词】　企业合规服务　合规服务　团队建设　知识管理

一、合规的解读与内容

(一)合规的含义

1.合规、企业风险管理、公司治理、企业内控概念的出处

"合规"一词最早出现在银行、证券、保险等金融行业管理制度中,为了保证储户、投资人、投保人的资金安全,要求金融机构在内部管理上保障每笔资金

的使用符合法律、法规和行业准则。2006 年 10 月 20 日原中国银监会印发的《商业银行合规风险管理指引》第 3 条第 2 款规定:"本指引所称合规,是指商业银行的经营活动与法律、规则和准则相一致。""最早的企业合规,并不是所有的企业都面临的任务,而是集中在银行等金融行业。"①因此,"合规"一词进入大众视野是从金融领域开始的,其目的是保障资金使用的安全。

为监督和保障中央企业财产的安全,2006 年 6 月 6 日,国务院国资委以通知的形式,印发了《中央企业全面风险管理指引》(国资发改革〔2006〕108 号)。"企业风险管理"正式从国家层面提出,其目的是保障国有资产的安全。

随后,国家标准化管理委员会出台了一系列文件来规范中央企业的风险管理,如《风险管理原则与实施指南》(GB/T 24353—2009)、《公司治理风险管理指南》(GB/T 26317—2010)、《企业法律风险管理指南》(GB/T 27914—2011)、《风险管理　风险评估技术》(GB/T 27921—2011)、《风险管理　术语》(GB/T 23694—2013)等。该系列文件以中央企业为示范,其中的内容、流程及方法对于民营企业也有很高的风险管理指导意义。

关于公司治理,本为经济学名词。企业中存在的两个"权",即所有权和经营权,二者是分离的。企业的所有权人向管理者授权,经营权人获得授权后,以实现经营目标为目的实施经营计划。公司治理,是构建在企业"所有权"层面上的,为实现所有权人向管理权人科学的授权,并对该授权进行科学的监管。从《公司法》角度讲,就是股东(大)会对董事、监事、高级管理人员的授权,董事、监事、高级管理人员向股东(大)会负责的相关权利义务的平衡机制。吴敬琏教授在 1994 年出版的《现代公司与企业改革》一书中曾指出,"公司治理结构是指由所有者、董事会和高级执行人员即高级经理人员三者组成的一种组织结构。要完善公司治理结构,就要明确划分股东、董事会、经理人员各自的权力、责任和利益,从而形成三者之间的关系。公司治理是一个相互关联、互相支持、互相负责、互相平衡的一种管理结构,目的是为实现公司法人人格独立的制度建设。

企业内控要求企业内部运营必须符合规章制度与流程管理,是对企业人

---

① 杨立新:《企业合规与企业责任》,载《新产经》2019 年第 4 期。

力资源部、财务部、行政部、业务部等部门的职能和工作流程实行有效监控的系统性活动。企业内控要求保证前述部门管理的相关数据信息的准确性、真实性、有效性、及时性;要求各部门之间协作高效、及时;要求对外经营活动的合法性。企业内控实施的优劣是对管理者管理权能的评价,其目的是对管理者管理能力的考核。

2.合规、企业风险管理、公司治理、企业内控的共性

无论是为资金使用的安全、国有资产的安全、实现公司法人人格独立的制度建设,还是对管理者管理能力的考核,在现代企业建设和发展实践中,都需要实现法律在企业管理中的应用。

合规理论发展至今,其应用对象、含义、内容切实需要明确的注释和分类。2017 年 12 月 29 日,原国家质检总局、国家标准化管理委员会发布《合规管理体系 指南》(GB/T 35770—2017)(以下简称《合规指南》),该指南对适用主体的范围进行了定义,"组织的概念包括,但不限于个体经营者、公司、集团、商行、企事业单位、权力机构、合伙企业、慈善机构或研究机构,或上述组织的部分或组合,无论是否为法人组织,公有或私有的"。遗憾的是,该指南未对合规进行明确的定义和内容的划分。

笔者认为,从最初的"合规"应用领域、中央企业的风险管理、维护法人人格独立的公司治理,到追求管理能力考核的企业内控标准,这些都是企业在生产经营过程中"法律+管理"的表现形式。只有将法律规定落实到企业的日常管理中,才可能产生对相关权益进行保障和监督的效果。这是对与合规相关的名词作出的共性总结。

3.合规的含义是法律在企业管理中的应用,即"法律+管理"

企业在合规运营层面如果出了问题,将无法形成文化特质、管理规则、运营流程,使得企业内部管理无章法、企业外部合作无竞争力。与国家依法治国的方针政策一样,企业内部合规运营的终极目标,是企业建立自己的内部规则。这种规则的建立需要律师的服务,在法治社会,律师是学习规则、研究规则、最懂规则的社会群体。

法律顾问服务只有落实到企业管理中,才可能实现企业合规的目的;相反,不能落地的法律服务无法得到企业的认可。将法律服务落实到企业管理

中,实现法律在企业管理中的应用,是每个企业合规服务团队的使命。

法律与管理相结合,是经济发展对传统企业法律顾问服务的客观要求,是传统法律顾问服务的升级,这种升级后的企业法律顾问服务,就是本文所说的"合规服务"。

那么合规服务的实现,应当从哪些方面入手呢? 这里首先需要明确一个问题,就是合规服务的内容分类问题。

(二)合规服务分类的必要性

1.常法服务分类的现状

合规服务,在律师业务分类中被视为非诉业务。但笔者认为,合规服务的对象是企业,在面向企业提供合规服务时,应当包括诉讼业务和非诉业务,不宜将非诉业务和诉讼业务拆分,正是有了非诉业务的前期合规服务,才能在出现纠纷时提供有效的诉讼服务处理方案。

目前,在律师业务市场上存在不同的企业常年法律顾问服务(简称"常法服务",合规服务是常法服务的升级),多家律师事务所对常法服务的内容有不同的归纳。例如,北京天同律师事务所的无讼法务将常法服务分为劳动人事、公司股权、知识产权、企业诉讼、涉外服务;广东摩金律师事务所将常法服务分为劳动人事、商业交易、公司股权、知识产权以及争议解决;北京极光律师事务所将常法服务分为劳动人事、知识产权、合同起草审查、商务谈判、法律培训、股权激励、商业模式合规、企业管理咨询。

笔者认为,前述几家律师事务所对常法服务的研究和探索一直走在全国律所的前列,将服务内容无私分享给了律师同行们,起到了带头作用。笔者在研究合规服务内容和分类时,对这几家律师事务所分享的内容进行了学习与借鉴,认为分类的目的应当有延伸性,从服务端到客户端应当是连贯的,结合专业背景应当具有系统性和迭代性。

2.合规服务分类的目的和作用

(1)合规服务团队的建设。

合规服务的提供者是由律师组成的合规服务团队,律师业务虽说属于轻资产的服务行业,但其提供服务的内容来源于法律知识专业技能的应用。专业水平的提升需要律师不断学习,不断钻研相关业务,才会有能力处理社会经济发展所带来的新型法律问题。

合规服务的对象是企业,企业合规服务是系统性服务,需要团队协作才能完成。而团队的建设需要将不同类型的合规服务进行分类,从易到难提炼出不同类型的服务标准,让团队不同能力的律师分工处理,能够避免重复性工作,而这些工作需要合规服务团队具有强大的知识管理能力,来建立知识管理体系。

合规服务团队中知识管理体系的划分,需要对合规服务进行科学的分类。笔者认为,从律师的习惯性思维和知识体系的特点出发,以部门法为基础进行分类最为科学,最适合律师知识管理结构的搭建;同时,结合各类行业企业管理的特点来调整这种分类的科学性和合理性。有效的知识管理体系,有助于合规服务团队成员的成长,有助于合规服务团队专业标准的传承,更有助于高端合规服务的研发。该部分内容将在第二部分进行详细阐述。

(2)合规服务与市场报价。

合规服务的前身是传统常法服务,目前多表现为"问而顾,不问不顾"的状态。科学的合规服务分类有助于开发和拓展服务边界、服务标准及服务方式,变被动服务为主动服务,增强合规服务团队与企业的黏合度,从而扩大合规服务范围,提高服务转化率。

由于传统常法服务的特点,经常发生第二年续约难的尴尬问题。如一家企业在合规服务记录中显示业务模式相对稳定,一年没有发生纠纷、没有发生战略合作,在服务期满时,很难以原来的标准续签服务合同。

在传统常规服务中,诉讼业务和非诉业务都是或然发生的,是传统服务存在缺陷的主要原因,在进行市场报价时,很难给出具体的服务内容。而科学的合规服务分类,能够将服务内容不断细化,从而有利于向企业呈现更加直观的服务成果与服务价值。

(三)律师为企业提供合规服务的六大板块

1.六大板块源自企业运营的标准动作

企业的合规需求存在或然性发生的特点。对律师业务或然性进行解析,会发现每个企业运营都存在必然的服务需求,例如,股东权益、劳动者关系、合同管理、税收策划、知识产权、规章制度与流程管理。如常规服务分类的现状部分提到的常法服务内容包括劳动人事、商业交易、公司股权、知识产权、合同起草审查、商务谈判、法律培训、股权激励、商业模式合规、企业管理咨询、企业诉讼、涉外服务;以及其他内容分类包括规章制度与流程管理、项目招/投标、PPP 项目、企业发债、新三板挂牌、并购重组等。这些服务内容分类,存在法律关系重合的情况,存在或然发生的情况,存在法律关系延伸服务的问题。

基于这种或然性和必然性,为了让合规服务更具层次感和逻辑性,我们将合规服务分为标准动作与战略动作:标准动作为必然性需求,战略动作为或然性需求。

经过对标准动作的提炼,我们将标准动作总结为六大板块(三个层次):与人有关的,股东权益和劳动者关系;与业务有关的,合同管理、税收策划、知识产权;与管理有关的(人如何实施业务),规章制度与流程管理。

六大板块的分类是一般企业都会发生的刚性需求,三个层次的划分,能够通过企业运营特点,得到合理性验证。

2.六大板块之标准动作的增值服务

如果说标准动作是基础法律服务,那么标准动作的增值服务,是基础法律服务外的法律应用服务,如劳动者关系中的非全日制用工设计。为了更清晰地传达该部分内容,其他列举,以表1为例。

表 1　企业常年合规服务和增值服务

板块	常年合规服务内容	增值服务内容
股东权益	(1)企业组织形式的确认 (2)股东特质解析 (3)股东在项目主体的任职确认 (4)项目主体章程设计等	(1)与目标主体股权激励有关的股权池设计 (2)股权代持 (3)持股平台设计等
劳动者关系	(1)《劳动合同》,及《劳务协议》《实习协议》《非全日制劳动合同》 (2)《保密协议》 (3)《竞业限制协议》 (4)《培训协议》 (5)《劳务派遣协议》等	(1)特殊工时制的设计 (2)非全日制用工设计 (3)高级管理人员股权激励设计 (4)员工绩效考核设计等
合同管理	(1)制作业务合同范本 (2)日常业务类合同拟定与审核 (3)日常行政类合同拟定与审核 (4)常规业务合作类法律文件等	(1)合同台账管理、合同大数据报告 (2)大额合同尽职调查报告 (3)内部审核审批流程设计 (4)合同档案管理等

（续表）

板块	常年合规服务内容	增值服务内容
知识产权	*因行业特点比照右侧增值服务内容	（1）商业秘密保护类法律文件 （2）商标权保护类法律文件 （3）著作权保护类法律文件 （4）专利权保护类法律文件等
规章制度与流程管理	（1）项目主体组织架构设计 （2）《员工手册》	（1）股东会会议制度 （2）董事会会议制度 （3）合同、行政、人事、财务审批流程设计 （4）部门知识管理、规章制度与流程管理设计等
税收策划	*因企业需求比照右侧增值服务内容	（1）项目主体企业所得税、增值税税收策划 （2）股东股息、红利、个人所得税税收策划 （3）税收平台设计 （4）大额合同条款税收策划设计等

3.六大板块之战略动作

与标准动作相对应的是战略动作，需要综合运用六大板块内容的专项服务。例如，并购重组专项法律服务，需要运用股东权益、劳动者关系、税收策划、知识产权、合同管理、规章制度与流程管理六大板块的综合法律服务。其他列举，以表2为例。

表2　企业专项合规服务

服务	专项服务项目	备注
项目主体设立（项目合作）	（1）针对合作方的信用、团队能力、过往业绩、纠纷公示等制作《合作方尽职调查报告》 （2）项目初始谈判资料准备及方案的设计 （3）《合作意向书》内容条款谈判 （4）为设立项目主体签订《合作协议》/《股东协议》 （5）《合伙协议》/项目公司《章程》	·含项目主体企业组织形式设计 ·含组织架构设计 ·含税收策划平台设计 ·含股东控制权、分红权、表决权、知情权设计 ·合伙人/股东在项目主体中的任职设计 ·股权转让与股东退出机制设计等

（续表）

服务	专项服务项目	备注
股权融资/股权转让	（1）针对投资人的信用、团队能力、过往业绩、纠纷公示制作《投资人尽职调查报告》 （2）无形资产梳理（商标、知识产权、商业秘密） （3）参与项目谈判资料准备及谈判方案设计 （4）制作《股东会决议》 （5）修改公司《章程》	·含组织架构设计 ·含税收策划设计 ·含股东控制权、分红权、表决权、知情权设计 ·对赌条款设计 ·股权的转让与股东的退出等
项目招/投标	（1）招标文件制作/招标文件分析 （2）开标流程设计/投标文件制作 （3）项目法律文件制作/审核 （4）参与招/投标谈判设计 （5）制作项目实施合规《法律意见书》	·含招/投标合规风险评估 ·含向招/投标单位送达项目实施进展情况的沟通文件的制作 ·含项目签约过程中的合规咨询 ·参与项目签约等
并购重组	（1）项目企业组织形式设计 （2）《目标企业尽职调查报告》 （3）并购重组相关法律文件制作 （4）参与并购重组谈判方案的设计 （5）制作项目实施合规《法律意见书》	·含并购重组合规风险评估 ·含并购重组后的组织架构设计 ·含税收策划 ·含劳动关系处理 ·含无形资产保护设计等
新三板挂牌 & IPO	（1）参与战略规划设计 （2）制作项目实施合规《法律意见书》 （3）参与股份制改造 （4）制作股份有限公司《章程》等	·含合规建设实施计划 ·含制度建设与培训 ·含同行业企业挂牌/上市案例整理 ·含现代企业应用技能培训等

4.六大板块的解读

将传统的企业法律顾问服务升级为企业"合规服务"，意味着合规服务不再是单一的法律层面的服务，将企业单一的法律服务需要与管理结合，才能发挥合规服务的实质作用，"法律+管理"组成的合规服务是企业法律顾问服务的升级。

前述六大板块的三个层次中，前两个层次，与人和业务有关的是传统法律层面的问题，此处不再赘述。本部分主要解读第三个层次，与管理有关的（人如何实施业务）规章制度与流程管理。

规章制度与流程管理是企业管理者意志的体现,是企业管理者实现管理的工具。企业的规章制度与流程管理,类似于一个国家的法律体系中的实体法与程序法。

笔者执业初期为企业提供法律服务的时候,尝试实现法律在企业管理中的应用,但是难度很大。在处理合同纠纷时,由于业务部门负责人履行合同的过失,给企业造成数十万元损失的情形时有发生。由于制度的不完善,风险和损失由企业承担。在年终工作报告中,我们提交了相关法律意见,建议人力资源部门重新调整岗位职责,将"合同履行责任制"写进重要岗位的绩效考核中。然而,该法律意见并没有得到企业足够的重视。这说明,当时企业对法律的应用、对合同的理解还停留在非常初级的阶段,不仅法律的应用与管理是割裂的,合同与业务的实践履行也是脱离的。十几年过去了,这种现象在合规建设完善的企业得到解决,但仍有数量较多的企业未能实现法律的应用与管理相结合。因此,笔者认为,如果无法将法律融入管理,提供的法律服务就仅仅停留在形式上的合同审核和"问而顾,不问不顾"的状态,我们提供的法律服务就只能开始于纠纷解决阶段。

另外,我们在提供合规服务的时候,需要了解企业的历史、文化、发展历程、现实情况和发展规划。在提供合规服务前,需要对企业进行全面的"法治体检"。这符合 2018 年 11 月 1 日习近平总书记在民营企业座谈会上的重要讲话精神,符合司法部办公厅《关于印发〈关于开展民营企业法治体检专项活动的实施方案〉的通知》精神,以及 2018 年 11 月 18 日辽宁省律师行业党委、辽宁省律师协会传达和部署的,对全省律师开展民营企业法治体检活动的工作安排。笔者所在团队总结多年合规服务实践经验,组织编写了《辽宁省民营企业法治体检操作指引》,以辽宁省律师协会的名义面向全省律师发布。"法治体检"工作是向企业提供合规服务的前端,类似于医生工作中的望闻问切,这个道理在合规服务中是显而易见的。

管理还有一个层面,是总结企业运营中的规律性工作,形成流程管理,并具体应用到规章制度中。褚时健先生说:"从那以后我就懂得了,做什么事都要会观察,会总结,找到规律。万事万物都有自己的规律,规律搞清楚了,办法就出来了。闷着头做事不动脑子,力气用尽了也不一定有好收获。"①企业管理亦如此。

为了让法律服务落地,实现法律在企业管理中的应用,重视规章制度与流程管理服务,是解决六大板块中前两个层次问题的前提,是合规服务的重要环节。

二、合规服务团队的打造

(一)服务对象

一般而言,律师业务的服务对象,分为组织和个人。《合规指南》将组织定义为:"个体经营者、公司、集团、商行、企事业单位、权力机构、合伙企业、慈善机构或研究机构,或上述组织的部分或组合,无论是否为法人组织,公有或私有的。"笔者在研究合规服务的六大板块时,总结曾服务的公司、集团、企事业单位的基础合规服务需求,并在此基础上进行科学分类。因此,合规服务的服务对象主要为公司及合伙企业,本文统称为"企业"。

(二)专业领域

六大板块的专业领域,以几大部门法为基础,包括民法、商法、经济法、劳动与社会保障法,其中主要法律应用领域为公司法、劳动法、合同法、知识产权相关法律、财税,以及婚姻法、继承法、民事诉讼法、民法总则等。

关于刑法,笔者认为,对于长期坚持合规建设的企业,企业内部已经形成合规工作原则,适应合规工作流程,在企业日常运营过程中发生刑事法律责任的情况只占少数,例如,部分上市公司、中央企业。以优质的企业合规服务为前提,笔者未将刑事法律服务纳入合规服务几大板块中。

但是鉴于目前合规运营未全面普及,除部分上市公司、中央企业,众多民营企业合规建设还没有步入正轨,企业内部管理存在严重的不合规操作、企业管理者法律意识淡薄、管理思维落后等情况,存在大量历史遗留的运营隐患,不能排除刑事法律风险。对于提供合规服务的律师团队,对刑法领域的研究仍然应当引起重视。如果加上刑事部分,六大板块的完整表述为"合规服务的6+1",其中的"1"为刑事板块。

---

① 周桦:《褚时健传》,中信出版集团 2016 年版,第 105 页。

（三）知识管理

从团队建设的角度，以法律专业为服务内容，其核心竞争力是法律应用的专业水平。企业合规服务的核心要务也是要实现法律在企业管理中的应用。法律应用的重要性不言而喻。在团队建设中，这种核心竞争力凝结了团队的力量、知识的传承和合规服务产品的迭代，让团队更具有专业性和识别度。这里需要提到的就是知识管理，当团队有了知识管理，就具有了可持续发展的原动力，就具有了核心竞争力。以生产型企业为例，生产的前提是原材料，经过设计、采购、分类、加工、打磨制造出产品。知识管理，就是团队的原材料，需要汲取、总结、分类、升级、综合应用，并应有统一的标准、流程、版式、结构。

为什么要在合规服务的六大板块中提到知识管理？为什么不以具体的服务内容为知识管理的分类标准？上文已经阐述，随着经济的发展，法律的应用变得多样化，更强调综合性，这种服务是可变的，以可变的服务需求为基础，不利于知识体系的"成长"，我们需要找到一颗不变的"种子"，分解出相同的元素，六大板块就是这颗不变的"种子"。知识管理以六大板块为基础，不断"开花结果"，实现团队合规服务产品的研发与升级。所以，合规服务六大板块的划分对知识管理的建立意义深远。

（四）团队文化

从团队建设的角度，以法律专业为服务内容，同样需要坚守合规（法律＋管理）原则。管理中的文化建设是团队的灵魂，也是所有企业在发展过程中需要解决的问题。我们在提供合规服务时，要向企业传达和输送这种理念，并以自身合规建设经历为实例，分享和交流合规建设的经验和感受，不仅可以增强与企业的黏合度，也可让合规服务更具说服力。

明确的服务对象，明确的专业领域，加上知识管理的原生力量和卓越的团队文化，从四个方面来实现和打造最具价值的合规服务团队。大多数团队解决了前两个问题，而知识管理和文化建设却是需要改善的部分。在知识管理建设中，笔者所在团队花了大量时间来解决知识管理的分类问题，通过团队成员分工协作，默契配合，形成了团队统一的价值观，找到了团队成员共同的发展目标，建立了初步的团队文化，这个过程对团队的文化建设非常重要。

三、合规服务的探索

(一)合规服务的切入点

传统观点认为,随着企业进入业务成熟期,企业运营的痛点不再是业务来源,而是企业内部管理。随着国家法治建设的深入,企业家逐渐意识到,内部管理的不足最终损害的是企业的利益。在对企业发展生命周期的研究中我们发现,非常多的企业在进入发展稳定期后,面临着管理缺失的发展瓶颈,究其原因,是管理者在初创期忽视合规建设造成的,尤其是管理者还没有意识到建立企业自己内部规则的重要性。早期企业合规管理能够解决企业可持续发展过程中出现的痛点。

从服务经验中,我们总结出中小企业的发展痛点,其中最突出的三点是:

1.人才储备不足

中高层领导的岗位职责不清晰,奖励和激励机制不健全,缺乏职业技能培训,从而对现代企业管理模式陌生,个人能力没有日积月累的沉淀,导致多数高级管理人员的工作内容停留在执行层面。

2.管理手段原始

首席执行官"一言堂"的情况普遍存在,这是人才储备不足的主要原因之一。企业家在创业初期没有进行人才储备,企业内部规则不健全,导致"任老不认专",所以在二三线城市会出现非常多的中高级管理人员"高薪无高能"的现象。

3.商业布局混乱

商业布局混乱,多数是因为在创业前期对创业项目的细节认知不足,或者说没有做好充分的心理准备,没有思考发展过程中将会出现的问题和设计解决方案,导致后期的不坚定与动摇。我们发现,很多原本非常有前景的商业项目,因为没有得到专业的合规服务最终未能实现商业预想,令人惋惜。

找到合规服务的切入点,攻克痛点解决问题,需要建立完善的合规服务体系。上文提到,六大板块是合规团队建设的核心问题。那么,只讲合规服务六大板块,能否达到服务企业的目的?答案是否定的。合规服务的六大板块是服务的基础元素(原材料),必须利用这些"原材料"将合规服务产品化。

（二）合规服务产品化

1.从企业需求的角度

在企业合规管理建设中,企业需要解决的是实务问题,这些实务问题是非常具体和形象的,有的有普遍性,有的有特殊性。而六大板块是合规服务团队内部建设的基础元素,不宜向企业直接传递六大板块的概念,需要合规服务团队站在企业的角度,将六大板块以合规服务产品的形式向企业输送。

原因很简单,企业的管理者和员工并非合规专业从业者,合规服务团队需要将法律语言和法律元素,通过产品化的特点,翻译成非合规从业人员能够操作的形式。将合规服务加工为合规服务产品,使合规服务产品具备易懂、易操作、有解决问题的效能,产品化的合规服务具备落地和实操的特质,让企业更容易接受。

2.从团队发展的角度

如果说合规服务的六大板块是合规服务的"种子",那么合规服务产品就是合规服务的"种子"长出来的"枝蔓",最终是否能硕果累累,取决于果农是否对树木细心呵护,即律师将专业法律知识应用到企业合规需求中,经过对服务的细化和专业的研究、总结、归纳,形成丰富多样的法律服务产品。合规产品化,解决了团队协作、团队传承的延续问题,解决了年轻律师成长的难题,释放了老律师处理基础工作的时间,实现了团队管理的结构化和分工化(例如,市场部主要负责合规产品的销售)。所以说,合规产品化,可以让团队更具品牌竞争力和识别度。

3.从合规服务产品的差异化角度

日常生活中,大多数产品存在不同型号,我们会根据个人需求选择购买,这说明产品的功能性和实用性存在差异,也说明产品都会存在升级和迭代的情况。

合规服务的提升也需要合规服务产品的差异化,将合规服务产品的升级迭代和可复制性,应用到对企业的服务中,适用到不同发展阶段的企业,适用到企业发展过程中遇到的不同项目,充实合规服务产品的种类。笔者所在团队编写了《企业合规服务产品手册》(共5册),分别为总则和针对初创企业、微型企业、小型企业、中型企业的合规服务产品手册。合规服务产品的多样性,有利于合规服务的普及,助力中国企业合规运营。

(三)合规服务的手段与方法

从宏观上讲,构建科学的合规管理体系,对各个行业的有序发展起着一定的推动作用。促进企业的稳定与持续发展,必须优化企业的合规管理。要树立企业领导者的合规运营理念,这个过程不可急于求成,也不可任其发展,需要更多借助于外力,逐步改善企业运营中无处不在的隐患,逐步解决过往企业出现的复杂性和不确定性问题。建议从以下几个方面入手。

1.树立合规管理理念

"在市场法治环境不够完善的国家,如果我们的企业选择'入乡随俗',凭借资本的实力,通过商业贿赂等不合规手段,在短期内攫取高额的利润,只会让我们进入的市场环境变得更加恶劣,一旦风向转变,企业所有的努力和市场优势就可能丧失殆尽。"[1]每一位管理者都应当认清这一点。

企业管理者的理念,决定了企业的价值观。然而,企业的价值观,需要每一位参与者的付出。笔者听过混沌大学的一次分享,感受颇深,"每一个人的选择就是你的价值观,每一个人的选择汇聚成了公司的今天和未来,我们不要把这家公司变成我们都讨厌的样子。我们要一起捍卫我们共同的信仰"。

(1)加强企业管理者的合规意识。

从企业管理者抓起,加强对相关管理人员的合规管理培训力度。通过地方工商联、企业协会、行业协会,组织定期的合规内容学习,宣传法治体检的作用,从而鼓励企业管理者积极参与"法治体检"。

(2)管理者主动实践合规。

让管理者运用全新的合规理念,组织制定企业运营中的规章制度与流程管理,定期升级和完善合规管理制度,同时管理者要践行确保企业合规管理制度的有效实施,克服传统民营企业管理者"自己破坏自己制定的规则"的管理现象。"合规管理的独立性与企业管理者职责的有效执行息息相关。"[2]

---

[1]　叶晓华:《合规,2019 关键之战》,载《董事会》2019 年第 4 期。

[2]　韩玉超:《试析我国企业合规管理面临的困境》,载《商场现代化》2019 年第 5 期。

(3)员工合规理念的学习与考核。

企业内部员工严格按照相关合规管理制度进行业务活动,可以通过规章制度与流程管理的学习进行培养和考核,让合规执行理念和合规文化深入人心,并要结合奖惩和问责体系,推动和激励企业全体员工的合规意识。

2.搭建合规管理系统

企业的规章制度与流程管理,是管理者管理企业的工具。国家法律法规的制定,涵盖社会生产、生活的方方面面,企业的规章制度与流程管理同样需要涵盖企业运营的方方面面。检验合规管理系统是否有效,最重要的一环是制度的更新。企业的合规管理系统需要随着企业的发展进行调整,调整到企业发展最适合的形态,管理系统的调整是企业稳定运行的基本保障。"除了借助技术升级、品牌形象、客户压力等市场压力,合规本身就是发展战略的核心构件。"①企业的合规管理系统有三个调整原则。

(1)长期规划原则。

进行制度建设是为了企业更好的发展,合规制度不能阻碍企业的发展,应当助力企业的安全、科学、顺利进行。很多时候,短期内很难看出一项制度的出台是阻碍还是助力,标准和定性的拿捏需要管理者具有高瞻远瞩和统揽大局的气魄和见识。

(2)中期调整与应急预案兼备原则。

制度建设不能"朝令夕改",也不可"一成不变",应该有中期的调整和应急预案的设置。一般企业规章制度的中期调整分为半年小总结、全年大总结和以年度为单位进行调整;同时,针对特殊项目,要根据项目特点设计应急预案。应急预案的设计涉及管理者权限的划分,建议将此权限归企业高层。

(3)保障股东、劳动者权益原则。

制度建设无论是站在公司发展角度还是站在业务实施角度,最终是服务于人,从社会层面讲,劳动者权益的保障是首位的;股东权益的保障是管理者权利来源的基础。管理者在处理这两项权益时应当平衡和协调好,只有这样才能让企业在一个平衡的状态下健康发展。

---

① 杨力:《中国企业合规的风险点、变化曲线与挑战应对》,载《政法论丛》2017年第2期。

3.大数据和可视化呈现

合规服务的手段和方法,在移动互联网时代不得不提的是大数据与可视化,这些技术的应用已经进入社会生活的各个方面。"梳理企业管理和业务流程,识别、评估企业合规风险,建立企业合规风险管理数据库,这是一切合规管理的基础。"[1]在为企业进行合规服务时必须与时俱进,适应时代的发展。企业内部管理需要大数据,合规服务也需要大数据(数据化服务报告、数据化服务产品)。

笔者所在团队在处理日常合规业务中的非诉业务和诉讼业务时,已经采用可视化的表达方式,制作《2017 年股权转让纠纷大数据报告》《特殊工时工作制合规设计 & 大数据报告》《2017 年联合办公行业研究报告》等,让合规服务更具有客观性,在客观数据的基础上总结痛点,制订合规解决方案,能够让我们的服务更全面、更具体。

四、结束语

企业合规服务的六大板块的确立,对解决合规服务团队建设的核心问题具有重要意义。笔者在对企业合规服务的六大板块的研究中发现:团队建设的核心问题,是知识管理与文化建设,也是传统企业法律顾问升级为合规服务团队的重要分割点。团队形成了知识管理共识,并能落地实施知识管理,是价值观的体现,文化建设其实就是价值观的建立。建立合规服务团队,是合伙人对共建知识体系的价值观的认可,但在合规学术领域内很少对合规服务的内容进行划分和归类。由于篇幅有限,仅从律师业务层面进行浅析,对如何向企业提供合规服务的层面并未具体涉及。

---

[1]　叶晓华:《合规,2019 关键之战》,载《董事会》2019 年第 4 期。

适应新时代新要求 构建系统的企业环保合规体系

广东绿建律师事务所 李军强

【摘要】 新时代,对生态文明建设有了更高的要求。适应新时代要求,企业需要有相应能力和方法来防控因不适应新时代要求而产生的环境法律风险。国内外经验证明,防范的最好方法就是进行环保合规管理,构建企业环保合规体系。企业构建环保合规体系时,一定要处理好保证体系效力的"七大关系",既提供解决目前企业亟须解决、困扰其发展的不知、不会和不到位的"三不"难题,也提供建立适应企业长远、持续合规需要的综合体系方案。在此基础上,本文提出了构建应急体系和综合体系两大体系的解决方案。应急体系主要解决企业目前面临的困境,包括三个部分,简称"三招"。综合体系主要解决企业全面、系统、长效风险管控要求,包括六个方面的内容,简称"六合一"。两种方案分别适应不同企业的不同需要,为企业防控环境法律风险、依法健康有序发展保驾护航。

【关键词】 环保合规 应急体系 综合体系 专业合作

我国已经进入中国特色社会主义新时代,生态文明建设已经写入宪法、党章。中央要求将生态文明建设融入其他各项建设的全过程和各方面。生态环保力度加大并会持续增加。企业作为环境保护的主要责任主体,风险日益增大。仅 2018 年全国实施行政处罚案件 18.6 万件,罚款数额 152.8 亿元,同比增长 32%,是 2014 年的 4.8 倍。① 构建环保合规体系日益成为企业适应新时代新要求、防范和化解生态环保风险、维持企业持续健康发展的迫切需求。

企业环保合规管理是指企业采取措施,保证在其生产经营活动中全面落实生态环保方面要求的活动,是企业合规管理的一项重要内容,其目的是有

---

① 数据来源于李干杰部长在 2019 年 1 月 18—19 日召开的全国生态环境保护工作会议上的讲话。

效防控目前存在的以及根据目前趋势能够预测未来可能出现的生态环保风险。

企业环保合规针对的是所有企业,内容是生态环保方面是否合规。这与环保企业合规有着本质的不同,因为环保企业合规管理只针对环保企业,其内容则是所有的合规内容。

企业环保合规中强调的"规",既包括与生态环保相关的法律、法规、规章、重要政策以及法律法规中引用的强制性标准,也包括企业内部制定的或者与其他机构共同制定的以及其承诺遵守的要求和标准等。

本文主要介绍企业环保合规体系构建的必要性、思路和结构等方面内容。

一、环保合规日益成为新时代企业的必需品

"生态文明建设是关系中华民族永续发展的根本大计"①,这是新时代提出的新要求,是人类命运共同体建设的需要。落实新要求,需要全社会的共同参与。企业作为最主要的责任主体,被赋予了更高的要求、更大的责任。

在此形势下,企业只有具备适应新时代要求的管理能力和制度体系,才能履行社会责任、减少企业风险,才能保证健康发展、提升竞争力。但企业环保管理现状却与此形成巨大的反差,大部分企业的环保管理水平较低,还没有制度或制度体系不完善,完全不能适应新时代的需要。这种明显的反差,不仅会使企业产生生态环境风险,严重的还可能因此导致企业被关闭、停产甚至破产,也会有企业的管理者因此面临刑事责任。

面临严峻的生态环保风险压力,企业必须探索解决办法,企业环保合规管理应运而生,已经并将继续成为越来越多企业的选择和"新宠"。

(一)新时代企业担负的生态环保责任越来越大

习近平总书记要求,强化企业合规意识②,这对企业提出了更高的要求。具体到环保领域,党的十八大以来,特别是 2014 年 4 月 24 日修订通过的《环境保护法》实施以来,企业成为最主要的生态环保责任主体,责任范围不断扩

---

① 习近平总书记在 2018 年 5 月 18 日、19 日召开的全国生态环境保护大会上的讲话。

② 习近平总书记在 2019 年 2 月 25 日召开的中央全面依法治国委员会第二次会议上的讲话。

大,责任类型不断增加,处罚力度不断加大,监管效率不断提高。

1.企业成为生态环保的主要责任主体

新时代的环保体系可以归纳为"政府主导、企业主体、全民参与"。为了保证企业主体责任的落实,中央采取了一系列措施,包括修改法律、调整政策等,让企业真正成为责任主体,从而在生态环境保护中发挥更大的作用。其中包括将原由政府承担的"三同时"①验收责任调整为企业自主验收,将环境影响评价中公众参与调整为企业负责,要求企业进行自主监测、加强信息公开等。

2.环保合规要求项目多,要求高

随着生态文明建设和法治建设力度的不断加大,特别是科学立法要求的落实,我国环保法律体系逐步完善,法律对企业的要求越来越多。

据不完全统计,目前法律、法规、规章中确定的企业环保要求多达298个小项,总结归纳为34个大项。这体现在44部法律、法规、规章中,涉及571个法条,包括与选址、产业准入和布局、环评规定、环保设施、排污许可、节能和水土保持、大气污染、水污染、土壤污染、噪声污染、放射污染、固体废物污染、在线监测、信息公开和生产要素相关的环保要求等内容。

另外,环境保护标准不断修订,相应的标准也在不断提高。这也对企业的生态环保管理提出了更高的要求。

3.法律责任越来越大

新时代,企业环保法律责任越来越大,主要表现为责任形式多、处置责任重、处罚数额高。

根据笔者的统计,企业环境违法责任形式多达22种,包括刑事责任、民事责任和行政责任。

在这些责任类型中,刑事责任和行政拘留属于限制人身自由的种类,对企业主管人员的威胁最大。按日连续处罚、查封扣押、限产停产、生态修复等措施对企业的影响最大。比如,河南洛阳一家企业因为废气超标排放被按日

---

　　① "三同时"是我国最早确定的一项环境保护制度,按照2015年1月1日开始施行的《环境保护法》第41条的规定,其内容是:"建设项目中防治污染的设施,应当与主体工程同时设计、同时施工、同时投产使用。防治污染的设施应当符合经批准的环境影响评价文件的要求,不得擅自拆除或者闲置。"

连续处罚 31 次,持续时间达一年半之久,罚款总额高达 9 663 万元,截至 2019 年 11 月底,创按日连续处罚之最。又比如江苏泰州 1.6 亿元天价环境公益诉讼案、5.69 亿元腾格里沙漠污染修复调解案等,都使责任企业付出了巨额的金钱。

4.严格监管态势将长期持续并越来越严

生态文明建设是事关中华民族永续发展的根本大计。环境保护也成为新时代中国社会主要矛盾的内容之一,成为中国特色社会主义现代化强国目标之一,成为我国的基本国策。

实现生态文明建设目标,需要强有力的措施推动。为此,中央制定了生态文明建设总体纲要,构建了生态环保法治体系,开展中央环保督察、环保专项行动、环保强化督察、生态文明考核等行动,加大了生态环保责任追究力度,强调党政同责、一岗双责、终身追责。生态环保监管得到有效加强,严格监管将成为常态。

2019 年年初,习近平总书记在参加内蒙古代表团审议政府工作报告时强调,"要保持加强生态环境保护建设的定力,不动摇、不松劲、不开口子"[1]。这表明了中央对生态文明建设的态度,表明:中国的生态文明建设将长期持续,严格监管只会加强不会减弱。且随着监管经验的不断积累,环保措施会更多,力度会更大,方法会更科学。

(二)企业环保管理能力较弱、水平较低

正常来说,面对日益严格的生态环保监管形势,企业也会相应提升其管理能力,适应新形势,防范和化解由此而增加的生态环保风险。但根据我们了解的情况,大部分企业还没有意识到这一点,有的企业虽然意识到了,但不知道如何应对,还有一些企业虽然采取了一些应对措施,但不专业、不系统、不全面,不能满足新时代生态环保的要求。这都是目前造成企业环境风险增大的根本原因。我们将其归纳为不知、不会、不到位,简称"三不"。

1.不知

不知是从认知的角度总结的,其主要表现是大部分企业还不知道生态环保的相关要求,不知道什么是环境风险以及其出现的途径、存在的环节、表现

---

[1]　习近平总书记在 2019 年 3 月 5 日参加内蒙古代表团审议政府工作报告时的讲话。

的形态、可能的后果、防范的方法和技巧等,也没有生态环境风险预防和控制的意识。它们往往只重视产品生产,根本不关心生产项目有没有环评、有没有污染治理设施、有没有取得排污许可、污染物是否达标排放等。它们根本不知道与企业有关的生态环保法律规定,也不了解生态环保的发展趋势。这导致其根本没有任何环保法律风险概念,也没有任何的预防和管理措施。

因不知而违法,因违法而被处罚,因处罚而使生产受到影响甚至企业停产关闭。对于这类企业,究其原因就是不知,或者说是无知。目前来看,这类企业占比相对较大。

2. 不会

不会是从管理能力的角度来归纳的,是说企业虽然知道一些生态环保要求,但因自己不具备相应的管理能力,也不知道应该谁来管、管什么和如何管。所以,它们不知道要建立何种制度、组织何种管理架构和体系、安排什么样的人员、采取什么样的方法、达到什么样的效果等。

因为不会,所以有的企业是没有管理架构或体系,也有的企业是没有人员,还有的企业是找不到风险源和风险点。因为不会,所以放任风险的产生和扩大,影响企业生存和发展。河南洛阳 9 663 万元按日计罚案就是这方面的典型,因为不懂管理,在持续被处罚的一年半时间里,被连续按日处罚 31次,处罚金额相当于其 3 年的利润,但该企业竟然一直没有找到应对办法,也不知道寻求专业支持,更没有采取阻止损失继续扩大的措施。从该案可以看出,企业不会管理对企业的影响是巨大的。

当然,现实中,也会有一些企业是不愿意管,甚至还有一些企业是存在侥幸心理而放任不管。

从我们掌握的情况看,这类企业的数量总体占比不大。

3. 不到位

不到位是从管理质量角度归纳的,主要是说企业虽然已经采取了相应的管理措施,但由于管理者不专业或管理的不全面、不系统等原因,出现管理质量不符合生态环保的要求,从而导致风险的情况。

现实中,不到位最常见的表现是很多企业已经让法律顾问或者法务人员对有关的事项进行审查,认为已经符合生态环保的要求。其实,这是非常危险的。因为,生态环保风险管理是非常专业的工作,需要审查人员对生态环保相关规定有全面、系统的了解和把握,能够全面审查并提出综合的应对意见和建议,一般情况下,非生态环保专业人员的一般性日常审查根本无法达到防范生态环保风险的程度。在这方面,江苏泰州1.6亿元环境公益诉讼案中的常隆公司就是个典型的案例。常隆公司作为上市公司,其不仅有法务部门,也有外聘的法律顾问,但却没有在日常审查中确保符合生态环保要求,因而出现了处置不当,导致最终出现管理人员承担刑事责任,公司在承担了行政处罚责任后,还承担了高达8 270万元的生态修复费用的严重后果。试想如果常隆公司管理到位,这些损失本来是可以避免的。

这个案例告诉我们,管理不到位的影响更大,也更危险。从目前的情况看,这类企业占比最大,应该引起普遍重视。

(三)企业环保合规是企业防控环保风险的最佳选择

通过前面的分析,我们知道了企业目前亟须解决的困难是新时代生态环保高要求与企业环保管理能力低水平间的矛盾。消除此矛盾最好的办法,就是进行企业环保合规管理,构建企业环保合规管理体系。因为通过对企业进行全方位的环保合规管理,可以从源头和根本上消除风险因素、切断传播途径、减少发现机会等,既能提升管理能力,又能防范环保风险。同时,企业环保合规还能帮助企业提升市场竞争力,赢得市场、赢得未来。

二、构建企业环保合规体系总体思路

如何构建符合新时代要求的合规体系呢? 我们认为,应注意处理好"七大关系",分别是:当前与未来的关系、企业与行业的关系、内外因素间的关系、重点与全面的关系、体系完整与方便操作的关系、静态表现与动态变化的关系、环保特色与合规规律的关系。

(一)既要解决目前困境,又要有助于未来发展

构建环保合规体系,首先要构建解决企业目前存在的环境风险的体系。因为这是解决企业当下需求,具有紧迫性,是企业最关注、最容易接受的,也是最直接的或是影响最大的问题。

同时也要重视环保合规长效机制的构建,因为这能够满足企业长效、高

质的防控的需要,能帮助企业增强长期竞争力。

两类机制相互协调,既可增强适应性,又可提升有效性。

(二)既要立足企业实际,又要关注行业情况

企业环保合规体系必须立足目标企业的实际。因为不同的企业有不同的情况,他们的原材料、生产工艺、规模、实力、地域等任一要素的变化,都会导致应对方案的变化。所以,一定要根据目标企业的实际需要,制定出符合其现实需求的环保合规体系,让环保合规体系能够真正帮助企业消除风险隐患,助力企业发展。

同时,环保合规体系也要考虑企业所处行业的整体情况。通过吸收和借鉴同行业合规管理的经验和教训,不断丰富和完善目标企业的环保合规体系,从而更好地服务企业,保护企业。

(三)既要考虑自身原因,又要兼顾周边影响

企业环境风险的产生,既有企业自身的原因,也有周边情况、上下游影响等原因。所以在构建企业环保合规体系时,既要充分考虑因企业自身原因导致的风险,也要充分考虑企业周边情况和上下游供应链可能传导的风险等,要根据掌握的内外因素,统筹兼顾、综合考虑,构建系统的体系,防控风险。

(四)既要消除重点威胁,又要做好全面防控

企业环保合规体系不可能面面俱到,一次性解决所有风险。这就需要根据风险因素的轻重缓急、发生概率和处理难度等因素进行综合分析,确定处置的重点和顺序。要先解决影响特别大、特别紧急的问题,突出重点,各个击破。同时,也要清楚,企业环保合规管理是一项长期的工作,需要系统全面的安排,才能有效防控风险,所以,我们一定要在解决重点问题的同时,进行全面布局和体系构建,并保持两者间的协调和配合。

(五)既要保证体系完整,又要方便操作

企业环保合规体系是一个整体,有其自身的体系。所以,在构建环保合规体系时,应保证体系的完整性和系统性,保证这个体系符合责任明确、可检查、可衡量的基本要求。但在构建完整合规体系时,也要充分考虑可操作性,要让合规体系符合企业的实际,要让其能够被企业参与者理解,能够变成

所有参与人的行动。只有这样,体系才有生命力,才能发挥其应有的作用。

(六)既要摸清静态现状,又要关注动态变化

企业的经营是变化的,社会环境也是变化的,企业的管理也会随着各种因素的变化而变化。所以,构建企业环保合规体系时,既要摸清企业当时的情况,同时又要关注和预测规定、趋势、行业以及企业的各种变化,让合规体系既符合当时的静态实际,又适应未来动态变化的可能,并根据变化的情况及时进行动态更新,始终保持合规体系的适应性,从而提升管理效率和效果。

(七)既要探索环保特点,又要符合合规规律

企业环保合规体系是企业合规体系的新成员,因其有着特殊的要求,目前又是管理的重点,因而变得日渐重要。在构建企业环保合规体系时,一定要根据企业环保实际,突出其环保的特点和特色,进行相应的设计和构建,从而保证具备较强针对性和有效性。同时,企业环保合规体系作为企业合规家族的一员,也应当遵循合规管理的普遍规律。要将突出环保特点与遵守合规规律有机结合,相互融合、不断完善,确保有效。

三、企业环保合规体系构建方案

针对目前企业防控生态环保风险的需求,我们提出构建应急和综合两大体系的方案。

应急体系主要解决企业当下急需解决的环境风险难题。其核心可概括为"三招",即长知识、增能力、提质量。应急体系的侧重点在于应急,所以一般不强调对企业进行全面的环境风险尽职调查,可能存在防控不够全面、不系统的问题。应急体系在重点解决企业目前面临的环保管理困境的同时,为逐步构建长效合规体系积累经验。

综合体系主要是为满足对防控质量要求较高的企业的长期、系统、全面防控环境风险的需求,核心内容可以提炼为"六合一",即做一次尽职调查、建一个环境风险库、整理一个责任体系、构建一个防控体系、培养一支专业队伍、形成一个管理方案。这是以企业环境风险尽职调查为基础,综合考虑,统筹安排,全面系统,确保效果的长效体系。但由于其要求较高,所以可能存在构建周期较长的问题。

（一）应急体系——"三招"解决眼前难题

为有针对性地解决目前企业环保风险管理中普遍存在的"不知、不会、不到位"问题，我们构建了应急体系，即长知识、增能力、提质量。

1. 长知识

长知识，主要是针对前面所说的企业"不知"原因而采取的措施，其核心是要通过一些手段和方法，让企业及其管理人员掌握相关知识，变不知为知。以知促行，以行求知，知行合一，防控风险。

相关知识，既包括与企业相关的生态环保法律知识，也包括环境法律风险预防和管理的知识，还包括风险规律知识，如风险可能存在的环节、表现形式、发现途径等。

生态环保知识主要规定在相关文件中。这些文件包括国家的环保法律、法规、规章和政策以及法律法规引用的各种标准，也有一些是行业的规定，还有一些是企业自己制定或与其他相关方共同确定的各类约定。

规定环境保护要求的载体很多，主要是以《环境保护法》为基础的一系列环境保护单行法律、行政法规、地方性法规、部门规章、地方政府规章、重要政策、司法解释及环保标准等。据不完全统计，我国目前有环保法律 24 部，行政法规 31 部，部门规章 90 部，司法解释 35 部，环境标准 1 753 项，地方性法规数量因地域而有差异，仅深圳市就有 25 部环保法规，还有数量巨大的地方政府规章和各级政府重要的政策等。这些规定不仅数量大，而且修改快，需要特别注意。①

企业环境风险预防和管理的知识主要指管理制度的制定、管理体系的构建、管理的组织、效果的评价、管理文本的制作、工具的使用等。

企业环境法律风险有规律也需要我们学习。如企业在哪些环节最容易发生环境风险、发生哪类环境风险，什么时候、地点、状态下环境违法最容易被发现，风险产生后有什么方法处理、最有效的方法是什么，如何选择最好的防范和处置方法，如何选择专业处置力量等。

采用正确的方法有助于提升获取知识的效率。通常情况下，企业最常用

———————————

① 2019 年 1 月在全国生态环境保护工作会议上，李干杰部长在总结 2018 年工作时提到：完成 1.1 万余件生态环境保护法规、规章和规范性文件的清理。

也最有效的方法包括培训、自学、参与活动和交流等,其中培训更为常用。

企业组织培训时,一定要根据不同层次的不同需求,精心组织分层的培训。对于高层管理人员,主要培训相关理论,培养其强烈的环保意识,提升其对环保工作的重视度;对于中层管理人员,全面培训有关知识,让其既有意识,又会管理,既能发现风险隐患,又能上下联通、综合调配、合理处置。对于基层一线员工,主要进行风险知识的培训,提升其及时发现风险隐患、及时上报信息的能力,最好让其具备简单有效处置风险的能力,为有效防范风险创造有利条件。

此外,企业还要根据不同时期的不同要求,进行分类培训,针对普遍需要掌握的知识,进行普通培训;对于重点知识和重点人群,开展重点培训;对于专项工作,开展专项培训。

为了提高学习的有效性,企业可以根据自身特点进行分类学习和培训。

企业可以按照生产周期来分阶段组织学习。按照设立、经营、终止的周期分别梳理其所涉及的相关规定,组织相关人员学习。不同周期的规定数量不一,要求不同。根据我们的梳理,目前设立阶段涉及 63 个小项规定,经营阶段涉及 227 个小项规定,终止阶段涉及 8 个小项规定。

企业也可以按照生产环节组织学习,分别梳理准备、生产、运输、销售、处置、检测、管理等环节涉及的规定,组织相关人员进行分类学习。

企业还可以按照法律责任形式组织学习,针对刑事责任、行政责任、民事责任的不同影响、不同特点组织相关人员分别进行学习,使企业在经营中避免刑事责任、防范行政责任、减轻民事责任。

长知识是经常性、长期性的工作,需要综合运用培训、自学、交流等多种方法,调动全员学习的积极性,不断提高学习效率,增强学习效果。

2.增能力

增能力主要是针对企业缺乏环境风险管理能力而采取的措施,其关键是提升企业整体的管理能力,是将学习的知识在企业环境风险管理实践中运用的活动。增能力的核心是保证有人管、管得准、管得对。实际操作强调:制度体系是基础,管理体系是关键,信息体系是支撑,方法得当是保障。

首先,建立健全制度体系是提升管理能力的基础和前提,核心是要明确谁来管、管什么和如何管的问题。制度体系的构建需要企业根据自身的情况进行系统的设计和安排,明确管理人员、责任、流程等,确保适合企业的特点和情况,并能够得到有效的实施。一般来说,企业环保制度体系最少应该包括管理要求、组织架构、相关制度、运行保障、管理文化五大内容,并通过制度汇编或员工手册的方式体现出来、展示出来。制度的内容要与岗位职责结合、与流程控制结合、与绩效考核结合,要有利于调动所有参与人员的积极性,形成时时、处处、人人、事事有人管的氛围。

其次,完善管理体系是保证管理效果的关键,主要解决制度如何在企业落实和怎么落实的问题。管理体系构建是复杂的,需要多种措施,多方合作。

一方面,构建符合企业情况的组织体系,保证高层、中层和基层都有相应的管理人员,并形成分工明确、协调统一的系统,让所有的管理事项都处于管控之下。还要采取有效措施,调动全体成员的积极性,要让主动管理真正成为深入全体成员骨髓的一种习惯。通过激励、教育等措施,让全体参与、全程参与、全环节覆盖成为行为习惯,成为自觉。

另一方面,要规范流程,保证有效应对所有风险。规范的流程至少应包括风险识别、评估、实时监控、处置等阶段,并明确实施规范,总结和借鉴自己及其他的成功经验,合理应对,有效管理。

进行风险识别时,要保证全覆盖。要让每个岗位均有人负责,定期检查岗位职责落实情况,及时发现游离在控制范围之外的风险。同时,也要注意周边及上下游供应商的变化,随时判断和预测外来的风险。除此之外,还要对照历史风险情况,总结高发风险类型及发生前兆等信息,及时对照现实情况,控制高发风险再次发生。要总结和梳理风险产生途径,要特别重视媒体监督重点、执法检查规律、竞争对手态度、员工心理状态、周边危险情况、执法重点变化等容易引发风险的情况,随时发现问题,及早组织应对。

进行风险评估时,企业既要评估企业自身行为的影响,也要评估所属行业可能的影响,要善于从同行业其他人的经历中吸取经验教训,提升评估的准确性。要特别重视企业中存在的不规范行为、风险高发点以及重点管理事项,采取定时评估和随时评估结合的方式,随时评估高风险事项。同时,企业还要关注环保监管和本行业的发展趋势以及外围情况,研究和预测未来走势,并据此提前采取适当的应对措施。

要建立实时监控体系。明确监管人员及其义务,规范监管流程,强化监管质量,重视监管效果评估,让环境风险特别是重点和高发风险始终处于有效的监管之下。

处置活动是复杂的、系统的工作,要采取合理的应对措施。一方面,企业要根据风险事件的情况、处置能力和处置偏好等,选择最符合企业追求的处置效果。处置的第一个层次即最高境界是将风险消灭在萌芽状态。这需要建立前面介绍的全员有效参与体系保证及时发现、及时处置。处置的第二个层次是减轻其不利影响。可以通过进行风险修复补救、加强对多发事件的监管和治理、培养企业风险管理文化、切断事件与处罚间的联系、寻找对方漏洞等方式实现。处置的第三个层次是降低处罚层级。可以采取包括应急处置、风险报备、专项整改等方法,试图通过积极的态度或有效的措施将风险降低,或赢得对方的同情从而减轻处罚层级或数额。另一方面,企业还要针对不同阶段,确定不同的处置重点。事前管理时,一定要将重点放在预防上,通过前期预防实现最佳效果。事中管理时,则要将重点放在规范上,要针对当时的行为,采取符合当时要求的措施,从而规范行为,尽量避免因行为不当而造成不利的影响或损失。事后处置时,重点是应对,是从审查案件既存事实、相关程序、法律适用等方面,寻找突破点,从而最大限度地争取对企业有利的结果。

完善管理体系还要尽量构筑起多重环境风险防线,将风险消除在萌芽状态。一是要充分发挥企业合规管理参与部门熟悉现场情况的优势,构筑起第一道环境风险防线,将风险因素消除在萌芽中,阻止风险因素变成风险事件或影响扩大。二是要充分发挥合规专项管理部门风险管理的优势,构筑起第二道环境风险防线,用专业的识别和防控能力,识别、预测或指导处置风险因素,消灭隐患、切断风险联系、阻止风险条件成就等,防止风险出现或向下转移。三是要充分发挥企业管理层的宏观优势和监督优势,构筑起第三道环境风险防线,从宏观上防控风险、阻止风险或减轻风险影响。三道防线相互配合、优势互补,构筑起一张有效的风险防护网,保障管理真正发挥效用。

再次,打造支撑信息流动顺畅的信息体系。这主要是解决信息及时传递,保障管理的及时性和有效性问题。信息体系是实现信息及时传送的支撑,其不仅能及时将管理要求传达给每个环境风险管理的参与者,还能及时将风险信息上传到专业管理者,让有效管理和及时处置有了可能和保证。要充分利用新媒体平台,打造相互配合、同步传递的多个体系,让信息"飞起来"。

最后,运用合适的方法,保障管理取得预期效果。运用合适的方法可以增强管理效果,提升管理效率。经过多年的思考和实践,我们率先提出并系统阐述了企业环境风险管理的"绿建五法",分别是:对标检查法、系统控制法、阶段控制法、针锋相对法、借力专业法。① 对标检查法主要解决全面梳理和全面防控的需求,侧重于系统预防。系统控制法强调组织、人员、制度等体系的构建和实施,侧重于风险管理体系的构建和完善。阶段控制法主要解决企业的差异化防控需求,根据不同企业的风险偏好、投入能力水平、所处阶段等差异,提出事后应对、事前预防、管理预防、建设预防和源头预防五种对应五个阶段的防控方法,供企业选择,以满足不同需求。针锋相对法主要是针对事后应对而提出的一组方法的组合,包括规范运行法、风险转移法、切断联系法、寻找漏洞法、寻找依据法、表明态度法六种方法,采取不同措施分别应对不同的情况,力争在事实既定的情况下获得最佳效果。借力专业法主要是引导企业选择法律、管理和技术等专业机构进行专业管理。

选择恰当的管理工具,也能起到提升管理能力的作用。企业要重视工具的作用,学习利用工具,让工具助力管理升级。要善用审查机制、考核评价、审计、评估、风险预警、合规培训、报告和问责等工具,以工具提效率,以效率强管理,以管理提升竞争力。

3.提质量

提质量主要是针对目前企业管理质量不高的现状而采取的措施,其关键是保证管理是专业的。提质量的方法是指关注三领域、选好一类人、用好两方法。

首先,关注三领域是指关注法律、管理和技术。这是目前情况下影响企业环境风险管理质量的主要的三个因素。法律是合规的基础,是防控风险的

---

① 详细介绍参见曹晓凡主编:《企业生态环境守法实务》,中国民主法制出版社 2019 年版,第 462—482 页。

基础,所有的风险都是违反法律规定的后果和表现,应当特别重视。管理是解决有关规定在企业实施的关键,管理不到位是风险产生的另一个重要原因,所以一定要加强管理,提升管理。技术是解决将法律规定和管理要求在实际中实施的关键,防控风险方案再好,不能落地仍然没有用。

其次,选好一类人是指选好专业人员。专业人员的成长有三种途径,分别是自己培养专业人员、引进专业人员、委托专业机构。在全球化的大背景下,专业分工是世界潮流,采取与专业机构合作是选好专业人员的最佳途径。因为自己培养专业人员的周期一般比较长,无法在较短时间内满足企业面临的专业需求。引进专业人员虽然可行,但要选到合适并真正愿意到企业的专业人员很难。且通过前述两种方式选择专业人员的成本一般也比较高。而专业机构的专业人员专业程度高、获取成本低、适应性强,是已经被国内外大量实践证明的最佳的方式。

最后,用好两方法是指重点管理方法和善用工具方法。

重点管理方法强调抓住重点,做好重点管理。这里的重点包括重点领域、重点环节和重点人员。重点领域要结合每个企业的实际情况确定,一般是对其影响最大的一个或几个区域等。重点环节是指对企业环境风险防控比较重要的环节,一般包括制度的制定、经营决策、生产经营、污染防治等环节,也需要根据企业的实际情况确定。重点人员是指对环境风险管理作用较大的人员,一般是企业的管理人员和重点风险岗位上的人员。抓住以上三个重点,就可以用较小的成本和精力,取得较大的成效,从而提升质量。

善用工具方法强调用好工具,辅助管理。这里的工具包括示范文本和项目模板、管理台账、项目复盘等。示范文本和项目模板是保证文本质量和操作流程的方法,它们能够将成熟的经验固定下来,提示管理者,防止出现失误或漏项,以此提升文本质量和管理质量,应在工作中不断完善和丰富,从而保证符合企业管理的实际和需要。管理台账是保证企业相关风险、管理所需信息等动态更新和全面掌控的基础,通过台账,可以实时对企业环境风险进行全面、有效的检视,并保证防范措施之间的协调、系统,保证各项管理之间的配合顺畅,从而提升管理效果。项目复盘是指对项目的实施进行回顾、总结,汲取经验教训,改进不足,完善文本、模板和台账等,让后续项目服务更科学、更合理、更有效。这些工具的使用,要配合、协调,要根据实际需要选择,要根据效果进行优化。

(二)综合体系——构筑"六合一"的环保合规体系

应急体系可以帮助企业解决眼前的难题,综合体系则可以帮助企业解决全面、系统、长效的管理难题,是从源头开始进行全面的调查、系统的分析、综合的规划,提出有效应对方案,从而构筑起一张系统全面的生态环保风险综合防护网,最大限度地防控企业生态环保风险。

综合体系的适用对象是合规要求较高、承受能力较强的企业。综合体系由六个方面构成,包括做一次尽职调查、建一个环境风险库、整理一个责任体系、构建一个防控体系、培养一支专业队伍、形成一个管理方案,所以,我们将其称为"六合一"体系。

1.做一次尽职调查

尽职调查是整个合规体系的基础,是摸清企业生态环保现状特别是风险因素状态的工作。尽职调查要求全面、系统、准确,需要全员参与、全面梳理、有效识别。

企业环保合规中的尽职调查与其他尽职调查方法相同,特殊性在于其只限于与环保相关的内容,不涉及其他与环保无关的内容。目前情况下,企业环保尽职调查的内容主要包括以下几个方面:

第一项内容是企业环保管理的情况。包括制度是否完善,是否具有可操作性,落实情况如何;是否建立了管理组织体系,是否配备了合适的人员,运行效果如何,管理是否形成体系、是否有效,各方的协调和配合状况,信息传送的效率如何,企业整体及参与者管理能力的现状等。

第二项内容是企业环保因素状况。包括企业生产使用的原料、能源、工艺等情况,企业污染因素类型及存在哪些阶段,可能产生的不利影响等。在了解这部分情况时,要对企业环保因素进行全面、全方位、全周期的关注。不仅要关注当前的状况,还要关注历史情况,并预测未来变化和影响。不仅要关注环保因素在风险异常状态下的情况,还要关注环保因素在紧急状态和正常状态下的情况。

第三项内容是企业环保制度落实情况。要对企业落实环保制度的情况进行全面的梳理,查清其应该落实哪些制度以及落实的程度、是否有变化、是否有不到位的情况等。要特别重视主要的制度落实情况。根据目前的情况,主要制度包括环境影响评价制度、污染防治设施建设的"三同时"制度及环保设施验收制度、排污许可制度、企业环境信息公开制度、污染防治设施运行在线监测制度、环保信息申报制度等。

第四项内容是企业污染防治设施运行状况。要对企业是否有相应的污染防治设施、污染防治设施的状态、运行情况进行调查。运行情况调查应包括是否存在不正常运行情况、是否有运行记录、是否有专人负责等。

第五项内容是企业环境违法情况。了解企业是否有过环境违法行为、是否受过处罚,如果受过处罚,要清楚处罚的次数、类型、原因、处罚结果等。

第六项内容是与企业有关的环保要求。要收集与企业有关的法律、法规、规章、政策、标准、行业惯例、典型案例等,并进行分析、整理,提炼关键信息。

第七项内容是其他有关因素。主要包括周边环境状况、历史遗留问题、上下游供应链的情况等,也要根据企业的情况随时关注和确定其他可能与目标企业有关或可能引起环保风险的其他情况。

进行尽职调查时,一定要收集与企业相关的材料,采取与相关人员进行交流、实地查看、查找档案、网站搜索等方式,尽量全面系统地收集材料。要充分调动企业的积极性,并发挥专业优势,在所有的活动中留意细节,及时发现新线索,收集新材料。

2.建一个环境风险库

在尽职调查的基础上,根据尽职调查的结果,建立一个企业专用的环境风险库。环境风险库要保证将所有的风险因素全部纳入其中,保证不出现遗漏风险因素的情况。要对入库因素进行风险影响程度、发生概率、处置难度等多维度分析,并根据综合评价结果排出顺序。要对入库因素从不同的角度进行分类整理,方便查看和使用。要对每一项风险因素提出有效的、符合企业实际和需求的解决意见和建议。同时,根据企业的情况、法律的变化、技术的发展等新情况,及时动态更新环境风险库,保证其始终符合企业的需求,始终处于有效的状态。

3.整理一个责任体系

结合企业的情况特别是尽职调查后掌握的情况,筛选出相关的法律、法规、规章、政策和标准中的规定,分类整理,按照涉及的因素形成表格,并在有关规定修改后及时调整、动态更新,保证责任体系始终是有效的。根据我们的梳理,目前涉及环境影响评价的要求有 8 项,排污许可的要求有 12 项,大气污染防治的要求有 30 项。

整理责任体系时,不一定追求大而全,要以适用为最高要求,要将与企业相关的要求找出来,减少信息过载的影响。

4.构建一个防控体系

防控体系的构建是一个系统工程,其构建方法前面已经有所介绍,此处不再重复。此处有必要进一步强调防控体系构建的要求,即一个全面系统的防控体系必须是适合目标企业实际的,它应该有完整的制度体系并切实可行,有高效的防控组织体系并保证其成员各负其责,有便捷的信息平台并畅通有效,有完备的污染防治设施并正常运行,有物资供应系统并保障有力,有恰当的防控方法并灵活运用。

防控体系还要及时关注形势变化并能够随时进行调整和完善。

5.培养一支专业队伍

企业环保合规管理要特别重视管理队伍的培养和建设。因为专业队伍是管理的关键,专业队伍素质高低、匹配程度直接决定着管理的效果。

专业队伍必须是分工准确、责任清晰、能力相当的。所以在培养管理队伍时,要区分不同岗位,确定培训重点,提升培训效率。

对企业高层管理者,要重点培养其环保意识,让其真正重视生态环保,主动自觉支持企业环保合规工作,保证企业环保合规工作的顺利实施。

对中层管理者,要重点培养其环保管理的能力,让其具备了解较为详细的规定、能够较为精准识别风险、能够组织或选择专业力量有效应对,从而发挥其在企业环保合规管理体系中联通上下、协调各方的关键作用。

对于基层一线员工,要培养其识别风险因素、发现风险因素变化的能力,使其能够及时发现风险,及时反映并临时处置,从而保证风险时时、处处、事事处于有效的监控之下,并能够得到及时有效的处置。

队伍建设的核心是人员定位要准、信息传递要顺畅。

6.形成一个管理方案

管理方案是企业环保合规体系的总体安排,是企业环保合规管理的顶层设计。管理方案是经过综合系统的分析和完善而形成的。管理方案一定要达到结构完整、内容真实可靠、分析有理有据、建议切实可行、实施顺序合理、安排得当,要保证整体符合综合、系统、平衡的要求。

管理方案的核心是能保持平衡。要根据轻重缓急,合理安排处置顺序;要量力而行,统筹兼顾;要既能够解决企业目前的现实困境,又要对未来有合理的安排。

四、结语

本文主要围绕构建企业环保合规体系这个目标,提出了解决眼前困境的应急体系和满足长效防控需求的综合体系两大防控体系,并详细介绍应急体系中的长知识、增能力、提质量"三招",及综合体系中的做一次尽职调查、建一个环境风险库、整理一个责任体系、构建一个防控体系、培养一支专业队伍、形成一个管理方案的"六合一"综合方案。应急体系和综合体系中合计包含了九种方案,它们既可单独使用,也可进行组合和配合,给企业提供多种灵活的选择。

前述内容的数字组合"12369"正好是全国环保举报热线电话号码,这是巧合,也正好代表该体系的环保内涵,所以将其命名为"12369"企业环保合规体系。希望该体系能够在助力企业履行环保主体责任、防控环境风险、保障健康顺利发展方面发挥作用,为建设美丽中国、实现中华民族伟大复兴中国梦的百年目标贡献一份力量。

五、人力资源合规编

企业"走出去"海外用工合规风险识别与防范

上海江三角律师事务所　陆敬波　黄雅暄

【摘要】 近两年,无论是中国企业"走出去"的实践还是国家层面对企业合规的指导,都在强调企业合规的重要性。合规逐渐成为企业海外经营抵御风险的盔甲,但实际上仍有一部分中国企业的合规"盔甲"并不符合当地国标准,给企业带来巨大经济损失的同时也对中国企业的海外形象产生负面影响。由于人是企业无法分割的重要组成部分,海外劳动用工的合规也是中国企业在"走出去"过程中无法回避的合规难题。企业想要实现"走出去"劳动用工的合规,就需要了解海外劳动用工存在的风险,改变中国模式适用全球的固定思维,在合理规避风险的基础上制定自身劳动用工合规制度,因地制宜遵守东道国劳动用工相关法律法规,以规范的合规制度防范风险,最终完成"落地稳、发展好"的经营目标。

【关键词】 劳动用工　合规　"走出去"

一、企业"走出去"劳动用工合规势在必行

合规,这一概念从默默无闻到现在家喻户晓。2017 年中央出台相关文件将"合规"逐步引入企业实践中来。从 2017 年 5 月 23 日由中央全面深化改革领导小组发布《关于规范企业海外经营行为的若干意见》,以及 2017 年 12 月 29 日发布的由原国家质检总局、国家标准化管理委员会制定的《合规管理体系　指南》(GB/T 35770—2017)开始,2018 年"中兴事件"的爆发进一步加快了中央就企业合规行为的指引制定进程,并分别于 2018 年 11 月 2

日与 2018 年 12 月 26 日发布了《中央企业合规管理指引（试行）》与《企业境外经营合规管理指引》。合规不仅成为 2018 年度热词,更为 2019 年中国企业经营方向奠定了基础。在系列指引的规范下,中国企业全面加强合规管理,提升依法合规经营管理水平,在"一带一路"建设的过程中遵守东道国法律法规、国际条约、企业合规条例等要求,实现企业海外经营的可持续发展。新的两大指引更是将海外经营中"人"的合规,即劳动用工的合规作为重点。企业境外经营合规中,劳动用工合规是至关重要的一个方面,"走出去"企业必须遵守国际条约、东道国劳动用工及出入境管理等多方面的法律法规,必须遵守我国针对跨境用工劳务派遣出台的系列法律法规,同时企业也需要制定相应的内部合规制度,在海外的可持续发展、社会责任履行等方面设立更高的标准。

在意识到国内企业合规的重要性的基础上,越来越多的中国企业在国际化的浪潮中发现很多国家对于企业的合规都有着极高的要求,一些国家甚至出台相关法律要求企业自查经营管理是否合规。比如澳大利亚公平工作委员会发布企业合规自查表（self-audit checklist for business）,企业可通过委员会官方网站进行查阅下载,每年需要企业提交相应的合规自查报告,保障企业在职场公平、反歧视、反性骚扰等方面符合合规要求。越南劳动、残疾人和社会事务部发布 17/2018/TT-BLDDTBXH 号通知,要求企业自 2019 年 1 月 1 日起必须每年至少进行一次自我检查并提交自查报告。中国企业在东道国用工时,既需要做好合规内审工作,同时也必须根据国家规定,及时提交合规报告,配合外部审查。

二、企业"走出去"劳动用工合规风险识别

根据近年中国企业"走出去"的经验,中国企业对于在海外劳动用工时需要审核哪些用工环节,排查哪些劳动法风险还处于较为茫然的状态,因此笔者总结出企业海外经营遭遇的十大高频劳动用工合规风险,包括劳动法律尽职调查、用工模式选择风险、薪酬个税支付风险、工时休假管理风险、职业安全与健康风险、反歧视与性骚扰风险、商业贿赂与反腐败风险、个人信息保护风险、解雇管理风险以及工会管理风险,作为企业"走出去"在劳动用工环

节必须重视的首批法律风险点。

1."走出去"劳动法律尽职调查

企业要想"走出去"用工合规,首先需要了解东道国劳动用工相关法律法规。然而语言文化的差异、官方文本的更新速度,以及不同法系间的巨大差异,往往造成企业法律查明难。因此,"走出去"劳动法律尽职调查也成为企业首先面临的难题,在信息不对称的情况下会给企业带来极大风险。

根据传统的法系区分方法,主要有两类劳动法律体系。一类为英美法系,以判例法为主,包括英国、美国、澳大利亚等,多为发达国家,判例法最为显著的特色在于判例较多,对于非专业人士查明难度极高。此外,这些国家的劳动法律还呈现出明显的平衡雇主与雇员权利的状态。最具有代表性的例子就是美国的自由解雇制度,但如果企业的解雇行为违反法律,会受到极为严厉的惩罚。而另一类是大陆法系,以成文法为主,包括日本、德国等。成文法的特色在于条文规范清楚,即使是非法律从业者也易于查询与遵守。与英美法系差异较大的是,大陆法系国家对雇主的保护力度远远弱于对雇员的保护,呈现出鲜明的倾斜性。雇主如果想解雇员工,通常需要满足一系列的相关条件。从执行角度看,则又呈现出两类不同的趋势。发达的大陆法系国家如德国、日本,对于劳动法律的执行也是十分严格的,通常会有专设部门或机关对企业的劳动用工进行监管。而欠发达的大陆法系国家在劳动法律法规方面则形成国家高标准立法、企业普遍性违法、机关选择性执法的氛围。对于劳动用工法律体系的区分有助于企业了解当地的劳动法律环境,为企业进入当地进行员工管理形成初步性预判。

基于对东道国劳动法律环境的认识,要实现劳动用工合规,需要对东道国劳动法律尤其是雇主责任、雇员待遇等方面进行具体查明,了解哪些属于用工"高压线"。虽然外国法律查明有较大难度,但企业通常可以通过以下途径对东道国劳动用工法律法规进行了解:东道国政府机构的公示与解读,企业可以向负责管理劳动事务、商务以及边境事务的行政部门通过电话、邮件或官网等方式进行查询、咨询;东道国劳动法院、产业关系法庭的判决、决定;东道国的工会组织网站;商务部及各地商务委的对外投资指南;中国驻东道国使领馆网站;律师事务所协助查明并识别主要风险。

劳动用工的合规不仅仅是合法,符合法律是合规的最底线要求。根据《企业境外经营合规管理指引》第一章第3条的规定,企业及其员工的经营管理行为在遵守法律法规的基础上还需要符合相关要求,包括国际条约、监管规定、行业准则、商业惯例、道德规范、企业依法制定的章程及规章制度等。同时就劳动用工合规而言,企业与员工签订的双方协议也是企业需要遵守的内容。企业在海外用工管理过程中,必须高度重视劳动法律的尽职调查问题。

2."走出去"用工模式选择风险

中国企业海外用工模式主要分为两类。一类是跨境用工模式,即委派中国员工出国,包括对外劳务合作、对外承包工程外派、对外投资外派。对外劳务合作由具有对外劳务资质的对外劳务公司来与外派员工签订中介服务合同,与境外雇主签订劳务合作合同,协助员工与境外雇主建立境外劳动关系。对外劳务合作公司必须核实国外雇主的合法性与境外项目的真实性,协助劳务人维护合法权益。[①] 对外承包工程外派,以央企、国企为主通常以承包工程的形式将中国员工外派出去。境内承包商需要履行用人单位的权利和义务,与派遣人员签订劳动合同。外派人员的管理由对外承包工程的企业负责。作为总包单位转分包的,不得将外派人员单独分包。对外投资外派,指由于企业在海外投资入股、设立企业,需要委派国内员工到当地参与管理的形式。为了在投资国合法取得外籍人员的就业许可证,与境外企业签订劳动合同必不可少。同时不少公司在境内仍旧为员工缴纳社保并发放薪酬,甚至保留劳动合同。此类情况容易被视为构成双重劳动关系。另一类是属地化用工模式,即在当地招聘、用当地人,主要通过当地直接招聘与当地的外包公司派遣。[②] 该用工模式是企业平稳落地后长期发展的必然选择,是中国企业在东道国实现本土化的必然要求。需要注意的是,无论是属地化还是跨境用工,中国企业海外投资设立的法人实体都属于外国雇主,在中国法律的规定

---

① 参见《商务部关于加强对外投资合作在外人员分类管理工作的通知》第3条第(四)项,载中华人民共和国商务部网(http://www.mofcom.gov.cn/article/h/redht/201311/20131100403536.shtml),访问日期:2019年4月6日。

② 参见崔杰:《中国企业境外人力资源属地化问题研究》,北京交通大学2015年博士学位论文。

项下,外国雇主禁止在中国直接招聘。中国企业跨境派遣员工需要注意不同模式下从招聘到派遣的合法合规,重视保护员工的合法利益。

在跨境派遣中,签证风险是大多数中国企业进入东道国面临的首要难题。大部分国家对于外派到当地工作的外国员工要求其必须具有工作签证,但由于手续复杂、办理时限的问题,很多企业存在规避工作签证的倾向,忽视了合法工作签证的重要性。一些国家对于违反工作签证相关法律要求的企业处以罚款或取消其雇主担保的资格,甚至有些国家会对企业的相关责任人处以监禁。某知名通信业公司印度尼西亚办公室的 32 名外籍员工中有 9 名中国籍员工因无法出示居留许可签证,被驱逐出境。另 3 名员工在尼泊尔作业,误入印度边境,印度称其无有效签证,以间谍罪关押 14 天。某企业泰国公司被泰国移民局发现有 50 名中国籍和 1 名马来西亚籍的非法外籍员工,其中 19 名员工没有工作签证,31 名员工持有旅游签证,均无合法的工作签证,公司因此受到巨额罚款。

因此,企业办理合规的工作签证,是保障企业业务顺利进行、员工安全以及用工合法的重要内容。企业也可以在用工方式上做出调整,减少外派员工数量、增加当地员工数量。各国一般会对本国人民进行就业保护,用工属地化是防范因使用外国劳动力产生签证风险的有效途径。各国出于保护本国国民的利益,对企业外籍劳工准入会设置各种限制,包括资本的要求、外籍人员配额要求、外籍人员最低工资要求、学历技能要求。以引进外国劳动力最低工资限制为例,通过工资标准进行筛选,一般会产生一种导向,即吸引高端的外国人才。一旦企业没有遵守外籍准入限制的相关规定,往往会造成非法用工的违法后果,面临高额罚款、停业整顿,甚至会追究相关责任人的刑事责任。

以菲律宾为例,目前菲律宾采取限制外国劳动力的政策,许多行业并不允许外国劳动力进入。2019 年 3 月,菲律宾某市民带着视频前往菲律宾联合工会—工会代表大会(ALU-TUCP)的办公室,投诉某建筑项目涉嫌非法雇用外国工人。根据劳工部的说法,私营或政府的建筑项目均不准雇用外国工人。劳工部部长贝劳说,建筑方面的工作没有所谓菲律宾工人无法胜任的说法。当涉及建筑工人,我们不能允许雇用外籍工人。

许多国家通过设立一系列强制性标准来要求企业使用当地劳动力,变相增加使用外国劳动力的用工成本,增加当地劳动力的竞争性。主要强制标准有:

(1)行业限制,即有些行业不允许雇用外国人,或者设置外籍员工的准入门槛。

(2)本土员工比例,指在允许雇佣外国人企业中要求外籍员工和当地员工有明确的比例。如马来西亚要求企业雇用外籍员工与本土员工的占比通常为3∶7。

(3)聘用外籍员工补偿金,指在当地雇用外籍劳工时需要向当地政府支付一定数额的补偿金,用以培训当地劳工或者弥补外籍劳工进入本地市场带来的损失。以印度尼西亚为例,根据雇用外籍员工的人数需缴纳聘用外国劳动力补偿金(DKP-TKA),每个职位每月100美元。

(4)劳动力市场测试,是指雇主在申请雇用外国人前,向主管部门证明多方尝试招聘而本国人无合适人选。经济合作与发展组织2/3的成员为保护本国劳动力都要求雇主在招聘外籍员工前进行劳动力市场测试。

无论是哪一种劳动力市场保护措施,核心都在于东道国要求企业逐步实现属地化用工,而属地化用工也有助于企业降低劳动用工的成本,可以有效避免跨境用工的高额成本和劳动争议风险。在实现属地化用工过程中,中国企业需要不断提升对东道国劳动用工法律法规的了解和运用,同时需要尊重当地的宗教、传统文化和常用员工管理方法,形成良好的职场氛围。

3."走出去"薪酬个税支付风险

中国企业"走出去"也常面临工资支付和个税缴纳的劳动风险。各国法律基本都以明确的法律条款、章节确定雇主在工资支付方面的基本义务。企业在海外经营制定符合东道国标准的薪酬待遇时,需要注意各国最低工资政策,尤其是小时薪资位于世界前列的如澳大利亚、法国、英国等国。大部分国家的最低工资是全国性的保障标准,也有国家按照经济发展程度进行划分,或者根据行业职业特色制定不同的最低工资水平。[①] 就澳大利亚而言,国家小时薪资每年7月上调,所有员工工资不得低于国家最低工资标

---

① 参见侯莉:《论最低工资制度》,吉林大学2008年硕士论文。

准,由公平工作署对企业即时进行监督、调查。而越南的最低工资按地区分为四个等级且每年以较大幅度增长,对应各区域的平均工资、福利、社保费率等也会上涨。

另外,企业在海外支付劳动报酬要注意两点,即"时间上要即时","数额上要足额",否则将会面临极为严重的法律后果。[①] 以泰国为例,若雇主经员工催告后在规定的期限内仍未支付员工工资,雇主须以 15% 的年息连本带利赔偿雇员。情节严重的,雇主还会被处以不超过 6 个月的监禁和不超过 10 万泰铢的罚款,或两者并罚。

除工资发放外,雇主一般负有代扣代缴雇员个税的法定义务,不可以通过双方约定免除、转移[②],否则会遭到相关执法部门的查处。个税代扣代缴的内容通常需要明确体现在工资单上,雇主也需要对工资单按照东道国的法定保留期限进行留存,以便劳动或税务部门的监察。

4."走出去"工时休假管理风险

在企业"走出去"过程中,工时休假也是造成劳动争议的重要风险点。很多国家和地区对工时和加班时长有严格的规定,甚至有一些发达国家要求雇主不得在下班时间联系雇员。2005 年 12 月美国沃尔玛集团因剥夺员工中午午休时间,且未给员工薪资补偿,被加利福尼亚州法院判处向包括离职员工在内的员工支付 5 700 万美元损害赔偿金和 1.15 亿美元惩罚性赔偿金。我国广受争议且已成现象的"996"或"007"工作制,一旦在国外使用可能面临劳动部门的监察、要求整改甚至是受到严厉处罚。[③] 与此同时,外国工会组织的力量也会在企业实施不当加班制度时强势体现出来。工会可能通过协商或组织员工罢工、示威来迫使企业遵守法定工时制度,设立合理的加班政策。

在休息休假方面,各国关于年休假长度的规定不同。有些国家对员工享受年休假有服务年限的要求,比如法国要求工作满 12 个月后的员工可享受 35 天带薪年休假,我国要求工作满 12 个月后可享受 5 天带薪年休假。有些

① 参见王天心:《工资支付法律问题研究》,吉林大学 2015 年硕士论文。
② 参见曹敏、张曾莲:《印尼在建项目的纳税管理与筹划》,载《国际商务财会》2010 年第 7 期。
③ 参见杨子昭:《加班法律制度研究》,上海师范大学 2018 年硕士论文。

国家员工入职当年即可享受带薪年休假,如澳大利亚雇员自入职起享有法定4周带薪年休假。此外,对于年休假是否可以累计,不同国家的法律规定不同。[①] 企业在制定员工手册或劳动合同时需要注意东道国关于年假累计或折现的具体要求。比如韩国劳动标准法并不强制累计未使用年休假,雇员年休假一般需要当年用尽或雇主在员工明确表示同意折现的情况下折抵对应工资支付给雇员,然而通常雇主必须承担通知义务,及时告知员工的剩余休假天数,协助员工妥善制定休假安排。

与我国法定带薪产假不同的是,国外的产假并不一定带薪,或者产假薪水由政府承担而非雇主承担。[②] 有些国家没有法定的带薪产假,比如美国仅在加利福尼亚州、新泽西州、罗德岛州、纽约州等部分地区实行带薪产假。提供法定带薪产假的国家仍占多数,但各国对产假的时间长度也有不同的规定。例如捷克、奥地利等国家规定法定带薪产假52周及以上,而我国、日本等国规定的带薪产假约为14~25周。目前绝大部分国家对于产假女职工有专门法律或条款明确对其进行解雇保护。通常是女职工在享受产假时,雇主不可以解雇该女职工。解雇产假女职工往往导致违法解雇的法律后果,也会涉嫌严重的就业歧视。

5."走出去"职业安全与健康风险

在长期的劳资双方势力斗争以及工会组织的作用之下,许多国家对劳工的人身安全与健康也高度重视,对于当地外资企业尤其是"走出去"的中国企业往往抽检严格。例如,福耀在美国的玻璃厂方2016年因为不严格按照美国劳工法运营,工人在不安全的环境下操作,被处以约22.5万美元的罚款。2017年,福耀美国又因违反安全规定,被罚处3.8万美元。除欧美国家,中国企业属地化用工比例较高的东南亚国家,在制造业大举迁移的背景之下也开始重视对工厂卫生的管理要求,通过法律明文规定,设立一系列相关可执行标准。在菲律宾,员工人数满300人公司内应配全职的医生、医生助理、护士、病床、必备药品等,或是公司需要与合格诊所配合提供员工医疗服务。越南则构建了相当发达的职业安全与健康法律体系,包括《人民健康保护法》(1989)、《劳工法典》

---

① 参见棕禾:《国外员工的"年休假"会过期吗?》,载《劳动保障世界》2019年第7期。
② 参见林燕玲:《国外生育保护假期制度研究》,载《中国劳动关系学院学报》2018年第6期。

(1994)、《环境保护法》《职业安全与健康第6号命令》。

除工作场所的职业健康与安全问题,员工在境外的人身安全问题也是企业必须高度重视的。以非洲为例,由于非洲对外承包工程业务的不断增加,非洲地区也逐渐成为中国企业"走出去"的热门地区,然而非洲政治风险、战争风险、治安风险、疾病风险比较大,企业派驻员工到当地需要注意其人身安全、疾病等方面,商业保险、安全培训等相关措施需要跟上。①

6. "走出去"反歧视与性骚扰风险

反歧视与性骚扰也是中国企业"走出去"所面临的十分陌生且需要重视的风险。性骚扰是外国劳动法十分关注的重点,对于涉及性骚扰的雇主会处以高额的罚金。歧视涉及范围广、种类多,包括种族歧视、年龄歧视、性别歧视、身高歧视、国别歧视、语言歧视等。② 歧视可能覆盖企业员工管理的各个环节,包括入职、在职、离职。一些国家甚至有专门机构负责监管就业歧视问题,如澳大利亚人权委员会负责解决相关职场歧视问题,每个州和地区有地区性反歧视机构,专门规范和调查本地区的反歧视案件。雇主需要谨慎对待歧视问题,预防歧视行为并防范相关投诉风险。

7. "走出去"商业贿赂与反腐败风险

近些年,无论是国内还是国外都高度重视企业商业贿赂与反腐败的合规问题。通过国家间签署条约、协议确定共享海内外银行账户信息、刑事司法互助以及引渡等制度,采用国际合作方式治理商业贿赂与反腐败问题。③ 根据越南于2019年7月初生效的指导反腐败法的政府法令草案,反腐败范围将扩大到私营部门。被发现提供贿赂或贿赂安排的个人,出于企业经营目的而非为个人谋利,将会受到警告或处以500万至1 000万越南盾罚款。贪污资产和接受贿赂但其违规行为尚未达到负债审查范围的个人将被罚款1 000万至2 000万越南盾,情节严重的处以2 000万至5 000万越南盾罚款。同样的行为如被发现骚扰或滥用慈善活动,可能会被罚款5 000万至1亿越南盾。中国企业在"走出去"的过程中,必须高度重视反腐败问题,杜绝商业贿赂等

---

① 参见闫宇晓:《全球化背景下中国海外劳工权益保障问题研究——以非洲地区为例》,陕西师范大学2016年硕士论文。

② 参见王曼倩:《论禁止歧视的正当性》,中共中央党校2014年博士论文。

③ 参见何平:《反腐败国际合作的几个法律问题研究》,武汉大学2012年博士论文。

行为,保障企业经营合规。

8."走出去"个人信息保护风险

随着中国互联网企业也积极"走出去",个人信息保护的缺位也成为中国企业的重要痛点。2018 年出台的欧盟《通用数据保护条例》(GDPR)以其巨额罚金让各国企业开始重视个人信息保护。2019 年 1 月 21 日法国向谷歌开出 5 000 万欧元罚单,目前成为法国监管机构依据 GDPR 开出的最高金额罚单,可见个人信息保护已成为企业境外经营中不可忽视的合规环节。而在劳动用工方面,企业在招聘过程中获取的员工信息,应当仅与招聘职位、目的相关,雇主通常需要告知候选人其个人信息仅用于招聘的选拔而不作他用。在用工管理时若需要跨境传输员工个人信息,也需要获得员工同意并妥善采取有效措施合理保护员工信息。

9."走出去"解雇管理风险

解雇是企业员工管理的重要难题,无论是国内企业还是国外企业解雇员工均会带来一定风险。不同国家对企业单方解雇的限制、程序要求不同,企业违法解雇的责任也有大小之分。纵观各国解雇模式,主要有三类,包括自由解雇、合理解雇与法定解雇。自由解雇模式,最具代表性的国家即为美国。美国大部分州实行自由解雇,即不需要解雇理由、补偿金、通知期就可以解雇员工。合理解雇,属于相对自由的解雇模式,但需要雇主提供解雇理由,英联邦国家最具该类特征。法定解雇,即解雇必须符合法定条件、法定程序、法定解雇补偿,以中国、德国、法国、日本等为例。[①]

另外,企业必须严格遵守东道国法律中关于特定员工的解雇保护规定,这些员工通常包括:三期女职工,特殊员工如残疾、疾病员工,在家庭中负有抚养、扶养义务的员工,加入工会或参加工会活动的员工等。各国禁止解雇的情形有极大的相似性,一般会在法律中进行明文规定。若解雇该类员工,极可能构成违法解雇,雇主的责任一般是对员工进行复职或者提供补偿金,但有些国家却对违法解雇的雇主规定了刑事责任。越南针对违法解雇的行为,对用人单位处 1 亿以上 2 亿以下越南盾罚金,情节严重的,处相关责任

---

① 参见陆昌兴:《解雇保护中的解雇条件:域外立法及其启示》,南京师范大学 2011 年硕士论文。

人或用人单位负责人 1 年以上 3 年以下有期徒刑。

10."走出去"工会管理风险

在中国企业"走出去"的过程中,工会常成为企业海外经营的"拦路虎",域外大部分工会是独立工会,为保持工会独立性,多数国家明文规定禁止工会从雇主处获取财政支持,且有权以自己名义应诉和起诉。① 以美国为例,美国《国家劳资关系法》第 8 条规定,雇主对待劳工的不公平措施包括控制或干涉任何一个劳工组织的成立或活动,或给予财政或其他方式的支持。工会以其独立财产承担法律责任。与中国工会具有唯一性不同,域外工会具有多个性,即一个企业内可能存在多个工会。工会的设立只要符合法律规定并通过相关部门的登记即可。雇主则需要辨识企业中哪些工会组织最大、最有力量,便于调整与工会合作的应对策略。有些工会通过为员工承诺争取高额的工资、福利水平来吸引会员,同时与企业进行谈判、斗争来实现承诺。韩国双龙汽车收购案失败的原因之一就是来自于企业工会的严重阻挠。2019年 4 月,澳大利亚的墨尔本、堪培拉等 12 个城市出现由澳大利亚工会理事会组织的大规模罢工游行活动,要求上涨工资和获得更好的工作保障。

三、企业"走出去"劳动用工合规风险防范

在了解海外劳动用工风险的基础上,企业要想实现劳动用工合规还需要了解如何采取相关措施、通过企业内部相关制度的设立来实现符合东道国劳动用工合规要求的"健康"合规体系。第一,建议企业进行体检,摸清企业劳动用工状况。企业需要建立劳动用工合规管理体系,首要任务是确保企业管理层重视劳动用工的合规问题。第二,要加强组织建设,设立相关部门专人专事管理。第三,制度建设,依靠规范化的制度进行管理。第四,要加强培训,对相关人力资源部门、法务部门、管理层等进行合规培训,加强相关人员的合规意识。第五,在企业内部形成合规文化。根据"走出去"中国企业优秀实践经验,建议企业建立集团合规管理制度、员工合规行为准则、人力资源合规流程、海外用工应急处置。通过制度化的建设保障企业的合规落地,合

---

① 参见姜列青:《谈谈欧洲部分国家工会如何收缴和使用会费》,载《中国工会财会》2002年第 3 期。

规制度建立后需要依靠人来执行,这就需要相应合规培训体系来实现。[1] 对集团高级管理人员、人力资源和法务以及业务部门组织开展不同主题的合规管理培训,可以按照企业业务涉及的主要国别对劳动用工合规与风险控制进行培训,也可以对跨境经营合规管理进行培训。

企业劳动用工合规文化应当作为企业文化的一部分,从理念上体现出企业对合规的重视。企业要培育自身的合规文化并对其进行推广。通过文化的力量提升员工对劳动用工的合规意识,潜移默化影响员工自觉遵守东道国劳动用工的相关法律法规,从而实现企业自身的合规经营。[2]

劳动用工合规作为企业经营合规的重要组成部分,是企业在"走出去"过程中不可忽视的重要环节。通过了解海外经营中常见的主要劳动用工风险,能够加强企业的风险防范意识,重视劳动用工合规制度的建设。企业通过建立专门的合规机构、设计符合自身需求的合规制度、加强企业人员培训从而形成合规文化,从而实现从组织、制度到人文精神的全方位合规,在世界树立中国优秀的合规企业品牌形象。

---

[1]　参见中国工商银行江苏省分行课题组等:《国有控股商业银行合规文化建设研究》,载《金融论坛》2007 年第 6 期。

[2]　参见郑鑫、王明雪、郑宇:《合规文化是强化合规管理基础的必然选择》,载《农村金融研究》2013 年第 1 期。

GDPR 背景下"走出去"企业的员工隐私数据保护

上海江三角律师事务所 陆敬波 潘云礼

【摘要】 在 GDPR 语境下,个人隐私数据不仅仅包含企业客户、用户的数据,企业员工的数据也同样在保护的范围之内。"走出去"企业在运营过程中有采集员工个人信息的需要,然而与此相对应的是员工有着基本的隐私权利。如何处理企业的运营需要与员工隐私保护二者之间的关系始终是实务中的一大难题。本文主要依据 GDPR 和与其配套的《工作场所数据处理意见》,针对企业在用工环节中可能遇到的数据采集需求进行了简要的 GDPR 合规分析,以供"走出去"企业在用工实践过程中参考。

【关键词】 "走出去"企业 GDPR 员工 隐私数据 合规

一、GDPR 与企业的雇员隐私数据保护责任

欧盟《通用数据保护条例》(GDPR)是一个综合的数据保护规定,其规定了企业需要制定措施,保护个人隐私数据及数据主体人身尊严、正当利益与基本权利。该规定统一并取代了欧盟成员国使用的 28 个不同的数据保护规定。与此前各个国家的数据保护规定不同,当前已经生效的 GDPR 规定了一个强有力的机制,用以推行、实现数据保护。它为相关的数据保护执法机关提供了强有力的执法权,可以对不合规的企业、公司进行巨额罚款。当企业违反 GDPR 中的技术规则时,相关的执法机关可以依据 GDPR 向违规的企业进行罚款,在严重情形下数额最高为该企业年营业额的 4% 或 2 000 万欧元,并取二者最高值。

在 GDPR 语境之下,个人隐私数据不仅包含企业在商业活动过程中所搜集的客户数据,也包含其他人的隐私数据。由于 GDPR 未将企业雇员的数据排除在保护范围之外,故对雇员相关数据的处理同样应受 GDPR 的约束。在员工入职、在职至离职阶段,企业不可避免地涉及对员工个人信息的处理。

因此,"走出去"企业有必要进行全面的 GDPR 合规审查,并将雇员的隐私数据整合至企业现有的数据保护体系之内。

二、雇员隐私保护的针对性指引——《工作场所数据处理意见》

GDPR 仅仅是一个通用的条例,适用于大部分场合下的隐私数据处理,但并未对劳动关系中的隐私数据提供针对性的规定,在 2016 年 GDPR 正式颁布之后,欧盟又于 2017 年出台了《工作场所数据处理意见》(Opinion 2/2017 on data processing at work)。《工作场所数据处理意见》结合 GDPR,建立了欧盟在企业使用员工隐私数据过程中的基本法律架构。尽管该意见并非如 GDPR 一样具有强制约束力,但对企业在维持自身正常运作和员工隐私保护二者之间的平衡提供了评价标准,为企业在 GDPR 背景下如何使用新兴技术提供了较为具体的指引。《工作场所数据处理意见》详细说明了企业应当如何采取适当措施,维护员工的合法利益和基本权利,并对企业在制定合规标准时有着参考性的指引意义。

(一)雇员数据处理的基本原则

对于企业而言,仅仅基于与雇员之间的劳动关系不足以证明企业有权对雇员的个人隐私数据进行处理。《工作场所数据处理意见》指出了如下几项需要参考的原则:

1.雇员的明确同意

企业在雇员明确同意的情况下,可以对其隐私数据进行收集处理。需要注意的是,该同意并非基于企业的压力或者胁迫,这意味着企业需要给予雇员反对的权利,同时雇员的反对不会带来各类形式的歧视、区别对待或惩罚。

2.基于劳动合同所需

在履行劳动关系过程中所必需涉及的个人数据,企业有权利获取。比如,为支付员工工资而获取的银行账号,基于特定企业严格的安保、门禁设施而提取的员工指纹、虹膜等生物信息。

3.基于法律义务

当企业在履行法定义务时,可以收集处理员工的个人隐私数据。可能包含的情形有,企业为员工纳税、缴纳各类社会保险而搜集获取的员工本人及其家庭成员的隐私信息。

4.基于企业合法的需求

该原则实质上旨在平衡企业的合法需求与雇员的基本权利和自由,主要包含了企业的部分监控行为。重点分为三类监控:地理信息的监控、电子数据的监控、时间信息的监控。三类监控均需要以保障员工的基本权利为前提。具体而言,地理信息的监控应当局限于特定区域内,敏感区域如宗教场所、休息及卫生区域应当被排除在外;电子数据的监控应当仅限于与工作相关的信息,如工作邮件、与工作相关的电话,等等,而员工个人的电子设备和私人通信则不得成为监控的对象;时间信息的监控应当为抽样的监控,而非持续的监控。

(二)应用场景与举例

1.招聘过程中的隐私数据处理

企业在招聘员工时,一种较为普遍的做法是通过社交网络,如 Facebook、领英或微信朋友圈等了解应聘者的个人信息。但是,企业不能因为个人的社交网络主页信息是公开的,就随意处理这些数据。同理,该原则也适用于其他从公开渠道获取的应聘者信息。此外,企业不得强制要求添加应聘者为社交网络的"好友"。企业处理这些数据,也需要有相应的法律根据,且在处理此类个人数据时,应遵循如下方式:

(1)对应聘者个人数据的收集应限于必要的个人资料,而且收集的资料应与申请的工作中某一特定的需要有关。诸如,应聘者是否具有符合工作需要的教育学科背景等。

(2)招聘企业必须明确告知应聘者将对其个人数据进行处理。

(3)一旦明确不予录用或应聘者拒绝接受企业的录用,企业收集的个人隐私数据应当立即删除。

2.企业对员工的数据分析

随着数据技术的进步,通过社交媒体中的大数据挖掘以及大数据分析,企业有能力收集有关员工的交友、信念、爱好、宗教信仰、习惯、行为等信息,并获得与员工的私人和家庭生活有关的敏感数据。然而,这并不意味着企业可以通过这种方式管理整个企业。企业或许能够针对特定员工进行分析,但是此种分析不应当是针对整个公司大部分雇员的。具体的应用场景可以包括,企业通过分析已离职且负有竞业限制义务的员工的领英或者 Facebook 等社交账号,对其进行竞业限制追踪调查。只要企业能够证明此类分析、调查属于合法的需求,同时自身采集、分析的数据在必要限度内,便是合法的、被允许的。

3.企业对于员工社交账户的控制

某些情况下,员工可能会任职于企业的新闻发言人、产品发布人或其他能代表公司形象的岗位。企业会要求员工使用企业提供的社交账号,并且按照企业的要求发布内容。此种情况下,企业有时为了保持对外形象的一致性、可控性,要求员工放弃使用其个人的社交账号。但事实上,社交网络作为现代一种重要的社交方式,一定程度上已经融入了员工个人的社交权利范围。企业要求员工放弃其社交账号已超出了必要限度,员工有权拥有属于其个人的社交账号,并且决定其在社交媒体上是否以更个性化的形象与他人在社交媒体上进行互动交流,员工也有权选择不对外展示个人的形象,而不是必须选择"官方的"、与公司有关的账号,并按照公司的要求对外展现自我。《工作场所数据处理意见》认为,若雇佣活动涉及社交账号,专属于员工个人的社交权利有必要在劳动合同中通过具体条款加以明确。

4.在工作场所监测员工的通信设备

过去对工作场所的电信监控(如电话、互联网浏览、电子邮件、即时通讯、VOIP 等)被认为是对员工隐私的主要威胁。但随着新技术的出现,已经出现了更具侵入性和更深入的监测方式。企业可能应用数据丢失预防工具[Data Loss Prevention(DLP)tools]、网页与内容过滤工具、用户身份识别、安全应用程序、数据发掘系统、云端服务,等等。但是,无论新技术如何发展,以企业合法需求为基础的隐私数据处理仍应符合特定条件。首先,使用监测技术的企业必须考虑到适应原则,即是否在必要限度内,以及是否可以采取任何措施来减少数据处理所涉及的员工。其次,企业需要制定合适的政策,规范监测技术的使用,并且向员工明确可能采用监测技术的网络和设备,并具体说明正在进行何种数据处理。最后,企业应该确保员工能够拥有特定的私人空间,比如开通专用的无数据监测的 WIFI,或指定部分无监控的设备,以供员工处理私人事务。在这些领域,除非在特殊情况下,企业不得对员工进行监测或检查。

5.对员工在工作场所外使用的数据进行监控分析

越来越多的员工在工作场所外使用电子设备办公。当员工在家办公或使用自有设备办公时,工作场所的现有监测系统实际上已扩展到其家庭领域,可能对员工的私人生活造成影响。

(1)监测家庭远程工作:企业向员工发放的设备或软件一旦安装在员工的家里或他们自己的设备上,可能与企业的网络、系统和资源享有同等的访问权。如不采取适当的技术措施,非法侵入的风险会增加,可能导致企业掌握的信息(包括员工或客户的个人数据)丢失或销毁。为减少风险,企业可能为员工安装具有特定功能的软件,监控员工的设备。部分企业将监控扩展到对键盘的每一次敲击及鼠标点击、移动,此类监控便极可能被认定为超出必要限度。在此,核心的问题依然是:企业如何权衡自身的合法需要与员工的隐私保护? 企业采取措施一定是在必要限度之内的。

(2)自带设备办公:员工可能在企业使用自己的电子设备来完成工作。如果企业为了保护由企业负责保管的客户、员工信息等个人数据而监测这类设备,可被视为符合合法需要。但如果企业同时监测、录制、存储了与员工的私人生活和家庭生活有关的数据,便是非法的。为了防止对私人信息的监测,企业应当采取必要手段,区分该设备的员工私人用途和工作用途,比如对电子设备进行分区,仅监测设备中与工作相关的特定区域,以此保护员工在该设备上的私人活动不受企业的监视。

(3)移动设备管理(MDM):企业有时会对部分有需要的员工进行移动设备监控、定位,如公司的销售人员、邮递人员、司机等,在他们的设备中安装监控程序,以进行实时记录或设备跟踪。在此情况下,企业需要依据 GDPR 第35 条,对 MDM 系统进行数据保护的影响评估(Data Protection Impact Assessments,简称"DPIA"),即确认 MDM 系统对企业是否有必要。此外,企业必须确保对移动设备的定位、收集的数据是为特定目的进行的,不能用于对员工进行连续监测,只能抽样监控,同时也要使跟踪功能在必要的限度内。对于被纳入企业移动设备管理服务中的员工而言,他们应被充分告知并了解跟踪情况,以及将给他们带来的影响。

(4)可穿戴设备:有些企业会为员工提供可穿戴设备,并借此跟踪、监测员工在工作场所内外的健康状况和活动。由于健康信息是一种极度敏感的信息,且此类信息难以匿名化,利用这些数据很容易便能够识别数据主体,因此企业若使用可穿戴设备,不应当对员工个人健康数据进行采集分析。

除了工作用途,一些企业会为员工提供各类可穿戴设备,作为给员工的礼物或福利。此类设备可以帮助员工记录心率、步行数、睡眠质量等。企业需要注意的是,在赠送员工这些设备后,有权限接触此类健康数据的应当仅为员工本人。

6.关于考勤和时间的数据处理

根据《工作场所数据处理意见》,某些情况下企业需要更精确地掌握企业某些敏感区域的出入记录,因此需要记录员工在特定区域内的出入时间信息。如果此种情形下所需保护的特定区域极为重要,且已向员工充分告知,同时不侵犯员工的隐私权,则可能符合 GDPR 的要求。但是,如果将这些数据用于其他目的,则对员工确切出入时间等的持续监测是不合理的。

7.视频监控系统

事实上视频监控已经是一个老生常谈的话题。但是,随着新技术的出现,又有新的争议出现。人脸识别、表情识别等更为高级的分析技术被开发后,视频监控能够无间断地捕捉员工行为,通过视频分析技术提供的功能,企业可以通过自动化的方式监控员工面部表情,识别出员工的工作状态。但是,这与员工的权利和自由不相称,通常不被认为是合法的。因此,企业尽管可以使用监控,但应该避免在工作场所使用面部识别技术连续监控员工的工作状态。

一个较为典型的例子便是运输公司在其所有车辆的驾驶室都安装了视频监控,并对其进行数据分析,以提升驾驶员的驾驶技术。运输公司看似有着合法、合理的需要,然而此类视频监控及分析极为严重地侵犯了员工的个人隐私权。与此同时,企业也有其他的方式,如安装其他辅助设备、增设紧急自动刹车系统等实现目的,因此,此类监控会被认定为不合法。

8.涉及员工使用的车辆的数据处理

部分企业会对企业车辆进行监控。然而其中的问题在于,监控除了可以记录车辆的地理信息,同时也记录了员工的移动轨迹,此外还会记录员工的驾驶习惯。企业应首先评估为此目的进行的处理是否必要,以及实际执行是否符合相称性和辅助性原则。在使用跟踪装置时,企业必须明确告知员工,公司车辆上安装了跟踪装置,说明行踪记录情况。员工将车辆用于私人目的时,如拜访医生,员工应当能够有权选择关闭定位导航。由于位置数据非常敏感,涉及员工诸多隐私,因此企业在工作时间以外监测员工并无法律根据。此外,企业同时应确保所收集的数据不被用于其他目的。

9.向第三方展示、提供员工数据

为向客户展示本企业服务的可靠性,企业会将员工的个人信息传送给客户。这些信息范围较广,包括从姓名、照片到学历等更为隐私的信息。由于企业与员工不对等的地位,员工并不能在充分自由状态下同意企业处理其个人数据。因此,员工数据的对外提供应根据业务的必要性决定,如果数据提供超出必要范围,则没有合法依据。比如,快递公司有时会向客户提供快递员的姓名和即时位置,与此同时,公司还将员工的照片提供给客户。在这种情况下,照片可能会被认定为超出必要的限度。

10.人事数据的跨境转移

企业越来越多地使用基于云的应用程序和服务,例如为处理人力资源数据和在线办公应用程序而设计的程序和服务。由于这些平台的终端服务器不一定在欧盟境内,这意味着使用此类软件将很可能导致员工数据的跨境转移。而个人数据的跨境转移应当符合 GDPR 的相关规定,这些数据仅能向特定符合欧盟标准的国家或企业进行转移。同时,数据在跨境转移时,根据GDPR 的规定,若需要员工的同意,那么该同意必须是具体、明确和自由的。此外,在向欧盟及欧洲经济区以外的集团内其他公司跨境转移员工数据时,仍应遵守 GDPR 规定的"数据最小化"原则,即限于为达到目的所必需的最低限度。

三、雇员隐私数据处理常用技术手段

GDPR 要求企业对雇员的隐私数据在存储、传输、使用期间均给予有效保护。为满足 GDPR 规定的数据保护的要求,企业不仅要做到保护数据本身,同时需要保护数据存储、传输所依赖的 IT 系统。企业需要评估在各个终端、云端、网络以及移动设备上的网络安全防护是否有效。

　　企业可以使用的技术包括加密（encryption）、假名（pseudonymization）、标识（tokenization）等。数据加密会使企业在分享、接入数据的过程复杂化，有可能会降低整个企业，尤其是人力资源部门的工作效率。因此，企业需要找到一个较为高效的解决方案，能够允许用户对其个人数据高效地进行加密、解密处理。除对数据加密处理、假名处理，数据保护的另一重要方法是控制数据接入，强化接入、使用数据时的身份验证。对企业而言，员工数据在保存、转移到云端存储的过程中，对其进行符合 GDPR 的保护与监控非常具有挑战性。企业可以尝试使用云访问安全代理（CASB）所提供的解决方案，来保护存储于云端的数据，并能够监测、记录数据安全，报告潜在的数据泄露事故。

　　企业想要对全部的数据进行管理并非易事。有时员工可能会在未经企业批准的情况下私自使用云端软件服务（Shadow IT，即"影子工厂"），并在企业不知情的情况下把工作数据上传至第三方服务器，进而导致数据保护变得更加复杂。此时，企业可以尝试使用数据探索技术（Data Discovery Technology）进行数据审计，可以帮助企业对其所掌握的数据有一个较为全面的了解。此外，企业也可使用数据丢失防护软件（DLP）系统对数据进行保护，降低内部数据外传的风险。

　　然而，企业在利用上述技术防范员工数据泄露的同时，也需要注意，由于这些技术手段会挖掘、监控企业内部的大量通信，其中极可能包含员工的个人隐私信息，因此企业有必要进一步权衡企业的自身合理需求与员工的基本权利。

四、结语

　　与国内现有规定相比，GDPR 无论是从法律规定还是从执法机构的执行力度而言，都更为严格。在员工个人隐私数据保护方面 GDPR 对于"走出去"企业提出了较高的要求。违反相关的规定给企业带来的可能不仅仅是巨额罚款，更为严重的是商业声誉的损失。

　　目前，大部分"走出去"企业或已注意到了需要对客户、产品用户进行隐私数据保护,然而对于员工的个人数据企业也同样需要重视。企业在处理相关信息的过程中,第一原则便是保障与员工个人隐私相关的基本权利,在此前提下,才有可能进一步讨论通过监控、数据收集手段满足企业自身合法需求。同时,企业在采用各类监控手段时,需要注意比例原则、必要性原则和数据最小化原则。

参考文献

[1] https://www.debevoise.com/insights/publications/2018/11/new-guidance-on-the-gdprs-territorial-scope,访问日期:2019 年 4 月 30 日。

[2] Opinion 2/2017 on data processing at work, https://ec.europa.eu/newsroom/article29/item-detail.cfm? item_id=610169,访问日期:2019 年 4 月 30 日。

[3] A. Moore, The GDPR & Managing Data Risk, John Wiley & Sons, Ltd, 2018.

[4] P. Voigt, A. Bussche, The EU General Data Protection Regulation (GDPR),Springer International Publishing, 2017.

论企业合法用工中律师的作用

北京市致诚律师事务所　时福茂　沈成宝

【摘要】　劳务派遣制度在生活中被企业滥用较多。本文即是笔者从多年办理的劳动案件中选出数则涉外(或涉港澳台地区)企业滥用劳务派遣制度的案例,分析劳务派遣制度设计的本意,探讨该制度被企业滥用的成因,以及律师在企业发展合法用工中的作用。笔者认为通过律师正确理解法律规定本意,可以从正反两方面促进企业合法用工,从而降低成本,推动企业发展,也为"走出去"企业提供借鉴,为当地发展提供良好的示范效应,不要输出违规操作模式,造成不良国际影响。

【关键词】　促进作用　律师　合规　企业用工　劳务派遣

市场越广大,企业越要讲规矩;市场越成熟,企业越要遵守法律。随着国家实施"一带一路"倡议,不少企业也在跟随实施"走出去"战略,将发展提升到国际市场层面。企业发展的国际化,不仅要求企业在与外国企业进行合作、竞争、贸易时遵从当地法规、国际惯例,同时也要求企业内部用工、管理等也要遵守本国、他国的法律制度。笔者多年关注劳动法,发现企业在用工过程中滥用劳务派遣制度数量之多、持续时间之长,颇引人注目。本文即选择多年来笔者办理的几个影响较大的涉外(或涉港澳台地区)企业在内地用工滥用劳务派遣制度的案例,分析该制度被企业滥用的成因,探讨劳务派遣制度设计的本意,以及律师在企业发展合法用工中的作用,希望为"一带一路"建设中向外发展的企业提供借鉴。

一、问题的提出

笔者于 2019 年 4 月刚代理结束一个劳动争议案件,引发了笔者对劳务派遣制度的重新思考。

左某于 1992 年入职嘉里大通物流有限公司(左某入职时名为大通国际

物流有限公司,后改现名,简称"嘉里大通"),岗位是司机,当时每月收入近8 000元。公司与左某签订了劳动合同,1994年开始为左某缴纳社会保险。2008年,在嘉里大通公司安排下,左某与诚通人力资源有限公司(简称"诚通人力")签订无固定期限劳动合同,工作地点和岗位都没有变化,工资降为每月2840元,工资与社会保险仍由嘉里大通发放、缴纳,性质改为劳务派遣。当时负责人曾口头承诺几个月后工资再调整回去,后来一直没有调整。左某与其代班师傅一个班轮换,以完成工作量倒班休息模式提供劳动。2018年1月30日,嘉里大通以从上月开始严格考勤左某缺勤为由,将左某"退回"诚通人力,诚通人力于2018年2月1日解除了与左某的劳动合同。后左某以违法解除劳动合同为由要求嘉里大通支付经济赔偿申请仲裁。嘉里大通申请将诚通人力作为共同被申请人参加仲裁。案件结果是二方达成和解。

其实案件的结果并没有超出意料,而是案件本身对劳务派遣制度如何理解、如何运用,以及律师在企业合法用工中能起到什么样的作用等问题的重新认识提供了良好的契机。因为这些问题不仅关系到劳动者个人的权益,同时也关系到一个企业的长久发展,更关系到国家长治久安、国际发展。探讨劳务派遣制度,尤其是在企业"走出去"发展过程中体现社会主义制度优越性具有重要意义。

二、我国劳务派遣制度源流、现状及滥用成因

本文探讨律师在企业用工中的作用,主要以探讨劳务派遣制度为依托,因此有必要先了解我国劳务派遣制度的源流、现状,以及该制度被滥用的成因。

(一)我国劳务派遣制度源流

现代劳动管理制度与法律均起源于西方,由西方发达资本主义国家输入我国。虽然工人制度发轫较早,但劳务派遣制度进入我国却较晚。我国正式运用劳务派遣制度更晚,已是改革开放之后,始于1979年北京外企人力资源服务公司向一日本企业的驻华代表派遣中方员工。[①] 2008年1月1日实施

---

① 参见中国市场调研在线:《2017—2023年中国劳务派遣市场现状调研分析及发展前景报告》,载中国市场调研在线(http://www.cninfo360.com/yjbg/qthy/qt/20170226/528284.html),访问日期:2019年3月10日。

的《劳动合同法》专门用了一节规定劳务派遣。① 2008 年 9 月 18 日实施的《劳动合同法实施条例》第四章整章规定了劳务派遣。2014 年人力资源和社会保障部又针对劳务派遣公布实施了《劳务派遣暂行规定》,对劳务派遣制度进行了详细规定。

(二)我国劳务派遣制度现状

前述三部法律法规是我国目前规范劳务派遣行为的依据。2001 年中国加入世界贸易组织之后,劳动力市场大规模发展。为了更好地规范用工,保障劳动者权益,我国在《劳动法》实施 13 年后颁布《劳动合同法》,专门对劳务派遣作了规定。然而经过北京市总工会调研显示,就在 2008 年《劳动合同法》颁布实施之后,劳务派遣成为不少企业规避法律责任的手段之一,呈现井喷式增长态势。② 为此,2014 年人力资源和社会保障部公布实施了《劳务派遣暂行规定》,对劳务派遣作了更严格、更详细的规定。《劳动合同法》第 66 条第 1 款规定:劳动合同用工是我国的企业基本用工形式。劳务派遣用工是补充形式,只能在临时性、辅助性或者替代性的工作岗位上实施。确定了劳务派遣只能适用于"临时性、辅助性、替代性"的工作岗位。该条第 3 款规定:用工单位应当严格控制劳务派遣用工数量,不得超过其用工总量的一定比例,具体比例由国务院劳动行政部门规定。《劳务派遣暂行规定》第 4 条第 1、2 款规定了具体比例:用工单位应当严格控制劳务派遣用工数量,使用的被派遣劳动者数量不得超过其用工总量的 10%。前款所称用工总量是指用工单位订立劳动合同人数与使用的被派遣劳动者人数之和。《劳务派遣暂行规定》颁布实施之后,对滥用劳务派遣制度起到了一定的纠正、遏制作用,使一些企业的错误做法得到了纠正。但根据一些市场调研报告显示,劳务派遣员工的比例仍有不少突破 10% 的企业存在。③ 不少不符合"三性"的工作仍在使用派遣人员,比如笔者前文所述嘉里大通。该公司是物流企业,司机显

---

① 《劳动合同法》第五章第二节"劳务派遣"。1995 年 1 月 1 日实施的《劳动法》没有规定劳务派遣。

② 参见北京市总工会课题组:《北京市劳务派遣用工状况调研报告》,载《工会博览》2012 年第 2 期。

③ 从行业种类来说,电信与销售行业问题较为突出;从单位性质来说,大型国企、事业单位和部分私企、外企问题较为突出;从存在问题上说,劳务派遣比例、违反"三性"岗位与同工不同酬问题较为突出。

然不应使用劳务派遣的员工,但其违法将员工劳动关系调至诚通人力,与劳动者形成劳务派遣用工关系。违法行为持续多年都没有改正。如果不发生仲裁,这种违规情形仍然不会被发现。应该说,至今劳务派遣领域仍然存在诸多问题。

(三)我国劳务派遣制度被滥用的成因

劳务派遣制度以其用工灵活、管理便捷、减少纠纷受到企业欢迎。但该制度是作为正常用工形式外的补充形式存在,不应该成为企业规避法律的避风港。探究其成因,大概有以下三个方面:

第一,降低用工成本。一是降低招录成本,二是减少管理成本,三是减少其他支出。这也是为什么在劳务派遣中会出现同工不同酬的问题。虽然《工资支付暂行规定》规定了工资包括工资、绩效、补贴等各种收入,但不少单位仍然用区分工资、福利的方式曲解"同工同酬"减少劳务派遣人员收入。同时通过退用的方式减少签订无固定期限劳动合同的数量,降低解除劳动合同产生的支出。

第二,增大管理权威,减少诉讼纠纷。通过第三方劳务派遣减少劳动者与用工单位的关联,用不稳定状态增大管理权威。同时三方关系降低了劳动合同双方相对的稳固性及直接成为诉讼被告的概率。

第三,阻断工龄,减少经济补偿计算年限。有些企业将已经入职多年,尤其是对签订无固定期限劳动合同的老员工,用劳务派遣模式阻断其连续计算的工龄,减少解除劳动合同时经济补偿计算年限。这一点需要说明,虽然根据《劳动合同法实施条例》第10条的规定,劳动者非因本人原因从原用人单位被安排到新用人单位工作的,劳动者在原用人单位的工作年限合并计算为新用人单位的工作年限。原用人单位已经向劳动者支付经济补偿的,新用人单位在依法解除、终止劳动合同计算支付经济补偿的工作年限时,不再计算劳动者在原用人单位的工作年限。也就是说,非因劳动者本人原因的工作或劳动关系调动,工龄连续计算。但在实践中,违规操做的单位非常普遍。在法院调解过程中,往往以牺牲劳动者的权益为代价。

在立法层面,关于劳务派遣的规定已较完备,上述几种做法都是违反法律规定的,但为何仍有不少企业这样做呢?因为违法成本较小,少有处罚;其内部管理不易被发现;劳动者维权成本高,通过各方面努力才能实现法律规定的权益。事实上,最后很多结果都是以劳动者牺牲部分利益为终。对于企业来说,这样做仍然减少了不少支出。

三、律师在企业合法用工中的促进作用

在规范企业合法用工过程中,不仅需要立法部门制定完善法律,司法部门公正司法,以及工商、税务、劳动监察、社保稽核等行政部门进行监督监管,同时也需要律师在企业顾问、诉讼中帮助企业正确认识法律本意,合规经营,长久发展。

(一)律师的促进作用

在概括律师在企业合法用工中的促进作用之前先举两个笔者办理过的案件,这两个案件非常直接地展现了律师在企业发展中的作用,有很强的借鉴意义。

1.肯德基案件

徐某某于1995年入职北京市肯德基有限公司(简称"肯德基公司"),在货运配销中心做搬运工,一直未签订劳动合同,未缴纳社会保险。2004年,经理突然要求全体员工与北京时代桥劳动事务咨询服务有限公司(简称"时代桥公司")签订劳动合同。2005年10月11日,徐某某被辞退,次日收到时代桥公司解除劳动合同通知书。徐某某认为自己是肯德基公司员工,因此提起劳动仲裁要求支付经济补偿并补缴社会保险。劳动仲裁、一审、二审都没有支持徐某某的诉讼请求。在此期间又有两位肯德基员工申请援助提起劳动仲裁。在2008年1月1日《劳动合同法》实施之前,法律上对劳务派遣的规定基本上是空白的,而司法实践中对这种用工方式并不否定。只要有劳动合同,一般而言,劳动仲裁委员会和法院都会认可,这也是徐某某案件中仲裁和诉讼都败诉的原因。虽然如此,笔者与同事并没有放弃努力,在寻求法律维权的同时,还对肯德基公司的用工制度进行了全面调查,并整理了掌握的资料召开了记者招待会,希望通过媒体的宣传,能引起社会各界对劳务派遣制度的重视,尤其是对跨国公司的劳务派遣用工制度的关注。在多种压力之下,北京市农民工法律援助工作站(现更名为"北京致诚农民工法律援

助与研究中心")最后与肯德基公司在中国的总部达成协议,肯德基公司同意:与徐某某、孙某某、张某某等人达成和解,最大限度保障了三位员工的权益;原派遣单位的派遣员工将转为肯德基公司的直接聘用员工,并认可他们以前的年资。这意味着所有类似徐某某的案件都得到一次性解决。肯德基公司在华有12万名员工,新的制度将使至少上千人的权利得到保障,涉及利益至少几千万元;公司宣布从即日起,除特殊情况,全国范围内停止通过劳务派遣录用新员工,新员工将直接与公司建立劳动关系。这一政策将使未来所有肯德基公司在中国的新员工权利得到良好保障。本案被媒体称为"一起诉讼改变了企业一项用工制度"。其时《劳动合同法》尚未出台,劳务派遣制度未见法律明文规定,但其实质就是劳务派遣。笔者及同事根据《劳动法》对劳动合同的规定,以及劳动部印发的《关于贯彻执行〈中华人民共和国劳动法〉若干问题的意见》第16条与劳动部办公厅《对〈关于如何理解无效劳动合同有关问题的请示〉的复函》对无效劳动合同的规定处理徐某某等与肯德基、时代桥公司的劳动关系,开启了扭转滥用劳务派遣制度的先例。

2.家乐福案件

盛某于2008年3月1日被威莱(广州)日用品有限公司(简称"威莱日化")招聘为销售人员,工作内容为在北京方庄家乐福专柜销售威露士产品。2008年12月23日,威莱日化突然要求盛某与一个远在广州的从未听说过的公司——广州南方人才资源租赁中心(简称"广州人才中心")签订劳动合同,合同中明确了盛某为其公司雇员,被该公司劳务派遣至威莱日化工作。2009年4月21日盛某因怀孕被辞退。2009年6月,盛某以北京家乐福商业有限公司及广州人才中心为被申请人申诉至北京市劳动争议仲裁委员会,要求继续履行合同并支付2008年4月至2008年12月31日期间未签订合同的双倍工资及未缴纳社会保险的补偿金和加班费等。北京市劳动争议仲裁委员会于2009年12月18日对此案作出裁决:驳回盛某的请求,认为盛某与家乐福之间不存在劳动关系,一切责任不应由家乐福承担。

笔者与同事了解到,家乐福的这种用工制度并非在中国首创,法国早在2001年就发生过相同案件,该案件经法国多家媒体报道,在法国是曾经轰动一时的商业犯罪兼民事赔偿案。在2001年此违法事件被披露并处罚后,在法国,家乐福已经不再使用这种违法雇佣劳动者的方式。

　　然而在中国,这种隐蔽的违法行为却在合法外衣的掩盖下迅速蔓延并广泛传播开来。仅在家电行业的促销员就有 25 万～ 40 万人,超市促销员的人数虽然尚无准确统计数字,但肯定要超过这个数字。数量如此庞大的销售员工深受这种非法用工制度之害,但司法实践对此似乎格外宽容。也许是法律认识上的差异,大量销售员工的权利被侵害,而在仲裁或诉讼中家乐福的做法却很少被质疑,甚至有些法律专家也轻率地认为销售员工与超市之间根本不存在劳动关系,这种只看到表面而不予追查事实真相的态度也许源于销售员工群体一直被忽视,很多人并没有真正关心过他们的真实处境和艰苦生活状态。司法实践中,不仅是家乐福销售员工提起仲裁或起诉到法院会被驳回,其他超市的促销员也有同样的经历。虽然大量销售员工权利被侵害,家乐福却一次次被免予追究责任而逍遥法外。更可怕的是这种既省钱又省心的"高明"方法迅速被多家连锁超市所效仿,就连在美国本土实行自雇员工的沃尔玛,在中国也采用这种用工方式。但是,任何利润的获得不应以损害劳动者利益为代价,而应以尊重社会公共利益为基础。

　　以上两个案例是笔者办理的颇有典型意义的关于企业使用劳务派遣员工的案件,可以非常直观地看到律师在企业发展过程中起到的巨大促进作用。结合司法实践,可以概括出律师在企业合法用工中有如下几方面的作用:

　　第一,正面帮助企业建立健全合法用工制度。主要是指企业聘用律师作为法律顾问或通过专项咨询就用工制度如何做到合法合规听取律师意见。在法治时代,减少违法成本支出也是增收。

　　第二,纠正违法用工行为。在发生劳动仲裁、诉讼之前,劳动监察、社保稽核等行政部门以及工会都能起到纠正作用。一旦涉诉,劳动仲裁委、法院的裁决及劳动者聘请的律师对其违法行为的纠正是最主要的,其中尤以律师的作用最大。

　　第三,准确理解法意,减少损失。法律语言有其专业性,对于非法学专业人员来讲有不好理解之处。律师作为法律专业人员,更能准确理解法律规定、制度设计的本意,对企业释明,及时调整、修正违规的制度,减少损失。

第四,阐明利弊,建议企业做良好示范。有些制度设计本是有其存在的意义,但一旦被滥用,则失去了本该起到的作用,成为"恶法"。企业不仅要扩大利润,还要承担一定的社会责任。一项制度的利弊,律师可以从法律层面向企业阐明,好的制度要发挥好的作用,更不要使用双面标准,尤其"走出去"的时候,更要做良好示范,真正帮助当地人民实现就业,学习到良好的企业文化,建立合法诚信的制度。

(二)如何切实加强律师作用

如何让律师在企业发展过程中起到促进帮助作用,至少有以下两点:

一是企业遵守法律、信任律师。在企业发展过程中,内部健全制度要聘请律师顾问或咨询律师意见,在外部交易过程中也可切实发挥律师的把关作用。

二是制度保障律师实现其对企业合法用工的促进作用。从国家法治环境及社会尊崇法治的角度来说,要完善律师制度,保障律师为企业发展能切实起到保驾护航、防范风险的作用。

四、结语

企业发展存在多方面的需求。合法用工,是企业合规发展过程中重要的内部建设要求。而制度合规建设离不开律师的帮助。从正面讲,企业聘请律师作为法律顾问可以对其合法用工及其他方方面面提供法律支持,避免因违法操作带来不必要的损失。从反面讲,帮助劳动者的律师也可以促进企业健全其制度,规范用工。我国劳动法律日益完备,违法成本日益增大,而这些都是可以通过合规建设制度规避的。随着"一带一路"倡议的实施,不少企业走出国门,走向世界,更要具有合规意识。合法用工,不仅是遵守国际法律规则的需要,更是企业长远发展的需要,也是展现中国企业风貌、担当责任、展现社会主义制度优越性的良好示范需要。

中国企业"走出去"面临的劳工合规风险

金杜律师事务所　姜俊禄

【摘要】 在中国企业"走出去"和"一带一路"建设的进程中,劳动用工合规问题对海外并购的成败带来的影响日益凸显。劳动用工合规风险主要体现在工会组织和员工的罢工权、解雇及裁员、用工制度以及企业人力管理的整合四个方面。关注和防范劳工合规风险是中国企业"走出去"必不可少的一环。

【关键词】 海外并购　劳动用工　合规风险

自 2000 年以来,在全球化的大背景下,中国企业纷纷响应国家"走出去"战略的号召,开始进行海外并购。2013 年"丝绸之路经济带"和"21 世纪海上丝绸之路"的合作倡议提出后,越来越多的中国企业参与到"一带一路"建设之中,在"一带一路"沿线国家的海外并购数量持续增长。近二十年来,中国企业跨国并购的案例数量大幅度增加,并购规模也相当可观,但是并购结果往往并不尽如人意,甚至有不少失败的案例。在跨国并购风险中,除了传统的政治风险、财务风险、经营风险等,目标国劳工问题对并购的成败所带来的影响已经日益凸显。本文从公开披露的经历"触礁"或"惊险反转"的三个中国企业海外并购案例出发,警示"走出去"的中国企业应当充分重视全球化过程中的劳工合规风险问题。

一、三个典型案例

上海汽车集团股份有限公司(以下简称"上汽集团")作为我国较早实践"走出去"战略的企业之一,在国际合作上曾有过十分惨痛的教训。2005年,上汽集团正式收购韩国双龙汽车 51.33% 的股份,成为其最大的股东。这次并购是中国汽车企业的首例海外收购,甚至被认为是中国汽车企业成功走向海外的证明。但自上汽集团入主双龙汽车开始,双龙汽车工会与上汽集团的斗争就没有停止过。由于双龙汽车工会对上汽集团的并购自始至终的抵触和不信任,频繁组织罢工使上汽集团难以招架。2006 年 7 月至 8 月,双龙汽车工会上演了 49 天轰轰烈烈的"罢工斗争",双龙汽车员工包围政府大楼、占领工厂,甚至与警方发生武力冲突。应对频繁的罢工以及与双龙汽车工会的分歧使上汽集团筋疲力尽,也给双龙汽车的正常运营造成了严重影响。2009 年 2 月,双龙汽车已经获得韩国当地法院的批准而进入了"回生程序",上汽集团失去了对双龙汽车的控制权,其收购双龙汽车最终也以失败告终。在这一事件中,上汽集团因双龙汽车的资产减值损失超过 30 亿元人民币,可谓损失惨重。①

　　无独有偶,TCL 集团也因海外并购后的劳工问题吃尽苦头。2004 年,TCL 集团一举并购了法国汤姆逊彩电生产商和阿尔卡特的手机业务。本想就此拓展欧洲市场业务的 TCL 集团没有想到,过高的劳工成本和企业文化差异给其带来了无尽困扰。TCL 集团入主阿尔卡特后,采用的人力资源管理理念、薪酬福利体系等与原公司差异很大,这直接导致了员工的抵制和不满,大量前员工选择离职而使 TCL 集团丧失了宝贵的人力资源财富。2006 年 11 月,由于这两项海外业务大规模亏损,TCL 集团不得不开始重组欧洲业务并进行裁员。高额的人工成本和裁员补偿让困境中的 TCL 集团左右为难。② 最后,TCL 为欧洲业务重组支付了 2.7 亿欧元的费用,而其中绝大部分是裁员的人工安置费,人均裁员成本超过 10 万欧元。③

　　双星集团险些因劳工问题功败垂成,但基于对劳工问题的重视,在多方努力下,双星集团并购锦湖轮胎案起死回生。2017 年 3 月,双星集团与韩国锦湖轮胎株式会社(以下简称"锦湖轮胎")签署协议,拟以 9 549.8 亿韩元收购锦湖轮胎 42.01% 的股权。但这一跨国并购却立刻遭到韩国各方的群起反对。在政治、经济等诸多因素的干扰下,锦湖轮胎工会组织了一次总罢工,抗议外资并购。2017 年 9 月,双方签署《终止协议》,这场举世瞩目的海外并购

---

　　① 参见新浪网(http://finance.sina.com.cn/focus/shuanglong/),访问日期:2019 年 7 月 7 日。

　　② 参见圈儿购网(http://churgo.com/news/view/13),访问日期:2019 年 7 月 7 日。

　　③ 参见能见网(https://www.nengapp.com/news/detail/823119),访问日期:2019 年 7 月 7 日。

案宣告失败。2018年3月,双方再次签约,双星集团向锦湖轮胎增资6 463亿韩元认购其45%的股份。此次双星集团高度重视劳工问题,董事长公开作出"3年雇佣关系不变""就像中国汽车制造商吉利收购沃尔沃汽车品牌一样,将保证锦湖轮胎独立经营""保障工厂设备投资""给予员工期权"等承诺。锦湖轮胎工会公开宣称,"如果不给予10年雇佣保障的承诺,就不会见面",最终双方未能实现对话,但锦湖轮胎员工内部却出现了意见分化。包括管理、技术、营销人员在内的1 500名员工表达了希望双星成为大股东的愿望。2018年4月,锦湖轮胎2 741名员工在企业即将破产的压力下,进行了长达2个小时的投票,最终60.6%的员工投出赞成票,这次跨国并购惊险反转,通过了工会这一关,将锦湖轮胎从破产的边缘拉了回来。①

中国"走出去"的企业因为不了解目标国的劳动法律环境以及企业文化融合的不成功而导致花费巨额的"冤枉钱",甚至导致并购失败的案例还有很多,使得越来越多"走出去"的企业开始关注劳工合规风险问题。这些曲折经历时刻提醒着走出国门、迈向国际合作的中国企业,做好功课,充分了解和掌握对方国家的劳动用工法律制度,为顺利实现并购和并购后的企业运作铺平道路。

二、海外并购劳工问题的主要关注点

各国海外投资准入的法律规定具有相似性,但是各地的劳动法律制度却往往与当地历史文化环境相关、差异极大。敲开海外投资的大门后,迎接中国企业的,也许是当地劳动法律制度的"泥潭"。如何避开"泥潭"并取得预期收益,企业应额外关注当地的劳动合规风险控制和管理。以下将对投资东道国劳工合规风险的几个主要方面进行分析。

(一)工会组织和员工的罢工权

一些国家的法律允许存在多个组织体系互不相同的独立工会,工人可自愿选择加入任何一个工会或组织建立新的工会,并且法律可能赋予工会许多权利,工会可在海外绿地投资或并购、企业经营甚至企业搬迁、裁员和撤出投

---

① 参见中华网(https://finance.china.com/industrial/11173306/20180416/32313312_all.html),访问日期:2019年7月7日。

资的过程中发挥重大影响。

首先,值得一提的是,在一些国家,目标公司有意接受海外投资或进行并购之前,需要征求工会的意见。而在征求工会意见时,工会往往要求目标公司(卖方)承诺在相当时间内不得裁员或降低现有雇佣条件,而投资方在并购后需遵守当时卖方的承诺。

其次,在投资完成后的企业经营中,大多数国家的法律允许工会代表员工与企业进行集体谈判,并且赋予工会领导工人为争取劳动权益合法罢工的权利。

再次,在某些国家,同一企业的员工可参加不同的工会,则企业在经营中需同时处理并理清和多个工会的关系。实践中,企业可在法律允许的范围内选择与代表绝大多数员工的一家工会进行谈判,并通过协商,将该谈判形成的条款条件适用于其他工会的员工。

最后,如企业准备搬迁、裁员或关闭,也需衡量具体情况处理好与工会的关系,以免发生大规模纠纷、抗议或罢工。因为一些国家允许工会以自己的名义起诉或被诉,如工会认为企业在搬迁、裁员或关闭过程中存在任何不当行为,可能对企业提起诉讼以兹解决。

(二)解雇及裁员

并购之后,中方投资者对于被并购公司的经营模式、业务结构很可能会进行较大调整,并且随着经济环境的变化,企业可能需要解雇某些员工或进行大规模裁员。此时,中方投资者应注意投资东道国劳动法律规定中关于劳工解除或裁员的条件、程序和经济补偿的内容。

各国秉承的劳工保护的理念有很大不同,劳工解除及裁员的法律规范也是各国差异较大的一个方面。某些国家的法律对于解雇的要求很宽松,如美国、巴西等国家。这些国家实行"自由雇佣"制度,除非某些法定的特殊情况(如歧视),雇主可无需任何理由即解除与员工的雇佣关系。

相反,一些国家法律对解雇的条件和程序却规定得极为严格。例如根据印度法律,若解雇(或裁退)已连续为同一雇主工作一年以上的员工,在裁员之前,雇主应提前一个月以书面形式通知员工,陈述裁员的原因、截止日期以及通告期内的员工工资水平,并向员工支付补偿。此外,雇主还须就此事先通知相关政府机构。在某些特殊情况下,雇主甚至须在裁员之前取得相关政府机构的批准。①

一些国家对解除员工的补偿标准要求很高,往往给中国投资者造成高额的裁员成本。前述 TCL 集团 2006 年因亏损进行的欧洲业务重组,涉及的裁员人数达 450 人之多。由于欧洲裁员补偿标准很高,TCL 集团的裁员成本超过人均 10 万欧元。而随之而来的诉讼案件又将 TCL 集团拖入泥潭。中国企业一旦投资于对解除员工限制较高的国家,必须要熟悉该国关于解雇或裁员的法律规范,以免出现随意解除员工而导致高额的诉讼索赔以及行政处罚的可能性。

(三)用工制度

如何高效、充分地利用和整合被并购企业的人力资源,以便日后顺利开拓海外业务是中国企业在进行海外投资时需要考虑的又一重要问题。一般来说,在实现海外投资后,中方投资者会基本保留目标公司的前员工,同时委派自己的管理人员到目标公司进行管理。因此,这就需要中国投资方充分了解目标国在雇用本地员工和外国员工上的法律要求。

如雇佣当地员工,应遵守当地法律对于就业保护、雇佣方式(如临时雇佣、固定期限雇佣和无固定期雇佣)的法律要求,并在法律允许的范围内选择经济有效的方式。当今各国都越来越重视劳动者的公平就业权,禁止企业因性别、年龄、种族、宗教信仰等原因对劳工进行就业歧视。同时,对于一些弱势群体给予特殊的就业保护政策。比如在加蓬,如果一个临时工持续为某雇主工作一周以上,便自动转为长期工,因此雇主与其解除劳动关系应支付一定的工资及交通和失业补贴。而中国某工程公司在加蓬的建设项目中,因不了解法律要求而使用了大批"临时工"并在工程结束后予以解雇,最后遭工人抗议和起诉。当地法院判决该公司为解雇的临时工支付相当于全部工资的大笔补偿。

此外,目标国劳动法律的其他重要方面也不容忽视。比如,企业在测算人力资源运营成本时,应额外关注当地劳动法律规定的企业应为员工提供的

---

① 参见中华全国律师协会编:《"一带一路"沿线国家法律环境国别报告》(第一卷),北京大学出版社 2017 年版,第 663—666 页。

保险和福利、员工加班费标准和法定假期的长短。这些因素可能直接影响到人力成本的控制和投资收益。再比如,各国法律关于劳动者的工作时间、加班限制、最低工资以及是否禁止夜班等劳动标准的规定也不尽相同,企业很可能会因为操作不合规而面临合规风险。

在派遣中方管理者到海外目标公司的情况下,应事先了解目标国的移民和签证政策是否对入境及从事劳务活动有限制。中方可能对目标公司中的中方员工数量有所计划,但应事先了解当地法律或国际条约是否对雇佣外国人的比例有所规定,有的国家(如巴西①、墨西哥、委内瑞拉、沙特阿拉伯②等国)要求公司中的外国雇员人数不能超过一定比例。而日本、德国对外籍劳工输入的限制也是比较严格的。所以,在中国企业制订海外并购方案时必须对东道国的外来劳工政策有所了解,以免由于东道国对中国外派劳工的种种限制而增加用工成本,引起不必要的纠纷。

(四)企业人力管理的整合

如果说上述三个方面都是投资东道国劳工法律的"刚性"要求,并购后企业人力资源管理的整合则是海外并购劳工问题中重要的"柔性"要求。

由于各国历史、政治、人文等方面的不同,中国企业在海外并购过程中,会面临企业文化理念、管理方式的差异。这种差异可能会体现在员工管理的方方面面,如工作方式、工作时间、着装要求、薪酬结构、福利待遇设计,等等,这些都会直接影响到被并购企业员工对中方投资者的认可度和信任感。如果管理者不能适时地发现并解决这类企业管理文化差异,实现与员工的有效沟通,则很可能导致员工的抵触不满,甚至流失大量人才,使海外并购的成效和收益大打折扣。TCL集团并购阿尔卡特之后,新企业中的主要职位多由TCL集团人员担任,并且强行在新企业中执行原TCL集团的薪酬方式与销售模式。面对TCL集团的"文化强权",原阿尔卡特的众多员工都选择了离职。可见,中国企业走出国门之前,必须考察目标公司的员工管理、企业文化、薪酬福利等"软环境",选择适当的方式将自身的企业管理和文化优势与目标公司相融合,避免

---

① 参见中华全国律师协会编:《"一带一路"沿线国家法律环境国别报告》(第三卷),北京大学出版社2018年版,第812—813页。

② 参见中华全国律师协会编:《"一带一路"沿线国家法律环境国别报告》(第二卷),北京大学出版社2017年版,第510—513页。

并购之后引发人事震荡,这也是中国企业海外并购中的重头戏。

三、结语

在 2014 年 10 月 20 日至 23 日召开的中国共产党第十八届中央委员会第四次全体会议上,全会审议通过了《中共中央关于全面推进依法治国若干重大问题的决定》(以下简称《决定》)。《决定》提出我国要加强涉外法律工作,其中包括强化涉外法律服务,维护我国公民、法人在海外的正当权益,依法维护海外侨胞权益。同时,《决定》还提出要发展涉外法律服务业,建设通晓国际法律规则、善于处理涉外法律事务的涉外法治人才队伍。2016 年 12 月 30 日,司法部、外交部、商务部和国务院法制办公室发布《关于发展涉外法律服务业的意见》(以下简称《意见》)。《意见》提出,必须把发展涉外法律服务业摆在更加突出的位置,采取有效措施,努力把我国涉外法律服务业提高到一个更高水平。《意见》还提出,要为"一带一路"等国家重大发展战略提供法律服务,为中国企业和公民"走出去"提供法律服务。由此可见,在新形势下做好涉外法律工作对企业来说是十分重要的。

同时,在企业"走出去"战略中,在"一带一路"倡议下,如果说目标企业的技术和业务是一次投资收购的核心,则并购中对劳动合规风险的正确评估和有效管理能够为一次顺利的投资或并购保驾护航。事先调查评估目标国的劳动法风险,并建立风险管理体系和应对策略,中国企业才能在并购时以及并购后的经营中"稳中取胜"。

综上所述,在全球化的大背景下,根据《决定》确定的加强涉外法律工作的精神,根据《意见》提出的主要任务和主要措施,对目标国劳工状况和劳动法律环境进行充分调研并完善劳工合规风险统筹管理是中国企业成功"走出去"所要进行的必修课。因此,在这一过程中寻求劳动法专业人士的帮助和建议是必不可少的。

参考文献

[1] Prof. Dr. Frank Hendrickx, Prof. Dr. Roger Blanpain: *International Encyclopaedia for Labour Law and Industrial Relations*, Kluwer Law International B.V.

[2]Salvador del Rey, Robert J. Mignin: *International Labour and Employment Compliance Handbook*, Kluwer Law International.

[3][德]曼弗雷德·魏斯、马琳·施米特:《德国劳动法与劳资关系》,倪斐译,商务印书馆2012年版。

[4][英]史蒂芬·哈迪:《英国劳动法与劳资关系》,陈融译,商务印书馆2012年版。

[5][意]T.特雷乌:《意大利劳动法与劳资关系》(修订二版),刘艺工、刘吉明译,商务印书馆2012年版。

[6]中华全国律师协会编:《"一带一路"沿线国家法律环境国别报告》(第一卷)(第二卷),北京大学出版社2017年版。

从劳动者的忠诚义务谈人力资源的合规管理

北京德恒(珠海)律师事务所　郭　蕾　廖文豪

【摘要】　劳动者的忠诚义务包括竞业限制义务、保密义务、服从义务、如实报告义务及其他义务。在劳动者违背忠诚义务行为所引起的劳动争议诉讼中,裁审机构的裁判观点不尽相同。用人单位应结合法律规定以及裁判要点,做好员工忠诚义务的类型化行为之合规管理。

【关键词】　忠诚义务　人力资源　合规管理

一、前言

"忠诚"二字,前有诸葛孔明辅佐汉室,"鞠躬尽瘁,死而后已";后有朱熹书"人之操履无若诚实"。忠诚,是指真心诚意,无二心。古人说,"人无忠信,不可立于世""不信不立,不诚不行""受人之托,忠人之事"。不仅如此,忠诚还意味着认可、尊重、接受、服从、维护、支持、信任,等等。而劳动者对用人单位的忠诚义务则应当体现为:遵守法律规定,诚实讲信用;从精神及行为上认同、接受和尊重用人单位的文化与用人单位的规则;最大化维护用人单位的权益,为用人单位创造价值。劳动者与用人单位是唇齿相依的关系,劳动者对用人单位的忠诚与否,也直接关系到用人单位的生存和发展。因此,劳动者对于用人单位的忠诚义务,是最基本的职业道德,也是最重要的义务。

合规管理,顾名思义即是符合规则规范的要求进行管理,此处之"规"既是规则、规章、制度,亦是法律法规。因此,用人单位的合规管理意味着用人单位的管理应当符合规章制度,符合国家法律法规的规定。

于劳动者而言,忠诚义务既是其应当遵守的道德,又是法律对其的要求;于用人单位而言,劳动者的忠诚义务是维护用人单位合法权益的重要保障,是用人单位规范化管理重要的基础所在。

笔者立足于劳动者忠诚义务的来源及表现形式,探寻劳动者忠诚义务这一概念的内涵和外延,并依托司法实践案例梳理涉及劳动者忠诚义务纠纷的裁判要点,为用人单位在人力资源合规管理方面提出建议。

二、劳动者忠诚义务的概述

(一)忠诚义务的渊源

忠诚义务的渊源即忠诚义务的表现形式。根据司法实践,忠诚义务主要有以下渊源:

1.劳动道德

忠诚是传统道德义务的一项内容,劳动者的忠诚义务亦不出此列。实践中劳动者对用人单位的忠诚度,也往往成为社会对劳动者个人道德评价的衡量因素之一。

实际上,忠诚义务作为劳动者的一种道德,是由劳动者与用人单位之间的相对稳定性及劳动者在劳动关系中的身份从属性决定的。"受人之托,忠人之事",阐述的正是在委托合同关系中道德对受托人的忠诚要求。同样是为他人付出劳动,在传统的民事委托关系中,受托人与委托人之间人格彼此独立,各自对外承担风险,且该关系存续一般不稳定;但在劳动关系中,劳动者人格隶属于用人单位,用人单位几乎承担一切对外风险,而劳动者一般仅承担个体劳动报酬及解除劳动关系风险,劳动关系相对稳定。这意味着,劳动关系主体间关系比委托关系主体间关系更为密切,有强烈的人身附随性。比起委托人,用人单位更需要劳动者对其忠诚。因此在道德层面上,劳动者的忠诚义务是劳动者基于劳动关系存在的必然结果。

2.法律规定

如前所述,劳动者忠诚义务之内涵包含了法律对劳动者的要求。在我国现行法律中,部分劳动者的忠诚义务以法律规定的形式被明文固定了下来。《劳动法》第3条、第22条,《劳动合同法》第8条、第23条、第24条、第39条等条文,对劳动者忠诚义务具体内容作出直接而具体的规定。这类劳动法律规范,是裁判者寻求裁判要领、解决劳动关系纠纷时的重要权威依据。

3.劳动者与用人单位的契约

（1）合同约定

部分忠诚义务隶属于法律规定之外的道德范畴，常规条件下并不必然得到法律保护。因此，用人单位往往采取合同约定譬如签订保密协议、离职后的竞业限制条款等方式，将这部分忠诚义务法定化，使这部分忠诚义务指向的用人单位合法权益得以更好地保障。

（2）用人单位规章制度

劳动者的忠诚义务可以以用人单位规章制度的形式表现出来。按用人单位规章制度对劳动者公示的时点作区分标准，可以分为签订劳动合同时用人单位即向劳动者公示与签订劳动合同后用人单位方向劳动者公示两种情形。前者，往往以直接公示用人单位规章制度或转化为劳动合同约定的形式被固定，这种情形下，用人单位规章制度中的忠诚义务条款更像一种格式条款，劳动者签订了劳动合同，即要受到该忠诚义务条款的约束；后者，在劳动合同履行过程中，用人单位经过民主程序通过了包含劳动者忠诚义务内容的规章制度，并对员工进行有效公示后，该规章制度即对员工产生了约束力。实践中，裁判者将依据有效的包含劳动者忠诚义务的用人单位规章制度作为评判劳动者违背忠诚义务行为法律责任的标准。

（二）各国相关法律规定

依照瑞典相关法律，忠诚意味着雇员把雇主的利益放在个人利益之上，并避免个人利益与雇主利益冲突。即，雇员不能损害雇主利益。如果雇主有正当理由失去了对于雇员的信心，也就存在有正当的解雇理由。瑞典关于雇员忠诚义务的要素主要包括以下几个方面：①提供满意的工作表现；②保守用人单位机密；③在一定范围之外不批评雇主；④不和雇主竞争；⑤尽注意和谨慎义务；⑥如工作场所或者和工作场所有关的地方存在危险和难于接受的条件，应通知雇主；⑦与其他员工良好协作。

英国法院在审理劳动争议案件中，除了当事人双方约定的明示条款外，法院将"雇员忠诚地为雇主服务……"等内容作为默示条款，即使雇员与雇主在劳动合同中没有约定，雇员也应当承担默示责任。

德国劳动法规定雇员的忠诚义务分为服从、保密和勤勉，并将其作为雇员法定的附随义务。

加拿大将忠诚义务作为劳动者的重要附随义务,任何行为只要是不诚实的,有损于雇主声誉的,或使雇员的与雇主的利益相冲突的,均为禁止之列。

(三)员工忠诚义务的范围与合规管理

目前国内尚无成文法将"劳动者忠诚义务"一词列入法律规范,但包含劳动者的具体忠诚义务内容的条文却在法律规范中有零星规定。现实中,相当一部分用人单位的规章管理制度中亦没有对劳动者忠诚义务的详细规定。劳动者违反忠诚义务,企业意欲追究劳动者责任,但却因无章可循,将导致企业利益严重受损。双方发生争议,裁审部门亦缺乏充分的审理依据。用人单位失去劳动者对其的忠诚,或者劳动者对于用人单位的忠诚度较低,何谈企业规范管理?

欲探寻劳动者忠诚义务的外延,必先界定其范围。[1] 根据《德国民法典》中对雇佣关系的相关规定,雇员对雇主有劳动义务、忠诚义务、竞业限制义务,而其中忠诚义务再次被细分为服从义务、保密义务、勤勉义务。然而,由于社会形态、法律体系、司法实践等因素的差异,国内劳动法体系并不适合照搬国外的雇佣关系体系。

三、劳动者违反忠诚义务的部分案例

如上所述,目前我国法律规定尚无关于劳动者忠诚义务的详细规定,但随着社会快速发展,涉及劳动者违反忠诚义务的案件呈逐渐上升趋势,这对用人单位人力资源合规管理也提出了新的要求。笔者以下列案件抛砖引玉,希望用人单位更加重视和完善人力资源合规管理。

案例1[2]:

沈某2012年2月10日入职A公司,从事总务工作,负责处理办公室事务,每月工资7 006.80元。沈某在A公司任职期间,伙同他人共同出资设立B公司,参与经营与A公司的同类业务,严重损害公司利益。2017年A公司

---

① 参见王益英主编:《外国劳动法和社会保障法》,中国人民大学出版社2001年版,第86—87页。

② 参见上海市第一中级人民法院(2018)沪01民终3159号民事判决书。

发现沈某上述行为,遂展开对沈某的调查。后 A 公司于 2017 年 2 月 20 日以此为由解除其与沈某的劳动合同关系,沈某为此向上海市徐汇区劳动人事争议仲裁委员会申请仲裁,要求 A 公司向其支付解除劳动关系赔偿金十个月工资 70 068 元。

仲裁委员会经审理,裁决不支持沈某的请求。

沈某不服该裁决,向法院提起诉讼。

法院经审理后认为:"劳动关系是具有一定人身依附性的法律关系,劳动者在劳动合同履行中应对用人单位尽到忠诚和勤勉义务,沈某在任职 A 公司期间,在外设立与 A 公司经营范围有重合的公司,显然是对员工忠诚义务的违反,A 公司据此与沈某解除劳动合同,并无不当,无须支付赔偿金。"

以上是劳动者违反忠诚义务,损害企业利益的典型案例。在类似的生效判例中,人民法院均认为劳动者在劳动过程中必须忠实于用人单位,维护和增进而不损害用人单位的利益,这是基于劳动关系的人身性、隶属性和诚实信用原则而产生的忠实义务。

案例 2[①]:

甲公司成立时,王某便担任该公司的法定代表人,其职务为总经理。2014 年 2 月 24 日,甲公司向王某发出免职函,告知免去王某担任的公司董事、董事会主席、法定代表人以及总经理职务。同年 2 月 26 日,甲公司向王某发出解除劳动合同通知书,告知因王某违反劳动合同、公司纪律以及相关法律法规的规定,严重损害公司利益,公司决定正式解除与其的劳动合同。

王某向当地劳动人事争议仲裁委员会申请仲裁,要求甲公司支付违法解除劳动合同的赔偿金。该仲裁委员会作出不予受理的决定。

王某不服,诉至法院,请求判令甲公司向其支付违法解除劳动合同的赔偿金。法院经审理查明,王某系乙公司的法定代表人。

一审法院认为,王某利用其高级管理人员的身份,未经股东同意自我交易并转移客户谋取利益,该行为不仅严重损害甲公司利益,也有违王某作为高级管理人员对公司最基本的忠诚及勤勉义务,故甲公司据此对王某作出解除劳动合同处理并无不当。王某要求甲公司支付违法解除劳动合同赔偿金

---

① 参见上海市第一中级人民法院(2015)沪一中民三(民)终字第 1553 号民事判决书。

的请求缺乏依据,不予支持。

王某不服一审法院判决,向二审法院提起上诉。二审法院判决:驳回上诉,维持原判。

上述案例中,王某作为公司高级管理人员违反劳动者忠诚义务,未经甲公司股东同意进行自我交易并转移客户谋取利益,其行为严重损害了甲公司的利益。公司高级管理人员虽然是劳动者,但是由于其特殊的身份和对企业肩负的责任,其应当比普通劳动者承担更严格的责任,企业对于公司高级管理人员忠诚义务的要求也应当高于普通劳动者。在劳动立法的范畴中,没有对公司高级管理人员及其忠诚义务进行界定,仅在《公司法》中,可以见到比较清晰的规定。

四、劳动者忠诚义务的裁判要点及相应的用人单位合规措施建议

根据对中国裁判文书网上公开的关于劳动者违反忠诚义务的案例,笔者分别从劳动者竞业限制义务、保密义务、服从义务、如实披露(报告)个人信息义务及其他义务①分析劳动者的忠诚义务,并提出合规管理的建议。

(一)竞业限制义务

广义上的竞业限制义务,包含了离职竞业限制义务与在职竞业限制义务。这两种类的竞业限制义务,在渊源、适用方式及适用对象等方面不尽相同,其在诉讼中的裁判要点亦有所差别。

1.离职竞业限制义务

离职竞业限制义务,即狭义理解上的竞业限制义务,在《劳动合同法》第23、24条中有直接的规定。具体而言,离职竞业限制义务是指用人单位在终止或解除劳动合同后,要求劳动者负担在一定期限内不得入职与原用人单位生产或经营同类产品、从事同类业务或有竞争关系的用人单位,也不得自行生产或从事与原单位有竞争关系的同类产品或同类业务经营之义务。最高人民法院作出的(2011)民申字第122号民事裁定书中有以下论述:竞业限制

---

① 参见向彪:《劳动者忠诚义务的司法实践研究》,载张量主编:《中财法律评论》(第八卷),中国法制出版社2016年版,第121页。"'其他义务'可能包括:(1)不得贬损雇主声誉的义务;(2)合理注意义务;(3)遵守规章制度的义务⋯⋯列举法无法穷尽所有的类型化义务,因此只能以'其他义务'兜底。"

合同应属于双务合同,即用人单位应向劳动者支付经济补偿金,而劳动者履行竞业限制。可见,离职竞业限制义务应属于合同义务,只能通过用人单位基于合同条款向劳动者设置,而非法定义务。最高人民法院在(2009)民申字第 1065 号案民事裁定书中,对此观点再次予以了确认。①

值得一提的是,离职竞业限制义务其主体具有特定性,即仅限于法律规定的用人单位高级管理人员、高级技术人员和其他负有保密义务的人员,而不包括除此之外的一般劳动者。关于此,广东省东莞市第三人民法院在(2013)东三法民一初字第 4970 号民事判决书中有以下论述:"日东公司虽然与谢海波签订了《员工商业保密协议》,但谢海波作为人力资源部人事主任(行政经理),属于行政人员,并不属于掌握商业秘密的技术人员,不属于竞业限制的主体。"类似的表达,在湖南省长沙市中级人民法院(2016)湘 01 民终 7384 号二审判决书中也有所体现:"马季不属于竞业限制的岗位,且竞业限制协议的时间和金额都不清楚,竞业限制义务是解除劳动合同后才须承担的义务,三一重工公司未对此作要求,因此一审的认定不符合法律规定。"

此外,设置该竞业限制的期限并非是无限制的,根据《劳动合同法》第 24 条第 2 款及其他相关法律条文的强制性规定,其设定时长不得超过 2 年。在(2018)京 01 民终 5826 号民事判决书中,北京市第一中级人民法院将涉案竞业限制义务协议书中的关于将仲裁与诉讼的审理期间剔除在竞业限制期限之外的约定作无效认定,其出发点正是基于法律规范对离职竞业限制最长时间的严格限定。

针对离职竞业限制,建议用人单位:①竞业限制适用于知悉商业秘密的员工;②可以在劳动合同中与适格劳动者明确约定离职竞业限制条款,也可以单独签订竞业限制协议;③竞业限制期限不能超过法定 2 年期限;④竞业限制协议应明确约定竞业限制补偿金数额及违约责任。

---

① 参见山东省食品进出口公司、山东山孚集团有限公司、山东山孚日水有限公司与马达庆、青岛圣克达诚贸易有限公司不正当竞争纠纷案,载《中华人民共和国最高人民法院公报》2011 年第 10 期(总第 180 期)。本案,法院有如下论述:"具体到本案,山东食品公司、山孚日水公司与马达庆没有关于限制马达庆离职后从事具有竞争关系的业务的竞业限制约定,马达庆离职后有从业的自由,即使在其离职后使用其在职期间积累的对日出口海带贸易经验从事竞争性业务,山东食品公司、山孚日水公司也无权予以制止。"由此可见,对于离职后的竞业限制义务,采取的是严格的约定制度。

2.在职竞业限制(禁止)义务

员工在职期间的竞业限制义务,是指劳动者不得同时与其他有竞争关系的用人单位建立劳动关系,或自己生产或从事与本单位有竞争关系的同类产品或同类业务经营之义务。由于劳动者在职期间掌握用人单位的技术秘密和商业秘密更加便捷,相较于离职后劳动者违反竞业限制义务,劳动者在职期间从事竞争业务对于用人单位技术秘密和商业秘密的损害更大,其主观恶性也更加严重。

最高人民法院在(2011)民申字第122号民事判决书中,阐述了在职竞业限制及约定竞业限制:"法定的竞业限制主要是指公司法上针对公司董事、高级管理人员设定的竞业限制,属于在职竞业限制。约定的竞业限制,一般是指依据合同法和劳动合同法针对交易相对人或者劳动者通过协议约定的竞业限制,既包括离职竞业限制,也包括在职竞业限制。"可见,针对具有普遍性意义的劳动者之在职竞业限制义务,法院据以裁判的一大要点即为有无实现明确的在职竞业限制约定。

对于劳动者在职期间的竞业限制,有两种观点:一种观点认为无须签订协议,作为劳动合同附随义务,劳动合同履行期间,劳动者当然应承担竞业限制义务,也就是说是法定义务;另外一种观点认为需要根据劳动者的职位确定,公司董事、监事、高级管理人员应当按照《公司法》第148条规定承担在职竞业限制义务,是属于法定义务①;而其他劳动者并不必然承担在职竞业限制义务,仍须通过协议约定明确是否承担义务以及义务范围。最高人民法院在(2011)民申字第122号民事判决书中即持第二种观点。可见,针对董监高之外的一般劳动者之是否承担在职竞业限制义务,法院据以裁判的依据是有无明确的在职竞业限制约定。

对于在职竞业限制,考虑到以上裁判标准以及劳动合同履行过程中劳动者岗位的不确定性,建议用人单位:在劳动合同中对在职竞业限制作出明确约定。此外,用人单位可通过自主制定规章制度,明确在职竞业行为构成严

---

① 《公司法》第148条:"董事、高级管理人员不得有下列行为:……(五)未经股东会或者股东大会同意,利用职务便利为自己或者他人谋取属于公司的商业机会,自营或者为他人经营与所任职公司同类的业务;……董事、高级管理人员违反前款规定所得的收入应当归公司所有。"

重违反规章制度,对劳动者在职竞业行为进行规制。

(二)保密义务

劳动者保密义务主要指劳动者对于用人单位商业秘密的保密义务。《劳动合同法》第 23 条对于劳动者的保密义务亦有明确规定。

商业秘密属于《反不正当竞争法》《刑法》等法律规范的保护范围,劳动者无论在、离职与否,离职后在何处任职,都对原用人单位的商业秘密承担保密的法定义务。但是需要注意的是,法院在审理员工违反保密义务争议案件中,对于劳动者是否违反保密义务,要求用人单位对其商业秘密信息保护措施承担举证责任。最高人民法院在(2017)最高法民申 2964 号判决书中认定:"对于单纯的竞业限制约定,即便其主要目的就是为了保护商业秘密,但由于该约定没有明确用人单位保密的主观愿望和作为商业秘密保护的信息的范围,因而不能构成反不正当竞争法第九条规定的保密措施。"

因此,针对劳动者保密义务,用人单位应把合规的重心更多地放在商业秘密之保护措施上。用人单位在对劳动者进行入职培训、签署保密协议时,应当将商业秘密信息保护意愿及范围明确告知劳动者,从而实现在人力资源管理领域对用人单位商业秘密的最大化保护。

(三)服从义务

服从义务指劳动者服从用人单位指挥与管理进行劳动给付的义务。这项义务对应的是用人单位的指挥权,是劳动者在劳动关系层面人身从属性的必然逻辑要求。《劳动合同法》第 39 条规定:"劳动者有下列情形之一的,用人单位可以解除劳动合同:……(二)严重违反用人单位的规章制度的……"正是指向劳动者的这项服从义务,也即劳动者遵守用人单位规章制度的义务。实践中常常出现劳动者因不服用人单位管理受到处罚而提起劳动仲裁、诉讼之行为。用人单位在合规管理中应当梳理员工各类违背服从义务行为之轻重,并明文规定相应后果。一般而言,用人单位并不能以劳动者轻微违反服从义务为由即解除与其建立的劳动关系,而必须要求劳动者违反服从义务行为达到"严重"程度。在无事先明确约定的前提下,各类违背服从义务行为之严重程度的评判主要依赖裁判者的价值判断,常常具有不确定性。

有鉴于此,用人单位应按照《劳动合同法》第 4 条之规定,依法制定规章制度,对劳动者的服从义务、严重违反服从义务之行为以及不同行为的对应处罚措施作出明文规定,且应当详细、具体、合理、可操作,从而在合规管理方面争取更大的主导权。

(四)如实披露(报告)个人信息义务

劳动合同本身具备典型合同的一般性特征,其签订也需要以双方达成合意为前提。因此,本质上劳动关系的建立是一个在招聘、录用环节用人单位与劳动者双向选择的过程。在实践中,用人单位在招聘、录用劳动者环节,常常会就劳动者的工作经历、资质、年龄等信息作询问,从而决定是否与劳动者建立稳定劳动关系。因此,法律规定劳动者负有向用人单位如实披露(报告)建立或履行劳动合同所必需的个人信息的忠诚义务。如劳动者违反披露义务,产生的后果通常是用人单位变更或解除劳动合同。

与劳动内容紧密关联、用人单位用作招聘录用条件的必要告知信息,员工必须如实报告。在上海市第一中级人民法院(2012)沪一中民三(民)终字第982号民事判决书中,劳动者因在个人简历上填写了虚假的工作经历而被用人单位解除劳动合同,法院支持了用人单位的决定。但对于与劳动内容本身无重大关联的信息,用人单位也不得以此为由降低劳动者的薪酬待遇或解除与其的劳动关系。

由于披露(报告)义务更多体现在用人单位的招聘、录用环节,用人单位在制定招聘、录用文件时,应特别注意对招聘、录用条件及工作内容的明确,将用人单位需要知情且与工作有关联的信息,以条件的形式嵌入招聘、录用文件中,一方面有助于用人单位快速匹配到符合条件的求职者,另一方面该文件可作为证明劳动者违背如实报告义务的重要依据。

(五)其他义务

黄越钦教授在《劳动法新论》中如此描述忠诚义务:"凡对雇主可能发生损害之一切行为均不得作为""但有更高利益应受保护者不在此限"。① 除前述具体化的忠诚义务以外,忠诚义务还包括了要求员工不得为任何损害公司

---

① 黄越钦教授将忠诚义务分为积极作为义务和消极不作为义务。其中,积极作为义务如积极报告义务、保密与竞业禁止义务;消极不作为义务指"凡对雇主可能发生损害之一切行为均不得作为""但有更高利益应受保护者不在此限"。

合法权益之行为的义务。笔者曾代理过的广东省珠海市香洲区人民法院（2018）粤 0402 民初 9873 号劳动争议案件正是属于其他忠诚义务的一个例子：劳动者作为用人单位高级管理人员，在微博上对负责公司新产品的另一名高级管理人员进行谩骂，并释放负面信息。对此，法院在判决书中作了如下认定：被告转发微博的行为与爱岗敬业、诚实守信的职业道德要求相违背，更与其身份职责要求相冲突。加之，用人单位在规章制度中将劳动者违背廉政诚信行为规定为严重违反用人单位规章制度的行为，法院据此认定用人单位解除与劳动者劳动关系之行为系合法解除行为。除前述行为外，实践中劳动者"吃拿卡要""吃回扣"及重大工作过失等行为，亦是违背忠诚义务之行为。劳动者实施诸如此类行为不属于违背竞业限制义务、保密义务、服从义务、如实披露（报告）个人信息义务等忠诚义务，本身并不必然会产生法律责任。针对这类行为，用人单位应当通过制定规章制度的形式，将该类型违背其他忠诚义务的行为明文列入用人单位所禁止的行为清单中，并明确行为后果，以规范相应行为，从而达到合规管理的目的。

五、结论

企业人力资源合规管理是企业良性发展的重要组成部分，是有效防范法律风险、规范劳动者管理的重要手段。在劳动争议纠纷案件中，用人单位依法承担举证责任，这就要求用人单位在人力资源管理活动中尤其要注重行为内容、形式的合法合规化。《劳动合同法》第 4 条赋予了企业制定规章管理制度的权利，以及劳动者遵守职业道德、劳动纪律以及规章制度的义务。笔者在此建议企业能够进一步完善规章制度，将劳动者的忠诚义务作为重要的内容进行考量和设计。与此同时，用人单位还应加强企业文化建设，加强团队建设及员工培训，增强企业凝聚力，有效实现企业合规化治理。

忠诚，不仅是真心诚意，无二心；忠诚，还意味着相互认可，相互依赖，相互支持与共同发展。可见，员工对企业的诚信及忠诚才是企业人力资源合规管理的重要基石，才会令劳资关系更加和谐。

参考文献

[1]骆兰、李苑凌、刘滢：《员工忠诚内涵及结构模型构建探讨》，载《商场

现代化》2006 年第 32 期.

　　[2]张毅、贾玉平:《企业员工的忠诚义务》,载《河北企业》2003 年第 8 期.

　　[3]向彪:《劳动者忠诚义务的司法实践研究》,载张量主编:《中财法律评论》(第八卷),中国法制出版社 2016 年版.

　　[4]许建宇:《劳动者忠实义务论》,载《清华法学》2014 年第 6 期.

　　[5]黄越钦:《劳动法新论》,中国政法大学出版社 2003 年版.

　　[6]王益英主编:《外国劳动法和社会保障法》,中国人民大学出版社 2001 年版.

　　[7]〔德〕沃尔夫冈·多伊普勒:《德国劳动法》(第 11 版),王倩译,上海人民出版社 2016 年版.

互联网共享经济体系下人力资源
用工关系的认定标准

上海瀛泰律师事务所　夏利群　陈　懿　杨　光

【摘要】 目前中国经济高速发展、经济模式多样,其中以互联网为基础的共享经济模式尤为突出。根据 2019 年中国共享经济发展年度报告显示,共享经济具有整合资源、满足多样化需求等特征,因此从经济体系角度仍保持着高速的增长。但由此也衍生出相关人力资源合规管理等问题,特别是用工关系的认定仍是共享经济体系下的重点及难点。

【关键词】 共享经济　互联网平台用工　劳动关系　合规管理

根据《中国共享经济发展年度报告(2019)》显示,共享经济是指利用互联网等现代信息技术,以使用权分享为主要特征,整合海量、分散化资源,满足多样化需求的经济活动总和。2018 年我国共享经济依然保持高速增长,共享经济交易规模达 29 420 亿元,比上年增长 41.6%;共享经济参与者人数约 7.6 亿人;参与提供服务者人数约 7 500 万人,同比增长 7.1%。共享经济市场结构更趋合理,对新型就业的带动作用进一步凸显,人工智能技术创新应用步伐明显加快,部分行业发展引发社会反思,规范发展成为共识。①

共享经济的快速发展也衍生出各式各样的灵活用工方式,如网约车司机、外卖员、网络厨师等用工形式。与此同时,在共享经济领域中的劳动争议案件也层出不穷,特别是在劳动法律基本层面,即劳动关系认定上争议颇多。例如,2015 年至 2018 年第一季度,北京市朝阳区人民法院共受理互联网平台用工劳动争议案件 188 件,其中 61.2%的案件,从业者要求确认劳动关系;在

---

① 参见国家信息中心分享经济研究中心:《中国共享经济发展年度报告(2019)》,载国家信息中心网站(http://www.sic.gov.cn/archiver/SIC/UpFile/Files/Default/20190301115908284438.pdf),访问日期:2019 年 6 月 28 日。

审结的 171 件案件中,超过 84% 的案件双方对是否建立劳动关系存在争议。① 本文对共享经济领域用工关系在理论和司法实践方面进行分析,从而对用工关系认定标准提出建议。

一、共享经济模式下用工关系的新发展

(一)共享经济模式下用工方式的变化

凭借大数据、人工智能、移动支付和物联网等技术的应用,共享经济与传统劳动关系仅在用工方式方面就发生了巨大变化。总的来说,相比于传统劳动关系用工方式(本文以标准劳动关系为基础),共享经济在实质方面表现出用工从属性降低、依赖性削弱的态势,而在形式方面则表现为劳动主体多元化、工作时间灵活化、工作场所分散化、劳动报酬模糊化等特征。

1.劳动主体多元化

在传统劳动关系中,一般一个用人单位会控制一个或者多个劳动者,即单个劳动者所对应的用人单位是单一且确定的。但在共享经济用工方式下,前述单一对应性发生了变化,一个服务提供者完全可能在多个互联网平台上进行注册,提供服务并获取报酬。继而在共享经济下的服务提供者并非仍然是传统劳动关系中的单一对应性,这导致服务提供者与各个互联网平台之间的依赖性特征被削弱。

2.工作时间灵活化

在传统劳动关系中,劳动者的工作时间一般相对固定,而在共享经济用工方式下,服务提供者的工作时间一般不受平台的约束与限制。服务提供者根据自己的实际情况,选择合适的时间在平台上提供服务。共享经济完全将工作与否、何时工作的权利单方面赋予服务提供者,给予其极大的灵活性和自主性。

3.工作场所分散化

在传统劳动关系中,劳动者一般须在用人单位指定的工作地点进行工作,工作地点固定。在共享经济用工方式下,各方通过互联网平台使得服务

---

① 参见《朝阳法院发布互联网平台用工劳动争议审判白皮书》,载北京法院网(http://bjgy.chinacourt.gov.cn/article/detail/2018/04/id/3261190.shtml),访问日期:2019 年 6 月 28 日。

需求者能随时与服务提供者进行对接,工作场所根据服务需求者的需求进行变化。比如,对于网约车司机而言,工作场所在搭载乘客的网约车中;对于餐饮外卖员来说,工作场所在客户指定送餐地点;对于互联网家政服务人员来说,工作场所在客户的家中。因此服务提供者不会受到空间的限制,从而表现出用工方式的分散化及自由化。

4.劳动报酬模糊化

在传统劳动关系中,劳动报酬作为劳动关系中的重要因素,起着重要的衡量与参考作用,如劳动者的社会保险缴纳基数以及经济补偿金的计算基数等。传统劳动者一般都是计时工资,且工资按一定周期支付,工资一般是固定的,与用人单位的营业收入并不直接挂钩。在共享经济用工方式下,服务提供者与平台之间呈现出合作的趋势,服务提供者的报酬一般按次计酬,平台也不会控制服务提供者的工资,因此双方在经济从属性上出现模糊化的态势,双方之间劳动所得的分配形式与传统意义上劳动报酬的发放也显著不同。

(二)共享经济模式下用工关系认定面临的挑战

传统劳动关系的认定标准,从实操来看以是否有书面劳动合同作为标准,如果没有书面劳动合同,则从法理上以从属性为核心进行劳动关系的判定。从属性一般包括人身从属性、经济从属性和组织从属性。人身从属性是指,在劳动关系中,劳动者让渡了部分人身权利于用人单位,需要遵守用人单位的规章制度并在工作时间内接受用人单位的管理和指挥;经济从属性主要是指劳动者对于用人单位有经济上的依赖;组织从属性主要是指劳动者提供劳动力以及用人单位对劳动者的使用都是在用人单位组织内部完成的。其中,人身从属性属于从属性判断的核心要件,其次则为经济从属性。而在共享经济用工方式下,用工变得更灵活且更有弹性,传统劳动关系的认定标准在面对共享经济用工时出现了不适与困难。

1.人身从属性的特征不明显

传统劳动关系中,人身从属性体现得极为明显,其完全具备了前文中所提及的特征。在共享经济用工方式下,人身从属性的特征发生了较大的转变,其表现为劳动主体的多元化、工作时间灵活化和工作场所分散化等。互联网平台与服务提供者的任务分配、完成情况、沟通交流均通过互联网平台方式完成,具有虚拟化的特点。而在传统劳动关系中,劳动者和用人单位之间一般是更加直接的、面对面的管理和被管理关系。

2.经济从属性趋势弱化

传统劳动关系中,劳动者通过提供劳动从用人单位处获得劳动报酬,从而维持基本生活,这使得劳动者对于用人单位存在经济上的依赖。共享经济用工方式下,劳动报酬模糊化,服务提供者与互联网平台的关系更多体现为合作关系,服务提供者通过提供服务获得的报酬由二者按照一定的比例进行分配,使得以劳动报酬为核心的经济从属性特征显著减弱。

二、实践中关于共享经济模式下用工关系的认定情况

目前,我国就劳动关系的定义源于原劳动和社会保障部于 2005 年颁布的《劳动和社会保障部关于确立劳动关系有关事项的通知》(简称《通知》),《通知》规定成立劳动关系须同时具备下列情形:①用人单位和劳动者符合法律、法规规定的主体资格;②用人单位依法制定的各项劳动规章制度适用于劳动者,劳动者受用人单位的劳动管理,从事用人单位安排的有报酬的劳动;③劳动者提供的劳动是用人单位业务的组成部分。但该规定较为原则,对劳动管理、用人单位业务的组成部分等概念未作进一步的阐述。

司法实践中,在涉及服务提供者与互联网平台纠纷的案件中,关于两者之间的用工关系的性质,法院的观点大致分为以下几种。

(一)确认不构成劳动关系

由北京市第一中级人民法院审理的庄某某等人诉北京亿心宜行汽车技术开发服务有限公司(简称"e 代驾")劳动争议的三起案件①,代驾司机在 e 代驾平台注册后,由 e 代驾平台向代驾司机提供代理驾驶送车服务的信息,司机向客户提供相应的代驾驶服务。司机主张其与 e 代驾平台构成劳动关系,并且提供了在代驾服务中穿戴的工服、工牌、工作用手机的照片以及 e

---

① 参见庄燕生与北京亿心宜行汽车技术开发服务有限公司劳动争议案,北京市第一中级人民法院(2014)一中民终字第 06355 号民事判决书;孙有良与北京亿心宜行汽车技术开发服务有限公司劳动争议案,北京市第一中级人民法院(2015)一中民终字第 176 号民事判决书;王哲拴与北京亿心宜行汽车技术开发服务有限公司劳动争议案,北京市第一中级人民法院(2015)一中民终字第 01359 号民事判决书。

代驾驾驶员合作协议等相关证据,主张虽然从事网约代驾服务有一定的工作灵活性,但是仍然是受到 e 代驾的管理,存在从属性关系。法院从主体资格、工作内容以及被管理程度分析,认为司机仅仅提供工牌、工服等证据不足以认定劳动关系存在,并且在代驾服务中司机可自主控制工作时间,其工作报酬也并非按月领取,双方之间不符合劳动关系特征,不属于劳动关系。

（二）确认构成劳动关系

由北京市海淀区人民法院审理的李先生诉北京同城必应科技有限公司（以下简称"闪送"）一案中,李先生下载闪送 App 并注册成为闪送员,自行购买配送车辆,在平台上抢单后从事快递配送服务。李先生无底薪,每单配送收益的 80% 归其所有,计入其 App 账户内,剩余 20% 归属闪送平台。闪送平台对李先生无工作量、在线时长、服务区域方面的限制和要求,但对每单配送时间有具体规定,超时、货物损毁情况下有罚款。快递员不得同时为其他平台提供服务。法院经审理后认为,法律关系的性质,应根据事实审查认定,当事人不可以以协议约定的方式排除劳动法之适用。闪送平台的经营模式为通过大量提供货物运输服务来获取利润,故闪送平台的运营公司北京同城必应科技有限公司并不是一家信息服务公司,而是一家从事货物运输业务经营的公司,而闪送员的作用在于提供货物运输服务,使北京同城必应科技公司得以履行货物运输合同中运输货物的合同义务。本案中,北京同城必应科技有限公司在招聘闪送员时,对担任闪送员的条件作出了要求,李先生在进行闪送服务时需佩戴工牌,按照服务流程的具体要求提供服务,在任平台闪送员期间李先生并未从事其他工作,从事闪送员工作获取的报酬是李先生的主要劳动收入,故北京同城必应科技有限公司与李先生间具有从属性,双方间存在劳动关系。①

（三）确认构成雇佣关系

对于同属于代驾司机与 e 代驾的纠纷案件中,法院观点会存在不同。在 e 代驾诉章某等机动车交通事故责任纠纷一案②中,上海市第一中级人民法

---

① 参见《称闪送途中发生事故,闪送员起诉平台经营者要求确认劳动关系获支持》,载北京海淀法院网（http://bjhdfy.chinacourt.gov.cn/article/detail/2018/06/id/4016653.shtml）,访问日期: 2019 年 6 月 28 日。

② 参见北京亿心宜行汽车技术开发服务有限公司与章俊等机动车交通事故责任纠纷上诉案,上海市第一中级人民法院（2015）沪一中民一（民）终字第 1778 号民事判决书。

院认为双方之间构成雇佣关系,理由如下:e代驾按照当时与代驾司机签订的协议,对代驾司机有管理的权利,代驾司机必须接受e代驾制定的规章制度,按公司规定的价格收取代驾费用,代驾司机与客户之间并无相互议价的权利。同时,e代驾提供的收费清单中,无法显示该笔代驾费用由代驾司机直接收取。故对e代驾提出的其是居间服务商,与代驾司机是合作关系的主张不予采信,代驾司机与e代驾之间存在雇佣关系。

通过以上案例以及笔者检索的其他案例,我们发现,关于服务提供者与互联网平台的用工关系,大部分案例中认为两者不构成劳动关系,小部分案例中认为双方构成劳动关系,还有个别案例中认定双方存在雇佣关系。对于认定构成雇佣关系的案件,法院的目的在于让平台公司作为雇主承担责任,从而减轻平台服务提供者的责任,但当事人之间是否存在劳动关系,法院则回避了。[①] 此外,我国法律也没有关于雇佣关系的明确规定,仅在最高人民法院《关于审理人身损害赔偿案件适用法律若干问题的解释》中提及雇佣关系,雇佣关系和劳动关系具体的区别和联系也模糊不清。从法院在处理互联网平台用工的案例中可以看出,法院在认定服务提供者与平台之间的用工关系时,存在判断标准不一致、观点存在争议的情形。

三、关于共享经济模式下用工关系认定的建议

劳动关系认定标准的抽象性和原则性,以及共享经济用工方式的灵活性和自主性,都对共享经济用工关系的认定提出了挑战。基于我国目前立法和司法实践现状,在判断共享经济用工关系时,有如下建议。

(一)对于《通知》内容及制度构建的建议

根据《通知》的规定,必须同时满足三标准的构成要件才能构成劳动关系,这种重视标准化构成要件的判断依据忽略了劳动关系从属性的本质,可能会导致法院在案件审理中既无法做到面面俱到,又会忽略对从属性的审核。[②] 面对共享经济灵活的用工形式,未来应更加关注从属性的实质方面。

---

① 参见谢增毅:《互联网平台用工劳动关系认定》,载《社会科学文摘》2019年第2期。
② 参见王天玉:《基于互联网平台提供劳务的劳动关系认定——以"e代驾"在京、沪、穗三地法院的判决为切入点》,载《法学》2016年第6期。

此外,确认劳动关系是一个既基础又复杂的问题,仅仅依靠《通知》中几个条文的规定,难免会在实践中遇到困境。同时鉴于共享经济用工方式的灵活多变性,建议最高人民法院以颁布司法解释和指导案例的方式对认定劳动关系的标准进行阐释,实现认定劳动关系标准的动态调整。

（二）注重从属性的实质性判断

共享经济用工的显著特点是灵活性和自主性,服务提供者在服务时间、地点以及是否提供服务方面有较强的自主性。但互联网平台利用新技术尤其是大数据,可以评估和预算某段时间内服务提供人员的数量,同时通过浮动定价机制,平台也可以间接调控服务提供者的工作时间。此外,服务提供者在提供服务的过程中,需遵守平台的规定,平台可以通过网络以及用户的反馈对服务提供者提供服务的过程进行监督和控制。因此,不能仅仅因为服务提供者在服务时间、地点以及是否提供服务方面有较强的自主性而否认服务提供者和平台之间存在劳动关系,更应该结合平台对服务提供者的控制程度、平台对服务提供者工作时间和收入来源的影响程度、平台对服务提供者的奖惩措施等实质性方面综合考虑,以此判断服务提供者和平台之间的从属性。

以服务提供者的工作时间和收入来源为例,共享经济用工方式下,互联网平台会设置浮动的定价机制,服务提供者工作的时间越长,其获得的额外奖励越多,其所获得的收入也就越高。现实生活中,服务提供者分为兼职和全职两种情况,兼职情况下,服务提供者的工作时间比较短,且不以此为收入的主要来源;同时,服务提供者有较大的独立性和自主性,并不依附于平台,这种情况下,不宜认定双方存在劳动关系。全职情况下,服务提供者不在其他平台提供服务,其主要收入来源完全依赖于平台,体现了较强的经济从属性,此种情况下,应加大被认定为构成劳动关系的概率。

（三）不以平台商业模式直接判断用工关系

共享经济发展至今,产生了各种商业模式的平台,在判断服务提供者与平台的用工关系时,不能仅仅按照平台的商业模式直接判断用工关系,即使是同一平台,不同服务提供者与平台的用工关系也存在不同。正如上述李先生诉闪送的案件中,法官在判决书的最后写道,李先生在闪送平台工作的时间及完成工作的情况具有一定的稳定性,而在闪送平台注册的众多闪送员的工作情况与李先生的情况并不完全相同;因此法院认定李先生与闪送之间有劳动关系,并不代表所有注册的闪送员与闪送之间均具有劳动关系。① 因此,在判断是否构成劳动关系时,应根据个案具体情况,综合考虑各种因素。

综上,劳动关系的认定是劳动争议案件审理的基础,在我国共享经济领域飞速发展的过程中,与该领域相关的劳动争议纠纷也已非常普遍。在个案处理时,应考查从属性实质方面,综合考虑各种因素,避免将某一用工方式都认定为构成劳动关系,否则互联网平台的用工成本会大大增加,这将不利于共享经济的发展。反之,这虽然可以减轻平台的运营成本,但会使服务提供者的权益无法得到保障,其责任会加重且职业风险会明显提高。因此,需要在个案中把握好劳动关系认定的标准,这有利于争议的正确处理,在促进我国共享经济更好发展的同时,也确保服务提供者的权益得到保障。

参考文献

[1]国家信息中心分享经济研究中心:《中国共享经济发展年度报告(2019)》,载国家信息中心网站(http://www.sic.gov.cn/archiver/SIC/UpFile/Files/Default/20190301115908284438.pdf),访问日期:2019 年 6 月 28 日。

[2]《朝阳法院发布互联网平台用工劳动争议审判白皮书》,载北京法院网(http://bjgy.chinacourt.gov.cn/article/detail/2018/04/id/3261190.shtml),访问日期:2019 年 6 月 28 日。

[3]《称闪送途中发生事故,闪送员起诉平台经营者要求确认劳动关系获支持》,载北京海淀法院网(http://bjhdfy.chinacourt.gov.cn/article/detail/2018/06/id/4016653.shtml),访问日期:2019 年 6 月 28 日。

[4]谢增毅:《互联网平台用工劳动关系认定》,载《社会科学文摘》2019 年第 2 期。

[5]王天玉:《基于互联网平台提供劳务的劳动关系认定——以"e 代驾"在京、沪、穗三地法院的判决为切入点》,载《法学》2016 年第 6 期。

---

① 参见李相国与北京同城必应科技有限公司劳动争议案,北京市海淀区人民法院(2017)京 0108 民初 53634 号民事判决书。

论职工持股会的合规性实践与制度创新

海南昌宇律师事务所　姚宣东　李　扬

【摘要】　发源于美国 20 世纪 50 年代的职工持股制度,在我国 20 世纪 90 年代进行了试点,但该制度因涉及工会、金融、证券、民政、工商管理等部门以及涉及企业体制改革、国有资产管理、中外合资等与职工利益的平衡关系复杂,在国家层面上仍处于试点状态。本文以海南某学院和华为公司为实例,解剖和研究职工持股及持股方式——持股会的法律地位、持股会与非法集资等的界限,为立法确认持股会具有独立的非营利的社团法律地位提出了建议。

【关键词】　职工持股　合规性实践　制度创新

一、引言

职工持股会,从广义上理解,是我国公司法改革中的一项制度,从 1992 年始,涉及面广、极具争议,走走停停、停停再走,既是公司法学理论研究的盲点,又是广大公司职工关心的焦点。特别是在中美贸易摩擦中,冲在前线的华为公司就实行全员持股,职工持股会就是其集合体。[①] 其成功模式,自然而然地将冷却多年的职工持股会法律地位纷争,引发成为当前传媒的大热点,因此,有必要对该制度从理论上予以探索。

笔者结合办理海南某学院职工持股会从成立、发展、收缩到解散、清算各环节的全过程,以专项法律顾问和执业律师的视角,分析了职工持股会相关合规理论与实践,梳理了在实施和推动职工持股以及职工持股方式、分红、转让股份、股东身份等方面的特点。这些特点概括起来主要有以下几点:

第一,该学院在实施职工持股过程中,能够遵循与职工持股相关的法律

---

① 参见《华为投资控股有限公司 2018 年年度报告》第 101 页,载华为公司官网(https://www-file.huawei.com/-/media/corprate/pdf/anna/-report/annua/_report2018_cn_v2·pdf? la=zh),访问日期:2020 年 2 月 23 日。

法规,合乎当时的政策要求,或者说,当时的法律政策没有禁止职工持股这一新事物。

第二,职工持股只是名义上的说法,或者说是一种俗称,而在公司股权架构上和工商注册登记上,职工持股并非职工个人持股,而是职工以工会名义作为股东进行登记,参与股东会及公司管理活动,甚至在股款筹集(募集)和分红上均以工会名义进行。职工个人尽管在出资和分红上是真正的主体,这也是职工持股说法的缘由,但从法律含义和程序上看,职工个人与公司之间不存在直接的股东、股权关系。

第三,职工持股尽管以工会名义进行商事登记和社会公示,但其本质是职工个人或者说是一个一个职工个体的市场经济行为和经济诉求。因此,为了保障职工的利益,在股权设置上将职工持股定义为优先股,即优先分红和优先保障。同时,为了达到职工优先股的上述保障,由公司大股东进行担保,以最大限度的保护职工利益。

第四,职工持股以工会为集合体的代表。从公司法角度看,工会股东固定性、唯一性不变,但因工会股东不是工会这种社团法人出资,而是职工出资,故在工会名义下,职工出资、转让出资、定期出资等方面,均充分尊重职工意愿,满足职工合理诉求,最大限度维护最广大职工的利益。

笔者在研究海南某学院案例同时,也在持续关注华为公司治理中的股权架构。华为公司由创始人任正非和工会作为股东,是推行职工持股的"敢吃螃蟹的人"。华为公司与海南某学院,在职工持股的实践操作程序上异曲同工,具有极大的相似性和雷同性。这充分说明,目前在我国,公司内部具有推行职工持股的强大的经济学诉求和适合当前社会发展阶段的合理的土壤。那么该如何把握职工持股的合法性、合规性与法律法规的禁止性规定;如何分清楚职工内部筹集资金、募集股份与非法吸收存款、非法集资的边界;如何把握职工持股的载体和方式,职工通过企业工会持股方式的选择的艰难性及其合理性,以及职工持股选择优先股及大股东担保的实践意义呢。职工持股这种方式能不能复制,有没有推广价值姑且不论,但经济界和法律界人士应当肯定华为公司等企业在制度创新上所提供的素材和做出的努力。

为了进一步分析企业职工持股的合法性、合规性实践及在法律制度上的创新,下面就职工持股方式、持股主体、优先股及大股东担保等是否合法合规的一系列问题,予以详细阐释,以期引起法律界人士的重视,使其能够给予众多推行内部职工持股企业以真正的帮助,切实改善企业的营商环境,为企业发展和参与国际竞争保驾护航。

二、工会代表职工持股方式符合广义公司法范畴

我国公司法是一个法律体系,有狭义公司法和广义公司法之分。狭义公司法主要指全国人大常委会通过的公司法及以公司法为依据的行政法规和相关司法解释。广义公司法涵盖狭义公司法并包括基于国家促进公司法制度创新的国家政策总和,包括国务院颁布或者经国务院同意由相关国家部委发布的各项部门规章及地方性法规①、地方政府规章和地方规范性文件②、社团行业规定③、司法生效判决④等全部规范。

（一）职工持股的范畴

职工持股,指由公司职工作为出资人进行一定比例的出资,并由职工按出资比例享受分红（收益）的一种形式。职工持股,在公司化过程中并不鲜见,公司职工数量不多且愿意出资的比例较少的情况下,职工出资担任股东的即成为自然人股东,有的自然人股东担任管理层职务——董事、监事、经理等。不论职工担任管理层职务,抑或担任普通或较低职务,其职工股东身份没有实质区别。

这种自然人职工个体持股方式不是本文讨论的内容。因为这种方式,在公司法等相关规定中已经有明确的内涵,在法律理论和法律实务中没有争议。

本文试图分析的是那些职工人数较多,按照职工自然人个体持股无法满足法律强制性规定的情况。之所以将多人持股作为讨论和研究的对象,是因

---

① 参见《股份制企业试点办法》（体改生〔1992〕30号）（已失效）,《国务院办公厅转发国家体改委等部门关于立即制止发行内部职工股不规范做法意见的紧急通知》（1993年4月3日国务院办公厅发布）,《中国证券监督管理委员会法律部关于职工持股会及工会持股有关问题的法律意见》（法协字〔2002〕第115号）,《中华全国总工会、对外贸易经济合作部、国家工商行政管理总局关于外经贸试点企业内部职工持股会登记暂行办法》（总工发〔2001〕22号）。

② 参见《深圳市公司内部员工持股规定》（深府〔2001〕8号）,《天津市关于设立企业职工持股会的试行办法》。

③ 参见《职工持股会管理办法（试行）》（沪工总基〔1998〕50号）。

④ 参见上海市中级人民法院（2000）沪一中经终字第791号民事判决书。

为这种企业普遍具有规模化或劳动密集型的特点,在一定区域或一定行业内有影响力,甚至很多都是国有企业改制后公司化的企业。另外,由于公司法规定的有限责任公司股东人数和股份公司股东人数的数量限制,造成职工个体持股并被注册为公司自然人股东与公司法人数限制上的冲突与矛盾。当然,这里表述的股份公司仅指未上市的通过定向募集方式募集股份的股份公司。通过证券监督管理机构上市的股份公司,对职工持股情形已经有特别规定,在职工持股人数上没有特别限制,因此上市股份公司的职工持股也不在本文分析范畴之内。

由于公司法规定的有限责任公司股东人数不能超过 50 人,股份公司人数不能超过 200 人,那么,公司在推行内部职工持股计划时,每个职工个体股东人数加公司其他股东如果超过上述公司类型的人数限制时,必然不符合法律的强制性规定,也不能顺利通过工商注册登记,不能达到社会公示结果。如果为了满足法律规定的人数限制,个别职工股东通过代持协议约定由其他职工股东代持,则存在显名股东不能对抗债权人而造成损害隐名股东权益的后果。这是职工自然人个体直接持股成为股东的法律障碍。另外,企业融资渠道有限和融资困难包括通过上市融资的严格审查程序,以及第三方民间高利贷所造成的沉重的债务负担影响,无形当中给企业以极大压力。这些客观原因,致使很多企业选择通过向内部职工募股方式筹集资金,解决资金困境,具有经济学上的强大动力。

基于上述原因,企业既要解除资金困境,又要合乎法律规定(至少是形式上的合规)。在此情况下,以企业工会名义持股的方式应运而生。从海南某学院和华为公司范例看,他们均采用工会持股并登记工会为股东的模式。由于参与持股的职工人数数量庞大,均大大超过法律规定的有限责任公司 50 人和股份公司 200 人的极限。其中海南某学院参与职工人数达 400 余人,华为公司参与职工人数达 9 万多人(包括外籍员工)。以工会名义持股,由工会担任公司股东,并行使表决权和参与管理公司的权力,是股权架构的一种勇敢尝试和创举。

(二)工会持股是否合法合规

关于这个问题,在实践中是有争议的。"华为的模式,许多部门不认可其合法性。主要理由是：工会是社团组织，不是经济组织，工会持股没有法律依据，也没有先例。"①从海南某学院和华为公司披露的情况看，当时也考虑到工会持股没有先例和工会的社团性质。故在工会下边设立专门机构"持股会"，负责与职工持股有关的所有事务。持股会由全体出资职工组成，选举理事会，由理事会选举委派到公司的董事和监事，参与公司管理。但持股会作为相对独立的工会内部机构，在实际操作层面遇到困难。由于持股会是工会内部机构，没有通过民政部门非企业法人登记，不具有法人主体资格，无法作为公司股东通过工商注册登记核准。况且，持股会虽有组织章程及法人雏形，但毕竟不是经济组织，只是出资职工为了一个共同目标而组成的集合体。在目前法律政策框架内，持股会无法克服这些障碍。

但是，工会与内部持股会相比，具有独立的法人主体。根据工会法相关规定，工会是工人组织，是社团法人。工会不是经济组织，不是经营主体和纳税主体。因此"工会持股没有法律依据，也没有先例"的说法并非完全没有道理。但是，根据通行的"法无明文禁止则可为"的基本法治原则，考查工会法、公司法和工商注册登记规定等有关法律、法规规定条款，并没有工会代表职工持股及作为职工集合体登记为股东的强制性和禁止性规定条款。既然没有法律明文限制，工会代表职工持股这种方式就不能被界定为"违法"和"违规"。

从工会的性质和历史看，工会是代表职工、维护职工利益的组织，在改革开放后新的历史时期，允许国有、集体、私营及混合所有制并存，企业职工既作为劳动者，也作为投资者通过工会实施对企业的管理，这种双重身份设计对我们发展经济，保障民生，积极参与国际竞争只有好处，没有坏处。

从以上分析，可以得出这样一个结论，工会以社团法人名义代表职工持股，成为公司股东并参与公司管理活动，是合法合规的经济行为，也是在法律制度建设中的一种大胆探索、尝试和创新，值得经济界和法律界予以肯定。

三、工会持股与非法集资、非法吸收公众存款的本质区别

不论是海南某学院还是华为公司，推行职工持股均以企业内部职工为筹

---

① 姚宣东：《华为公司股权形态创新与融资策略分析》，载人民法治网（http://www.rmfz.org.cn/contents/8/222486.html），访问日期：2020 年 2 月 22 日。

集资金和募集股份的对象,没有超过这个界限。这是职工持股及以工会代表职工持股与非法集资或非法吸收公众存款的本质区别。

推行职工持股的目的不外乎三点:其一,职工持股有利于企业摆脱资金瓶颈,实现快速增长和发展;其二,职工持股能够增加职工家庭总收入,改善职工生活;其三,通过职工持股,增强职工主人翁意识,使企业与职工能够加强信任,形成凝聚力和战斗力。

从上述职工持股目的出发,这是评判职工持股的真实性的基本原则。但非法集资或非法吸收公众存款犯罪与此大相径庭。

为了更明确地界定职工持股的合法性与非法集资、非法吸收公众存款的违法性,或者说他们之间的边界到底如何把握,本文试图从以下几个方面予以阐释。

(一)工会依托内设组织系统及持股会负责审查职工的身份和资格,杜绝内部股权公众化

根据持股会章程草案规定,工会审查出资职工劳动合同及工作岗位和人事部门的证明,确认出资职工的身份是否符合出资和持股的要求。并在此基础上,制作持股职工花名册。而非法集资和非法吸收公众存款犯罪没有刻意对身份进行限制,没有这种定向性,犯罪对象是不特定的公众。在地域上也表现为不特定的区域,与持股会有严格区域之间具有实质性的区别。

(二)持股会会员通过章程选举理事会,程序公开、公正,没有暗箱操作

持股会会员参加持股会召开的会议,表决通过持股会章程,选举持股会理事会。由理事会选出工会的股东代表和委派到公司董事会的董事和监事会的监事人选。确保股东代表和董事、监事具有广泛的民意基础并公平公正履行职务,具有程序公开性和公正性。而非法集资和非法吸收公众存款犯罪根本没有这些程序上的设定,无法在程序上达到公开性和公正性。况且这种犯罪表现为秘密进行,具有隐瞒事实和虚构事实等一切诈骗犯罪所具有的欺骗特征。

(三)持股会没有其他经营活动,没有私利

持股会作为职工出资和享受分红的集合体,一切为了职工的利益,在职工共同意志下开展并参与企业管理活动,没有独立于职工之外的经济私

欲,持股会之外没有任何经营活动。另外,从对海南某学院持股会的考查,其职工出资、分红、转让出资等均在持股会内部进行,持股会属于封闭结构,不允许职工向外部转让出资,外部非企业职工也没有进入的条件和途径。同时,在企业内部形成分期封闭,每期五年一个循环,即第一期五年内不吸纳新的职工持股。在第五年后启动第二期,第二期可以设置三年期、五年期、十年期。以达到在企业内部的机会均等和公平公正的总要求。根据统计,职工对三年期、五年期,十年期的选择比为 3∶6∶1,即 60% 的职工倾向选择五年期。华为公司 2013 年推出的名为"时间单位计划"(Time Unit Plan)的外籍员工持股计划①,也是五年为一个结算周期。这可能与我国银行业长期培育教育市场,使公众已养成的对储蓄期限——短期一年、中期三年、长期五年以上的基准年观念有关。

而非法集资和非法吸收公众存款犯罪根本不具有这样的公平公正性。其犯罪目的就是极尽所能地将公众财产占为己有,这与持股会没有经济私欲、一切从公共利益考虑有本质区别。

四、海南某学院持股会制度创新

海南某学院持股会,在保障职工利益优先上也作出了制度上的创新。具体表现如下:

(一)设定优先股

从公司章程上将职工持股明确界定为优先股。主要内容就是职工享有优先分红的权利。这在当时可以说是创新,因为当时公司法并没有优先股与普通股的划分,到 2015 年公司法修改后才规定了公司可以分别出普通股与优先股。

(二)设定大股东担保②

为了最大限度地保证职工利益不受损害,大股东为职工持股在分红、债

---

① 参见《华为独创股权体系争议不断 虚拟受限股岌岌可危》,载电池网(http://www.itdcw.com/news/qiye/031221B12014.html),访问日期:2019 年 12 月 31 日。

② 参见〔德〕斯蒂芬·格伦德曼:《欧盟公司法(上册:基础、公司水治理和会计法)》,周万里主译,法律出版社 2018 年版,第 4—7、330—334 页;虞政平:《公司法案例教学(第二版)》(上册),人民法院出版社 2018 年版,第 108—186 页

务追索、资产清算等可能影响职工利益的方面提供担保。这一制度的可行性和先进性不言自明,特别在目前上市公司存在的大股东损害小股东利益的现象时有发生的情况下,由大股东作出担保具有开创性的贡献,值得借鉴。

企业内部职工持股会所推行的上述制度,其目的就是保护职工利益不受损害或尽量减少损害。这与非法集资和非法吸收公众存款犯罪的社会危害性正好相反。企业内部职工持股,对经济社会发展具有积极意义,符合国务院倡导和鼓励企业推行内部职工持股的基本精神和要求,符合国家整体战略和社会公共利益,对企业自身和职工家庭均有好处,应当予以认可。

必须强调在优先分红方面,民营公司内部职工持股与国有控股混合所有制企业开展员工持股有本质上的不同。前者如发生优先分红也是民事让利行为,也是双方之间的利益让渡,在管理控制权上,可以同股不同权,部分让渡管理权。在分红权上,有同股不同利的独特要求,进而要求分红优先权。这是吸引内部融资的民事主体自治和博弈妥协的结果,公司法等法律法规没有禁止规定。而后者则涉及国有资产的保值与增值。持股员工与国有股东和其他股东享有同等权益,不得优先于国有股东和其他股东取得分红收益,这是国家法规确定的高压线,是严禁利益输送,防止国有资产流失,防止损害国有资产的大问题。

五、工会代表职工持股法律主体的认定与评价

工会代表职工持股,上文已经充分论证了其合理性与合法性,以及工会持股产生的经济学原因。但是,工会持股在很多人头脑里尚存在认识上的误区。工会与工会内部持股会是什么样的关系,工会及持股会与职工是什么样的关系,职工与企业又是什么样的关系,以及在公司法及工商注册登记等层面,法律主体如何界定,权利义务如何归属等一系列问题,都需要在理论和制度上予以明确。

(一)工会及持股会的法律地位

工会是代表并维护职工利益的社团组织,是经过登记的社团法人,这是没有争议的。但持股会没有经过登记,只是工会内部为了职工持股事务而成立的内部组织,不具有法律上的主体地位。并且在现行法律制度认识上和框

架内,工会内部的持股会不可能获得民政部门的登记而成为社团组织。由于持股会没有法律主体资格和地位,不能独立享有权利和履行义务,海南某学院和华为公司在工商登记时,均无法通过当地工商登记将其核准为股东。在这种情况下,企业与职工共同选择工会作为股东,既是无奈的选择,也是必然的选择。工会作为社团组织,不是经济组织,不需要缴纳增值税、企业所得税等税负。但工会作为职工持股的集合体代表,是企业的股东,产生的股息红利不是工会收入,而是持股职工的共同收入,由持股职工按比例各自分摊应缴税款。

(二)持股职工的法律地位

考查海南某学院和华为公司职工持股的范例,可以看出这样一个现象。职工作为实际出资人和实际享受分红的个体,在公司组织架构中,并不是企业的股东,职工根据持股会选举和持股会章程所形成的共同意志,已经赋予工会担任股东、成为独立的法律主体。持股职工与工会之间的法律关系,有两种不同的理解。一种观点认为:持股职工才是真正的股东,工会只是在职工委托下的代理人,是隐名股东与显名股东的关系。另一种观点认为:持股职工在持股会内按照出资比例享有选举理事和分红的权利,按照民事法律规定的民事权利自治原则,职工已经将股东地位让渡给工会担任,职工不是隐名股东,不享有任何股东权利。笔者倾向于第二种观点。理由是,职工与工会不是委托代理关系,没有委托代理的形式要件——即委托代理合同;职工在形式上和实体上均不享有股东的权利和承担股东的义务。最明显的事实就是,工会及持股会封闭运行,出资人进入、退出和转让出资均在内部运行和完成,丝毫不影响企业正常的生产经营秩序。2003年华为公司两名高级管理人员,以股东名义及同股同权理由要求依据《深圳市公司内部员工持股规定》按公司净资产结算退出提起诉讼时,深圳市中级法院和广东省高级法院均认定华为公司的股东是华为工会,否认两位高管自然人的股东地位。司法实践已经确认职工个人不是公司股东,企业工会才是公司股东。

(三)确认职工不具有股东地位在实践中的积极意义

1.内部化解纠纷机制

工会作为持股职工代表的集合体,在工商注册登记为股东,能够保证企业正常生产和经营,不会因为数量庞大的职工与企业之间产生股权之争而造成企业动荡。职工因持股事宜或债务问题产生的所有分歧和争议均在工会及持股会内协商解决,即使协商不成通过诉讼解决,均不影响企业正常秩序。

2.起到吊桥的沟通和阻隔作用

职工是出资人和受益人,不是企业股东,工会作为企业与职工之间的纽带和吊桥,能够起到阻隔作用。持股职工的诉求通过工会完成,既符合实现企业高效发展的经济学原则,也符合实现社会公平正义的政治学原则。这也是党的实事求是思想路线和群众路线在公司化发展中的成功实践。

3.规避涉及外国外籍主体资格的法律适用

确认职工不具有股东的法律主体地位,能够规避涉及外国外籍主体资格的法律适用问题。以华为公司为例,华为公司作为世界性跨国公司,到 2013年引入的外籍员工持股计划覆盖了全球 68 个国家,授予人数达 2184 人,同时完成在中国工作的部分外籍员工的授予。如果承认外国外籍员工当年持股股东地位,公司法律性质就必然变更为中外合资企业。给公司在审批、监管及公司管理上都将带来重大影响。

六、持股会非营利社团法律地位制度创新的实践与思考

海南某学院和华为公司实施职工持股,均在工会内部设立持股会,但均因持股会没有法律主体地位而在商事登记时将工会登记为股东。前文已经论述了工会作为企业股东的合法性和合规性,即没有法律法规的禁止性限制。但工会毕竟是社团组织,企业是经营组织,将工会嫁接到企业的股权架构中,总有一种不合时宜的尴尬。

(一)持股会模式有广泛的认知基础

关于职工认同可能有人会提出这样的疑问或者说方案,一种是,企业持股职工人数在法律上取消数量限制;另一种是,持股职工共同成立一家公司,由公司出面代表职工做企业股东。分析两种方案,实际上都有实施难度。如公司法取消数量限制,则无法界定入股与非法集资等的界限。如果公司法在股东人数现有限制外将扩大的部分限制为企业职工范围,如何划分是不是企业职工将成为难题,也难以阻止假借企业职工募集股份方式之名以行非法

集资之实。另一种,职工成立公司做股东的方式不会吸引职工。原因是这样的公司既没有实际的经营业务,也会造成重复纳税后果,并且在合规监管上缺乏有效机制,广大职工利益和公正公平性无法保障。

（二）持股会组织系统简便、易行、成本低

为了解决工会作为股东持股的尴尬,只有在工会监管下,赋予持股会合法的主体资格,进行登记或者备案,使其具有法律上的人格。持股会由持股职工组成,依据持股会章程开展工作,注册登记为企业股东,并且在工会法和工会章程中增加持股会条款。这样做至少能够避免工会直接出任股东所引起的质疑,对其他未参与出资的职工和工会会员也比较公平。持股会与工会在性质上和组织上虽有联系,但也有质的区别。持股会完全可以作为其他组织在经济生活中存在,避免了"工会可能代表中国政府官方背景"的各种质疑声,更好地为企业参与国际竞争、改善企业的营商环境提供制度保障。华为公司经过了 20 多年的运行、海南某学院经过 10 多年的运行,依据"合理性检测标准的公司法则"①,证明持股会是有效的资本化运作模式。

七、持股会代表职工持股的重大意义

华为公司和海南某学院,经过数年的初期发展后,进入相对稳定的发展周期,市场前景可期。特别是华为公司,在 5G 技术发展上处于世界领先地位,成为举世瞩目的科技公司。回顾其发展历史,在最紧要的关口,是通过职工持股计划募集到资金、解决资金瓶颈后获得新生与超常规发展的。职工持股计划,成为华为渡过难关的秘密所在。海南某学院也是在因原控股股东因银行债务、股权被冻结将要被拍卖的紧要关口,通过职工持股计划渡过难关的。经过创始人团队努力和规则透明的职工持股计划,已经达到分期募集、发展迅速、及时分红的良性滚动预期目的。持股会代表职工持股具有重大意义。

（一）创始人与职工共同奋斗的精神统一

企业创始人或者大股东,遵守民法上诚实信用原则和注重维护职工利益,是企业推行持股计划成功和企业发展成功的最主要的经验。华为公司创始人任正非打出"利益分享,奋斗者为中心"的文化战略,海南某学院创始人

---

① 〔美〕罗伯特·C. 克拉克:《公司法则》,胡平等译,工商出版社 1999 年版,第 3、638—639 页。

打出创建"命运共同体、事业共同体、利益共同体"等精神口号。职工都会在经营活动实践中，一点一滴对照检验创始人是否诚实信用与是否将职工利益放在首位。

(二)创造财富和分享财富统一

华为公司创始人维护了"公司的唯一目的，是使所有者的财富最大化"，职工持股有利于职工在工资和薪金以外获得分红等其他收入、增加家庭总收入，给公司职工带来实实在在的利益，真正形成"命运共同体、事业共同体、利益共同体"。使职工与企业能够同心同德，同呼吸、共命运，树立起职工的主人翁意识。为自己工作、为家庭奋斗、为团队努力、为国家贡献成为职工共同的价值观，释放了职工无穷的创造力、凝聚力和奋斗精神。

(三)雇员与投资者身份统一

职工持股不仅使公司在融资方面扩大和增加了除银行、其他金融机构以外的融资渠道，而且使公司与职工之间在原有劳资关系外建立了投资者与公司的双重身份关系，密切了双方之间的相互依赖和信任关系，抵消和减少了双方之间的分歧和冲突。

(四)职工价值观与社会主义价值观统一

职工持股模式，符合习近平总书记多次讲的"让人民共同富裕、民族振兴"是我们中国共产党的立党初心，也符合国务院关于支持和鼓励企业员工内部持股的文件精神，具有强大的生命力和发展的基础。

(五)守法与创新的统一

职工持股会持股模式，与现行法律制度既存在融合性，又有强烈的突破边际的冲突与诉求，为新时代公司法律制度完善和法律制度创新，提供了鲜活的实践素材和生动的理论研究依据。

八、结论

面对当前国际竞争形势新情况和企业营商环境新压力，在深化改革方面应当以一往无前的勇气和精神，进一步解放思想，勇于实践，大胆探索，大胆创新，完善相关法律制度。尽管公司制发端于西方，但是我们在学习借鉴的基础上，不能被传统西方公司法及公司制的条条框框所限制，要有结合我国实际情况,以实事求是的精神,实现对西方的超越和坚持我国社会主义法律制度的自信。

本文将海南某学院和华为公司作为蓝本,从职工持股这一新生事物着手,分析了职工持股的历史必然性和与现行法律法规在某些方面的交集、碰撞,以及企业家和创始人在寻求突破过程中力求合法合规的艰难与努力。

工会作为工人阶级团结与象征的社团组织,在职工持股这一探索中表现出了"舍我其谁"的担当。虽然对于工会代表职工持股出任股东的方式,一直有不同声音和不同理解,甚至猜疑。但纵观我国现行法律制度框架,工会被登记为股东,并不违反现行工会法、公司法等有关法律法规的禁止性、限制性条款。如果持股会能够在法律框架内获得非营利社团法律主体的地位,持股会被登记为企业股东,则从根本上消除了工会做股东的质疑与尴尬,工会将完成"功成有我,功成不必在我"的历史任务。

不论是工会或者是持股会,代表职工持股,代表职工参与企业管理,对职工家庭、企业、国家都是有极大帮助、极大意义的。职工持股及持股会,在理论上的研究和在制度上的完善和创新,必将为解放和发展生产力,为进一步改善企业营商环境提供有益的帮助,这也是我们法律界、法律人的历史使命和责任!

企业"走出去"用工合规之工时制度浅析

北京德恒律师事务所　苏文蔚　王　冠

【摘要】　工时制度,是企业"走出去"海外用工合规中不可缺少的重要一环。但由于中国企业在走出去的过程中跨境用工合规整体风险防范意识差,使得该环节往往被境内企业经营者们所忽视。但工时制度又是所有海外投资企业在东道国用工时绝对无法避免的问题,不严格遵守往往会导致企业支付大量加班费,额外承担了赔偿责任,增加了投资成本。2019 年 5 月 12 日起,西班牙正式开始实施最新的工时登记法令(Real Decreto-Ley8/2019)。该法令的出台与实施表明了西班牙政府对于其境内企业一定要严格执行法定工时制度的态度,同时也将严重影响中国在西班牙投资的企业。本文将从西班牙工时制度以及西班牙新颁布的工时登记法令出发,浅析中国企业在"一带一路"沿线重点国家投资时需要关注的有关工时制度的具体问题。

【关键词】　工时制度　海外用工合规　工作时间　加班　用工管理

一、前言

近日,一篇标题为"西班牙出台全球最严考勤制度,将如何影响华商?"的报道引起了笔者的关注,该篇文章提到自 2019 年 5 月 12 日起,西班牙正式开始实施最新的工时登记法令(Real Decreto-Ley8/2019),该法令规定西班牙所有公司都要严格记录员工的工作时间(员工上、下班时间),不论公司所处何种行业,也不论公司与员工签订的是何种类型的合同都要执行,否则将会受到处罚。自工时登记制度实施以来,西班牙劳动和社会保障监察机构已经多次展开劳工检查行动。①

该法令的出台与实施表明了西班牙政府对于其境内企业一定要严格执

---

① 参见林碧燕、沐泓、唐海东:《西班牙出台全球最严考勤制度,将如何影响华商?》,载欧洲时报西班牙版网站(http://www.oushinet.com/europe/spain/20190622/324237.html),访问日期:2019 年 6 月 22 日。

行法定工时制度的态度。工时制度,是企业"走出去"海外用工合规中不可缺少的重要一环。但由于中国企业在"走出去"的过程中跨境用工合规整体风险防范意识差,同时由于各个国家的工时制度都不尽相同,详尽了解各国工时规定耗时费力,使得该环节往往被境内企业经营者们所忽视。但工时制度又是所有海外投资企业在东道国用工时绝对无法避免的问题,不严格遵守往往会导致企业支付大量加班费,额外承担了赔偿责任,增加了投资成本。西班牙作为"一带一路"上的重要参考坐标①,也是中国对外投资热门国家之一,该法令的出台与实施将严重影响中国在西班牙投资的企业,应引起中国企业的重视。西班牙新工时登记法令的实施也应是对于中国对外投资企业的一个提醒。本文将从西班牙工时制度以及西班牙新颁布的工时登记法令出发,浅析中国企业在"一带一路"沿线重点国家投资时需要关注的有关工时制度的具体问题。

二、西班牙工时制度及新工时登记法令

(一)西班牙工时制度

根据《西班牙劳工法令》(Spanish Workers' Statute)的规定,西班牙对于员工每天的工作时间没有强制性规定,员工的工作时间以约定在劳动合同或集体协议中的时间为准。但相关法律对于工作时间作出了一些限制性规定,如以年为计算周期,员工在一年内平均每周的工作时间不得超过 40 小时,但双方可约定全年各时段不规则地分配工时;每天工作时间不得超过 9 小时,且每天连续工作 6 小时就要有至少 15 小时的休息时间。② 超出上述正常工作时间限制的工作时间都会被认为是加班。

在西班牙加班是要出于员工自愿的,公司不能强制安排员工加班,除非劳动合同或集体协议中对于加班另有规定。西班牙禁止夜晚加班,但法律法规有特殊规定的情况(如紧急救险)除外。根据《西班牙劳工法令》第 35 条的规定,西班牙员工一年的加班时间最长不得多于 80 小时。员工有加班情

---

① 参见《西媒:西班牙是"一带一路"上的重要参考坐标》,载中国一带一路网(https://www.yidaiyilu.gov.cn/ghsl/hwksl/63365.htm),访问日期:2018 年 8 月 21 日。

② See Theodore O.Rogers,Jr.,Sullivan & Cornwell LLP,Chambers Global Practice Guides Employment 2018,Chamnbers and Partners Publishing,2017,p.401.

况的,应按照劳动合同或集体协议的规定,由公司支付不得低于正常工作时间的工资或按同等加班时间安排补休。如果劳动合同或集体协议中没有相关的约定,那公司应当在 4 个月内安排员工补休。

虽然西班牙相关法律法规对于加班时间以及加班费的支付有着明确的规定,但根据活跃人口调查数据显示,2019 年第一季度西班牙全国雇员每周加班时间超过了 560 万小时,其中只有 290 万小时有加班费。可见,西班牙存在着严重的员工加班但是未获得加班费的情况。

(二)新工时登记法令

笔者查阅了该法令,其规定从 2019 年 5 月 12 日开始,西班牙所有公司都要记录员工的上下班时间,要遵守相关法规对于工作时间的限制要求,且要建立法律保障架构,并协助劳动和社会保障监督机构对企业进行监察。这就意味着所有在企业工作的员工必须在上、下班时打卡或签字,用以确定上、下班时间。而这些记录要保存 4 年,以随时提供给员工、员工代表以及劳动和社会保障监察机构监察员查看。该法令生效后,所有企业不论行业,且无论与员工签订的是何类合同,都将受到该法令的限制。

新工时登记法令实施后,通过企业记录员工上、下班时间就可以确定员工是否有超出法律法规的限制额外加班的情况,以及可以保证有加班情况的员工都可以依据法律规定得到加班补偿。一旦发现雇主有不执行工作时间记录的行为,或员工真实的工时记录无法对应合同规定的工作时间,或雇主没有向雇员支付加班费的,都将被视为严重违法行为,雇主将受到严格惩罚,公司将被处以 206 欧元(约合 1 600 元人民币)至 6 250 欧元(约合 48 440 元人民币)的罚款。所以中国在西班牙的投资企业一定要做到用工工时制度的合规,否则不仅要支付员工加班费还要面临高额处罚。

(三)新法令对中国在西投资企业的影响及应对措施

根据《2017 年度中国对外直接投资统计公报》统计显示[①],2017 年中国八成对外投资流向商务服务、制造业、批发零售业、金融四大领域。而根据西班牙国家统计局的活跃人口调查(La encuesta de población activa)数据显

---

① 参见中华人民共和国商务部、国家统计局、国家外汇管理局:《2017 年度中国对外直接投资统计公报》,中国统计出版社 2018 年版,第 12—13 页。

示,在频繁加班但未获得加班费的员工中,有大约四分之一在旅游业及零售业。同时西班牙政府监察部门会将监察重点放在金融和酒店行业等商务服务领域,因为这两个领域的违规加班现象最为严重。新工时登记法令的出台及执行目的就是在于确保每一位员工都不超过法律规定的最多工作时间限制,以及保障有加班情况的员工都可以依据法律规定得到加班补偿。故新的工时登记制度势必会对中国投资西班牙的企业产生重大影响。

中国在西班牙的投资企业应予以该法令高度重视并严格遵守西班牙的工时制度,依法安排员工工作时间,若员工有加班情况还应按时支付加班费,同时采取一定的应对措施。首先,企业应尽快建立完善的考勤制度。由于该法令并无明文要求考勤的形式,故采用电子方式(指纹打卡机)或纸质方式(员工手写上、下班时间及签名)记录考勤均可。为保证公平,建议企业可以采取电子形式与纸质形式相结合的方式记录员工考勤,以防出现企业单方对考勤单作假或员工虚报上、下班时间的情况。其次,对于像金融、商务服务(如酒店业或餐饮业)等客观上需要加班的领域,企业应合理安排员工的工作时间,同时在必须加班的情况下平均安排员工的加班时间,以免出现个别员工存在大量加班的情况。最后,在企业与工会代表谈判实施该法令的相关事宜中,应积极商讨争取可以依法避免受到监察制裁的方式,以便更好地遵守相关法律义务。

三、工时制度对企业劳动用工管理的影响

工作时间管理是企业人力资源管理不可忽视的重要环节,其重要性体现在以下几个方面:

1.经营管理和业务操作流程

由于各个国家对于工作时间、休息间隔、加班控制等的不同规定,生产经营模式会因此受到影响而呈现出不同的状态,比如受到严格的加班限制,一些商店或其他经营场所周末停止经营;比如在连续性生产的企业,管理者必须根据法律规定安排每个班次员工的工作时间、休息时间,确定班组的数量、轮班周期、轮休时长、交接时间节点等。企业必须结合自己的经营需要,在法律规定的框架内安排生产流程。

2.人力资源管理流程

在考勤管理、工时审批、加班审批、倒休安排等方面都需要满足企业所在地的法律规定。上文所介绍的西班牙的新工时登记法令就是最好的例子,该法令的实施对企业人力资源管理流程的影响不言而喻。

3.人员招聘规模

受到不同工时制度的限制,在正常工作时间内,完成相同的业务所需要的劳动力数量会出现差异,企业在制定人员招聘计划时需要考虑到工时制度的影响。

4.人力成本测算与控制

合理合法控制人力成本是企业经营所必需的,加班时间的严格限制和加班费成本高昂,一方面是为了保护员工休息权,保证安全生产,另一方面也是促进就业的有效措施。如何在法律规定限度内,用最少的员工、最低的成本满足企业生产经营需要,企业必须要做好人力成本的测算,这其中除了相对固定的工资、保险、福利、税费之外,加班费成本具有较大的弹性。企业需要根据法律规定合理利用工时制度,测算、评估、确定加班成本与增加招聘之间的平衡点,既不必完全否定加班,也不能一味通过"996"的工作模式无限度加班,压缩固定录用成本。

四、企业"走出去"过程中关于工时制度须关注的具体问题

我国企业在"走出去"之前,应当充分尽职调查、评估了解各国员工工时制度的不同规定,之后严格执行,以免受到不必要的惩处。

(一)正常工作时间

每个国家的劳动法及相关法规对于正常工作时间的规定都是不尽相同的,大部分国家对每日工作时间及每周工作时间都有要求,有的国家仅规定了每日工作时间或周工作时间的限制。此外还要关注有些国家仍然实行单休制。

阿拉伯联合酋长国(以下简称"阿联酋")是最早同中国建立战略伙伴关系的海湾国家,其位于"一带一路"的交汇点,与中国是共建"一带一路"的天

然合作伙伴。① 根据《阿联酋劳动法》②的规定,每周五为法定休息日,通常成年员工每天工作不得超过 8 小时,一周工作不得超过 48 小时,否则会被认定为加班。在一些特殊行业如酒店业及餐饮业,一天工作时间不得超过 9 小时。根据《也门劳工法》③的规定,正式劳动时间不得超过每天 8 小时或每周48 小时,一周劳动时间分配于 6 个劳动日中,第 7 日为带薪休息日。菲律宾是中国"一带一路"上的重要合作伙伴。《菲律宾劳工法》④规定了员工的正常工作时间是每天不超过 8 小时。同样只对日工作时间作出规定的还有匈牙利⑤等国家。也有一些国家只对周工作时间有要求,如《格鲁吉亚劳工法》⑥规定员工的周工作时间不得超过 41 小时。

此外,很多国家都对正常工作时间做出了强制休息间隔的规定。如也门⑦规定员工每连续工作 5 小时必须有总计不超过 1 小时的休息时间,可以让员工就餐及祈祷。类似地,阿联酋⑧规定员工每连续工作 5 小时必须有总计不少于 1 小时的休息时间,可以让员工就餐、休息及祈祷。

(二)加班及加班费的支付

超出法定正常工作时间的都会被认为是加班,但加班并不是无休止的,很多国家对加班都有小时数的限制。也门⑨规定,员工每日工作时间算上加班也不得超过 12 小时。印度《新德里商店和商业单位法》⑩规定,员工每周不得工作超过 54 小时(包括加班时间),一年额外加班的时间不得超过150 小时。《马来西亚雇佣法令》⑪规定每个月的加班时间最多不能超过 104个小时。《新加坡雇佣法令》⑫规定一个月加班时间不能超过 72 小时。阿联

---

① 参见华黎明:《一带一路,中国与阿联酋共同发展和复兴之路》,载人民网(http://world.people.com.cn/n1/2018/0719/c1002-30156338.html),访问日期:2018 年 7 月 19 日。

② 参见《阿联酋劳动法》第 65、70 条。

③ 参见《也门劳工法》第 71 条。

④ 参见《菲律宾劳工法》第 83 条。

⑤ 参见《匈牙利劳工法》第 92 条规定:每天工作时间不能超过 8 小时。

⑥ 参见《格鲁吉亚劳工法》第 14 条。

⑦ 参见《也门劳工法》第 71 条。

⑧ 参见《阿联酋劳动法》第 66 条。

⑨ 参见《也门劳工法》第 74 条。

⑩ 参见《新德里商店和商业单位法》第 8 条。

⑪ 参见《马来西亚雇佣法令》第 60A (4)(a)条。

⑫ 参见《新加坡雇佣法令》第 38 条。

酋①规定,除非紧急救险等特殊情况,否则员工每天的加班时间不得超过 2 小时;除了按日支付工资的员工外,不得安排员工连续两个周五都上班(阿联酋周五是法定休息日)。

除了加班小时数的限制,还须关注有的国家规定的一些特殊岗位上的员工不适用加班的规定。如阿联酋②规定高级管理人员和海上工作的雇员不受法定工作时间的限制,也没有加班费。菲律宾③规定工作时间及加班等规定不适用于政府官员、管理人员、野外作业人员、提供私人服务者及根据工作成果领取工资者。

对于加班工资的支付,每个国家也都有不同的标准。菲律宾④规定平时加班要至少支付平时工资 1.25 倍的加班工资;若休息日或法定节假日加班要至少支付休息日或法定节假日工作前 8 小时工资 1.3 倍的加班工资。阿联酋⑤规定超出法定工作时间要至少支付平时工资 1.25 倍的加班工资;若员工在晚上 9 点至早上 4 点之间加班,要至少支付平时工资 1.5 倍的加班工资;除非执行日工资制的员工,否则周五工作按照平时工资 1.5 倍支付。也门⑥规定正常工作日加班要支付 1.5 倍工资;夜间、周末、法定节假日及休假期间加班要支付 2 倍工资。

(三)对女性及青少年职工的保护

许多国家在工作时间的规定上都对女职工及青少年职工有特殊保护,如规定了特殊的工作时间限制或禁止做有害身心健康的工作等,也需要企业格外注意。

西班牙规定未满 18 岁的劳动者每天工作时间最多不得超过 8 小时,且每工作满 4 个半小时就要有 30 分钟的休息时间,不得上夜班(夜班是指晚上 10 点至早上 6 点之间工作),且禁止加班。印度,作为"一带一路"的重要节点国家,单独规定了允许女性及儿童的工作时间。⑦ 女性禁止在晚上 10 点至

---

① 参见《阿联酋劳动法》第 69、70 条。
② 参见《阿联酋劳动法》第 72 条。
③ 参见《菲律宾劳工法》第 82 条。
④ 参见《菲律宾劳工法》第 87 条。
⑤ 参见《阿联酋劳动法》第 67、68、70 条。
⑥ 参见《也门劳工法》第 56 条。
⑦ 参见《印度工厂法》第 66、70、71 条。

早上 5 点工作;14 岁以下男性儿童每天最长工作时间是 4.5 小时,且禁止在晚上 10 点至早上 6 点工作;女性儿童只能在早上 8 点至晚上 7 点之间工作。阿联酋①规定女性不能在晚上工作(晚上是指包含晚上 10 点至早上 7 点之间的任意连续 11 个小时),但是在行政部门、技术职位或卫生服务部门工作的女性不受上述限制;在工业企业上班的 15~21 岁的青年员工不得在夜晚工作(夜晚是指包括晚上 8 点至早上 6 点之间的任意连续 12 小时),不能加班,也不能在法定休息日上班;青少年一天最多只能工作 6 小时,其中还要有一次以上的不少于 1 小时的就餐、休息、礼拜的时间,且连续工作不得超过 4 小时。

（四）特殊规定

海外用工合规也不仅是劳动用工问题,它还涉及中国企业与东道国政府和人民的跨文化交流,所以了解并尊重当地风俗对法律法规的影响是企业对外投资中非常重要的考量因素之一。在工时制度中最集中的表现就是一些国家因为宗教习俗等因素而影响了法定工作时间的特殊规定,如在伊斯兰教的斋月期间,许多信仰伊斯兰教的国家如阿联酋、也门、阿曼,都规定员工每日的正常工作时间要减少 2 个小时。

（五）工时制度的适用

与工时制度相关的法律法规并不当然适用所有劳动者,企业在进行海外用工管理时要特别关注工时制度适用劳动者的范围,并根据法律规定按照行业性质的不同、员工岗位的不同或国家具体地区的不同分别制定适用的工时制度。

新修订的《新加坡雇佣法令》于 2019 年 4 月 1 日生效,其中第四部分规定了工时制度只适用于月薪最高为 2600 新元的非工人性质的雇员。印度存在两个法律层级的工时制度规定。《印度工厂法》适用于印度全国在工厂和工业单位中工作的劳动者,该法案规定了工作时长、休息间歇、加班等。而印度绝大多数的各个邦政府都有自己相应的《商店和商业单位法》,主要适用于商店和商业单位的雇佣,比如商场、商业机构、旅馆、餐厅等。各个邦的相关法律都规定了工作时间(各个邦会有不同)、休息间隔、加班等。在一些

---

① 参见《阿联酋劳动法》第二章及第三章。

邦,处于管理岗位的人员被排除在《商店和商业单位法》保护范围以外。《泰国劳动保护法案》①规定了农业、海上捕捞业、海船运输业、装卸货物业、运输业等行业不适用该法。

（六）违反法律法规的后果

企业在"走出去"过程中应严格遵守各东道国法律法规对于工时制度的规定,否则可能会面临高额的处罚。

阿联酋②规定,若企业未按照相关法律法规执行关于女职工、青少年职工特殊保护的规定,则企业将面临不少于 3 000 迪拉姆(约合人民币 5 640元)但不超过 3 万迪拉姆(约合人民币 56 400 元)的罚款。泰国③规定若企业制定了违反法律规定的工时制度(一天不超过 8 小时,一周不超过 48 小时),则企业负责人将面临不超过 5 000 泰铢(约合人民币 1 120 元)的罚款;若企业违反女职工、青少年职工关于特殊工时制度的规定,或未按法律规定支付加班工资,则企业负责人将面临不超过 6 个月的监禁及/或不超过 10 万泰铢(约合人民币 22 500 元)的罚款;若企业违反女职工、青少年职工关于特殊工时制度的规定而造成劳动者受伤或死亡,则企业负责人将面临不超过一年的监禁及/或不超过 20 万泰铢(约合人民币 45 000 元)的罚款。

五、结语

根据中国与全球化智库收集 2005 年 1 月至 2014 年 6 月间发生的中国企业"走出去" 120 个舆论影响大的投资失败案例中,有接近 35% 的企业曾经遭遇了劳工问题,并且很大可能因此遭受经济损失。④ 尤其是我国企业在东道国劳动用工管理中,很容易沿用中国原有的用工管理制度,这在雇佣外国员工的过程中,很容易出现大量加班,甚至超出法律规定的情况。这不仅使中国企业在投资预算中额外承担了加班费,甚至还会面临高额处罚,也会给企业带来巨大的负面影响。

---

① 参见《泰国劳动保护法案》第 22 条。
② 参见《阿联酋劳动法》第 181、182 条。
③ 参见《泰国劳动保护法案》第 144、145 条。
④ 参见王景烨、滕勇、卜曦云:《境外投资需警惕四大类风险》,载《中国战略新兴产业》2018 年第 8 期。

所以中国企业在海外投资时,在投资决策和业务经营过程中要全面考量每个国家不同工时制度的差异以及可能会带给企业的影响,采取有效措施规避。在前期尽职调查中就关注各个国家不同的工时制度,并与劳动者签订符合东道国正常工作时间要求的劳动合同,同时制定符合东道国法律法规要求的工时制度。此外,在制订东道国投资方案时要考虑到加班费的金额,在商业计划时也要考虑到工时制度给项目进度带来的影响,为境外投资的顺利开展打下基础。

参考文献

[1]中华全国律师协会编:《"一带一路"沿线国家法律环境国别报告》(第一卷),北京大学出版社2017年版。

[2]中华全国律师协会编:《"一带一路"沿线国家法律环境国别报告》(第二卷),北京大学出版社2017年版。

医疗补助费若干问题漫谈

浙江国翱律师事务所　俞肃平

【摘要】 劳动者想要享受医疗补助费一定要经过劳动能力鉴定委员会鉴定吗？即使劳动者经过劳动能力鉴定委员会鉴定,是否都能享受医疗补助费？什么样的劳动能力鉴定报告才"符合法律规定要求"？……目前,从国家层面讲,劳动者享受医疗补助费的法律依据,只有原劳动部的三个规范性文件。而有些省、直辖市却已将医疗补助费支出列入地方性法规及地方政府规章。因此导致上述这些问题在各地裁审实践中并不统一。为避免这个窘境,国家有必要修改相关法律法规,在法律法规中规定医疗补助费的支付。劳动者享受医疗补助费一般需要经劳动能力鉴定委员会鉴定,且丧失劳动能力达到 5 至 10 级以及完全丧失劳动能力的劳动者不能享受。但完全丧失劳动能力的劳动者在不能依法退休时也应享受。此外,劳动者因医疗期满被用人单位解除或终止劳动合同时伤病尚未痊愈的,劳动者在伤病基本稳定或医疗终结时,经劳动能力鉴定后符合条件的,也可享受医疗补助费,仲裁申请时效从劳动者最后一次去医院就诊之日起,或劳动能力鉴定结论送达劳动者之日起计算至一年。医疗补助费不宜废止,应从医疗保险基金中支付,为企业减负。

【关键词】 医疗补助费　条件和标准　医疗期　依据

一、问题的提出

浙江省海宁市法律援助中心工作人员接到一个劳动者的求助,希望对他要求用人单位向其支付医疗补助费的诉讼请求提供法律援助。因为法律援助中心从未碰到过"医疗补助费"法律援助这类申请,所以让笔者解答一下,以便他们审查。事情的过程是这样的:

2018 年 3 月下旬,原告阮公(化名)向浙江省海宁市人民法院起诉称,要求被告荣成(化名)公司支付包括医疗补助费5万余元在内的诉讼请求,经海宁市人民法院审理认为,经过劳动(能力)鉴定委员会(这个鉴定机构原称是"劳动鉴定委员会",现称"劳动能力鉴定委员会"。为行文的统一性,所以能力都加括号,下同。——作者注)的鉴定是原告主张医疗补助费的必经程序。原告未在申请劳动仲裁前进行鉴定;本案审理过程中,在该法院向其释明需要鉴定后,仍未进行鉴定,且原告也未举证证明因被告违法解除合同导致其无法进行劳动能力鉴定,故原告在本案中主张的医疗补助费,依据不足,该法院未予支持,因此驳回其关于要求荣成公司支付医疗补助费的诉讼请求。

阮公不服,就包括医疗补助费等判决内容向浙江省嘉兴市中级人民法院上诉。嘉兴市中级人民法院经审理后认为,上诉人至今未能向本院提供劳动(能力)鉴定委员会出具的鉴定报告,故其主张医疗补助费的上诉请求仍缺乏基本的事实依据,法院依法不予支持。如上诉人于判决后拿到了"符合法律规定要求"的鉴定报告,可向原审法院另行提起诉讼。为此,二审法院驳回了阮公包括医疗补助费在内的上诉请求,维持原判。

尔后,阮公收到了嘉兴市劳动(能力)鉴定委员会出具其为"完全丧失劳动能力"(被鉴定为丧失劳动能力达到1—4级程度的均称为完全丧失劳动能力)的鉴定报告,于是来到法律援助中心,希望能为他提出的要求用人单位向其支付医疗补助费的诉讼请求提供法律援助。

那么,什么是医疗补助费?劳动者想要享受医疗补助费一定要经过劳动(能力)鉴定委员会鉴定吗?即使劳动者经过劳动(能力)鉴定委员会鉴定,是否都能享受医疗补助费呢?什么样的劳动能力鉴定报告才"符合法律规定要求"?……

这些问题,在各地裁审实践中并不统一。浙江省律师协会劳动与社会保障专业委员会在撰写《浙江省律师从事劳动法律业务操作指引》时,对是否保留"医疗补助费"问题也有不同观点。最后在正式发布该指引时,医疗补助费支出没有被编写进去。

基于上述原因,笔者萌发了写这个话题的念头。

二、医疗补助费一词的由来及发展

"医疗补助费"一词,首先出现在1986年7月12日国务院《国营企业实行劳动合同制暂行规定》(已失效)中的第21条①,它与《工伤保险条例》中出现的"一次性工伤医疗补助金"分属不同的概念,是专指劳动者在患病或非因工负伤时可能享受到的待遇。

1994年12月3日,为配合劳动法实施,原劳动部颁布了《违反和解除劳动合同的经济补偿办法》(已失效),该文件第6条②在国务院《国营企业实行劳动合同制暂行规定》(已失效)中的医疗补助费条款基础上,补充规定了劳动者要享受医疗补助费,需经劳动(能力)鉴定委员会确认不能从事原工作、也不能从事用人单位另行安排的工作而解除劳动合同的,用人单位在解除劳动者的劳动合同时,除应按其在本单位的工作年限,每满1年发给相当于1个月工资的经济补偿金外,同时劳动者至少可得不低于6个月工资的医疗补助费,患重病和绝症的还应增加医疗补助费,患重病的增加部分不低于医疗补助费的50%,患绝症的增加部分不低于医疗补助费的100%。并明确经济补偿金和医疗补助费,是按照劳动者在用人单位月平均工资来计算,而不是按标准工资计算。

由于原劳动部《违反和解除劳动合同的经济补偿办法》(已失效)没有很好地说明劳动者通过劳动(能力)鉴定委员鉴定后,在什么鉴定结论下能享受医疗补助费、劳动合同终止时用人单位是否需要支付医疗补助费等问题,原劳动部又于1995年8月4日、1996年10月31日、1997年2月5日,分别出台了《关于贯彻执行〈中华人民共和国劳动法〉若干问题的意见》(劳部发[1995]309号)、《关于实行劳动合同制度若干问题的通知》(劳部发[1996]354号)、《关于对劳部发[1996]354号文件有关问题解释的通知》(劳办发[1997]18号)。增加了"劳动者在医疗期满后被用人单位终止劳动合同

---

① 国务院:《国营企业实行劳动合同制暂行规定》(1986年7月12日发布,已失效)第21条:"劳动合同制工人患病或非因工负伤,按其在本单位工作时间的长短,给予三个月至一年的医疗期。在本单位工作二十年以上的,医疗期可以适当延长。在医疗期内,其医疗待遇和病假工资与所在企业原固定工人同等对待。医疗期满后因不能从事原工作被解除劳动合同的,由企业发给相当于本人标准工资三个月至六个月的医疗补助费。"

② 原劳动部:《违反和解除劳动合同的经济补偿办法》(1994年12月3日发布,已失效)第6条:"劳动者患病或者非因工负伤,经劳动鉴定委员会确认不能从事原工作、也不能从事用人单位另行安排的工作而解除劳动合同的,用人单位应按其在本单位的工作年限,每满一年发给相当于一个月工资的经济补偿金,同时还应发给不低于六个月工资的医疗补助费。患重病和绝症的还应增加医疗补助费,患重病的增加部分不低于医疗补助费的百分之五十,患绝症的增加部分不低于医疗补助费的百分之百。"

时,经劳动(能力)鉴定委员会鉴定丧失劳动能力达到一定程度的",也能享受医疗补助费。至此,一个完善的医疗补助费支付办法形成。

当然,除此之外,还有一些相关医疗补助费的规定散见于地方性法规或规范性文件中,在此不予一一列明。

鉴于从国家层面考虑,本文将"医疗补助费"的概念,定义为劳动者患病或非因工负伤,因医疗期满被用人单位解除或者终止劳动合同,经劳动(能力)鉴定委员会参照工伤与职业病致残程度鉴定标准进行劳动能力鉴定,当劳动者丧失劳动能力达到一定程度时,由用人单位额外向劳动者支付的费用。

三、医疗补助费支付的裁审依据

根据裁审实践,裁审医疗补助费支付的依据,概括起来存在以下三种模式:按照原劳动部文件执行,按照地方规定执行,按照原劳动部加地方规定执行。

根据上述裁审实践,裁审依据分为国家层面上的裁审依据和地方上的裁审依据两类。

(一)国家层面上的裁审依据

因国务院《国营企业实行劳动合同制暂行规定》(已失效)及原劳动部《违反和解除劳动合同的经济补偿办法》(已失效)分别于 2001 年 10 月 6 日、2017 年 11 月 24 日废止,现国家层面上的依据为原劳动部的三个规范性文件,即:

1.原劳动部《关于贯彻执行〈中华人民共和国劳动法〉若干问题的意见》

该意见第 35 条规定:"请长病假的职工在医疗期满后,能从事原工作的,可以继续履行劳动合同;医疗期满后仍不能从事原工作也不能从事由单位另行安排的工作的,由劳动(能力)鉴定委员会参照工伤与职业病致残程度鉴定标准进行劳动能力鉴定。被鉴定为一至四级的,应当退出劳动岗位,解除劳动关系,办理因病或非因工负伤退休退职手续,享受相应的退休退职待遇;被鉴定为五至十级的,用人单位可以解除劳动合同,并按规定支付经济补偿金和医疗补助费。"

2.原劳动部《关于实行劳动合同制度若干问题的通知》

该通知第 22 条规定:"劳动者患病或者非因工负伤,合同期满终止劳动合同的,用人单位应当支付不低于六个月工资的医疗补助费;对患重病或绝症的,还应适当增加医疗补助费。"

3.原劳动部办公厅《关于对劳部发〔1996〕354 号文件有关问题解释的通知》

该通知第 2 条规定:"《通知》第 22 条'劳动者患病或者非因工负伤,合同期满终止劳动合同的,用人单位应当支付不低于六个月工资的医疗补助费'是指合同期满的劳动者终止劳动合同时,医疗期满或者医疗终结被劳动(能力)鉴定委员会鉴定为 5—10 级的,用人单位应当支付不低于六个月工资的医疗补助费。鉴定为 1—4 级的,应当办理退休、退职手续,享受退休、退职待遇。"

上述三个文件其实是一个相互完善的整体,不能分割。也就是说,劳动者要享受医疗补助费,需要满足医疗期满或医疗终结并经由劳动(能力)鉴定委员会"参照工伤与职业病致残程度鉴定标准"进行劳动能力鉴定、鉴定结论符合相关等级等前提。

(二)地方上的裁审依据

1.上海市规定

用人单位根据《上海市劳动合同条例》第 32 条第 1 款第(一)项的规定解除劳动合同的,除按规定给予经济补偿外,还应当给予不低于劳动者本人6 个月工资收入的医疗补助费。①

2.北京市规定

用人单位依据《北京市劳动合同规定》第 29、31、32 条规定解除劳动合同的,应当依照国家及本市有关规定给予劳动者经济补偿;依据该规定第 31 条第(一)项规定解除劳动合同的,还应当依照国家及本市有关规定支付医疗补助费。②

---

① 参见《上海市劳动合同条例》,2001 年 11 月 15 日上海市第十一届人民代表大会常务委员会第三十三次会议通过,第 44 条。
② 参见《北京市劳动合同规定》,2001 年 12 月 13 日北京市人民政府第四十三次常务会议通过,第 38 条。

3.江苏省规定

劳动者患病或者非因工负伤,医疗期满后不能从事原工作,也不能从事由用人单位另行安排的适当工作的,用人单位可以依法解除、终止劳动合同,并给予经济补偿。劳动者经劳动(能力)鉴定委员会确认丧失或者部分丧失劳动能力的,用人单位还应当给予劳动者不低于本人6个月工资的医疗补助费。患重病或者绝症的还应当增加医疗补助费。患重病的增加部分不低于医疗补助费的50%,患绝症的增加部分不低于医疗补助费的100%。①

4.福建省规定

劳动者患病或者非因工负伤,医疗期满后,不能从事原工作也不能从事由用人单位另行安排的工作,用人单位可以依法解除劳动合同,但除按《福建省劳动合同管理规定》第14条第1款规定的标准发给经济补偿金外,还应发给劳动者不低于6个月工资的医疗补助费。对患重病的劳动者还应增加50%～100%的医疗补助费。②

5.浙江省规定

劳动者患病或非因工负伤,劳动合同期满,医疗期未满不能终止劳动合同;医疗期满仍未痊愈终止劳动合同的,除按规定发给经济补偿金外,还应发给不低于6个月工资的医疗补助费。患重病或绝症的还应增加医疗补助费。患重病的增加部分不低于医疗补助费的50%,患绝症的增加部分不低于医疗补助费的100%。③

还有山东省、安徽省等地都有地方性规定。

从上述这些地方规定来看,劳动者要享受医疗补助费,医疗期满且因此被用人单位解除或终止劳动合同是必备条件,但是否需要通过劳动(能力)鉴定委员会鉴定却不是必备条件,如上海市、福建省就没有规定劳动者享受医疗补助费一定要经过劳动(能力)鉴定委员会进行劳动能力鉴定;有的

---

① 参见《江苏省劳动合同条例》,2003年10月25日江苏省第十届人民代表大会常务委员会第六次会议通过,2013年1月15日江苏省第十一届人民代表大会常务委员会第三十二次会议修订,第34条。

② 参见《福建省劳动合同管理规定》,1996年7月18日福建省第八届人民代表大会常务委员会第二十四次会议通过,第16条。

③ 参见浙江省劳动厅:《转发劳动部〈关于实行劳动合同制度若干问题的通知〉的通知》(浙劳力[1996]241号,1996年12月2日发布),第3条。

地方虽规定要通过劳动能力鉴定,但规定除部分丧失劳动能力能享受医疗补助费外,完全丧失劳动能力的也能享受,如江苏省。

当然,即使没有这些地方性的规定或者这些地方性规定失效,只要原劳动部前文所列的三个文件没有废止,劳动者只要符合条件就可享受医疗补助费。

四、劳动者享受医疗补助费的条件和标准

(一)劳动者享受医疗补助费的条件

1.一般要经过劳动(能力)鉴定委员会鉴定并符合部分丧失劳动能力,但地方性规定另有规定的除外

在最高人民法院中国裁判文书网上输入"医疗补助费"进行搜索,搜索结果包含"医疗补助费"字样的只有 4 645 个,根据能显示的 200 个案例分析,发现劳动者要求用人单位支付医疗补助费的请求绝大多数被驳回,而且驳回的理由又绝大多数是没有经过"劳动(能力)鉴定委员会鉴定"或简单写成"依据不足",如:

[案例 1]广东省高级人民法院(2016)粤民申 6065 号"张振伟、梅州市鸿兴投资有限公司劳动争议"再审审查与审判监督民事裁定书:张振伟申请再审称,关于医疗补助费的问题,张振伟一审阶段已向法院提出劳动能力鉴定申请,一审法院不予准许,二审以张振伟未经劳动(能力)鉴定委员会鉴定为5—10 级驳回张振伟的该项诉请损害了张振伟的权益。劳动能力鉴定结果属于张振伟无法自身收集的证据,人民法院应调查收集。广东省高级人民法院经审查认为,本案中,张振伟并非因患病不能从事原工作或另行安排的工作而解除与鸿兴公司的劳动合同,其亦未经劳动(能力)鉴定委员会鉴定为5—10 级,因此张振伟关于医疗补助费的请求证据不足,二审判决不予支持并无不当。因此裁定驳回其再审申请。

[案例 2]重庆市高级人民法院(2016)渝民申 90 号"杜跃清与保利重庆物业管理有限公司劳动争议"申诉、申请再审民事裁定书,对保利公司解除与杜跃清的劳动关系,应否向杜跃清支付医疗补助费的问题,认为:本案中,杜跃清主张保利公司应向其支付医疗补助费,但未能举示证据证明其经劳动

(能力)鉴定委员会确认不能从事原工作,也不能从事保利公司另行安排的工作,应当承担举证不力的不利后果。裁定驳回杜跃清的再审申请。

[案例3]河南省高级人民法院(2014)豫法立二民申字第00526号"杨荣军与河南启航人力资源有限公司、三门峡龙王庄煤业有限责任公司劳务派遣合同纠纷"民事申请再审裁定书:认定杨荣军是否应得医疗补助费问题时认为,由于杨荣军没有劳动能力鉴定的等级,故杨荣军关于支付医疗补助费的再审理由不能成立。裁定驳回杨荣军的再审申请。

公布在中国裁判文书网上的类似案例,裁审依据绝大多数是原劳动部有关医疗补助费支付的规定。可说明最高人民法院是根据国家层面的文件来收录案例的,强调的是国家层面上的裁判依据的规范性和统一性。

因此,作为律师在经办要求用人单位支付劳动者医疗补助费的案件中,如本地没有类似规定的,则劳动者一定要经过劳动(能力)鉴定委员会鉴定并符合部分丧失劳动能力。但地方性规定已明确不需要经过劳动(能力)鉴定委员会进行劳动能力鉴定的例外。

本文开篇引用的"阮公与荣成公司劳动争议"纠纷一案,因劳动能力鉴定报告中的结论是"完全丧失劳动能力",浙江省又没有"完全丧失劳动能力也能享受医疗补助费"的规定,所以并不"符合法律规定要求"。该案如果双方不能通过调解结案,法院是很难判决用人单位向阮公支付医疗补助费的。

2.要符合劳动者是医疗期满后被用人单位解除或终止劳动合同

所谓劳动者医疗期满后被用人单位解除劳动合同,是指劳动者医疗期满但与用人单位的劳动合同未到期,被用人单位以医疗期满的法定理由解除劳动合同。

所谓劳动者医疗期满后被用人单位终止劳动合同,是指劳动者医疗期未满但与用人单位的劳动合同到期,医疗未终结,用人单位依据《劳动合同法》第45条规定将劳动合同顺延至医疗期满终止。

也就是说,劳动者要从用人单位处得到医疗补助费,必须是用人单位是以医疗期满为由而解除或终止劳动者的劳动合同。除此之外,无论是用人单位以其他理由解除或终止劳动合同,还是劳动者以其他理由单方解除或终止劳动合同,都不能享受医疗补助费。

这无论是在以前失效的行政法规或原劳动部文件,还是现在仍有效的原劳动部文件或地方性规定中,都可以得到明确的结论。之所以设计医疗补助费这个规定,目的就是限制用人单位谨慎解除或终止因患病或非因工负伤劳动者的劳动合同,保护劳动者的就业权利,同时也是针对当年在国有、集体企事业单位盛行的劳动者"泡长病假"现象,给用人单位一个自主用人的权利。

这无论是在以前失效的行政法规或原劳动部文件,还是现在仍有效的原劳动部文件或地方性规定中,都可以得到明确的结论。

因此,只要劳动者符合上述两个条件的,就能享受医疗补助费。

(二)劳动者享受医疗补助费的标准

第一,符合上述两个条件的劳动者,至少能享受不低于 6 个月工资的医疗补助费。

第二,对患重病或者绝症的劳动者,在享受不低于 6 个月工资的医疗补助费基础上,还应当增加医疗补助费。患重病的增加部分不低于医疗补助费的 50%,患绝症的增加部分不低于医疗补助费的 100%。

至于何谓重病或者绝症,目前并没有明确规定,但是根据《关于贯彻执行〈中华人民共和国劳动法〉若干问题的意见》规定来看,癌症、精神病、瘫痪等伤病可视为重病或绝症,这也给裁判者提供了自由裁量权。

第三,以上所谓的月工资是指根据《劳动合同法实施条例》第 27 条的规定且劳动者提供正常劳动时间应得的工资计算。因为从原劳动部三个规范性文件及地方性规定中,经济补偿金的计算方式就是医疗补助费的计算方式。

五、医疗补助费支付裁审的难点

(一)完全丧失劳动能力的劳动者能否享受

根据原劳动部的三个规范性文件来看,劳动者在医疗期满被用人单位解除或终止劳动合同时,劳动者能够主张医疗补助费的情形,仅限于"被劳动(能力)委员会鉴定为 5—10 级";若劳动者被鉴定为 1—4 级,则应办理退休、退职手续,用人单位无须支付其医疗补助费。但问题是,有的劳动者虽然经过劳动能力鉴定后属于完全丧失劳动能力,但却无法办理退休、退职手续。

因为《社会保险法》的实施,原国发〔1978〕104 号《国务院关于工人退休、退职的暂行办法》的劳动者"不具备退休条件,由医院证明,并经劳动(能力)鉴定委员会确认,完全丧失劳动能力的工人,应该退职"的规定已经取消。转而代替的必须是该办法中的"男年满五十周岁,女年满四十五周岁,连续工龄满十年,由医院证明,并经劳动(能力)鉴定委员会确认,完全丧失劳动能力的",或"因工致残,由医院证明,并经劳动(能力)鉴定委员会确认,完全丧失劳动能力的"规定。而根据社会保险法律法规的规定,参加基本养老保险的个人,达到法定退休年龄时累计缴费不足 15 年的,可以缴费至满 15年。社会保险法实施前参保、延长缴费 5 年后仍不足 15 年的,可以一次性缴费至满 15 年,现在因完全丧失劳动能力而退休的劳动者 ,必须同时满足两个条件:

(1)男年满 50 周岁,女年满 45 周岁;

(2)累计缴费满 15 年。

否则,即使劳动者完全丧失劳动能力也没有办法退休。

因此,笔者认为,经劳动(能力)鉴定委员会鉴定,结论为完全丧失劳动能力但却因为不能同时满足退休条件的劳动者,应当也能享受医疗补助费,否则无法体现公平、公正的法律原则。这也可能是有的地方性规定没有将"经过劳动(能力)鉴定委员会鉴定"列为享受医疗补助费的先决条件,以及即使"经过劳动(能力)鉴定委员会鉴定",但"完全丧失劳动能力"也能享受医疗补助费的立法宗旨。

至于劳动者完全丧失劳动能力但却因为不能同时满足退休条件的证据由谁提供,笔者认为,只要劳动者提供累计缴费年限证明及身份证,裁判者就能根据法律规定判断劳动者能否退休。

当然,劳动者也可持劳动(能力)鉴定委员会提供的完全丧失劳动能力鉴定书,要求人事和劳动社会保障部门审批退休或退职,然后持该批复向当地人事和劳动仲裁委员会申请仲裁或向当地人民法院起诉。但笔者认为没有必要一定要经过这个程序,因为这样会增加劳动者以及人事、劳动和社会保障部门的工作量。

（二）劳动者医疗期满被用人单位解除或终止劳动合同后伤病尚未痊愈如何处理

众所周知,劳动(能力)鉴定委员会要鉴定劳动者是否丧失劳动能力,其前提是医疗终结,或伤病基本稳定。但并不是所有医疗期满被用人单位解除或终止劳动合同时,劳动者的伤病都是医疗终结或伤病基本稳定的。所以笔者认为,针对此类情况,如果劳动者在裁审中提出要求用人单位支付医疗补助费,仲裁员或审判员应在裁审中向劳动者作出说明,告诉劳动者在伤病基本稳定或医疗终结时,进行劳动能力鉴定。尔后根据丧失劳动能力程度再作裁审。

这里还有一个疑难问题,是劳动者医疗期满被用人单位解除或终止劳动合同后伤病尚未痊愈的仲裁时效如何计算?

显然,在此情形下,医疗补助费支付的仲裁申请时效,不能从劳动者被用人单位解除或终止劳动合同之日起计算至1年。

笔者认为,对于劳动者医疗期满被用人单位解除或终止劳动合同后伤病尚未痊愈的仲裁时效,可从劳动者最后一次去医院就诊之日起,或劳动能力鉴定结论送达劳动者之日起计算至1年。

因为劳动者不再去医院就诊,说明劳动者的伤病已基本稳定或医疗终结,作为劳动者应当立即去劳动(能力)鉴定委员会申请劳动能力鉴定。劳动者收到劳动能力鉴定结论时,应当根据丧失劳动能力的程度向人事和劳动争议仲裁委员会申请仲裁,或向人民法院起诉。

如果劳动者在上述两个节点起1年内,怠于行使申请或起诉,则应当自己承担不利后果,视为已超过仲裁时效。

六、医疗补助费不宜废止,而应从医疗保险基金中支付

1986年7月,"医疗补助费"制度出台时,国家尚未全面铺开社会保险制度,社会保险体系很不健全。劳动者被用人单位解除或终止劳动合同,意味着劳动者本人无法参加职工基本养老保险和职工基本医疗保险。当时,劳动者伤病的医疗费都是由在职用人单位根据国家规定报销的。

随着我国社会保险法律法规的健全,国家社会保险体系已趋完善,无雇

工的个体工商户、未在用人单位参加基本养老保险的非全日制从业人员以及其他灵活就业人员,除了可参加基本养老保险,也同时可以参加职工基本医疗保险,职工基本医疗保险得到了长足的发展。被用人单位解除或终止劳动合同的劳动者,既可参加灵活就业人员的基本养老保险和职工基本医疗保险,也可单独参加城乡居民基本医疗保险,保证其获得基本医疗保障。因此,有关医疗补助费纠纷在劳动争议案件中占比例很小,以致工作已十多年的法律援助中心工作人员对医疗补助费这个概念也很陌生。

但是,我们不能据此认为可以取消劳动者在特定情况下可享受医疗补助费这个制度。

因为,对劳动者来说,医疗补助费是一笔很大的收入,对有的劳动者甚至是"救命钱"。那些因病而导致家庭经济困难的劳动者,如果未在规定的时间内参加职工基本医疗保险,就不能从社会保障部门获得医疗费的报销。即使事后劳动者参加职工基本医疗保险,因为曾经有"中断"情形,根据各地规定,也会有 6 个月或 1 年的"观察期"。在这个"观察期"内,劳动者即使参加了职工基本医疗保险,缴纳了医疗保险费,也不能报销医疗费用。所以,对符合条件的劳动者给予医疗补助费,无论是在当年还是在当下,对保障劳动者医疗权益仍具有十分重要的意义,医疗补助费支出的制度不能取消。

但是,我们又不得不看到,对符合条件的劳动者支付医疗补助费,于用人单位,特别是小微企业和个体工商户来说,也是一笔不小的支出,有时甚至也关系到小微企业和个体工商户的"生死存亡"。所以,既然我国的职工基本医疗保险制度已普遍建立,就应当参照一次性工伤医疗补助金从工伤保险基金中支付的规定,将医疗补助费也从医疗保险基金中支付,为企业减负。

当然,由于用人单位原因致使劳动者未参加职工基本医疗保险,而致劳动者无法享受医疗补助费的,则医疗补助费应由用人单位支付。但由于劳动者方面的原因,比方说,劳动者明确无须用人单位参加包括职工基本医疗保险在内的社会保险的,特别是劳动者明确要求用人单位因不参加社会保险而给其社会保险补贴的,则用人单位不必全额承担劳动者包括医疗补助费在内的相应费用。因为,职工基本医疗保险与工伤保险不同,工伤保险中的劳动者不必缴纳工伤保险费,而且用人单位承担的是无过错责任。所以,《工伤保险条例》明确规定用人单位没有为劳动者缴纳工伤保险费的,由用人单位承担应当由工伤保险基金支付的一切费用。而在职工基本医疗保险中,劳动者个人也须按比例缴纳医疗保险费,劳动者在签署此类书面材料时,应当知道自己今后是有可能会发生意外伤情的。所以劳动者也应当承担相应的责任。这是诚信原则的需要和结果,任何人和任何单位都应为自己的不"诚信"买单。

七、结语

自国务院《国营企业实行劳动合同制暂行规定》废止后,在国家现有的法律法规中,已不存在对符合条件的劳动者给予医疗补助费的规定。

从国家层面上讲,医疗补助费的支付仅由上述原劳动部三个规范性文件进行规定,层级太低。因为有的省、直辖市已将医疗补助费支出规定在地方性法规或地方政府规章中。因此有必要修改现有劳动法律法规,将医疗补助费的支付在法律法规中进行规定。避免这样事关用人单位和劳动者切身利益的重大制度,没有国家规范性文件规定而地方上却有法规及规章规定的尴尬局面,同时体现法律的统一和公正、公平。

从关联企业认定标准看竞业限制规范管理

北京德恒(乌鲁木齐)律师事务所　赵广英

【摘要】　本文从实际案例着手,关注竞业限制纠纷中关联企业是否属于竞业限制范围的问题。通过对真实案件的分析,说明在法律规定较为模糊的情况下,在竞业限制纠纷中如何通过举证及分析论证,将员工与竞争企业的关联企业建立劳动关系以规避竞业限制义务的行为纳入竞业限制协议的约束范围。同时对用人单位的员工竞业行为规范管理提出意见和建议。

【关键词】　竞业限制　关联企业　商业秘密

随着市场经济的发展,企业之间的竞争日益激烈,以技术信息、经营信息为主体的商业秘密在企业的生存和发展中占据着越来越重要的地位。为了维护竞争优势,越来越多的企业采取在劳动合同中约定竞业限制条款或者与劳动者另行签订竞业限制协议的方式,来保护自己的商业秘密。在 2007 年颁布的《劳动合同法》和 2013 年发布的最高人民法院《关于审理劳动争议案件适用法律若干问题的解释(四)》中,也都对竞业限制的相关问题作了规定。随着上述法律规范的实施,"劳动者承担竞业限制义务、用人单位支付竞业限制补偿金"这一基础性规定已经被社会大众所熟知。但是,由于法律文本的原则性和概括性,对于司法实践中出现的一些新问题,无论是当事人还是法律实务工作者,都持有不同意见。比如,劳动者离职后所入职的企业与原用人单位没有竞争关系,但该企业的关联企业与原用人单位存在明显的竞争关系,那么对劳动者来说,这是否违反竞业限制约定呢? 用人单位能否将竞争对手关联企业纳入员工竞业范围? 本文即从实务案例出发,对此问题加以分析。

一、案情简述

(一)基本案情

某股份公司(以下简称"A 公司")的经营范围为硅及相关高纯材料的生

产、销售及技术研发等。李某在 2008 年 8 月与 A 公司签订《劳动合同书》及《商业秘密保护和竞业限制协议》。其中竞业限制协议约定"乙方(李某)在甲方(A 公司)工作期间或从甲方离职后 2 年内,不得到与甲方生产或经营同类产品、从事同类业务的有竞争关系的其他用人单位任职。乙方在竞业限制期内,甲方按月给予经济补偿,标准为离职前一年月平均工资的六分之一……乙方违反竞业限制约定的,应向甲方一次性支付违约金叁拾万元整……"李某在 A 公司工作期间,主持和参与了多项技术创新项目,并被聘为车间主任助理。2016 年 7 月,李某与 A 公司解除劳动关系。离职前,李某月工资标准为 9 700 元。A 公司 2016 年 9 月至 2017 年 8 月逐月向李某支付了竞业限制补偿金。

2016 年 8 月,李某与 B 公司签订劳动合同,劳动合同中载明其在 B 公司从事大皮带管线的日常维护、保养及检修工作。B 公司按月向李某支付工资 12 000 元。B 公司的经营范围是煤炭运输、仓储、销售,其成立的主要目的是为了向高耗能的 C 公司提供生产动力,系 C 公司的上游企业。而 C 公司的经营范围是生产及销售多晶硅、硅片等,与 A 公司存在竞争关系。B 公司的法定代表人、住所地与 C 公司的法定代表人和住所地完全相同。A 公司遂以李某违反竞业限制义务为由提起劳动仲裁,要求李某支付竞业限制违约金 30 万元。该案先后经劳动仲裁、一审、二审。

(二)法院裁判结果

二审法院认为,李某作为具有专业领域职业技能的技术人才,存在为与 A 公司具有竞业关系的企业提供劳动的事实,违反了与 A 公司签订的竞业限制协议的约定,在未提交证据证实竞业限制协议约定的 30 万元违约金并非其真实意思表示的情况下,须按照约定承担违约责任。二审法院遂作出终审判决,驳回李某上诉、维持一审判决,即判令李某支付 A 公司违约金 30 万元。[①]

二、案例评析

竞业限制,是指用人单位与劳动者约定在解除或者终止劳动合同后一定

---

① 参见新疆维吾尔自治区乌鲁木齐市中级人民法院(2018)新 01 民终 963 号民事判决书。

期限内,劳动者不得到与本单位生产或者经营同类产品、从事同类业务的有竞争关系的其他用人单位任职,或者自己开业生产或者经营同类产品或同类业务。依据公平原则,法律要求企业应当对竞业限制的范围和区域作出明确约定。

在竞业限制协议中,通常是限制员工到生产同类产品或经营同类业务的有竞争关系的企业任职。而在本文所引述的案例中,B公司系与A公司有竞争关系的C公司的关联企业,该关联企业是否也属于竞业限制的范围是本案最核心的争议焦点。

为了证明该关联企业属于竞业限制的范围,律师主要从以下三个方面加以论证:①从B公司与C公司的企业注册信息存在多处一致性上证明这两家企业属"一套人马,两块牌子";②从B公司业务与C公司业务存在"上下游关系"证明李某与B公司签订劳动合同具有规避竞业限制义务的主观恶意;③李某在B公司从事专业性较低的检修工作,薪酬待遇反而比在A公司从事技术研发工作时更高,对此难以作出合理解释。

通过提供充分的证据对以上问题进行论证,使法官从自由心证角度采纳了A公司代理律师的意见,认定:在李某能够预见其入职与A公司存在竞争关系的C公司构成违约、需要承担违约责任的情况下,如果其仍与C公司签订劳动合同显然违背正常人趋利避害的行为逻辑,故其表面上与C公司的关联公司B公司签订劳动合同,以规避竞业限制协议的约束。最终判定李某违反竞业限制协议约定,应当承担违约责任。

本案的典型之处在于,《劳动合同法》规定离职员工的竞业限制义务是为了保护企业的技术秘密、商业秘密不受非法侵犯。如果员工离职后为规避履行竞业限制义务,而与和竞争企业存在关联关系的其他企业签订劳动合同的行为不被认定为违反竞业限制义务的话,那么负有竞业限制义务的人员就可以通过此种方式轻而易举逃避履行竞业限制义务,关于竞业限制的法律规定将无任何意义,这有违法律设定竞业限制制度的初衷,也无法遏制不诚信员工与"挖墙脚"企业规避法律规定的行为,企业的正当权益将无法得到保障,也不利于维护企业间良性的竞争秩序。

三、关联企业认定的相关问题

结合上述案例,笔者认为,在竞业限制纠纷中对关联企业作出正确认定,需要重点关注以下几个问题。

(一)关联企业是否属于竞业限制范围

竞业限制的范围应包含两方面的内容:一是竞业限制地域的范围,应当以能够与用人单位形成实际竞争关系的地域为限;二是竞争对手的范围,应当限于与用人单位生产经营同类产品、提供同类服务、从事同类业务的企业范围以内。但用人单位不应当故意扩大地域和竞争对手范围,过分限制员工的择业权利。

实践中,劳动者违反竞业限制约定往往是因为到与原用人单位具有业务竞争关系的企业工作。然而劳动者到与原用人单位无竞争关系的企业,但其关联企业与原用人单位有竞争关系是否违反竞业限制?《劳动合同法》第24条仅规定"有竞争关系的其他用人单位"[①],对关联企业是否属于竞业限制范围法律并没有作出明确规定。

最高人民法院《关于审理劳动争议案件适用法律若干问题的解释(四)》第6—10条对竞业限制相关问题作出了规定。但是,该司法解释既没有明晰企业之间存在竞争关系的裁判标准,更未涉及具有竞争关系的单位所隶属、投资或实际控制的关联企业是否属于竞业限制范围的问题。笔者认为,在竞业限制协议有明确约定的情形下,具有竞争关系的单位的关联企业应当纳入竞业限制的调整范围。理由是:

其一,利用关联企业建立形式上的劳动关系,是新用人单位与劳动者共谋逃避法律责任的常见手段。竞业限制纠纷中,劳动者往往是某一领域内的专业人才,其个人职业价值与其所从事的专业具有不可分割的关联性,在没有充分理由及依据的情况下,劳动者放弃专业从事其他非专业领域的工

[①]　《劳动合同法》第24条:"竞业限制的人员限于用人单位的高级管理人员、高级技术人员和其他负有保密义务的人员。竞业限制的范围、地域、期限由用人单位与劳动者约定,竞业限制的约定不得违反法律、法规的规定。在解除或者终止劳动合同后,前款规定的人员到与本单位生产或者经营同类产品、从事同类业务的有竞争关系的其他用人单位,或者自己开业生产或者经营同类产品、从事同类业务的竞业限制期限,不得超过二年。"

作,缺乏合理性,规避法律责任的动机和目的显而易见。如果不对这种规避行为加以规制,竞业限制制度将形同虚设。

其二,对于竞争关系单位的范围,法律并未有禁止性规定,因此应当尊重当事人的约定。

(二)关联企业的认定依据及考量因素

《公司法》第 216 条第(四)项规定:关联关系,是指公司控股股东、实际控制人、董事、监事、高级管理人员与其直接或者间接控制的企业之间的关系,以及可能导致公司利益转移的其他关系。此外,《企业所得税法实施条例》第 109 条规定,关联方是指与企业有下列关联关系之一的企业、其他组织或者个人:①在资金、经营、购销等方面存在直接或者间接的控制关系;②直接或者间接地同为第三者控制;③在利益上具有相关联的其他关系。

由于《劳动合同法》并未对关联企业作出明确的法律界定,因此在界定劳动法领域的关联企业时,应当参照《公司法》及《企业所得税法实施条例》中的相关规定进行确定。一般应当在考虑以下几方面因素的情况下进行综合判断:

1.股权联结因素

主要表现为股权参与,即两个或者多个单位之间形成控股、参股、相互参股等股权方面的关系。

2.合同联结因素

主要表现在单位之间通过长期缔结经济合同的手段予以联结,两个或者多个单位之间在长期履行经济合同的过程中形成紧密的合作或者控制与被控制的关系,出于节约用工成本的考虑共同使用劳动者、共同管理劳动者、共同向劳动者支付劳动报酬。

3.人事联结因素

主要表现在单位之间的人员交叉任职并形成一定规模,最为典型的是"两块牌子,一套人马",即两家单位的法定代表人或者实际负责人为同一人或者有亲属关系,办公场所、人员、业务内容等同一或者高度混同。

4.财产联结因素

主要表现在单位之间无需通过支付对价的方式使用或者占有对方的财

产,财产边界并不清晰明确。

5.财务联结因素

主要表现在单位之间混用银行账户,或者通过财务方面互相支持,实现无对价的利益转移。

6.行政联结因素

主要表现在单位可以通过行政命令的方式控制其他单位的人事、业务、管理制度等。

7.其他足以让劳动者认为构成关联单位的联结因素

如两个企业系上下游产业链,具有排他的供给关系等。

四、结论

由于《劳动合同法》第 24 条对于竞业限制的范围仅作出了框架性的规定,具体的竞业限制范围、地域、期限由用人单位与劳动者协商约定。因而在实践中,关于竞业限制条款的约定也各不相同。有的约定"员工在离职后不得直接或间接地到与公司或其关联公司存在竞争关系的公司工作";有的约定"员工在离职后不得直接或间接地到与公司或其关联公司存在竞争关系的公司及其关联公司工作"。两者的区别在于是否将"竞争公司的关联公司"也纳入条款。为保证企业核心技术或者商业秘密不被泄露,防止劳动者和竞争对手利用关联企业逃避竞业责任,用人单位应当严格规制劳动者的竞业限制行为。为此,我们建议:

第一,在竞业限制协议中,明确约定将"与公司存在竞争关系的企业以及其关联企业"纳入竞业限制范围。

第二,为避免未来就关联企业的认定发生争议,在保证竞业限制协议有效的前提下,应对关联企业的范围作例举式的约定,如:有竞争关系企业的母公司、子公司及其他经营组织(包括但不限于有限公司、股份公司、合伙组织、个人独资企业、股份合作制企业、个体工商户等);或与有竞争关系的企业直接、间接被同一法人、自然人、经营组织持股或以其他方式控制的经营组织;或与有竞争关系企业的高级管理人员之间存在交叉任职的其他经营组织等。此外,从业务关联关系上来讲,与有竞争关系的企业之间系上下游产业链关系的企业也可以约定在关联企业的范畴内。

第三,在进行以上约定时,同时应避免对竞业限制范围的任意扩大超出了保护用人单位竞争利益的合理限度,损害劳动者的合法权益。建议用人单位在对竞业限制协议的"关联企业"进行条款设计时,还应以本企业的经营范围为主要参考依据,合理约定竞业对象的范围,以平衡企业和员工双方的权益。

六、刑事合规编

中国企业"走出去"与刑事合规问题研究

北京市人民政府国有资产监督管理委员会政策法规处　周治成

【摘要】　中国企业境外投资经营需要重视刑事风险的预防,做好刑事合规。本文先从刑事风险导致的后果往往比较严重,企业无法通过契约规避其他国家和地区的刑法管辖,且我国刑事司法和境外他国刑事司法存在诸多差异等三方面原因论述了中国企业境外经营为什么要特别重视刑事合规管理。在此基础上,文章结合他国具体的刑法规定、司法规则及判例,分析了企业境外刑事合规管理的三个重点,包括商业贿赂、知识产权以及市场信用,建议中国企业有针对性地加强合规管理。

【关键词】　刑事风险　合规　犯罪

近年来,随着国际经济贸易交往日益密切及政府"一带一路"倡议的提出,我国越来越多的企业选择"走出去",参与到国际贸易及经济合作中,于是如何在境外规避合规风险,借助国际市场不断发展壮大或者在赢利的状态下全身而退,就成为中国企业必须要直面的问题。而在诸多境外合规风险中,刑事风险是应当特别引起重视并且应当专门研究的一个课题。

本文所称的刑事合规采用德国企业刑事合规研究中心主任托马斯·罗什教授的定义,即"刑事合规包含所有客观上事前必要的或者事后被刑法认可的规范性、制度性以及技术性的属于某一组织的措施,这些措施的相对人既可以是组织的成员、商业合作者,也可以是国家或者社会大众。这些措施的目的是:(1)降低组织或者组织成员实施的与组织有关且违反国内或国外法的经济犯罪行为的风险或者是相应的犯罪嫌疑的风险;或者是(2)与刑事执法机构达成一致而对刑事处罚产生积极影响,并最终借此以提高企业的价值"①。笔者认为,做好刑事合规是中国企业在"走出去"过程中守住底线、护住底牌的关键所在。

一、中国企业境外经营为什么要特别重视刑事合规管理

无论从实践还是理论,中国企业或者学者真正把合规管理当成一个重点问题来探索、研究都是近几年才开始的事,所以也才会有人称 2018 年是中国企业合规管理元年。在有限的研究实践中,刑事合规在合规管理中所占的比重就更微小,从两个侧面就可以看出:第一,2018 年中央层面的两个重磅文件《中央企业合规管理指引(试行)》和《企业境外经营合规管理指引》中,只有很小比例的文字内容涉及刑事合规管理的问题;第二,从中国知网的论文文献看,以合规管理为主题的论文达到了 3 071 篇,而以刑事合规管理为主题的论文却只有区区 21 篇。但是,笔者认为,这种状态应当有所改变,中国企业"走出去"经营发展恰恰要特别重视刑事合规管理,理由有三:

第一,刑事风险一旦出现将导致严重后果。与刑法相对应的当然是刑罚,可以说,在世界上任何一个国家或地区,刑罚都是最严厉的物理惩戒措施。中国企业一旦在境外触发刑事法律风险,涉嫌犯罪,将处于非常严峻的不利形势。如果公司高管成立个人犯罪,很可能将面临自由刑,在一定期间内失去人身自由;如果成立单位犯罪,按照常见的双罚制原则,法人要承担罚金,企业高管及相关责任人也要承担刑事责任,受到财产刑或者自由刑的处罚,即便是单罚制,法人也会被判处巨额罚金。很多国家和地区的刑法对于法人犯罪所可能判处罚金刑的数额要远远超过我国刑法设置的幅度,甚至和民事法领域的惩罚性赔偿接近,足以使企业多年经营收益付诸东流,甚至净身出"境"。同时,他们对于自由刑的刑期规定也远远长于我国刑法个罪中有期徒刑的上限,一旦涉嫌犯罪,公司的重要高管可能很难短时间回归岗位。例如,2018 年香港特别行政区前民政事务局局长何志平因贿赂非洲官员为华信能源集团争取石油开采权,在美国纽约州法院被裁定八项控罪中七项成

---

① 〔德〕托马斯·罗什:《合规与刑法:问题、内涵与展望——对所谓的'刑事合规'理论的介绍》,李本灿译,载《刑法论丛》2016 年第 4 期。

立,如各罪分开执行,则叠加在一起的刑期最高可被判65年监禁。[1] 而上述这两点还不包括公司涉嫌犯罪所造成的在行业内乃至整个市场上品牌、声誉方面的负面影响,其后果的严重性可见一斑。

第二,刑法的管辖原则及罪刑法定原则决定了刑事风险一般无法通过契约来规避。民事法讲究契约,只要不违背当地法律的强制性规定和公序良俗,交易双方完全可以通过合同来约定所关心的全部事项,包括履约方式、发生争议后是选择诉讼还是仲裁、适用何国法律等,企业在此过程中可以规避、过滤掉很多民事法律风险。但是,刑事司法不同,各国对刑法管辖基本上都是以属地管辖为基础的,即发生在该国境内则应适用本国刑法,实行强制管辖,且不因当事人国籍国刑法有属人管辖原则而主动放弃自身管辖权。如,《德国刑法典》第3条规定"德国刑法适用于本国内的一切犯罪行为",《奥地利刑法典》第62条规定"奥地利刑法适用于一切在奥地利境内实施的应受刑罚处罚的行为"。[2] 所以,中国企业如果在境外触犯他国刑法必然要从属于当地的刑事管辖,这无法通过契约设定来规避。同时,按照各国刑法都普遍尊重且作为第一原则的罪刑法定原则,犯罪有明确的构成要件,民事交易主体也无法通过契约的约定来将符合犯罪构成的行为直接合法化,排除当地国的刑法中具体罪名的适用。"2017年3月6日,中兴通讯就因违反美国政府出口管制规定,受到刑事追诉,最终与美国司法部签署了修订了的认罪协议,最终同意支付约8.9亿美元的罚金。"[3]因此,中国企业境外经营发展对所在地国的刑事管辖和刑法个罪设定是无从选择的。

第三,我国刑事司法和境外他国刑事司法在基础理论、立法技术等方面存在诸多不同。基于上面的分析可知,境外刑事风险后果严重且无法协议选择。如果我国刑事司法和境外他国刑事司法高度相似,那企业在处理刑事合规风险时也相对容易,但问题恰恰在于,两者存在诸多差异。在犯罪构成理论方面,我国刑法最初使用的是苏联刑法的平行四要件模式,且该模式目前

---

[1]　参见《何志平协助华信能源行贿罪名成立》,载新浪财经网(http://finance.sina.com.cn/chanjing/cyxw/2018-12-07/doc-ihprknvt6163467.shtml),访问日期:2018年12月10日。

[2]　张明楷编著:《外国刑法纲要》(第二版),清华大学出版社2007年版,第45页。

[3]　*United States v. ZTE Corporation*(17 Cr.0120K),转引自李本灿:《刑事合规理念的国内法表达——以"中兴通讯事件"为切入点》,载《法律科学(西北政法大学学报)》2018年第6期。

仍在刑事司法领域占据明显优势,而现在国际上主流的是以德日刑法为代表的三阶层模式,这种差异会使得对一些相同的犯罪问题产生完全不同的理解,且这种分歧还不是具体问题的认识不同所致,而是根源上的基础理论不同所致。此外,在立法技术上也存在明显不同。比如,我国刑法分则多见"数额犯"的设置,特别是经济犯罪,达到一定犯罪数额才构成犯罪,这在很多国家和地区是难以理解的,他们没有数额犯的立法逻辑,这就导致从我们的角度看,在境外这些国家和地区成立犯罪要比在我国容易,也就意味着刑事风险更大。所以,如果我们的企业对境外投资经营所在地的刑法不做专门研究,刑事合规管理没有针对性,只按照企业在国内刑事合规的规则指导投资经营,就容易出现重大偏差,触碰到刑事风险的红线。

二、中国企业在境外刑事合规管理的重点

基于上面的分析,可以知道中国企业在"走出去"发展过程中所面临的境外刑事风险是要引起足够重视的,做好刑事合规管理非常重要。那么,对中国企业而言,境外刑事合规管理的重点或者要特别重视的刑事法律风险有哪些,笔者认为,主要包括商业贿赂、知识产权以及市场信用三个方面。

1.商业贿赂

说到企业合规管理,必然要谈到商业贿赂的问题,潜规则式的利益输送在市场交易活动中一直无法彻底断绝,相关案例屡见不鲜,其中不乏国际知名企业,西门子、辉瑞、葛兰素史克都榜上有名。中国企业在境外做好刑事合规管理要特别注意商业贿赂的问题,一方面,由于美国等国经常拿这个问题质疑我国企业的投资经营行为,比如 2018 年 11 月美国司法部发布一项新的"中国行动计划"①,其中一个重点目标是彻查与美国企业竞争的中国企业涉及《反海外腐败法》(FCPA)的相关案件,即美国司法部将优先调查那些与美国企业竞标并最后胜出的中国企业,调查这些中国企业是否有腐败行为而使美国公司处于不利竞争地位。另一方面的原因在于,中国企业境外投资经营如果涉及商业贿赂,多是行贿方,而对于行贿犯罪的规定和司法处理,我国和

---

① 参见《美国司法部宣布"中国行动计划",针对中国公司开展调查并提起诉讼》,载 LEX-OLOGY(词汇学)网(https://www.lexology.com/library/detail.aspx?g = 0f10768c-1ad7-48a3-8096-7b0687039cf6),访问日期:2020 年 3 月 13 日。

世界上相对普遍的规则在部分重要内容和理念上不一致。我国刑法对于行贿人成立行贿罪或向非国家工作人员行贿罪,要求为谋取非法利益,这里的非法利益不是指手段非法而是实质非法,即要损害第三方的利益或谋取竞争优势,但如美国的《反海外腐败法》规定的贿赂,是以不当的方式影响商业行为,谋取利益,既包括不正当利益,也包括正当预期利益。由于"《反海外腐败法》的管辖范围非常广泛,美国境内的本国公司,与美国具有关联关系的公司,或者故意与美国建立关联的公司一概适用"①,这也使得"越来越多的美国公司以及与美国有联系的外国公司,为避免商业贿赂方面的法律风险,开始重视公司内部合规体系的构建问题"②。

在刑事处罚方面,虽然行贿、受贿是对向性犯罪,但我国刑法规定的行贿犯罪的法定刑要明显轻于受贿犯罪,且在司法实践中对很多行贿人都直接免予刑事处罚,但在国际上不少国家和地区对受贿、行贿的处罚是同等对待的。所以,这就容易给我们的企业造成错觉和侥幸心理,误以为在国内一些打刑法擦边球的行为在境外也不会受到刑事处罚,但实际上已经进入了他国刑法的打击范围。

此外,企业还应高度关注全球反腐的新动向。例如,2011年7月1日生效的英国《反贿赂法》,将商业组织在预防贿赂问题上应尽的职责上升到法律义务的层次。要求公司不仅自身要合规经营,而且须对其合作伙伴、代理人等的合规负责,并创设了新罪名——商业机构未能预防贿赂罪。如果与该商业机构有关联的人,在为该商业机构从事商业活动时,以取得或者保留业务好处为目的去贿赂他人,则该商业机构成立本罪。实际上这就是企业如果没有防止贿赂行为的合规机制,就将承担严格法律责任(无须证明存在过失),除非证明它具备"足够的程序"预防贿赂发生(抗辩事由),这个程序就是合规管理。而该法中所称的商业机构,包括根据英国任何地方的法律成立的合伙组织或公司,或者无论在何处成立但在英国开展全部或部分业务的合

---

① 岳平、曾峥:《从跨国药企被处罚案看FCPA规制商业贿赂的域外经验》,载《河南警察学院学报》2016年第1期。

② 陈瑞华:《美国〈反海外腐败法〉与刑事合规问题》,载《中国律师》2019年第2期。

伙组织或公司。① 按此规定,我国企业在英国境内投资经营显然要受此《反贿赂法》的规制,应引起充分注意。"在欧洲,任何因涉嫌腐败而被定罪的公司,根据欧洲法律将自动失去在欧洲境内进行活动的权利。此外,起诉和惩罚企业会严重损害公司的投资者、雇员、养老金领取者、客户等无辜的第三人的利益,形成所谓水波效应(即惩罚罪犯对与犯罪行为无涉但与罪犯存在某种社会关系的第三人所可能产生的不利影响)。"②

2.知识产权

侵犯知识产权问题可能是我国企业在境外受到非议最多的事由之一,其中指责声最强烈的方向之一是我国企业利用在境外的投资经营非法获取他国企业的商业秘密。对于商业秘密,西方主要发达国家都通过刑事手段采取了严密的保护。大陆法系的代表德国是在《德国不正当竞争防止法》中规定的。其第 17 条规定:"在雇佣关系存续期间,企业的职员或者工厂的学徒,为图自己之私利或竞争之目的损害企业经营者,而将因雇佣关系所知悉的生产经营秘密,无正当理由披露于第三人,处三年以下自由刑或科罚金。"第 18 条规定:"行为人为图自己之私利或出于竞争之目的,将自己获得的技术文件,特别是设计图纸、机械模型、产品配方、式样、模板、制造方法等,无正当理由披露给他人或者加以利用,将处以二年以下自由刑或科罚金。"从法定刑的设置看,似乎不是很重,但应注意的是德国没有对商业秘密进行定义,两条规定基本上涵盖了所有对企业经营发展有价值的信息,采取了一个开放解释的概念,保护的范围非常广,这和我国刑法中对商业秘密采取严格界定以及其他很多国家的做法都是不同的。再看英美法系的代表美国,相关规定在《美国经济间谍法》中,分别是第 1831 条规定的经济间谍罪和第 1832 条规定的侵犯商业秘密罪。经济间谍罪主要是针对外国经济间谍组织或个人的,侵犯商业秘密的犯罪行为是为了外国政府、外国机构或外国代理人的利益。如果是个人实施的,可判处 15 年有期徒刑或最高 500 万美元的罚金,或二者并处;如果是组织实施的,则可判处 1 000 万美元和 3 倍被盗商业秘密价值中较

---

① 参见毛琬娇:《英国〈2010 年反贿赂法〉的研究》,对外经济贸易大学 2013 年硕士学位论文。

② 孙国祥:《刑事合规的理念、机能和中国的构建》,载《中国刑事法杂志》2019 年第 2 期。

高的罚金。侵犯商业秘密罪是指纯粹为了获得经济优势或商业优势而窃取商业秘密的犯罪行为,个人实施的,可判处 10 年以下有期徒刑或罚金,或二者并处;组织实施的,可判处 500 万美元以下罚金。[①] 从法定刑的设置可以看出,美国对侵犯商业秘密犯罪惩罚之严厉,刑罚措施的强度远远超出我国刑法的侵犯商业秘密罪。

3.市场信用

民事主体在市场上的信用可谓价值巨大,公司或者公司高管违背信用的行为必然要承担法律责任,严重的承担刑事责任。许多国家的刑法中对民事主体违背信用的行为设有背信罪,如德国、日本、法国、瑞士、韩国、奥地利、罗马尼亚、保加利亚、瑞典、芬兰等。[②]《德国刑法典》第 266 条(背信罪)规定,行为人滥用其依据法律、官方委托或法律行为所取得的处分他人财产或使他人负有义务的权限,或者违反其依据法律、官方委托、法律行为及信托关系而负有的维护他人财产利益的义务,致委托人的财产利益遭受其损害的,处 5 年以下自由刑或罚金刑。由此,"背信罪属于德国刑法中的经济类犯罪,设置该条款的目的是惩治在经济活动中对他人财产负有照管等信义义务的人违背信义义务,造成他人财产损失的行为"[③]。日本刑法的判例和通说则认为,"背信罪是违反诚实信用义务侵害财产的犯罪,背信行为不限于法律纠纷,而且包括事实行为,即背信行为是一切违背任务的行为"[④]。例如,公司财务人员不按规定将现金借给他人,仓库管理人员在未收到提单时即将货物交付,都属于背信行为,都有可能成立背信罪。

21 世纪全球十大并购案之一的沃达丰收购曼内斯曼的案件后来就涉及这个罪名。1999 年年底,全球最大的移动电话公司英国沃达丰公司宣布将对德国老牌电信和工业集团曼内斯曼进行控制性收购后,遭到对方的坚决反对,被认为是"恶意收购"。但是,经过双方长达 3 个半月的讨价还价,2000年双方联合宣布,他们已经达成两个公司合并的协议。从表面上看,曼内斯

---

① 参见宋建宝:《美国侵犯商业秘密罪的量刑依据问题及借鉴——以美国〈经济间谍法〉为中心》,载《法律适用》2015 年第 2 期。
② 参见马章民:《国内外背信罪立法之比较研究》,载《河北法学》2011 年第 3 期。
③ 高尚:《德国判例使用情况分析——以〈德国刑法典〉第 266 条"背信罪"为对象》,载《环球法律评论》2017 年第 6 期。
④ 张明楷:《外国刑法纲要》(第二版),清华大学出版社 2007 年版。

曼公司在这场"战争"中以失败告终,被沃达丰公司"吞并"。但按照协议,曼内斯曼公司将占有新公司49.5%的股份,它的一股股票换成新公司的也是原沃达丰公司的58.96股股票,使得其价格高达353欧元,比沃达丰最后的报价提高了近5%,比起它最初的报价提高了近90%。合并后两集团市值共约25 668.5亿美元,由此组成了全球最大的移动电话商。2000年4月,这一全球最大的并购案获得欧盟委员会的批准。根据2000年年初的决定,并考虑到公司未来在股市上的巨大收益,曼内斯曼公司委员会(监事会的组成部分)承诺向曼内斯曼公司董事会主席和董事会的其他四位成员以及委员会成员(前董事会成员)支付5 700万欧元奖金,以回报他们在"兼并防卫战"中付出的巨大努力。四年后,曼内斯曼公司的前董事会主席、董事会成员常务首席顾问及监事会主席团的几名成员(曼内斯曼公司的前监事会主席、德意志银行前总裁、金属行业工会前主席、曼内斯曼公司的前企业工会主席)六人在杜塞尔多夫地区法院刑事法庭被检察机关指控,在四年前的英国沃达丰兼并德国曼内斯曼过程中,曼内斯曼高层非法收取5 700万欧元补偿金,违背财产照管义务,出卖了公司与股民的利益,致曼内斯曼公司利益受损,构成背信罪。本案如果在中国发生,肯定认为无罪,曼内斯曼前总裁及若干高级经理在兼并过程中尽全力捍卫了公司的利益,使得曼内斯曼的股票值增值一倍,他们得到的补偿还不到股民增益的一个百分点,何谈损害了股民的利益?监事会成员只是为其董事做了一些有利的事,给他们尽心尽职的工作提供了报酬,为什么会导致被惩罚这样严重的后果呢?① 但是,监事会成员作出的决议违背财产照管义务,给曼内斯曼公司造成损失,这是客观事实,最终背信罪的判决也生效并执行。我国刑法中没有独立的背信罪,所以我们的企业在境外投资经营时应特别注意,对他国市场信用类的罪名和判例进行专门研究,做好合规管理,规避这类刑事风险。

---

① 参见谢焱:《德国背信罪在股份公司中的适用——以沃达丰收购曼内斯曼案为例》,载《兰州学刊》2018年第10期。

律师开展刑事合规服务的本土化探索

泰和泰(贵阳)律师事务所　潘　燕

【摘要】 合规"刑事化"是世界发展趋势,从国外的立法和实践经验来看,合规对于减轻刑罚具有重要作用,中国的刑事法律中尚未建立合规与刑罚制度,企业"走出去"遭遇的教训深刻。要增强"走出去"的能力,合规本土化是前提和基础。

【关键词】 企业　刑事合规　本土化　律师

企业合规刑事化(刑事合规)是将刑法定罪量刑原则植入企业内控机制,以刑事法律思维治理企业、约束员工行为,一定程度上将刑法的威慑力由企业外部贯彻落实到企业内部,防止企业发生刑事犯罪。

一、刑事合规的域外状况

企业合规"刑事化"是世界发展趋势,从国外经验来看,将刑事法的理念及规则经过立法的确认,深入贯彻到企业合规的规则建构和企业内部治理过程中,是刑事合规的基本做法。

在美国,《联邦量刑指南》对合规与刑罚作了系统规定,检察官在起诉时,可以根据企业合规计划情况决定是否暂缓起诉,法官在量刑时可以作为减轻处罚的参考。有效合规的"一般标准"包括:一是建立预防犯罪行为发生的合规制度;二是建立企业高管合规责任机制;三是禁止有犯罪倾向的人员从事高管工作;四是开展员工合规培训;五是建立内部举报机制;六是建立犯罪应急预防机制。

在英国,根据《反贿赂法》,企业如果能够举证证明其已经制定了充分的预防制度和落实制度以预防行贿行为发生,可以说服司法机关作出其不构成行贿犯罪的裁决。

2014 年,葛兰素史克(GSK)在华公司因行贿罪被湖南省长沙市中级人民法院判决后,引起了美国证券交易委员会(SEC)的调查,在调查过程中,葛兰素史克及时采取了一系列合规行动,包括:一是定期通报了关于自己在中国及其他国家的内部调查;二是及时告知 SEC 工作人员内部调查中所知悉的事实,迅速回复了其审查文件要求,并提供了翻译文件;三是提供了关于其补救和加强的合规计划和资料;四是迅速改变业务模式,例如取消基于讨论处方药而支付给医生的演讲费用、取消基于处方数量支付给员工薪酬的激励机制;五是扩大第三方审计数量和范围,增加雇员在反贿赂问题上的培训和教育。SEC 充分考虑了葛兰素史克及时有效地进行了补救,并且作出了后续的合规保证及承诺的情况,同意与之达成和解。

二、中国企业缺乏刑事合规的案例教训

由于我国并没有将预防犯罪的具体措施纳入刑事法律规定,主要还是依靠惩罚来打击和治理犯罪。企业在发生犯罪后应对和整改缺乏专业人员的参与,企业"走出去"遇到的教训深刻。2016 年,中兴通讯公司因违反美国出口管制法被美国商务部采取限制出口措施;2017 年,中兴通讯公司正式认罪,同意支付 8 亿美元的巨额罚款,但此项以中兴通讯公司与美国商务部和解,同意一项长达 7 年的暂缓制裁禁令而中止执行。2018 年,美国商务部认为中兴通讯公司在和解期间提供错误信息,宣布重启制裁令,这次制裁包括 17.61 亿美元的巨额罚款、要求中兴通讯公司更换所有董事会成员与公司高层,以及派出美国合规官对企业进行为期 10 年的监管。而并非仅中兴通讯公司一例。聚美优品在美国上市后,经历"假货门"、私有化事件、高管辞职等风波后,股价从 22 美元跌到 7 美元,从 22.1% 的 B2C 网络零售市场份额下滑至只剩 0.7%。在美国上市的"拼多多",因为与假货有关的网络段子迅速陷入舆论漩涡,美国六家律师事务所宣布代表投资者们展开对拼多多的集体诉讼。

国内情况更不容乐观,2015 年以来,企业高管犯罪人数和涉案罪名逐年上升,在经济活动创新和刑事执法观念滞后的矛盾中,无论国有企业还是民营企业,一不小心就会触碰刑事犯罪"雷区"。众多案例显示,企业家和刑事司法、执法部门之间存在以下认识差距:在节约企业成本上的认识偏差,导致

企业涉及虚开增值税发票等税务方面的犯罪;在谋求经济效益中的创新和政策执行偏差,导致非法吸收公众存款或者集资诈骗犯罪,参与集体决策的决策者被追责问责;在工资薪酬上为职工谋福利的方法偏差,导致单位受贿贪污,违反财经纪律;在追求项目合作方法上的偏差,导致接待超标,被违纪或者政务处分;在人事管理过程中过严或者过宽,导致下属发生犯罪或者被下属举报,引发职务犯罪或者刑事犯罪连环风险。

三、律师开展刑事合规服务的本土化探索

律师刑事合规服务是律师运用刑事法律思维,以岗位职责和流程运行为切入点,帮助政府或者企业规范权力运行,防范职务犯罪、经济犯罪等刑事法律风险的监督措施。律师刑事合规服务主要包括合规体检、合规审查、合规危机调查与处理、合规顾问等四个维度(见图1)。中国企业要"走出去",刑事合规在本土具体化是基础和前提。

(一)合规体检是化解公司高管被恶意举报的良好办法

据中央纪委国家监委网站公布,2018年1月至9月,全国纪检监察机关共接受信访举报259.9万件次,立案46.4万件。差额数据中不乏恶意举报情况存在。我们办理的一起刑事合规体检,起因是某市属国有企业员工因为连续三年考核不合规而被解聘,心怀不满,于是实名举报该企业"一把手"在用工问题、费用报销、用车问题上滥用职权,引起上级主管部门调查,上级主管部门责令要求该企业对制度进行整改,预计会给这个总经理降职处分;在合规体检中我们发现,举报涉及的三个问题都是企业制度规定造成的。这三个问题是:①举报认为公司高管超标接待。我们审查发现,该企业制定的费用报销制度的标准是100元/人,但是该制度严重不符合当前工作需要,且远远低于该省下发的《国有企业负责人履职待遇、业务支出管理暂行办法》450元/人的标准。②举报认为,公司总经理随意招聘员工。审查发现,该企业公司章程中明确规定了总经理有权聘任或者解聘管理层以外的员工,但是该企业自己制定的人事制度又规定招聘员工需要制订招聘计划。举报者不依据公司章程,而是依据公司人事制度对这名总经理进行举报。③举报认为公司高管私车公养,我们审查发现,该企业费用报销制度规定"高管用车据实报

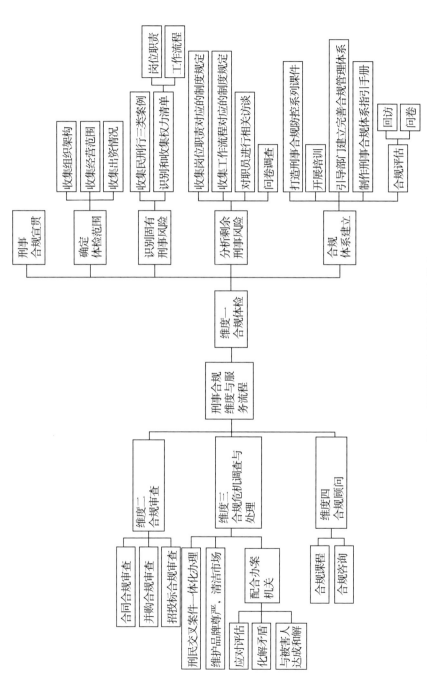

图1　律师刑事合规服务的四个维度

销",由于这项不清不楚的规定,在实践中产生了将私车公用的情况。根据上述情况,以及公司其他修改要求,我们为企业出具了刑事合规体检报告,这名董事长向上级澄清了两个问题,上级主管部门目前明确答复仅给予其"诫勉谈话"处分。

(二)合规审查是避免企业重要经营活动出现决策偏差的良好方法

某国有集团企业计划转让 0.01% 的股份给 W 市某公司,经办人员想当然地拟写了请示报告给上级集团公司,主要内容是:请示将我公司持有的××公司股份 0.01% 转让给 W 市某公司。报告经本公司党委会和董事会通过后,提交给上级集团公司,上级集团公司也开党委会和董事会认真研究同意并批复了这份转让报告。合规审查发现,转让行为违反了《企业国有资产交易监督管理办法》第 13 条的规定,两级集团公司的做法至少涉及三个方面违法:一是信息没有公开之前就已经确定了受让方;二是没有通过法定平台进行信息公开;三是没有遵循 20 天公示的要求。上述行为一旦造成国有资产低价折股后果,极有可能导致签字领导有"牢狱之灾"。

某平台公司涉及的一款购物 App 拟开发一种新型消费购物模式,消费模式包括:如果 A 将商品推送给 B,A 将获得 1% 的消费奖励,B 推送给 C,B 将获得 0.5% 的奖励。在召开法律风险论证会时,专家们指出,从 A 至 C 的提成模式,在实际操作中会涉嫌组织、领导传销活动罪,建议削减 B 至 C 的利润提成,仅保留 A 至 B 的利润提成,并且还需要设置封顶金额,并如实入账缴纳税款,避免反不正当竞争行为。

(三)合规危机调查与处理是保护企业的良好措施

某"知名白酒"被他人利用作为组织领导传销活动的传销工具,企业账目被公安机关调取,2.1 亿元资金被超限冻结一年多,企业签订的民事购销合同无法履行,办案机关在新闻报道中无意泄露企业品牌和名称,造成不实舆论滔滔,纷纷认为该企业涉嫌"传销",对生产经营造成严重影响。企业作为证人的刑事诉讼权利有限,我们采用合规调查,梳理有关账目,多次向检察院和法院提出书面申请,已经引起了检察院和法院的重视。

某民营养老产业集团,因在养老产业经营过程中采取会员费的方式收取资金后,给予会员一定返利,涉嫌非法吸收公众存款罪,被公安机关立案,公司董事长被批准逮捕。在为企业提供辩护过程中,我们一并给企业做危机化解,我们向公安机关和检察院提出保护民营企业的申请,争取商会的监督支持,协助企业制订转型计划,停止吸收新会员,从收取会员费返利模式改为出售和出租床位模式、引进投资方等,此计划可以及时帮助企业回笼资金,及时清退老会员,避免因刑事案件查办带来社会恐慌。我们将此计划提交给公安机关和检察院,获得了认可,在一定程度上控制了公司其他高管继续被抓捕的局面。

(四)合规顾问是配合监察工作的良好措施

监察工作虽然不允许律师介入,但是监察工作需要认罪认罚从宽的配合是客观需要,监察建议由于其权威性会对社会工作和生产生活产生重要影响也是客观事实,而这些都离不开律师的帮助。

某企业董事长因行贿罪被监察机关采取留置措施,其间,调查机关要求其家属退缴 500 万元现金,家属极其恐慌和不解,寻求律师帮助,律师建议其及时退缴,该董事长获从宽处理。某企业董事长因贪污罪被监察机关采取留置措施,其间,调查机关要求其家属交出账本,退缴赃款,家属强烈抵触这些要求,寻求律师帮助,律师建议其交出账本,仔细梳理账目,采用分期方式退缴赃款,极大地缓解了家属的情绪,保全了案件重要证据。某企业被卷入一起渎职犯罪中,由于地方某国土部门对监察建议错误理解而拒绝给企业办理相关土地手续,影响了上千购房户办理银行抵押,企业寻求律师帮助,律师建议,以是否正确履行监察建议为问题导向,向地方政府报告,通过地方政府向监察机关逐级反映。此举让企业有章可循,弥补了监察建议缺乏执行异议的制度空白,避免上访和闹访事件发生。

四、充分发挥刑事合规作用的建议

第一,充分发挥监察机关作用,听取律师意见。鼓励律师依据《监察法》第 31 条规定,帮助当事人自动投案,真诚悔罪悔过;帮助当事人积极配合调查工作,如实供述监察机关还未掌握的违法犯罪行为;积极退赃,减少损失等。

第二,充分发挥检察机关保护民营经济作用,听取律师意见。从国外的经验来看,刑事合规是检察机关是否对单位犯罪提起公诉的重要依据。我国各地检察机关都成立了"保护民营经济健康发展专项办公室",帮助负责专项工作的检察官可以充分考虑企业违法违规行为的普遍性,企业是否拥有合规计划,企业是否采取补救措施,对有效运营合规计划及时化解矛盾的企业,向办理案件的检察官提出不批准逮捕、不起诉、建议法院判处免于刑事处罚的建议。

第三,充分发挥检察机关法律监督作用,听取律师意见。对于企业作为证人的案件,认真听取关于涉案的财产扣押情况的建议意见,通过检察建议纠正违法扣押行为。

第四,充分发挥律师指导机构作用,规范律师行为。完善中华全国律师协会 2017 年发布的《律师办理刑事案件规范》,将刑事合规业务纳入律师刑事业务范围、制定律师开展刑事合规业务收费标准、刑事合规模板文本、律师违纪惩处规定等。以经验交流、学说撰写、案例分析等各种方式宣传律师在刑事合规方面的成绩和经验。

总之,我国政府和企业正在逐步认识到合规对企业全球发展的重要意义,国家出台了企业海外经营合规有关规定,以帮助企业应对全球日益严峻的合规执法风险。但企业合规在我国还处在观念阶段:如何将企业合规纳入我国法律体系,如何在具体实施中采用合规的方法预防和惩治企业违法犯罪,还需要执法和司法职能部门、企业、律师共同推动刑事合规规则在国内法中的建立与实践发展。

参考文献:

[1]华东师范大学企业合规研究中心编:《企业合规讲义》,中国法制出版社 2018 年版。

[2]招商局集团有限公司:《"一带一路"和境外投资法律合规手册》(美国分册),法律出版社 2017 年版。

[3]陈瑞华:《美英两法与刑事合规问题》,载微信公众号"中外刑事法前沿"2019 年 4 月 6 日。

[4]石磊:《刑事合规:最优企业犯罪预防方法》,载《检察日报》2019 年 1

月 26 日,第 3 版。

［5］万方:《企业合规刑事化的发展及启示》,载《中国刑事法杂志》2019
年第 2 期。

［6］孙国祥:《刑事合规的理念、机能和中国的构建》,载《中国刑事法杂志》2019 年第 2 期。

浅析中国公司在美投资容易忽视的合规性问题

——以反腐败和性骚扰为视角

北京观韬中茂(杭州)律师事务所　黄　鹏

【摘要】 中国改革开放走过四十余年,进入深化改革阶段。响应"一带一路"倡议,中国企业在"走出去"战略引导下,进一步扩大了海外投资与并购活动,以期获得性价比更高的能源供应,更为先进的技术支持,更为成熟的制造业流水线以及更高的利润。美国作为全球主要的经济体,具有良好的营商环境,是近年来中国企业海外投资并购的主要目的地之一,但是美国的法律和监管体系对企业提出了极高的合规性要求。尽管中国企业对此越来越重视,但由于文化背景不同,在某些方面还是容易忽视。本文将主要从反腐败和性骚扰这两个角度,探讨中国企业在美国容易忽视的合规风险,以及中国企业应如何应对这些风险。

【关键词】 海外投资与并购　《反海外腐败法》(FCPA)　性骚扰　企业合规

一、引言

改革开放以来,随着"走出去"战略的深入实施,中国企业对外投资保持着稳健的步伐,规模日渐扩大,领域不断拓展,对外投资实力进一步提升。2013 年,习近平主席在出访中亚和东南亚国家期间,提出了"一带一路"倡议,在此背景下,中国企业积极参与建设,不断优化"走出去"的方式和结构,大力拓展全球业务,扩大对外投资和跨国经营规模,提高在国际市场的竞争力与影响力,努力提升经济全球化的参与度,在国际投资舞台上发挥了良好的投资主体作用。

2019 年,是中华人民共和国成立七十周年,同时我国的改革开放之路也走过了四十多年,我国企业在各个产业、领域都取得了较大进展,当前制造业、批发和零售业仍是中国企业海外投资的重点,在各类服务业和文体娱乐产业的发展也尤为明显,中国的对外投资逐渐向第三产业流动。

根据商务部发布的数据,截至 2017 年年末,共有 2.56 万家中国企业在境外设立了 3.9 万家境外分支机构,境外企业雇佣的员工数量也有 340 万人次左右,其中超过一半的员工是外方员工。

美国作为世界主要经济体,有较为宽广的市场,突出的研发创新能力,高素质的工人队伍,充足且较为廉价的能源供应,良好的企业营商环境,同时美国是我国主要的贸易伙伴国。根据《2017 年度中国对外直接投资统计公报》①,中国对美国的直接投资流量有 64.2 亿美元,位列当年对外投资流量排行第四位。美国无可避免地脱颖而出,成为中国企业海外投资的一个十分重要的目的地。

表 1　2017 年中国对外直接投资流量前 5 位的国家(地区)②

位次	国家(地区)	流量(亿美元)	占总额比重(%)
1	中国香港特别行政区	911.5	57.6
2	英属维尔京群岛	193.0	12.2
3	瑞士	75.1	4.7
4	美国	64.2	4.0
5	新加坡	63.1	4.0

美国在资本主义市场发展的过程中,形成了一套完善的调整企业经营的法律法规及行业规则,对企业合规提出了极为严苛的要求。当前,中美间瞬息万变的贸易冲突,也给企业海外经营带来了更多的不稳定因素,在美中资企业更要狠抓合规,以免授人以柄。

随着"中兴事件"等被媒体广泛报道,人们对美国的出口管制有了基本了解,相信也能引起中国企业的重视。但因为中美两国政治制度、经济发展水平、文化背景、法律理念等不同,中国企业在美投资的过程中水土不服的情

---

① 详见商务部、国家统计局、国家外汇管理局联合发布的《2017 年度中国对外直接投资统计公报》,载中华人民共和国商务部官网(http://www.mofcom.gov.cn/article/tongjiziliao/dg22/201809/20180902791492.shtml),第 14—15 页。

② 同上注。

况依然存在,许多在国内"不是问题的问题"在进入美国市场后让中国企业吃尽苦头。在中国境内尚不落入法律规制范围的一些行为在美国可能就会被提起诉讼,并且企业与个人都可能面临高额的罚款,甚至是牢狱之灾。

本文将从中国企业比较容易忽视的反腐败和性骚扰两个角度出发,通过对这两个制度的发展、与中国的差异等内容的阐述,围绕一些企业中容易出现的情形或案例进行讨论,以期探索相应的措施来应对中国企业在美国投资所面对的合规风险。

二、关于美国反腐败的相关问题

(一)美国关于反腐败法律的缘起与发展

1.《反海外腐败法》的缘起

美国最初在 1977 年制定了《反海外腐败法》(Foreign Corrupt Practices Act,简称"FCPA"),是适用最为广泛的反腐败法案。它最初是为了约束企业对于第三方机构和海外的腐败行为,也就是在美国领土之外实施的腐败行为,相关涉案企业与人员将被控承担相应的刑事和民事责任。所以,FCPA 的目标是为了规制一定级别的人员,强制他们不得为获得经营活动中的便利而向海外政府人员或机构行贿。随着 1998 年 FCPA 修正案的出台,其适用范围进一步扩大,一些海外的企业与个人,若其直接或间接(通过某些中介机构)在美国境内实施的行为被认定为腐败行为,这些企业和个人也将受到FCPA 的规制。

2.《反海外腐败法》的规制对象

当前,受 FCPA 规制的主体主要分为以下几类:

(1)美国公民或企业(国内企业);

(2)根据美国法设立的企业;

(3)主要营业地在美国的企业;

(4)在美国上市的企业;

(5)需要定期向美国证券交易委员会(the U.S. Securities and Exchange Commission, 简称"SEC")进行报告的企业;

(6)在美国境内向海外官员实施行贿行为的外国人或外国企业。

从上述几类主体可以看出,美国当前通过 FCPA 规制的主体范围十分广泛,同时中国企业不论是在美国投资设立企业,还是并购美国企业,或者是在美国进行公司的海外上市,都有可能受到 FCPA 的规制。

3."长臂管辖"原则在《反海外腐败法》中的应用

2013 年,在 *United States v. Lawrence Hoskins* 案①中,Hoskins 是英国公民,担任一家法国能源与交通公司亚洲区的副总裁,被指控为了获得一个在印度尼西亚的价值 1.18 亿美元的合同,参与洗钱并向海外高级政府官员行贿。从案情表面来看,Hoskins 的行贿行为与美国并没有直接关联,但是检方认为 Hoskins 行贿争取这个合同是为了美国的子公司 Alstom Power, Inc.,存在子公司与 Hoskins 之间电话和邮件商量相关细节的证据,在行贿过程中构成了"合谋"(conspiracy),据此美国也可以基于 FCPA 向 Hoskins 提起控诉。美国当局在对于 FCPA 所规制的主体进行认定时,采用的就是"长臂管辖"原则,该原则时常在域外适用。②

4.美国环境下的腐败行为

FCPA 至今已经走过四十余年的时间,美国司法部每年都有一些依据该法案提起的诉讼。其中,FCPA 除单独适用之外,还经常与其他法案组合起来共同查处腐败行为,比如《反洗钱法》(Anti-Money Laundering Statutes)、《税法》(Tax Laws)等。

美国法律环境下对腐败行为的界定非常严格,例如,FCPA 的反贿赂条款明确指出,行贿的方式可以通过邮件或任何带有利益性质的方式,比如一些优惠、款项、预期利益等,若政府人员或机构明确知悉其中部分或全部是为了获得营商便利,影响政府人员的职权行为的判断,则这些行为均被认定为贿赂。另外,一些在美国上市的企业的经营活动需要满足 FCPA 提出的会计条

---

① 详见 *U.S. v. Lawrence Hoskins*：Docket No. 12-CR-238-JBA,载美国司法部网（https://www.justice.gov/criminal-fraud/case/united-states-v-lawrence-hoskins-court-docket-number-12-cr-238-jba）,访问日期:2019 年 7 月 3 日。同时参见 Meg Utterback, Client Alert：Cir Rules on Scope of FCPA Jurisdiction,载金杜律师事务所网（https://www.chinalawinsight.com/2018/09/articles/corporate-ma/client-alert%ef%bc%9acir-rules-on-scope-of-fcpa-jurisdiction/#more-19445）,访问日期:2019 年 7 月 3 日。

② 参见何力:《中国海外投资与美国 FCPA 的域外适用》,载《江西社会科学》2011 年第 8 期。

款的要求,此条款将与反贿赂条款协同作用,以提升企业活动的合规性。

2010 年《经济学人》的一篇报道曾经对 FCPA 项下受到处罚的企业按照罚款金额进行排序,其中第一名是国际知名企业西门子公司。[①] 2008 年,轰动一时的西门子全球贿赂案中,西门子阿根廷公司、委内瑞拉子公司和孟加拉国子公司因为违反 FCPA 的反贿赂条款以及会计条款而遭到美国当局的控告。双方最终达成和解,美国司法部开出了总金额高达 13.45 亿美元的罚单。西门子公司亡羊补牢,如今在企业内部制定了完整且严格的关于贿赂行为的员工行为守则,该守则成为企业内部合规的一个范例。

(二)在美国容易被忽视的反腐败问题

通过对美国反腐败管制相关立法、司法活动的回顾不难看出,中美对于反腐败问题的关注重点存在一定的差异。对于中国等广大的发展中国家来说,国家规制腐败行为以及国际反腐败行动中最关注的方面在于追逃追赃,而美国则更为关注反腐败规则的构建以及反腐败标准的设立,更在意腐败人员通过何种方式逃脱美国法律的制裁,腐败资金是通过何种渠道流转的。[②] 加上中美两国文化上的差异,中国企业的一些营商活动方式在国内没有遇到阻碍,不能代表在美国也能畅通无阻。

从在美中资企业经营的角度,日常活动中可能会触发违反 FCPA 的行为主要有以下几类:

1.给予政府官员礼物或钱财

这是中国企业在国内经营时最常见的手段,企业通过向关键环节或部门的官员送礼来"打点关系",以期得到相应官员的"照顾",获取一定便利。但在美中资企业需要特别注意,中美两国在这点上的尺度有很大的差别。如果在美国向政府官员赠送较为贵重的礼物或者钱财,极有可能不但没获得照顾,反而招来罚款甚至牢狱之灾。

2.组织政府官员旅行、会餐以及参加娱乐活动

中国有一种说法叫作"酒桌文化",曾经有一句话广为流传——"酒桌上谈事情"。许多企业通过某些形式的会餐"请客吃饭",与政府人员拉近关

---

① 详见 Schumpeter:The Corruption Eruption,载 The Economist2010 年第 5 期。

② 参见王尘子:《特朗普政府时期的中美反腐合作》,载《新视野》2018 年第 3 期。

系,以期自己能在相关日常经营、审批流程、招投标等活动中获得便利。此外,从不同的形式上来考虑,企业为官员提供一些以"海外考察"为名的境外旅游,也属于行贿的一种方式。不论是企业人员与政府官员共同参与的活动,还是企业只是暗中承担相关开支,都是 FCPA 所不允许的行为。

3.未保持良好的账簿与记录

FCPA 的会计条款明确规定,对于企业的所有支出,尤其是用于疏通关系的开支必须在账簿中明确体现出来。中国企业在类似的账簿记载要求上尚未作出与美国同等严苛的要求。当企业被卷入 FCPA 调查后,中国企业极有可能因为账簿和记录不达标而遭到美国当局的惩罚。

(三)违反《反海外腐败法》的后果

若企业或个人违反 FCPA 的相关规定,他们都将面临严苛的惩罚和其他一系列负面后果。

首先,在 FCPA 中,法律条文规定了高昂的罚款。§78dd-2 本土企业所禁止的海外贸易实践这一节中作出了如下规定:

(g)处罚

(1)(A)违反本节第(a)或(i)小节的任何非自然人的国内公司应被处以不超过 200 万美元的罚款。

(B)违反本节第(a)或(i)小节的任何非自然人的国内公司,应在总检察长提起的诉讼中受到不超过 1 万美元的民事罚款。

(2)(A)任何自然人,如属某一国内公司的高管、董事、雇员或代理人,或代表该国内公司行事的股东蓄意违反本节第(a)或(i)小节,将被处以不超过 10 万美元的罚款或不超过 5 年的监禁,或两者兼有。

(B)任何自然人,如属某一国内公司的高管、董事、雇员或代理人,或代表该国内公司行事的股东违反本节第(a)或(i)小节,应在总检察长提起的诉讼中受到不超过 1 万美元的民事罚款。

(3)凡根据第(2)条对某一国内公司的任何高管、董事、雇员、代理人或股东处以罚款,该国内公司不得直接或间接支付罚款。[①]

---

① U.S.C. §78dd-2(g)(1998).

上面的条款所规制的主要对象为本国企业,FCPA 的另外几节内容同样也对证券发行者和除上述两类主体以外的其他商业活动参与者作出了类似的规定。

对于企业违反反贿赂条款的行为,FCPA 对企业的最高罚款金额可达到 200 万美元,对公司高管、董事、股东和代理人可处最高 25 万美元的罚款和 5 年以下的监禁。而若企业违反 FCPA 中相关的会计条款,据此对企业的罚款可以高达 2 500 万美元,对前述相关人员的惩罚相应也可以高达 500 万美元以及 20 年以下的监禁。

其次,美国官方对于违反 FCPA 的惩罚是可以进行叠加的。根据过往一些案例中美国当局最终作出的惩罚决定,一些当事人的罚款金额可以高达数千万美元,甚至在《可替代罚款法案》(The Alternative Fines Act)的帮助下,最后罚金总额突破 FCPA 所设定的罚款上限的情况也时常发生,且此罚款必须由相关涉案人本人承担,不可由企业或雇主代缴。

最后,我们可以看到,美国检方对于每一个依据 FCPA 进行的控诉都会在美国司法部的网站上及时更新发布,同时都会有相应的新闻稿说明案件的具体情况,所以在企业高管、股东、代表人或企业被控告之后,对企业来说,也将面临巨大的经营压力。一方面,依据 FCPA 发起的调查往往不是美国官方的终点,大概率的情况下,在长达数年的调查过程中,美国当局最终可能会打出一套组合拳。举个例子,相关证据的提交可能会引起美国当局对其他问题的合并调查,例如出口管制、国际洗钱、税务问题等。企业将面临风险极高的合规性审查。另一方面,长久的 FCPA 调查可能使企业耗费大量人力物力,同时卷入相关调查会造成企业信用遭受质疑、投资者丧失信心等后果。若中国企业长期被卷入 FCPA 调查,或越来越高比例的中国企业被卷入 FCPA 调查,从长远来说,对于中国开展海外投资或并购活动将会产生极大的负面影响。

三、关于职场性骚扰行为的相关问题

(一)美国对于职场性骚扰的定义与相关法律的发展

美国公民关于此权利最早的法律依据是 1964 年的《公民权利法案》第七编,其中对职场中的性别平等作出了明确的规定,在"违法雇佣实践"(Unlawful Employment Practice）一节中：

（a）雇主实践

以下行为对雇主来说是非法的雇佣行为：

（1）因个人的种族、肤色、宗教信仰、性别或国籍等原因，不雇佣、拒绝雇佣、解雇某个人或者在赔偿金、报酬、期限、条件、就业权利等方面歧视某个人；

（2）因个人的种族、肤色、宗教信仰、性别或国籍，以可能剥夺或倾向于剥夺任何个人的就业机会或对其作为雇员的地位产生不利影响的任何方式，来限制、隔离或将其雇员或求职者分等。①

最初该法设置的规则只是为了保护女性员工在工作中的一些基本权利，比如美国公民可以据此主张在雇佣关系中，不同性别的公民应受到平等对待，但是法庭并未在一开始依据该法进行裁判活动时就将性骚扰这一概念纳入所规制的范围之内。尽管法院承认这是一个问题，但是法院不认为《公民权利法案》第七编可以适用于性骚扰行为。②

初期，法院对于适用《公民权利法案》第七编来支持反对性骚扰行为的论辩持非常不友好的态度，但是他们转变得也很快。1974 年，在 *Barnes v. Train* 案中，法官并没有提到"性骚扰"这个词汇，但是该案的判决被认为是广义上的关于性骚扰问题的第一个判例。本案的涉案人是 Paulette Barnes，一名环保部的工资结算人员。在她拒绝被自己的男性上司"占便宜"后，她失去了工作。随后，她向法院提起了诉讼。最初这个案子并未获得法院的支持。1976 年，在 *William v. Saxbe* 案中，William 是美国司法部的一名专员，在拒绝被上司"占便宜"后，还持续性地受到上司的骚扰及冒犯。哥伦比亚地区法院支持了 William 的诉求，并且承认了性骚扰中发生的行为可以被认定为某种等价物（quid pro quo），是基于性别的一种歧视。1977 年，在 *Barnes v. Costle* 案③中，Barnes 提起上诉，哥伦比亚地区上诉法院推翻了最初的认定，运

---

① Title VII Civil Rights Act, Sec. 2000e-2(a).

② 参见 Michelle Ridgeway Peirece, Sexual Harassment and Title VII-A Better Solution，载 Boston College Law Review（第 30 卷第 4 期），第 1071—1101 页。

③ See *Barnes v. Costle*, 561 F. 2d 983, 990 (D.C. Cir. 1977).

用了"but for"标准,认为当雇主依据雇员的性别而对职位设置一些要求时,实际上是在与雇员进行一种等价物的交换,因为雇员只能选择屈服于雇主设置的条件,或者选择放弃这份工作。同时公司也应当为知道这种性骚扰行为存在而不制止的行为受到惩罚。*Bundy v. Jackson* 案①的判决进一步发展了这个论述,认为雇主的这种行为为雇员创设了一个非常不友好的工作环境。法院承认,性骚扰也是该法第七编项下的一种性别歧视。

如今,美国公平就业机会委员会(U.S. Equal Employment Opportunity Commission,简称"EEOC")将性骚扰定位为歧视的一种类型。② 1980 年,EEOC 发布了关于认定工作场合中性骚扰行为的指导规则,并且明确指出性骚扰是《公民权利法案》第七编的性别歧视的一种类型。性骚扰行为的定义是一种"不受欢迎的行为"(unwelcome conduct),这种行为可以通过肢体或言语方式,使他人因性原因而感到不适或感觉被冒犯或占便宜。③

同时,伴随着社会发展水平不断提高和人权理论发展,当前对于性骚扰行为中的性别的理解逐渐加深,性别也有了更为宽广的内涵。性骚扰事件中的受害者可以是女性,也可以是男性;同时,性骚扰可能发生在异性之间,也可能发生在同性之间④;受害人受到骚扰之后,伤害的外化表现可能是生理的,也可能是心理的⑤。

(二)性骚扰行为的类型

性骚扰行为在美国已经成为企业日常经营活动中的红线,在任何时候都不应触碰。如今对于性骚扰的认定已经不以雇佣关系为前提,关联企业、合作企业中发生的此类事件都可能被认定为性骚扰。对性骚扰的内涵的理解逐渐加深,性骚扰的外延也进一步扩大。受雇方若拒绝了雇佣方一些无理、

---

① See *Bundy v. Jackson*, 641 F. 2d 934, 443-44(D.C. Cir. 1981)s.

② 参见美国公平就业机会委员会官网(https://www.eeoc.gov/laws/types/sexual_harassment. cfm),访问日期:2019 年 7 月 3 日。

③ 参见 Office of Civil Rights, Sexual Harassment Policy,载美国国务院官网(https://www. state.gov/key-topics-office-of-civil-rights/sexual-harassment-policy/),访问日期:2019 年 7 月 3 日。

④ 最近,越来越多的法庭允许在同性之间也可提出性骚扰的申诉。参见 *Joyner v. AAA Cooper Transp.*, 597 F. Supp. 537, 541 (M.D. Ala. 1983)。

⑤ 参见 *Harris v. Forklift System, Inc.*, Sys. 510 U.S. 17 (1993)。美国联邦最高法院认为,在受害者声称自己遭受性骚扰之后,应该采取相对中庸的态度来判断受害者在遇到性骚扰之后所遭受的有形的生理损失和心理损失。

过分的要求,雇佣方可能在其职权范围内做出一些不利于受雇方的行为,或者上述不受欢迎的行为给受雇方造成了一个不友好且极有压力的工作环境,也可能被认定为性骚扰。接下来,文章将会通过一些具象的场景来帮助理解何为"不受欢迎的行为"。

1.当面或通过邮件搞性恶作剧或开与性相关的玩笑

在一个企业内部运行的过程中,美国的工作习惯是以邮件作为基本的沟通方式;放诸中国人的企业文化和工作场合,可能就会有微信、QQ、钉钉等软件。一些通过微信、短信、邮件等通讯方式发送的消息,或者一篇微信推送,若其中相关内容带有性色彩或者性暗示的话,哪怕发送者的本意只是觉得"好玩",或带有部分开玩笑的心态,在美国都可能被认定为性骚扰行为,因此受到惩罚。比如,2016 年民生银行高管关小虎通过微信对下属进行性骚扰的微信聊天记录被曝光,民生银行随后对关小虎作出了处理;2017年,Uber 对于高管通过邮件骚扰女员工的行为视而不见,Uber 全球 CEO 卡拉尼奇因为这次事件的压力引咎辞职。

2.关于性的不当言论

在企业活动中,一些不当的言论可能引起他人被冒犯的感觉。比如,中国某知名企业曾被媒体曝光在新人培训破冰行动中存在部分员工言行不当的行为,新入职员工被询问一些关于性方面的隐私信息。上述举动若发生在美国,有极大的可能会被认定为性骚扰行为;且公司若任其存在而不加阻止,企业可能也会被连带追责。此类情形同样发生在美国的 Hannah Waters 和 Bora Zivkovic 身上,他们分别是女科学作家和很有影响力的美国科学杂志男编辑。在他们合作的过程中,Zivkovic 对 Waters 的事业有着极大的帮助,但是 Zivkovic 的一些推特私信让 Waters 备受困扰,甚至在某一次聚会后,Zivkovic 在街边买了花送给 Waters,并说了一些具有性色彩的戏谑话语,让 Waters 感到了不适与被冒犯。之后,还有其他与 Zivkovic 合作过的作者也反映了类似的情况,称 Zivkovic 的一些言论和私信让他们感到不适。言语骚扰的后果是被骚扰员工身心俱疲,工作热情备受打击。

3.反复对他人做出过于亲密的肢体动作

司法机关在裁判一方是否对另一方构成性骚扰的过程中,需要从多方面进行考虑,比如行为的方式、行为的频率、作出行为时的意图、是否有多人参与此种行为等。职场中,同事难免发生肢体接触,但是若某一方在没有必要的情况下,频繁、反复地与他人发生肢体接触,且遭到对方拒绝,则此种行为就将被认定为性骚扰。

4.在本人明确拒绝或暗示本人不愿意参与的前提下,反复要求他人在下班时间进行社交活动(尤其是上级需要注意不能施压迫使下属参与社交活动)

本条所述的性骚扰行为类型是中国企业或员工在职场中极易被控诉的情形。东西方国家对于交际应酬这个问题所秉持的理念存在较大差异,中国企业习惯于"在酒桌上谈生意"的活动模式,而美国企业往往会将商业磋商活动与应酬交际活动作较为明显的分割,"业务是在办公室里谈的"。一些中国企业在美国进行商业活动时,照搬了在国内的行为方式,结果可能适得其反。此外,对于劝酒,或者上级强迫,或者通过某些方式向下级施压,迫使其参加应酬活动的行为在美国也是被禁止的。

5.送给他人一些具有性暗示的礼物或物品

同事之间正常的人情交往并不会造成我们定义中的性骚扰行为的发生,但是带有性暗示的礼物或物品可能会给他人带来不适或者被冒犯的感觉,这样可能会引起申诉。举个例子,一位男同事给一位女同事送花以表达爱慕,且女同事严词拒绝后,男同事仍然不断送花,让女同事心生反感。

6.反复做出一些具有性暗示的动作

虽然在认定这类行为时,明确提出了"反复"这一频率的要求,但是在实际性骚扰申诉以及调查中进行性骚扰行为认定时,更强调的是某些肢体接触和肢体行为。比如,老板在与下属谈话的过程中,或指导下属工作的过程中,习惯性地或不经意间将手放在员工的肩膀上,或对员工造成不适的一些身体触碰,都可能让员工感到反感,由此提起性骚扰申诉。此外,不同的文化氛围下,美国的熔炉社会包容着来自世界各国的工作人员,一个最简单的例子,对于初相识时,一个拥抱或一个贴面礼,不同文化背景下成长的人会有截然不同的反应,这对中国企业和工作人员如何把握职场交际的合适的度提出了很高的要求。

7.在工作场合展示一些冒犯性的与性相关的图片、漫画或其他材料

在美国以往的性骚扰投诉事件中,曾有过这样的情形:一名在内华达州的银行职员,她的一名女性主管在大庭广众下毫不避讳地谈论胸部及男性生殖器官等与性相关的话题以及一些私密性话题,让这名银行职员对自己的工作环境感到十分不适。同时,这名银行职员还提及,自己的这名上司还给她展示一些不雅图片并建议她和其他同事通过展示身材或性感的穿着为银行吸引更多的客流。

当然,性骚扰的情形远不止上述七类,其概念的外延十分广泛。①

(三)美国如何处理性骚扰事件

在美国,处理性骚扰事件需要多方的努力。

首先,美国民权处(Office of Civil Rights,简称"S/OCR")是负责此问题的主要行政机构,S/OCR为人们提供咨询,负责进行调查并保证调查以及时、充分和公平的方式进行。

一方面,任何监管人员或其他责任部门的人员知悉或者有合理理由怀疑性骚扰行为存在时,必须尽快将事件报告给S/OCR,S/OCR启动监视或调查程序。监管人员应当保证在调查终结之前,采取有效措施来保证没有进一步的性骚扰行为发生。与此同时,政府机关及其工作人员应当对涉案人员的信息进行保密,除非为了推动调查高效推进或为了获得最终的调查结果,否则绝不能向他人透露相关信息。当然,此举也是为了保护事件中的受害人。比如,在一些潜在的性骚扰事件中,告发人的信息泄露可能会造成他们遭受打击报复。另一方面,官方鼓励遭到性骚扰的员工检举揭发这些不当行为,官方也在努力通过拓宽争议解决的渠道等方式来鼓励大家站出来,比如调解等。

其次,美国当局也对企业,或者说雇主提出了一些要求。雇主若放纵企业内部性骚扰行为滋生,或者明知性骚扰行为存在也不制止,那么雇主有极大的可能需要对此负责。当然,雇主可以通过举证来说明自己在知悉性骚扰

---

①　参见美国联邦最高法院判决的案件 *Meritor Savings Bank v. Vinson*,此案是对性骚扰案件的法院判决活动发展过程中的一座里程碑。法院认为,职场中严重与普遍的性骚扰行为触犯联邦法案,且若企业知悉自身内部存在这些行为,企业有责任和义务来制止这些违法行为。

行为存在后便立即采取了行动和措施来应对和制止,那么雇主可以相应免责。① 同时,美国联邦最高法院也在判例中明确表示,因检举揭发或告发性骚扰行为或歧视而实施惩罚的行为是违法的。②

四、针对企业合规风险的建议性措施

中国企业在"走出去"的过程中,在遵守中国本土法律法规的同时,也要严格依照当地法律法规办事。基于对上述反腐败和反性骚扰两个角度内容的阐述,本文提出一些建议性措施,以期克服中国企业在美投资过程中可能面临的合规性风险。

(一)加深对于美国法律法规的认识

企业中的相关合规审查人员或者法务相关人员需要加深对投资目的地的法律法规的研究,针对企业各自所具有的特色,研究制定相关的企业合规性指导守则。随着社会发展,针对上文所述的反腐败或者性骚扰的情形,其内容都在过去几十年间有了较大的延展。某一场合中发生的现象在过去和在当下,法院可能也会作出截然相反的认定。因此,企业需要熟悉反腐败或性骚扰的多样化场景,加深对于法律问题的研究与认识。

与此同时,企业应该尽早引进第三方专业人员对企业合规性工作进行审查,对出现问题的节点,及时进行调整和剥离,避免在法律适用时落入美国法律的管辖,或者减少企业遭到美国调查可能遭受的损失。

(二)制定企业内部员工守则并加强对员工的合规培训

企业内部需要制定一套行之有效的制度,设置明确、细致的规则,指导员工的日常行为,明确、坚决抵制违法行为。对于一些因员工漠不关心、忽视或不重视,但是可能触犯当地法律的行为,企业的合规部门应及时提出,并在企业内部组织多样化、高频率的培训。培训应与新政策或新法规的出台相结合,与时俱进。合规人员对于员工在日常生活中不确定是否合规的行为应及时予以指导,强化员工对于企业合规与自身行为合规重要性的认识。

---

① See *Burlington Industries, Inc. v. Ellerth*, 524 U.S. 742(1998) and *Faragher v. City of Boca Raton*, 524 US 775(1998).

② *Jackson v. Birmingham Board of Education*, 540 US 807(2003).

企业内部可建立一些激励机制,对违法或不合规的行为进行检举揭发,有效地在企业内部遏制不合规现象,争取在源头尽早、尽快地解决问题。企业应在态度上坚决抵制企业员工腐败与性骚扰等违法行为。

同时,企业应当在培训过程中明确告知员工其所拥有的合法权益,以及员工可以通过何种方式或渠道来捍卫自身的权利。通过培训,要让员工能够对一些违法行为类型有一些基础的判断。同时,通过一些类似互助会或者是隐私性较高的小型聚会,让女性员工可以打开心扉,更为坦诚地表达自己对于工作环境及待遇的观点,甚至是不适遭遇。

(三)建立有效的企业内部申诉机制

企业内部需要建立有效的申诉机制,畅通员工向企业申诉的通道。企业不可因为员工没有提交书面的正式文件而忽视员工的投诉,也不能施加压力迫使员工放弃申诉,更不能因为要保护某些"上位者"而开除申诉人。

与此同时,在企业接到员工申诉之后,相关部门应及时、高效地处理员工申诉,并且在一定时效内完成一个完整调查或询问流程,最终给予申诉人一个负责任的答复。

(四)积极应对美国当局的政策调整及调查

以反腐败为例,若美国当局依据 FCPA 发起对于某个企业或者个人的调查,企业应采取积极的态度,提前做好应对相关调查的准备。一方面,开展企业内部自查,对相关事件的基本事实进行了解、梳理,及时收集并保护涉案的相关证据。在企业自查的过程中暴露出来的制度漏洞,企业需要及时修补,完善企业制度与规则,并及时告知员工已更新的相关规则。另一方面,企业若不可避免地被卷入调查,需要有一个团队,协调内部各项事务,作为和外部调查人员对接的窗口,保障企业利益,也能尽可能提高效率,推动调查快速进行。

此外需要强调的是,若企业内部的工作人员不足以应对美国当局的各种调查活动,企业应当尽早、及时引进第三方的财务或者法律顾问,及时为企业进行相关问题排查,厘清相关事实及证据,通过积极应对调查以期最大限度地保护企业的利益。

五、总结

在当前的海外投资与并购活动中,许多中国企业已拥有足够的实力"打天下",但是当中国企业真的完成了在美国设立一个新的公司,或收购了一个美国本土企业之后,如何"守天下"成为了"走出去"的中国企业亟须解决的问题。本文从反腐败与性骚扰这两个角度,通过较大篇幅阐述了这两种制度在美国的发展过程、中国企业可能面临的一些行为类型以及这些类型背后所隐藏的风险。建议中国企业在"走出去"过程中要加深对美国法律法规的认识,制定企业内部员工守则并加强对员工的合规培训,建立有效的企业内部申诉机制及积极应对美国当局的政策调整与调查。笔者希望企业能运用以上这些措施,提升经营的合规性,提高在美国的生存能力,从而更好地融入全球化经济活动。

参考文献

[1]李武珍:《中国企业在美国投资运营的刑事风险及防控研究》,载《江西警察学院学报》2018 年第 1 期。

[2]刘岳川、胡伟:《中国企业面临的海外反腐败执法风险及其应对——以美国〈反海外腐败法〉为例》,载《探索与争鸣》2017 年第 8 期。

[3]魏简康凯:《美国出口管制改革对中国的影响及应对》,载《国际经济合作》2018 年第 11 期。

[4]袁嫣、刘运顶:《美国出口管制政策、对华出口管制及其发展趋势研判》,载《广东金融学院学报》2006 年第 4 期。

[5]Bill Shaw, Foreign Corrupt Practice Act: Amendments of 1988, *Maryland Journal of International Law*, 1988, Vol.14, Issue 2.

[6]*Michael v. Seitzinger*, Foreign Corruption Practices Act (FCPA): Congressional Interest and Executive Enforcement, In Brief, *Congressional Research Service Report*, Mar. 2016.

[7]Ruth Ann Strickland, Sexual Harassment: A Legal Perspective for Public Administrators, *Public Personnel Management*, 1995, Vol. 24, No.4.

中国企业"走出去"中的刑事法律风险与合规预防

上海江三角律师事务所　陆敬波　张　鉴

【摘要】 随着"一带一路"倡议如火如荼地推进,中国企业"走出去"的程度越来越深,中国企业海外投资与贸易日渐频繁,但是这些企业"走出去"的目标国家和地区,其法律制度也纷繁复杂,并可能与中国的法律制度天差地别。此外,这些国家的发展程度不一,对外开放程度、法制化程度和法治状况差异较大。基于此,中国企业在"走出去"中不可避免会遭遇因投资、经营、生产活动而引发的刑事法律风险。不乐观的是,近年来,随着中国企业海外竞争力的增强,美国等欧美国家加强了对中国企业的监管,中美之间发生了贸易争端,其他投资目的地国对外国企业合规的要求也越来越高,中国企业面临着更高的合规风险。经过几件轰动世界的刑事案件后,中国企业已经逐步意识到风险防范的重要性,但是中国企业现有的风险防范意识仍然不足,很大程度上忽略了刑事法律风险。在中国全方位对外开放战略的指引下,正在"走出去"的中国企业应该加强自身合规建设,实现海外合法经营。本文将从刑事合规的概念、作用主体出发,探讨"走出去"企业面临的刑事法律风险主要类型和风险点,顺应企业刑事合规的全球化发展趋势,为"走出去"企业刑事合规风险防范提供参考建议。

【关键词】 "走出去"　刑事法律风险　刑事合规　合规措施

一、前言

2018 年 7 月 2 日,美国商务部发布公告,暂时、部分解除对中兴通讯公司(以下简称中兴通讯)的出口禁售令。随后,美国商务部表示,美国已经与中兴通讯签署协议,取消了历时三个月的禁止美国供应商与中兴通讯进行商业往来的禁令,中兴通讯将能够恢复运营,禁令将在中兴通讯向美国支付 4 亿美元保证金后解除。直至此时,自 2012 年美国政府开始对中兴通讯立案调查起,长达六年多的"中兴事件"方才暂告一段落。

根据美国商务部披露的信息,中兴通讯自 2010 年 1 月至 2016 年 4 月期间,在知晓美国依据《伊朗交易和制裁条例》对伊朗长期实施制裁的情况下,仍将内含美国制造的受限类配件和软件产品出口到伊朗,以获取伊朗公司的合同并参与当地庞大通讯网络的供应、建设、运营及服务,这些合同的金额高达数亿美元。最终美国政府对中兴通讯的三项指控包括串谋非法出口、阻挠司法以及向联邦调查人员作出虚假陈述。

美国政府最早于 2012 年就展开了对中兴通讯的立案调查,而在此后 4 年的调查过程中,中兴通讯在应对美国政府调查时并没有按照合规的方式合法经营,并且出现了不少的合规失误。

在这一事件发生以前,中兴通讯法务部于 2009 年就发现了公司在出口贸易中面临的风险,并向公司高层提交了《关于全面整顿和规范公司出口管制相关业务的报告》,并且后来依据公司领导的指示和要求制定了《进出口管制风险规避方案》。但是这两份文件在落实前就被美国政府获取,成为中兴通讯有意规避美国出口管制政策最有力的证据之一。

在 2012 年接到传召函后,中兴通讯内部的"主战派"压倒了"主和派",认为中兴通讯作为一家中国企业,为了保持声誉、避免财产损失,应采取抵抗的态度,不需要配合美国政府的调查。但是由于"主战派"的错误观念,2013 年,中兴通讯在明知受到监管机构调查的情况下,还决定恢复与伊朗的交易。而为了规避美方监管,中兴通讯找到了一家国内公司替自己将产品卖给伊朗。这种顶风作案的态度,令美国对中兴通讯采取了更为严格的调查策略。

2016 年,中兴通讯向美国政府提出和解。但是在案件调查过程中,中兴通讯担心其他信息泄露,因此试图对相关信息进行隐瞒。这导致美国政府对中兴通讯的极度不信任。最终美方对中兴通讯的指控不仅包括串谋非法出口,还因为其隐瞒行为使罪名被扩大为阻挠司法以及向联邦调查人员作出虚假陈述。2017 年,中兴通讯最终与美国政府签署了认罪协议,同意支付 8.9亿美元的罚金。此外,美国商务部工业与安全局对中兴通讯执行 3 亿美元罚款,若中兴通讯于 7 年暂缓期内确切履行与美国商务部工业与安全局达成的协议要求事项,可豁免支付。中兴通讯同时承诺将解雇 4 名高管并对涉事的

35 名员工进行处罚。但是由于中兴通讯并未履行其承诺,美国政府又于 2018 年 4 月开始对中兴通讯进行了新一轮的罚款和制裁。

中兴通讯案例对许多正处于全球化过程中的中国企业来说都具有警示意义。

合规是企业可持续发展的基石。中国企业在经营过程中会因为自身的违规行为面临一系列的民事纠纷、行政处罚及刑事处罚,当企业面临刑事风险时,其背后均与企业的不合规有关。除上述的"中兴事件"外,2018 年发生的"孟晚舟事件"和近期被盖棺定论的"何志平事件"都向我们展示了企业违规行为将导致严重的损害后果。"孟晚舟事件"曝光于 2018 年 12 月,加拿大警方应美国政府要求在加拿大逮捕了任正非之女、华为 CFO 孟晚舟,并可能将其引渡至美国接受审判。美国政府此后以银行诈欺、合谋银行诈欺、电信诈欺、合谋电信诈欺、违反及合谋违反《国际紧急经济权力法》(IEEPA)、合谋洗钱以及合谋妨碍司法等罪名起诉华为及相关公司。孟晚舟被控银行欺诈、电信欺诈以及合谋从事银行和电信欺诈。[①] 该事件对孟晚舟个人的人身自由以及华为公司的业务开展造成了相当大的影响,包括美国近期在国际社会上对华为公司的围追堵截都受到此事件影响。"何志平事件"中,何志平涉及两案:"乍得案",涉嫌通过塞内加尔前外长加迪奥,向乍得总统伊德里斯贿赂 200 万美元,换取独家石油开采权;"乌干达案",涉嫌贿赂前联合国大会主席、乌干达外长库泰萨 50 万美元,以换取商业利益。何志平最终被判 3 年监禁及罚款 40 万美元。[②] 为了防范类似的风险,企业必须要从其生产经营本质上达到合规的要求。当企业的生产经营活动背离了合规的要求,其所面临的刑事风险也将成倍增加。

四十多年来,随着改革开放进程的深入,中国经济与世界经济之间的联系越来越密切,在坚持对外开放的基本国策,不断深化"走出去"战略的同时,习近平主席又提出了"一带一路"这样的国家级顶层合作倡议,而第二届"一带一路"国际高峰论坛又将这一倡议推广到更广泛的国际社会中。在中

---

① U.S. Attorney's Office Eastern District of New York, Chinese Telecommunications Conglomerate Huawei and Huawei CFO Wanzhou Meng Charged with Financial Fraud, U.S. DepartmentofJustice, https://www. justice. gov/usao-edny/pr/chinese-telecommunications-conglomerate-huawei-and-huawei-cfo-wanzhou-meng-charged.

② 参见林菁:《何志平被判 3 年有期徒刑罚款 40 万》,载侨报纽约网(http://ny.uschinapress.com/spotlight/2019/03-25/163671.html),访问日期:2019 年 4 月 30 日。

国经济与世界接轨的过程中,越来越多的中国企业顺应时代的潮流,将自己的经营版图扩展到全世界。但是,这些时代的奋斗者们在走出国门,踏入陌生国度的同时,时时刻刻面临着各种风险,有的企业依法合规经营,做大做强,实现可持续发展;有的企业为了攫取巨额利润铤而走险,进而面临着牢狱之灾。许多中国企业在国外遭遇到的不公平待遇,很大程度上就是缺乏合规的着力点所致。如前文所述的"中兴事件",甚至被认为是中美"贸易战"的序幕,而中兴通讯为此支付了巨额罚金。该事件是对中国企业"走出去"过程中刑事合规重要性的最好证明,它一方面提醒我国企业注意在国际合规方面存在的不足,另一方面也提醒着我国企业在"走出去"的时候注意行为的规范化,以免因自己的不当行为遭受不必要的损害。

二、什么是刑事合规

合规,就其本质而言就是遵守法律法规,扩展一点就是遵守规章和特定的规范。

第一,要遵守法律法规。企业除需要遵守注册地和经营地国家的法律法规外,还需要注意遵守其他国家具有"长臂管辖"效力的法律法规,例如美国的《反海外腐败法》和英国的《反贿赂法》等,这些法律有着更加广泛的管辖范围。只有合法经营,企业的利益才能受到法律保护。

第二,要遵守规章制度。企业内部要制定相应的规章制度,从内部杜绝刑事违规行为。

第三,要遵守规范。企业在"走出去"的过程中无论在哪个国家进行生产经营,都不能回避用工问题,而要求企业员工遵守职业操守和道德规范是必不可少的,要让员工在自身层面形成合规意识,自觉规范自己的日常行为。

刑事合规只是合规的一种表现形式,其主要作用是避免因企业或企业员工的行为给企业招致不必要的刑事责任,在企业经营过程中是必不可少的活动。[①]

三、刑事合规主要作用主体

首先是企业员工,尤其是高级管理人员。一方面高级管理人员的权限比

---

① 参见李家权、李莎莎:《企业的刑事合规管理浅析》,载《法治与社会》2019年第1期。

普通员工要多,在管理企业过程中更容易引发较为严重的后果;另一方面,高级管理人员受到外界的关注程度更高,例如华为公司的孟晚舟,在加拿大机场被逮捕后,迅速在国内外引起了广泛的关注,而且在其被抓捕后对华为公司本身造成的影响也比较深远。

其次是国家层面的执法部门。企业一旦出现违规事件,直接对其进行处罚的多数是该国的执法部门。一方面,在企业日常经营中发生违规事件前,如果已经制定了系统并且较为完备的合规规范,在违规事件出现之后,执法部门有可能会对企业减轻甚至免除处罚。例如英国《反贿赂法》中明确设立了一项"商业组织预防贿赂失职罪","该罪客观行为上要求商业组织未能构建预防行贿'充分程序'而导致'关联人员'为商业组织利益向他人行贿"[①]。有相似规定的还有法国的《萨宾第二法案》和西班牙的《司法组织法》。另外一方面是事后的责任。例如"中兴事件"中美国执法机构对中兴通讯处以 3 亿美元的罚款暂缓,即并不立即处罚,而是要看中兴通讯未来 7 年在合规方面的表现,如果符合要求则不再对其进行处罚。从这方面来讲,国家层面的执法部门也是企业合规的目标相对人。

最后是企业的商业伙伴。企业在经营过程中,无论是挑选上游的供应商,还是与下游客户进行合作,都需要寻找具有完整合规体系、具备充分合规能力的企业。

我国对于企业合规的实践起步较晚,而且首先开始于银行业,随着近年来的发展,合规管理已广泛存在于各个行业之中,遍布于企业经营过程中的各个环节。但是中国企业刑事合规实践方面仍处于起步阶段,尤其是域外刑事合规管理。我国企业在"走出去"的过程中,可以参考国外企业在刑事合规方面的实践经验,弥补自身的不足。

四、企业刑事法律风险的主要类型和风险点

从企业行为方面看,刑事法律风险可以划分为两种类型:

一是主动型刑事法律风险,是指企业单位犯罪或企业的法定代表人或雇员犯罪所面临的刑事风险,例如前述中兴通讯在明知美国政府对其进行调查

---

① 钱小平:《英国〈贿赂法〉立法创新及其评价》,载《刑法论丛》2012 年第 2 期。

的情况下,通过将禁运货物卖给第三方公司,再由第三方运往伊朗销售的犯罪行为。主动型刑事风险几乎贯穿企业"走出去"海外经营的各个环节,覆盖企业从设立到解散的整个过程。比如经营过程中可能涉及的虚假广告、生产销售伪劣产品、虚开增值税发票、串通投标、侵犯商业秘密和著作权、造成环境破坏、商业贿赂等方面,都存在相当程度的刑事风险。

二是被动型刑事法律风险,是指企业遭受侵害,或被无辜卷入刑事诉讼后面临的刑事法律风险。这种风险的来源通常包括企业内部人员、企业外部人员及其他企业单位。前者如企业内部人员贪污、侵占、挪用企业资金,或者擅自违法经营,或者严重不负责任遭受欺诈,甚至与外部人员、单位勾结,坑害企业等。后者如被合作单位或个人诈骗遭受重大经济损失,被相关单位或者个人侵犯商业秘密及知识产权,被其他单位或他人敲诈勒索,被侮辱诽谤导致企业家及企业名誉、声誉和信誉受损,遭受公权力机关工作人员滥用职权、玩忽职守和徇私枉法等行为的侵害。

企业的刑事合规风险点主要有以下几种:

(一)企业用工法律风险

"走出去"的中国企业在东道国违反了特定的劳动法律,或将面临严厉的刑事处罚。例如在泰国、印度尼西亚、菲律宾、俄罗斯、韩国、日本等国违反工资或工时法律的企业都面临着高额的罚金处罚,有的甚至会对单位负责人采取监禁措施。

(二)财税管理法律风险

企业在"走出去"过程中,可能会因为对东道国税制了解不全面造成偷税漏税现象。有的可能是因为误解了当地的税收优惠政策因而导致税务问题。财务上的风险则主要指向了报销、贿赂和贪腐等。另外,还要注意涉嫌洗钱可能造成的风险点。例如中国农业银行纽约分行被美国检察机关以洗钱罪起诉,最终缴纳了 2.15 亿美元罚款。

(三)知识产权法律风险

知识产权作为一种无形资产,可以转化为有形的物质财富。随着知识产权在企业的经营和业务扩张中越来越重要,侵犯知识产权的现象也变得越来越普遍。海外很多国家知识产权判赔金额非常高,并且有越来越高的趋势。

（四）贿赂贪腐型法律风险

中国是一个人情社会,这种人情关系使商业贿赂有了得以滋生的环境。中国企业在"走出去"的过程中应注意防范自身及其员工的不规范行为,避免陷入危险的境地。例如我国香港特别行政区前民政事务局局长何志平就因协助华信能源贿赂非洲国家官员而被判处3年监禁。另外,中国企业海外公司的管理人员利用职务上的便利,对企业财产实施侵占、挪用行为也可能会导致触犯海外公司所在地的刑法,从而遭受处罚。

五、企业刑事合规的全球化发展趋势

首先,从国际层面上看,国际及地区公约中关于企业违法防控及企业刑事合规的指引正趋于精确、细致、明确。我国早在2005年就加入了《联合国反腐败公约》,该公约是联合国历史上通过的第一个用于指导国际反腐败斗争的法律文件,对预防腐败、界定腐败犯罪、反腐败国际合作、非法资产追缴等问题进行了法律上的规范,并确立了打击腐败的措施,在预防性措施、刑事定罪、深度合作等方面形成了一套完整的制度。对各国加强国内的反腐败运动、提高反腐败成效、促进反腐败国际合作具有重要意义。除此公约外,影响深远而广泛的还有2002年7月1日正式生效的欧洲理事会《反腐败刑法公约》。该公约第18条主要针对公司刑事责任制定了专门的法律规定。与《联合国反腐败公约》相比,欧洲理事会《反腐败刑法公约》中关于企业刑事责任的规定不但更为明确细致,更是显著地体现了企业犯罪预防性刑事责任观念,从而为成员国企业刑事合规制度的生成和完善提供了良好的法律保障。

其次,自20世纪90年代以来,英美法系国家和大陆法系国家纷纷在扩张单位犯罪罪名范围的同时实现了单位犯罪刑事责任的预防转型。英美法系国家中,美国是最先倡议企业刑事合规的。1991年10月,美国颁布了仅适用于单位被告人的《联邦组织量刑指南》。该指南的核心宗旨就是规定企业刑事合规制度。此后美国在安然公司因丑闻而破产后制定了《萨班斯法案》,该法案是根据安然公司及相关公司财务欺诈事件所暴露出来的公司和证券监管问题所订立的监管法规。随后,量刑委员会又对1991年的《针对机构实体联邦量刑指南》进行了修订,在合规制度中倡导并加入合规文化来强化和完善企业刑事合规管理。这份指南中的准则完整描述了一个企业的合规体系和职业道德要求的要素,如果企业因为违规行为遭到起诉,法院需要就这些要素考虑是否应对涉案企业适用减轻量刑。指南要求企业为其员工建立指导性标准,这些标准还必须反映政府规章和行业标准。英国也不甘落后,2007 年出台的《公司过失杀人及公司谋杀法》以及 2010 年的《反贿赂法》均体现了鲜明的刑事合规特点。《反贿赂法》除设立了常见的贿赂罪、受贿罪、向外国公职人员行贿罪等罪名,还创新性地设立了"商业组织预防贿赂失职罪"。该法所设定的惩罚措施也颇为严格,除 10 年上限的监禁外,还设有不作上限的罚金处罚。

　　大陆法系国家也积极推动企业刑事合规制度发展,陆续制定了本国的企业刑事合规法律。日本在 20 世纪 90 年代,为了顺应《反垄断法》执行的加强,先后颁布了《反垄断法适法计划辅导》与《反垄断法适法计划手册》。① 到目前为止,我国《刑法》共有 187 个单位犯罪罪名,占我国《刑法》罪名总数的 41.37%。但是相对于国外法律而言,我国刑法中单位犯罪的罪名范围依然比较狭窄。而在刑事责任方面,我国《刑法》还缺乏单位犯罪预防性刑事责任的立法和实践,缺乏类似于英国"商业组织预防贿赂失职罪"这样的立法实践。因此我国目前并不存在典型的企业刑事合规制度。但是近年来,我国为了推动企业增强境外经营合规管理意识,提升境外合规管理水平,先后制定了《合规管理体系　指南》(GB/T 35770—2017)、《中央企业合规管理指引(试行)》和《企业境外经营合规管理指引》等合规指南,为"走出去"企业提供了合规大方向。

六、"走出去"企业刑事合规措施

(一)企业要树立刑事法律风险意识

　　刑事法律是调整企业家及其企业行为的最严厉的规范。应通过理论部门、行业组织、第三方服务机构和政府管理机构之间的互相配合,系统地组织刑事风险防控宣讲和培训,特别是要让企业了解国外刑事法律,把握在企业

----

① 参见李本灿:《刑事合规理念的国内表达法——以"中兴通讯事件"为切入点》,载《法律科学(西北政法大学学报)》2018 年第 6 期。

经营中有关行为的性质;了解国外刑事诉讼程序,把握刑事诉讼的一些常识,进而树立起刑事风险意识,提前预判并及时防范未来可能发生的刑事风险。

(二)企业内部要设立合规管理机构

根据企业自身的业务性质、"走出去"目的地国、当地的监管要求等在不同国家的公司设置相应的合规管理机构,并且安排好具体的合规管理任务。还要明确合规管理机构在企业内部的层级、汇报对象、与其他部门的关系等与实际操作相关的问题。合规管理机构还要负责制定合规管理制度,并确保这些政策和制度得以落实。

(三)企业要建立有效运行的合规机制

企业要想把合规风险管理真正落实到业务操作层面,就必须把政策制度转化为可执行的流程,以确保各项业务同时符合外部监管法律和内部政策的要求,同时将合规政策与实际工作实践衔接起来,落实到每一个岗位、环节。这种机制体现在四个方面:

1.培训机制

企业在制定合规政策、行为准则和其他要求后,需要通过培训和交流方式确保其员工充分了解这些规定。结合刑事合规风险点来制订年度培训计划或其他定期的计划,确定好培训的形式、频率、讲师资质和受众等。这种培训的根本目的还是提高企业内外人员的合规意识,进而引导员工注重个体合规管理,满足合规要求,从而避免企业刑事风险点。

2.考核机制

要保障企业合规管理的有效性,就要考核并评估员工的合规表现。企业应在考虑业绩前首先审核是否合规,这样的全面业绩考核更能提升员工的合规执行力。

3.举报和调查机制

为了保证合规管理机制运行的有效性,避免出现刑事不合规现象,企业应当建立起完善的举报体系。举报体系对违规者是一种警戒,其违规行为在受到全部员工监视的情况下,发生的可能性会大大降低。举报渠道的设立是一种强有力的威慑机制,也方便企业和调查部门对员工行为的合规性进行实时监控,还可以加强企业内部规章及其他要求的执行力度。

4.处理和改进机制

发现问题后就需要解决问题,但是即使拥有强大的合规管理体系,可以在一定程度上降低企业违规的风险,但是并不能绝对避免风险出现。企业在面对不合规行为时的处理速度和完成度也是合规管理的重要一环,同时也体现了企业对合规管理的严肃态度。

(四)企业要重视合规文化建设

合规文化建设也是欧美国家在制定合规法律及指导手册时不断强调的内容,实际上在将机构设置和机制落实到实处后,合规文化建设也就基本成型了。

1.企业重视企业诚信及合规文化理念

好的机制能够使好的合规方案有效运营和执行,同时企业管理层的支持是更重要的前提。管理层包括企业内各层级的领导人和高级管理人员,只有得到他们的支持,合规机制才能够得到有效的执行。企业文化是企业在生产经营中逐渐形成的,是一种为全体成员所认同和遵守的带有本企业鲜明特征的企业宗旨、精神、价值观和理念,以及这些理念在生产经营实践、管理制度、员工行为方式与企业对外形象的体现和总和。这样的企业文化又具体体现在企业领导层制定的指导方针、政策、客户准则、同业伙伴准则、业务准则、员工守则等方面。

2.合规文化的建立还应该重视文化培育

在建立起合规文化后,还需要进行培育,使其融入每一个员工、部门和海外公司的价值观中。

七、结论

到目前为止,相对于进入中国的外资企业而言,"走出去"的中国企业在国际上虽然面对更大的挑战,但是它们在海外经营整体上处于一种合规程度较高的状态。即便如此,中国目前已有127家企业和7名个人因不合规而受到世界银行集团的制裁①,部分海外中国企业因为涉嫌行贿而被东道国列入

---

① The World Bank, Procurement-World Bank Listing of Ineligible Firms & Individuals, The World Bank, https://projects-beta.worldbank.org/en/projects-operations/procurement/debarred-firms.

黑名单①。可见,中国企业在"走出去"的过程中必须进一步提高合规意识,正视企业合规,尤其是刑事合规方面。根据中央出台的系列合规指引,企业需要高度树立刑事法律风险意识,设立企业合规管理机构,制定有效的合规机制,完善企业内部的合规培训、合规考核制度,在出现问题或收到举报申诉时,需及时公正地处理,在企业经营管理的各个环节重视合规文化的建设,以避免在"走出去"的过程中造成经济、声誉上的损失,实现"走出去"企业的可持续发展。

---

① 参见陈磊:《企业走出去如何预防刑事法律风险》,载法制网(http://www.legaldaily.com. cn/index_article/content/2018-11/08/content_7687848.htm),访问日期:2019 年 4 月 30 日。

七、"一带一路"合规编

"一带一路"背景下中国律师对
企业境外投资合规管理的重要作用

北京市高朋律师事务所　王晓旭

【摘要】 "一带一路"是我国应对全球形势深刻变化、统筹国内国际两个大局作出的重大倡议。随着"一带一路"倡议的深入实施,越来越多的中资企业积极响应国家号召"走出去"进行境外投资。"一带一路"沿线涉及的国家总计 65 个,涉及地区广阔,包括东盟、东亚、西亚、南亚、中亚、独联体及中东欧等地区的国家,由于这些国家在历史长河中发展的差异性,中资企业会不可避免地面临诸多来自这些国家在政治、经济及法律方面的风险与挑战。本文结合近年来的政策性文件、指导意见及笔者为中资企业解决"走出去"过程中所遇到的实际法律问题,尽可能地解析中资企业"境外投资法律安全"中存在的一些问题。

【关键词】 "一带一路"　境外投资　合规管理　律师作用

一、引言

对于中资企业来说,政治、经济领域的风险本身就存在一定程度的不确定性和不可控性,但对于法律方面的风险,只要中资企业强化内部风控管理,合理利用境内外律师的法律服务,是完全可以有效控制的。笔者分析以往中资企业失败或亏损的案例后发现,很多是由于缺乏对所投资国家的前期法律调研和对所投资国家的政策理解不充分而导致的。

在现实中,多数中资企业在境外投资时仅聘请外国律师,认为无须聘请中国律师,有些企业甚至连聘请外国律师都省略掉,转而依赖对方的律师完成交易,仅在出现严重问题或损失后才会想到聘请中国律师。这种想法会给中资企业的境外投资带来越来越大的威胁,导致中资企业境外投资险象环生。

本文结合近年来的政策性文件、指导意见及笔者为中资企业解决"走出去"过程中遇到的实际法律问题,阐述在"一带一路"区域法律服务发展中,建立以专业的中国律师为主要顾问进行整体法律统筹安排、由专业的境外律师提供当地法律事项咨询的团队的重要性,从而尽可能地解析中资企业"境外投资法律安全"中存在的一些问题。

二、与境外投资合规管理相关的政策性文件、指导意见

近年来,国家陆续出台了针对境外投资合规管理的政策性文件、指导意见,这些文件的内涵精神、规范模式值得中资企业在"走出去"时学习借鉴。

2015年12月8日国务院国有资产监督管理委员会颁布了《关于全面推进法治央企建设的意见》(2015年12月8日生效),明确强调总法律顾问在企业合规经营管理活动中的重要审核把关作用。具体内容如下:

依法开展国际化经营。建立境外重大项目法律顾问提前介入工作机制,将法律论证与市场论证、技术论证、财务论证有机结合,实现从可行性论证到立项决策、从谈判签约到项目实施全程参与,确保法律风险防范全覆盖。完善境外法治工作组织体系,推动境外重要子企业或业务相对集中的区域设立法律事务机构或配备专职法律顾问。①

大力提升法律管理水平。进一步深化法律风险防范机制,加快促进法律管理与经营管理的深度融合,将法律审核嵌入管理流程,使法律审核成为经营管理的必经环节。建立由总法律顾问领导,法律事务机构牵头,相关部门共同参与、齐抓共管的合规管理工作体系,研究制定统一有效、全面覆盖、内容明确的合规制度准则,加强合规教育培训,努力形成全员合规的良性机制。探索建立法律、合规、风险、内控一体化管理平台。②

---

① 参见《关于全面推进法治央企建设的意见》"三、首力强化依法合规经营"之(八)。
② 参见《关于全面推进法治央企建设的意见》"四、进一步加强依法规范管理"之(十一)。

　　此外,国家发展改革委等七部门在 2018 年 12 月 26 日正式出台了《企业境外经营合规管理指引》(发改外资〔2018〕1916 号),对企业的合规管理架构、制度、运行机制、风险识别、评估与处置、评审与改进、合规文化建设等方面提出了明确要求。该指引强调企业境外经营活动全流程、全方位合规的同时,重点针对对外贸易、境外投资、对外承包工程和境外日常经营等四类主要活动,明确了具体的合规要求:(1)企业开展对外货物和服务贸易,应全面掌握关于贸易管制、质量安全与技术标准、知识产权保护等方面的具体要求,关注业务所涉国家(地区)开展的贸易救济调查,包括反倾销、反补贴、保障措施调查等;(2)企业开展境外投资,应全面掌握关于市场准入、贸易管制、国家安全审查、行业监管、外汇管理、反垄断、反洗钱、反恐怖融资等方面的具体要求;(3)企业开展对外承包工程,应全面掌握关于投标管理、合同管理、项目履约、劳工权利保护、环境保护、连带风险管理、债务管理、捐赠与赞助、反腐败、反贿赂等方面的具体要求;(4)企业开展境外日常经营,应全面掌握关于劳工权利保护、环境保护、数据和隐私保护、知识产权保护、反腐败、反贿赂、反垄断、反洗钱、反恐怖融资、贸易管制、财务税收等方面的具体要求。①

　　中资企业在境外投资活动中应重点关注境内外投资负面清单,关注境外政治评价、法律评价、安全与环保评价、外汇管制评价、社区关系评价等营商环境论证工作。② 在境外开展对外贸易、境外投资、境外运营以及境外工程建设等"走出去"活动中,企业应结合发展需要,按照"统一协调、分层管理"的原则,建立权责清晰的分层合规治理结构(分层合规治理结构是指在决策、管理、执行三个层级上划分相应的合规管理责任)。③

　　虽然我国目前出台的在企业合规方面的法律法规大部分以规范国有企业为主,但在国有企业合规的问题解决方案和机制逐渐成熟后,民营企业也可以借鉴国有企业的经验来完善自身合规管理问题。随着中国企业规模的扩大,国际国内经济形势、交易的日趋复杂,这些企业所面临的风险尤其是法律合规风险持续加大,传统的以事后救济为主要特征的工作模式已无法防范

---

　　① 参见《企业境外经营合规管理指引》第 6—9 条。
　　② 2018 年 8 月 30 日生效的《中央企业违规经营投资责任追究实施办法(试行)》第 16 条规定了境外投资经营活动违规给企业造成损失的,应当对相关人员进行追责。
　　③ 参见《企业境外经营合规管理指引》第 10、11 条。

风险,与其亡羊补牢,不如未雨绸缪,提前做好风险防控。

三、发挥中国律师在境外投资各阶段的重要作用

除注重合规管理体系的建立外,中资企业在境外投资投前、投中、投后各阶段,也要落实发挥中国律师的重要作用。

1.投前政策调研、法律尽职调查——中国律师协调引领、外国律师配合

"一带一路"沿线既有大陆法系国家又有英美法系国家,其法律形式、法律适用迥然有异,中资企业在开展投资或业务之前的前期政策调研至关重要,甚至决定了企业境外投资的成败与否。尽管不同国家的法律制度存在差异,但是投前法律调研无外乎两方面:一为对投资项目当地审批政策的法律调研,二为对项目本身潜在法律风险的调研。

在开展上述法律调研过程中,首先应选聘中国境内律师。要选择语言过关、具有一定涉外经验的专业律师(后面笔者会举例说明在实践中选聘中国律师的重要性)。其次才是遴选境外律师。在选择境外律师的时候,应尽量避免选择对手方、项目中介机构或投行推荐的境外律师,这些律师的中立性可能会因为对手方、中介机构或投行急于促成项目而出现偏离。此外,境外律师的选聘要选择做过类似项目并且和当地政府机关保持良好关系的律师。建议中方律师也能参与境外律师的选聘过程,因为律师和律师之间通过几个问题基本可以判断其是否具有专业性。

投资审批方面的当地法律政策调研应为调研的首要内容,但实践中中资企业往往本末倒置,先对项目方进行尽职调查,结果调研到最后或者直到审批时才发现投资项目在当地无法获得审批或者当地实际政策与中资企业自己判断的不一致,不但浪费时间还要付出额外的成本(注:很多境外收购项目中,如果项目收购失败,收购方要付高额的"分手费")。

在对当地法律政策调研的过程中,开展独立的调研(非依赖对手方)至关重要。由于中国律师更为了解中资企业的背景和意图,一般不会存在文化差异和语言障碍。笔者之前曾帮助一家对收购欧洲保险公司感兴趣的中资企业进行前期法律调研。尽管在网站上无法查到交易是否能够被批准的明确法律规定,但是通过与该国政府机构的直接沟通(注:"一带一路"沿线不

少国家政府机构是可以通过电子邮件或者电话直接进行沟通的），笔者了解到这家中资企业由于主营业务缺少金融、保险背景，即使有经济实力收购当地的保险公司，交易获得当地审批机关批准的可能性也微乎其微。笔者又进一步与境外律师事务所律师沟通，确认了该结论。后该中资企业果断放弃收购，节省了后期对项目方的尽职调查时间、花费，并避免了项目审批失败所面临的其他损失。

除了交易审批，在其他方面的前期法律调研也尤为重要。笔者曾经遇到过一个案子，一家中资企业与一家经济不是很发达的国家的企业长期进行贸易往来，关系还算良好，但是这家企业的法定代表人突然去世，之后的贸易合同由该法定代表人的儿子来签署，结果该法定代表人的儿子拿到货物后不履行付款义务，导致该中资企业损失上百万美元。后该中资企业试图通过保险公司对其损失进行索赔，但保险公司核保时发现这家外国公司是一人公司，根据当地法律，一人公司在其股东（其父）死后，这家公司本身就不复存在了，且即使股东之子签字，根据当地法律，该签字的授权也应经过商业登记才能生效，因此判断法定代表人的儿子的签字无效，整个贸易合同亦无效，保险公司拒绝理赔。在上述案例中，如果在公司法定代表人去世后，在其儿子签字前，对上述签字的效力作了法律调研，法定代表人的儿子的恶意违约风险将会被避免。

在对当地法律政策调研后，如果决定项目继续进行，则应开始对项目进行调研，一般对项目的法律尽职调查会聘请境外律师来进行，但是在实践中，受到语言文化、法律体系差异的限制，境外律师的尽职调查报告较为冗长繁琐（有的是长达几百页甚至上千页的外文）、重点问题主次不分，当中资企业拿到该报告时，想要完全读明白有一定难度。笔者曾在读一家境外律师事务所的几百页的英文法律尽职调查报告时，在一个不起眼的地方注意到项目方有很多专利来源于第三方的许可，后经与境外律师进一步核查，发现该项目方的核心技术并非其宣称的是自主知识产权，其无权处置核心技术部分的专利。试想一下，如果中方律师没有一条一条地读调查报告并发现问题，中资收购方在收购后必然会遭受重大损失。因此针对项目方的尽职调查，中国律师前期应参与梳理企业关注的重点法律尽职调查问题，并要求外方律师对这些问题进行重点关注并在尽职调查报告中突出体现,在尽职调查报告完成后,全面审阅尽职调查报告的内容,及时发现没有重点列出但可能带来潜在法律风险的敏感问题。

2.投中协议磋商——中、外律师共同参与谈判、协议修改

不少中资企业认为,在起草协议和谈判阶段,不需要中国律师参与,只需要境外律师参与即可,此处姑且不论境外律师是否了解中资企业的基本情况和收购意图,是否存在利益冲突和中立性问题,仅就境外律师起草的协议是否能够避免协议中明显的法律问题以及消除协议中适用法律冲突的问题就值得怀疑。以相对重要但比较简单的仲裁条款为例,笔者曾经看到整套的境外交易协议中每个协议约定的争议解决条款、解决方式均不一致,更有甚者,约定的仲裁条款本身就是无效的。

笔者在此列举两个未经中国律师审查的仲裁条款无效的例子:(1)在相关交易协议中约定仲裁机构为"巴黎国际经济贸易仲裁委员会",该仲裁条款约定的仲裁机构经核实根本不存在;(2)在相关交易协议中约定争议解决方式为在"某某国、某某城市"进行仲裁,但未约定具体的仲裁机构(后发现该城市有多个仲裁机构),且适用法律还约定的是中国法律(注:根据中国法律,除非该地只有一个仲裁机构,否则仲裁协议无效,除非当事人能就选择的仲裁机构达成一致)。

相信任何一个具有涉外经验的专业的中国律师都能在合同的起草阶段把上述案例中的问题纠正过来,从而避免因为仲裁条款无效或者效力待定导致遇到争议时无法通过争议解决条款有效解决。除上述基本的法律效力问题外,由于跨境交易本身的复杂性,在条款理解、风险防范、违约责任等方面,相信中国律师的参与对中资企业在交易文件的签署、风险控制等方面更为有效。

3.投后风险防范——中国律师引导,提前组建专业律师团队

中资企业在"一带一路"沿线国家进行项目投资后或者开展业务后,法律风险并不是就不存在了(实践中,很多法律问题都会在后期爆发),考虑到"一带一路"沿线国家中不少国家经济相对落后,法制建设不成熟,在投后的法律服务应以风险防范为主,为企业建立一定的防范规则。笔者曾经遇到过

在国际贸易中,有的中资企业在已经发现对方出现拖延付款的情况下,为了完成业绩,仍给对方供货,结果损失惨重。因此,中资企业应对交易对手的财产状况、还款能力随时关注,一旦发现出现违约事件或者推断可能造成违约事件,要及时止损。

此外,中资企业要在境外建立完备的律师团队,特别是对于在劳动、诉讼和财产调查方面具备一定经验和能力的律师要提前遴选,纳入企业内部或外部律师团队中,该项遴选工作同样可以由中国律师牵头负责,对于交易对手的财务状况和财产线索亦应随时关注,因为如果出现问题后再去查找财产线索、匆忙寻找诉讼律师往往为时已晚,在第一时间将对方财产查封,对弥补企业损失至关重要。

四、结语

综上,笔者认为,深入贯彻学习国家出台的针对境外投资合规管理的政策性文件、指导意见,建立以中国律师为主导,外国律师予以配合的中资企业在"一带一路"国家的投前、投中和投后的专业法律服务团队,应为今后"一带一路"区域法律服务发展之主流。在中资企业境外投资所涉及的法律安全方面,未雨绸缪、防微杜渐远比出问题后亡羊补牢更为迫切、实际与重要。

"一带一路"背景下企业如何
构建有效的合规管理体系

中铁一局集团有限公司　孙高峰　雷　宇

【摘要】　2013 年,习近平总书记提出了共建"丝绸之路经济带"和"21世纪海上丝绸之路"的重大倡议。共建"一带一路"顺应了全球治理体系变革的内在要求,彰显了同舟共济、权责共担的命运共同体意识,为完善全球治理体系变革提供了新思路、新方案。

随着"一带一路"倡议的逐步深入实施,中国企业"走出去"的步伐也逐渐加快,越来越多的企业开始走出国门,承建海外工程。但是,沿线国家的政治体制、经济文化、法律体系和社会风俗都存在巨大的差异,对于中国企业"走出去"提出了更加严格的要求,尤其是合规管理与风险防范能力。由于不熟悉国际合规监管环境,中国企业遭受多边开发银行或当地政府处罚的事件时有发生,遭受了不必要的损失。

【关键词】　"一带一路"　合规管理　体系建设　风险防控

一、"一带一路"背景下企业构建有效合规管理体系的现实意义

(一)国际大环境中合规要求逐渐严苛

2013 年 6 月,世界银行发现在其资助的坦桑尼亚某道路修复项目中,中国 A 企业存在投标文件业绩造假行为。世界银行向该公司发出了制裁程序通知,将该公司列入世界银行黑名单,禁止其参与世界银行资助的任何项目,同时要求其在两年之内建立起符合世界银行要求的廉政合规制度。

2016 年 3 月,亚洲开发银行发现在其资助的孟加拉国某供水管网修复项目中,中国 B 企业在投标递交业绩证明过程中实施了欺诈行为,递交了两个伪造的业绩证明,用于支持其投标的项目。亚洲开发银行随即展开调查,给予该公司为期 3 年的禁入处罚并要求其实施合规计划。

2018 年 4 月,美国商务部宣布重启对中兴通讯的制裁禁令,中兴通讯将在 7 年内被禁止以任何形式从美国进口商品,理由是中兴通讯违反了 2017 年 3 月与美国政府达成的和解协议。2018 年 4 月 22 日,中兴通讯在深交所发布自愿公告,声称"吸取过去在出口管制合规方面的教训,高度重视出口管制合规工作,把合规视为公司战略的基石和经营的前提及底线"。

近年来,因为缺乏有效合规管理体系而遭受国际多边金融机构处罚的中国企业逐渐增多。据统计,截至 2018 年 7 月 31 日,世界银行黑名单中仍处于被处罚期的中国企业和个人有 88 个。其中 2017 年被列入制裁名单的中国企业和个人有 53 个。不仅被列入制裁名单的中国企业数量在逐年增加,制裁的期限也在不断延长,最长制裁期限长达 10 年以上,而制裁的原因往往是公司缺乏有效的合规管理体系。

同时,美国在 2018 年主导的"中国计划""新非洲战略"等行动,意图以合规监管为手段,通过域外管辖为美国企业获取竞争优势。中国企业的海外经营将持续面临美国的合规监管压力和挑战。

(二)国内大环境下合规意识逐渐增强

在"一带一路"背景下,随着中国企业"走出去"面临的国际环境日益复杂,中国政府和企业也在通过不断的努力和尝试吸取中国企业在海外频繁遭受调查和处罚的教训,不断完善自身的合规管理体系。

2015 年,国务院国资委发布了《关于全面推进法治央企建设的意见》;2018 年 7 月,国家发改委外资司发布了《企业海外经营合规管理指引(征求意见稿)》;2018 年 11 月,国务院国资委发布了《中央企业合规管理指引(试行)》;2018 年 12 月,国家发改委等七部门发布了《企业境外经营合规管理指引》,对总则,合规管理要求,合规管理架构,合规管理制度,合规管理运行机制,合规风险识别、评估与处置,合规评审与改进,合规文化建设八个方面作了详细的规定,重点针对境外投资、对外贸易、对外承包工程和境外日常经营四类主要活动提出了具体合规要求。

同时,中央反腐已经成为推动我国企业走向依法合规的重要动力,特别是国有企业。随着中央反腐的不断深入,已经有多家国有企业的决策层高级管理人员因违反法律等不合规原因被调查,中央巡视组对 45 家央企及 21 家金融单位进行了巡视,发现的问题主要有:收受贿赂或进行商业贿赂,向关联企业输送利益,在招投标、物资采购等环节弄虚作假等。可以说,我国的反腐败工作已经成为企业加强合规管理工作的重要推手。

从出台的一系列制度文件和采取的各项行动可以看出,为了使"一带一路"背景下中国企业"走出去"的步伐更加稳健,我国政府和企业正在全力建立健全企业自身的合规体系,增强境外经营合规管理意识,提升境外经营合规管理水平。

综上,我们可以看出,无论是从国际还是国内大环境来看,构建有效的合规管理体系已经成为"一带一路"背景下中国企业"走出去"必须面对的课题,而且形势只会越来越严峻,其重要性和现实意义不言而喻。

二、"一带一路"背景下中国企业"走出去"面临的合规风险

我们通常所指的合规风险,是指企业在经营过程中没有遵守外部的法律法规或者规章制度及相应的职业操守和道德规范时,面临遭受法律制裁或者监管惩罚,从而给企业带来财产损失和声誉受损的风险。随着"走出去"战略实施的领域和规模不断扩大,很多企业由于缺乏合规管理知识和意识,在海外市场开展业务时频频出现违规操作,被处罚的情况也屡屡发生。

通过分析各种合规风险的形成及所触发的后果,我们不难看出,合规风险具有多变化、可识别、可管控的特点。多变化,是指合规风险并非一成不变的,而是随着企业面临的外部环境、内部管理的不断变化而变化,因此在合规风险的监测和应对方面也要与时俱进。可识别,是指企业可以通过对信息的收集、整理和分析来识别合规风险,并非因为其具有变化性就不可识别,在充分熟悉和了解企业各项业务及流程后,在日常的企业管理中便可有效识别合规风险。可管控,是指企业可以通过对合规风险的分析、评估和监测,建立和健全企业自身的合规管理制度,制定合规管理政策,完善合规管理运行机制,实现对合规风险的有效预防和应对。

要想尽量减少企业所面临的合规风险,首先必须认识到合规风险的主要来源。企业在发展过程中,既会受到外部环境的影响,也会受到自身内部经营活动的影响。因此,企业面临的主要合规风险来自两个方面:一是外部环

境带给企业的合规风险;二是企业内部管理带来的合规风险。

(一)外部环境带给企业的合规风险

外部环境带给企业的合规风险,主要是指企业违反法律法规或者道德规范引起的合规风险,主要有违反商业法规风险、安全生产风险、环境保护风险、商业贿赂风险、欺诈风险、劳工风险、政治风险等。

结合近年来我国企业在"走出去"过程中所面临的合规调查和处罚,我们发现"腐败及商业贿赂风险"多次出现,这不得不引起我们的关注。

很多国家都存在"办事靠人脉、靠关系"的观念,人们对请客送礼等行为持宽纵态度,视为常态,缺乏廉洁自律意识。中国企业在"走出去"过程中,为了开拓市场、开展业务,提供或接受超出合理限度的业务招待,不当索要或接受礼品等行为时有发生。

2017 年 11 月,香港特别行政区前民政事务局局长何志平在美国纽约被捕。按照美国司法部公开的起诉书,何志平涉及两案:一是"乍得案",其涉嫌通过塞内加尔前外长加迪奥,向乍得总统行贿 200 万美元,以换取独家开采石油权;二是"乌干达案",其涉嫌向前联合国大会主席、乌干达外长库泰萨行贿 50 万美元,以换取商业利益。何志平势必面临美国法律的严厉制裁,其所关联的企业同样也会遭到美国法律的制裁。

提到美国的合规管理相关法律规定,不得不提美国《反海外腐败法》(FCPA)。该法律号称是最严厉的反腐败和商业贿赂法律,其管辖权已经扩展到了一个行为只要和美国存在"最小联系",美国即具有管辖权的地步,即任何个人、公司,任何官员、董事、雇员、企业代理人或者任何代表公司行事的股东,若个人或者公司命令、授权或协助他人违反反贿赂条款,都将受到惩罚,因此也称"长臂管辖"。

根据国际反腐组织透明国际发布的"全球清廉指数"排名,2017 年中国全球排名第 77 位,2018 年中国全球排名第 87 位,相对偏后;在世界银行等多边金融机构的制裁名单中,近两年涉及的中国企业都在 100 个以上,相对偏多。这表明,中资企业对海外投资和经营行为还须进一步规范和提高。因此,中国企业在海外投资和经营过程中,一定要充分了解有关国际商业规定和法律环境,主动掌握所在国法治环境、反腐败法律与机构的有关信息,切实做到不违反相关法律规定。

(二)企业内部管理带来的合规风险

企业内部管理带来的合规风险,主要是指企业在日常管理过程中,由于管理粗放、合规意识淡薄所引起的合规风险,主要包括劳务用工风险、产品质量风险、选择第三方合作伙伴风险、投标行为不合规风险等。

我国企业在海外承揽工程过程中,尤其要关注投标及相关行为不合规引发的合规风险。投标及相关行为是国际监管机构,特别是国际多边金融机构关注的重点。除了串标、围标等常见的违规行为之外,中国企业还应关注投标文件的真实性、准确性及完整性,特别是中国企业在境外投标时经常出现的业绩造假问题。

2017年,中国某公司在参与世界银行的两个供应合同项目的投标过程中,为了满足招标的业绩要求,在投标文件中提供了伪造的过往业绩。此外,在项目中标后实施过程中,该公司再次向有关主体进行了类似的虚假陈述。在此情况下,世界银行将该公司反复的虚假陈述视为多次不当行为,并将该情形作为加重情节予以考虑,在基准制裁的基础上,对该公司作出加重处罚,给予其4年的附带解除条件的取消资格制裁,对该公司开展海外业务造成了毁灭性的打击。

同样,选择第三方合作伙伴带来的合规风险亦是近年来我国企业面临国际多边金融机构处罚的重要原因之一。中国企业在海外开拓市场、开展业务过程中,经常会出现聘请所在国当地第三方顾问、代理人的情形。这些代理人若使用不当,就会变为企业行贿或谋取不正当利益的中间人,由此产生第三方代理风险,这是中国企业尤其是中国工程企业在海外开展业务遇到的重大风险点之一。

2016年,法国的一家工程承包公司聘用了巴基斯坦一家代理人协助其进行竞标,并向代理人支付了高达标的额15%的佣金,最终该公司成功获得了世界银行资助的巴基斯坦某公路建设项目。2017年,世界银行在收到第三方的举报后对该事件展开调查,发现该公司是通过代理人采取行贿等不正当手段竞标成功。最终,世界银行对该公司及公司负责人处以3~5年不等的禁入制裁。

可以说防范由于第三方代理引起的不合规风险,最重要的是针对第三方开展尽职调查,详细了解第三方与当地政府是否存在关联、代理费用是否过高、是否存在腐败等行为,这是防范代理人风险的有效措施。

"一带一路"背景下中国企业"走出去"面临的合规风险还有很多,例如政治类风险、环保类风险、劳工类风险、知识产权类风险等,在此不作全面介绍。随着中国企业"走出去"的程度越来越深,面对的合规风险也必然越来越大,企业只有从自身做起,构建有效的合规管理体系,才能在国际市场中站稳脚跟。

三、"一带一路"背景下企业构建有效合规管理体系的措施

随着"一带一路"倡议的逐步深入实施,构建一套运行有效的合规管理体系已经成为中国企业在国际市场上做大做强的必备条件。如果缺乏有效的合规管理体系,员工没有合规管理意识,那么违规操作、面临制裁、经济损失将是必然后果。

因此,构建有效合规管理体系不仅是为了满足国家和国际多边金融机构的监管要求,更是企业能够在国际市场健康、稳定、可持续发展的必然要求。

(一)提升认识,培育合规文化

企业开展一项工作,离不开全体员工的高度重视,而领导层、管理人员的认识水平,决定了工作开展的成效。合规管理工作是一项系统性工作,需要企业各部门横向、纵向的通力配合才能有效运行。因此,构建有效的合规管理体系首先要提高全员尤其是领导层、管理人员的认识,使其认识到合规管理工作的重要性和紧迫性,从而在企业整体范围内形成人人合规、事事合规、时时合规的文化。

(二)搭建体系,做好顶层设计

建设合规体系是一项综合性工程,不是新建立一套单独的管理体系,而是立足现有的管理体系,并充分考虑企业管理实际,对现有的管理体系进行补充完善,通过企业各级管理部门和人员的共同参与,保证合规管理体系的有效运行。

首先,应在企业高层建立起相关的合规管理机构,明确其合规管理职能。

企业的董事会、监事会和专门委员会以及经理层应加强对合规管理工作的顶层设计和引领,设立合规管理领导小组,负责统筹协调整个企业合规管理工作,充分调动企业各项资源,确保将合规管理工作在整个企业推进过程中的阻力减至最小。

其次,应注重合规管理专项部门与各业务部门之间的工作协同和融合问题。合规管理并非单个部门的业务,应当融合在企业管理的各个环节及企业管理的日常工作之中,各部门之间的融合程度至关重要。

(三)完善流程,做好制度支撑

合规管理制度流程的有效性,是合规管理工作能否顺利开展的关键因素。健全合规管理制度流程,将为合规管理工作的开展提供良好的环境。

合规管理制度是企业和员工在日常经营管理活动中必须遵守的原则和标准,是企业最重要、最根本的制度。合规管理制度要以风险为导向,针对各业务系统进行风险识别和分析,明确合规管理工作中的重要风险点。

同时,制度并非静态的,要在充分利用各种资源、了解各种要求的前提下,建立与所在国家、地区政府部门、监管机构的合规标准相匹配的合规管理制度,并随时跟踪、收集法律法规的变化,将外部的合规要求及时有效地转化为企业内部的合规管理制度要求,使企业制定的合规管理制度能够保持时效性。

(四)明确重点,做好风险管控

首先,应做到对合规风险信息的全面了解。在进驻一个新的国家或地区时,应积极主动收集所在国家或地区的政治经济、法律法规、监管规定、风俗习惯、商业惯例等信息,并对其进行全面的分析和研究。在此过程中,可以寻求中国驻外使馆、其他中资企业的帮助,开展交流合作,同时还可以聘用所在国当地的管理人员、律师等,以便更加全面地掌握相关合规风险信息。

其次,要在所有合规风险信息中准确找到管控重点。由于企业自身发展情况、所在行业特点、所在国别整体情况均不尽相同,因此应结合实际,有重点、有针对性地进行风险识别和防控。以工程施工企业为例,可以在代理、投标、现金支付、采购、礼品和招待、捐赠及赞助等重点领域进行管控。

最后,要建立合规风险预警机制。对收集到的风险信息,应结合发生的可能性、造成的影响及后果等进行分析;针对可能发生的较大风险,应制订风险应对预案,采取恰当的控制和处置措施,并做好演练工作。

(五)重视培训,做好文化引领

培育合规文化是开展合规管理工作的高级阶段,企业各级管理者都应该严格遵循合规理念,践行依法合规、诚信经营的价值观。

合规管理工作牵涉每一个业务部门,牵涉每一位员工,需要每一位员工的参与才能实现,所以企业要将合规理念传达给每一位员工。通过定期、反复、系统的培训,不仅可以增强员工的合规责任,让员工的合规知识和技巧得到稳固增长和提升,还可以就工作中遇到的具体合规问题展开讨论等。

(六)加强监督,做好持续改进

应加强对合规管理工作的监督检查和评价,及时发现和纠正合规管理工作中存在的问题,持续对合规管理工作进行改进。对于反复出现的或者重大的合规风险,应深入分析、查找根源。

开展合规审计是对合规管理工作进行全面评价和监督的重要手段,应重点审查合规体系的运行情况、合规程序的执行情况以及财务控制和其他内控手段的实施情况。合规审计的开展可以有效确保公司合规制度得到遵守,防范和遏制违规行为发生。

合规是企业可持续发展的基石,是企业长治久安的前提条件。中国企业应当切实落实各项举措,树立起诚信经营、合规经营的价值观和企业文化,建立起有效的合规管理体系,唯有如此,在"一带一路"背景下,中国企业"走出去"的步伐才能更加稳健!

参考文献

[1]王志乐主编:《合规:建立有效的合规管理体系》,中国经济出版社2016年版。

[2]王志乐主编:《企业合规管理操作指南》,中国法制出版社2017年版。

[3]张世杰:《强化企业海外合规风险管理,从这5个方面入手!》,载风控在线微信公众号(https://mp.weixin.qq.com/s? src = 11&timestamp = 1589710165&ver

=2344&signature=h8NUsyCECfLJoMqweHxjiN8WkaNxUwAjsgw7QuAj6auCHqjmbiGx R33sXPCF5IZKGoQ-GYw8-pJ1Oelbh4tJGdnPwyCnCszTw5rv6k84gg3v8y4SjH4yzjaiiu MQGKoV&new=1），访问日期：2019 年 4 月 16 日。

　　［4］孙斌：《浅谈中国企业海外业务合规管理》，载腾讯网（https：//new. qq.com/omn/20190425/20190425A093JO.html），访问日期：2019 年 4 月 16 日。

　　［5］安永 EY：《企业在开展海外经营业务中应如何加强合规管理》，载投资 上海微信公众号（https：//mp.weixin.qq.com/s/4K8FkcHnDTh0dpagERN5nw），访 问日期：2019 年 4 月 16 日。

浅析"一带一路"背景下建筑企业的合规风险管理

北京市惠诚律师事务所　王跃胜

【摘要】　随着"一带一路"倡议以及新一轮高水平对外开放战略的实施,中国建筑企业"走出去"的步伐正在不断加快。中国建筑企业走出国门,面临的是全球化时代新的竞争环境、新的竞争规则,因而也面临更大的合规风险。近年来,部分中国建筑企业在国际化过程中,因违反当地市场的反贿赂与反舞弊、环保标准、质量要求、贸易限制与出口管制、反洗钱、公平竞争与反垄断等合规监管规定,受到相关监管机构的严厉处罚,遭受巨额经济损失。中国建筑企业加强合规管理不仅是为了满足国家对于企业的要求和期待,也是为了使企业能在国际市场实现可持续发展。

【关键词】　国际工程　风险防控　合规体系　合规审计　风险防控
合规风险管理

"十二五"以来,中国面临更加错综复杂的发展环境。从国际上看,世界经济发展进入转型期,国外大环境不稳定、不确定因素显著增多,我国发展面临的风险和挑战加大。从国内看,尽管总体上经济长期向好的基本面没有改变,但提质增效、转型升级的要求愈加紧迫,原先粗放式发展造成的不平衡、不协调、不可持续问题仍然突出,面临稳增长、调结构、防风险、惠民生等诸多挑战。以习近平总书记为核心的党中央统筹国内外大局,在经济发展进入新常态的时代背景下,着眼于实现中国经济持续健康发展,为推动与世界各国互利共赢、共同发展,及时提出了"一带一路"(即"丝绸之路经济带"和"21世纪海上丝绸之路")倡议。

大力推进"一带一路"倡议对整个国家的经济社会发展都将产生重大而深远的影响,国外急需改善的基础设施建设,为国内建筑企业带来了难得的历史性发展机遇。"一带一路"辐射范围涵盖东盟、南亚、西亚、中亚、北非和欧洲。据亚投行预测,亚洲国家未来10年每年基础设施的投资规模约8万亿美元,这将为国内建筑企业大规模进军国际承包市场创造有利条件,也将为国内承包工程增幅不断下降的中国建筑业带来新的发展空间。

一、建筑企业"走出去"迫切需要加强合规风险管理

在国家大力推进"一带一路"开放格局的环境下,国内建筑企业参与的国际工程项目规模不断扩大,逐渐遍及全球。特别是在东南亚、非洲、中东欧等"一带一路"沿线区域,国内建筑企业优势明显,已占据很大一部分市场份额。但随着"一带一路"沿线国家的合规立法不断加强,监管日益严格,处罚也日趋严重,沿线国家市场中的诸多新机遇同时也是新挑战。建筑企业"走出去"后,项目运营方式不断更新,管理难度也相应增加,合规风险管理对国内建筑企业持续稳定发展的意义愈发显现。总结国内建筑企业在"走出去"过程中的经验和教训,加强企业合规风险管理,既是建筑企业防范风险的基本前提,也是企业稳健经营的内在要求。

国内建筑企业在海外市场不断取得佳绩的同时,也越来越多地受到来自国际组织、东道国政府和民众的关注,有的工程项目甚至被国际媒体广泛报道。2018 年 11 月 1 日,美国司法部宣布开展"中国计划",2018 年 12 月 13 日,美国政府公布了"新非洲战略",美国政府以法律和合规监管作为武器,通过域外管辖维护美国企业的竞争优势,中国企业的海外经营将持续面临美国合规监管的巨大压力和挑战,合规风险防控和合规经营的压力将会更大。

为应对不断升级的合规监管形势,2017 年 5 月,中央全面深化改革领导小组在《关于规范企业海外经营行为的若干意见》中指出,要"加强企业海外经营行为合规制度建设";2018 年 11 月,国务院国资委发布《中央企业合规管理指引(试行)》,为企业建立健全合规体系提出更具体的要求并作出细化指引;2018 年 12 月,国家发改委等七部门联合印发《企业境外经营合规管理指引》,强调"合规管理能力是企业国际竞争力的重要方面","合规是企业'走出去'行稳致远的前提"。这些规范性文件对于国内建筑企业建立合规管理体系及制度、加强合规意识、提高合规管理水平具有十分重要的意义。

二、识别合规风险是合规风险管理的关键

"一带一路"建设不断推进,给国内建筑企业带来很多新的机遇,但对于部分风险较高的沿线国家,国内建筑企业应提前做好准备,调整原来的习惯做法,在遵守相关法律规定的同时,密切关注其他的利益相关方,重视改善当地民生福利,与当地建立稳定、友好的合作关系。国内建筑企业在海外业务规模和范围不断扩大的情况下,如果缺乏合规风险管理经验,不熟悉国际工程市场的新规则,就很可能出现违规经营情形。

只有识别自身面临的合规风险,其后才能采取相应的合规管理应对措施。因此,合规风险识别既是合规风险管理的第一步,也是整个合规风险管理的基础。对于风险识别,一方面可以对各种数据、资料和风险事件来进行整理、归纳和统计,另一方面也可以对已经发生的风险事件的经验教训进行大数据分析,进而总结出各种潜在的风险及其损失情况的客观规律。

识别合规风险有两种方法,一种是围绕各部门职责识别,另一种是围绕项目流程和步骤识别。不同的部门和不同的岗位职责,发生的违规情况也各有不同。从诸多已发生的案例看,权力集中部门和岗位更容易发生违规问题,权力是产生合规风险的源头,这些权力部门和岗位正是合规风险的高发点。识别这些权力的分布点,就可以准确管控合规风险源头,从源头上识别和防范合规风险发生。建筑企业内部的贪污腐败、违法违纪、行贿受贿等问题,多发生在权力相对集中的部门和岗位,权力的滥用是企业内部监管失控、商业贿赂、徇私舞弊等合规风险发生的主要原因。

国内建筑企业防范和管控合规风险,重点须监督权力部门和岗位在项目运营过程中规范行使权力。例如,项目部的权力包括分包队伍选择、预算报批、签订合同、施工管理、竣工验收、工程结算、档案管理等,这些权力是最容易发生合规风险的地方,识别了以上权力分布,并就上述权力行使的特点采取有针对性的合规风险防范措施,才能从源头上规避风险。

合规风险识别是一项系统性和连续性的工作,企业在识别合规风险时,应针对不同情况,综合使用各种方法。合规风险以不同的标准可分为诸多类别,从内外部的角度,可以分为内部风险和外部风险;从项目实施流程的

角度,可以分为投标阶段风险、项目执行阶段风险和项目收尾风险。结合国内建筑企业"走出去"发生的诸多合规风险案例,笔者梳理出以下几类常见风险:

1. 政治风险

国际工程项目面临的政治风险主要指项目所在国或者项目利益相关国政治因素的变化给承包商造成经济损失的可能性,主要包括战争、内乱、政权更迭、国有化、恐怖袭击、政府征收征用、政府违约等。近年来,我国承包国际工程的建筑企业受政治风险影响遭受巨大损失的案例较多。例如,2007年10月,厄瓜多尔以总统令的形式宣布对外国石油公司征收超额所得金,额外收入中的99%收归厄瓜多尔国有。这项政策使得中国石化、中国石油等企业蒙受巨大损失。

建筑企业选择国际目标市场,主要应考虑的政治风险要素有以下几点:第一,社会政治经济相对稳定,支付条件可靠;第二,人身安全系数高,经济增长速度快;第三,治安环境较好,人身安全有保障;第四,国内劳务输入、国际人才流动便捷。从政治风险考虑,如果不能满足上述要求,其他条件再好也不能贸然进入。

2. 法律风险

法律风险表现为不同法律体系的差异。中国是大陆法系国家,与普通法系国家的法律传统存在比较大的差别。国际工程建设项目涉及的法律比较多,可能涉及劳动保护法、合同法、建筑管理法、土地规划法、环境保护法、税收管理法、知识产权法等。在一些发达国家,法律在环境保护和劳工方面的要求非常严格,企业稍有不慎,就会触碰当地的法律"红线",遭受法律风险带来的损失。"一带一路"沿线的诸多发展中国家,法制尚不完善,法律法规、政策的不稳定风险较大。国内建筑企业承接国际工程,必须遵守国内和所在国法律的相关规定、相关国际组织和国际条约的规定,符合相关行业准则、商业惯例和道德规范,遵守企业依法制定的章程及规章制度等。建筑企业须坚守法律底线,依法合规经营,从项目开发、规划、设计到建设、完工,应防控每个环节可能出现的法律风险。建筑企业在合法合规经营的同时,还应建立起危机公关机制,及时疏导舆情,多角度防控法律风险。

3.风俗习惯风险

国际市场对我国建筑企业来说位于异国他乡，各国的国情不同，风俗习惯与中国存在较大差异。项目所在地的生活习惯、社会风俗，特别是宗教信仰，都是国际工程项目中必须重视的风险因素。

4.汇率调整风险

我国建筑企业在承揽国际工程时，受各国经济政策、经济发展环境、汇率等国际金融环境各种因素的影响较大，特别是"一带一路"沿线国家多为金融市场发展不稳定、通货膨胀率较高、经济欠发达的发展中国家。因此，企业可能会面临汇率波动大、项目所在国通货膨胀率高、经商环境欠佳、基础设施落后等经济风险。例如，某国内工程总承包公司与伊朗签订 EPC 总承包固定总价合同，合同金额为 1.3 亿欧元，签约时欧元与人民币的汇率为 10.27，工程历时 5 年完工，平均结算汇率为 8.7，由于汇率变化造成近 2 亿元人民币的损失。另外，该工程在伊朗的分包商面临每年约 20% 的通货膨胀率，分包商成本大幅增加，便以各种名义和手段向总承包商提出提高工程总价，否则就威胁停工，最终总承包商给当地分包商追加了近 5 000 万元人民币。该项目仅以上两项风险造成的损失就达到了 2.5 亿元人民币。

5.金融制裁风险

2010 年世界银行发布《世界银行集团诚信合规指南摘要》，并与其他几家国际金融机构签署了《共同实施制裁决议的协议》，共同约定了多边联动制裁机制，如有公司违反上述规定，将受到这几家国际金融机构的共同制裁。仅 2018 年，世界银行就对 78 家企业和个人实施取消资格制裁（含 5 家中国企业和 2 名个人），另对 73 家企业和个人实施联合制裁（含 9 家中国企业和 2 名个人），体现了世界银行等多边国际金融机构对于违规行为零容忍的态度。

目前，中国建筑企业参与的很多国际工程项目，其资金都来源于多边国际金融机构的贷款，比如亚洲开发银行、非洲开发银行、世界银行等。这些多边国际金融机构对于参与其出资项目的公司都会有详细的合规要求，如果发现公司在参与项目的过程中存在腐败、欺诈、串通、胁迫等违规行为，可能会受到这些多边国际金融机构的共同制裁，并且其母公司、子公司或控股公司、投资公司等关联公司也将受到相应的制裁，这将对建筑企业造成重大经济损失。

6.项目管理风险

就工程项目而言,质量、成本、工期、安全是项目管理的关键环节,建筑企业在签约谈判时须重点审查合同中约定的质量、成本、工期、安全是否合理。合同签订后,建筑企业如果不能依照合同约定按质按量完成项目,不但要承担违约责任,还将对其项目执行成本、资金回收、作为承包商的声誉等各方面带来极大的负面影响。当然,建筑企业应当加强施工进度、质量监督、成本控制、安全生产等方面的管理,保证在合同约定的工期内完工。但是,国际工程项目比国内工程项目情况更加复杂,企业所面临的风险更加难以预测。因此,在国际工程项目中,经常会出现工期延误情形。引起工期延误的原因有很多,有承建企业自身原因造成的,也有外部自然环境原因造成的,有不可抗力原因造成的,也有业主自身原因造成的等。在工期延误情况下,如果合同中没有明确约定建筑企业可以据以索赔的条款,或者虽有相应条款,但是建筑企业不能区分清楚并准确记录工期延误的原因、及时提交索赔申请,那么建筑企业也会面临重大风险。

三、健全合规风险管理体系,防范合规管理风险

2017 年 12 月 29 日,国家质量监督检验检疫总局和国家标准化管理委员会依照国际标准化组织发布的《合规管理体系　指南》(ISO 19600:2014)发布了国家标准《合规管理体系　指南》(GB/T 35770—2017),该指南专门论述了合规风险管理体系规则,具体包括组织结构、角色和职责、策划、运营等方面。建筑企业合规风险管理体系是建筑企业合规风险组织制度和管理制度的总称,是建筑企业合规风险管理的基本内容和主要框架,是建筑企业合规风险管理的重要保障。做好国内建筑企业合规风险管理体系建设,首先应从规范业务部门内部审批流程着手,强化合规风险部门建设,加强审计监督。国内建筑企业承接海外项目时,应同时从项目、风险、财务三个领域进行管控,各个相关部门互相配合、互相监督,发挥综合效应,共同达成系统性风险管控目标。

"一带一路"倡议给建筑企业带来更多的市场机遇,国际市场对其投资、

融资工程项目的要求也越来越高,国际工程项目运作模式和组织架构更加复杂,PPP、EPC、BOT等项目越来越多,工程项目集设计、施工、采购、投资、融资、运营为一体,从以前简单的建设施工承包转向投资融资承包经营,项目的利润虽然较以前更高,但企业所面临的风险也更高,这对国内建筑企业承接国际工程提出了更高的要求。国内建筑企业在承接国际工程项目时,须提前对项目可能涉及的法律进行广泛、深入的了解,并做好项目投融资等综合性人才储备。在具体项目中,不能像工程承包项目中只关注施工建设合同,而应从长期投资的角度,建立合规管理体系,选好交易和经营模式,提前做好合规风险评估和风险处置预案。国内建筑企业应根据项目实际运营情况及时调整合规风险管理模式,保障整体项目投资安全。合规风险管理体系是一项综合系统性工程,企业管理层的重视和支持是建立合规风险管理体系的前提,企业各部门的相互配合和全体员工的积极参与,是企业合规风险管理体系有效运行的重要保障。完善合规风险管理体系,国内建筑企业除了制定合规文件外,还需加强以下几个方面的建设。

1.强化合规教育,培育合规文化

合规风险管理工作需要每个员工的积极参与,企业每个员工均需牢牢树立合规经营理念。企业要通过宣传、教育、培训等形式,向全体员工讲述企业合规风险管理对企业稳健发展的意义,培育合规经营文化,让合规风险管理成为企业可持续发展的保障。建筑企业要通过定期、反复的系统学习活动,强化员工的合规风险意识,丰富员工的合规知识,提升开展合规管理技能。

合规文化不仅是企业内部稳健经营的需求,也是企业文化的重要组成部分。要让每个员工树立合规创造价值、合规建设人人有责的理念,让员工在实际工作中自觉进行合规风险审查,积极发现合规风险隐患,及时整改合规问题。合规文化是由一整套合规制度支持的,要规范操作流程、改进运营策略,针对发现的违规问题及时分析和评价,对相关负责人员进行相应处罚,杜绝类似事件再次发生。要将合规文化建设作为企业绩效考核机制的重要组成部分,定期组织考核、总结和表彰。

2.组建合规部门,制定合规政策

国内建筑企业应建立单独的合规管理部门,这是合规风险管理机制运行的基础。合规管理部门是企业合规风险管理的专职部门,须确保合规部门的相对独立性,不能受到任何外在干扰。合规部门人员应勤勉敬业、恪尽职守,及时查处、解决合规问题,积极参与企业运营管理,使企业依法合规经营切实落实到每个员工和每个环节。

国内建筑企业要制定完备的合规风险管控制度,强化管理措施,这是合规风险管理机制运行的重要保证。企业应先根据本行业特点识别出合规风险高发点,再制定相适应的合规政策。国际工程合规风险高发点主要分布在招投标、工程款支付、设备租赁、材料采购、工程分包等环节,国内建筑企业应根据当地的实际状况,因地制宜地制定合规政策,这是企业进行合规风险管理的前提。以国际工程分包为例,在与分包商签约前应做好企业资信调查,避免与失信分包商合作。在调查时,应要求分包商提供详细的信息资料,如分包商资信证明等,便于企业更好地识别合规风险。企业要调查分包商的商业贿赂等不良记录、关联企业信用情况等。

3.建立高效合规审计监督机制

国内建筑企业应借鉴国际先进经验,建立健全内部审计监督机制,将审计监督覆盖企业经营的所有环节,通过风险早期预警,及时进行风险提示。审计监督可通过财务管控、项目审核等内控手段进行,相关人员可直接向董事会、监事会、审计委员会提出建议和报告,确保合规制度的贯彻落实,防范合规风险的发生。

4.发挥合规法务部门和律师的作用

一些国内建筑企业在国内习惯了粗放式的管理模式,不重视合规法务部门和律师的作用,疏于企业合规风险管理。而对国内建筑企业"走出去"承接国际工程来讲,工程的风险控制和合规经营问题比国内更加复杂。国内建筑企业必须完善合同签约法律合规审查制度,加强合规法务部门和律师对合规风险的监控。2016年6月,中共中央办公厅、国务院办公厅发布《关于推行法律顾问制度和公职律师公司律师制度的意见》规定,党政机关负责人、其他相关责任人员应当聘请法律顾问、公职律师而未聘请,应当听取的法律意见而未听取,造成重大损失或者严重不良影响的,应依法追究其相应责任。

总之,"一带一路"建设不断深入,国外企业也积极参与其中,国际工程承包市场竞争日趋激烈,国内建筑企业"走出去"所面临的合规风险越来越多。国内建筑企业应适应新的国际形势,加快企业转型升级,建立高效合规风险管理体系,开启中国建筑企业国际化进程的新纪元。

参考文献

[1]王志乐主编:《企业合规管理操作指南》,中国法制出版社 2017 年版。

[2]郭青红:《企业合规管理体系实务指南》,人民法院出版社 2019 年版。

"一带一路"基础设施 PPP 中中国企业的合规风险与防范

北京市炜衡(西安)律师事务所　张吉宁　王小涛

北京德恒(石家庄)律师事务所　刘晓彤

【摘要】　"一带一路"沿线多为发展中国家,政府债务率高居不下,缺乏资金投入基础设施等公共品领域。采用 PPP 模式进行建设是一种共赢的选择,不仅可以弥补"一带一路"沿线发展中国家政府资金缺口,还可以激发市场主体的活力。在看到"一带一路"基础设施 PPP 模式带来的机遇的同时,不能忽视不同国家和地区不同的法律体系和市场规范给中国企业带来的投资和法律上的双重风险。本文在分析中国企业在"一带一路"基础设施 PPP 中所面临的合规风险的基础上,梳理了国际和国内关于我国企业"走出去"的法律、政策以及司法的保障和支持措施,并提出了相应的完善建议。

【关键词】　"一带一路"　基础设施　PPP　合规　风险

一、中国"一带一路"倡议与基础设施建设

(一)中国"一带一路"国家倡议

党的十九大会议上,习近平总书记多次提及"一带一路",大会审议并一致通过十八届中央委员会提出的《中国共产党章程(修正案)》,其中,推进"一带一路"建设等新内容写入党的章程。

十九大报告及党的章程给"一带一路"建设定下了基调和准则,为"一带一路"的长远发展铺开了康庄大道,对"一带一路"建设产生了积极深远的影响。截至 2019 年 3 月底,中国政府已与 125 个国家和 29 个国际组织签署了173 份"一带一路"合作文件,一百多个国家积极参与,合作成果惠及全球。

(二)国际视野下的基础设施

目前国际上对基础设施没有统一的定义,《1994 年世界发展报告:为发

展提供基础设施》中的定义是:"基础设施服务,包括:(1)公共设施——能源、通信、管道水供应、卫生与污水处理、固体废物的收集与处理、管道天然气;(2)公共工程——道路、大坝、为灌溉和排水的运河工程;(3)其他交通部门——城市与城市铁路、城市运输、港口、水运、飞机。经济学家认为基础设施是一个社会一切资本(资金)活动的伞型术语,尽管任何术语均没有精确地对基础设施进行定义,但都涵盖技术特征(规模经济)和经济特征(从使用者到非使用者的广泛性)的一系列活动。"按照是否具有经营性,可将基础设施进行如下分类(见表1)。

表1 城市基础设施分类表①

序号	分类	项目属性	公共项目实例	投资主体	权益归属
1	经营性基础设施	纯经营性基础设施	收费高速公路、桥梁等	社会资本	谁投资谁受益
		准经营性基础设施	煤气、地铁、轻轨、自来水、收费不到位的公路等	政府适当补贴,吸纳各方投资	谁投资谁受益,政府一般不考虑回报
2	非经营性基础设施		敞开式城市道路等政府投资	政府投资	政府

(三)"一带一路"基础设施建设

"一带一路"倡议提出以交通基础设施为突破口,实现重大基础设施的互联互通。根据高盛测算,到2020年,"一带一路"沿线涉及60多个国家,占全球总人口的2/3,占全球经济规模的1/3,投资总规模或高达6万亿美元。据兴业证券预测,亚太区域未来10年的基础设施投资需求将达到8万亿美元,潜在空间巨大。解决"一带一路"基础设施建设投资资金不足的问题,不仅要靠"亚投行"(亚洲基础设施投资银行,政府间性质的亚洲区域多边开发机构,重点支持基础设施建设)等公共资本的向导作用,还要充分调动私人资本的积极性。应推动基础设施建设在区域化内的市场化,促进区域化内私人资本和各国政府、金融机构一起加入投资大军。但是,基础设施项目融资规

---

① 参见何春丽:《基础设施公私合作(含跨国PPP)的法律保障》,法律出版社2015年版,第5页。

模大、期限长、风险高,短期回报率通常达不到私人资本的盈利要求。"一带一路"沿线国家的商业和投资环境、资金安全以及政治风险因素的不确定性较大,也使得逐利特征明显的私人资本对投资基础设施望而却步。从全球来看,私人资本投资基础设施的占比不足 10%,与其充裕的资金规模极不匹配。

二、"一带一路"基础设施建设与 PPP

(一)政府和社会资本合作(PPP)

在"一带一路"背景下,PPP 概念主要应从国际视野进行考查。世界银行、亚洲开发银行、美洲开发银行在 2014 年 7 月联合出版的《PPP 指南(第 2 版)》(PPP Reference Guide Version 2.0)中把 PPP 界定为:私有一方同政府性主体之间就提供公共资产与公共服务所达成的长期协议,由私有方承担协议的主要风险和管理责任并根据绩效情况获得报酬。

(二)"一带一路"基础设施建设与 PPP 的关系

据亚洲开发银行测算,2020 年前,亚洲地区每年的基础设施投资需求约为 7 300 亿美元。"一带一路"沿线 60 多个国家和地区,涵盖 93 个港口和城市,涉及上千个重点项目,其中基础设施项目至少有三四百个,现有的融资渠道远远不能满足需要,因此非常需要引入大量的民间社会资本,政府可以运用 PPP 模式,鼓励社会资本参与"一带一路"建设,PPP 在这方面将大有可为。

1.PPP 力促"一带一路"设施联通

PPP 助推设施联通先行,推进"一带一路"构筑陆海空多维立体的互联互通网络。"一带一路"旨在构建"六廊六路多国多港"的主体框架。中国企业参与 PPP 项目的丰富经验与较强的建设运营能力,将为"一带一路"沿线国家的基础设施建设提供强有力的支持,推动区域间基础设施互联互通。通过 PPP 推进"一带一路"建设,不仅可以为中国企业创造发展空间,更为沿线各国调动社会资本参与"一带一路"、实现共赢创造了条件。

2.PPP 加强"一带一路"资金融通

资金融通是"一带一路"建设的重要支撑。"一带一路"世纪工程要投入大量资金,而无论是政策性金融还是合作性金融、开发性金融抑或商业性金融,都还不能满足"一带一路"建设的资金需要,因此,需要将 PPP 模式应用于"一带一路"建设中。为支持"一带一路"建设及互联互通,中国专门设立 400 亿美元的丝路基金,2017 年增资 1 000 亿元人民币。2015年,丝路基金首笔 16.5 亿美元正是采用 PPP 模式投资在中巴经济走廊中的卡洛特水电站建设项目上,吸引了更多投资者参与,加强了巴基斯坦的电力和电网建设,为巴基斯坦的工业化、城镇化、信息化带来了动力源泉。而雅万高铁是 PPP 助力"一带一路"建设的又一案例,是中国高铁全产业链"走出去"的第一单。

3.加速 PPP 共建"一带一路"的路径与共识

(1)PPP 模式在"一带一路"建设中已有实际应用,中巴经济走廊中的卡洛特水电站建设项目就是其中一例。2015 年 4 月,丝路基金、三峡集团与巴基斯坦私营电力和基础设施委员会在伊斯兰堡共同签署了《关于联合开发巴基斯坦水电项目的谅解合作备忘录》。根据协议,丝路基金将投资入股由三峡集团控股的三峡南亚公司,为巴基斯坦清洁能源开发,包括吉拉姆河卡洛特水电项目提供资金支持。投资各方计划通过新开发和并购等方式,完成项目开发目标。巴基斯坦私营电力和基础设施委员会将为丝路基金和三峡集团在巴基斯坦的能源项目投资提供便利。①

(2)共享"一带一路"需要加强 PPP 平台建设。2017 年 9 月,金砖国家领导人厦门峰会宣言承诺成立工作组并通过多种途径开展 PPP 合作,包括探讨成立一个新的 PPP 项目准备基金的可能性。2017 年金砖国家财政部长和央行行长会议通过了《金砖国家政府和社会资本合作良好实践》,作为开放、非强制、参考性质的经验总结,可供新兴经济体和发展中国家借鉴,并将成为加强金砖各国 PPP 合作联动的平台。

(3)第二届"一带一路"国际合作高峰论坛成果清单中与基建相关的成果包括:中国交通建设集团有限公司与马来西亚投资促进局签署关于加强东海岸铁路产业园、基础设施、物流中心以及沿线开发合作的谅解备忘录;中国丝路基金与欧洲投资基金、法国投资机构 Trial 设立共同投资基金,参与美国

---

① 参见王守清、王盈盈:《政企合作(PPP):王守清核心观点》(上册),中国电力出版社 2017 年版,第 367 页。

KKR 全球影响力基金、美国华平金融基金、非洲基础设施投资基金三期;缅甸曼德勒市政交通基础设施提升改造项目等。

三、中国企业在"一带一路"基础设施 PPP 中的合规风险

在看到"一带一路"基础设施 PPD 模式带来的机遇的同时,不能忽视中国企业在"一带一路"基础设施 PPP 中所面临的合规风险。"一带一路"沿线国家和地区,其不同的法律体系和市场规范会给中国企业带来投资和法律上的双重风险,PPP 项目本身的长期复杂性也伴随着潜在风险。2018 年 12月,国家发改委、外交部、商务部、中国人民银行、国务院国资委、国家外汇管理局、全国工商联共同制定了《企业境外经营合规管理指引》,指出:"企业开展境外投资,应确保经营活动全流程、全方位合规,全面掌握关于市场准入、贸易管制、国家安全审查、行业监管、外汇管理、反垄断、反洗钱、反恐怖融资等方面的具体要求。""企业开展对外承包工程,应确保经营活动全流程、全方位合规,全面掌握关于投标管理、合同管理、项目履约、劳工权利保护、环境保护、连带风险管理、债务管理、捐赠与赞助、反腐败、反贿赂等方面的具体要求。"笔者从以下几个方面对中国企业在"一带一路"基础设施 PPP 中的合规风险进行分析。

（一）国别风险

1.项目审批风险

"一带一路"沿线的许多国家对外国投资者进行的并购项目设置了繁杂的审批程序,尤其是在涉及能源、环保、粮食等相关行业时,存在严格的审查手续,还可能对某些特定领域的合资企业的外商持股比例进行控制,例如,蒙古国规定资源开发类项目中的外资持股比例不得超过 49%。部分"一带一路"沿线国家有关投资立项的法律缺失或模糊不清,会增加项目的不确定性。例如,印度尼西亚的外资法律规定,外国投资者的项目申请文件提交给有权的投资协调委员会、地区投资协调委员会或印度尼西亚政府海外代表机构后,政府根据相关政策规定对申请文件进行评估,并有权根据评估需要要

求申请者提供进一步的数据和信息①,但是该法律对于具体应该提交的文件种类与法定内容及具体应该遵守何种政策,并没有作出清晰准确的规定,投资者的项目审批存在不确定风险。

2.项目规划设计风险

在"一带一路"基础设施项目规划与设计过程中,很可能出现东道国法律法规与中国法律法规要求不同的情形。如果中国企业没有在项目规划、设计与经营管理等方面提前充分注意东道国的法律法规或者行业惯例的要求,项目竣工后可能会产生不能通过东道国验收从而导致投资者承担重大经济损失的风险。

3.项目采购风险

中国自 1981 年利用世界银行贷款开始,逐步确立了以公开招标为主的公共采购制度,到 1999 年《招标投标法》、2002 年《政府采购法》及 2015 年《政府采购法实施条例》等配套制度的颁布,中国的公共采购法律体系已经初步形成。中国企业在进行境外采购时,常面临三类风险:第一类主要发生在一些发达国家,东道国的采购法比中国的采购法更成熟完善,中国企业没有很好地遵守东道国法律;第二类是东道国的采购法不够健全,使得中国企业在当地缺乏法律保护;第三类是中国的采购法与东道国的采购法相冲突所造成的法律风险。

(二)项目合同管理风险

"一带一路"基础设施 PPP 项目需要在多个不同主体之间签署合作协议,构建立体式的 PPP 模式,如中国政府和项目国政府之间,亚投行、特殊目的实体(SPV)和项目国政府之间,中国企业和项目国政府之间,中国企业、SPV 和项目国企业之间等。② 中国企业在投资和经营过程中如果疏于合同管理,会导致许多无法弥补的损失。例如,中国铁建与沙特在麦加轻轨项目中采取了工程总承包(EPC)模式,但是中国铁建签订的合同中没有详细列清项目的具体工程量,在工程实施过程中,沙特方面不断要求增加工程量,甚至

---

① 参见孙淘、魏济民等:《法国 PPP 的立法与实践》,中国政法大学出版社 2017 年版,第 27 页。

② 参见王守清、王盈盈:《政企合作(PPP):王守清核心观点》(上册),中国电力出版社 2017 年版,第 367 页。

提出新的功能需求,使得实际工程量比合同签订时预计的工程量大幅增加,最终导致该项目的巨额亏损。另一个例子是中国中铁在波兰的 A2 高速公路项目,双方采用的是国际工程通用的 FIDIC(国际咨询工程师联合会)合同,但因中国中铁急于签订合同而没有认真展开合同谈判,导致签订的合同与 FIDIC 标准合同相比缺少了很多关于权利义务的关键条款,造成了项目的严重延误与亏损,不仅使企业形象在欧盟受到严重影响,而且项目牵头人中国海外工程总公司还面临巨额索赔,国务院国资委也追究了其母公司中国中铁的责任。

(三)项目劳动争议风险

中国企业在境外生产经营过程中遇到的劳动争议近年来呈上升趋势,不仅直接影响了投资者的正常生产经营,严重时还可能导致东道国的社会局部动荡,政府的介入则可能把投资者与劳动者之间的矛盾升级为投资者与东道国政府之间的对峙,使得法律问题政治化。例如,1992 年,首钢在收购秘鲁国有铁矿公司后,没有预计到秘鲁工会的强大力量,因劳资纠纷发生了一连串罢工,直接影响了公司的日常生产,使企业原本计划的 1500 万吨产量最终只实现了 50%左右。[1]

四、"一带一路"基础设施 PPP 中国企业合规风险的防范

(一)国际法和国际公约保障

在国际法层面,主要是亚太经合组织(APEC)、欧盟(EU)和东盟(ASEAN)的相关规定与国际协定。APEC 主要适用的是贸易自由化原则,它以协议方式制定了最能体现"开放的地区主义"精神的《非约束性投资原则》。与 APEC 的协议相比,EU 的投资立法更为具体、更有强制力,涵盖了投资便利化、投资自由化、争端解决司法化等多方面内容,比如罗马条约、《马斯特里赫特条约》。在国际公约层面,主要是世界银行的《解决国家与他国国民之间投资争端公约》和《多边投资担保机构公约》。

---

① 参见孙淘、魏济民等:《法国 PPP 的立法与实践》,中国政法大学出版社 2017 年版,第 30 页。

1.《关于解决国家和他国国民之间投资争端公约》

该公约于 1965 年 3 月在华盛顿通过,于 1966 年 10 月生效,也称《华盛顿公约》。中国于 1990 年 2 月 9 日签署该公约,1993 年 2 月 6 日该公约对中国生效,中国仅承认东道国与他国国民之间因投资产业的征收和国有化补偿问题可提交解决投资争端国际中心(ICSID)仲裁。目前该公约有 159 个成员。ICSID 是依据《华盛顿公约》建立的世界上第一个专门解决国际投资争议的仲裁机构,是一个通过调解和仲裁的方式为解决政府与外国私人投资者之间的争议提供便利而设立的机构。其宗旨是在国家与投资者之间培育相互信任的气氛,从而促进国外投资不断增加。争议提交该中心调解和仲裁完全出于自愿。若中国企业约定投资纠纷由 ICSID 管辖,需要注意以下几个方面的问题:

(1)管辖区具有专属性和排他性。具体表现在:一旦当事人同意将争端提交 ICSID 仲裁,有关争端不再属于作为争端一方的缔约国国内法管辖的范围。

(2)管辖的条件:争议当事人一方必须是缔约国政府或其公共机构,另一方是其他缔约国国民(外国投资者),包括自然人、法人及其他经济组织;争端的性质为一缔约国和另一缔约国国民之间直接因投资而产生的任何法律争端。

(3)适用的法律:ICSID 仲裁庭应依争端双方同意的法律规则对争端作出裁决,如果双方没有约定适用的法律规则,则 ICSID 仲裁庭应适用作为争端一方的缔约国的国内法(含该国的冲突规范)及可适用的国际法规则。如双方同意,仲裁庭还可根据公平和善意原则对争端作出裁决。

在仲裁机构的选择上,除了 ICSID 之外,还有全球范围内知名的国际仲裁机构可供选择,比如国际商会仲裁院(ICC)、美国仲裁协会(AAA)、伦敦国际仲裁院(LCIA)等。由于"一带一路"PPP 项目合作各方地位平等,业内人士建议选择中立于当事人双方的第三国作为仲裁地,并选择国际知名仲裁机构为争议解决机构。

2.《多边投资担保机构公约》

1985 年世界银行在汉城会议上通过了《多边投资担保机构公约》(也称

《汉城公约》)。根据《多边投资担保机构公约》,多边投资担保机构(MIGA)于 1988 年 6 月成立。中国于 1988 年 4 月提交核准书,该公约现有181 个成员。多边投资担保机构的宗旨是向外国私人投资者提供政治风险担保,包括承保征收风险,货币转移风险,违约、战争和内乱风险,并向成员国政府提供投资促进服务,加强成员国吸引外资的能力,从而推动外商直接投资流入发展中国家。中国企业需要注意以下两点:

(1)《多边投资担保机构公约》只对合格的投资承保,按照《多边投资担保机构公约》规定,合格的投资必须满足以下几个条件:①合格的投资应包括股权投资、该股权持有者为有关企业发放或担保的中长期贷款;②在机构收到担保(保险)申请之后进行的投资;③对东道国的经济发展有所贡献;④符合东道国法律条令和东道国重点发展目标;⑤在东道国将受到公平、平等的待遇和法律保护。

(2)机构担保(保险)的内容,主要是货币汇兑险、征收和类似措施险、战争和内乱险、违约险。①

(二)中国法律、政策和司法的保障与支持

1.境外投资便利化的法律和政策支持

境外投资是指在中华人民共和国境内企业直接或通过其控制的境外企业,以投入资产、权益或提供融资、担保等方式,获得境外所有权、控制权、经营管理权及其他相关权益的投资活动。企业开展境外投资,依法自主决策、自负盈亏。企业应当客观评估自身条件、能力,深入研究投资目的地的投资环境,积极稳妥开展境外投资,防范投资风险。企业应当要求其投资的境外企业遵守投资目的地的法律法规,尊重当地风俗习惯,履行社会责任,做好环境、劳动保护、企业文化建设等工作,促进与当地的融合。商务部发布的《对外投资合作国别(地区)指南》,商务部、国家发改委、外交部发布的《对外投资国别产业指引》等文件可以帮助企业了解投资目的地投资的环境,为企业开展境外投资提供数据统计、投资机会、投资障碍、风险预警等信息。

---

① 参见何春丽:《基础设施公私合作(含跨国 PPP)的法律保障》,法律出版社 2015 年版,第 159 页。

2.境外投资管理制度和支持措施

在境外投资管理制度方面,主要的监管机构和政策文件如表2所示。

表 2　我国境外投资管理制度

监管机构	政策文件
国家发改委	《境外投资项目核准和备案管理办法》(2017 年已失效)
	《境外收购或竞标项目信息报告制度》
商务部	《境外投资管理办法》
	《对外承包工程管理条例》
	《对外贸易经营者备案登记办法》
国家外汇管理局	《境外投资外汇管理办法》(2011 年已失效)
	《境内机构境外直接投资外汇管理规定》
国务院国资委	《中央企业境外投资监督管理办法》
	《中央企业境外国有产权管理暂行办法》

在境外投资支持措施方面,《关于对国家鼓励的境外投资重点项目给予信贷支持政策的通知》给予优惠利率;投资人可依据《境外直接投资人民币结算试点管理办法》的规定直接用人民币支付对外投资款;中国出口信用保险公司对投资者因投资所在国发生的汇兑限制、征收、战争及政治暴乱以及违约风险造成的经济损失进行赔偿的政策性保险业务。

3.司法服务与保障

2015 年 6 月 16 日,最高人民法院颁布了《关于人民法院为"一带一路"建设提供司法服务和保障的若干意见》,为各级人民法院审理涉"一带一路"相关案件明确了指导原则和规范指引。与此同时,为加强对"一带一路"司法服务与保障的理论研究,最高人民法院设立了"最高人民法院'一带一路'司法研究中心",下辖最高人民法院"一带一路"司法研究基地、最高人民法院自贸区司法研究基地、最高人民法院海洋司法保护理论研究基地等 11 家研究基地,4 家外国法律查明研究基地。①

---

① 参见最高人民法院"一带一路"司法研究中心:《"一带一路"司法理论与实务纵览:涉外商事案例精选》,法律出版社 2016 年版,第 1 页。

(三)"一带一路"基础设施 PPP 中,中国企业合规风险防范的完善建议

在与"一带一路"沿线国家与地区开展基础设施 PPP 时,应该注重以国际条约或协定的形式,为相关方设定"一带一路"建设的目标,并且为各方规定完成这一目标的时间表和具体义务。法律比政策具有更强的约束力,各国不得随意更改或者违反法律所规定的义务。只有借助法律将"一带一路"建设的相关事项与义务予以规定,设置合理的实施机制,才能保障"一带一路"沿线国家与地区利益的平衡发展。在基础设施的互通互联、贸易投资、金融便利化与自由化等方面,"一带一路"沿线各相关方期待利益的对价是对其主权作出一定的限制。如果主权限制与利益获得之间达不到公允合理的平衡,就会产生分歧与争端。参与"一带一路"建设的主体众多,经济水平、利害关系与外交影响错综复杂,内部之间与内外之间的矛盾或潜在矛盾不可避免,容易产生争议。

1.加强对"一带一路"沿线国家的法律研究

国内外对"一带一路"基础设施 PPP 过程中最大的担忧就是政治风险、法律风险、投资风险、安全风险等。只有通过对各国和地区法律法规的深入研究,才能尽可能地减少上述风险的发生。"一带一路"沿线国家有 60 多个,大多数为新型经济体,我们对其法律制度知之甚少。如果不加强对各国和地区法律制度的研究,难免会发生纠纷。例如,有的投资者在"走出去"以后,计划开采他国矿藏,但对当地的环保法律、政策等并不了解,结果在花了很大代价购买开采权后,由于环保等方面的原因无法开采,遭受重大损失。值得一提的是,2017 年10 月 10 日,澳大利亚总检察署发布了《关键基础设施安全法草案 2017》《关键基础设施安全规则草案 2017》以及《关键基础设施安全法草案 2017 说明》三个文件。《关键基础设施安全法草案 2017》旨在强化和提升澳大利亚政府对于外商投资关键基础设施业务所产生的一系列国家安全风险的管控能力,确立政府对于关键基础设施的监管框架,明确规定关键基础设施资产的认定、关键基础设施资产登记册制度、相关主体的信息报告和通知义务以及授权部长获取相关信息和针对特定行为发布指令。加强对此类法律文件的研究有助于投资者"走出去"后有针对性地避免投资风险的发生。

2.为参与"一带一路"建设的中国企业提供投资指南

投资指南可以提醒中国企业开展基础设施 PPP 时需要防范哪些风

险,出现风险后应当采取哪些措施,如何与当地政府、企业打交道。在 PPP 项目中,政府既是规则的制定者又是合同的当事人,所以其往往会朝着对自己有利的方向制定规则,一旦对其不利,政府便会对规则进行更改,从而使投资者陷入谈判陷阱,甚至蒙受损失。所以,投资指南应该对投资者进行一些引导和指导。例如,OECD 专门制定了对各国 PPP 制度发展程度的评级标准(见表3),可以作为参考。

表 3　OECD 对各国 PPP 制度发展程度的评级标准①

	第一级	第二级	第三级	第四级	第五级
PPP 成本收益分析	政府确定采用 PPP 模式前未进行成本收益分析	成本收益分析中,政府将所有替代性模式纳入分析,包括项目寿命期内的财务和非财务成本与收益	满足第二级的要求,且成本收益分析中包括使用者对成本的回收程度及其可行的融资方式	满足第三级的要求,且成本收益分析中包括风险评估	满足第四级的要求,且充分理解分担责任的潜在公共财政内涵
PPP 磋商	PPP 项目启动前政府未与股东进行协商	政府已开展磋商程序,但仅限于国内企业	满足第二级的要求,且政府将国内的终端使用者纳入零散的磋商程序中	满足第三级的要求,且政府完整记录了与国内企业和终端使用者的持续磋商	满足第四级的要求,且政府向外国投资者开放磋商程序
PPP 中心	未设立 PPP 中心	政府启动了设立 PPP 中心的程序	政府已设立 PPP 中心,并配备了律师、经济学家、项目融资专家等专业人士,但中心仅对 PPP 政策和项目具有建议咨询权,不具备综合协调功能	满足第三级的要求,且具有协调 PPP 政策的职能,并附属于财政部	满足第四级的要求,并受上级政府支持

---

① 参见傅宏宇、张秀:《政府与社会资本合作(PPP)法律问题国别研究》,中国法制出版社2016 年版,第 56—57 页。

（续表）

	第一级	第二级	第三级	第四级	第五级
PPP立法	不存在部门特别法或统一的PPP法	政府正着手制定部门特别法和/或统一PPP法	政府已通过部门特别法和/或统一PPP法,规定了有限的许可方式(仅涉及基础设施项目的运营和维护)。特别法清晰地界定了政府和社会资本的角色及责任	政府开始将部门特别法和/或统一PPP法扩展适用于PPP项目的其他类型	政府已通过部门特别法和/或统一PPP法,为PPP寿命期内的活动(设计、建造、融资、运营和转移)提供了法律框架
PPP监管系统	未设置PPP项目履行的监管系统	政府已启动项目监管体系的设计程序	政府对部分PPP项目进行临时、非持续性的监督	政府对所有PPP项目进行持续性监管	满足第四级的要求,且政府要求社会资本至少按年度提交下一年度的商业预算计划,直至项目协议期届满

3.政府应与相关国家签订投资保护协议

签订双边投资保护协议的主要目的是为本国投资者"走出去"提供法律保障,虽然我国有相对完善的投资保护法律制度,但这些法律制度毕竟只是国内法,难以对投资者的海外投资提供充分的保护。因此,在推进"一带一路"倡议的过程中,应当通过与沿线国家签订双边投资保护协议,防止一些国家因政府更替等原因给投资带来风险。

4.加强法治人才的培养

目前,对"一带一路"沿线国家的法律规定充分了解的法律人才非常奇缺。比如土耳其,国内对其法律有所了解的人寥寥无几,还有中亚的一些国家,比如哈萨克斯坦,其有些法律规定是比较特殊的,如其法律规定中外合资企业,外方的投资比例不得超过49%。当然很多国家的法律也有类似的规定,如果我们对此不了解,就很容易出现问题,所以亟须培养这方面的人才。

5.构建高效多元的争议解决机制

有些"一带一路"沿线国家的司法地方保护主义色彩很浓,一旦产生纠纷,中国企业通过诉讼的方式很难保障自己的权利,如何最大限度地保障中国企业的合法权益就成为一个需要引起重视的问题。建议中国企业学会利用仲裁解决争议,同时也应当发挥商事仲裁的作用。①

6. 中国企业要加强"一带一路"项目法律风险管理体制机制建设

"一带一路"项目法律风险管理体制机制建设包括以下方面:一是建立健全企业法律合规工作体系,配齐、配强法律合规工作人员,尤其是境外施工项目部要配齐、配强项目律师;二是制定并完善法律合规工作制度,切实可行的制度是保障工作顺利实施的捷径;三是建立法律法规信息收集识别更新机制,针对境外市场情况开展分国别、分项目的境外法律风险排查工作,确立主要法律风险清单并加以重点防控;四是及时收集整理并组织学习中国企业"走出去"的典型风险防范和诉讼案例,吸取经验教训,达到举一反三的效果;五是制定有针对性的法律风险防范措施及应急预案,并加强企业各个层面的法律法规和风险应急预案培训;六是建立"一岗双责"的绩效考评和问责机制,将法律风险防范职责落实到各个岗位。

---

① 参见王耀国主编:《"走出去"与企业法治——"一带一路"建设的机遇与挑战》,法律出版社 2016 年版,第 1 页。

"一带一路"背景下企业如何进行有效合规管理

北京市炜衡律师事务所　任建芝

【摘要】　合规管理工具来源于西方的社会环境、公司治理理念与管理文化,其先进性值得中国企业学习,以解决其在现阶段经营管理中面临的问题。但基于文化与生产关系的差异性,中国企业施行合规管理的出发点、体系构建与机制运行等与西方企业存在根本不同。有效的合规管理有赖于与中国合规理念、国情与企业客观情况的有机结合。

【关键词】　"一带一路"　有效性　合规　文化

一、"一带一路"背景下企业加强合规管理的必要性

合规管理作为高效管理工具,偏重于实体业务的管理,其通过有效的建设、运行,培养全体员工坚守道德底线,形成"想做事""能做事""会做事""做成事""不出事"的职业素养、担当精神与责任意识。有效的合规建设通过嵌入企业现行管理体系,与内控管理等管理工具相互融合,整合现有管理工具,优化管理手段,会推进企业建立运转高效、治理规范的现代企业法人治理结构。

有效合规管理体系的构建和运行,以企业自身存在的问题、合规义务以及合规风险为导向,可提升企业对于动态与静态合规风险、纯粹与机会合规风险的识别能力,使企业及全体员工"有所谓""有所为""要作为""会作为",进而有效预防和减少职务风险、道德风险以及法律风险等各类合规风险的发生,避免企业承担重大不利后果,有效保障企业健康和可持续发展。

当前,中国企业在"一带一路"建设中面临复杂的国际环境和日新月异的国内环境,加强合规管理势在必行。而如何进行有效的合规管理就成为摆在中国企业面前的重要课题。

(一)国际环境

当前,投资和贸易保护主义以及民粹主义盛行,冲击着 WTO 项下的多边

机制。随着第二届"一带一路"国际合作高峰论坛的圆满落幕,中国主导的国际合作共享理念,已经得到全球大部分国家的认同与参与。中国已经成为全球政治生态、全球经济一体化进程的重要参与者、建设者和引领者,中国企业全球化也是必然发展趋势。

面对国际市场,会遇到不同的文化、法治环境和营商环境,更要面对国际关系与国际投资贸易规则所反映的西方国家的政治和经济利益诉求,以及西方国家善于运用法律思维与法律手段调整国际政治与国际市场关系的现实问题。

"一带一路"沿线国家多属于发展中国家与欠发达国家,法治环境建设不足,人文环境较差,也是腐败与商业贿赂的高发区。部分中国企业实施的商业贿赂与欺诈等违规行为,以及引起的社区关系事件,不仅使企业财产和声誉受损,在境外 NGO 组织的作用下,更影响到"一带一路"倡议的全面实施与中国的国家形象。

(二)国内环境

近年来,我国经济已经由高速发展阶段转向高质量发展阶段,作为微观经济主体的中国企业,需要有质量和核心竞争力的提升。随着法治环境与营商环境的调整优化,依法治国、依法治企的深入推进,纪检监察巡视工作的常态化,中国企业亟待根据内外部环境的变化,优化现行管理工具与管理手段,解决效能不足问题,补足法律商务能力短板,强化法治思维与规则意识,以全球化视野开展和加强合规管理,降低相关合规风险为企业带来的重大风险,助力企业健康可持续发展,助力"一带一路"建设成为一条"法治之路",助力企业在"一带一路"建设中行稳致远。

二、中国"礼法"合规文化

(一)西式合规文化

本文所指合规管理,从政治、文化视角看,源于西方三权分立的国家治理理念,从法律视角看,源于西方富有宗教色彩的法律思想,从现实情况看,源于西方政府对金融行业的监管,并随着经济全球化进程、外部监管与市场环境的作用力以及企业内部提升管理有效性的需求,逐步拓展到实体行业,成为当今知名企业普遍推崇和适用的管理工具。

以"中兴事件"为例,尽管其参照西方合规价值观,建设了较为完善和先进的合规管理体系,仍然出现严重不合规行为,并遭受重大经济损失,表面上看是由于主要领导不重视合规管理、员工缺乏合规意识、未建立有效的合规管理文化等,但深层次原因是在合规管理体系构建中,未结合中国"礼法"文化基因、中兴通讯特有的管理文化以及中兴通讯经营管理的客观需要等,导致合规义务与合规风险识别方法适用不当,合规管理产生偏差,合规运行出现问题。

(二) 中西方文化差异

不同国家不同的地理环境,孕育出不同的文化、宗教、历史,产生不同的国家治理和社会治理理念,形成不同的法律思想和企业文化。

西方文化中具有深刻的宗教思想,国家治理中崇尚程序正义和私权利,反映在企业管理理念中,注重程序,强调各司其职、各负其责。中国文化源远流长,放眼全球几大历史文明与传统文化,只有中国文化纵流几千年,从未断流,其文化精髓的优越性至今仍在发挥重要作用,受到国内外各界广泛推崇,足见中国文化的显著性与先进性。

中国企业管理文化传承中国文化中具有浓厚的中国哲学色彩的"中的精神"与"变的策略",习惯在整体上把控事物,善于把握全局与战略布局,而不是一时一事。中国文化注重"和合",追求的是求同存异的思维方式,与西方文化注重矛盾两极思维相比,更加注重和谐与宽容,更加符合现实世界的需要。

(三) 中国合规文化

在全新的时代背景下,中国企业进行有效的合规管理,需要转变管理理念,从中国实际出发,与中国"礼法"文化结合,以"中魂西制"为原则,以法律思维、规则意识、文化视角和全球化视野统筹和审视国内、国际市场,全面推进合规建设;需要优化管理工具与管理手段,补足管理短板,消除管理盲区。提升自身管理能力,落实企业法治建设,强化合规运营,有效面对国内与全球市场营商环境、政商环境的变化。

三、中国企业合规管理建设须与实际相结合

笔者在为早期建设合规管理体系的部分企业进行阶段性评价中发现了若干问题：一是合规义务与合规风险识别和判断的方法有误；二是为了合规建合规，合规管理未能融入现行管理体系；三是与业务现实需要脱节，与企业亟待解决的问题脱节；四是现有管理工具的优化调整与制度整合不足；五是企业内部与外部机构懂得中国企业合规顶层设计与具体合规实务的人才匮乏；六是外部非合规领域法律专业人员与非法律专业人员从事合规服务等。这些问题需要我们在重新认识企业合规管理的属性和特殊性的基础上有针对性地解决。

（一）管理的生产关系属性

管理与技术和资本不同，具有生产力和生产关系的二重性。其中，生产要素的有效配置与经营管理组织架构等属于生产力范畴，具有普遍性。但在文化、历史、法律与道德以及政治制度、经济制度等上层建筑和意识形态等方面，有其显著差异性。

（二）有效的合规管理有赖于文化属性

一国企业管理文化就像一国的法律思想与法律体系，其本质上根植于本民族文化的独特性，源于本国的政治体制和国家治理、社会治理方式等诸多因素。中国企业无论是国有企业还是民营企业，面临的政治生态、市场环境、发展的路径与他国企业均有较大的不同，经营管理中遇到的问题、矛盾、困惑，解决的思路和方法等，都具有显著的中国特色，体现了中国传统文化和国情的现实性。

（三）中国企业管理文化的特殊性

合规管理来源于西方的社会环境、公司治理理念与管理文化，有利于解决中国企业在现阶段经营管理中面临的问题，其先进性值得中国企业学习。但基于生产关系的差异性，合规管理的出发点、体系的构建与运行等与西方企业存在根本的不同。例如，西方企业主要由私人公司构成，西方社会没有纪检监察系统，其合规管理主要关注企业的社会责任、关注反腐败领域等；中国企业以国有公司为主体，国有公司本身就富有社会责任感，而且还有运转

良好的纪检监察系统。西方企业合规管理强调红线原则,而根据中国企业管理文化的特点,采取红线加底线原则更为适合。

从中国企业当前广泛借鉴和使用的管理思维与管理工具、管理手段来看,其主要是借鉴和学习美国的现代企业管理思维与方法。但多年来美国的经济结构以金融资本型为核心,其管理理念偏重于满足股东价值,单纯强调程序性与执行力,员工更像一台标准化运行的机器零部件。

中国经济以产业结构中的实体行业为核心,中国企业管理文化中彰显着"家与和""变与通"思想,一直蕴含着员工的道德与能动性、客户价值、企业自身成长需求等内在要素,其社会责任已经转化为企业的使命。

准确理解西方合规内涵等环境因素,有助于中国企业建设运行良好的合规管理体系,有利于在全球化进程中避免合规风险导致的重大损失。

实践中,企业需"因企制宜""因国制宜",而非生搬一套硬性的领域与内容标准。中国企业海外经营合规管理建设既要与整体合规建设实践保持一致,更需要依据不同国家、不同外部环境,作出区别性的合规建设,以保障海外合规的有效性。

仍以"中兴事件"为例,从技术层面分析,除了本文前述提到的适应性问题外,其症结主要在于合规建设重视海外合规、轻视国内合规。其一,合规是一种文化与习惯,在国内监管环境下都没有形成合规文化与合规习惯,是无法面对全球不同市场背景下的合规习惯的;其二,聘请不懂中国合规文化与企业文化的西方法律团队搭建的合规管理体系,偏重于西方理念,偏重于程序化,与企业实际脱节。

因此,合规建设不仅要重视中国文化,更需要符合企业实际。

四、中国企业如何进行有效的合规管理

(一)有效的合规管理需要与"礼法"思想融合

中国企业合规管理体系的建设与运行,在指导原则与诸多细节之处,应当是将西方合规思维的"法"与我国"礼法"合规文化融合的过程。在新时代背景下,是进一步优化和完善"礼法"法治文化的过程。

(二)有效的合规管理需要与优化现有管理工具同步进行

在合规管理体系的建设领域,西方注重反腐败与社会责任的"小合规"

建设。而中国企业因其自身特点和成长轨迹,与西方企业的合规管理有本质上的不同,合规管理的指导原则、重点领域以及运行机制等具有显著的中国特色,更加适合"大合规"建设,即全面覆盖、重点突出、分步推进。在合规管理建设中应注重中国文化的传承,吸收中国企业管理文化的精髓,不可简单遵循西方合规理念。否则,合规管理将不符合企业的客观需要,不但不能解决企业现实存在的问题,还会衍生出新的管理问题。

在合规建设与运行中,需要以解决企业管理和运营中存在的问题为主线,关注与管理、业务及发展的协同性,以消除管理盲区、补足管理短板以及优化现有管理工具与管理手段同步进行等企业现实需要为重点。

(三)有效的合规管理需要与企业实际相结合

目前,合规管理比较突出的问题是合规风险与合规义务的识别存在内控思维,实践中需要避免内控思维的合规。基于管理实体业务的特点,合规是非标准化、非程序化建设,以及合规顶层设计与具体合规领域的建设,包括合规文化、合规运行、合规评价与持续改进等。合规义务与合规风险识别是实施合规管理的基础工作。合规义务与合规风险识别出现偏差,意味着合规运行、持续改进等将出现连锁反应,最终导致合规管理的适应性不足,不能良好运行,无法发挥合规管理的作用与功能。

综上,在当前复杂的国际政治与国际关系背景下,中国企业"走出去"积极投身"一带一路"建设,需要法治先行、合规先行。

有效的合规管理是中国企业健康可持续发展的基石,全面提升中国企业的治理水平,将助力中国企业在"一带一路"背景下的全球化进程中行稳致远。在合规管理体系构建中,有效的合规管理有赖于以中国法治思想"礼法"文化精髓为指导,借鉴西方合规管理的先进性,坚持以"中魂西制"为原则作出顶层设计。在合规管理体系的构建与运行中应注重与业务实践的结合、与现有管理工具的融合。在海外合规建设中,更要注意不同国家与不同的外部环境的差异性,以保障海外合规的有效性。

"一带一路"背景下企业国际贸易合规研究

——以美国出口管制制度为视角

京衡律师集团上海事务所　经　磊

【摘要】　继"中兴事件"和"华为事件"发生后,美国商务部工业与安全局又将中国企业、海外关联企业和高校大规模地列入其"未经证实名单",进一步遏制中国高新技术的发展和限制中国企业与"一带一路"沿线国家的贸易。本文以美国出口管制制度为切入点,分析美国出口管制制度对我国企业及其与"一带一路"沿线国家投资和贸易的影响,并对企业建立和完善合规制度提出合理化建议。

【关键词】　美国　出口管制　"一带一路"　合规建设

随着我国"一带一路"倡议的影响力不断提升,中国企业、高校和科研院所与"一带一路"沿线国家进行经贸合作、学术交流和人员互访活动愈加频繁。但是,相关经贸活动也面临着国际出口管制政策,特别是美国出口管制制度的制约。2019 年 4 月 11 日,美国商务部工业与安全局(BIS)更新"未经证实名单"(Unverified List,简称"UVL"),新增加 50 家法人实体。[①] 其中,中国内地有 37 家企业、高校和科研院所,香港特别行政区有 6 家实体被列入该名单。[②] 而且,美国商务部还将中国企业在"一带一路"沿线国家投资设立的海外公司列入该名单。[③] 而此前,"中兴事件"方才告一段落,华为公司及其高层又身陷美国司法部的刑事指控中。国际政治局势风云变幻,将来还会有新的中国法人实体和其他"一带一路"沿线国家和地区的法人实体被美国商

[①]　参见美国政府每日公报网(https://www.federalregister.gov/documents/2019/04/11/2019-07211/revisions-to-the-unverified-list-uvl),访问日期:2019 年 4 月 24 日。

[②]　参见《中美贸易:美国商务部将 37 家中国企业和学校列入危险的"未经核实"清单》,载路透社网(https://www.reuters.com/article/usa-china-unverified-idCNL3S21S3Q8),访问日期:2019 年 4 月 24 日。

[③]　如中国石油天然气集团在印度尼西亚设立的 Petro China International Jabung Ltd.就被列入 UVL 名单。

务部列入出口管制名单,这将会成为中国企业与"一带一路"沿线国家和地区的企业进行经贸合作的不利和不稳定因素。

一、美国出口管制体系

美国作为世界头号强国,依靠其强大的经济和军事实力,对敏感技术的出口、再出口和技术转让实行严格管控。美国政府制定了专门的出口管制法律法规,并设立了一套健全的出口管制制度。

(一)美国出口管制法律体系

目前,美国出口管制法律体系中最核心的法律是 2018 年颁布的《2018 出口管制改革法案》(Export Control Reform Act of 2018,简称"ECRA")和 BIS 颁布的《出口管理条例》(Export Administration Regulation,简称"EAR")。这两部法律明确规定了美国出口管制的目的:①防止大规模杀伤性武器扩散,限制部分国家军事实力增强和遏制恐怖主义发展;②履行作为瓦森纳协定、核供应国集团、导弹及其技术控制制度、澳大利亚集团等国际多边出口管制协议成员国的义务;③避免本国遭受相关技术无限制出口导致的供应短缺影响。同时,《2018 出口管制改革法案》将此前多次延期的《出口管理法案》(Export Administration Act,简称"EAA")废除①,并且把当前美国政府部门关于出口管制的规定和实践系统化、法典化,为现行军民两用产品出口管制规则提供了永久的立法基础。同时,首次有针对性地提出对新兴和基础技术的管控。

除了上述两部核心法律,美国出口管制法律体系还包括《核不扩散法案》《导弹技术控制制度》等 25 部与《出口管理条例》有关的其他法律和包括《化学和生物武器扩散》(Executive Order 12735:Chemical and Biological Weapons Proliferation)、《大规模杀伤性武器扩散》(Executive Order 12938:Proliferation of Weapons of Mass Destruction)在内的 29 部行政命令和总统文件(见图 1)。

(二)美国出口管制机构和方式

美国联邦政府中有六个部门参与出口管制监管(见图 2),其中商务部下设的工业与安全局是主要负责监管两用产品出口的机构,通过确保有效的出

---

① 《2018 出口管制改革方案》第 116 章过渡条款规定:在 ECRA 生效前,根据 EAA 和 EAR 制定的授权、规则、条例、法令、决定和其他形式的行政行为依然有效。

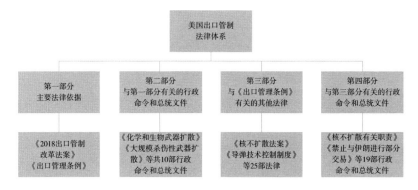

图1　美国出口管制法律体系

口管制和条约合规系统,以及促进美国在战略技术方面的持续领先,推进美国的国家安全、外交政策和经济目标。

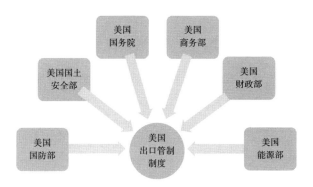

图2　美国出口管制监管部门

《出口管理条例》规定管制的产品包括以下五项因素:在美国境内的所有产品,包括美国自由贸易区(FTZ)内的产品或经过美国转运的产品;所有原产于美国的产品,不论位于何处;外国制造的产品,但其中混合美国原产产品、软件或技术,并且价值达到一定比例;外国使用美国原产技术或软件生产的直接产品;在美国境外的外国设备生产的产品,但设备或设备的主要部分是美国原产技术或软件的直接产品。

《出口管理法案》授权美国商务部制定和修改两用产品管制清单——"商业管制清单"(Commercial Control List)并征求国防部和其他相关部门及机构的意见和建议。

"商业管制清单"将管制产品分为十个大类(见图3)。

图 3　美国两用产品管制类别

二、"一带一路"沿线国家企业与管制黑名单

美国商务部工业与安全局设立了三个单独的黑名单,包括"未经证实名单""实体名单"和"被拒绝人名单",将其认为违反《出口管理条例》的国家和地区实体列入以分别进行管理。

(一) 未经证实名单

"未经证实名单"针对的是美国商务部工业与安全局在以往交易中通过"最终用途"(End-use)核查无法进行核实并认为不具有诚实信用(Bona fide)的最终用户。在一项交易中,若交易一方被列入"未经证实名单",则该项交易将面临更为严格的审查及核实。"未经证实名单"中的实体没有资格通过许可证例外的方式接收受美国《出口管理条例》管制的产品。此外,美国供应商在向"未经证实名单"中的实体进行产品出口时,须在自动出口系统(Automatic Export System,简称"AES")提交记录。同时,在出口、再出口或转让受《出口管理条例》管制且无须许可证的产品时,需要获得交易对方的相应声明。通常认为,一家企业或学校被列入"未经证实名单",就意味着美国供应商向该公司或学校供货将无法再使用许可例外,尽管不是禁止对其出口,但因为出口程序复杂,有时美国供应商会把其视作禁运。列入"未经证实名单"的实际效果往往大于法律效果,对企业的国际贸易有较大的负面影响。

目前,美国商务部工业与安全局已经将 18 个国家或地区的 170 家法人实体列入"未经证实名单"(见表 1)。

表 1　美国商务部工业与安全局列入"未经证实名单"的国家或地区实体数①

列入时间 国家或地区	2019年4月11日	2018年6月6日	2018年5月17日	2017年4月6日	2016年6月21日	2015年10月7日	2015年1月29日	2014年6月16日	合计
中国香港特别行政区	6				25	4	11	20	66
中国(内地)	37		11	3				1	52
阿联酋	4		5	1	6	5	1	3	25
俄罗斯			2				5		7
加拿大			2			1			3
巴基斯坦			1				2		3
马来西亚	2								2
芬兰			1		1				2
印度尼西亚	1								1
爱沙尼亚		1							1
阿塞拜疆				1					1
黎巴嫩				1					1
印度					1				1
拉脱维亚					1				1
新加坡					1				1
瑞士					1				1
捷克						1			1
格鲁吉亚						1			1

(二) 实体名单

"实体名单"是指被施加额外出口许可要求的国家和地区的企业的名单。美国商务部工业与安全局在将某个实体列入"实体名单"时,通常会列

---

① 参见美国政府每日公报网(https://www. federalregister. gov/documents/search? conditions%5Bterm%5D=Unverified+list),访问日期:2019 年 4 月 30 日。

出具体的原因,例如为恐怖主义活动和大规模杀伤性武器扩散活动提供支持,从事常规武器或零部件的生产、买卖及维护而可能危害美国国家安全的行为,以及有"具体和明确的事实"表明其违反了美国国家安全或美国外交政策利益的其他活动等。"实体名单"的具体负责机构是由美国国务院、国防部、能源部或财政部的高级官员组成的最终用户审查委员会,该委员会由美国商务部牵头。被列入"实体名单"的企业需遵守额外的美国出口许可要求:在大多数情况下,所有受辖于《出口管理条例》的产品都需要获得美国出口许可证,且任何与这些实体相关的出口许可证的申请,都将被推定为拒绝。目前有50个国家或地区的1 118家法人实体被美国商务部工业与安全局列入"实体名单"(见表2)。

表2　美国商务部工业与安全局列入"实体名单"的国家或地区的企业数量①

国家或地区	被列入实体名单数	国家或地区	被列入实体名单数	国家或地区	被列入实体名单数	国家或地区	被列入实体名单数	国家或地区	被列入实体名单数
俄罗斯	319	英国	21	塞浦路斯	8	印度	3	沙特阿拉伯	1
阿联酋	119	新加坡	20	希腊	7	伊拉克	3	奥地利	1
中国大陆(内地)	106	加拿大	19	中国台湾	7	哈萨克斯坦	3	伯利兹	1
中国香港	81	南苏丹	15	白俄罗斯	5	瑞士	3	埃及	1
巴基斯坦	73	叙利亚	15	爱尔兰	5	爱沙尼亚	2	格鲁吉亚	1
伊朗	71	芬兰	14	南非	5	卢森堡	2	菲律宾	1
马来西亚	31	德国	12	保加利亚	4	荷兰	2	波兰	1
阿富汗	30	黎巴嫩	12	法国	4	挪威	2	罗马尼亚	1

---

① 参见美国商务部工业与安全局官网(https://www.bis.doc.gov/index.php/documents/regulations-docs/2347-744-supp-4-10-30-18/file),访问日期:2019年4月30日。

（续表）

国家或地区	被列入实体名单数	国家或地区	被列入实体名单数	国家或地区	被列入实体名单数	国家或地区	被列入实体名单数	国家或地区	被列入实体名单数
土耳其	28	以色列	10	泰国	4	巴拿马	2	瑞典	1
乌克兰克里米亚地区	26	乌克兰	10	亚美尼亚	3	韩国	2	乌干达	1

（三）被拒绝人名单

如果一个实体被美国商务部工业与安全局列入"被拒绝人名单"，则向该实体出口受管控产品的申请，将会遭到美国商务部的拒绝。此外，根据《出口管理条例》的规定，美国商务部工业与安全局可以针对违反《出口管理条例》的行为，或仅仅是为了预防违规行为的发生，或出于对相关刑事定罪的考虑，而对相关实体发出"拒绝令"，并将相关实体纳入"被拒绝人名单"。在发出拒绝令之前，美国商务部工业与安全局通常会列明其掌握的所有证据记录，并申明将相关实体列入"被拒绝人名单"的原因。根据发布的拒绝令，将禁止美国企业与被拒绝人开展任何受《出口管理条例》管制的产品的出口、再出口和转让等相关交易。通常情况下，"被拒绝人名单"中列明的大多数事项经过一定期限会自动到期，除非美国商务部工业与安全局决定延长拒绝令的期限。

（四）违反出口管制的处罚

《2018 出口管制改革法案》第 110 章对违反出口管制的行为作出规定：对于知晓违规的公司，处以出口、再出口或转让涉及金额最高 5 倍罚款或者 50 万美元罚款，对个人可处以最高 5 年监禁，或者并罚。对故意违规的公司，可处以出口、再出口或转让涉及金额最高 5 倍罚款或者 100 万美元罚款，对个人可处以最高 25 万美元罚款或最高 10 年监禁。

三、美国出口管制制度对"一带一路"发展的影响

出口管制一直是美国用来保证其在政治、军事、科技领域的领先地位的重要手段之一，美国商务部工业与安全局多次将中国企业、高校和科研院所

列入管制名单,特别是将中兴通讯及其子公司中兴康讯列入"实体名单"和美国司法部起诉华为公司及其子公司为规避出口管制而涉嫌金融欺诈,就充分证明美国出口管制制度对中国企业参与"一带一路"建设的巨大制约性。

自 2017 年特朗普政府以来,美国加大对华经贸制裁力度,先后对华发起反倾销、反补贴 201、232、301 等调查,特别是以 301 调查为名对我国出口产品加征关税,自此中美贸易战全面拉开序幕,并且不断升级,愈演愈烈。尽管中美双方贸易代表磋商不断深入,但是,美国在《2018 出口管制改革法案》中将"新兴和基础技术"作为新的管制重点,并且美国商务部不断把大量中国企业、高校和科研院所列入其出口管制名单,愈发表现出美国政府通过多轮次实施精准制裁中国企业的方式,达到实现遏制中国企业发展和参与"一带一路"沿线国家和地区建设的目的。

目前,美国商务部不仅将中国国内企业列入管制名单,还将中资企业在"一带一路"沿线国家投资的企业,例如中兴通讯的伊朗子公司和中石油的印度尼西亚子公司分别列入"实体名单"和"未经证实名单"。这不仅严重影响了中资企业在海外的直接投资,而且也会造成"一带一路"沿线国家和地区的企业在同中资企业合作过程中产生不信任和顾虑,影响"一带一路"项目的落地和实施。此外,将中国的高校和科研院所列入管制名单,将会严重影响我们与国外高水平的大学和科研机构的交流与合作,从而最终达到阻碍中国高新技术发展、遏制中国崛起,以确保美国在全球的领导地位的目的。

四、企业的合规制度建设和完善

中兴通讯在已经受到美国政府调查的情况下,没有积极沟通和应对,反而采取不配合的态度,导致公司面对的出口管制合规风险不断恶化,最终致使公司在出口管制方面的合规管理完全失控,在 2016 年 3 月 8 日,美国商务部工业与安全局将中兴通讯及其子公司中兴康讯列入"实体名单",企业急需的核心部件被禁止从美国出口。最后经过有关部门的斡旋和协商,在撤换公司高层、接受美国派驻合规官的监管和缴纳巨额罚款之后,美国商务部工业与安全局在 2017 年 3 月 29 日将中兴通讯及其子公司中兴康讯从"实体名单"中移除。

2018 年 7 月 1 日，国家标准《合规管理体系　指南》(GB/T 35770—2017)正式施行；2018 年 11 月 2 日，国务院国资委发布实施《中央企业合规管理指引(试行)》；2018 年 12 月 26 日，国家发改委等七部门发布实施《企业境外经营合规管理指引》。这一系列企业境外经营合规指导性文件的密集出台，凸显国内企业在开展境外业务时，缺乏合规的意识和经验，此前对企业合规经营的重视远远不够。

因此，在"一带一路"倡议的指引下，中国企业在走出国门扩大自身经济效益和品牌效益的同时，还应当做好以下四个方面的建设。

(一)构建合规制度体系

中资企业应当构建一整套完备的预防和应对出口管制风险的制度和流程。整个制度体系包括预防和应对包括美国在内的国际出口管制制裁风险高发的主要领域和环节，明确企业经营业务涉及"一带一路"沿线敏感国家或地区和被监管产品时，如何降低风险，设立合规经营的工作机制，建立各项合规资格审查程序、基本原则、审批权限、程序和标准。

(二)培育企业合规文化

企业在建立和完善合规制度的基础上，还应当在内部宣传和引导合规意识和合规文化，把企业一直以来依赖的事后救济思想扭转为事前防范。让各级人员深入理解合规理念，逐渐将自觉的合规意识强化为工作习惯，进而推动公司的合规文化发展，避免出现企业的合规制度和流程成为一纸空文和摆设。

(三)识别合规义务新变化

由于出口管制制度复杂多变，企业仅凭自身很难完全和及时掌握最新的相关信息和动态。因此，企业在加强自身合规建设的同时，还应通过参与相关的出口管制合规行业论坛和研讨会、及时关注"联邦纪事"(Federal Register)网站等官方政策和信息发布渠道、跟踪相关的出口监管声明和司法判决、咨询外部法律顾问等方式完善和更新自身的出口监管合规管理体系。

(四)积极应对合规危机

企业在遇到合规危机，特别是遇到外国政府的进口管制调查时，应积极应对，展现诚实信用的态度，协同内部合规人员、外部法律顾问与监管机关进行积极磋商,充分利用申诉等救济程序,避免将合规问题严重化和扩大化。

五、总结

随着中美贸易战接近尾声和"一带一路"倡议的积极引领和推动,中国企业参与海外业务和国际竞争的势头在未来几年会愈加强劲,但这更会引发美国等发达国家的担心并采取相关的管制措施予以遏制。因此,建设完备的合规管理体系和切实可行的合规执行程序是中资企业参与海外业务的迫切要求,同时企业的高管应当以身作则,坚守诚实守信的商业道德,打造企业自觉遵守的合规文化,如此方能在"一带一路"倡议的引领下有力地参与全球化市场竞争。

参考文献

[1]魏简康凯:《美国出口管制改革对中国的影响及应对》,载《国际经济合作》2018 年第 11 期。

[2]刘威:《中美贸易摩擦中的高技术限制之"迷"》,载《东北亚论坛》2019 年第 2 期。

[3]杨国华、王语嫣:《中美经贸关系中的法律问题》,载《区域与全球发展》2018 年第 5 期。

[4]葛晓峰:《美国两用物项出口管制法律制度分析》,载《国际经济合作》2018 年第 1 期。

[5]彭爽、张晓东:《论美国的出口管制体制》,载《经济资料译丛》2015 年第 2 期。

[6]Edward J. Krauland、黄迎、Brian Egan:《揭秘美国出口管制黑名单》,载《中国外汇》2018 年第 20 期。

[7]龚柏华:《"一带一路"背景下国际经贸制裁风险与法律应对》,载《海关与经贸研究》2017 年第 6 期。

[8]《发改委等七部门联合发布〈企业境外经营合规管理指引〉》,载《新产经》2019 年第 2 期。

"一带一路"背景下企业跨境并购合规实务研究

北京市中伦(上海)律师事务所　刘海燕

【摘要】 我国国内对跨境并购的监管主要是基于境外直接投资的监管。符合条件的境内企业的跨境并购,必须取得发改委和商务部门的核准或备案以及外汇局的业务登记凭证,其中发改委和商务部门的核准或备案不分先后,可同时进行。国内的其他监管及相应合规要求还包括国有资产、经营者集中申报、上市公司披露等。

跨境并购中东道国对相应外资也同样存在监管及合规要求问题。纵观欧盟、英国和美国近两年来对并购交易审查的变化可以发现,东道国可以审查的范围不断扩大,同时审查期限也均被延长,通过审查的时间成本增加。

有鉴于此,中国企业在"走出去"时,必须事先规划好境内外的合规可行性以及所需时间等,合理规划交易架构和进度,并按照我国以及东道国的审查要求制定可行的投资策略和风险控制机制,积极促成合法合规的跨境并购及投资。

【关键词】 跨境并购　境外直接投资　跨境担保　交易文件

近年来,"一带一路"倡议引领国际合作向前发展,境内企业顺应国际市场发展方向,依照国际交易习惯积极开展对外经济合作。2018 年,我国企业在"一带一路"沿线对 56 个国家非金融类直接投资 156.4 亿美元,同比增长 8.9%,占同期总额的 13%。① 2019 年 1—10 月,我国企业在"一带一路"沿线对 56 个国家非金融类直接投资 114.6 亿美元,占同期总额的

---

① 参见《2018 年 1—12 月我对"一带一路"沿线国家投资合作情况》,载中华人民共和国商务部网站(http://www.mofcom.gov.cn/article/tongjiziliao/dgzz/201901/20190102829086.shtml),访问日期:2019 年 12 月 4 日。

12.7%。①

在各类跨境交易中,跨境并购作为最常见的跨境投资形式之一,已经成为境内企业"走出去"的重要方式和途径。一方面,跨境并购促进了境内企业自身快速实现国际化经营,宏观上也实现了我国和相关东道国或地区的互利共赢。另一方面,境内企业在国际并购市场上的异军突起和快速发展,对其本身而言,不仅是机遇同时也是挑战。跨境并购是一项复杂又庞大的工程,不仅涉及多国多个主体,项目历时长,而且一般需获得不同国家政府以及同一政府下不同机关的审批或备案,需要适用至少两个不同司法辖区的法律。

面对机遇与挑战,一方面,自2014年开始国家发改委、商务部、国家外汇管理局等部门不断出台相关规定,简化境内企业境外投资与并购的审批、备案与登记程序,下放审批权限,加速了我国企业进行境外投资与并购的步伐;另一方面,合规已经成为境内企业"走出去"且行稳致远的前提和必要条件②,相关部门在优化境外投资综合服务的同时也在加强境外投资宏观指导,完善境外投资全程监管,在维护我国国家利益和国家安全的基础上有效促进境外投资持续健康发展。

本文根据我国目前施行的有关跨境并购合规的有关规定,结合实务中遇到的问题以及相应解决方法,对跨境并购涉及的境内投资核准与备案、东道国国家安全审查等合规问题作简要说明和分析,以期为境内企业的跨境并购提供合规方面的一些参考。

一、我国对跨境并购的监管及相应合规管理

(一)境外直接投资的监管框架

2017年8月4日,《国务院办公厅转发国家发展改革委、商务部、人民银行、外交部〈关于进一步引导和规范境外投资方向指导意见〉的通知》(国办

---

① 参见《2019年1—10月我对"一带一路"沿线国家投资合作情况》,载中华人民共和国商务部网站(http://www.mofcom.gov.cn/article/tongjiziliao/dgzz/201911/20191102915257.shtml),访问日期:2019年12月4日。

② 参见《国家发展改革委有关负责人就〈企业境外经营合规管理指引〉答记者问》,载中国一带一路网(https://www.yidaiyilu.gov.cn/zchj/xzcjd/76252.htm),访问日期:2019年12月4日。

发〔2017〕74 号,以下简称"74 号文")出台。74 号文明确了国家现阶段对境外投资引导和监管的态度,在原有基础上进一步规范了境外投资方向,使境内企业境外投资实践更具有目的性、可操作性和确定性。

在 74 号文的统领下,国家发改委、商务部、国家外汇管理局等部门不断出台相关规定,就我国企业进行境外直接投资(Outbound Direct Investment,简称"ODI")形成了较为成熟的监管体系和模式。境内企业直接或通过其控制的境外企业,以投入资产、权益或提供融资、担保等方式获得境外所有权、控制权、经营管理权及其他相关权益的投资活动,在符合条件的情况下,应当事先进行 ODI 核准或备案的申报,在获得相应核准及备案后方可开展。境内企业的跨境并购也属于上述投资活动范畴。

符合条件的境内企业的跨境并购,必须取得主管部门的核准或备案以及相应外汇业务登记凭证。具体而言包括两大步骤:①第一步,取得国家发改委或省级发改委(合称"发改委")的核准或备案,以及商务部或省级商务部门(合称"商务部门")的核准或备案,发改委和商务部门的核准或备案不分先后,可同时进行;②第二步,在取得发改委以及商务部门的核准或备案后,取得国家外汇管理部门(外汇局)的外汇登记许可。

(二)发改委审批

根据国家发改委 2017 年 12 月 26 日颁布、2018 年 3 月 1 日施行的《企业境外投资管理办法》(以下简称"11 号令")和 2018 年 6 月 5 日发改委发布的《境外投资常见问题解答》(以下简称"问题解答")的规定,所有符合条件的中国境内企业应当就其境外投资项目向发改委进行申报,以获得相应的核准或备案。审批具体采取核准抑或备案的方式以及具体主管审批的发改委层级,则是依据项目是否为敏感项目、直接或间接的投资方式、中方投资额大小以及投资主体性质等进行区分。

1.敏感项目的审批

对于敏感项目而言,此类跨境并购项目一律需要获得国家发改委核准。敏感项目是指:①涉及敏感国家和地区的项目;②涉及敏感行业的项目。敏感国家和地区以及敏感行业具体见表 1。

表 1 11 号令规定的敏感项目

敏感项目类型	发改委规定
敏感国家和地区	与我国未建交
	发生战争、内乱
	依国际条约/协定需限制
	其他敏感国家和地区
敏感行业	武器装备的研制生产维修
	跨境水资源开发利用
	新闻传媒
	房地产、酒店、影城、娱乐业、体育俱乐部
	在境外设立无具体实业项目的股权投资基金或投资平台

其中,敏感行业的核准主要是为了抑制非理性跨境投资,以促进和支持战略性跨境投资。也是基于同样的考量,ODI 监管部门的工作人员倾向于对敏感行业采取扩大解释,除了问题解答中明确脱敏的行业及业务之外,将很多与敏感行业具有一定关联性但实质上并不属于敏感行业的项目也纳入敏感范围。

案例一:敏感行业的范围

一家国内建筑企业计划在新西兰收购当地一家建筑公司的股权,计划在新西兰承包并开展住宅建设项目。在与交易对方签订投资意向书后,该建筑企业立即与多家 ODI 审批中介机构进行了初步沟通,但中介机构均答复该项目因涉及房地产行业而属于敏感项目,需至国家发改委申请核准。后通过律师事务所与当地发改部门进行多次沟通,有理有据且翔实充分地说明了并购后项目公司拟从事业务的性质和内容,有效厘清了建筑承包与房地产的区别,最终得以按照非敏感项目在当地省级发改委办理了备案。

类似案例体现出监管部门对敏感项目的审慎。当然,在 ODI 申报和审批存在极大不确定性的情况下,每一个项目都存在特殊性,需要与包括发改委在内的监管机关就项目进行有针对性的沟通,最终项目由哪一层级的主管机关经核准还是备案的方式通过审批,需要视项目具体情况而定。

案例二：游戏业的特殊性

知名网络游戏公司巨人网络对境外手机游戏公司 Alpha Frontier Limited（简称 "Alpha"）进行了收购。虽然传统概念中游戏业应该属于娱乐业的一种，但"问题解答"并没有将游戏业纳入娱乐业中。巨人网络与 Alpha 主营业务均是游戏行业，即投资项目行业与主业相同，收购该标的有利于巨人网络的业务发展。该项目已获得国家发改委的项目备案，并取得了商务部门颁发的《企业境外投资证书》。不过，该项目在历经中国证监会暂停重大资产重组审核、调整交易方案等波折后，巨人网络于 2019 年 11 月 4 日发布公告，因 Alpha 体量较大，为避免触发涉及分拆上市的相关限制性规定，决定终止该项目。

案例三：主业关联的重要性

并非仅主业相同的情形才有可能获得 ODI 审批。在上市公司炼石有色对境外航空零部件公司（Gardner）的收购项目中，炼石有色的主要产品为钼精粉，而 Gardner 的主要业务为航空航天零部件的生产、加工、装配、维护等，但本项目仍然获得了 ODI 的审批。原因之一是在采选钼时，会伴生重要的稀缺战略资源——金属铼。金属铼是目前制造先进航空发动机和燃气轮机叶片的主要材料。炼石有色的此次收购虽然与标的公司没有相同主业，但是业务上有很强的关联性，收购有利于炼石有色的发展和向航空方面的转型，国家各监管部门给予了支持。

2. 非敏感项目的审批

对于非敏感项目而言，则需要区分是否为直接投资以及中方投资金额和中方企业类型。跨境并购项目属于直接投资，对于中方投资额超过 3 亿美元的，即属于大额非敏感类项目，均由国家发改委进行备案；对于中方投资额为 3 亿美元以下的，中央企业由国家发改委备案，地方企业由省级发改委备案。[①] 见表 2。

表 2　非敏感项目发改委审批层级及方式

非敏感项目	中方投资额	中央企业	地方企业
直接投资	3 亿美元以上	国家发改委备案	国家发改委备案
	3 亿美元以下	国家发改委备案	省级发改委备案

除此之外，如果境内企业的跨境并购为通过其已进行 ODI 登记的境外企业开展的大额非敏感类项目，则境内企业应当在项目实施前通过境外投资管理和服务网络系统提交项目情况报告表，将有关信息告知国家发改委。

---

① 对于非敏感项目中的间接投资项目，中方投资额超过 3 亿美元的，需要报告国家发改委；中方投资额为 3 亿美元以下的，则无须备案或报告。

3.合规实务研究及建议

对于需发改委核准或备案的跨境并购项目,根据实务经验,建议中国境内企业注意以下三点:

(1)在对外签署具有最终法律约束效力的协议或文件前,境内企业应当充分考虑相关项目获得发改委核准或备案的可能,事先与主管发改委进行有效沟通,并预留充分的时间以完成申报。

(2)在签署的具有法律约束效力的协议或文件中明确,该协议或文件的生效条件为依法取得发改委出具的核准文件或备案通知书或做出其他合理安排。

(3)除非申请延长并获得发改委的同意,核准文件、备案通知书有效期为2年。境内企业需在核准文件和备案通知书的有效期内完成相关手续,以避免因项目核准文件或备案通知书失效而需重新办理。这对于跨境并购项目中境内企业对时间进度的把握提出了一定要求,境内企业需要合理规划项目进度。

(三)商务部审批

根据2014年9月6日颁布的《境外投资管理办法》(商务部令2014年第3号,以下简称"3号文"),商务部和省级商务主管部门负责对境外投资实施管理和监督,其中包括跨境并购。3号文和11号令采用的都是"备案为主、核准为辅"的管理模式,仅敏感项目需要进行核准,一般项目均需备案。通过核准或备案的境内企业将获得相应的《企业境外投资证书》。

但是商务部门与发改委审批的一个重要区别在于,发改委并不区分境内企业的性质,所有境内企业从事符合条件的跨境投资项目均需向发改委申报;但是商务部门审批区分境内企业的性质,仅非金融类企业需要向商务部门申报以获得相应的核准或备案。对于金融类企业,则应当根据证监会、银保监会等颁布的规范性文件向相应金融监管部门进行申报。就实务中的情况而言,大部分跨境并购的境内企业为非金融类企业,需向商务部门申报,以获得相应的《企业境外投资证书》。

1.敏感项目的审批

对于敏感项目而言,需要获得商务部门核准,但根据境内企业类型的不同,相应审批层级也不同。对于中央管理企业的敏感项目,需经商务部核准,地方企业则由省级商务部门核准。商务部门对敏感项目的审批并不会因中方投资金额的不同而由不同层级的商务部门审批,但是发改委在审批时是以 3 亿美元作为分水岭进行区分的。

值得注意的是,商务部定义的敏感项目中的敏感行业与发改委规定的敏感行业并不相同,是指涉及出口我国限制出口的产品和技术的行业、影响一国(地区)以上利益的行业。

2.非敏感项目的审批

对属于非敏感情形的跨境并购项目,中央企业报商务部备案,地方企业报所在地省级商务部门备案。

3.合规实务研究及建议

对于需商务部门核准或备案的跨境并购项目,根据实务经验建议中国境内企业注意以下两点:

(1)商务部经常会发布《对外投资合作国别(地区)指南》等文件,以增强境内企业在开展境外投资时权益的保障、投资促进和风险预警。建议境内企业在计划跨境并购项目时充分考虑商务部提供的信息和材料,采用实地走访等方式更好地了解投资目的地的投资环境,从而更好地防范其跨境并购过程中可能产生的风险。

(2)根据 3 号文的规定,《企业境外投资证书》有效期为 2 年。因为跨境并购项目的尽职调查与谈判往往需要大量时间,建议境内企业与会计师事务所、律师事务所等各方进行沟通,把握好跨境投资项目的时间进度。一旦《企业境外投资证书》有效期届满但希望继续开展境外投资,需要重新申报核准或备案,这样会大量增加时间等相关成本,因此应避免此类情形的发生。

(四)外汇登记

在获得发改委和商务部门的核准或备案文件之后,下一步就是办理境外投资外汇登记。值得注意的是,根据 2015 年 2 月 13 日国家外汇管理局发布的《关于进一步简化和改进直接投资外汇管理政策的通知》(汇发〔2015〕13 号,以下简称"13 号文")的规定,目前由银行按照《直接投资外汇业务操作指引》直接审核办理境外直接投资项下外汇登记。这意味着境内企业可自行选择注册地的相关银行办理 ODI 外汇登记。

在获得发改委以及商务部门的核准或备案后,ODI 审批已经完成大半。

但作为第二步的外汇登记有一个比较重要的问题,即前期费用问题。

若相关跨境投资项目采用以招投标的方式选定购买方或者受让方,则招标方一般会要求竞标人提供担保存款或者竞标保证金。同时,跨境并购中根据某些项目所在地法律规定或出让方要求,境内企业作为买方需缴纳一定保证金。为解决此时的资金出境问题,《境内机构境外直接投资外汇管理规定》(汇发〔2009〕30号,以下简称"30号文")规定境内企业在向ODI监管部门报送书面申请之后、获得正式的外汇业务登记凭证之前,可向境外支付与境外投资项目相关的前期费用。但是,境内企业向境外汇出的前期费用,一般不得超过境内主体已向境外直接投资主管部门申请的境外直接投资总额的15%(含),且需要向所在地外汇局进行申请,换言之,审批主体不再是银行。境内机构自汇出前期费用之日起6个月内仍未完成境外直接投资项目核准程序的,除非外汇局核准同意延期,否则应将境外账户剩余资金调回原汇出资金的境内外汇账户。由此可见,前期费用的汇出实际上存在金额、使用期限等诸多限制,中国企业应当做好资金规划和进度规划等相应准备。

(五)项目实施中的监管

ODI相关监管并非仅是事前监管,同时也包含事中及事后监管。

对于已经核准或备案的跨境并购项目,若投资主体、投资地点、主要内容和规模、中方投资额等发生重大变化的,境内企业须在相关情形发生之前提出ODI变更申请。

在跨境并购以及其他境外投资过程中,如发生外派人员重大伤亡、境外资产重大损失、损害我国与有关国家外交关系等重大不利情况的,境内企业应当在有关情况发生之日起5个工作日内在线提交重大不利情况报告表。发改委对于项目进行过程中的重大事项向投资主体发出重大事项问询函,境内企业需要及时回应,按照问询函载明的问询事项和时限要求提交书面报告。

跨境并购项目完成也即股权或资产交割后,境内企业应当在完成之日起20个工作日内在线提交项目完成情况报告表。

与此同时,发改委会根据其掌握的国际国内经济社会运行情况和风险状况,向中国境内企业或利益相关方发出风险提示,以供参考,这也是主管机关对境内企业"走出去"的一种风险预警和保护。

二、我国对跨境并购的其他监管及相应合规管理

除基于跨境直接投资而需进行的合规申报和相应监管之外,对于跨境并购,根据境内企业的性质、项目性质等,还存在其他部门的监管。境内企业进行跨境并购时,除需要进行相应的 ODI 申报取得相应核准或备案之外,还应当按照其他监管要求进行申报或说明、披露,以合法合规地启动和实施跨境并购项目。

(一)国有资产的特殊监管及相应合规

如果是国有企业实施跨境并购,国有企业一方面要完成 ODI 申报,另一方面也要符合国务院国资委的相关规定。除尽职调查、资产评估等常规国有资产监管之外,国有企业跨境并购或者境外投资事宜的监管还体现在以下两个方面:

1.境外投资项目实施分类监管

中央企业境外投资项目已经设立了负面清单,包括禁止类和特别监管类投资项目。列入负面清单禁止类的投资项目,中央企业一律不得投资;列入负面清单特别监管类的投资项目,中央企业应报国资委履行出资人审核把关程序;负面清单之外的投资项目,由中央企业按照企业发展战略和规划自主决策,但原则上不得在境外从事非主业投资。

2.国资委对年度计划进行备案管理

中央企业需要编制年度投资计划,未纳入计划的原则上不得投资。同时国资委从中央企业的投资方向、投资规模、投资结构和投资能力等方面,对中央企业年度投资计划以及计划调整等进行备案管理。

(二)经营者集中申报

根据《反垄断法》和国务院《关于经营者集中申报标准的规定》的规定,经营者集中包括经营者合并、通过取得股权或者资产的方式取得对其他经营者的控制权,或者通过合同等方式取得对其他经营者的控制权。经营者集中达到以下标准的,经营者应当事先向国务院反垄断执法机构申报,否则不得实施集中:①参与集中的所有经营者上一会计年度在全球范围内的营业

额合计超过 100 亿元人民币,并且其中至少两个经营者上一会计年度在中国境内的营业额均超过 4 亿元人民币;②参与集中的所有经营者上一会计年度在中国境内的营业额合计超过 20 亿元人民币,并且其中至少两个经营者上一会计年度在中国境内的营业额均超过 4 亿元人民币。

(三)上市公司披露

上市公司具体需要披露的事项主要包括重大资产重组披露和重大交易披露。

1.重大资产重组披露

《上市公司重大资产重组管理办法》规定,上市公司及其控股或者控制的公司购买、出售资产构成重大资产重组的,应当进行披露。其中,重大资产重组包括:①购买、出售的资产总额占上市公司最近一个会计年度期末资产总额的 50% 以上;②购买、出售的资产在最近一个会计年度所产生的营业收入占上市公司同期营业收入的 50% 以上;③购买、出售的资产净额占上市公司最近一个会计年度期末净资产额的 50% 以上且超过 5 000 万元。

2.重大交易披露

重大交易披露的具体规则因证券交易所不同而略有差别。如上海证券交易所制定的《上海证券交易所股票上市规则》规定:①交易涉及的资产总额占上市公司最近一期经审计总资产的 10% 以上,或者成交金额占上市公司最近一期经审计净资产的 10% 以上且超过 1 000 万元等情况下,上市公司应当及时进行披露;②交易涉及的资产总额占上市公司最近一期经审计总资产的 50% 以上,或者成交金额占上市公司最近一期经审计净资产的 50% 以上且超过 5 000 万元等情况下,上市公司除应当及时披露外,还应当提交股东大会审议。

三、跨境并购中东道国的监管及合规

除中国境内对于跨境并购的监管及相应合规之外,企业开展境外投资,还应全面掌握东道国关于市场准入、贸易管制、国家安全审查、行业监管、外汇管理、反垄断、反洗钱、反恐怖融资等方面的具体要求,从而确保经营活动全流程、全方位合规。

在全球外国直接投资流量减少、跨境并购值大幅减少这种资本流动趋缓的全球投资局面下，更加需要营造开放、透明和非歧视性的全球投资环境。① 然而，与之相反的是，东道国基于国家安全、保护本国核心科技等理由，对外国投资采取了更加苛刻的态度，大幅收紧了跨境并购交易的审查政策，直接影响了跨境并购项目的合规性、可行性、复杂度以及时间进度等各个方面。② 结合相应的实务经验，以下简要概述"一带一路"沿线大部分欧洲国家所在的欧盟以及英国和美国这两个境内企业投资热门东道国近期的跨境并购审查政策变化，希望对中国企业跨境并购的合规管理有所助益。

（一）欧盟针对中国收紧了并购交易审查有关政策

2019 年 3 月 19 日，欧盟议会《关于加强外商直接投资欧盟的审查框架条例》（以下简称《FDI 审查条例》）③生效，并将于 2020 年 10 月 11 日正式开始施行。

欧盟 28 个成员国中已有 14 个国家建立了本国的外商直接投资（Foreign Direct Investment，以下简称"FDI"）审查机制④，包括奥地利、拉脱维亚、立陶宛、匈牙利、意大利、波兰、葡萄牙 7 个"一带一路"沿线国家。《FDI 审查条例》是欧盟层面第一个基于安全和公共秩序审查 FDI 的规定。欧盟是中国企业的主要投资目的地之一，也是"一带一路"沿线众多国家所属的组织，《FDI 审查条例》生效后，境内企业在欧盟进行的何种投资可能遭遇审查、会遭遇怎样的审查以及该审查与欧盟并购审查是否同时开展等，即成为投资前合规风险评估的重要内容，中国境内企业需对此予以重视，在投资前就东道国的外资审查政策进行了解和确认，做好跨境并购项目在东道

---

① 据联合国贸易和发展会议公布的《2018 年世界投资报告》（World Investment Report 2018）统计，2017 年全球外国直接投资流量减少了 23%，其中跨国并购值减少了 22%。

② 参见刘海燕：《应势而动：多国并购交易审查政策收紧》，载微信公众号"中伦视界"（https://mp.weixin.qq.com/s？src=11&timestamp=1589719810&ver=2344&signature=zuDYYPb7M1IYSuze OFF6H4u6OaH6ICVyAcH8K2jRu7JcoRHn4wl6*WQjpqOLnAwQ9BGks3Zp90uY*lqZuyuSndpbGi*2T*xDSB y9g3Aqvmhh0rx5RbkStu5WIHLinskr&new=1），访问日期：2019 年 12 月 4 日。

③ 欧盟议会《关于加强外商直接投资欧盟的审查框架条例》（REGULATION OF THE EUROPEAN PARLIAMENT AND OF THE COUNCIL establishing a framework for screening of foreign direct investments into the European Union），载欧盟法律及公开文件官网（https://eur-lex.europa.eu/legal-content/EN/TXT/？ur=CELEX：32019R0452），访问日期：2019 年 12 月 4 日。

④ 14 个已有本国 FDI 审查机制的欧盟成员国为奥地利、丹麦、德国、芬兰、法国、拉脱维亚、立陶宛、匈牙利、意大利、荷兰、波兰、葡萄牙、西班牙以及英国（已脱欧）。

国的合规,以顺利实施并购。

1.可能遭遇审查的跨境并购类型

根据《FDI审查条例》的规定,欧盟委员会(European Commission,以下简称"委员会")或成员国有权基于维护安全以及公共秩序对特定外方投资者以及特定行业实施的FDI项目等进行审查。

《FDI审查条例》强调了对特定外方投资者实施的项目的审查。其中需要着重指出的是,由第三国政府直接或间接控制的投资者,无论其控制是基于股权还是资金提供,已成为重点审查对象。就该点而言,《FDI审查条例》对中国企业尤其是国企的针对性虽未言明,但已昭然若揭。

除了对FDI项目外方投资者进行强调之外,《FDI审查条例》第4条提供了一份非穷尽的行业清单,成员国或委员会在进行FDI审查时可予以考虑,主要包括关键基础建设、关键技术和军民两用技术、敏感信息访问以及新闻媒体等。可以发现,《FDI审查条例》项下可能遭遇审查的项目所涉行业十分宽泛,其中基础建设和技术行业一直是境内企业投资的重点。

2.审查的机制

《FDI审查条例》虽并未强制要求成员国建立国家层面的审查机制,但其确立了合作机制(Cooperation Mechanism),要求成员国之间以及其与委员会之间就具体项目的审查交流信息,并且可以和第三国进行合作。这实质上增加了有权审查FDI项目的主体,抬高了中国企业投资欧盟项目的监管壁垒。

就FDI项目的具体审查而言,成员国之间以及成员国与委员会之间的交流信息包括但不限于外方投资者及标的主体的股权结构、项目总标的额以及项目融资情况及资金来源等核心信息。其中,外方投资者须披露至最终投资人,这与项目融资情况披露一起,可以实现识别并"瞄准"国资背景的外方投资者。

根据《FDI审查条例》的规定,委员会有权就可能影响欧盟安全和公共秩序的FDI项目向成员国提出意见要求进行审查,该意见虽然不具有强制约束力,但成员国应当对该意见进行合理考量。若成员国认为其他成员国境内计划开展或者已经完成的FDI项目有可能影响其本国的安全或公共秩序,无论其他成员国是否有自己的审查机制,成员国均可向该其他成员国提出评议

（Comments），要求后者进行 FDI 审查。其他成员国同样应当对该意见进行合理考量。

就 FDI 项目审查有关事项，委员会和成员国还可以与欧盟外第三国进行合作。《FDI 审查条例》并未说明具体合作方式，这意味着，中国企业投资欧盟国家项目，不仅会遭遇投资所在国审查，还要应对其他欧盟成员国和委员会的"软性介入"，此外还可能同时面临世界其他国家，如美国外国投资委员会等的干预。

3.《FDI 审查条例》与原有并购审查并行

《FDI 审查条例》颁布前，成员国及委员会对 FDI 项目审查的主要依据是《欧盟并购条例》（EU Merger Regulation）。其中，除为了保护本国公共安全、媒体多样性以及审慎原则，成员国可以自行启动并购审查之外，为了保护其他利益而进行的审查必须与委员会沟通，且由委员会决定是否启动审查。

可以发现，《FDI 审查条例》与《欧盟并购条例》存在重合部分。为保证不同条例之间的协调统一实施，委员会建议成员国在依据《FDI 审查条例》启动审查的同时说明相关 FDI 项目是否属于《欧盟并购条例》的规制范围。换言之，部分并购、设立合营企业形式的 FDI 项目，将可能同时触发两种不同的审查程序。

4.《FDI 审查条例》的影响

根据 2019 年 3 月美国荣鼎咨询（Rhodium Group）与德国柏林智库墨卡托中国研究中心联合发布的《中国在欧外商投资》（Chinese FDI in Europe）的计算，2018 年中国在欧洲的并购项目中有 82% 属于《FDI 审查条例》的规制范围。2018 年国资背景企业和私营企业在欧投资已经大幅下降。

《FDI 审查条例》的颁布和生效，透露出欧盟对外商投资尤其是中国资本的强烈危机感。"安全和公共秩序"标准存在很大的解释空间，这也为中国企业的跨境投资带来了更多的不确定性，对中国企业，尤其是国资背景企业在欧投资项目的投资前合规风险评估、项目实施、完成后的实施运营等环节提出了更高的要求。

（二）英国收紧了并购交易审查有关政策

出于保障国家安全和利益，2018 年英国政府以短期和长期法规法案修订相结合的方式,修改了与外商投资相关的国家安全审查政策。

1.短期改革扩大了英国政府有权审查的交易范围

短期改革修改了英国 2002 年《企业法》(Enterprise Act 2002),于 2018 年 6 月 11 日生效,从行业和交易规模两方面扩大了英国政府的审查范围。

就行业而言,此次短期改革使得英国政府有权审查和干预军用行业、军民双用行业以及部分先进科技行业的并购交易。

就交易规模而言,英国政府有权审查的交易的营业额门槛金额,从 7 000 万英镑大幅下降至 100 万英镑。

2.长期改革意见征求中,将进一步扩大英国政府可审查的交易范围

英国政府于 2018 年 7 月 24 日以《国家安全和投资白皮书》的形式发布了下一步的长期改革方案。目前该方案尚未生效。长期改革方案在吸收短期改革成果的基础上,进一步扩大了政府可审查的交易范围,不仅会纳入所有转移实际控制权的股权并购交易,还将扩大至特定的转移资产实际控制权的资产收购交易,以及特定的新设项目、贷款项目等。

3.基于合规而出现的其他方面的影响

如果中国企业需要进行东道国为英国的跨境并购交易,交易开展前建议持续关注当地政府的交易审查政策变化、行业发展动向,以及其他可能对交易产生重要影响的政治、经济等因素,做到在东道国的合法合规。

案例四:脱欧对跨境并购的影响

目前在脱欧的大背景以及英国收紧并购交易审查的趋势下,有一境内企业意向于近期开展跨境股权并购交易,收购位于英国的一家公司的控制性股权。经过研究发现,一方面,未来英国的并购交易量确实会受到目前其收紧并购交易审查政策的影响,另一方面,尽管受到脱欧影响的可能性不大,但从业人员中的移民很可能会受到脱欧影响因签证问题而选择离职。这些由东道国当地合规而带来的其他方面的影响,也是境内企业在进行并购时必须要考虑的问题。

(三)美国持续收紧外国投资审查的有关政策

2018 年 8 月 13 日,美国的《外国投资风险评估现代化法》(Foreign Investment Risk Review Modernization Act,以下简称"FIRRMA")正式生效。根据该法,美国外国投资委员会(Committee on Foreign Investment in the United States,以下简称"CFIUS")于 2018 年 11 月 10 日正式施行 FIRRMA 试点计划

（Pilot Program）。

1.FIRRMA 扩大了 CFIUS 的管辖权

FIRRMA 新增了四类 CFIUS 可审查的涉外交易：①敏感政府设施附近的不动产转让或租赁；②能够使外国投资者访问非公开的实质性技术信息的交易；③能够使外国投资者获得控制权的任何权利修改；④其他试图回避 CFIUS 审查的交易或安排。同时，FIRRMA 修改了 CFIUS 的审查程序，将审查期从原来的 30 天延长至 120 天或者 135 天（视情况而定）。

2.试点计划

CFIUS 通过试点计划，提前实施了 FIRRMA 中尚未生效的部分条款，作为正式实施的过渡。此前 CFIUS 的管辖范围仅限于导致外国投资者控制美国公司或业务的交易，试点计划则将部分"其他投资"也纳入 CFIUS 的管辖范围。

美国对所谓的"其他投资"提出需要满足两个方面的条件，即特定行业和特定权利。特定行业共计 27 种，主要涉及关键基础设施、关键技术、敏感个人数据收集等领域。特定权利是指使外国投资者能够访问重大非公开技术信息、拥有董事会席位以及其他能够参与实质性决策的权利。因此，中国企业赴美投资一定要非常关注特定行业和特定权利，其有可能会实质性地影响交易的可行性。

案例五：CFIUS 试点计划的影响

有一中国基金客户于近期以股权方式间接投资了一个美国公司，涉及人工智能（AI）行业。我们发现该项目目前并不属于 FIRRMA 试点计划中的特定行业，但存在受 CFIUS 审查的风险。对此，就交易通过审查以及未通过审查两种情况，必须分别设计不同的投资架构和交易方案，并在投资协议中进行明确的约定，以应对万一发生的 CFIUS 的负面评价结果。

四、小结

习近平总书记在推进"一带一路"建设工作五周年座谈会上强调，要规范企业投资经营行为，合法合规经营，注意保护环境，履行社会责任，成为共建"一带一路"的形象大使。这一方面要求中国境内企业需要就其计划实施的跨境并购项目做到境内合规，另一方面同时需要境内企业合理应对大幅收紧的东道国审查政策。以上两个方面的合规已经成为决定中国企业跨境并购成功的关键因素。熟悉、遵从我国的境外直接投资监管要求以及东道国外资进入的相关监管要求,应势制定可行的应对投资策略和风险控制机制,规划好投资结构和交易整体进度,已经成为中国企业顺利完成跨境并购必须关注的问题,且应制定必要的应对措施。当然,跨境并购项目在股权或资产完成交割后,还应当遵循我国《企业境外经营合规管理指引》等法律法规的指导和东道国当地的法律法规开展合规经营。

图书在版编目(CIP)数据

中国企业"走出去"合规理论与实践论文选／中华全国律师协会编．—北京：北京大学出版社，2020.5

ISBN 978-7-301-31268-1

Ⅰ.①中… Ⅱ.①中… Ⅲ.①企业—对外投资—中国—文集 ②企业法—中国—文集 Ⅳ.①F279.247-53 ②D922.291.914-53

中国版本图书馆 CIP 数据核字(2020)第 030289 号

书　　　名	中国企业"走出去"合规理论与实践论文选
	ZHONGGUO QIYE "ZOUCHUQU" HEGUI LILUN YU SHIJIAN LUNWEN XUAN
著作责任者	中华全国律师协会　编
责 任 编 辑	杨玉洁　靳振国
标 准 书 号	ISBN 978-7-301-31268-1
出 版 发 行	北京大学出版社
地　　　址	北京市海淀区成府路 205 号　100871
网　　　址	http://www.pup.cn　http://www.yandayuanzhao.com
电 子 信 箱	yandayuanzhao@163.com
新 浪 微 博	@北京大学出版社　@北大出版社燕大元照法律图书
电　　　话	邮购部 010-62752015　发行部 010-62750672
	编辑部 010-62117788
印 刷 者	涿州市星河印刷有限公司
经 销 者	新华书店
	650 毫米×980 毫米　16 开本　43.5 印张　646 千字
	2020 年 5 月第 1 版　2020 年 5 月第 1 次印刷
定　　　价	168.00 元